2022

RICARDO
**DAL
PIZZOL**

EXCEÇÃO
DE **CONTRATO
NÃO CUMPRIDO**

Dados Internacionais de Catalogação na Publicação (CIP) de acordo com ISBD

D136e   Dal Pizzol, Ricardo
Exceção de contrato não cumprido / Ricardo Dal Pizzol. - Indaiatuba, SP : Editora Foco, 2022.

520 p. ; 17cm x 24cm.

Inclui bibliografia e índice.
ISBN: 978-65-5515-556-3

1. Direito. 2. Princípios contratuais. 3. Jurisprudência. I. Título.

2022-1676   CDD 340   CDU 34

Elaborado por Odilio Hilario Moreira Junior - CRB-8/9949
Índices para Catálogo Sistemático:
1. Direito 340
2. Direito 34

RICARDO
DAL
PIZZOL

EXCEÇÃO DE CONTRATO NÃO CUMPRIDO

2022 © Editora Foco
Autor: Ricardo Dal Pizzol
Diretor Acadêmico: Leonardo Pereira
Editor: Roberta Densa
Assistente Editorial: Paula Morishita
Revisora Sênior: Georgia Renata Dias
Revisora: Simone Dias
Capa Criação: Leonardo Hermano
Diagramação: Ladislau Lima e Aparecida Lima
Impressão miolo e capa: FORMA CERTA

DIREITOS AUTORAIS: É proibida a reprodução parcial ou total desta publicação, por qualquer forma ou meio, sem a prévia autorização da Editora FOCO, com exceção do teor das questões de concursos públicos que, por serem atos oficiais, não são protegidas como Direitos Autorais, na forma do Artigo 8º, IV, da Lei 9.610/1998. Referida vedação se estende às características gráficas da obra e sua editoração. A punição para a violação dos Direitos Autorais é crime previsto no Artigo 184 do Código Penal e as sanções civis às violações dos Direitos Autorais estão previstas nos Artigos 101 a 110 da Lei 9.610/1998. Os comentários das questões são de responsabilidade dos autores.

NOTAS DA EDITORA:

Atualizações e erratas: A presente obra é vendida como está, atualizada até a data do seu fechamento, informação que consta na página II do livro. Havendo a publicação de legislação de suma relevância, a editora, de forma discricionária, se empenhará em disponibilizar atualização futura.

Erratas: A Editora se compromete a disponibilizar no site www.editorafoco.com.br, na seção Atualizações, eventuais erratas por razões de erros técnicos ou de conteúdo. Solicitamos, outrossim, que o leitor faça a gentileza de colaborar com a perfeição da obra, comunicando eventual erro encontrado por meio de mensagem para contato@editorafoco.com.br. O acesso será disponibilizado durante a vigência da edição da obra.

Impresso no Brasil (05.2022) – Data de Fechamento (05.2022)

2022
Todos os direitos reservados à
Editora Foco Jurídico Ltda.
Avenida Itororó, 348 – Sala 05 – Cidade Nova
CEP 13334-050 – Indaiatuba – SP

E-mail: contato@editorafoco.com.br
www.editorafoco.com.br

AGRADECIMENTOS

Ao meu orientador, Marco Fábio Morsello, brilhante professor e magistrado, pela confiança depositada e pelos conselhos em todas as áreas. Verdadeiro *gentleman* e jurista na plenitude do termo. Nossa relação, para meu orgulho, transcendeu a orientação acadêmica para se transformar em amizade.

Aos meus pais, Osvaldo e Lunalva. A eles devo tudo: a educação, as oportunidades que tive na vida e, especialmente, o apoio incondicional às decisões que tomei desde o dia em que sai de casa com quinze anos para buscar meus sonhos. Com meu pai, aprendi a honestidade, a prudência, a ética do trabalho e a importância de não esquecer nossas raízes. Com minha mãe, o amor que liberta (ao invés de prender), a atenção com os detalhes e a enfrentar qualquer desafio, por menor que seja, com a maior dedicação possível.

À minha esposa Mariana, médica por vocação, a qual sofreu comigo, de perto, as agruras da elaboração de uma tese. Incertezas, passeios em família perdidos e muitas responsabilidades que precisou assumir sozinha. Neste ano de 2022, completamos, para minha felicidade, 10 anos de casados e 21 anos juntos. Devo a Mariana, ainda, as maiores alegrias de minha vida: a doce e inteligente Luíza (5 anos); o peralta e amoroso Ricardinho (2 anos). O nascimento de Luíza praticamente coincide com o início desta tese de doutorado (março de 2017), enquanto Ricardo veio ao mundo cerca de um mês antes de sua defesa (junho de 2020) – os dois encheram de alegria e esperança, portanto, todo o processo de elaboração.

Ao meu irmão Rodrigo, pela amizade sempre presente, a quem coube, mercê das escolhas que tomei, dar continuidade à tradição de vínculo com a terra de nossa família. Transformou-se em homem de honra e trabalhador, mestre nas artes de plantar, colher e criar.

E, por fim, à Faculdade de Direito da USP, minha segunda casa, com a confiança de que esta tese não marca o fim de nossa história juntos. História que começou naquele distante ano de 2000, quando, recém aprovado no vestibular, vindo do Mato Grosso do Sul, vi pela primeira vez suas arcadas, seus quadros, suas bibliotecas. Foi amor à primeira vista. Entre a Engenharia da Aeronáutica no ITA e o Largo de São Francisco, fiz, com a certeza do coração, a escolha que selaria meu destino. Não me arrependo de nada.

APRESENTAÇÃO

É com júbilo inconcusso que recebemos o honroso convite para a apresentação da obra *Exceção de Contrato não Cumprido*, fruto de brilhante Tese de Doutorado apresentada pelo Professor Ricardo Dal Pizzol à Faculdade de Direito da Universidade de São Paulo, da qual tive o privilégio de ser orientador, e cujo reconhecimento resultou em aprovação pela Banca Examinadora *cum laude* e obtenção do "Prêmio de Excelência 2020 – Tese de Doutorado", outorgado por prestigiosa Comissão integrada por Professores de excelência do renomado Departamento de Direito Civil das *Arcadas*.

Com a qualidade e dedicação que lhe são inerentes, o livro robustece a já sólida trajetória acadêmica do autor. Bacharel em Direito pela Universidade de São Paulo, graduou-se em 2004. Posteriormente, em 2015, obteve o título de Mestre em Direito Comparado pela *Samford University*, nos Estados Unidos da América, sob a competentíssima orientação do Professor Michael D. Floyd, com a defesa do tema *Compensation and Punishment in Common Law and Civil Law Countries*. No ano vindouro, tornou-se Mestre em Direito Civil pela Faculdade de Direito da Universidade de São Paulo, com a defesa da dissertação: *As funções Preventiva e Punitiva da Responsabilidade Civil*, sob minha orientação. O trabalho logrou o prêmio de melhor Dissertação de Mestrado do Departamento de Direito Civil e foi publicado em livro pela Editora Foco, em 2020, tornando-se obra de referência nacional.

Nesse contexto, o autor nos agracia com um livro completo e aprofundado acerca do instigante e sempre atual instituto da exceção do contrato não cumprido, a partir de uma abordagem singular e original da temática. Com efeito, a obra propõe a compreensão do instituto jurídico à luz de quatro questões fundamentais: (i) a história da exceção de contrato não cumprido; (ii) a sua natureza jurídica de contradireito; (iii) a sua construção jurídica em torno dos eixos do sinalagma, da causa concreta e da boa-fé objetiva; e (iv) seus requisitos, à luz dos referidos eixos e do conteúdo do artigo 476 do Código Civil.

A mencionada singularidade da obra reside na proposta de exame da exceção do contrato não cumprido com fundamento nos seguintes eixos: o *sinalagma*, como próprio fundamento da exceção; a *causa concreta*, de forma a assegurar a sua aplicação em conformidade com os interesses dos entes contratantes; e a *boa-fé objetiva*, com o papel de demarcar o âmbito de exercício desse denominado contradireito.

Autor, tema e obra se encontram em perfeita simbiose, porquanto toda a cultura humanística, em sucessivo amadurecimento intelectual do jurista, reverbera em sua plenitude, abrangendo a perspectiva histórica do ideal aristotélico da equivalência substancial, percorrendo os lindes mais práticos do Direito Romano, sem descurar do sistema da *common law* e da relevante figura da *consideration*.

Neste *iter* fascinante que percorre com o leitor, o autor não se olvida dos aspectos práticos, nomeadamente considerando seu mister de magistrado, que exerceu por diversos anos na seara contratual em varas cíveis em São Paulo, vivificando a problemática do desvirtuamento desmesurado dos critérios de utilização da *exceptio*, que, no âmbito da equivalência substancial, como é cediço, não poderá ser vulgarizada e utilizada em situações de infrações de somenos importância, com as repercussões correlatas nos custos de transação.

Em suma, o tempo, no tempo, mudou com o tempo, mas o ponto nodal do escopo da justiça substancial no caso concreto reverbera ao longo da tese que ora se publica e que se antevê como um imperativo global que resgata a eticidade, nomeadamente diante do crepúsculo do dever e da ética indolor, que se afiguram como anteparos na realidade contemporânea.

A leitura é agradável e útil, com linguagem escorreita e rica fonte bibliográfica jurídica, histórica e filosófica. A obra engradece sobremaneira a civilística brasileira, de modo que é com gáudio que recomendo ao leitor o livro que ora se publica.

São Paulo, 10 de maio de 2022.

Marco Fábio Morsello
Professor Associado da Faculdade de Direito da Universidade de São Paulo. Doutor em Direito Civil pela Faculdade de Direito da Universidade de São Paulo. Livre-docente pela Faculdade de Direito da Universidade de São Paulo. Juiz de Direito Substituto em Segundo Grau no Tribunal de Justiça do Estado de São Paulo.

SUMÁRIO

AGRADECIMENTOS V

APRESENTAÇÃO VII

INTRODUÇÃO 1

1. A *EXCEPTIO NON ADIMPLETI CONTRACTUS* NA HISTÓRIA 11
   1.1 Direito Romano 14
       1.1.1 Período arcaico e início do período clássico: obrigações autônomas entre si 15
       1.1.2 Fim do período clássico e período pós-clássico: cresce a consciência da interdependência das obrigações nos contratos bilaterais 21
       1.1.3 Limitações do modelo romano: ausência de regra geral e utilização rara do remédio 34
   1.2 Idade Média 40
       1.2.1 Alta Idade Média: retração do direito contratual 40
       1.2.2 Escola dos Glosadores: avanço pouco significativo 42
       1.2.3 Os canonistas e o princípio "frangenti fidem, non est fides servanda" ... 45
       1.2.4 Os pós-glosadores. A fórmula de Bartolo 52
   1.3 A *exceptio non adimpleti contractus* na modernidade 57
       1.3.1 França: da "Escola de Cujas" a René Cassin 58
       1.3.2 Alemanha: dos jusracionalistas ao BGB 69
   1.4 A *Exceptio* na tradição luso-brasileira 77
       1.4.1 Ordenações do Reino: construção de uma regra geral a partir das fontes subsidiárias 77
       1.4.2 Da Consolidação das Leis Civis ao Código Civil de 2002 82

2. CONCEITO, MECANISMO E EFICÁCIA: A EXCEÇÃO DE CONTRATO NÃO CUMPRIDO COMO EXCEÇÃO MATERIAL, DILATÓRIA, DEPENDENTE E COMUM 93
   2.1 Exceções materiais ou substanciais: contradireitos neutralizantes 94
   2.2 A exceção de contrato não cumprido como exceção material 114

2.3   A exceção de contrato não cumprido como exceção dilatória 121

2.4   A exceção de contrato não cumprido como exceção dependente. O problema da prescrição das exceções 122

2.5   A exceção de contrato não cumprido como exceção comum (ou geral) 132

    2.5.1   A oponibilidade da exceção de contrato não cumprido em relação a terceiros 133

    2.5.2   Exceção de contrato não cumprido e pluralidade de partes 145

2.6   Considerações finais do capítulo 148

3. REDEFININDO OS CONTORNOS DO INSTITUTO DA *EXCEPTIO NON ADIMPLETI CONTRACTUS* A PARTIR DAS NOÇÕES DE SINALAGMA, CAUSA CONCRETA E BOA-FÉ OBJETIVA 149

3.1   Sinalagma: o fundamento do remédio. Um conceito em expansão 151

    3.1.1   A origem do termo 151

    3.1.2   Sinalagma genético e funcional 156

    3.1.3   Tipologia dos deveres nas relações obrigacionais complexas e abrangência do sinalagma 164

3.2   Causa do contrato. Medida de cabimento do remédio e critério de "sintonia fina" 188

    3.2.1   Causa: um conceito necessário, mas não uma panaceia para a solução de todos os problemas contratuais 189

    3.2.2   Causa: um caso de analogia de proporcionalidade 190

    3.2.3   As quatro causas de Aristóteles: um ponto de partida 191

    3.2.4   Elemento categorial inderrogável: forma e objeto. Negócios abstratos e causais. Causa pressuposta e final 198

    3.2.5   Causas de atribuição patrimonial: credendi, solvendi, donandi. A visão ponteana de causa 207

    3.2.6   A concepção atomística de causa: a causa da obrigação. Uma teoria a ser abandonada 209

    3.2.7   Duas acepções de causa final: causa abstrata e causa concreta 213

    3.2.8   Causa concreta e sinalagma expandido: aproximação dos conceitos   225

    3.2.9   Causa concreta e cabimento da exceção de contrato não cumprido . 228

3.3   Boa-fé objetiva: antes fundamento, agora limite para a exceção de contrato não cumprido 236

    3.3.1   A boa-fé na gênese histórica da exceptio: fundamento original do instituto 236

3.3.2 Papel atual: a boa-fé a impor limites à invocação abusiva da exceção de contrato não cumprido 240

4. REQUISITOS DE APLICAÇÃO DA EXCEÇÃO DE CONTRATO NÃO CUMPRIDO (ART. 476 DO CÓDIGO CIVIL). ÂMBITO DE INCIDÊNCIA 285

4.1 Delineamento dos requisitos 285

4.2 Os deveres de prestar do excipiente e do excepto precisam ser sinalagmáticos ou correspectivos entre si 289

    4.2.1 Contratos bilaterais imperfeitos. Impossibilidade de invocação da exceção de contrato não cumprido. Direito de retenção 294

    4.2.2 Contratos plurilaterais. Sinalagma indireto e mediato. Aplicação excepcional da exceção de contrato não cumprido 309

    4.2.3 Obrigações recíprocas de restituição derivadas da resolução ou da pronúncia de invalidade de contratos (sinalagma invertido). Obrigações recíprocas estabelecidas em distratos, acordos judiciais e outras avenças. Cabimento, em tese, da exceção de contrato não cumprido nessas hipóteses 316

    4.2.4 Contratos coligados e exceção de contrato não cumprido 321

4.3 Os deveres de prestar do excipiente e do excepto precisam ser contemporaneamente exigíveis no momento do exercício da exceção 341

    4.3.1 A situação mais comum: simultaneidade das prestações (toma-lá--dá-cá). A outra hipótese: aplicação do princípio "de igual trato das dívidas vencidas" 342

    4.3.2 Particularidades da aplicação do requisito da contemporaneidade aos contratos de duração 349

4.4 Incumprimento do excepto não imputável ao excipiente, que atinja o núcleo funcional do contrato e guarde proporcionalidade com a prestação que está sendo demandada 354

    4.4.1 Configuração atual do binômio adimplemento-inadimplemento 356

    4.4.2 A patologia da relação obrigacional: o inadimplemento em suas várias modalidades 359

    4.4.3 Inadimplemento definitivo do excepto e exceção de contrato não cumprido 367

    4.4.4 Mora total do excepto e exceção de contrato não cumprido. Cabimento do remédio em casos de retardamento não culposo do excepto 369

    4.4.5 Exceptio non rite adimpleti contractus: mora parcial, cumprimento imperfeito e violação positiva do contrato 369

5. ARTIGO 477 DO CÓDIGO CIVIL: A EXCEÇÃO DE INSEGURIDADE 375

    5.1   Hipóteses de cabimento. Razão de ser do instituto. Diferenças em relação à exceção do contrato não cumprido (art. 476 do Código Civil) 376

    5.2   O requisito da diminuição patrimonial que comprometa ou torne duvidoso o adimplemento. A garantia a ser prestada para elidir a exceção 386

    5.3   Art. 495 do Código Civil: uma exceção de inseguridade diferenciada para o contrato de compra e venda? Análise da utilidade desse dispositivo 392

6. O DIREITO DE SUSPENDER O CUMPRIMENTO DA OBRIGAÇÃO EM FACE DO INADIMPLEMENTO DA PARTE CONTRÁRIA NOS PAÍSES DE *COMMON LAW*. A DOUTRINA DA *SUSPENSION OF PERFORMANCE*.. 403

    6.1   Caminhos distintos dos seguidos até aqui 403

    6.2   Reino Unido 407

    6.3   Estados Unidos 416

    6.4   Comparações finais. Common law e civil law 422

7. EXCEÇÃO DE CONTRATO NÃO CUMPRIDO: EXAME SEGUNDO OS POSTULADOS DA *LAW AND ECONOMICS* 423

    7.1   Análise Econômica do Direito e teoria contratual 424

    7.2   Quebra de contrato. Remédios disponíveis. A *exceptio* como alternativa de autotutela 431

        7.2.1   Indenizações (damages) e execução específica da obrigação (specific performance) 432

        7.2.2   Vantagens da exceptio, enquanto forma de autotutela (self-help remedy) 436

    7.3   Considerações finais do capítulo 440

8. EXERCÍCIO DA EXCEÇÃO DE CONTRATO NÃO CUMPRIDO EM JUÍZO. PRINCIPAIS REPERCUSSÕES NO PROCESSO CIVIL 443

    8.1   Noções prévias a respeito da exceção no Direito Processual 443

    8.2   A exceção de contrato não cumprido no processo de conhecimento 449

        8.2.1   Meio adequado de alegação 449

        8.2.2   A exceção de contrato não cumprido como meio de defesa para ações em que se pede o cumprimento da obrigação. Incompatibilidade lógica de sua arguição em ações de resolução do contrato 453

        8.2.3   Conhecimento de ofício e preclusão 456

        8.2.4   Resposta à exceção. Adimplemento substancial e exceptio 460

		8.2.5	Ônus da prova	463
		8.2.6	Consequências do acolhimento da exceptio: sentença de procedência ou improcedência?..	465
	8.3	A exceção de contrato não cumprido no processo de execução e na fase de cumprimento de sentença..		470
		8.3.1	Meios adequados de alegação..	470
		8.3.2	Conhecimento de ofício e preclusão	472
		8.3.3	Resposta à exceção	476
		8.3.4	Ônus da prova	476
		8.3.5	Decisão que acolhe a exceptio. Impactos na execução	476

CONCLUSÃO... 479

BIBLIOGRAFIA 487

INTRODUÇÃO

> «Au premier abord, la matière paraît tellement simple qu'on ne soupçonne même pas quelle difficulté pourrait bien s'élever à son sujet.»[1]
>
> (Raymond Saleilles)

a) A essência do instituto da exceção de contrato não cumprido pode ser explicada em poucas linhas: nos contratos bilaterais, qualquer das partes pode, desde que não obrigada a prestar primeiro, recusar a sua prestação enquanto a outra não efetuar a que lhe compete ou não oferecer o seu cumprimento simultâneo.

A razão de ser dessa defesa – um dos poucos instrumentos de autotutela ainda admitidos – também é quase autoevidente. Cada uma das partes, ao celebrar um contrato bilateral, obriga-se *por causa da, e na medida da*, respectiva contraprestação.

E não basta atribuir a cada contratante um direito de crédito em relação à respectiva contraprestação. É preciso "amarrar" um cumprimento ao outro, pois, no fundo, o que as partes desejam trocar são atribuições patrimoniais efetivas e não direitos de crédito em abstrato.

Nenhuma das partes está disposta, via de regra, a assumir o risco de cumprir integralmente em favor da outra, em troca apenas da possibilidade de exigir judicialmente, em momento posterior, o cumprimento da prestação correlata ou a restituição do que adiantou (com os ônus daí decorrentes e o risco de que a contraparte sequer tenha condições econômicas de, após condenada, satisfazer a obrigação ou promover a restituição).

É essa realidade – de como e por que as partes se envolvem em relações sinalagmáticas – que se impõe e torna a *exceptio non adimpleti contractus* um remédio admitido quase universalmente.

b) Por trás, porém, dessa aparente simplicidade e do caráter quase intuitivo do remédio, escondem-se dificuldades persistentes.

O instituto, de raízes tão antigas, a despeito de lapidado ao longo de dois milênios, aparece ainda imerso em dúvidas, cheio de sombras e contradições.

---

1. "À primeira vista, o assunto parece tão simples que nem se suspeita qual dificuldade possa surgir acerca dele." (Saleilles, Raymond. Du refus de paiement pour inexécution de contrat. In: *Étude de Droit Comparé*. Paris: A. Rousseau, 1893, p. 15).

Em doutrina, discute-se acerca de tudo: sua natureza; seu fundamento; suas funções; seu âmbito de aplicação. Os pontos de consenso são raros.

Na prática forense, por sua vez, em que pese muito invocado, é possível observar, com honrosas exceções, um preocupante desconhecimento de seu mecanismo de funcionamento, de seus pressupostos e efeitos.

Não raramente é confundido com o direito de retenção ou com a compensação. Com frequência é deduzido como defesa em ação de resolução, o que contraria sua natureza. Exige-se a simultaneidade dos vencimentos, quando, na verdade, basta que as obrigações sejam coetaneamente exigíveis no momento da arguição. Restringe-se, em algumas decisões, o cabimento do remédio aos descumprimentos referentes às obrigações principais do contrato, ignorando que deveres secundários, acessórios e de proteção podem ser igualmente relevantes para a realização do programa contratual. Isso apenas para citar alguns dos equívocos mais comuns.

c) A palavra-chave em matéria de exceção de contrato não cumprido é *reciprocidade* (ou *sinalagma*).

Causa e boa-fé também desempenham papeis relevantes, mas a essência do remédio, seu coração, está no sinalagma.

Compreende-se, assim, porque a história da exceção de contrato não cumprido confunde-se, em larga medida, com a narrativa do avanço do reconhecimento desse vínculo de reciprocidade e dependência entre as obrigações nos contratos bilaterais.

À medida que o Direito dos Contratos desprendeu-se do formalismo e da abstração iniciais para colocar o foco nos *reais interesses* que fundamentam o *consenso* nas relações de troca (uma parte só concorda em dar ou fazer algo em favor da outra por ter em mira o que será dado ou feito por esta, e vice-versa) e também na *ética* a elas subjacente (se "A" não cumpriu a palavra dada, por que exigir que "B" o faça?), cresceu *pari passu* a consciência da reciprocidade entre as obrigações e, com ela, a reboque, firmou-se a ideia de que não se pode obrigar alguém a cumprir em favor de quem ainda não cumpriu.

Os romanos, na feliz expressão de José João Abrantes, apenas "pressentiram" esse meio de defesa que viria a ser a *exceptio non adimpleti contractus*.[2] Movidos por razões de equidade, sempre presentes em seu espírito prático, foram levados a consagrar algumas aplicações mais urgentes e claras da interdependência funcional das obrigações sinalagmáticas, sobretudo em matéria de compra e venda. Nunca chegaram, porém, a desenvolver uma regra geral aplicável a todos os contratos bilaterais.

Os canonistas foram os primeiros a compreender, em maior plenitude, a reciprocidade ínsita aos contratos bilaterais. E o fizeram sobretudo sob um viés ético: quem assume um compromisso empenha a sua palavra e, portanto, deve manter-se fiel ao

---

2. Abrantes, José João. *A exceção de não cumprimento do contrato no direito civil português*: conceito e fundamento. Coimbra: Almedina, 1986, p. 15-16.

prometido, sob pena de não poder prevalecer-se de compromissos contratados em seu favor na mesma oportunidade. Essa ideia materializou-se em dois enunciados, que constituem o gérmen de uma regra geral aplicável a todas as relações sinalagmáticas:

> *"Frangenti fidem, non est fides servanda"* ("Para aquele que rompe a fé, a fé não é mais devida")
> *"Frustra sibi fidem quis postulat ab eo servari, cui fidem a se praestitam servare recusat"* ("É em vão que exigimos que se observe a palavra a alguém para quem nós mesmos não observamos a fé jurada").

Não obstante, foi o trabalho subsequente dos pós-glosadores, de unificação dos poucos fragmentos romanos existentes acerca da matéria e de conciliação desses excertos com os princípios mais evoluídos do Direito Canônico (v.g., boa-fé, respeito à palavra dada, consensualismo), que incorporou definitivamente a exceptio non adimpleti contractus ao ius commune europeu, tornando-a regra uniformemente aceita em todo o continente. Agora, a fórmula que se disseminaria seria a de Bartolo de Sassoferrato:

> *"Contractu ultro citroque obligatorio non potest effectualiter agi, nisi ab eo qui effectualiter totum contractum ex parte sua impleverit"* ("Em um contrato sinalagmático, o autor não pode demandar com sucesso se não cumpriu ou não ofereceu sua prestação.")

Posteriormente, com o trabalho dos pandectistas alemães do século XIX, o fundamento da *exceptio* irá migrar definitivamente de um eixo ético (leia-se: equidade e boa-fé) para a reciprocidade (sinalagma). Mais do que uma decorrência do dever de corretude e probidade perante o outro contratante, a *exceptio* passará a ser vista como uma consequência do liame funcional, de interdependência, entre as prestações do contrato, direcionada a manter o equilíbrio da relação e a incentivar o atingimento de suas finalidades. Foi com este perfil mais técnico que ela ingressou nas codificações tardias, como o B.G.B. e o Código Civil Brasileiro de 1916.

Este escorço histórico, fundamental para a adequada compreensão do instituto, será o tema do primeiro capítulo da tese.

d) Embora os romanos não tenham sequer se aproximado da maturidade do instituto, um legado muito significativo foi por eles deixado no que toca à estrutura e ao mecanismo de funcionamento do remédio, qual seja sua concepção como *exceção material (ou substancial)*.

Com efeito, as formas mais remotas, no Direito Romano, de lidar com o problema de quem cobra sem ainda ter prestado foram duas *exceptiones*: a *exceptio mercis non traditae* e a *exceptio doli*.

Em um sistema jurídico de base processual como o romano – assentado não no reconhecimento geral e abstrato de direitos, mas na atribuição de *actiones* –, as *exceptiones* constituíam o contraponto destas, isto é, defesas processuais carregadas de direito material.

Introduzidas no sistema pela atividade dos pretores, as *exceptiones* não negavam a existência do direito do autor, mas tinham o efeito de bloquear a *actio*, em situações nas quais a aplicação rigorosa de um direito abstratamente albergado pelo *ius civile* se mostrasse iníqua em concreto.

Essa figura transpôs séculos de história, sobrevivendo à Idade Média, para sofrer uma reestruturação com o pandectismo: assim como a *actio* romana foi lentamente convertida na *pretensão*, as *exceptiones* foram paulatinamente transmutadas nas *exceções materiais* ou *substanciais*.

Destarte, o binômio romano *actio-exceptio*, de natureza processual, converteu-se no binômio moderno *pretensão-exceção*, de índole material.

Porém, nesse processo, as exceções materiais não perderam a característica fundamental do mecanismo de funcionamento das *exceptiones*: elas continuam a atuar no sentido não de negar ou fulminar o direito, a pretensão ou a ação material do autor, mas de "paralisar" ou "encobrir" a eficácia destes, definitiva ou temporariamente.

E, assim agindo, as exceções materiais enquadram-se no gênero dos *contradireitos*: figuras que ostentam a peculiar condição de serem posições jurídicas *ativas* que se exercem *defensivamente* contra direitos, pretensões ou ações materiais, porém sem negar a existência deles.

Pois é exatamente o que ocorre na exceção de contrato não cumprido, espécie de exceção material e, portanto, de contradireito. A pretensão do autor não é negada pela *exceptio*, apenas tem a sua eficácia encoberta, *se* e *quando* o demandado a opõe legitimamente, *enquanto* não ofertada a contraprestação pelo demandante.

Afinal, quem tem pretensão pode exigir, independentemente de já ter contraprestado. Agora, se exige sem ter contraprestado, fica sujeito à oposição da exceção de contrato não cumprido, com sua eficácia paralisante, enquanto não disponibilizar o que lhe compete.

Esta visão cindida ou atomística do fenômeno, marcada por posições jurídicas ativas opostas (pretensão/exceção, derivadas historicamente do binômio *actio/exceptio*), algo artificial e contraintuitiva, é fonte, como se verá, de muitas das dificuldades que cercam o instituto da exceção de contrato não cumprido. Mas, ao mesmo tempo, também dita muitas soluções para os problemas de aplicação prática da ferramenta.

Daí a necessidade de examinar a fundo a categoria dos contradireitos, e, entre estes, as exceções materiais em particular, a fim de bem compreender o mecanismo de funcionamento da exceção de contrato não cumprido. E, dentro da classe das exceções materiais, impende analisar suas várias subdivisões (exceções dilatórias e peremptórias; dependentes e independentes; pessoais e comuns), pois o enquadramento da exceção de contrato não cumprido em cada uma delas revela-se método extremamente profícuo para aclarar as principais características e efeitos do remédio. Tudo isso será feito no segundo capítulo, dedicado à análise *estrutural* do instituto.

e) A evolução dogmática da *exceptio* não se encerra com a introdução de regras gerais nos Códigos Civis, a exemplo do §320 do BGB, do art. 476 do Código Civil Brasileiro ou do art. 1.460 do Código Civil Italiano, corte temporal que encerra o primeiro capítulo. A bem da verdade, tais regras, por serem muito genéricas, são absolutamente insuficientes para permitir entender *por que, para que* e *quando* a exceção de contrato não cumprido é cabível. Para confirmar essa conclusão, basta pensar na simplicidade do único artigo que trata do tema no Código Civil Brasileiro, o já referido art. 476:

> Art. 476. Nos contratos bilaterais, nenhum dos contratantes, antes de cumprida a sua obrigação, pode exigir o implemento da do outro.

Fácil perceber que nenhum "*hard case*" referente à matéria – v.g., aplicação da *exceptio* entre obrigações de contratos diferentes, porém coligados; possibilidade de invocar o inadimplemento de dever acessório para justificar o inadimplemento da obrigação principal; cabimento da *exceptio* em contratos plurilaterais – pode ser solucionado mediante simples raciocínio silogístico a partir desse dispositivo.

E são justamente esses casos "difíceis" que se apresentam nos tribunais com maior frequência nos dias de hoje, até porque pouco provável que, tendo sido convencionado o cumprimento simultâneo, uma das partes se aventuraria a cobrar em juízo a prestação da parte adversa sem ter cumprido sequer parte do pactuado ou sem se disponibilizar a fazê-lo (situação de incidência clara da exceção de contrato não cumprido). Para a solução dos problemas aludidos no parágrafo anterior e de tantos outros, a regra do art. 476 do Código Civil não é suficiente, sendo imprescindível retornar às bases do instituto, que residem nas noções de *sinalagma, causa concreta e boa-fé objetiva*.

Cada um desses elementos exerce papel diverso em relação à *exceptio non adimpleti contractus*, que se complementam, porém, entre si.

O sinalagma, enquanto liame de interdependência que se estabelece entre as prestações, constitui o próprio *fundamento* da exceção de contrato não cumprido. É justamente porque as partes obrigaram-se reciprocamente, uma prestação em função da outra, que uma delas não pode exigir o cumprimento da parte adversa sem ter antes cumprido o que lhe compete ou oferecido o cumprimento simultâneo.

Se de um lado é certo que nem todos os deveres derivados de um contrato integram o sinalagma, compondo relação de correspectividade com os deveres da parte contrária, por outro também parece evidente que o sinalagma não abrange apenas as prestações ditas principais do contrato, como se pensava até pouco tempo. Daí porque, embora o sinalagma constitua conceito "em expansão" no que toca aos deveres que o compõem, é certamente um conceito cujos limites precisam ser muito bem definidos, pois eles marcam o cabimento ou não dos remédios sinalagmáticos, entre os quais a exceção de contrato não cumprido.

Já a causa concreta, enquanto unidade de finalidades e interesses essenciais das partes, fornece a própria *"medida" do cabimento em concreto* da exceção de contrato não cumprido. Por duas razões, fundamentalmente. Primeiro, porque a invocação deste remédio só se legitima quando o descumprimento alegado pelo excipiente atingir o núcleo funcional do contrato constituído pela causa concreta – vale dizer, quando o descumprimento interferir significativamente na economia do negócio. Segundo, porque, cumulativamente, exige-se proporcionalidade entre os deveres inadimplidos (pelo excepto e pelo excipiente), à luz justamente da relevância de ambos para o atingimento da causa concreta (dito de outra forma, para que a oposição da exceção seja cabível, é preciso que a prestação descumprida pelo excepto ostente relevância semelhante para a promoção do programa contratual em cotejo com a prestação cuja exigibilidade o excipiente pretende suspender).

O estudo conjugado desses dois elementos (sinalagma e causa concreta) permitirá definir o âmbito de incidência do remédio (se vale apenas para contratos bilaterais perfeitos, ou se também se aplica a bilaterais imperfeitos, plurilaterais, obrigações recíprocas derivadas de sentença judicial; se pode ser invocado apenas para as obrigações principais de um contrato, ou se, ao invés, o descumprimento de deveres acessórios também pode, eventualmente, legitimar a *exceptio* etc.).

Por fim, à boa-fé objetiva está reservado, sobretudo, papel de *imposição de limites* (estabelecendo os pontos para além dos quais o emprego do contradireito deixa de ser uma arma legítima de autodefesa para assumir foros de exercício inadmissível de posição jurídica, na forma das várias figuras parcelares já conhecidas [em especial "suppressio", "surrectio", "nemo auditur propriam turpitudinem allegans" e desequilíbrio no exercício jurídico]).

Em suma: o primeiro é o fundamento, o segundo é a medida do cabimento e o terceiro impõe limites.

A relação destes três eixos (sinalagma, causa concreta e boa-fé objetiva) com a exceção de contrato não cumprido é o tema do terceiro capítulo. Se o anterior fez a análise estrutural do instituto, este é predominantemente *funcional*, constituindo, penso, o núcleo da tese.

Como decorrência das conclusões firmadas no capítulo terceiro, serão definidos, no capítulo quarto, os requisitos do instituto, que já adiantamos serem três, conforme a linha aqui adotada:

1) Os deveres de prestar do excipiente e do excepto precisam ser sinalagmáticos ou correspectivos entre si;

2) Os deveres de prestar do excipiente e do excepto precisam ser contemporaneamente exigíveis no momento do exercício da exceção;

3) O incumprimento do excepto, que não pode ser imputável ao excipiente, deve atingir o núcleo funcional do contrato representado pela causa concreta

e guardar relação de proporcionalidade adequada com a prestação que está sendo demandada do excipiente.

f) O capítulo seguinte, o quinto, é destinado ao estudo de outra exceção material dilatória, de requisitos um pouco diferentes. Trata-se da chamada "exceção de inseguridade", regulamentada no art. 477 do Código Civil:

> Art. 477. Se, depois de concluído o contrato, sobrevier a uma das partes contratantes diminuição em seu patrimônio capaz de comprometer ou tornar duvidosa a prestação pela qual se obrigou, pode a outra recusar-se à prestação que lhe incumbe, até que aquela satisfaça a que lhe compete ou dê garantia bastante de satisfazê-la.

Exceção de contrato não cumprido e exceção de inseguridade são remédios complementares entre si. Ambas servem à proteção do sinalagma funcional, porém sob perspectivas diversas, marcadamente em função de um aspecto temporal: enquanto a primeira pressupõe que as obrigações sejam coetaneamente exigíveis, a segunda demanda que uma das partes esteja obrigada a prestar primeiro. Onde uma é cabível, a outra não é.

O estudo da exceção de inseguridade, isoladamente considerado, poderia ser matéria para outra tese, mercê da riqueza do tema. Todavia, entendeu-se necessário aqui tratar de ambas as exceções conjuntamente, pois o estudo de uma elucida o da outra, além de, na essência, a exceção de inseguridade não ser nada mais, inclusive historicamente, do que um desdobramento da exceção de contrato não cumprido, voltado para circunstâncias excepcionais (diminuição expressiva do patrimônio do excepto) em que, a despeito de as obrigações não serem simultaneamente exigíveis, justifica-se a aplicação do mesmo mecanismo e raciocínio dilatório da exceção de contrato não cumprido.

g) O capítulo sexto é destinado a descrever como os países de *common law*, onde não existe a figura da exceção de contrato não cumprido, com esse nome e com a estrutura até aqui descrita, lidam com o problema de uma parte, nos contratos bilaterais, exigir a prestação da parte contrária sem ter cumprido ou disponibilizado o que lhe compete.

Sem compartilhar da evolução histórica narrada no primeiro capítulo, os ingleses apenas muito tardiamente (fins do século XIX) passaram a tutelar a dependência entre as obrigações dos contratos bilaterais. O caminho para tanto não foram, porém, o sinalagma, a causa ou a boa-fé, como nos países de *civil law*, mas o reconhecimento de "condições fictas" ou "condições tácitas" a relacionar o cumprimento de uma obrigação ao cumprimento da outra.

Quando essa forma de autotutela é admitida nos países de *common law* – a ressalva é necessária pois até hoje inexiste uma regra geral nesse sentido –, ela recebe diferentes denominações, todas atreladas à ideia de cumprimento ("performance") da obrigação: "suspension of performance", "defense of nonperformance" e "right to withhold performance".

h) O capítulo sétimo tem o objetivo de aplicar a metodologia e as ferramentas da "Law and Economics" ao estudo da exceção de contrato não cumprido. Comparam-se, em termos de eficiência, os remédios que costumam ser disponibilizados pelos ordenamentos para as hipóteses de inadimplemento contratual (resolução do contrato cumulada com perdas e danos; execução específica da obrigação e a própria exceção de contrato não cumprido). Ao fim, são apontadas as vantagens da *exceptio* enquanto forma de autotutela: *(i)* incentivo ao cumprimento do contrato na forma originalmente pactuada; *(ii)* preservação do equilíbrio entre as partes, tanto sob o aspecto quantitativo (ou ambas são induzidas a cumprir suas prestações, ou pelo menos assegura-se que uma delas não será obrigada a cumprir a sua sem o recebimento da contrapartida), como sob o aspecto cronológico (evitando que a parte inocente seja obrigada a prestar antes da outra, o que, economicamente, equivale a fornecer-lhe crédito pelo intervalo entre o cumprimento das duas obrigações); *(iii)* rapidez e baixo custo, notadamente quando em comparação com as ações judiciais de resolução do contrato cumulada com perdas e danos e de execução específica da obrigação.

i) O oitavo e derradeiro capítulo é dedicado ao estudo do exercício da exceção de contrato não cumprido em Juízo.

O instituto, que teve sua gênese no processo formulário romano, não dispensa, para sua adequada compreensão, o estudo de sua interface com o processo civil.

Afinal, salvo quando invocada extrajudicialmente – o que é permitido, na medida em que lícito seu emprego em regime de autotutela – é no processo que essa forma de defesa é exercida.

Enquanto típica exceção material, a exceção de contrato não cumprido apresenta, vale lembrar, a peculiar condição de ser uma posição jurídica ativa, porém de função defensiva. E, enquanto defesa, ainda ostenta um segundo diferencial: não nega, extingue, modifica ou impede o direito contra a qual se volta, mas apenas paralisa temporariamente a eficácia da pretensão do demandante.

Dessa configuração muito particular – meio-caminho entre uma mera objeção de fato e um contra-ataque reconvencional –, surgem várias questões processuais relevantes: a necessidade ou não de provocação do interessado para o exercício da exceção; a consequência de sua não arguição em termos de preclusão; o momento e o meio adequados para o exercício; as eventuais posturas reativas à disposição do excepto; o ônus da prova dos fatos alegados como *causae excipiendi*; como lidar com a alegação de que a exceção de contrato não cumprido foi arguida legitimamente em momento anterior ao processo, em âmbito extrajudicial; a relação entre exceção de contrato não cumprido e demanda de resolução; a solução a ser dada pelo órgão jurisdicional (procedência ou improcedência) quando acolhe a exceção de contrato não cumprido; as particularidades do exercício da exceção na fase ou no processo de execução; a distribuição dos ônus da sucumbência; entre outros assuntos.

A exceção de contrato não cumprido consubstancia um dos mais belos exemplos de interação entre direito processual e direito material – uma prova viva da instrumentalidade do processo. Oportunidade ímpar de, à luz de tudo que se estudou sobre este remédio no plano material, tentar conformar o procedimento de modo que bem possa servir a seu fim maior, de proteção do sinalagma funcional do contrato.

1
A *EXCEPTIO NON ADIMPLETI CONTRACTUS* NA HISTÓRIA

A história da exceção de contrato não cumprido praticamente se confunde com a do próprio contrato.

E nem poderia ser diferente, considerando que, na aplicação desta forma de defesa, interagem alguns dos elementos mais centrais da teoria contratual, como é o caso notadamente do sinalagma, da causa e da boa-fé.

À medida que estes elementos (sinalagma, causa e boa-fé) ascendiam em importância, não só se alterava o próprio conceito histórico de contrato, como também crescia a consciência quanto à necessidade de preservar o equilíbrio entre as partes nos negócios que envolvessem prestações recíprocas, função primordial daquilo que um dia viria a ser a *exceptio non adimpleti contractus*.

Quando o formalismo imperava no Direito Romano arcaico e os contratos eram todos solenes, abstratos e unilaterais, não havia espaço para cogitar de qualquer remédio análogo ao que hoje se entende por exceção de contrato não cumprido. Um exemplo evidencia os entraves então existentes: antes do surgimento da compra e venda como contrato consensual e bilateral, os romanos valiam-se de duas *stipulatios* para realizar operação econômica equivalente (uma pela qual o vendedor prometia entregar a coisa ao comprador; outra pela qual o comprador prometia pagar o preço ao vendedor). Geravam-se, dessa forma, dois contratos unilaterais e abstratos, com obrigações independentes uma da outra, não podendo o comprador, quando demandado pelo vendedor, justificar o não pagamento do preço com base na não entrega da coisa, e vice-versa.[3] Em suma, a própria estrutura do que se entendia por contrato, nesse momento histórico, não comportava um remédio como a *exceptio non adimpleti contractus*.

Posteriormente, com o surgimento dos primeiros contratos bilaterais e causais, crescerá entre os jurisconsultos romanos a consciência da interdependência das obrigações recíprocas deles derivadas. Em decorrência, admitir-se-á, progressivamente, por obra sobretudo dos pretores, que uma das partes, em circunstâncias específicas e pontuais ditadas pela boa-fé (*bona fides*) e pela equidade (*aequitas*),

---

3. Moreira Alves, José Carlos. *Direito Romano*, v. II. 6. ed. Rio de Janeiro: Forense, 2000, p. 157; Williston, Samuel. Dependency of mutual promises in the civil law. *Harvard Law Review*, v. 13, n. 2, 1899, p. 80; Cesar, José A. *Sobre os efeitos dos contratos bilaterais*. Campinas: Typ. da Casa Genoud, 1914, p. 10.

recuse o cumprimento de sua obrigação ante o inadimplemento da obrigação da contraparte. Era o embrião do que, séculos depois, na Idade Média, receberia o nome de *exceptio non adimpleti contractus*.

Tudo isso é dito aqui, em caráter introdutório, apenas para evidenciar o quanto a história da *exceptio* está atrelada à evolução do próprio contrato, em grande medida por conta de um eixo transformador comum, constituído pelas noções de causa, sinalagma e boa-fé.

A evolução da *exceptio*, contudo, como se verá, não foi nem tranquila, nem linear.

Como adverte Menezes Cordeiro, uma das dificuldades que sempre permeou o estudo da *exceptio* reside na velha técnica ocidental de pensar o Direito a partir de posições jurídicas individuais, seja pelo método das *actiones* no Direito Romano, seja por meio, posteriormente, da sistemática de direitos subjetivos. Essa forma de lidar com as questões contratuais, a partir da atribuição de *actiones* ou de direitos subjetivos a cada contratante lesado isoladamente, dificultou o tratamento de situações *estruturalmente recíprocas*, como é o caso da exceção de contrato não cumprido. Isso explica por que, segundo o autor, malgrado a expressão latina *exceptio non adimpleti contractus*, o instituto só tenha surgido verdadeiramente, como regra geral, no século XIII, suscitando dúvidas até nossos dias.[4]

A reciprocidade é tão central no instituto da *exceptio* que esta deveria ter, segundo Catherine Malecki, outro nome: *exceção do sinalagma não executado*. A opção por "contractus", ao invés de sinalagma, segundo a mesma autora, foi obra dos canonistas, que tinham preferência por termos latinos.[5] Além disso, nas compilações justinianeias, sempre que as fontes originais mencionavam o termo grego "sinalagma", em referência à ideia aristotélica de troca ou transação,[6] este foi convertido para

---

4. Menezes Cordeiro, António. *Tratado de direito civil*, v. IX – Direito das obrigações: cumprimento e não-cumprimento, transmissão, modificação e extinção. 3. ed. Almedina: Coimbra, 2017, p. 274.
5. Malecki, Catherine. *L'exception d'inexécution*. Paris: LGDJ, 1999, p. 02.
6. O termo "sinalagma" provém do grego συναλλαγμα, que significa acordo ou transação (Cantarella, Eva. Obbligazione [diritto greco]. In: "Novissimo Digesto Italiano, v. 11, Torino, 1968, p. 547). Na Ética a Nicômaco, Aristóteles utilizou o termo συναλλαγμα para referir-se tanto às transações voluntárias (contratos), como às transações involuntárias (ilícitos em geral), que juntas, na sua sistemática, compõem a *justiça corretiva*: "A outra forma fundamental é a corretiva e aplica-se nas *transações* entre os indivíduos. Esta é, por sua vez, bipartida, conforme diga respeito a *transações* voluntárias ou involuntárias." (*Ética a Nicômaco*, trad. António de Castro Caeiro, São Paulo: Atlas, 2009, p. 108). Interessante observar que, na edição bilíngue grego-inglês de Rackham, o termo συναλλαγμα também foi traduzido, nessas mesmas passagens, por *"transactions"* (*The Nicomachean Ethics*, trad. H. Rackham, V, ii, 13, p. 266–67).
Vale lembrar que, na classificação de Aristóteles, a justiça manifesta-se de duas formas fundamentais. A *justiça distributiva* diz respeito à distribuição de dinheiro, honrarias e outros bens pelo Estado entre os membros da comunidade, de acordo com o mérito e as contribuições de cada um. A *justiça corretiva*, por sua vez, aplica-se nas transações entre os particulares, que, como já dito, podem ser voluntárias (compra e venda, locação, empréstimo etc.) ou involuntárias (ilícitos em geral) (*Ética a Nicômaco*, trad. António de Castro Caeiro, São Paulo: Atlas, 2009, p. 108). A justiça corretiva observa apenas o *princípio da igualdade*. O objetivo do juiz será sempre restabelecer o *equilíbrio* rompido, seja pelo ato ilícito praticado, seja pelo descumprimento do contrato. Confira-se, nas palavras do próprio Filósofo: "A justiça, contudo, que se aplica às transações particulares observa o princípio da igualdade. [...] O juiz tentará equilibrá-los ao fazer

"contractus". Por força desses fatores, o instituto passou a sustentar, especialmente na língua portuguesa (exceção de contrato não cumprido), nome que pouco revela acerca de sua verdadeira essência.

Os canonistas e pós-glosadores serão os primeiros a compreender, em sua plenitude, a reciprocidade entre as obrigações derivadas dos contratos bilaterais. Serão os primeiros igualmente a extrair dessa interdependência a *exceptio non adimpleti contractus* como instrumento geral de justiça corretiva aristotélica: uma forma de impedir o desequilíbrio estrutural que adviria se fosse permitido a um contratante exigir o cumprimento da parte adversa sem antes cumprir ou ao menos disponibilizar sua prestação.[7]

Daí porque, em grande medida, como se verá, a história da exceção de contrato não cumprido é a história do reconhecimento dessa relação de reciprocidade e causalidade entre as obrigações.

O presente capítulo está dividido em quatro itens. O primeiro descreve a evolução do tema no Direito Romano: da total independência entre as obrigações no período arcaico e início do período clássico, até a criação de soluções pontuais, fundadas na boa-fé e na equidade, que autorizavam o devedor, em determinadas circunstâncias, a recusar o cumprimento da obrigação enquanto a parte adversa também não disponibilizasse a devida contrapartida, processo este que se desenrolou a partir do fim do período clássico, aprofundando-se no pós-clássico. No segundo item, analisa-se como canonistas e pós-glosadores, a partir das fontes romanas (e, portanto, das soluções pontuais referidas), chegaram, no decorrer da Idade Média, a uma regra geral aplicável a todos os contratos bilaterais, qual seja a *exceptio non adimpleti contractus*. No terceiro, descreve-se o caminho percorrido pelo instituto, especialmente na França e na Alemanha, entre o início da Era Moderna e as grandes codificações dos séculos XIX e XX. Por fim, no quarto e último item, faz-se breve análise acerca de seu desenvolvimento no Direito luso-brasileiro.

---

pagar a multa ou retirar o ganho para ressarcir a perda. [...] O igual, que nós dizíamos ser a justiça, é o meio entre aqueles extremos, de tal sorte que a justiça corretiva é o meio termo entre os extremos perda e ganho." (Ibidem, p. 110-111).

Como se percebe, a ideia de sinalagma em Aristóteles, no que toca às transações voluntárias, não está atrelada apenas à necessidade de manter o equilíbrio no nascedouro do contrato (sinalagma genético), mas também à necessidade de mantê-lo durante a fase de cumprimento (sinalagma funcional). Sob esse último aspecto, o juiz deve agir tanto no sentido de [i] corrigir o desequilíbrio que deriva da inexecução por uma das partes (obrigando-a a prestar ou restabelecendo as partes ao *status quo ante*, mediante a resolução do negócio), como também no sentido de [ii] impedir a situação de desequilíbrio que adviria do fato de um contratante poder exigir o cumprimento da parte adversa sem antes cumprir a sua parte na avença (preocupação subjacente ao instituto da exceção do contrato não cumprido). Como afirma Catherine Malecki, "mesmo entre os gregos, já era admitido que a noção de sinalagma não exprimia apenas a reciprocidade concebida pelas partes no momento da formação do contrato, evocando também uma concepção funcional da reciprocidade, atenta ao desequilíbrio econômico provocado pela primeira inexecução. Isto contribuirá para demonstrar que a reciprocidade das obrigações está intrinsicamente ligada também à execução do contrato." (Malecki, Catherine. Op. cit., p. 03).

7. Ibidem, p. 02.

1.1 DIREITO ROMANO

Primeiramente, deve-se ter em mente que *exceptio non adimpleti contractus* e *exceptio non rite adimpleti contractus* são expressões que não aparecem nas fontes romanas, tendo sido cunhadas em momento posterior, por pós-glosadores e canonistas.[8]

Tampouco conheceram os romanos o instituto em si, como uma defesa genericamente admitida para os contratos bilaterais, fundada no sinalagma obrigacional, como viria a ser, séculos depois, a *exceptio non adimpleti contractus*. Embora tenham estendido progressivamente, como se verá, as hipóteses em que um dos contratantes podia se recusar a cumprir a sua prestação enquanto o outro permanecesse inadimplente, fato é que essas soluções sempre foram pontuais, nunca chegando a erigir uma regra geral nesse sentido.[9] Isso se deve ao fato de, segundo Henri Capitant, o Direito Romano nunca ter captado claramente todas as consequências da conexidade das obrigações derivadas do contrato sinalagmático.[10]

O português José João Abrantes foi feliz ao afirmar, nessa linha, que os jurisconsultos romanos dos períodos clássico e pós-clássico apenas "pressentiram" o meio de defesa que, mais tarde, viria a ser conhecido como *exceptio non adimpleti contractus*. Sem ter uma visão clara de por que admitiam em hipóteses específicas a recusa do cumprimento da obrigação nessas circunstâncias, e sem chegar a uma regra geral nesse sentido, os jurisconsultos romanos, movidos por razões de equidade e boa-fé, sempre presentes em seu espírito prático, foram levados a consagrar algumas aplicações mais urgentes e claras da ideia de interdependência funcional das obrigações sinalagmáticas, sobretudo em matéria de compra e venda.[11]

Cumpre analisar de forma detalhada essa evolução.

---

8. Cassin, René. *De l'exception tirée de l'inexécution dans les rapports synallagmatiques (exceptio non adimpleti contractus) – et de ses relations avec le droit de rétention, la compensation et la résolution*. Paris: Recueil Sirey, 1914, p. 01; Pontes de Miranda, Francisco Cavalcanti. *Tratado de direito privado*. Campinas: Bookseller, 2003, t. XXVI, p. 120; Serpa Lopes, Miguel Maria de. *Exceções substanciais*: exceção de contrato não cumprido. Rio de Janeiro: Freitas Bastos, 1959, p. 138; Ourliac, Paul; Malafosse, Jehan de. *Histoire du droit privé*, v. I: Les obligations. 2ᵉ éd. Paris: Presses Universitaires de France, 1969, p. 272-273.
9. Serpa Lopes, Miguel Maria de. Op. cit., p. 138; Cassin, René. Op. cit., p. 01; Menezes Cordeiro, António. *Tratado de direito civil*, v. IX – Direito das obrigações: cumprimento e não-cumprimento, transmissão, modificação e extinção. 3. ed. Almedina: Coimbra, 2017, p. 279; Gagliardi, Rafael Villar. *Exceção de contrato não cumprido*. São Paulo: Saraiva, 2010, p. 30.
10. Capitant, Henri. *De la cause des obligations – Contrats, engagements unilatéraux, legs*. 3ᵉ éd. Paris: Librairie Dalloz, 1927, p. 261.
11. Abrantes, José João. *A exceção de não cumprimento do contrato no direito civil português*: conceito e fundamento. Coimbra: Almedina, 1986, p. 15-16; Capitant, Henri. Op. cit., p. 261.

1.1.1 Período arcaico e início do período clássico: obrigações autônomas entre si

Os primeiros contratos admitidos no período arcaico (séculos VIII a II a.C.) eram todos solenes,[12] dos tipos *verbis*[13] e *litteris*[14]. Tinham em comum, afirma René Cassin, o fato de serem unilaterais, sendo uma das partes apenas credora e a outra apenas devedora, de forma que nem era possível cogitar de reciprocidade entre obrigações. Não se admitia, ainda, em nenhuma circunstância, que o devedor pudesse se recusar a cumprir o contrato com base em obrigações assumidas pelo credor em outro contrato, onde as posições estivessem invertidas. Afirmada a existência do contrato e evidenciado o inadimplemento, a condenação era certa.[15]

Em outras palavras, os tipos de vinculações contratuais inicialmente reconhecidos no Direito Romano sequer eram estruturalmente aptos, por serem unilaterais, a dar suporte ao manejo de algo semelhante à exceção do contrato não cumprido, a qual pressupõe bilateralidade.[16]

O exemplo mais marcante desses primeiros contratos – solenes e unilaterais – foi certamente a *stipulatio*.

A *stipulatio* era um contrato verbal, celebrado por meio de perguntas e respostas, manifestadas mediante fórmulas sacramentais, entre o futuro credor (*stipulator*; *stipulans*; *reus stipulandi*) e o futuro devedor (*promissor*; *reus promittendi*). Originariamente, a pergunta e a resposta se faziam oralmente na forma da *sponsio*, como no

---

12. Como lecionam Alexandre e Gaetano Sciascia, todos os atos jurídicos do período arcaico, e não só os contratos, apresentavam caráter sacramental. A função desempenhada pelos ritos solenes nesse contexto primitivo, segundo os autores, era a de atestar publicamente a realização e o conteúdo dos atos jurídicos. A intenção das partes devia amoldar-se, assim, aos tipos contratuais existentes e às suas respectivas palavras sacramentais, sendo que, em caso de divergência, predominavam as palavras sacramentais (*Manual de direito romano*, v. I. 2. ed. Saraiva: São Paulo, 1953, p. 274). Nesse período em que a forma era o elemento preponderante, afirma Pasquale Voci, o acordo de vontades não era mais do que um "pressuposto de fato" do contrato (La dottrina del contratto nei giuristi romani dell'età classica. In: Archi, Gian Gualberto [a cura di]. *Scritti di diritto romano in onore di Contardo Ferrini*. Milano: Ulrico Hoepli, 1946, p. 387).
13. Os contratos verbais eram aqueles que se constituíam mediante a prolação de palavras solenes (*obligationes verbis contractae*). Referindo-se a esses contratos, Gaio (Inst., III, 92) salienta que se celebravam mediante uma pergunta e uma resposta, o que se verificava, por exemplo, na *stipulatio* e no *nexum* (Moreira Alves, José Carlos. *Direito Romano*, v. II. 6. ed. Rio de Janeiro: Forense, 2000, p. 137; Correia, Alexandre; Sciascia, Gaetano. Op. cit., p. 283).
14. Os contratos literais eram aqueles em que as obrigações resultavam da escrita diretamente. São, em geral, mal conhecidos, dada a escassez de fontes a seu respeito. São exemplos o *nomen transcripticium* (utilizado para fazer uma novação subjetiva ou objetiva, mediante lançamentos em um livro-caixa do *pater familias*), os síngrafos e os quirógrafos (estes últimos de origem grega, utilizados por estrangeiros, consistindo na assinatura de documentos que atestavam uma dívida e valiam como ato abstrato). Não confundir esses contratos literais, solenes, nos quais a obrigação nascia diretamente de escritos formais, com o costume progressivamente adotado pelos romanos de utilizar instrumentos escritos para fazer *prova* de contratos verbais (*stipulatio*) ou consensuais (como a compra e venda e a locação). (Moreira Alves, José Carlos. *Direito Romano*, v. II. 6. ed. Rio de Janeiro: Forense, 2000, p. 145-154; Correia, Alexandre; Sciascia, Gaetano. Op. cit., p. 286-287).
15. Cassin, René. Op. cit., p. 1-2.
16. Serpa Lopes, Miguel Maria de. Op. cit., p. 138.

exemplo seguinte, dado por Moreira Alves: *"Centum mihi dares spondeo?"* (Prometes dar-me cem?), ao que se seguia a resposta *"Spondeo"* (Prometo).[17]

A *stipulatio* era negócio jurídico abstrato, de forma que, proferidas as palavras sacramentais, seus efeitos jurídicos se produziam, independentemente de causa.[18] Isso não quer dizer que não existisse causa – afinal, ninguém promete por prometer, sem mirar uma determinada finalidade prática – apenas que essa finalidade era indiferente à validade do negócio jurídico.[19]

A ação que nascia da *stipulatio*,[20] a chamada *actio ex stipulatu*, era de *direito estrito*, o que significa que o *iudex* estava adstrito a condenar ou absolver o réu com base apenas na verificação de a promessa ter sido feita ou não nos moldes sacra-

---

17. Moreira Alves, José Carlos. *Direito Romano*, v. II. 6. ed. Rio de Janeiro: Forense, 2000, p. 137.
18. A observância da forma é o elemento central dos negócios abstratos, sendo possível afirmar que todo negócio jurídico abstrato é solene (embora nem todo negócio solene seja abstrato) (Moreira Alves, José Carlos. *Direito Romano*, v. I. 12. ed. Rio de Janeiro: Forense, 1999, p. 153). Como esclarece Antônio Junqueira de Azevedo, o negócio abstrato "pode ser definido como aquele cujos efeitos jurídicos se produzem independentemente de causa; ele tem, portanto, causa, mas sua causa é juridicamente irrelevante para a validade ou eficácia; ele se caracteriza pela forma, e não pelo conteúdo; tem *forma típica*." (*Negócio jurídico*: existência, validade e eficácia. 4. ed. São Paulo: Saraiva, 2007, p. 141). Prossegue o mesmo autor afirmando que tanto os negócios abstratos têm objeto, quanto os causais têm forma (os causais, inclusive, podem até mesmo ter forma solene, mas, ainda assim, não se *caracterizam* pela forma). Se, em um negócio causal, falta a forma solene prescrita em lei, a consequência será a *nulidade*; se, porém, no ato abstrato, falta alguma formalidade, enquanto elemento categorial, a consequência será a *inexistência enquanto negócio daquele tipo* (Ibidem, p. 140).
19. Moreira Alves, José Carlos. *Direito Romano*, v. I. 12. ed., Rio de Janeiro: Forense, 1999, p. 154.
20. Nesse ponto, convém lembrar que o sistema jurídico romano tinha base processual, isto é, assentava não no reconhecimento geral e abstrato de posições jurídicas (direitos subjetivos, direitos potestativos etc.), mas, sim, na atribuição concreta de ações. No caso analisado da *stipulatio*, por exemplo, não se via o credor como titular de um direito subjetivo perante o devedor, mas como detentor de uma ação, a *actio ex stipulatu*. (Menezes Cordeiro, António. *Da boa-fé no direito civil*. Coimbra: Almedina, 2007, p. 71). Tanto isso é verdade que, enquanto modernamente os direitos patrimoniais são classificados em reais e pessoais, os romanos faziam a mesma distinção no plano processual, com a dicotomia *actio in rem* e *actio in personam* (Moreira Alves, José Carlos. *Direito Romano*, v. II. 6. ed. Rio de Janeiro: Forense, 2000, p. 1). Como afirma Cândido Rangel Dinamarco, "a *actio* romana era muito mais que a *ação* do direito moderno. A prioridade histórica da jurisdição revelou-se na instituição de meios de proteção às pessoas em casos individualizados, antes do estabelecimento de leis com caráter genérico e abstrato. É muito conhecida a técnica de publicação de *editos*, nos quais o pretor tipificava rigorosamente as situações em que estaria disposto a conceder tutela (*actionem dabo – darei ação*). Sem regras gerais imponíveis a todos, nos períodos iniciais os romanos desconheciam o conceito de *jus* e só se valiam da *actio*, definida como o *jus quod sibi debeatur in judicio persequendi*. Nesse contexto, vista com os olhos da cultura atual, *actio* era muito mais que *ação* – era conceito intrincadamente sincrético, que fundia em si os conceitos de direito subjetivo e do direito de buscar sua satisfação por via judicial." (Dinamarco, Cândido Rangel. *Instituições de direito processual civil*, v. II. 7. ed. Malheiros: São Paulo, 2017, p. 373) Decorrência desse sistema era a *tipicidade* estrita das pretensões, fora das quais não se alcançava proteção jurídica. Esclarece nesse sentido Judith Martins Costa: "Fundamentalmente, a jurisdição romana não se fundava no reconhecimento abstrato de situações subjetivas, como hoje se verifica, mas na atribuição concreta de ações, consideradas como esquemas típicos conferidos ao autor para cada espécie de demanda, conforme determinavam as *leges Iuliae iudiciariae* (leis que haviam determinado que os litígios fossem processados mediante termos de antemão prescritos). [...] Por essa razão, diz-se que uma característica fundamental do Direito Romano clássico estava na tipicidade de toda possível reclamação judicial: todo o direito estava concentrado em ações com fórmulas típicas, as quais eram indicadas aos interessados pelos jurisconsultos e concedidas, ou não, pelo pretor." (*A boa-fé no direito privado*: critérios para a sua aplicação. 2. ed. São Paulo: Saraiva, 2018, p. 68).

mentais, sem levar em conta quaisquer outras circunstâncias (como, por exemplo, a intenção das partes e a existência de dolo ou má-fé).[21] Às ações de direito estrito (*actiones stricti iuris*), contrapunham-se as ações de boa-fé (*actiones bonae fidei*), de grande importância no nosso tema, como será analisado adiante.[22] Nestas, o *iudex* estava autorizado a julgar de acordo com a boa-fé (*ex fide bona*), podendo avaliar a pretensão do autor em relação às normas de honestidade e de correção, bem como em atenção à causa do negócio jurídico.[23] Como ensinam Alexandre Correia e Gaetano Sciascia, aos atos jurídicos abstratos, como a *stipulatio*, correspondiam sempre ações de direito estrito, enquanto aos atos jurídicos causais correspondiam sempre ações de boa-fé.[24]

Graças à sua simplicidade e à sua natureza abstrata, que podia servir de suporte a qualquer tipo de promessa, a esfera de aplicação da *stipulatio* era muito ampla, servindo para tornar obrigatória qualquer convenção de dar, fazer ou não fazer.[25] Aliás, como afirma Moreira Alves, foi por causa da *stipulatio* que os romanos não sentiram os inconvenientes da tipicidade contratual rígida, característica de seu sistema, na medida em que por meio dela era possível conferir eficácia obrigatória a qualquer acordo de vontade.[26-27]

---

21. Giffard, André E. V.; Villers, Robert. *Droit romain et ancien droit français (obligations)*. 4ᵉ éd. Paris: Dalloz, 1976, p. 41; Moreira Alves, José Carlos. *Direito Romano*, v. I. 12. ed., Rio de Janeiro: Forense, 1999, p. 232.
22. Havia, ainda, uma terceira classe de ações, as *arbitrárias*, nas quais a *formula* continha uma cláusula com o mesmo nome (*cláusula arbitrária*), pela qual o *iudex*, antes de condenar o réu, devia convidá-lo a restituir a coisa ao autor, nas condições em que esta se encontrava no momento da *litis contestatio*. (Moreira Alves, José Carlos. *Direito Romano*, v. I. 12. ed. Rio de Janeiro: Forense, 1999, p. 232)
    Por outro lado, discute-se se as *actiones in bonum et aequum conceptae* (aquelas em cuja *formula* se conferia ao juiz poder para fixar o valor da condenação de acordo com a equidade) estavam incluídas na categoria das *actiones bonae fidei* ou se, de forma diversa, constituíam uma quarta categoria. (Ibidem).
23. Segundo Moreira Alves, essa liberdade de apreciação do *iudex* se traduzia, principalmente, nos poderes de [i] levar em consideração o dolo ou a má-fé dos litigantes, ainda que a *exceptio doli* não tivesse sido inserida expressamente na fórmula, e de [ii] promover, ao determinar o valor da condenação, a compensação dos créditos e débitos existentes entre autor e réu, desde que decorrentes da mesma causa (*ex eadem causa*) (*Direito Romano*, v. I. 12. ed. Rio de Janeiro: Forense, 1999, p. 232).
24. Segundo esses mesmos autores, a diferença essencial entre *actiones stricti iuris* e *actiones bonae fidei* estava na redação da fórmula que era submetida ao *iudex*. Nas *actiones stricti iuris*, os elementos da *intentio* não davam margem a qualquer discricionariedade do *iudex*. Por isso, uma exceção do réu, como a *exceptio doli*, só tinha o condão de paralisar a condenação no caso de ser intercalada expressamente na fórmula. Nas *actiones bonae fidei*, pelo contrário, não era preciso que a *exceptio doli* estivesse indicada expressamente na fórmula, pois após a *intentio* estava escrita a expressão *ex fide bona*, o que autorizava o *iudex* a considerar a pretensão do autor em relação às normas de honestidade e correção (Correia, Alexandre; Sciascia, Gaetano. Op. cit., p. 102-103). Posteriormente, no período da *extraordinaria cognitio*, desapareceram progressivamente as diferenças entre *iudicia bonae fidei* e *stricti iuris*, pois todas as ações passarão a ser do primeiro tipo (Ibidem, p. 109).
25. Giffard, André E. V.; Villers, Robert. Op. cit., p. 37.
26. Moreira Alves, José Carlos. *Direito Romano*, v. II. 6. ed. Rio de Janeiro: Forense, 2000, p.139.
27. Posteriormente, as características principais da *stipulatio* – o caráter abstrato e a forma sacramental – serão abrandadas. Já no período clássico, graças à atividade do pretor, o *promissor* (devedor) poderá valer-se [i] da *exceptio doli* para contrapor-se à pretensão do autor, se este estiver de má-fé (assim, se o *promissor* se obrigara a restituir importância que deveria ter recebido do *stipulator*, mas que, em verdade, não recebeu, o pretor concedia-lhe a *exceptio doli* para opor-se à *actio ex stipulatu*) ou [ii] da *exceptio pacti* (para fazer

Antes do surgimento da compra e venda como contrato consensual e bilateral, os romanos valiam-se de duas *stipulatios* para realizar a mesma operação: uma pela qual o vendedor prometia entregar a coisa ao comprador; outra pela qual o comprador prometia pagar o preço ao vendedor. Isso gerava dois contratos unilaterais, com obrigações independentes uma da outra, não podendo o comprador, quando demandado pelo vendedor, justificar o não pagamento do preço com base na não entrega da coisa, e vice-versa. Como a *actio exstipulatu* era uma ação de direito estrito, o *iudex* estava adstrito, como já dito, a condenar ou absolver o réu com base apenas na verificação de a promessa ter sido feita ou não em conformidade com as palavras sacramentais, sem poder levar em conta a má-fé de quem cobrava a parte contrária sem antes, ou simultaneamente, cumprir a sua obrigação.[28]

A par disso, outra razão de ordem processual também impedia que o *iudex* levasse em conta o inadimplemento de outro contrato, ainda que estivessem umbilicalmente ligados entre si, como as duas *stipulatios* referidas no parágrafo anterior. Pelo princípio da "unidade da lide", que permaneceria em vigor até o fim da fase do processo formulário, era vedado tratar de dois contratos em uma mesma demanda, servindo cada processo para a solução de uma única questão. Por esse princípio, também não se admitiam reconvenções. Assim, ainda que dois contratos unilaterais estivessem economicamente relacionados entre si, o réu não poderia justificar seu inadimplemento com base no descumprimento, pelo autor da demanda, da obrigação contraída no outro contrato, pela simples razão de que era vedado tratar de dois contratos diferentes no mesmo processo.[29]

Em relação a esses primeiros contratos do período arcaico, o formalismo e o caráter abstrato certamente foram os maiores obstáculos ao reconhecimento da possibilidade de duas obrigações serem funcionalmente dependentes entre si. Para os juristas romanos dessa época, se as solenidades foram seguidas, o contrato nascia e a obrigação dele derivada deveria ser cumprida a qualquer custo. Não se buscava investigar a causa da obrigação para se perquirir a existência de justo motivo para o réu não cumpri-la (como, no exemplo dado das duas *stipulatios*, o fato de o autor também ter descumprido o contrato no qual figurava como devedor).[30] Se o réu co-

---

valer pactos celebrados antes ou depois da *stipulatio* e que lhe alteravam, de certa forma, o conteúdo). Desse modo, por força da atividade do pretor, a causa do negócio passou a ser considerada, em alguma medida (Moreira Alves, José Carlos. *Direito Romano*, v. II. 6. ed. Rio de Janeiro: Forense, 2000, p. 137-38). Admitia-se, ainda, que o dolo pudesse ser considerado pelo juiz na *stipulatio* se as partes inserissem na promessa verbal, de forma expressa, a chamada *clausula doli*: "Prometes tu que o dolo está ausente deste negócio e de sua promessa?" (*"Spondesne dolum malum huic rei promissionique abesse afuturumque esse?"*) (Giffard, André E. V.; Villers, Robert. Op. cit., p. 37). Quanto à forma, uma constituição imperial de Leão, o Filósofo, de 472 d.C, eliminou toda a solenidade da *stipulatio*, prescrevendo que ela poderia ser celebrada com o emprego de quaisquer palavras, desde que restasse clara a intenção das partes de constituir o vínculo (Moreira Alves, José Carlos. *Direito Romano*, v. II. 6. ed. Rio de Janeiro: Forense, 2000, p. 142; Correia, Alexandre; Sciascia, Gaetano. Op. cit., p. 284).

28. Williston, Samuel. Op. cit., p. 80; Cesar, José A. Op. cit., p. 10.
29. Cassin, René. Op. cit., p. 2; Serpa Lopes, Miguel Maria de. Op. cit., p. 138-39.
30. Serpa Lopes, Miguel Maria de. Op. cit., p. 143-44.

brado nessas condições quisesse, poderia mover outra ação contra o autor, mas não alegar o inadimplemento deste em sua defesa. Ao mover outra ação contra o autor, entretanto, ficava sujeito aos riscos [i] deste não ter patrimônio para cumprir sua obrigação, ou [ii] sendo ela de fazer (*facere*), que fosse convertida em pecuniária, dado que condenações ao cumprimento da própria obrigação de fazer só se tornaram possíveis na fase final do processo civil romano (da chamada *extraordinaria cognitio*).[31] Como afirma Rafael Villar Gagliardi, "essa noção, completamente desapegada da *fides* e da investigação da causa (elementos que posteriormente vieram a servir de alicerce à exceção de contrato não cumprido), refletiu na seara dos contratos na forma da ideia de independência das obrigações, impedindo implacavelmente que se construísse a ideia de sinalagma."[32]

Ainda que a intenção das partes fosse a de estabelecer a relação de dependência entre as obrigações, isso seria irrelevante, pois as obrigações surgiam do cumprimento das solenidades e não da vontade das partes. Nesse sentido, afirma José João Abrantes:

> Celebrado algum desses actos geradores de obrigações, estas nasciam, independentemente de saber qual fosse a intenção real do obrigado. Tendo carácter abstracto, a fonte da obrigação não tinha pois qualquer ligação com o facto que, na realidade, levava uma pessoa a obrigar-se para com outra. Compreende-se assim claramente que a ideia de obrigações interdependentes entre si fosse totalmente alheia a um tal sistema.[33]

Posteriormente, no início do período clássico, surgiram os quatro contratos consensuais (compra e venda [*emptio venditio*], sociedade [*societas*], mandato [*mandatum*] e locação [*locatio conductio*]), que se perfaziam pelo simples consentimento dos contraentes (*consensus*), independentemente da entrega de uma coisa (como se dava nos contratos reais)[34] ou de alguma forma verbal ou escrita (como era o caso dos contratos verbais e literais, respectivamente).[35] Ao tempo de Gaio (109 d.C. – 180 d.C.) já se dizia que as obrigações contratuais podiam ser contraídas *re*, *verbis*, *litteris* ou *consenso* (Inst. 3, 89), sendo os contratos consensuais definidos pelo jurisconsulto como aqueles que demandavam, para sua formação, apenas o consentimento das partes (Inst. 3, 112).[36]

---

31. Cassin, René. Op. cit., p. 19 e 30.
32. Gagliardi, Rafael Villar. Op. cit., p. 28.
33. Abrantes, José João. Op. cit., p. 13.
34. Os contratos reais eram aqueles que demandavam, para se constituírem, além do acordo de vontades das partes contratantes (*conuentio* ou *consensus*), a efetiva entrega de uma coisa. Eram quatro os contratos desse tipo no Direito Romano: mútuo, depósito, comodato e penhor. Havia contrato real tanto quando uma das partes transmitia à outra a propriedade de coisa fungível, obrigando-se esta a restituir o equivalente (*tantundem*), o que ocorria no mútuo, como também quando uma das partes transmitia à outra apenas a posse ou detenção da coisa, obrigando-se esta a restituir a mesma coisa (*eadem res*), daí enquadrarem-se como reais também os contratos de comodato, depósito e penhor (Correia, Alexandre; Sciascia, Gaetano. Op. cit., p. 278; Moreira Alves, José Carlos. *Direito Romano*, v. II. 6. ed. Rio de Janeiro: Forense, 2000, p. 119; Marky, Thomas. *Curso elementar de Direito Romano*. 8. ed. São Paulo: Saraiva, 1995, p. 120-125).
35. Correia, Alexandre; Sciascia, Gaetano. Op. cit., p. 287; Moreira Alves, José Carlos. *Direito Romano*, v. II. 6. ed. Rio de Janeiro: Forense, 2000, p. 155.
36. Voci, Pasquale. Op. cit., p. 392.

Os quatro contratos consensuais acima referidos – compra e venda, locação, sociedade e mandato – eram uma exceção dentro do Direito Contratual Romano, no qual vigorava o princípio de que do simples pacto (acordo de duas ou mais pessoas sobre o mesmo objeto) não podia nascer ação (*ex nudo pacto non nascitur actio*). Ao menos até o fim do período pós-clássico, a regra geral, excepcionada apenas pelos quatro contratos consensuais mencionados, permaneceu sendo a de que a convenção não era, por si mesma, geradora de obrigações, devendo juntar-se, para ter esse efeito, a um elemento objetivo (que podia ser a tradição de uma coisa [*datio rei*], como nos contratos reais, ou uma forma sacramental, como nos contratos literais e verbais).[37]

Como salienta Pasquale Voci, os contratos consensuais representaram o primeiro sinal de reação da [i] vontade das partes contra o formalismo e [ii] da causa contra a abstração dos negócios jurídicos.[38] Além de independerem de forma, os contratos consensuais eram todos bilaterais,[39] causais e sancionados por ações de boa-fé (*actiones bonae fidei*).[40]

Todavia, mesmo em relação a esses quatro contratos consensuais, as obrigações das partes continuaram a ser, inicialmente, autônomas e independentes entre si, apesar de oriundas agora de um único contrato (e não mais de dois, como nas duas *stipulatios* celebradas conjuntamente). Como bem pontua José João Abrantes, a noção de bilateralidade então vigente era ainda parcial, pois significava apenas que desses contratos consensuais nasciam obrigações para ambas as partes, sem que houvesse, contudo, interdependência entre elas na fase de comprimento.[41] Dito de outra forma, o sinalagma entre as obrigações, nesse momento, era *apenas genético, mas não funcional*.[42]

Tudo se passava como se inexistisse qualquer vínculo, por exemplo, na fase de execução, entre a obrigação do vendedor de entregar a coisa e a obrigação do comprador de entregar o dinheiro. Mercê dessa ausência de correspectividade entre as prestações, não se admitia o pleito de resolução do contrato, nem o demandado podia recusar-se a prestar alegando que o demandante ainda não havia contrapres-

---

37. Os juristas do período justinianeu, ao invés de considerarem, como os clássicos, que a obrigação nasce do elemento objetivo (forma ou *datio rei*), sendo o acordo de vontades mero pressuposto de fato (exceção feita aos contratos consensuais), passarão a entender que as obrigações nascem do acordo de vontades diretamente (Giffard, André E. V.; Villers, Robert. Op. cit., p. 26).
38. Voci, Pasquale. Op. cit., p. 388.
39. O mandato era bilateral imperfeito, enquanto os demais eram bilaterais perfeitos.
40. Além dessas características, os contratos consensuais apresentavam outra novidade: eram acessíveis a cidadãos (*cives*) e estrangeiros (*peregrini*) indistintamente. Isso assumia enorme relevância prática, uma vez que a própria expansão comercial derivava, em grande medida, do contato entre cidadãos e estrangeiros, ou mesmo entre estrangeiros apenas. (Menezes Cordeiro, António. *Da boa-fé no direito civil*. Coimbra: Almedina, 2007, p. 79; Voci, Pasquale. Op. cit., p. 388).
41. Abrantes, José João. Op. cit., p. 12.
42. Dozhdev, Dmitry. Reconstructing the jurist's reasoning: 'bona fides' and 'synallagma' in Labeo (D. 19, 1, 50). *JUS*, 1, 2015, p. 28-29; Cassin, René. Op. cit., p. 3.

tado. Ao demandado, nessas condições, restava apenas o direito de também exigir da parte adversa o cumprimento do contrato.[43]

Nessa linha, Marco Terêncio Varrão (116 a.C. – 27 a.C.) escreveu em sua obra *De Re Rustica*, por volta de 36 a.C., acerca de um contrato de compra e venda de um rebanho: "O comprador pode obter julgamento contra o vendedor se este não entregou a coisa, ainda que ele próprio não tenha pagado o preço; da mesma forma, o vendedor pode obter julgamento contra o comprador se este não pagou o preço, ainda que ele próprio não tenha entregue a coisa."[44]

Nessa fase, explica Reinhard Zimmerman, a interdependência entre as obrigações, nos contratos consensuais, só podia ser estabelecida se as partes inserissem cláusula expressa no contrato nesse sentido. Do contrário, prevaleceria a autonomia.[45]

Tal situação apenas se alterará no segundo século de nossa era, quando os jurisconsultos romanos passarão a reconhecer, em hipóteses específicas, a existência de um liame de dependência funcional entre as obrigações recíprocas das partes nos contratos consensuais, notadamente na compra e venda.[46] Essa mudança, rumo a um parcial reconhecimento da ideia de sinalagma funcional no Direito Contratual Romano, será objeto do próximo subitem.

1.1.2 Fim do período clássico e período pós-clássico: cresce a consciência da interdependência das obrigações nos contratos bilaterais

As solenidades e formalidades do antigo *ius civile*, típicas de uma sociedade agrária e rudimentar, não eram mais condizentes com a complexidade e o dinamismo adquiridos pela sociedade romana, especialmente após a expansão do comércio com outros povos, ocorrida no fim da República. Nessas relações comerciais entre romanos e estrangeiros (*cives* e *peregrine*), cada vez mais frequentes, aplicava-se outro Direito – mais simples, maleável e adaptado às necessidades comerciais – conhecido como *ius gentium* (Direito das gentes), que se desenvolvia principalmente mediante a jurisdição do pretor peregrino. Para os juristas romanos da época clássica, o *ius gentium* era um Direito universal, comum a todos os povos, baseado na razão natural, e que, por isso mesmo, podia ser aplicado a romanos e estrangeiros indistintamente.[47]

---

43. Nesse sentido: Aguiar Jr., Ruy Rosado de. *Extinção dos contratos por incumprimento do devedor.* 2. ed. Rio de Janeiro: AIDE Editora, 2004, p. 79; Antunes Varela, João de Matos. *Das obrigações em geral*, v. I. 10. ed., Coimbra: Almedina, 2008, p. 402-403; Khouri, Paulo R. Roque A. A exceção do contrato não cumprido e a sua relação com a garantia das obrigações no direito brasileiro. *Revista da AJURIS*, v. 31, n. 94, 2004, p. 295.
44. Williston, Samuel. Op. cit., p. 80; Cesar, José A. Op. cit., p. 11.
45. Zimmermann, Reinhard. *The law of obligations*: Roman foundations of the civilian tradition. Oxford University Press, 1996. p. 801-802.
46. Cassin, René. Op. cit., p. 07; Abrantes, José João. Op. cit., p. 14.
47. Marky, Thomas. Op. cit., p. 14-15; Correia, Alexandre; Sciascia, Gaetano. Op. cit., p. 274 e 277; Moreira Alves, José Carlos. *Direito Romano*, v. I. 12. ed. Rio de Janeiro: Forense, 1999, p. 70 e 80; Menezes Cordeiro, António. *Da boa-fé no direito civil*. Coimbra: Almedina, 2007, p. 95.

O *ius gentium* demonstrava maior preocupação, em matéria contratual, com a intenção das partes e com a justiça econômica das relações, sendo orientado pela busca do *bonum et aequum* (daquilo que é "bom e justo") e por princípios como *bona fides* (boa-fé), *aequitas* (equidade) e *simplicitas* (simplicidade).[48]

Em paralelo ao *ius gentium* desenvolvia-se, animado pelos mesmos princípios, o *ius honorarium*, sob o impulso de outro magistrado de funções judiciárias, o pretor urbano. Este magistrado, com base no poder de *imperium*, corrigia, supria ou afastava a aplicação do antigo *ius civile* quando este se demonstrasse iníquo, modernizando, dessa forma, o tratamento dispensado às relações entre cidadãos romanos. Isso se dava, em geral, mediante três expedientes: [i] denegavam, quando lhes parecesse adequado, ações que tutelavam direitos decorrentes do *ius civile* (tirando, com isso, a eficácia prática desses direitos); [ii] concediam exceções aos demandados, visando a paralisar ou amenizar consequências injustas do *ius civile* (essas exceções criadas pelos pretores urbanos, como se verá adiante, terão grande importância em nosso tema); [iii] criavam novas ações, para proteger situações não previstas no *ius civile* que lhes parecessem dignas de tutela, suprindo, assim, lacunas daquela ordem jurídica.[49]

O *ius gentium*, desenvolvido pelo pretor peregrino, e o *ius honorarium*, desenvolvido pelo pretor urbano, influenciavam-se reciprocamente. Todavia, como aquele é mais antigo do que este, é certo que os pretores urbanos foram buscar nos editos dos pretores peregrinos, inicialmente, a inspiração para modernizar a regulação das relações contratuais entre cidadãos romanos, trazendo para o âmbito desta os vetores já mencionados: *bonum et aequum*, *bona fides*, *aequitas* e *simplicitas*.[50-51]

É sob o influxo desses valores, oriundos do *ius gentium* e do *ius honorarium*, que os jurisconsultos romanos passarão a reconhecer progressivamente a existência de liame funcional entre as obrigações recíprocas das partes nos contratos bilaterais, admitindo, por consequência, sob as mais diferentes roupagens (*exceptio doli*, *exceptio mercis non traditae* etc.), que uma das partes, em circunstâncias específicas ditadas pela boa-fé e pela equidade, recuse o cumprimento de sua obrigação ante o inadimplemento da obrigação da contraparte. Todavia, tais soluções pontuais, fruto do espírito prático dos romanos, não chegarão a dar origem a uma regra geral, mérito

---

48. Correia, Alexandre; Sciascia, Gaetano. Op. cit., p. 274 e 277.
49. Moreira Alves, José Carlos. *Direito Romano*, v. I. 12. ed., Rio de Janeiro: Forense, 1999, p. 23 e 70; Correia, Alexandre; Sciascia, Gaetano. Op. cit., p. 299-300; Marky, Thomas. Op. cit., p. 15-19.
50. Correia, Alexandre; Sciascia, Gaetano. Op. cit., p. 299; Moreira Alves, José Carlos. *Direito Romano*, v. I. 12. ed. Rio de Janeiro: Forense, 1999, p. 70.
51. Não sem razão, nesse contexto, que Mario Talamanca argumenta que tais transformações foram promovidas a um modo "policêntrico", no sentido de terem derivado tanto do comércio internacional (por obra dos vários pretores peregrinos), como também da evolução interna da sociedade romana (aqui por força da obra fracionada e individualizada de cada pretor urbano). Muito longe, portanto, de ter sido uma mudança implementada por um único órgão centralizado detentor do monopólio legislativo (Talamanca, Mario. La bona fides nei giuristi romani – 'Leerformeln' e valori dell'ordinamento. In: Garofalo, Luigi (Org.). *Il ruolo della buona fede oggettiva nell'esperienza giuridica storica e contemporanea*, v. IV. Padova: Cedam, 2004, p. 41).

que, como será visto adiante, ficará reservado aos canonistas e pós-glosadores na Idade Média.[52]

Essa mudança – rumo ao reconhecimento progressivo da existência de um vínculo funcional entre as obrigações nos contratos bilaterais – teve início a partir do contrato de compra e venda.[53]

Do contrato de compra e venda decorriam duas ações: [i] *actio empti* ou *ex empto*, em favor do comprador, para exigir a entrega da coisa; [ii] *actio venditi* ou *ex vendito*, em favor do vendedor, para exigir o pagamento do preço. Ambas eram de boa-fé (*actiones bonae fidei*).[54] Vale mencionar que o Direito Romano não admitia a resolução dos contratos por inadimplemento, cabendo apenas ação em favor da parte inocente para exigir a prestação da contraparte. A resolução só era possível se as partes inserissem uma cláusula especial no contrato, chamada *lex commissoria*.[55]

No que tange à proteção do vendedor, a questão foi resolvida, em um primeiro momento, com apelo a uma ficção jurídica. Entendia-se que o vendedor tinha o direito de reter a coisa como se ela estivesse penhorada em garantia do pagamento de seu próprio preço (*quasi pignus* ou *pignoris loco*). Com isso, o comprador só poderia instaurar a *actio empti* ou *ex empto*, para exigir a entrega da coisa, se oferecesse, no momento da propositura da demanda, a integralidade do preço,[56] nascendo daí o adágio *"emptor venire debet cum sacco"* (o comprador não pode obter a coisa senão pagando o seu preço).[57] Note-se o esforço empregado para superar a concepção de que as obrigações eram independentes entre si (o que autorizaria o comprador, em tese, a exigir a entrega da coisa, mesmo não tendo pago o preço): cria-se, por meio de uma ficção, um penhor em favor de quem ainda é o proprietário da coisa, para gerar um direito de retenção que legitime a não entrega do bem até o pagamento do preço.[58]

---

52. Cassin, René. Op. cit., p. 32; Capitant, Henri. Op. cit., p. 261.
53. Cassin, René. Op. cit., p. 07; Abrantes, José João. Op. cit., p. 14; Serpa Lopes, Miguel Maria de. Op. cit., p. 140.
54. Giffard, André E. V.; Villers, Robert. Op. cit., p. 55.
55. Williston, Samuel. Op. cit., p. 84; Lotufo, Renan. *Código Civil comentado*, v. III, t. I: contratos em geral até doação (arts. 421 a 564). São Paulo: Saraiva, 2016. 138.
56. Cassin, René. Op. cit., p. 07; Giffard, André E. V.; Villers, Robert. Op. cit., p. 58; Abrantes, José João. Op. cit., p. 14; Ourliac, Paul; Malafosse, Jehan de. Op. cit., p. 272-273; Malecki, Catherine. Op. cit., p. 23-24.
57. Massnata, Héctor. *Excepción de incumplimiento contractual*. Buenos Aires: Abeledo Perrot, 1967, p. 18.
58. Como leciona Moreira Alves, os romanos já compreendiam o direito de retenção (*ius retentionis*) como a faculdade de reter coisa *alheia*, a qual se detém ou possui por título legítimo, até que seu proprietário satisfaça, em favor do retentor, obrigação relativa à própria coisa. Na hipótese do *quasi pignus* ou *pignoris loco*, de que ora se trata, por força da ficção jurídica aludida, o direito de retenção constituía-se, excepcionalmente, em favor do próprio dono da coisa vendida.
    Segundo o mesmo autor, o direito de retenção, cuja primeira menção é dos fins da República, também foi obra do pretor: com vistas à equidade, este magistrado admitia que o retentor opusesse à *rei vindicatio* uma *exceptio doli generalis* na hipótese deste ser credor do proprietário de dívida derivada da própria coisa. No direito pós-clássico, o *ius retentionis* adquiriu feição própria, como meio de defesa indireta distinto da *exceptio doli* (*Direito Romano*, v. II. 6. ed. Rio de Janeiro: Forense, 2000, p. 48)

As seguintes passagens do Digesto, atribuídas a Ulpiano e Marcelo, respectivamente, bem ilustram o raciocínio adotado:

> Quando o comprador move ação contra o vendedor, pelo primeiro deve ser oferecido o preço total; se o comprador oferecer uma parte do preço apenas, ele não tem ação contra o vendedor, sendo que este pode reter a coisa que vendeu *como se fosse* um penhor. (D. 19, I, 13, 8, Ulpianus)[59]
>
> O vendedor retém, de fato, aquilo que vendeu *como se fosse* um penhor, até que o comprador o satisfaça. (D. 21, I, 31, 8, Marcellus)[60]

Entendia-se, ainda, em proteção ao vendedor, que a tradição feita não tinha o condão de transferir a propriedade enquanto o comprador não pagasse o preço. Logo, ainda que o vendedor viesse a entregar a coisa antes de a contraparte pagar o preço, seja porque havia se obrigado nesse sentido, seja porque havia renunciado ao direito de retenção estabelecido na forma dos parágrafos anteriores, ele ainda continuaria sendo o proprietário da coisa, podendo inclusive valer-se da ação reivindicatória, até que o comprador efetuasse o pagamento integral.[61] *Mutatis mutandis*, era como se todas as vendas fossem praticadas com a cláusula especial de reserva de domínio do art. 521 do Código Civil brasileiro: "Na venda de coisa móvel, pode o vendedor reservar para si a propriedade, até que o preço esteja integralmente pago."

Em contrapartida, em proteção ao comprador, os juristas romanos passaram a reconhecer o cabimento da *exceptio mercis non traditae* e da *exceptio doli*, caso fosse exigido o preço, pela *actio venditi*, sem que a coisa tivesse sigo entregue ou disponibilizada ao comprador.[62]

Analisemos estas duas *exceptiones* em separado.

Segundo Menezes Cordeiro, por meio da *exceptio mercis non traditae* – que o autor traduz como "exceção de não-entrega da mercadoria" – o comprador podia recusar o pagamento do preço, enquanto o bem vendido não lhe fosse entregue pelo vendedor.[63] Reinhard Zimmermann[64] cita duas passagens – uma do Digesto, outra das Institutas de Gaio – que exemplificam a aplicação da *exceptio mercis non traditae* nesse contexto:

---

59. Utilizamos, no decorrer do texto, da tradução do Digesto para o italiano feita pela Università la Sapienza di Roma, disponível em: http://dbtvm1.ilc.cnr.it/digesto. Acesso em: 05 maio 2018.
60. *Iustiniani Augusti Digesta Seu Pandectae*, Dipartimento di Scienze Giuridiche dell'Università la Sapienza di Roma. Disponível em: http://dbtvm1.ilc.cnr.it/digesto. Acesso em: 06 maio 2018.
61. Giffard, André E. V.; Villers, Robert. Op. cit., p. 59.
62. Giffard, André E. V.; Villers, Robert. Op. cit., p. 60; Abrantes, José João. Op. cit., p. 14.
63. Posteriormente, segundo o mesmo autor, um Edito teria alargado a utilização dessa exceção, permitindo também que fosse empregada em casos de mútuos celebrados com banqueiros (*argentarii*), caso o mutuário fosse cobrado em juízo antes mesmo de ter recebido o valor do empréstimo (Menezes Cordeiro, António. *Da boa-fé no direito civil*. Coimbra: Almedina, 2007, p. 279).
64. Zimmermann, Reinhard. Op. cit., p. 93.

Se aquele que compra uva pendente pronta para a colheita é proibido pelo vendedor de colhê-la, contra este, que lhe exige o preço, poderá ser invocada a *exceptio* "se o dinheiro pelo qual se age não é pedido em troca daquela coisa que foi vendida mas não foi entregue". (D. 19, I, 25, Julianus)[65]

Ou suponha-se que um leiloeiro mova ação para cobrar o preço da coisa por ele vendida em leilão, o réu pode levantar a *exceptio* de que não deve ser condenado a pagar a não ser que a coisa por ele comprada tenha sido entregue; mas se uma das condições da compra e venda foi a de que não deveria haver entrega antes do pagamento do preço, então o leiloeiro disporá da seguinte *replicatio*: "ou se foi anunciado previamente à compra que a coisa não seria entregue para o comprador antes que ele tivesse pago o preço". (Gaius, IV, 126 a)[66]

Neste ponto, é preciso abrir um parêntesis para explicar o funcionamento das *exceptiones* e *replicationes* no Direito Romano, o que servirá também para a *exceptio doli*, analisada na sequência.

No processo formulário romano, era observado o *ordo iudiciorum privatorum*, no qual o julgamento se dividia em duas fases sucessivas: a *in iure* (diante do pretor) e a *apud iudicem* (perante o juiz popular [*iudex*]).[67] A *formula* é o traço marcante do processo formulário, consistindo no esquema abstrato existente no Edito dos pretores, que servia de modelo para que, no caso concreto, com as adaptações necessárias, fosse redigido o *iudicium*. Este, por sua vez, era o documento escrito aprovado pelo magistrado (pretor), elaborado com base na *formula*, no qual eram fixados os pontos litigiosos do caso concreto e outorgado ao juiz popular escolhido pelas partes (*iudex*) o poder de condenar ou absolver o réu, conforme restasse comprovada, ou não, a pretensão do autor.[68] O *iudex* não era um jurista, mas tão só um cidadão a quem competia esclarecer os fatos que, segundo o *iudicium* definido pelo pretor, compunham o litígio.[69]

Um exemplo para esclarecer a distinção entre *formula* e *iudicium*. No Edito do pretor, figurava o seguinte modelo abstrato (*formula*) para ser utilizado pelos credores de quantia certa em geral: "Seja juiz. Se ficar provado que Numerius Negidius deve pagar a Aulus Agerius[70] dez mil sestércios, juiz, condena Numerius Negidius a pagar a Aulus Agerius dez mil sestércios; se não ficar provado, absolve-o". Se, todavia, no caso concreto, Caio acionasse Tício para pagar-lhe dez mil sestércios, escolhendo as

---

65. *Iustiniani Augusti Digesta Seu Pandectae*, Dipartimento di Scienze Giuridiche dell'Università la Sapienza di Roma. Disponível em: http://dbtvm1.ilc.cnr.it/digesto. Acesso em: 06 maio 2018.
66. Williston, Samuel. Op. cit., p. 80.
67. No sistema anterior, das *legis actiones*, o juiz popular julgava a questão que as partes, oralmente, lhe expunham, não havendo divisão do procedimento em duas fases (*in iure* e *apud iudicem*) (Moreira Alves, José Carlos. *Direito Romano*, v. I. 12. ed. Rio de Janeiro: Forense, 1999, p. 207). Segundo Menezes Cordeiro, o processo formulário substituiu oficialmente o sistema das *legis actiones* em 130 a.C., com a *Lex Aebutia*. Antes disso, porém, o processo formulário já vinha se impondo na prática, de forma que a *Lex Aebutia* não representou um corte abrupto (*Da boa-fé no direito civil*. Coimbra: Almedina, 2007, p. 72).
68. Moreira Alves, José Carlos. *Direito Romano*, v. I. 12. ed. Rio de Janeiro: Forense, 1999, p. 207-209.
69. Menezes Cordeiro, António. *Da boa-fé no direito civil*. Coimbra: Almedina, 2007, p. 81.
70. Os nomes *Aulus Agerius* e *Numerius Negidius* eram utilizados nas fórmulas dos Editos para indicar, respectivamente, o autor e o réu (Robinson, O. F., *The Sources of Roman Law*: problems and methods for ancient historians. Routledge: London, 1997, p. 80).

partes Otávio para ser o *iudex*, assim era redigido o *iudicium*: "Que Otávio seja juiz. Se ficar provado que Tício deve pagar a Caio dez mil sestércios, juiz, condena Tício a pagar a Caio dez mil sestércios; se não ficar provado, absolve-o".[71]

As *exceptiones* eram partes acessórias da *formula*, inseridas a pedido do réu, pelas quais este, com base em direito próprio ou determinada circunstância, conseguia paralisar a pretensão do autor. A *exceptio* era, assim, um meio indireto de defesa do réu: não visava a negar a existência do direito do autor, mas, sim, a bloquear a ação, evitando a aplicação rigorosa de um direito abstratamente albergado pelo *ius civile*, mas cuja aplicação, no caso concreto, mostrava-se iníqua.[72] Lê-se nas *Institutiones* de Justiniano: "Seguidamente vamos ocuparmo-nos das exceções; as exceções visam a defesa daqueles contra os quais se propõe uma ação; acontece, designadamente, que a pretensão do autor surja, como tal, lícita, mas seja iníqua perante o réu." (I, 4. 13. Pr.).[73]

As *exceptiones* foram, como regra geral, introduzidas pela atividade dos pretores, que as incorporavam progressivamente aos seus Editos. Protegiam interesses, convenções e situações não resguardadas pelo antigo *ius civile*, mas que o pretor defendia por equidade, exercendo tal magistrado, nesse mister, uma função corretiva do *ius civile* e também criadora de novos direitos. O nome do instituto deriva justamente do fato de as *exceptiones* configurarem exceções aos direitos abstratamente albergados pelo *ius civile*, bloqueando a aplicação destes no caso concreto.[74]

A *exceptio* era intercalada no meio do *iudicium*, entre a *intentio* (parte na qual o autor expõe sua pretensão) e a *condemnatio* (parte na qual se dá ao juiz popular poder para condenar ou absolver o réu), sendo redigida como uma cláusula condicional negativa, que, uma vez averiguada pelo juiz, tinha o efeito de afastar a condenação do réu. Assim, imaginemos que Caio vendeu um escravo a Tício por dez mil sestércios e que Caio, antes de entregar o escravo a Tício, entrou com ação para cobrar o preço. Tício, como visto, podia se valer da *exceptio mercis non traditae*, tal como prevista na passagem D. 19, I, 25, já referida acima, para obstar a pretensão do autor. Nesse contexto, o *iudicium* ficaria assim redigido: "Que Otávio seja juiz. Desde que Caio vendeu um escravo a Tício; Se ficar provado que, por essa venda, Tício deve dar a Caio dez mil sestércios; *Se o dinheiro pelo qual se age não é pedido em troca do escravo que foi vendido mas não foi entregue;* Juiz, condena Tício a pagar a Caio dez mil sestércios; se não, absolve-o". O trecho em negrito corresponde à *exceptio mercis*

---

71. Moreira Alves, José Carlos. *Direito Romano*, v. I. 12. ed. Rio de Janeiro: Forense, 1999, p. 209.
72. Os romanos já classificavam as *exceptiones* em perpétuas (*peremptoriae*) e temporárias (*dilatoriae*). As primeiras paralisavam a pretensão do autor para sempre, enquanto as outras barravam-na por tempo certo, como era o caso da própria *exceptio mercis non traditae* (que só obstava a *actio* enquanto a coisa vendida não fosse entregue) (Correia, Alexandre; Sciascia, Gaetano. Op. cit., p. 100).
73. Menezes Cordeiro, António. *Tratado de direito civil*, v. IX – *Direito das obrigações*: cumprimento e não-cumprimento, transmissão, modificação e extinção. 3. ed., Almedina: Coimbra, 2017, p. 274.
74. Correia, Alexandre; Sciascia, Gaetano. Op. cit., p. 100 e 299-300.

non traditae, ficando intercalada, como se percebe, entre a exposição da pretensão do autor e a outorga de poder ao *iudex* para condenar ou absolver o réu.[75]

Em face da *exceptio* arguida pelo réu, o autor poderia deduzir uma *replicatio*. Por meio desta o autor conseguia, se comprovados seus pressupostos, bloquear a *exceptio* e, com isso, eliminar o óbice ao acolhimento de sua pretensão original. Como bem pontua Moreira Alves, "a *replicatio* feita pelo autor está para a *exceptio* arguida pelo réu, como esta, para a *actio* do autor."[76] A passagem das Institutas de Gaio já transcrita acima (IV, 126 a) revela uma *replicatio* possível em face da *exceptio mercis non traditae*, consistente no fato de as partes terem pactuado expressamente que o preço seria pago antes da entrega da coisa:

> Ou suponha-se que um leiloeiro mova ação para cobrar o preço da coisa por ele vendida em leilão, o réu pode levantar a *exceptio* de que não deve ser condenado a pagar a não ser que a coisa por ele comprada tenha sido entregue; mas se uma das condições da compra e venda foi a de que não deveria haver entrega antes do pagamento do preço, então o leiloeiro disporá da seguinte *replicatio*: "*ou se foi anunciado previamente à compra que a coisa não seria entregue para o comprador antes que ele tivesse pago o preço.*" (Gaius, IV, 126 a)[77]

Ora, se era necessário um pacto expresso para estabelecer que uma obrigação deveria ser cumprida antes da outra, de forma a obstar o emprego da *exceptio*, é porque, concluem André E. V. Giffard e Robert Villers, a regra geral nesse momento já era a da execução simultânea das obrigações, no sentido de que, na falta de estipulação diversa, as obrigações do vendedor e do comprador deveriam ser cumpridas simultaneamente.[78]

Prevalece a visão de que o *iudicium* era redigido pelos próprios jurisconsultos que assistiam as partes, que, no mais das vezes, limitavam-se a copiar a *formula* que se encontrava no Edito, preenchendo os claros e substituindo os nomes tradicionais (*Aulus Agerius* e *Numerius Negidius*) pelos das partes. Durante essa redação, o réu fazia inserir as partes acessórias em seu favor (como uma *exceptio*, por exemplo) e o autor fazia o mesmo (inserindo uma *replicatio*, por exemplo). Na sequência, o *iudicium* era submetido ao pretor, que concordava com ele e o concedia (*iudicium dare*) ou denegava diretamente a ação do autor, se esta estivesse em contrariedade com o direito ou se restasse evidente, desde já, que a *exceptio* deveria ser acolhida (*denegatio actionis*).[79] Concedido o *iudicium* pelo pretor, a instância *in iure* encerrava-se com a

---

75. Ibidem, p. 100; Moreira Alves, José Carlos. *Direito Romano*, v. I. 12. ed. Rio de Janeiro: Forense, 1999, p. 214.
76. Em algumas situações mais complexas, o réu poderia responder à *replicatio* com uma *duplicatio*, e o autor poderia responder à *duplicatio* com uma *triplicatio*, e assim por diante, se houvesse motivos a invocar para afastar a alegação imediatamente anterior do adversário. (Moreira Alves, José Carlos. *Direito Romano*, v. I. 12. ed. Rio de Janeiro: Forense, 1999, p. 215–16)
77. Williston, Samuel. Op. cit., p., 80-81.
78. Giffard, André E. V.; Villers, Robert. Op. cit., p. 58.
79. Normalmente, afirma René Cassin, era no curso da fase seguinte (*apud iudicem*), conduzida perante o *iudex*, que se analisava se a recusa de cumprimento do devedor, fundada na *exceptio mercis non traditae* ou

litis contestatio, que, segundo o entendimento dominante, era um contrato judicial, pelo qual autor e réu concordavam em submeter o litígio, nos termos delimitados no *iudicium*, ao julgamento de um determinado juiz popular.[80] Perante este, já na fase *apud iudicem*, eram expostas as razões pelas partes e produzidas as provas, para que ele, ao final, proferisse a sentença. Ao fazê-lo, o juiz popular estava adstrito rigorosamente aos termos do *iudicium*, sendo sua função apenas constatar a veracidade do que constava na *intentio*, na *exceptio*, na *replicatio* etc.[81]

Retornando aos remédios disponibilizados em favor do comprador demandado antes da entrega da coisa, cabe tratar agora da *exceptio doli*.

A *exceptio doli* foi obra dos pretores, nos fins da República (mais precisamente, segundo Cícero, do pretor peregrino C. Aquilius, que a teria introduzido em seu Edito no ano 66 a.C.).[82] Teve como antecedente a *clausula doli*: por intermédio desta, uma parte prometia expressamente na *stipulatio* – negócio formal e abstrato – que não haveria nela qualquer *dolus malus* ("Prometes tu que o dolo está ausente deste negócio e de sua promessa?").[83] A inclusão reiterada pelas partes da *clausula doli* nos negócios celebrados teria levado o pretor a pressupô-la em todos os contratos, incluindo uma *formula* no Edito nesse sentido, com o que nascia a *exceptio doli* como defesa genericamente admitida, independentemente de previsão expressa no contrato.[84]

A *formula* da *exceptio doli* era assim anunciada: "Se nessa questão nada foi feito ou vem sendo feito com intuito doloso pelo autor Aulo Agério" (*"Si in ea re nihil dolo malo Auli Agerii factum sit neque fiat"*). Essa dupla previsão – "foi feito" ou "vem sendo feito" – tornava a *exceptio doli* instrumento extremamente versátil, na medida em que possibilitava o seu emprego tanto quando o dolo estivesse na origem do negócio jurídico, como em sua execução.[85] Nessa linha, Alexandre Correia e Gae-

---

na *exceptio doli*, era legítima ou não. Todavia, o pretor tinha o poder de denegar diretamente o *iudicium* (*denegatio actionis*) se lhe parecesse evidente que a *exceptio* deveria ser acolhida. (Op. cit., p. 06).
80. Moreira Alves, José Carlos. *Direito Romano*, v. I. 12. ed. Rio de Janeiro: Forense, 1999, p. 218.
81. Ibidem, p. 221-223.
82. Cícero, na obra "Dos Deveres", 3.14.60, relata: "Aquilius, meu amigo e colega, não tinha ainda constituído fórmulas para atos com *dolus malus*. Assim responderia à questão: que é ato fraudulento? É, diria ele, *um ato que tem mais aparência que realidade.*"
Na definição clássica de Labeão, reproduzida por Ulpiano em D. 4.3.1.2-3, o "*dolus malus*" corresponde a "toda astúcia, engano e maquinação que vise a trapacear, fazer cair em erro, enganar a outra parte." Leciona Menezes Cordeiro que a expressão *dolus* inicialmente era neutra, denotando apenas uma demonstração de inteligência. Daí a necessidade de adjunção, pelo pretor, dos adjetivos *malus* e *bonus*, para conferir ao *dolus* uma conotação axiológica determinada, ilícita no primeiro caso, lícita no segundo. Posteriormente, esclarece o autor, o próprio termo *dolus* passaria a ostentar conotação negativa, dispensando o adjetivo *malus* (*Da boa-fé no direito civil*. Coimbra: Almedina, 2007, p. 84-85).
83. "*Spondesne dolum malum huic rei promissionique abesse afuturumque esse?*" (Giffard, André E. V.; Villers, Robert. Op. cit., p. 37).
84. Menezes Cordeiro, António. *Da boa-fé no direito civil*. Coimbra: Almedina, 2007, p. 84-85.
85. Gastaldi, José María; Centanaro, Esteban. *Excepción de incumplimiento contractual*. Buenos Aires: Abeledo-Perrot, 1995, p. 46.

tano Sciascia ensinam que, com a expressão *"neque factum sit"* ("foi feito"), o pretor levava o *iudex* a indagar se o autor agiu com dolo na formação do consentimento, enquanto que, com a expressão *"neque fiat"* ("vem sendo feito"), o pretor obrigava o *iudex* a verificar se houve dolo do autor na fase de execução do contrato. Em ambos os casos, a *exceptio doli* tinha o condão de obstar a pretensão do autor.[86]

Menezes Cordeiro afirma que a *exceptio doli*, enquanto remédio admitido genericamente para qualquer contrato, sempre que se observasse má-fé por parte do demandante (seja na celebração, seja no cumprimento), foi o principal meio processual empregado no Direito das Obrigações para promover, nas palavras do autor, a "mediação entre a lei e a vida" (isto é, para suavizar o *ius civile*, quando a aplicação deste se mostrasse iníqua no caso concreto).[87] Para compreender adequadamente a abrangência da *exceptio doli* como meio de defesa, afirmam José María Gastaldi e Esteban Centenaro, é preciso recordar que "esta excepción era de aplicación general y que en eso se diferenciaba de otras, y en tal sentido podía reemplazar a éstas y ser aplicada en cualquier situación dolosa", bem como que o dolo, nesta acepção, compreendia "situaciones de mala fe y de violencia fraudulenta".[88]

Justamente por também ser cabível na hipótese de má-fé na fase de cumprimento – e não apenas de formação do contrato – que a *exceptio doli* podia ser invocada pelo comprador de quem fosse exigido o preço antes da disponibilização da coisa.[89] Gioachino Scaduto menciona a passagem C. 8. 44. 5, na qual o jurisconsulto Antoninus defende a aplicação da *exceptio doli* nesse contexto: "Se, das fazendas que alguém comprou, alguma foi hipotecada e não foi entregue, o comprador deve ter uma *actio ex empto* para que ela possa ser liberada do credor. *Da mesma forma, se o vendedor ajuíza uma actio ex vendito pelo preço, o comprador deve dispor de uma exceptio doli.*"[90] Tratava-se, como observa José João Abrantes, de proteção fundada ainda na *aequitas* e não na noção de correspectividade entre as obrigações: o objetivo era impedir que o vendedor de má-fé, aproveitando-se de brecha do *ius civile*, cobrasse o preço do comprador sem disponibilizar-lhe a coisa, obtendo com isso vantagem patrimonial indevida.[91]

Essas eram as formas pelas quais vendedores e compradores defendiam-se, originariamente, para obter efeito análogo àquele da exceção do contrato não cumprido nos dias de hoje.

---

86. Correia, Alexandre; Sciascia, Gaetano. Op. cit., p. 303.
87. Menezes Cordeiro, António. *Da boa-fé no direito civil*. Coimbra: Almedina, 2007, p. 84.
88. Gastaldi, José María; Centanaro, Esteban. Op. cit., p. 46.
89. Menezes Cordeiro, António. *Tratado de direito civil, v. IX – Direito das obrigações*: cumprimento e não-cumprimento, transmissão, modificação e extinção. 3. ed. Almedina: Coimbra, 2017, p. 279; Williston, Samuel. Op. cit., p. 81; Cassin, René. Op. cit., p. 06-09; Giffard, André E. V.; Villers, Robert. Op. cit., p. 60.
90. Scaduto, Gioachino. L'exceptio non adimpleti contractus nel diritto civile italiano. In: *Annali del Seminario Giuridico dela R. Università di Palermo*, v. III. 1921, p. 78; Williston, Samuel. Op. cit., p. 81.
91. Abrantes, José João. Op. cit., p. 14.

Sendo a *exceptio doli*, todavia, um remédio genérico, não há qualquer razão para acreditar que seu uso, nesse contexto específico, estivesse circunscrito ao contrato de compra e venda. Como afirma Samuel Williston, embora as fontes mencionem apenas casos relacionados a esse tipo contratual, de longe o mais comum à época, é razoável inferir que tal defesa pudesse ser empregada em qualquer contrato bilateral perfeito.[92] Afinal, sempre que o autor exigisse nesses contratos o cumprimento da prestação da parte adversa sem antes disponibilizar a sua – quer se tratasse de compra e venda, locação ou sociedade[93] – estaria presente o requisito fundamental desse remédio, qual seja a má-fé do requerente.[94]

Entre esses outros contratos bilaterais, tinha particular relevância a locação (*locatio conductio*), na medida em que englobava todas as situações em que alguém, mediante remuneração, se obrigava a: [i] proporcionar o uso, ou o uso e o gozo, de uma coisa a outrem (*locatio conductio rei*); [ii] prestar um serviço a outrem (*locatio conductio operarum*);[95] e [iii] realizar uma obra para outrem (*locatio conductio operis*).[96] Ou seja, englobava também, em grande medida, além da locação de coisas,

---

92. Williston, Samuel. Op. cit., p. 82.
93. O mandato, embora consensual, era bilateral imperfeito apenas e, por isso, não se aplicaria a ele o raciocínio próprio da exceção de contrato não cumprido (vide nota 116 abaixo). Quanto ao contrato de sociedade, este era classicamente definido como bilateral porque, apesar de admitir mais de dois sócios desde a sua origem no Direito Romano, estes se obrigavam a pôr bens ou atividades em comum, com o fim de conseguirem proveitos a serem divididos entre todos. Logo, à moda do que ocorria nos contratos bilaterais, todos os sócios eram credores e devedores, reciprocamente. (Correia, Alexandre; Sciascia, Gaetano. Op. cit., p. 291; Moreira Alves, José Carlos. *Direito Romano*, v. II. 6. ed. Rio de Janeiro: Forense, 2000, p. 172-173).

    No decorrer do século XX, todavia, Tullio Ascarelli, entre outros, refinando a análise do contrato de sociedade, passará a classificá-lo como "plurilateral", e não mais como bilateral, como faziam os clássicos. Os contratos plurilaterais ostentariam, segundo o autor, as seguintes características principais, que os diferenciariam dos bilaterais: [i] *possível* participação de mais de duas partes; [ii] cada parte tem obrigações não para com uma outra, mas para com todas as outras, e, da mesma forma, cada parte tem direitos perante não apenas uma outra, mas perante todas as outras; [iii] os interesses contrastantes dos vários contraentes são unificados em torno de uma finalidade comum, qual seja o desenvolvimento de uma atividade ulterior, que reverterá em proveito de todos; [iv] os contratos plurilaterais são, nesse sentido, "instrumentais", por servirem para organizar uma atividade ulterior, esta sim o verdadeiro objetivo dos contraentes; [v] nos contratos plurilaterais inexiste uma relação sinalagmática imediata e direta entre as obrigações das partes, de modo que a invalidade ou a inexecução das obrigações de uma delas não exclui, por si só, a validade ou a exigibilidade das obrigações das demais, *a não ser quando torne impossível a consecução do objetivo comum* (Ascarelli, Tullio. O contrato plurilateral. In: *Problemas das sociedades anônimas e direito comparado*. 2. ed. São Paulo: Saraiva, 1969, p. 265-272). A aplicabilidade da exceção de contrato não cumprido aos contratos plurilaterais na atualidade será examinada no subitem 4.2.2.
94. Capitant, Henri. Op. cit., p. 261.
95. A *locatio conductio operarum* recaia apenas sobre serviços manuais, excluindo-se as artes e as *operae liberales*, como a medicina e a advocacia, prestadas originariamente por homens livres, fora do regime contratual (Pinto e Silva, Otávio. O direito romano e as origens do trabalho autônomo. *Revista da Faculdade de Direito – Universidade de São Paulo*, v. 99, 2004, p. 351).
96. Diferente da empreitada atual, na qual, conforme a dicção do art. 610 do Código Civil, "o empreiteiro de uma obra pode contribuir para ela só com seu trabalho *ou com ele e os materiais*", na *locatio conductio operis* romana era imprescindível que o *locator* entregasse ao *conductor* a coisa que seria objeto do trabalho a ser realizado por este (os materiais para a construção de uma casa, por exemplo). Se o próprio trabalhador contratado fornecesse os materiais, os romanos entendiam que não havia *locatio conductio operis*, mas compra e venda (Pinto e Silva, Otávio. Op. cit., p. 350).

o que hoje se compreende como prestação de serviços, empreitada e contrato de trabalho. Nesse contexto, por força da *exceptio doli*, como afirma Dmitry Dohzdev, o locador não podia exigir o aluguel do locatário enquanto não disponibilizasse a coisa ao último, bem como o empreiteiro não podia exigir o pagamento do dono da obra enquanto seu trabalho não tivesse sido prestado e aprovado pelo dono da obra.[97]

No sistema que acabamos de analisar, todavia, para que o *iudex* pudesse conhecer das matérias referentes à *exceptio mercis non traditae* e à *exceptio doli*, o réu precisava conseguir do pretor a inserção expressa, no *iudicium*, das referidas *exceptiones*. Se o réu não fizesse tal solicitação no momento oportuno, a defesa não podia ser alegada perante o *iudex*, na medida em que este estava obrigado a julgar nos limites estritos do *iudicium*.[98]

As fontes revelam, contudo, que tal quadro sofreu alterações significativas, sob o aspecto procedimental, a partir do fim do século II da era cristã, já nos estertores do período clássico.[99]

Nessa época, passa-se a entender que, nos *contratos de boa-fé*, tutelados por *actiones bonae fidei*[100] – entre os quais incluíam-se a compra e venda e a locação –, o *iudex* estava autorizado a considerar a pretensão do autor em relação às normas de honestidade e de correção, bem como em atenção à causa do negócio jurídico, independentemente da inclusão pelo réu de qualquer *exceptio* no *iudicium*.[101] Isso viria a se traduzir, no ponto que aqui interessa, na possibilidade de o *iudex*, em contratos

---
97. Dozhdev, Dmitry. Op. cit., p. 28-29.
98. Menezes Cordeiro, António. *Da boa-fé no direito civil*. Coimbra: Almedina, 2007, p. 85; Moreira Alves, José Carlos. *Direito Romano*, v. I. 12. ed. Rio de Janeiro: Forense, 1999, p. 214; Correia, Alexandre; Sciascia, Gaetano. Op. cit., p. 102-103.
99. Cassin, René. Op. cit., p. 14.
100. O rol de ações que se enquadravam nos *iudicia bonae fidei* expandiu-se consideravelmente durante a evolução do Direito Romano. Além das ações referentes aos contratos consensuais, os quais eram sinalagmáticos perfeitos (compra e venda, locação e sociedade) ou imperfeitos (mandato), também eram de boa-fé, já ao tempo de Cícero, as ações concernentes à tutela, conforme enumeração que consta de sua obra "*De Officiis*": "Quintus Mucius Scaevola, o grande pontífice, costumava dizer que todas as sentenças arbitrais em que a cláusula da boa-fé se apresentava, tiravam dela uma força admirável; que tal palavra dizia muito e era de uso muito vasto, pois era empregada nos principais atos da vida civil, tais como *tutelas, associações, mandatos, vendas, compras e locações*; que cabia ao juiz determinar precisamente em cada espécie de negócio o que significava essa cláusula [...]." (*Dos Deveres*, Livro III, XVII, São Paulo: Martin Claret, 2002, p. 133). O *Edictum Perpetuum* atribuirá essa qualidade também às ações estimatória, de gestão de negócios e *de re uxoria* (destinada a recuperar o dote da mulher, em caso de dissolução do casamento). À essa lista, Gaio adicionará a ação de depósito. Por fim, Justiniano, nas Institutas, acrescentará ao rol as ações divisória, de petição de herança e de comodato (Giffard, André E. V.; Villers, Robert. Op. cit., p. 23; Menezes Cordeiro, António. *Da boa-fé no direito civil*. Coimbra: Almedina, 2007, p. 73-75).
Todas as ações de boa-fé eram de origem pretoriana e, portanto, *sine lege* (Giffard, André E. V.; Villers, Robert. Op. cit., p. 23).
101. Às *actiones bonae fidei*, vale lembrar, contrapunham-se as *actiones stricti iuris*, nas quais os elementos da *intentio* não davam margem a qualquer discricionariedade do *iudex*. Era desse tipo, como já dito, a *actio ex stipulatu*, decorrente da *stipulatio*, negócio jurídico abstrato. Enquanto aos atos jurídicos causais correspondiam sempre ações de boa-fé, aos atos jurídicos abstratos correspondiam sempre ações de direito estrito (Correia, Alexandre; Sciascia, Gaetano. Op. cit., p. 102-103; Moreira Alves, José Carlos. *Direito Romano*, v. I. 12. ed. Rio de Janeiro: Forense, 1999, p. 232).

bilaterais, rejeitar a pretensão do autor, caso este não tivesse cumprido ou disponibilizado sua prestação ao requerido, *ainda que sem a inserção da exceptio mercis non traditae ou da exceptio doli no iudicium*, por se considerar que uma demanda ajuizada nesses termos afrontaria os deveres de honestidade e correção derivados da boa-fé.[102]

Essa maior liberdade de movimento do *iudex* nas *actiones bonae fidei* decorria da presença da expressão *oportet ex fide bona* na própria fórmula em abstrato dessas ações,[103] logo após a *intentio* (parte que continha a pretensão do autor). Judith Martins-Costa explica que o termo *oportere* significava "ser correto" ou "ser preciso" (primitivamente, correspondia apenas ao dever moral de certo agir, passando, mais tarde, a ter o sentido de obrigação jurídica), de forma que *oportet ex fide bona* significava o dever de agir conforme a boa-fé.[104] Cícero, em seu *"De Officiis"*, sintetizou magistralmente o padrão de comportamento exigido por esta cláusula: "agir como se age entre pessoas honestas, e sem nenhuma fraude."[105] Nesse contexto, a expressão *oportet ex fide bona*, inserida logo após a *intentio*, conferia ao *iudex* o poder de analisar a pretensão do autor em cotejo com a obrigação jurídica de agir conforme a boa-fé, quer houvesse *exceptio* por parte do réu ou não.[106] Essa expressão também permitia, segundo Menezes Cordeiro, que o *iudex* perquirisse a verdadeira intenção das partes ao celebrar a avença, para além de seu sentido literal: "[...] perante a fórmula *oportet ex fide bona*, o juiz ficaria com maior liberdade de movimentos, vendo alargar o seu *officium*, dispondo de uma bitola especialmente lata de decisão e devendo proceder a uma interpretação conforme com o prometido pelas partes e não apenas de acordo com a letra do pacto ou da lei."[107]

Dizia-se, por isso, que *exceptio doli inest bonae fidei judicis*, ou seja, que o juízo típico da *exceptio doli* – acerca de eventual dolo do autor – era *inerente* ou *inato* às ações de boa-fé.[108] Enquanto nos demais procedimentos formulários a *exceptio doli* era algo de exterior à pretensão do autor, tendo o efeito apenas de paralisá-la, nas ações de boa-fé o juízo subjacente à *exceptio doli* condicionava a própria existência

---

102. Cassin, René. Op. cit., p. 14.
103. A *formula*, vale lembrar, consistia no esquema abstrato existente no Edito dos pretores, que servia de modelo para que, no caso concreto, com as adaptações necessárias, fosse redigido o *iudicium*.
104. Martins-Costa, Judith. *A boa-fé no direito privado – Critérios para a sua aplicação*. 2. ed. São Paulo: Saraiva, 2018, p. 70.
105. *Dos Deveres*, Livro III, XVII, São Paulo: Martin Claret, 2002, p. 133.
106. Naturalmente, o dever de agir conforme a boa-fé (*oportet ex fide bona*) não se aplicava apenas ao autor, estendendo-se também ao réu. Ao mesmo tempo em que impedia que o autor demandasse, em um contrato bilateral, antes de disponibilizar sua prestação, também combatia chicanas feitas pelo devedor de má-fé, autorizando, nesse contexto, que o *iudex* incluísse as perdas e danos decorrentes do inadimplemento na condenação (juros de mora, inclusive), mesmo isso não estando abrangido, tradicionalmente, no objeto das *actiones empti*, *venditi*, *locati* ou *conducti* (apenas para citar as ações decorrentes da compra e venda e da locação, os contratos mais comuns). (Cassin, René. Op. cit., p. 3; Menezes Cordeiro, António. *Da boa-fé no direito civil*. Coimbra: Almedina, 2007, p. 88-89)
107. Menezes Cordeiro, António. *Da boa-fé no direito civil*. Coimbra: Almedina, 2007, p. 82.
108. Cassin, René. Op. cit., p. 11; Zimmermann, Reinhard. Op. cit., p. 801-802.

da pretensão.[109] Isso tornava a oposição da *exceptio doli* – mais do que algo inato ou inerente às ações de boa-fé, como exsurge de uma tradução literal do adágio *exceptio doli inest bonae fidei judicis* – uma providência absolutamente *inútil*. Nesse sentido, esclarece mais uma vez Menezes Cordeiro:

> Note-se, por último, que a expressão "inerência das excepções", tradicional por advir de *exceptio inest*, largamente acolhida nas fontes, não é correta, em rigor. De facto, nos *bonae fidei iudicia*, o juiz, perante o *oportet ex fide bona* da fórmula pretoriana, ficava, de modo automático, adstrito a conhecer da malícia dalguma das partes, de pactos advenientes ou de outros fatores prejudiciais, caso fossem admitidos. É preferível, pois, falar em inutilidade das *exceptiones*, nos *bonae fidei iudicia*. [...] Uma exceção que não faça parte da fórmula não é de forma alguma uma exceção.[110]

Se o autor, em um contrato bilateral, insistisse em demandar o réu sem cumprir ou disponibilizar sua prestação, o resultado final era a improcedência da ação, sendo que tal solução era definitiva (fazia coisa julgada), não podendo o autor renovar a ação em hipótese alguma. Entretanto, uma medida como essa, justamente porque muito radical, só era tomada após serem dadas largas oportunidades ao autor de, antes do julgamento, cumprir a sua prestação. Se o autor, no entanto, insistisse em não o fazer, estaria evidenciada a transgressão ao dever de agir conforme a boa-fé (*oportet ex fide bona*), de forma a autorizar o decreto de improcedência, de natureza definitiva.[111]

A liberdade do *iudex* em tais ações, decorrente da expressão *oportet ex fide bona*, não se restringia a esse ponto (promover o juízo próprio do que hoje se compreende como exceção do contrato não cumprido, independentemente de qualquer *exceptio*). O *iudex* também podia, segundo René Cassin, pronunciar a compensação entre obrigações recíprocas do autor e do réu, desde que nascidas da mesma operação (*ex eadem causa*), sem que fosse necessário, igualmente, que essa questão estivesse incluída expressamente no *iudicium*.[112] Estava autorizado, ainda, a proferir condenações proporcionais se reconhecesse, por exemplo, que o autor havia cumprido apenas uma parte de sua prestação (não sendo justo, nesse contexto, que pudesse exigir do réu a prestação total assumida por este no contrato). Podia, outrossim, condenar o réu à integralidade caso o inadimplemento do autor fosse pouco significativo, bem como absolver o réu integralmente se, ao inverso, o cumprimento do autor tivesse sido insignificante.[113]

Todos esses fatores – impossibilidade de cobrar a contraparte antes de também disponibilizar sua prestação; autorização para compensação entre obrigações

---
109. Menezes Cordeiro, António. *Da boa-fé no direito civil*. Coimbra: Almedina, 2007, p. 86-87.
110. Ibidem. No mesmo sentido: Azevedo, Álvaro Villaça. *Exceptio non adimpleti contractus (direito romano e direito civil)*. In: Rubens Limongi França (Coord.). Enciclopédia Saraiva do Direito. v. 34. São Paulo: Saraiva, 1977, p. 407.
111. Cassin, René. Op. cit., p. 12; Zimmermann, Reinhard. Op. cit., p. 801-802.
112. Cassin, René. Op. cit., p. 11.
113. Ibidem, p. 12.

nascidas do mesmo contrato; viabilidade de condenações proporcionais se o autor cumpriu apenas parcialmente – evidenciam que, em relação aos *iudicia bonae fidei*, os romanos já haviam avançado significativamente, ao fim do período clássico, no sentido de reconhecer e tutelar a interdependência entre as obrigações derivadas dos contratos bilaterais, não apenas por ocasião de seu nascimento (sinalagma genético), mas também por ocasião de sua execução (sinalagma funcional). Judith Martins-Costa sustenta que tal avanço chegou ao ponto de a *fides bona* funcionar, nessa época, como vetor de interpretação e integração dos contratos bilaterais, orientado no sentido de assegurar *equilíbrio* entre as partes no decorrer de toda a relação: "A [fides bona] ensejava uma vigorosa atuação do juiz por via da interpretação e da integração do conteúdo contratual na sua dinâmica, a fim de assegurar um critério fundado na justiça contratual como equilíbrio entre as prestações, equilíbrio a ser logrado não apenas no momento da pactuação, mas correspondente ao sinalagma dinâmico ou funcional, isto é, aquele que deve acompanhar a relação contratual no transcurso do seu tempo de duração."[114] Quadro bem diverso, como se percebe, daquele que predominara no período arcaico e no início do período clássico, quando, mesmo nos contratos consensuais, as obrigações eram tratadas como absolutamente autônomas entre si.[115]

1.1.3 Limitações do modelo romano: ausência de regra geral e utilização rara do remédio

Apesar de toda a evolução narrada no subitem anterior, em relação ao emprego da *exceptio mercis non traditae* e da *exceptio doli* para fazer frente à demanda de quem cobra sem ter cumprido ou disponibilizado sua prestação, chegando inclusive a

---

114. Martins-Costa, Judith. *A boa-fé no direito privado*: critérios para a sua aplicação. 2. ed. São Paulo: Saraiva, 2018, p. 75.
115. Menezes Cordeiro alerta, todavia, para o risco, no qual incorrem alguns autores, de superdimensionar o âmbito de discricionariedade conferido ao *iudex* em decorrência da cláusula *oportet ex fide bona*. Para o jurista português, seria um contrassenso um sistema tão preocupado com a segurança jurídica e a objetividade, como era o Direito Romano, conferir poderes extremamente alargados a um juiz popular (não integrante do Estado e não necessariamente com formação jurídica), justamente em relação aos contratos de maior relevo econômico à época, como era o caso da compra e venda e da *locatio-conductio*. Em face disso, o autor advoga que os *iudicia bonae fidei* limitaram-se a introduzir alguns poucos expedientes simples e concretos, e, como tais, acessíveis ao *iudex*, como era o caso da autorização para promover a compensação e para reconhecer condutas de má-fé (*exceptio doli inest bonae fidei judicis*), dos quais já falamos, sem, de qualquer forma, conferir a esses juízes populares poderes genéricos para decidirem conforme seus critérios éticos, sociais ou de equidade. Nesse sentido: "Recorde-se, ainda, que o Direito Romano era totalmente adverso a remissões para nebulosas ordens extrajurídicas. [...] O Direito e a Moral estavam, há muito, diferenciados na consciência romana: desde cedo havia instâncias diferentes para a matéria jurídica – o cônsul e depois o pretor – e a moral – o censor. Toda a evolução eternizada na Lei das Doze Tábuas pretendeu fundar e defender um Direito objetivo, seguro, previsível e coerente. Essas qualidades explicam, aliás, a sua vitalidade até os nossos dias. Seria anômalo, num Direito com tais características, que precisamente as figuras obrigacionais de maior relevo econômico – pense-se na compra e venda e na *locatio-conductio*, que abrangia, através das suas modalidades, grande parte da prestação de serviços, sendo o todo completado pelo mandato – tivessem, afinal, regimes extrajurídicos decantados, caso a caso, por juízes não juristas." (*Da boa-fé no direito civil*. Coimbra: Almedina, 2007, p. 81-82).

tornar dispensável a *exceptio* para esse fim, nas ações de boa-fé, a partir do século II d.C., o fato é que tais soluções nunca deixaram de ser pontuais, além de terem permanecido restritas à classe dos contratos consensuais (compra e venda, locação, e sociedade).[116]

Algumas circunstâncias próprias do Direito Romano, que abordaremos agora, acabaram por impedir a difusão dessas soluções para além dos contratos consensuais, enquanto outras acabaram por tornar raro o emprego delas mesmo nesse restrito nicho.

Já foi dito, anteriormente, que as obrigações contratuais do *ius civile*, segundo Gaio, podiam ser contraídas *re*, *verbis*, *litteris* ou *consenso* (Inst. 3, 89). Todos os contratos verbais – que se constituíam mediante a prolação de palavras solenes, a exemplo do *nexum* e da *stipulatio*[117] –, bem como todos os contratos literais – que se constituíam mediante formas escritas solenes, a exemplo do *nomen transcripticium*, dos síngrafos e dos quirógrafos[118] – eram *unilaterais*. Em semelhante sentido, todos os contratos reais, que eram aqueles que se perfaziam pela entrega de uma coisa (mútuo, depósito, comodato e penhor),[119] eram ou *unilaterais* ou *bilaterais imperfeitos*.

Em sendo assim, esses outros vínculos contratuais, contraídos *re*, *verbis* e *litteris*, sequer eram estruturalmente aptos a dar suporte ao manejo de algo semelhante à exceção do contrato não cumprido, ou porque uma das partes era apenas credora e a outra apenas devedora (contratos unilaterais) ou porque inexistia reciprocidade entre as obrigações das partes (contratos bilaterais imperfeitos).[120]

---

116. Quanto ao mandato, que também é do tipo consensual, não são conhecidas referências nas fontes quanto à aplicação desses remédios de efeitos análogos à exceção de contrato não cumprido, até porque se tratava de contrato bilateral *imperfeito* apenas. Observe-se que, mesmo na doutrina contemporânea, prevalece o entendimento, como se verá no subitem 4.2.1, de que a exceção de contrato não cumprido não se aplica aos contratos bilaterais imperfeitos. Isso porque inexistiria, nesses contratos, entre as obrigações originalmente constituídas e as obrigações acidentalmente geradas no decorrer da relação contratual, o nexo psicológico-jurídico próprio do sinalagma (Persico, Giovanni. *L'eccezione d'inadempimento*. Milano: Giuffrè, 1955, p. 55-60). Nas palavras do português João Calvão da Silva: "É que estes contratos geram inicialmente obrigações apenas para uma das partes, só mais tarde podendo surgir, no desenvolvimento da relação contratual, obrigações para a outra, não havendo, por isso, entre essas obrigações, o nexo de causalidade, de correspectividade e interdependência próprio do sinalagma (*do ut des*)." (Cumprimento e sanção penal compulsória. *Boletim da Faculdade de Direito da Universidade de Coimbra*, v. 30, 1987, p. 309).
    Em sentido contrário, todavia, reconhecendo a oponibilidade da *exceptio* em contratos bilaterais imperfeitos, ver: Serpa Lopes, Miguel Maria de. Op. cit., p. 254-255; Cassin, René. Op. cit., p. 453-454; Aguiar Jr., Ruy Rosado de. *Comentários ao novo Código Civil, v. VI, t. II*: da extinção do contrato (arts. 472 a 480). Teixeira, Sálvio de Figueiredo (Coord.). Rio de Janeiro: Forense, 2011, p. 730-731.
117. Ver nota "11" acima.
118. Ver nota "12" acima.
119. Ver nota "32" acima.
120. O que não significa dizer que não pudesse derivar desses contratos reais bilaterais imperfeitos eventual *direito de retenção*, como se dava, por exemplo, [i] em favor do depositário, enquanto não ressarcidas as despesas com a conservação da coisa ou não reparados os danos causados pela guarda da coisa, ou [ii] em favor do comodatário, enquanto não ressarcidas as despesas para a conservação da coisa (excluídas as necessárias para sua utilização, que corriam por conta do comodatário) ou não indenizados os prejuízos

No *ius civile*, predominava o princípio da *tipicidade*, de forma que só eram tutelados por ações os contratos que se enquadrassem nesses poucos tipos contratuais previstos expressamente nas fontes, distribuídos entre as quatro classes referidas. Muito diferente, portanto, do que se dá no Direito Moderno, em que o contrato é uma categoria geral e abstrata, a abranger todo e qualquer acordo de vontades lícito que vise a constituir, regular ou extinguir relação jurídica, independentemente de se encaixar ou não em algum dos tipos previstos em lei.[121]

Dentro desse quadro de tipicidade estrita do *ius civile*,[122] e afastado estruturalmente o cabimento de remédio análogo à *exceptio* nos contratos reais, literais e verbais, fácil concluir que, até esse ponto, as soluções tratadas no subitem anterior limitavam-se à compra e venda, à locação e à sociedade.

Todavia, os contratos típicos aglutinados nessas quatro categorias logo se mostraram insuficientes às necessidades da praxe comercial, e, já no decorrer do período clássico, o trabalho corretor e suplementador do *ius civile* exercido pelos pretores começou a dar vida a uma nova categoria de contratos, os chamados *inominados*.[123]

Quando se denominam esses pactos "contratos inominados", não se pretende, com isso, dizer que eles não pudessem ter, socialmente, um nome próprio e difundido

---

sofridos em decorrência de dolo do comodante (Moreira Alves, José Carlos. *Direito Romano*, v. II. 6. ed. Rio de Janeiro: Forense, 2000, p. 129 e 131).
121. Voci, Pasquale. Op. cit., p. 393; Moreira Alves, José Carlos. *Direito Romano*, v. II. 6. ed. Rio de Janeiro: Forense, 2000, p. 107 e 109.
122. Interessante salientar que, além do sistema contratual, o sistema de responsabilidade civil romano (que abrangia os chamados "delitos privados") também era regido pelo princípio da tipicidade.
Havia uma variedade de *actiones poenales* tipificadas (*v.g.*, *actio iniuriarum*, *actio legis Aquiliae*, *actio ui bonorum raptorum*), cada uma destinada a proteger um interesse jurídico específico, com elementos constitutivos e pressupostos próprios. Podia o pretor, por meio das *formulae*, introduzir novas *actiones poenales* para atender necessidades sociais que surgissem. No Direito Romano dos delitos privados, nunca houve uma regra geral de responsabilidade civil como o artigo 186 do Código Civil brasileiro, o art. 1.382 do Código Civil francês ou o art. 2.043 do Código Civil italiano, que obrigasse os causadores de danos em geral a indenizar as vítimas, havendo apenas um conjunto de *actiones* tipificadas nas fontes.
Essa preferência pela "tipicidade", em ambos os casos, pode ser atribuída, em parte, à tendência dos juristas romanos de evitar generalizações e definições abstratas, como seriam [i] um conceito aberto de contrato que tivesse como único pressuposto o acordo de vontades lícito que vise a constituir, modificar ou extinguir obrigações (à maneira do que posteriormente surgiria na Era Moderna) e [ii] uma regra geral de responsabilidade civil que obrigasse qualquer causador do dano, desde que com culpa, a indenizar (à maneira daquelas constantes dos Códigos modernos). Procedendo caso a caso, dentro dos tipos estabelecidos (e eventualmente criando novos tipos, quando necessário), os juristas romanos estavam mais preocupados em estabelecer um conjunto de regras de trabalho que funcionasse adequadamente, do que em criar um sistema lógico e coerente de contratos e de responsabilidade civil (Zimmermann, Reinhard. Op. cit., p. 913–14). Nessa linha, vale, ainda, transcrever o pensamento do romanista Spencer Vampré: "O Direito Romano não chegou nunca a constituir os seus princípios em forma sistemática. Por assim dizer, os juristas de Roma nunca se elevaram acima dos institutos do Direito. Conheciam a compra e venda, a locação, o mandato. Distinguiam-nos e assimilavam-nos nos seus princípios e nas suas consequências, mas não estabeleciam regras gerais, e desconheciam o que se chama de teoria das obrigações. A Pothier coube a glória de lhe sistematizar os princípios, generalizando-os e conquistando-os de uma vez para os estudos especulativos." (*O que é o Código Civil?* São Paulo: Livraria e Oficinas Magalhães, 1916, p. 107-108)
123. Correia, Alexandre; Sciascia, Gaetano. Op. cit., p. 275; Voci, Pasquale. Op. cit., p. 386.

– eram inominados, por exemplo, a permuta, o contrato estimatório e a transação, todos com denominações socialmente reconhecidas – mas apenas que eles eram atípicos, no sentido de não tutelados pelo *ius civile*.[124]

As convenções que davam origem aos contratos inominados podiam estabelecer prestações correlativas para as partes, à maneira do que ocorria com os contratos consensuais bilaterais (compra e venda, locação e sociedade), todavia, a convenção não era obrigatória por si mesma, mas apenas a partir do momento em que uma das partes efetuasse a sua prestação, sendo esta a principal característica dessa classe de contratos. Assim, por exemplo, se Caio e Tício acordassem quanto à troca de dois animais, a convenção era um simples "pacto nu", não gerando obrigações, até que um deles realizasse a sua prestação, entregando o animal ao outro; no instante, porém, em que isso ocorresse, o contrato se tornava vinculante, nascendo para o outro contraente a obrigação de realizar a contraprestação.[125]

À certa luz, portanto, os contratos inominados assemelhavam-se aos reais. Para ambas as categorias, não bastava o acordo de vontades (*conuentio* ou *consensus*), sendo necessário outro elemento: nos inominados, a execução por uma das partes de sua prestação; nos reais, a entrega da coisa.[126]

Se, nos contratos inominados, a convenção só se tornava obrigatória quando uma das partes executava sua prestação, também não faz sentido, em relação a essa vasta gama de operações econômicas, cogitar da aplicação dos remédios análogos à exceção de contrato não cumprido examinados no subitem anterior (*exceptio mercis non traditae* e *exceptio doli*). De duas uma. Se nenhuma das partes ainda cumpriu sua prestação, o vínculo contratual não era obrigatório, configurando simples "pacto nu", do qual não nascia ação (*ex nudo pacto non nascitur actio*), de forma que a demanda não deveria sequer ser admitida. Se, por outro lado, o autor já tivesse cumprido sua prestação, não teria cabimento a arguição, pelo demandado, da *exceptio mercis non traditae* ou da *exceptio doli*, quanto menos poderia o *iudex* conhecer da matéria de ofício com base na boa-fé.

A bem da verdade, como coloca Moreira Alves, embora tais acordos se dirigissem no mais das vezes ao estabelecimento de vantagens recíprocas (como na permuta, por exemplo), o fato de só se tornarem obrigatórios com a execução de uma delas tornava-os, juridicamente, *contratos unilaterais*,[127] e, por conseguinte, também *estruturalmente inaptos* a dar suporte ao manejo de algo semelhante à exceção de contrato não cumprido (como já ocorria com os contratos reais, verbais e literais).

---

124. Moreira Alves, José Carlos. *Direito Romano*, v. II. 6. ed. Rio de Janeiro: Forense, 2000, p. 186 e 192.
125. Correia, Alexandre; Sciascia, Gaetano. Op. cit., p. 295; Moreira Alves, José Carlos. *Direito Romano*, v. II. 6. ed. Rio de Janeiro: Forense, 2000, p. 185.
126. Correia, Alexandre; Sciascia, Gaetano. Op. cit., p. 295.
127. Moreira Alves, José Carlos. *Direito Romano*, v. II. 6. ed. Rio de Janeiro: Forense, 2000, p. 190-191; Williston, Samuel. Op. cit., p. 80.

Com isso, demonstra-se porque, até o fim do Império Romano, as soluções aventadas no subitem anterior permaneceram restritas aos três contratos consensuais bilaterais perfeitos: compra e venda, locação e sociedade.[128]

Porém, mesmo nesse nicho restrito, os remédios análogos à exceção de contrato não cumprido sofriam a concorrência de outro instituto – a compensação – o que tornava ainda mais raro o emprego daqueles.

Como já dito anteriormente, entre os poderes do *iudex* nas ações de boa-fé, por força da presença da expressão *oportet ex fide bona* na fórmula, estava o de pronunciar a compensação entre obrigações recíprocas do autor e do réu, desde que nascidas da mesma operação (*ex eadem causa*), sem que fosse necessário, inclusive, que essa questão estivesse inserida expressamente no *iudicium*.[129]

E a aplicabilidade da compensação, nesse contexto, era amplíssima, na medida em que, ao contrário do que ocorre atualmente (art. 369 do Código Civil Brasileiro, por exemplo),[130] o Direito Romano clássico permitia a compensação entre prestações não fungíveis, e permitia-o por uma razão muito simples: porque todas as condenações nesse período eram convertidas em pecúnia, no valor da prestação inadimplida, qualquer que fosse sua natureza.[131]

Assim, se em um contrato de compra e venda, por exemplo, o vendedor demandasse o comprador pelo pagamento do preço, sem antes disponibilizar-lhe a coisa vendida, o *iudex* estava autorizado a decretar tanto a improcedência da ação (que era, como visto, a consequência da aplicação dos remédios que faziam as vezes da exceção de contrato não cumprido), quanto a promover a compensação entre as prestações (mesmo sendo uma delas de entregar a coisa e a outra de pagar o preço – não fungíveis, portanto). A escolha entre essas duas opções era discricionária do *iudex*, na medida em que estavam ambas abrangidas na expressão *oportet ex fide bona*, sendo que elas tinham consequências diferentes: a primeira, como já dito, era definitiva e impedia o demandante de renovar a ação em qualquer hipótese, mas não consumia o crédito do requerido;[132] a segunda, de outra banda, podia culminar na improcedência (se os créditos fossem equivalentes) ou na redução da condenação, consumindo, porém, o crédito do requerido. O mesmo raciocínio pode ser estendido também aos contratos de locação e sociedade.[133]

A compensação tinha, nesse contexto, a clara vantagem da simplicidade, na medida em que resolvia, em caráter definitivo, a situação contratual das partes. Os

---

128. Serpa Lopes, Miguel Maria de. Op. cit., p. 135-136; Williston, Samuel. Op. cit., p. 80.
129. Cassin, René. Op. cit., p. 11; Correia, Alexandre; Sciascia, Gaetano. Op. cit., p. 250.
130. Art. 369. A compensação efetua-se entre dívidas líquidas, vencidas e de *coisas fungíveis*.
131. Abrantes, José João. Op. cit., p. 15-16.
132. É de se presumir, contudo, que o autor, nessa situação, se demandado posteriormente pelo requerido pelo seu crédito do contrato, embora não tivesse mais ação, tivesse ao menos uma exceção para sua defesa, porque, do contrário, haveria evidente enriquecimento sem causa em favor do último.
133. Cassin, René. Op. cit., p. 18.

remédios análogos à exceção de contrato não cumprido, por sua vez, não impediam o ajuizamento de ação posterior, desta feita, porém, por aquele que havia sido originariamente o demandado.

Após o reinado de Marco Aurélio (161 d.C. – 180 d.C.), o âmbito de aplicação da compensação cresceu ainda mais, passando a ser invocável também nas ações de direito estrito, por meio da *exceptio doli*, bem como entre créditos de origem diversa (*ex dispari causa*). Bastava, em suma, para operar-se a compensação, que os créditos fossem líquidos e certos, ainda que derivados de contratos diferentes.[134] Assim, na hipótese já abordada de as partes valerem-se de duas *stipulatios* para realizar operação econômica equivalente à compra e venda, gerando dois contratos unilaterais e abstratos, os remédios análogos à exceção de contrato não cumprido não podiam ser invocados se uma das partes resolvesse cobrar a outra antes de disponibilizar sua prestação, mas a compensação entre os créditos oriundos dos dois contratos era, nessa situação, plenamente possível.

Posteriormente, na *extraordinaria cognitio*, fase histórica final do processo civil romano, passarão a ser admitidas as demandas reconvencionais, que eram proibidas na fase do processo formulário por força do princípio da "unidade da lide" (vide nota 29, acima), a limitar ainda mais o emprego, na prática, dos remédios análogos à exceção de contrato não cumprido, caracterizados pela "recusa passiva" da prestação. Afinal, agora, além de simplesmente oferecer resistência passiva à demanda nessas circunstâncias, o requerido poderia também reconvir, no mesmo processo, para exigir a prestação da qual era credor.[135]

Logo, além de restritos aos três contratos consensuais mencionados (compra e venda, locação e sociedade), os remédios análogos à exceção de contrato não cumprido ainda sofriam a concorrência da compensação e da reconvenção (esta, a partir da *extraordinaria cognitio*), tudo a tornar raro o emprego daqueles na prática, como bem sintetiza René Cassin:

> Como se vê, o princípio da *exceptio non adimpleti contractus* nunca foi acolhido, de forma geral, em Roma. Suas aplicações foram muito pouco frequentes mesmo entre os contratos sinalagmáticos perfeitos, por conta, já no período clássico, da flexibilidade da compensação nas ações de boa-fé [...]. Mais tarde, [...] a multiplicação das demandas reconvencionais e o alargamento considerável do domínio da compensação contribuíram para deixar à recusa passiva da prestação um campo de aplicação extremamente limitado.[136]

---

134. Correia, Alexandre; Sciascia, Gaetano. Op. cit., p. 250.
135. Serpa Lopes, Miguel Maria de. Op. cit., p. 141; Cassin, René. Op. cit., p. 31.
136. «Comme on le voit le principe de l'*exceptio non adimpleti contractus* n'a jamais été exprimé à Rome. Ses applications on été assez peu fréquentes même dans les contrats synallagmatiques parfaits, même à l'époque classique à cause de la souplesse de la compensation dans les actions de bonne foi [...]. Plus tard, [...] la multiplication des demandes reconventionnelles et l'élargissement considérable du domaine de la compensation contribuèrent à laisser au refus passif de la prestation intégrale un champ d'application extrêmement limité.» (Cassin, René. Op. cit., p. 32-33).

1.2 IDADE MÉDIA

1.2.1 Alta Idade Média: retração do direito contratual

O período da Alta Idade Média, que sucede às invasões bárbaras, foi marcado por grande retrocesso em matéria de contratos. Ante a ausência quase completa de atividade comercial, os contratos tornaram-se raros. No seio de cada clã (*sippe*), as transações contratuais foram substituídas por relações de solidariedade familiar, além de ficarem inviabilizadas, em grande medida, pela centralização do patrimônio na pessoa do líder do grupo (instituto do *mondualdo*). Entre as diferentes *sippes*, por sua vez, as raras relações comerciais ficaram limitadas, em um primeiro momento, às permutas de execução imediata, dada a carência de moeda.[137] Em relação a essas trocas instantâneas, que não projetavam obrigações para o futuro, sequer fazia sentido pensar em um remédio análogo à exceção de contrato não cumprido.

Nesse quadro de cultura jurídica rudimentar, não se distinguia, quanto aos efeitos, entre obrigações delituais e contratuais. Na *Lex Salica*, por exemplo, dirigida a regular as relações entre os Francos Sálios, cuja primeira versão foi elaborada entre 507 e 511 d.C., no reinado de Clóvis,[138] a não execução de um compromisso desembocava em uma pena pecuniária, que obrigava solidariamente todos os membros da *sippe* (em caso de não pagamento, ficavam todos sujeitos à vingança privada [*faida*] por parte dos membros do outro clã). Ou seja, o remédio típico para o inadimplemento dos contratos, nesse período, não era nenhum daqueles reconhecidos pelo direito atual (execução específica, resolução com perdas e danos, exceção de contrato não cumprido etc.), mas, sim, uma pena pecuniária.[139]

A ideia de que o consenso entre as partes poderia ser suficiente, em determinadas condições, para fazer nascer o contrato – o que, no Direito Romano, aplicava-se, como visto, pelo menos em relação aos quatro contratos consensuais (compra e venda, locação, sociedade e mandato) – desaparece completamente entre os germânicos. A compra e venda, nos lugares em que se restabelece a circulação de moeda, é praticada quase sempre à vista, de forma instantânea, mercê do baixo grau de confiança entre os contratantes. Nesse contexto, afirma G. D'Espinay, a compra e venda deixa de ser um acordo de vontades, que cria obrigações para ambas as partes, para se tornar um "duplo fato", só constatável após sua efetiva materialização: tradição de uma coisa, de um lado; pagamento em dinheiro, de outro.[140] Nesse tipo de negócio, a exemplo

---

137. Gilissen, John. *Introdução histórica ao direito*. 5. ed. Lisboa: Fundação Calouste Gulbenkian, 2008, p. 732.
138. Brunner, Murilo Castineira. Lex Salica. *Revista da Faculdade de Direito – Universidade De São Paulo*, v. 111, 2017, p. 413-414.
139. Gilissen, John. Op. cit., p. 732; Giffard, André E. V.; Villers, Robert. Op. cit., p. 13.
140. «La vente n'est donc pas l'accord de deux volontés, suivant le droit barbare; c'est simplement la réunion de deux faits accomplis: une tradition de propriété opérée d'une part, un paiement d'espèces effectué d'autre part. Toutes les formules relatives à la vente reproduisent la même idée; la vente est un double fait, rien de plus. La même observation s'applique aux échanges; on ne s'engage pas à livrer telle chose à telle person-

do que já foi dito em relação às permutas de execução imediata, nem mesmo faz sentido pensar em um remédio análogo à exceção de contrato não cumprido.

Nos poucos casos em que os contratantes se aventuravam a realizar uma compra e venda de execução diferida, leciona René Cassin, o Direito Germânico só reconhecia a formação do vínculo obrigacional após uma das partes entregar a coisa ou pagar o preço. Em outras palavras, a convenção não era obrigatória por si mesma, mas apenas a partir do momento em que uma das partes efetuasse a sua prestação, à maneira do que ocorria com os contratos inominados do Direito Romano. Nesse contexto, também não faz sentido cogitar da aplicação de qualquer remédio semelhante à exceção de contrato não cumprido. Afinal, se nenhuma das partes ainda cumpriu sua prestação, o vínculo contratual não era obrigatório, configurando um "nada jurídico", de forma que a demanda não deveria sequer ser admitida. Se, por outro lado, o autor já tivesse cumprido sua prestação, não teria cabimento a arguição, pelo demandado, de qualquer defesa desse tipo.[141]

Os outros poucos tipos contratuais admitidos nessas sociedades também não comportavam estruturalmente, nem mesmo em tese, qualquer questionamento semelhante à *exceptio*. A *fides facta*, por exemplo, era um contrato unilateral e abstrato, muito semelhante à *stipulatio* romana, no qual o devedor fazia uma promessa ao credor, mediante palavras e gestos sacramentais (que podiam consistir, por exemplo, na entrega de um objeto simbólico [*festica, wadium*], destinado a fazer conhecer e provar a promessa feita). Havia, ainda, a *res praestita*, contrato real e também unilateral, que se formava com a entrega de uma coisa pelo credor, gerando para o devedor a obrigação de devolvê-la. Servia às finalidades do que hoje se conhece por depósito, mútuo, comodato e penhor. Fácil perceber que, mesmo tais contratos projetando obrigações para o futuro, eles não comportavam estruturalmente a *exceptio*, por serem unilaterais.[142]

Miguel Maria de Serpa Lopes bem resume o estágio rudimentar do direito contratual entre os germânicos, avessos a quaisquer elaborações teóricas e adeptos de materializações, palavras sacramentais e simbolismos:

---

ne, à condition qu'elle livrera telle autre chose en échange; on constate une double tradition déjà faite.» (D'Espinay, Gustave. *De l'influence du droit canonique sur la législation française*. Toulouse: Typographie de Bonnal et Gibrac, 1856, p. 98).
141. «Pour la vente, [...] dans les cas où l'exécution immédiate de part e d'autre n'était pas possible, on reconnaissait que le contrat avait force obligatoire dès lors qu'une des parties fournissait sa prestation: la tradition de la chose, ou le paiement du prix suffisait pour les lier. Mais il était quand même impossible qu'un refus provisoire d'exécution fondé sur l'inexécution se produisît. Ou bien en effet le poursuivant avait exécuté, et alors l'autre contractant était tenu d'exécuter sans retard. Ou bien, le premier n'ayant pas fourni sa prestation, le contrat n'était pas formé et le défendeur pouvait alors se prétendre exempt de toute obligation. [...] Le droit de l'époque franque n'a donc fourni aucun apport à la théorie de l'exception d'inexécution » (Cassin, René. Op. cit., p. 35).
142. Cassin, René. Op. cit., p. 34; Giffard, André E. V.; Villers, Robert. Op. cit., p. 147.

O Direito germânico não dava efeitos jurídicos a um acordo de duas vontades. Não existiam contratos consensuais. Preponderavam as formas, [...] sendo que a forma excluía a causa. Tal era o estágio do Direito, em matéria de relação contratual, antes da intervenção do Direito Canônico: a forma, produzindo a abstração da obrigação; a forma, afastando qualquer ideia de resolução do contrato; como consequência, ausência de uma ideia sinalagmática, orgânica e disciplinada, e um meio ambiente infenso a um desenvolvimento da *exceptio non adimpleti contractus*.[143]

Assim, seja porque as relações de intercâmbio costumavam ocorrer "à vista", seja porque os poucos contratos que projetavam obrigações para o futuro eram unilaterais, o Direito dos povos germânicos não trouxe nenhuma contribuição ao aprimoramento do instituto da exceção de contrato não cumprido.

1.2.2 Escola dos Glosadores: avanço pouco significativo

Os glosadores serão os primeiros a debruçar-se, a partir do século XII, sobre as fontes romanas, então recém-descobertas.

O método de trabalho dos glosadores limitava-se ao estudo e interpretação dos textos romanos (especialmente de Justiniano), fazendo-lhes "glosas". Estas consistiam em breves comentários apostos aos textos originais que visavam a [i] esclarecer determinada palavra ou expressão, [ii] estabelecer relações com outros trechos do *Corpus Juris Civilis*, [iii] apontar exceções às regras enunciadas e [iv] analisar eventuais contradições.[144]

Os glosadores não ousavam contrariar as fontes romanas, que, apesar do longo tempo já transcorrido desde a queda do Império, tratavam como Direito vigente.[145] Franz Wieacker menciona que o *Corpus Juris* gozava, nessa época, de autoridade semelhante à das Sagradas Escrituras, tendo a força de uma "verdade revelada". Os

---

143. Serpa Lopes, Miguel Maria de. Op. cit., p. 144. No mesmo sentido, ver: D'Espinay, Gustave. Op. cit., p. 96.
144. Schioppa, Antonio Padoa. *História do direito na europa*: da idade média à idade contemporânea. São Paulo: Martins Fontes, 2014, p. 63; Cunha, Paulo F. da; Aguiar e Silva, Joana; Soares, António L. *História do direito*: do direito romano à constituição europeia. Coimbra: Almedina, 2005, p. 168.
145. Antonio Padoa Schioppa oferece duas justificativas para que os textos romanos tenham sido aceitos como Direito positivo vigente pelos glosadores. Primeiro, o renascimento das cidades e do comércio, que já se prenunciava nessa época, expunha a precariedade dos costumes e dos poucos textos normativos germânicos, que não podiam mais responder às necessidades de uma sociedade em mutação. O Direito Romano, com sua complexidade e elaboração técnica, estava mais apto a fornecer respostas às novas demandas que surgiam. Segundo, os imperadores medievais consideravam-se sucessores dos imperadores romanos e viam no *Corpus Juris* uma forma de afirmação de seu poder. O Digesto, elaborado em um contexto de absolutismo monárquico, reconhecia em favor do imperador um amplo poder legislativo, quase absoluto ("*Quod principi placuit, legis habet vigorem*" ["Aquilo que o príncipe quer, tem força de lei"]). (Schioppa, Antonio Padoa. Op. cit., p. 62).
    Franz Wieacker acrescenta um terceiro fator. O Direito Romano, justamente por ser notoriamente mais evoluído do que o Direito legislado e costumeiro da época, gozava de uma autoridade histórica e intelectual, remetendo, nas suas palavras, a uma "ideia de Roma": um tempo de maior segurança, estabilidade, progresso econômico e união cristã, que se ansiava por restabelecer. Daí o apego ao texto como uma "revelação", praticamente com o mesmo respeito que se devotava às Sagradas Escrituras (Wieacker, Franz. *História do direito privado moderno*. Trad. A. M. Botelho Hespanha. 3. ed. Lisboa: Fundação Calouste Gulbenkian, 2004, p. 43-45).

glosadores, afirma o autor, tinham a convicção de que, nas fontes romanas, a própria razão havia se convertido em palavra, em *ratio scripta*.[146]

Não tinham como preocupação fundamental deduzir normas gerais e conceitos a partir dos fragmentos estudados, quanto menos estruturar um sistema coerente de Direito. Limitavam-se a fazer glosas explicativas que, quando muito, estabeleciam relações entre trechos diferentes, expondo semelhanças, contradições e exceções. Antonio M. Botelho Hespanha salienta essa postura "humilde" dos glosadores perante as fontes romanas:

> É de realçar a ideia, comum entre os glosadores, de que os textos justinianeus tinham uma origem quase sagrada, pelo que seria uma ousadia inadmissível ir além de uma atividade puramente interpretativa destes textos. A atividade dos juristas devia consistir, portanto, numa interpretação cuidadosa e humilde, destinada a esclarecer o sentido das palavras (*verba tenere*) e, para além disso, a captar o sentido que estas encerravam (*sensum eligere*). [...] Os juristas faziam uma análise independente de cada texto jurídico, realizada ao correr da sua "leitura", quer sob a forma de glosas interlineares ou marginais, quer sob a de um comentário mais completo (*apparatus*), sem que (pelo menos em princípio) houvesse a preocupação de referir entre si vários textos analisados.[147]

Tais preocupações, de sistematização e de elaboração de conceitos, só se reforçarão na Escola seguinte, dos chamados pós-glosadores.[148]

Também não tinham os glosadores a pretensão de promover uma releitura dos textos à luz dos novos problemas de seu tempo. O objetivo, como aponta Antonio M. Botelho Hespanha, era essencialmente teórico:

> Na verdade, as intenções do seu trabalho não eram, predominantemente, práticas. A principal intenção dos primeiros cultores do Direito Romano era, na verdade, mais um objetivo teórico dogmático – o de demonstrar a racionalidade (não a "justeza" ou "utilidade prática") de textos jurídicos veneráveis – do que um objetivo pragmático, como o de os tornar diretamente utilizáveis na vida quotidiana do seu tempo. Isso explica, por um lado, o labor devotado a explicar institutos e magistraturas que já não existiam, bem como o distanciamento dos glosadores em relação à vida jurídico-legislativa do seu tempo – que classificavam depreciativamente e da qual quase não tratavam, exclusivamente dedicados, como estavam, à exegese dos textos romanos.[149]

Este método de trabalho dos glosadores tem consequências no tema em análise. Considerando que os romanos, como visto, não chegaram a enunciar uma regra geral de cabimento da exceção de contrato não cumprido, não admira que os glosadores não tenham avançado significativamente na matéria.[150] Limitaram-se, notadamente os primeiros (Irnerius, Martinus Gosia, Bulgarus, Hugo e Jacobus), a revisitar os pou-

---

146. Wieacker, Franz. Op. cit., p. 43-45 e 49.
147. Hespanha, Antonio Manuel Botelho. *Cultura jurídica europeia*: síntese de um milênio. Coimbra: Almedina, 2012, p. 189.
148. Nesse sentido: Scaduto, Gioachino. L'exceptio non adimpleti contractus nel diritto civile italiano. In: *Annali del Seminario Giuridico dela R. Università di Palermo*, v. III. 1921, p. 78; Cassin, René. Op. cit., p. 36; Giffard, André E. V.; Villers, Robert. Op. cit., p. 14.
149. Hespanha, Antonio Manuel Botelho. Op. cit., p. 190-191.
150. Abrantes, José João. Op. cit., p. 17.

cos fragmentos romanos existentes acerca da matéria, já mencionados no item 1.1.2 acima, aplicáveis aos contratos consensuais de compra e venda, locação e sociedade.

Os glosadores tardios (Placentinus, Azo e Accursius) chegaram a discutir, especificamente em relação ao contrato de compra e venda, quem deveria prestar primeiro. Com base nos textos romanos, concluíram que aquele que pretende exigir judicialmente a prestação da contraparte deve antes cumprir a sua, como uma espécie de condição de procedibilidade. Não havendo confiança entre as partes a permitir o cumprimento simultâneo ou que o autor da demanda cumpra a referida condição de procedibilidade, a solução proposta pelos citados autores é a entrega das prestações a um terceiro escolhido de comum acordo, que se encarregaria de distribui-las posteriormente.[151]

De qualquer forma, o ambiente negocial ainda era pouco propício ao maior desenvolvimento da figura da exceção de contrato não cumprido. Persistem, praticamente inalteradas, as condições de fato já apontadas no item anterior: os contratos eram quase todos de execução imediata;[152] o ambiente era de falta de confiança e de segurança jurídica, o que tornava raras as obrigações contratadas para o futuro; predomínio dos tipos contratuais medievais que não comportavam estruturalmente, nem mesmo em tese, o remédio da exceção de contrato não cumprido, por serem unilaterais (*fides facta*, *res praestita* etc.).

Além disso, todo o tecnicismo romano da teoria das *exceptiones* ainda era uma futilidade em uma sociedade marcada pela violência e pela indisciplina. Muito comum, nesse contexto, que os poucos contratos escritos celebrados contivessem longas listas de *exceptiones* expressamente afastadas – inclusive aquelas que nos interessam mais de perto (*exceptio doli*; *exceptio mercis non traditae*) – com o objetivo de fugir das sutilezas técnicas do Direito Romano.[153]

Como se percebe, os glosadores não forneceram aporte mais significativo à teoria da *exceptio non adimpleti contractus*, seja por conta de seu método de trabalho (que não ousava deduzir regras gerais a partir das fontes romanas), seja por conta da baixa importância econômica dessa defesa na época. Gioachino Scaduto bem resume a situação:

> Na época do ressurgimento dos estudos jurídicos, os glosadores não alcançaram a formulação do princípio do adimplemento simultâneo, nem uma construção da *exceptio non adimpleti*

---

151. Cassin, René. Op. cit., p. 36; Malecki, Catherine. Op. cit., p. 03; BK Tooling (PTY) v. Scope Precision Engineering (PTY) Ltd., 1979 (1) SA 391 (A); Menezes Cordeiro, António. *Tratado de direito civil, v. IX – Direito das obrigações*: cumprimento e não-cumprimento, transmissão, modificação e extinção. 3. ed. Coimbra: Almedina, 2017, p. 280.
152. René Cassin menciona que a maioria dos contratos de compra e venda escritos na Itália e na França, entre os séculos XI e XIII, estabeleciam que o preço já havia sido pago e o bem entregue no ato (Op. cit., p. 38).
153. Posteriormente, houve um movimento de repulsa a estas cláusulas de renúncia às *exceptiones*, como que a dizer: não se pode renunciar ao que é feito para concretizar a boa-fé. Tais renúncias passaram a ser consideradas nulas, mesmo quando acompanhadas de juramentos (Cassin, René. Op. cit., p. 41).

contractus. Por um lado, limitavam-se ao estudo dos fragmentos sem abstrair deles regras gerais; por outro, careciam do impulso vigoroso das necessidades práticas, porque os negócios jurídicos eram em sua maioria executados imediatamente, sem que deles surgissem obrigações para o futuro. Acresce-se, ainda, a prática das *renuntiationes*, pela qual na confecção dos *instrumenta* as partes renunciavam a fazer valer as exceções mais importantes, entre as quais estava a *exceptio pretii non soluti*.[154]

Evolução mais significativa do instituto ocorrerá por obra dos canonistas, como se verá no próximo subitem.

1.2.3 Os canonistas e o princípio "frangenti fidem, non est fides servanda"

Os canonistas medievais terão papel fundamental no desenvolvimento da figura da *exceptio non adimpleti contractus*. Eles pavimentarão o caminho para que os pós-glosadores, no momento histórico subsequente, enunciem a regra e estruturem uma teoria geral do instituto.[155]

Esse processo que levará ao desenvolvimento da *exceptio* passa, entretanto, necessariamente, por uma transformação essencial da própria concepção de contrato.

Como visto no subitem 1.1, predominava no Direito Romano, em matéria contratual, o princípio da tipicidade, de forma que só eram tutelados por ações os contratos que se enquadrassem nos poucos tipos contratuais previstos expressamente nas fontes, distribuídos entre as classes dos reais, verbais, literais e consensuais. O princípio da tipicidade só viria a ser abrandado, a partir do período clássico, com o surgimento dos chamados contratos inominados, por força do trabalho corretor e suplementador do *ius civile* exercido pelos pretores.

Todavia, mesmo após o advento dos contratos inominados, a regra geral, excepcionada apenas pelos quatro contratos consensuais (compra e venda, locação, sociedade e mandato), permaneceu sendo a de que a convenção não era, por si mesma, geradora de obrigações, devendo juntar-se, para ter esse efeito, a um elemento objetivo (que podia ser a tradição de uma coisa [*datio rei*], como nos contratos reais; uma forma sacramental, como nos contratos literais e verbais; ou a circunstância de uma das partes adiantar a sua prestação, condição exigida para a formação dos contratos inominados).

---

154. "Nell'epoca di rinascenza degli studi giuridici, i glossatori non diedero la formulazione del principio dell'adempimento simultaneo, né una costruzione dell'*exceptio non adimpleti contractus*. Da una parte infatti essi si limitavano allo studio dei frammenti senza astrarne delle norme generali, dall'altra mancava loro la spinta vigorosa dei bisogni pratici, perché i negozi giuridici venivano conclusi e per lo più immediatamente eseguiti, senza che da essi sorgessero obbligazioni per il futuro. Si aggiunga ancora la pratica delle '*renuntiationes*', per la quale nella confesione degli '*instrumenta*' le parti rinunziavano a far valere le eccezioni più importanti e tra queste era compresa l'*exceptio pretii non soluti*." (Scaduto, Gioachino. Op. cit., p. 78)
155. Abrantes, José João. Op. cit., p. 17-18.

Logo, afora os quatro contratos consensuais referidos, do simples pacto (acordo de duas ou mais pessoas sobre o mesmo objeto) não emergia ação (*ex nudo pacto non nascitur actio*). E, em relação aos quatro contratos consensuais, é importante que se tenha em mente, isso só ocorria em virtude de previsão expressa no ordenamento.

Da conjugação desses fatores é possível concluir que, muito diferente do que ocorre atualmente, em que o contrato constitui categoria geral e abstrata – todo e qualquer acordo de vontades lícito que vise a constituir, regular ou extinguir relação jurídica –, no Direito Romano só eram vinculantes os esquemas reconhecidos como tais pelo *ius civile* (contratos reais, literais, verbais e consensuais) e pelo *ius honorarium* (contratos inominados). Como bem resume Gustave d'Espinay:

> A legislação romana nunca admitiu este princípio tão claro da legislação moderna em matéria de obrigações: "as convenções são a lei das partes". Em Roma, para que a convenção fosse a lei das partes, era necessário que esta convenção tivesse sido sancionada, nomeada e munida de uma ação pelo direito civil ou pretoriano, pela jurisprudência ou pelas constituições imperiais.[156]

Os glosadores, especialmente por seu método de trabalho, de profunda deferência às fontes romanas, não foram capazes de suplantar esse estado de coisas.[157]

Já sob os canonistas, o instituto do contrato, na feliz expressão de Miguel Maria de Serpa Lopes, irá se "espiritualizar", passando a sua vinculatividade a derivar diretamente da força moral da palavra empenhada, do caráter sagrado do juramento feito, e não mais de elementos objetivos que acompanhavam e qualificavam o consenso (*v.g.*, forma sacramental, tradição da coisa, o fato de uma das partes já ter prestado).[158]

A Igreja Católica, desde muito cedo, posicionou-se em favor do respeito à palavra dada. Desde o Concílio de Cartago, no século IV, os fiéis que não observassem os acordos celebrados, ainda que se tratasse daquilo que os romanos denominavam

---

156. «La législation romaine n'admit jamais ce principe si formel de la législation moderne en matière d'obligations: 'les conventions sont la loi des parties'. A Rome, pour que la convention soit la loi des parties, il faut que cette convention ait été sanctionnée, nommée et munie d'une action par le droit civil ou prétorien, par la jurisprudence ou par les constitutions impériales.» (D'Espinay, Gustave. Op. cit., p. 94).
157. Gilissen, John. Op. cit., p. 735.
158. Serpa Lopes, Miguel Maria de. Op. cit., p. 146. Catherine Malecki destaca a capacidade dos canonistas de inovar, indo muito além das fontes romanas, no que se distanciavam dos glosadores (Op. cit., p. 03). Isso se dava porque os canonistas valiam-se também de outras fontes, permeadas de preceitos morais e éticos, que eram próprias da Igreja (as Sagradas Escrituras; a doutrina patrística; as decisões dos concílios e dos sínodos; os cânones e as decretais dos papas). Para os canonistas, o Direito Romano era apenas uma fonte supletiva, usada para preencher lacunas, que só podia ser invocada na medida em que não fosse contrária ao *ius divinum*, aos cânones, às decretais etc. (Wieacker, Franz., Op. cit., p. 69; Gilissen, John. Op. cit., p. 142).

"pacto nu",[159] estavam sujeitos a censuras eclesiásticas.[160] No mesmo sentido, o Papa Gregório I, no século VI, orientava os cristãos a velar cuidadosamente pela execução de todos os acordos de vontade, desde que não fossem contrários à religião e à moral.[161]

Até aí, contudo, tratava-se apenas de preceitos morais e religiosos, que não afetavam a construção jurídica romana segundo a qual a convenção só gerava obrigações se sancionada por uma ação pelo *ius civile*, pelo *ius honorarium* ou por uma constituição imperial. Foi o canonista Johannes Teutonicus quem, na sua glosa ao Decreto de Graciano, escrita em 1212, transpôs aqueles deveres morais e religiosos para o campo do Direito, afirmando pela primeira vez que "*ex nudo pacto, actio oritur*" ("uma ação pode nascer de um pacto nu").[162] Na mesma linha, Bernardo de Parma, canonista do século XIII, citado por John Gilissen, também asseverou: "Do pacto nu surge uma ação. [...] Comete pecado moral quem se afasta do pacto. [...] Deus não faz diferença entre uma simples declaração e um juramento."[163]

A partir daí instalou-se definitivamente, no campo contratual, a primazia da vontade das partes sobre o formalismo e a tipicidade estrita.[164] Os elementos objetivos que qualificavam o consenso, tanto no sistema contratual romano (*v.g.*, forma sacramental, tradição da coisa, o fato de uma das partes já ter prestado), como no direito germânico (*v.g.*, entrega de objeto simbólico [*festica*, *wadium*] ou da própria coisa objeto do contrato), deixam de ser, nos dizeres de Miguel Maria de Serpa Lopes, "elementos genéticos do contrato para descer na escala hierárquica", passando a configurar, quando muito, "mecanismos puramente de prova, a serviço da vontade, para aparelhá-la de maior segurança."[165]

Paolo Grossi bem explicita as razões de fundo que permeiam essa transformação radical promovida pelos canonistas em relação ao conceito de contrato, esclarecendo que ela está muito mais relacionada ao respeito à palavra dada, ao compromisso assumido, do que a uma precoce valorização da vontade individual, como se observaria, séculos depois, no Iluminismo:

---

159. As convenções que não se enquadravam entre os contratos típicos ou entre os inominados eram designadas, no *Corpus Juris Civilis*, genericamente, por "pactos". Como essas convenções não geravam, a princípio, obrigações, sendo desprovidas de ações, eram também denominadas "pactos nus" (*pacta nuda*). Os "pactos nus" não eram, porém, totalmente despidos de eficácia, na medida em que geravam *exceptiones*, em defesa da parte demandada injustamente em violação ao pacto. Assim, por exemplo, um devedor cuja dívida tivesse sido perdoada por meio de um pacto celebrado após uma *stipulatio*, por exemplo, poderia defender-se da cobrança indevida utilizando-se de uma *exceptio pacti*. Posteriormente, já no período pós-clássico, surgiram os chamados "pactos vestidos" (*pacta vestita*), aos quais a jurisprudência, os pretores ou as constituições imperiais conferiram também, em caráter excepcional, *actiones*. (Moreira Alves, José Carlos. *Direito Romano*, v. II. 6. ed. Rio de Janeiro: Forense, 2000, p. 198).
160. D'Espinay, Gustave. Op. cit., p. 95.
161. Ibidem.
162. Gilissen, John. Op. cit., p. 735.
163. Ibidem, p. 743.
164. D'Espinay, Gustave. Op. cit., p. 95.
165. Serpa Lopes, Miguel Maria de. Op. cit., p. 144-145.

O *pactum*, mesmo o mais rudimentar e o mais desprovido de formas, enquanto livre convenção entre duas ou mais partes, representa uma confiança recíproca que deve ser respeitada. A utilização da falta de observância às formas ou da violação à obrigatoriedade de tipicidade para frustrar o compromisso assumido contraria os princípios moralmente imperativos da boa-fé e da responsabilidade como consequência do compromisso; [...] ou seja, deflagram-se os pressupostos da equidade canônica, formidável força subversiva da ordem formal, mas força restauradora de uma ordem substancial mais relevante.

O rigorismo totalmente legalista da irrelevância dos pactos nus não pode deixar de ser abandonado: não por tutelar o livre consentimento, a vontade livre dos contraentes, como por vezes se afirmou, antecipando arriscadamente nos canonistas medievais perspectivas próprias da futura teoria iluminista do contrato e totalmente estranhas à visão da Igreja, sempre suspeita das liberdades individuais não funcionalizadas, mas, sim, para garantir o respeito à palavra dada, para reivindicar a responsabilidade, antes moral e depois jurídica, do compromisso assumido, em nome de uma boa-fé que deve permanecer como regra indefectível de toda convenção.[166]

Uma prática introduzida pelo Direito Canônico que contribuiu, sem dúvida alguma, para essa transformação – primado do acordo de vontades sobre a forma – foi a de confirmar as convenções por meio de juramentos. Tal prática tornou-se tão comum que, segundo Adhémar Esmein, em seu ápice (séculos X a XIV), não havia convenção comercial realizada entre particulares que não fosse acompanhada de um juramento,[167] só vindo a cair em desuso no início do século XVI.[168]

Como bem afirma Gustave d'Espinay, os juramentos perante Deus tinham os efeitos positivos [i] de inibir invocações de sutilezas técnicas do Direito Romano tendentes a elidir a força vinculante dos acordos, [ii] de direcionar as partes à formação e execução dos contratos segundo a boa-fé e [iii] de garantir maior efetividade no cumprimento das obrigações.[169]

Formalmente, o juramento promissório (*serment promissoire*) era um contrato *unilateral* e *abstrato*, que podia assumir qualquer objeto lícito, na forma de uma promessa de dar, fazer ou não fazer algo, em tudo assemelhando-se, como se percebe, à *stipulatio* romana.[170]

Os canonistas entendiam que, no juramento promissório, o verdadeiro credor da obrigação era Deus, sendo a outra parte, que recebia a promessa, apenas um credor "acessório". A grande efetividade do juramento, enquanto meio de impulsionar as partes ao cumprimento das obrigações, advinha justamente dessa circunstância,

---

166. Grossi, Paolo. *A ordem jurídica medieval*. Trad. Denise Rossato Agostinetti. São Paulo: Martins Fontes, 2014, p. 267-268.
167. Esmein, Adhémar. *Le serment promissoire dans le droit canonique*. Nouvelle Revue Historique de Droit Français et Étranger. v. 12, 1888, p. 248.
168. D'Espinay, Gustave. Op. cit., p. 277.
169. Ibidem, p. 203.
170. Cassin, René. Op. cit., p. 42; Giffard, André E. V.; Villers, Robert. Op. cit., p. 164; Esmein, Adhémar. Op. cit., p. 264.

pois, sendo Deus o destinatário da promessa, configurava pecado de *perjúrio* o inadimplemento desmotivado.[171]

A circunstância de restar configurado o pecado de perjúrio em caso de inadimplemento desmotivado tinha o efeito, também, de atrair a competência do foro eclesiástico para analisar a matéria (a chamada "competência *ratione peccati*"). Entendia-se, no apogeu do poder da Igreja perante os poderes seculares (séculos X a XIV), que os foros eclesiásticos eram competentes, com prejuízo dos seculares, para a análise, nas palavras de Franz Wieacker, de qualquer "factualidade jurídica obrigatória sob pena de pecado", no que se enquadravam os contratos celebrados sob juramento.[172]

O instituto do juramento serviu, assim, de porta de entrada da Igreja Católica na disciplina dos contratos e das obrigações. A partir dessa brecha, o Direito Canônico desenvolverá toda uma nova teoria contratual, inspirada por valores de eticidade (boa-fé; cláusula *rebus sic stantibus*; primado da vontade sobre as formas), que se

---

171. Esmein, Adhémar. Op. cit., p. 264; Giffard, André E. V.; Villers, Robert. Op. cit., p. 165.
172. Wieacker, Franz., Op. cit., p. 69. Para compreender a influência avassaladora da Igreja Católica nesse período, a ponto de ter jurisdição exclusiva em alguns campos, é preciso considerar, como aponta o mesmo Franz Wieacker, que ela era de longe a força espiritual mais importante da Idade Média, ao mesmo tempo em que era a mais coerente, estruturada e extensa organização social então existente. Diferente do Direito laico, que era predominantemente consuetudinário e que só se estruturou em torno de textos escritos após a redescoberta das fontes romanas (século XII), a ordem jurídica interna da Igreja baseava-se, já na Alta Idade Média (século VI em diante), em uma tradição salvaguardada pelo uso da escrita (Op. cit., 67-69).
John Gilissen acrescenta que, justamente por ser escrito, o Direito Canônico foi objeto de estudos doutrinários, bem como de sistematização, muito mais cedo do que o Direito profano, o que contribuiu para que o primeiro viesse a exercer profunda influência na formulação e desenvolvimento do segundo. Assim, quando da redescoberta das fontes romanas, estas seriam lidas, mesmo por juristas laicos, com a visão renovada do Direito Canônico, pautada em valores éticos de boa-fé e equidade. A tendência universalista da Igreja também era um diferencial em favor do Direito Canônico, conforme aponta o mesmo autor: enquanto, só na França, conviviam cerca de 600 ordenamentos consuetudinários durante a Idade Média, não existiu senão um Direito Canônico, único e comum a todos os países da Europa Ocidental nesse mesmo período (Op. cit., p. 134).
A influência do Direito Canônico explica-se também pela extensão da competência dos Tribunais Eclesiásticos, não apenas em relação aos membros do clero, mas também em relação aos leigos. Desde Constantino (século IV), as partes podiam submeter-se voluntariamente à decisão de seu bispo – jurisdição *inter volentes* – tendo a decisão episcopal o mesmo valor daquela proferida por um agente estatal. No século V, surgiu o *privilegium fori*, em virtude do qual os clérigos só podiam ser julgados, em quaisquer matérias (criminais ou cíveis), pelos tribunais da Igreja. Posteriormente, esse privilégio de foro seria estendido aos cruzados, aos membros das Universidades (professores e estudantes), bem como às viúvas e órfãos que solicitassem a proteção da Igreja. No período Carolíngio (século IX em diante), a competência dos Tribunais Eclesiásticos avançou sobre todas as matérias que dissessem respeito, direta ou indiretamente, aos sacramentos (questões de casamento, legitimidade de filhos, ruptura de esponsais, testamento etc.). Entre os séculos X a XIV, período em que as jurisdições laicas estavam mais frágeis, como consequência do enfraquecimento do poder real pelo feudalismo, a competência dos Tribunais da Igreja, em seu apogeu, passou a abarcar qualquer negócio jurídico cuja celebração ou violação implicasse pecado (competência *ratione peccati*), no que se enquadravam, respectivamente, as questões de usura e os contratos sob juramento (valendo lembrar que raros, nessa época, eram os contratos celebrados sem juramento). Os Tribunais Eclesiásticos aplicavam Direito Canônico, e, apenas subsidiariamente, Direito Romano. Daí porque não é exagero afirmar que largos domínios do Direito Civil – notadamente em matéria de Direito das Obrigações, Contratos, Família e Sucessões – foram regidos predominantemente pelo Direito Canônico durante vários séculos (Wieacker, Franz., Op. cit., p. 73; Gilissen, John. Op. cit., p. 134-136).

imporá à jurisprudência secular desse período (séculos X a XIV), e que, mesmo depois do declínio da competência jurisdicional eclesiástica, vai ser fonte de inspiração para as teorias laicas subsequentes.[173]

Embora o juramento fosse contrato unilateral, popularizou-se a prática de formalizar relações bilaterais – como a compra e venda, por exemplo – mediante dois juramentos contrapostos. No entanto, sendo os juramentos negócios abstratos, as obrigações criadas nessas condições não teriam, em princípio, qualquer vínculo entre si. Para contornar injustiças que adviriam dessa ausência de correspectividade, os canonistas passaram a erigir "condições tácitas", que consideravam implicitamente inseridas pelas partes nos juramentos contrapostos.[174]

Entre estas condições tácitas estavam, por exemplo, [i] a de que a eficácia dos juramentos dependia de permanecerem inalteradas as circunstâncias após a celebração da avença (cláusula *rebus sic stantibus*), [ii] a de que a vinculatividade dos juramentos dependia do fato de os juradores conservarem a possibilidade física e moral de executarem suas respectivas prestações, e, por fim, aquela que interessa mais de perto ao objeto deste trabalho, [iii] a de que, em se tratando de juramentos contrapostos, com obrigações recíprocas, um dos juradores deveria ser tido como desobrigado se o outro não cumprisse a sua obrigação.[175]

O fundamento desta última condição tácita foi expresso pelo canonista Hostiensis no século XIII na máxima "frangenti fidem, non est fides servanda" ("para aquele que rompe a fé, a fé não é mais devida").[176] Este adágio, por relacionar a sorte de dois juramentos contrapostos, ficou conhecido como "regra dos correlativos"[177], e, nos dizeres expressivos de Henri Capitant, "contém em germe toda a teoria da causa nos contratos sinalagmáticos".[178]

O Papa Bonifácio VIII consolidou a mesma ideia no célebre cânone *Frustra*, publicado em 1298: "Frustra sibi fidem quis postulat ab eo servari, cui fidem a se praestitam servare recusat" ("É em vão que exigimos que se observe a palavra a alguém para quem nós mesmos não observamos a fé jurada").[179]

---

173. Giffard, André E. V.; Villers, Robert. Op. cit., p. 164. John Gilissen aponta, cronologicamente, três fases na relação do Direito Canônico com o laico: i) *fase ascendente* – séculos III a XI; ii) *apogeu* – séculos XII a XIV; iii) *decadência* – a partir do século XV, mas especialmente a partir do século XVI, com a Reforma Protestante e o movimento de laicização e fortalecimento dos Estados Nacionais (Op. cit., p. 136).
174. Cassin, René. Op. cit., p. 42-43.
175. Giffard, André E. V.; Villers, Robert. Op. cit., p. 164 e 166-167.
176. Abrantes, José João. Op. cit., p. 18; Malecki, Catherine. Op. cit., p. 64.
177. Penteado, Luciano de Camargo. Causa concreta, qualificação contratual, modelo jurídico e regime normativo: notas sobre uma relação de homologia a partir de julgados brasileiros. *Revista de Direito Privado*, v. 20. out-dez 2004, p. 257.
178. Capitant, Henri. *De la cause des obligations*: contrats, engagements unilatéraux, legs. 3ᵉ éd. Paris: Librairie Dalloz, 1927, p. 327.
179. Cassin, René. Op. cit., p. 43; Scaduto, Gioachino. Op. cit., p. 79; Menezes Cordeiro, António. *Tratado de direito civil, v. IX – Direito das obrigações*: cumprimento e não-cumprimento, transmissão, modificação e extinção. 3. ed. Almedina: Coimbra, 2017, p. 280.

A ideia subjacente aos dois enunciados, como se percebe, marca da profunda espiritualização e eticização do contrato promovidas pelos canonistas, era a de que quem assume um compromisso por juramento empenha a sua palavra e, portanto, deve manter-se fiel ao prometido, sob pena de não poder prevalecer-se de compromissos contratados em seu favor na mesma oportunidade.[180]

Foi assim que, mesmo partindo de dois contratos unilaterais e abstratos, os canonistas lançaram a semente da interdependência entre as obrigações, compreendendo que um dos promitentes só havia jurado porque o outro também havia, por seu lado, jurado dar-lhe ou fazer-lhe alguma coisa em troca.[181] Simultaneamente, alçaram a *fides*, enquanto confiança derivada da palavra empenhada, a elemento central do contrato, a ponto de compreenderem que ambas as partes haviam contratado sob a condição tácita de que as prestações correspectivas seriam plenamente executadas (*si fides servetur*, isto é, "se a palavra for cumprida").[182]

Ao erigirem essa proteção do demandado como condição tácita, os canonistas criaram, na verdade, remédio mais drástico do que aquele que viria a ser, posteriormente, a exceção de contrato não cumprido. Afinal, aquele que fosse reclamado injustamente conseguia, ao invocar a máxima "frangenti fidem, non est fides servanda", não apenas suspender provisoriamente a cobrança (efeito dilatório típico da exceção), mas liberar-se definitivamente do contrato, pois seu juramento era tido como ineficaz.[183]

Como o Direito Canônico, conforme exposto, estendeu o conceito de contrato a qualquer acordo de vontades lícito, o adágio "frangenti fidem, non est fides servanda" encontrou aplicação em todas as convenções com obrigações recíprocas, quer constituíssem, aos olhos das fontes romanas, contratos consensuais, inominados ou meros "pactos nus".[184] Muito diferente, portanto, vale lembrar, do que ocorria no Direito Romano, em que os remédios análogos à exceção de contrato não cumprido – notadamente a *exceptio mercis non traditae* e a *exceptio doli* – tinham aplicação limitada aos três contratos consensuais bilaterais perfeitos (compra e venda, locação e sociedade).[185]

---

180. Abrantes, José João. Op. cit., p. 18; Capitant, Henri. Op. cit., p. 146.
181. Cassin, René. Op. cit., p. 42-43.
182. Serpa Lopes, Miguel Maria de. Op. cit., p. 162. José María Gastaldi e Esteban Centenaro ressaltam a importância do Direito Canônico na afirmação da interdependência das obrigações nos contratos bilaterais, bem como o papel revolucionário dado pelos canonistas à boa-fé nesses contratos: "Foi precisamente o Direito Canônico, baseado no princípio da boa-fé, que contribuiu para afirmar a interdependência das obrigações nos contratos bilaterais, com a lógica consequência de que não se pode obrigar uma parte a respeitar sua promessa quando a outra descumpre a sua, pois o contrário implicaria afastar-se das normas que impõem a justiça comutativa. [...] E por ele o Papa Bonifácio VIII, no Liber Sextus, assentou o princípio de que a confiança na palavra dada exige que uma das partes não possa requerer da outra o cumprimento de sua obrigação se ela não cumpriu com a sua. A doutrina canonista concebe a bilateralidade como uma troca de prestações assentada na boa-fé." (Op. cit., p. 48).
183. Cassin, René. Op. cit., p. 43–44; Serpa Lopes, Miguel Maria de. Op. cit., p. 162.
184. Cassin, René. Op. cit., p. 44; Malecki, Catherine. Op. cit., p. 03.
185. Serpa Lopes, Miguel Maria de. Op. cit., p. 135-136; Williston, Samuel. Op. cit., p. 80.

O Direito Canônico trouxe, como se percebe, significativo avanço no tema em análise neste trabalho. Ao se livrarem das amarras da tipicidade estrita e abraçarem o consensualismo, os canonistas redesenharam o instituto do contrato, sob as bases, agora, da *fides* (respeito à palavra dada) e da valorização da vontade humana. Incorporando elementos de equidade e de boa-fé à teoria contratual, os canonistas aprofundaram, como nunca antes, a noção de reciprocidade entre as obrigações dos contratos bilaterais, potencializando a noção de "sinalagma funcional". Por meio do adágio "frangenti fidem, non est fides servanda", estruturado como condição tácita dos juramentos contrapostos, aproximaram-se de uma regra geral aplicável a todos os contratos bilaterais, como seria futuramente a exceção de contrato não cumprido. Como efeito secundário do consensualismo, permitiram grande expansão do âmbito de aplicação dos remédios análogos à *exceptio*, que não estavam mais limitados aos contratos consensuais do Direito Romano, passando a serem invocáveis sempre que presentes obrigações contrapostas, em regime de reciprocidade, ainda que configurassem, sob o prisma das fontes romanas, contratos inominados ou meros "pactos nus".[186]

Henri Capitant bem resumiu todo esse estado de coisas:

> Diferente dos jurisconsultos romanos que [...] não se atentaram suficientemente para a relação de causalidade existente entre as obrigações recíprocas originadas dos contratos consensuais, os canonistas bem compreenderam que estas obrigações estão estreitamente unidas não apenas no momento do nascimento delas, mas até a sua completa execução, e desta constatação eles tiraram importantes consequências. Esta diferença entre as duas concepções também se explica sem dúvida pelo fato de que, tendo admitido desde muito cedo a força obrigatória do simples acordo de vontades, os canonistas foram levados pela lógica a assimilar os antigos contratos consensuais aos contratos inominados, aplicando a todos as mesmas regras.[187]

1.2.4   Os pós-glosadores. A fórmula de Bartolo

Os pós-glosadores – misto de romanistas, canonistas e práticos – serão os responsáveis por elaborar, pela primeira vez, uma regra geral de exceção de

---

[186]. Como lembra Miguel Maria de Serpa Lopes, o adágio "frangenti fidem, non est fides servanda" foi estendido mesmo às convenções de Direito feudal, de modo que os canonistas consideravam como desligado de seus deveres o vassalo molestado pelo seu senhor ou a quem este tivesse negado sua proteção (Op. cit., p. 148). Da mesma forma, a *poena* prevista para a hipótese de ruptura da paz era considerada não devida, ressalta José João Abrantes, caso demonstrado que foi o demandante quem, na verdade, havia dado início às hostilidades (Op. cit., p. 19).

[187]. «A la différence des jurisconsultes romains qui [...] n'avaient pas suffisamment étudié le rapport de causalité existant entre les obligations réciproques engendrées par les contrats consensuels, les canonistes, eux, ont bien compris que ces obligations sont étroitement unies non seulement au moment de leur naissance, mais jusqu'à leur complète exécution, et de cette constatation ils ont tiré d'importantes conséquences. Cette différence entre les deux conceptions s'explique sans doute encore par ce fait que, ayant admis de très bonne heure la force obligatoire du simple accord de volontés, les canonistes furent conduits par la logique à assimiler les vieux contrats consensuels aux contrats innommés et à leur appliquer à tous les mêmes règles.» (Capitant, Henri. Op. cit., p. 145).

contrato não cumprido, por meio da coordenação de trechos esparsos das fontes romanas.[188]

Isso será resultado de uma nova postura dos estudiosos em relação a essas fontes: com menos deferência e apego à literalidade do que demonstravam os glosadores, e, por consequência, com mais liberdade criativa para induzir e deduzir novas regras, permitindo, sempre que possível, o influxo dos princípios contratuais mais evoluídos do Direito Canônico (*v.g.*, boa-fé, equilíbrio, valorização da palavra empenhada, consensualismo).[189]

---

188. Também chamados de "comentadores", "práticos" ou "conciliadores", nomes estes que inclusive espelhariam melhor, segundo Franz Wieacker, a novidade do método por eles introduzido e a contribuição dos membros desta Escola à evolução da Ciência do Direito (Op. cit., p. 79).
 Diferentemente dos glosadores, cuja preocupação era teórica apenas, os pós-glosadores participaram ativamente da aplicação *prática* do direito do seu tempo, e, por isso mesmo, buscaram *conciliar* o Direito Romano com o Direito Canônico, os costumes locais e os estatutos das respectivas cidades. Enquanto as glosas do movimento anterior limitavam-se a explicar os fragmentos romanos, estabelecendo, quando muito, relações entre trechos diferentes do *Corpus Juris* (de forma a expor semelhanças, contradições e exceções), os pós-glosadores redigiam verdadeiros *comentários*, mais aprofundados, elaborados e envoltos numa dialética-escolástica, que iam muito além da literalidade, até porque, como já dito, forçavam o confronto e a "concorrência" das fontes romanas com outras então relevantes (*v.g.*, Direito Canônico, costumes locais, estatutos das cidades), buscando conciliá-las, já com o objetivo de estruturar um sistema coerente de Direito (o que faltava, à evidência, aos glosadores) (Pousada, Estêvão Lo Ré. A recepção do direito romano nas universidades: glosadores e comentadores. *Revista da Faculdade de Direito. Universidade de São Paulo*, v. 106/107, 2011/2012, p. 113-114; Wieacker, Franz., Op. cit., p. 79).
 Ao invés de discorrerem sobre conceitos do *Corpus Juris* que não mais se aplicavam à realidade, os pós-glosadores decidiram voltar seus olhos para os múltiplos institutos da Alta e Baixa Idade Média que, embora constituíssem as fontes efetivas dos litígios de seu tempo, permaneciam carentes de disciplina (Wieacker, Franz., Op. cit., p. 79).
 Ao trazerem a sofisticação do Direito Romano e do Direito Canônico para a solução dos problemas de seu tempo (relações feudais, renascimento do comércio, disputas entre o imperador e o papado etc.), os pós-glosadores foram os verdadeiros responsáveis por transformar aqueles dois ordenamentos em uma espécie de substrato comum do Direito Europeu (*ius commune*). Considerando a importância dos pós-glosadores na melhoria da qualidade do Direito vivo aplicado em seu tempo, não parece exagero afirmar, como fez o mesmo Franz Wieacker, que "os conciliadores, compatriotas e contemporâneos dos grandes italianos da aurora da época moderna, de um Dante, Giotto, Petrarca, são, tanto como estes – mesmo se situados num campo mais afastado da sensibilidade cultural geral –, os *arquitetos da modernidade europeia*." (Ibidem, p. 80).
189. Serpa Lopes, Miguel Maria de. Op. cit., p. 147; Cassin, René. Op. cit., p. 46. Para Franz Wieacker, a postura mais livre e criativa dos pós-glosadores em relação às fontes romanas, indo muito além da literalidade, explica-se justamente a partir da necessidade prática de explicar os institutos medievais que não tinham disciplina expressa no *Corpus Juris*, e que, também, por terem nascido no âmbito do Direito Germânico, do Direito Canônico ou dos costumes e estatutos locais, exigiam a "harmonização" ou "conciliação" do Direito Romano com estas outras fontes. Confira-se: "Os conciliadores exploraram pela primeira vez instituições ou disciplinas a que faltava no direito romano qualquer fundamento ou que aí apenas eram tratadas sob a forma de sugestões de caráter casuístico, instituições e disciplinas cujas raízes eram antes as do direito canônico, do germano ou do direito comum europeu. [...] Isto conduziu-os, de novo, para uma interpretação mais livre e despreocupada dos textos justinianeus. Embora os glosadores já tivessem tido – como qualquer atitude textualista que tenha que triunfar na vida – que forçar o sentido textual mais do que interpretá-lo, só com os conciliadores, muitas vezes com recurso a ousados expedientes dialéticos, as fontes são interpretadas duma forma ainda mais livre. [...] São exemplos conhecidos desta técnica a dedução da proteção da marca e da firma a partir dos interditos possessórios; do domínio direto e do domínio útil a partir de categorias romanas totalmente diferentes; o direito de comunhão dos adquiridos a partir do

Coube a Bartolo de Sassoferrato (1313-1357), o mais eminente dos membros desta Escola,[190] reunir todos os fragmentos apontados no item 1.1.2 deste trabalho, concernentes à *exceptio mercis non traditae* e à *exceptio doli*, para, em comentário ao excerto D. 19, I, 13, 8, de Juliano,[191] generalizar o princípio básico que subjaz à *exceptio*: "Contractu ultro citroque obligatorio non potest effectualiter agi, nisi ab eo qui effectualiter totum contractum ex parte sua impleverit" (o que poderia ser traduzido, grosso modo, por "Em um contrato sinalagmático, o autor não pode demandar com sucesso se não cumpriu ou não ofereceu sua prestação.")[192]

Com isso, Bartolo reconhecia a qualquer das partes de um contrato bilateral o direito de não executar sua prestação, na hipótese de inadimplemento do outro contratante. Tal fórmula disseminou-se pela Europa nos séculos XIV a XV, sendo aplicada, inclusive, aos tratados celebrados entre os soberanos.[193]

É certo que os canonistas tiveram o mérito anterior de erigir uma condição tácita, representada pelo adágio *"frangenti fidem, non est fides servanda"*, que teve larga aplicação prática, dado o costume da época de reforçar os acordos por juramentos (o que atraía a competência das Cortes Eclesiásticas e, por conseguinte, a incidência do Direito Canônico). Os pós-glosadores, em contrapartida, partindo das conquistas dos canonistas, deram um passo adiante: criaram uma regra geral de exceção de contrato não cumprido – que se materializou em um primeiro momento na fórmula citada de Bartolo –, construída preponderantemente *a partir de fontes*

---

direito dotal justinianeu. Os conciliadores entraram então em despique com os canonistas na criação de novas figuras jurídicas, o que transformou as duas disciplinas em precursoras da moderna dogmática do direito privado." (Op. cit., p. 82-83).

190. Bartolo, natural de Perugia, foi discípulo de Cino de Pistóia (1270-1336), fundador da Escola dos pós-glosadores. A importância de Bartolo foi tamanha em sua época que seus contemporâneos o chamavam de "lumina et lucerna iuris" ("luz e lanterna do direito"), e, muito tempo depois (sua influência perduraria até o século XVIII), ainda se repetia o dito "nemo jurista nisi bartolista" ("ninguém é jurista se não for bartolista") (Hespanha, Antonio Manuel Botelho. Op. cit., p. 199).

Em alguns locais, sua autoridade intelectual era tão reconhecida que chegou a ser afirmada em via legislativa. Nas Ordenações Afonsinas de Portugal, por exemplo, as opiniões de Bartolo constituíam direito subsidiário (para a hipótese de não haver solução direta para o problema em análise no Direito Nacional, no Direito Romano, no Direito Canônico e nas glosas de Acúrcio). Com a ressalva de Acúrcio, as opiniões de Bartolo deveriam prevalecer ainda que contrariassem a opinião comum dos demais doutores (*communis opinio doctorum*), algo semelhante ao que ocorria, na era pós-clássica do Direito Romano, em favor de Papiniano, por força da chamada "Lei das Citações" (Schioppa, Antonio Padoa. Op. cit., p. 116; Timm, Luciano Benetti. O direito subsidiário nas ordenações portuguesas medievais. *Revista Direito e Democracia*, v. 7, n.2, 2006, p. 400).

191. "Quando se move uma ação contra o vendedor, o comprador deve oferecer o preço; e, portanto, ainda que o comprador ofereça uma parte do preço, a ação não deve ser admitida: pode, então, o vendedor, nessas condições, reter a coisa que ele vendeu como um quase penhor." (*Iustiniani Augusti Digesta Seu Pandectae*, Dipartimento di Scienze Giuridiche dell'Università la Sapienza di Roma. Disponível em: http://dbtvm1.ilc.cnr.it/digesto. Acesso em: 28 out. 2018).

192. Scaduto, Gioachino. Op. cit., p. 79; Zimmermann, Reinhard. Op. cit., p. 801–02; Menezes Cordeiro, António. *Tratado de direito civil, v. IX – Direito das obrigações*: cumprimento e não-cumprimento, transmissão, modificação e extinção. 3. ed. Almedina: Coimbra, 2017, p. 280; Abrantes, José João. Op. cit., p. 17; Serpa Lopes, Miguel Maria de. Op. cit., p. 147; Cassin, René. Op. cit., p. 47.

193. Scaduto, Gioachino. Op. cit., p. 79;

romanas. Isso foi fundamental para promover a transposição do instituto do Direito Canônico para o *ius commune* e, posteriormente, para o Direito em formação dos Estados-Nação europeus, o que se mostraria de grande relevância, dada a perda gradativa de influência do primeiro.[194]

Ou seja, sob a inspiração dos princípios do Direito Canônico (*v.g.*, boa-fé, respeito à palavra dada, consensualismo), porém fora dos limites deste, os pós-glosadores foram capazes de coordenar soluções esparsas presentes nas fontes romanas e construir, a partir de alguns poucos fragmentos, uma regra geral válida para todos os contratos sinalagmáticos, resultado do qual os jurisconsultos romanos nem sequer haviam se aproximado. Ao mesmo tempo, também por obra dos pós-glosadores, o instituto da exceção de contrato não cumprido consegue transcender os limites de aplicabilidade ínsitos ao Direito Canônico, que logo se tornaria menos relevante em assuntos de Direito Privado, para se disseminar por todo o *ius commune* europeu.[195]

Já entre os pós-glosadores surgiu a discussão, que tomaria grande vulto séculos depois entre franceses e alemães, se a fórmula de Bartolo encerraria verdadeira exceção ou se, pelo contrário, o cumprimento pelo autor de sua obrigação constituiria requisito para que este pudesse instaurar a ação. A opinião já hegemônica na época (encampada pelo próprio Bartolo e também por outros comentadores, como Baldo degli Ubaldi, Gui Pape, Giasono del Majno e Paolo di Castro) era a de que se tratava de verdadeira exceção. Jacques de Revigny, por outro lado, sustentava, de forma minoritária, que o comprador não tinha ação contra o vendedor, se antes não tivesse pagado o preço, e vice-versa.[196]

Partindo do entendimento majoritário referido no parágrafo anterior, cabe indagar como se resolvia o processo se a *exceptio* fosse acolhida. O resultado natural, segundo a teoria clássica das exceções, seria a improcedência pura e simples da demanda, afinal "exceptio est exclusio actionis". Esta havia sido, vale lembrar, a

---

194. Cassin, René. Op. cit., p. 46. Acerca dessa transferência de poder, do Direito Canônico para o Direito profano, assevera Guilherme Camargo Massaú: "O Direito Romano e o Canônico assumiram uma posição de equivalência em suas áreas; cada qual dominava sua esfera sem a interferência do outro. [...] Essa fronteira com o desenvolvimento civilizacional pendeu para o lado do Direito Romano, em direção à laicidade do mundo jurídico. A presença espiritual começou a perder espaço para a concepção secular; o plano *mundano* foi destacado (gradualmente) do vínculo divino." (Ius Commune – Direito Comum. *Revista JURIS*, v. 12, 2006/2007, p. 103).
195. Acerca da importância dos pós-glosadores para a formação do *ius commune*, afirma Franz Wieacker que a literatura desses mestres "difundiu-se por todo o lado onde a jurisprudência científica se substituiu à aplicação não erudita do direito. A identidade dos pressupostos da vida econômica e social da Baixa Idade Média em toda a Europa, a unidade da Igreja, e o parentesco dos ordenamentos jurídicos que resultaram das comuns origens tardo-antigas, cristãs e germânicas, constituíram a base dessa influência. Se a reputação europeia dos glosadores ainda provinha preponderantemente da ideia espiritual de Roma na Alta Idade Média, já a autoridade dos conciliadores se fundava essencialmente no domínio de uma atualidade, que era fundamentalmente idêntica por toda a parte do território da Europa [...]. Se os glosadores criaram a classe dos juristas e o seu modo característico de pensar, já os conciliadores se tornaram os verdadeiros criadores do direito comum na Europa [...]." (Op. cit., p. 86).
196. Cassin, René. Op. cit., p. 54.

solução do Direito Romano para o problema, quer quando a matéria fosse alegada por *exceptio mercis non traditae* ou por *exceptio doli*, quer nos casos em que a invocação destas defesas se mostrasse até mesmo desnecessária (por se entender que o juízo típico da *exceptio doli* era inerente ou inato às ações de boa-fé).[197] Todavia, os comentadores, demonstrando conhecimento acurado da natureza particular da exceção de contrato não cumprido e liberdade criativa em relação às fontes romanas, inovaram nesse ponto. Baldo degli Ubaldi (1327-1400)[198] foi o primeiro a sustentar, no que seria seguido por outros pós-glosadores, que a sentença proferida nesses termos deveria ser de *procedência* – o juiz condenaria o réu, porém condicionando a eficácia da condenação ao cumprimento da obrigação do autor –[199] entendimento que prevalece até os dias de hoje[200] e que viria a ser acolhido expressamente pelo BGB, em seu §322, (1).[201] Tal posição confere maior efetividade ao instituto da exceção de contrato não cumprido, pois resolve definitivamente o litígio e satisfaz ambos os interesses em confronto.[202] Afinal, pela decisão de procedência condicional, o caminho para satisfação do direito do autor é abreviado, eis que a sentença valerá como título executivo contra o réu, e os pontos essenciais da lide (*an debeatur*, *quid debeatur* etc.) estarão acobertados pela coisa julgada. Por seu turno, os interesses do requerido também ficam resguardados, já que a satisfação da contraprestação do autor será pressuposto de exequibilidade do *decisum*, o que também servirá de estímulo ao cumprimento recíproco das obrigações na forma originalmente pactuada.

Tal solução criada por Baldo degli Ubaldi também era inovadora em relação ao Direito Canônico, onde, como visto, o adágio "frangenti fidem, non est fides servanda" atuava como condição tácita, de forma que o contratante demandado

---

197. Vide item 1.1.2 deste trabalho. Ver também, nesse sentido: Cassin, René. Op. cit., p. 12; Zimmermann, Reinhard. Op. cit., p. 801-802.
198. Discípulo de Bartolo em Perugia, Baldo era originário dessa mesma cidade. Segundo Franz Wieacker, era "menos sintético, contudo mais preciso e mais rico do ponto de vista intelectual" do que seu mestre (Op. cit., p. 85). Recorria, constantemente, a uma terminologia filosófica de origem aristotélica-escolástica para a solução das questões jurídicas, como ao empregar pela primeira vez, em matéria de contratos, as categorias da "causa eficiente" e da "causa final". Baldo degli Ubaldi foi, ainda, o primeiro jurista de renome a dedicar especial atenção às relações e institutos jurídicos do Direito Comercial, o qual estava se formando nessa época pela via consuetudinária nas cidades italianas, fora da influência direta do Direito Romano e do Direito Canônico (Schioppa, Antonio Padoa. Op. cit., p. 116-117).
199. Cassin, René. Op. cit., p. 64; Menezes Cordeiro, António. *Tratado de direito civil, v. IX – Direito das obrigações*: cumprimento e não-cumprimento, transmissão, modificação e extinção. 3. ed. Almedina: Coimbra, 2017, p. 281.
200. Para uma discussão acerca do estágio atual dessa questão no Direito processual brasileiro, ver item 8.2.6 adiante.
201. "Se uma parte ajuíza ação para exigir a prestação que lhe é devida, com base em um contrato bilateral, a afirmação pela outra parte do seu direito de suspender o cumprimento até que lhe seja ofertada a contraprestação apenas tem o efeito, se acolhida, de que a última seja condenada a cumprir recíproca e simultaneamente com o autor." (Bürgerliches Gesetzbuch [BGB], §322, (1). Disponível em http://www.gesetze-im-internet.de. Acesso em: 28 out 2018)
202. Aguiar Jr., Ruy Rosado de. *Comentários ao novo Código Civil, v. VI, t. II*: da extinção do contrato (arts. 472 a 480). Teixeira, Sálvio de Figueiredo (coord.). Rio de Janeiro: Forense, 2011, p. 815.

injustamente conseguia, por meio de sua invocação, liberar-se definitivamente do contrato, pois seu juramento era tido como ineficaz.

Fato é que, por força do trabalho dos pós-glosadores, os traços principais da exceção de contrato não cumprido, como defesa aplicável à generalidade dos contratos sinalagmáticos, já estarão firmados no fim do século XV,[203] quando, inclusive, segundo Reinhard Zimmermann, teria surgido a denominação definitiva *exceptio non adimpleti contractus*.[204] O trabalho empreendido por esses grandes homens em relação ao instituto, de unificação dos fragmentos romanos e de conciliação desses excertos com o Direito Canônico, foi tão significativo que a exceção de contrato não cumprido incorporou-se definitivamente ao *ius commune* europeu, tornando-se regra uniformemente aceita em todo o continente. Séculos depois, no trabalho dos pandectistas alemães do século XIX e por ocasião da consagração do instituto nas modernas codificações, a exceção de contrato não cumprido ainda guardaria fisionomia cujos traços principais remontavam aos fixados nessa época.[205]

1.3 A *EXCEPTIO NON ADIMPLETI CONTRACTUS* NA MODERNIDADE

A partir do século XVI, observa-se evolução divergente do instituto nos dois principais centros de cultura jurídica da Europa Continental. Na Alemanha, a regra da *exceptio non adimpleti contractus* vai ter grande penetração, sendo acolhida e disseminada pelos pandectistas, até ser consagrada no §320 do BGB.[206] Na França, em contrapartida, a figura cairá em relativo esquecimento por quase três séculos, permanecendo às sombras da resolução por inadimplemento, a ponto de nem mesmo receber previsão expressa, como princípio geral, na versão original do Código Napoleônico[207] (situação que irá se repetir em outros diplomas que o adotaram como

---

203. Abrantes, José João. Op. cit., p. 17.
204. Op. cit., p. 801-802. Catherine Malecki refere, todavia, que a expressão *exceptio non adimpleti contractus* só teria aparecido em 1560, na obra do Conseiller Fr. Marcus (Op. cit., p. 27).
205. Cassin, René. Op. cit., p. 71.
206. O §320, (1), disciplina a *exceptio non adimpleti contractus*, enquanto o §320, (2), trata da *exceptio non rite adimpleti contractus*:
    (1) Quem for parte de um contrato bilateral poderá recusar a prestação à qual se obrigou até que a outra parte efetue a contraprestação, a não ser que aquele tenha se obrigado a prestar anteriormente. [...]
    (2) Se uma das partes prestou parcialmente, a contraprestação não poderá ser recusada se tal recusa, de acordo com as circunstâncias, infringir a boa-fé, particularmente por causa da insignificância proporcional da parte faltante.
    (Bürgerliches Gesetzbuch [BGB], §320, (1) e (2). Disponível em http://www.gesetze-im-internet.de. Acesso em: 30 out. 2018).
207. Havia apenas, na redação original do *Code*, no lugar de uma regra aplicável aos contratos bilaterais em geral, estipulações esparsas que consagravam a ideia subjacente à *exceptio* em relação a alguns poucos contratos em espécie (arts. 1.612, 1.613 e 1.653, para a compra e venda, e 1.948, para o depósito) (Serpa Lopes, Miguel Maria de. Op. cit., p. 150).
    Tal situação só foi alterada com a *Ordonnance* 2016-131, de 10 de fevereiro de 2016 – a dita "Reforma do Direito das Obrigações e dos Contratos" – que trouxe expressamente a exceção de contrato não cumprido, como preceito geral, no novo art. 1.219: «Une partie peut refuser d'exécuter son obligation, alors même

modelo, a exemplo dos Códigos Italiano de 1865, Português de 1867 e Espanhol de 1889).[208]

Cumpre, agora, analisar historicamente os caminhos percorridos pelo instituto nesses dois modelos – o alemão e o francês – na tentativa de compreender as razões dessas diferenças de tratamento.

1.3.1 França: da "Escola de Cujas" a René Cassin

Até a primeira metade do século XVI, a regra da exceção de contrato não cumprido disseminou-se nos tribunais, universidades e costumes da França – em sintonia com o que vinha ocorrendo no resto da Europa – devido ao trabalho de canonistas e pós-glosadores.[209]

Na segunda metade do século XVI, entretanto, ganha força na França a chamada "Escola de Humanismo Jurídico", que pregava a necessidade de reedificar o Direito Romano em sua pureza primitiva, libertando-o das interpolações, glosas, comentários e da influência tida agora como perniciosa do Direito Canônico. Essa nova forma de abordar o Direito, que ficaria conhecida como *mos gallicus* – em contraposição à tradição anterior, de glosadores e pós-glosadores (o *mos italicus*) – teve como principal expoente Jacques Cujas (1522-1590).[210]

Esse método de trabalho dos jurisprudentes humanistas, baseado no estudo direto das fontes romanas, teve profundo impacto na sorte do instituto da *exceptio* em território francês nos séculos subsequentes, sendo possível afirmar, sem risco de exagero, ter sido o principal fator responsável pela ausência de uma regra geral no Código Napoleônico de 1804. Com efeito, pregando o retorno ao estudo puro do Digesto, sem a mediação das glosas e comentários, os adeptos desse movimento relegaram por completo a *exceptio non adimpleti contractus*, na medida em que esta figura não tinha previsão nas fontes romanas. Vale lembrar que a *exceptio* era resultado de uma construção medieval na qual, grosso modo, a regra geral foi induzida a partir de alguns poucos excertos romanos, reinterpretados e aglutinados à luz dos novos princípios contratuais canônicos da boa-fé, do consensualismo e do equilíbrio.[211]

---

que celle-ci est exigible, si l'autre n'exécute pas la sienne et si cette inexécution est suffisamment grave.» (Code Civil, art. 1.219. Disponível em: https://www.legifrance.gouv.fr/. Acesso em : 01 nov. 2018).
208. Abrantes, José João. Op. cit., p. 19–20; Menezes Cordeiro, António. *Tratado de direito civil, v. IX – Direito das obrigações*: cumprimento e não-cumprimento, transmissão, modificação e extinção. 3. ed. Coimbra: Almedina, 2017, p. 281; Scaduto, Gioachino. Op. cit., p. 80.
209. Gagliardi, Rafael Villar. Op. cit., p. 19-20.
210. Abrantes, José João. Op. cit., p. 19-20. O *mos gallicus* teve desenvolvimento especialmente na Universidade de Bourges, após o impulso inicial de um italiano, Andrea Alciato, descontente com os rumos tomados pela Escola dos Comentadores (Leyte, Guillaume. Le mos gallicus: un éclat éphémère? *Revue d'histoire des facultés de droit et de la culture juridique, du monde des juristes et du livre juridique*, 2008, p. 265).
211. Menezes Cordeiro, António. *Tratado de direito civil, v. IX – Direito das obrigações*: cumprimento e não-cumprimento, transmissão, modificação e extinção. 3. ed. Coimbra: Almedina, 2017, p. 281; Gastaldi, José María; Centanaro, Esteban. Op. cit., p. 48; Serpa Lopes, Miguel Maria de. Op. cit., p. 150.

O próprio Jacques Cujas fazia questão de omitir conscientemente a *exceptio non adimpleti contractus* de seus escritos, pelo fato de tal expressão não constar dos textos romanos. Limitou-se a mencionar os fragmentos que aplicavam a *exceptio mercis non traditae* e a *exceptio doli* ao contrato de compra e venda, sem arriscar-se, contudo, a estender a mesma lógica aos demais contratos sinalagmáticos. Outros humanistas, como Hugues Duneau e François Hotman, da mesma forma, abandonaram a expressão *exceptio non adimpleti contractus* e circunscreveram a aplicação dos fragmentos aos contratos de compra e venda, conforme previsão expressa das fontes.[212] Nesse ponto, residia, provavelmente, a principal diferença dos adeptos dessa Escola em relação aos pós-glosadores, que os antecederam: enquanto os pós-glosadores eram "construtores" de novas regras, mediante processos de analogia, indução ou dedução a partir dos fragmentos originais, os jurisprudentes humanistas, ao pregarem o retorno à pureza original do Digesto, tendiam a defender interpretações mais restritivas dos textos. Daí porque René Cassin afirma que a querela central entre os dois grupos se resumia, na verdade, a conferir "uma interpretação mais ou menos rígida aos textos".[213]

Jacques Cujas e seus seguidores não se preocuparam com a utilidade do instituto que estavam "desconstruindo", fato digno de nota considerando que, naquele momento de reflorescimento comercial (século XVI em diante), a *exceptio* já era certamente um instrumento bastante invocado nas demandas contratuais. Os adeptos do *mos gallicus* ocupavam-se, basicamente, de descrever os institutos do Direito Romano tal como eles funcionavam na Antiguidade, em uma atividade fundamentalmente de pesquisa histórica e filológica, [i] sem a pretensão de promover uma releitura dos textos à luz dos problemas de sua época e [ii] sem qualquer pudor de eliminar as construções teóricas de canonistas e pós-glosadores, por mais úteis e adequadas que se mostrassem. O objetivo, como aponta René Cassin, era estritamente teórico: reconstruir o Direito Romano tal como ele era.[214]

---

212. Capitant, Henri. Op. cit., p. 262-263; Cassin, René. Op. cit., p. 86-87. Darcy Bessone bem resume o efeito do método de trabalho dos humanistas em relação ao instituto da *exceptio non adimpleti contractus* especificamente: "Cujas e sua escola, opondo-se à teoria da *exceptio non adimpleti contractus*, pregaram a restauração dos princípios romanos, estritamente interpretados, para cingir-se o direito de inexecução aos casos formalmente previstos pelos textos do Direito Romano." (*Do contrato*: teoria geral. Rio de Janeiro: Forense, 1987, p. 258).
213. Cassin, René. Op. cit., p. 84.
214. Ibidem, p. 86 e 90. Embora os efeitos do *mos gallicus* na França no que se refere especificamente à *exceptio non adimpleti contractus* não tenham sido positivos, parece claro que o movimento, quando analisado em termos gerais, teve certo mérito no combate aos excessos e deficiências do método anterior (o *mos italicus*). Patrick Gilli menciona, nesse sentido, que o retorno proposto pelos humanistas às fontes originais, dogma central da Escola, visava a combater a prática das disputas baseadas na *autoridade das opiniões dos doutores*, que havia dominado a vida jurídica da época. Essa forma de proceder tirava o foco do texto normativo em si, transformando a argumentação jurídica em um amontoado de opiniões de Bartolo, Baldo, Azo, Accursius e de tantos outros autores menos célebres e menos privilegiados intelectualmente. Ademais, como solucionar os conflitos entre as opiniões eventualmente divergentes desses autores? Nenhuma das soluções então aventadas – conferir um peso diferente aos mais reconhecidos, escolher o entendimento que parecesse mais

O eclipse da *exceptio*, em França, não se limitou à doutrina. Aos poucos, estendeu-se à jurisprudência dos tribunais. Em face de um ambiente acadêmico cada vez mais hostil às interpretações ampliativas dos textos romanos, as cortes também passaram a aplicar essa defesa apenas nas hipóteses expressamente admitidas nas fontes.[215]

Mas só a influência da doutrina dos humanistas não justifica essa mudança de postura das cortes. Contribuíram também para a perda de relevância da *exceptio* o desenvolvimento, pela jurisprudência francesa da época, de outros instrumentos de tutela dos credores, notadamente a resolução do contrato por inadimplemento, o direito de retenção e a compensação. Cada um desses instrumentos subtraiu uma parte do domínio de atuação da exceção de contrato não cumprido, tornando-a, também na prática, menos frequente e necessária.[216]

Entre eles, avulta em importância a resolução do contrato por inadimplemento, que, ao contrário da exceção de contrato não cumprido, viria a ter consagração expressa no Código Civil de 1804, em seu art. 1.184.

Vale lembrar que, como já apontado no item 1.1.2 supra, o Direito Romano não admitia a resolução dos contratos por inadimplemento, cabendo apenas ação em favor da parte inocente para exigir a prestação da contraparte. A resolução só era possível se as partes inserissem uma cláusula especial no contrato, chamada *lex commissoria*.[217]

---

    justo em face das circunstâncias do caso concreto, verificar qual era a opinião numericamente majoritária etc. – era capaz, como se percebe, de fornecer um mínimo de segurança jurídica ao sistema.

    Além disso, superada a era áurea dos pós-glosadores, marcada justamente por nomes como Bartolo e Baldo, o *mos italicus* passou a viver um período de decadência e fossilização, no qual os juristas mais se dedicavam a *comentar os comentários* de seus antecessores do que a produzir algo efetivamente novo. Cientificamente, portanto, o método italiano havia se esgotado, sugerindo a necessidade de sua substituição por outro.

    Por fim, o mesmo Patrick Gilli sustenta que o *mos gallicus* representou enorme avanço para o Direito enquanto ciência. Por meio de pesquisas filológicas profundas, os humanistas conseguiram eliminar erros decorrentes do "mau latim" que permeava a obra dos juristas medievais, bem como avançar sobre trechos em grego do *Corpus Juris* que nunca haviam sido explorados por seus antecessores. Por meio de pesquisas históricas igualmente sérias, os jurisprudentes humanistas progrediram enormemente no sentido de contextualizar temporalmente as diversas passagens do Digesto, evidenciando que elas não eram nem contemporâneas, nem totalmente coerentes entre si. A análise histórica permitiu, ainda, identificar interpolações justinianeias e resolver antinomias (v.g., leis posteriores que haviam revogado leis anteriores; passagens dos jurisconsultos clássicos que haviam caído em desuso ou que haviam sido superadas por constituições imperiais posteriores).

    Assim, em que pese o trabalho de "desconstrução" da *exceptio* promovido por Jacques Cujas e seus seguidores na França, não se pode desconsiderar as contribuições deixadas pelo movimento para a evolução do Direito em geral. (Gilli, Patrick. Humanisme juridique et science du droit au XV siècle. *Revue de Synthèse*, v. 130 (4), 2009, p. 579-581, 2009).

215. Cassin, René. Op. cit., p. 90.
216. Ibidem, p. 93–94; Malecki, Catherine. Op. cit., p. 64.
217. Williston, Samuel. Op. cit., p. 84; Lotufo, Renan. Op. cit., p. 138. É preciso ressalvar, contudo, que, nos contratos inominados, como a permuta e a transação, os romanos reconheciam, em favor da parte que havia prestado primeiro, duas pretensões alternativas: [i] demandar a contraprestação da parte contrária; [ii] exigir a devolução do que havia sido adiantado, mediante a chamada *condictio causa data causa non*

O direito germânico também não admitia a resolução do contrato.

Se é assim, como a jurisprudência francesa chegou, ainda no Antigo Regime, à construção da resolução do contrato como remédio aplicável a todos os contratos bilaterais? A resposta está, mais uma vez, na máxima canônica *"frangenti fidem, non est fides servanda"* ("para aquele que rompe a fé, a fé não é mais devida").

Tal máxima, é preciso recordar,[218] era estruturada na forma de uma condição tácita, considerada implicitamente inserida pelas partes nos pactos com juramentos contrapostos e obrigações recíprocas: cada jurador deveria ser tido como desobrigado se o outro não cumprisse a sua obrigação.

Isso ia muito além do que hoje se entende por exceção de contrato não cumprido, na medida em que, tendo sido estruturada na forma de condição tácita, a *"frangenti fidem, non est fides servanda"* tinha o efeito não de suspender provisoriamente a cobrança indevida (efeito dilatório típico da *exceptio*), mas de liberar a parte inocente definitivamente do contrato, pois seu juramento era tido como ineficaz.

Assim, a ideia básica subjacente à referida condição tácita – de que um promitente não está mais obrigado a respeitar seu juramento quando o beneficiário do juramento viola suas obrigações – deu origem, remotamente, tanto à exceção de contrato não cumprido, como também à resolução por inadimplemento.[219]

Apesar de a *exceptio non adimpleti contractus* ter sofrido com os ataques da Escola Humanista e com a "concorrência" de outros institutos, em especial da resolução por inadimplemento, ela nunca chegou a se apagar por completo na França.

O célebre Jean Domat (1626-1695), já no século XVII, em sua obra *Lois Civiles* (1ª parte, livro I, título I, seção III, § 2º), vai exprimir a seguinte regra geral, aplicável aos contratos sinalagmáticos:

---

secuta, resultando, nesta última hipótese, em efeitos semelhantes aos da resolução do contrato (retorno ao *status quo ante*). (Zimmermann, Reinhard. Op. cit., p. 843-844; Cesar José A. Op. cit., p. 22)

Nos contratos nominados de execução periódica ou continuada, como a locação e a sociedade, a parte vítima do descumprimento podia igualmente pedir a extinção do vínculo, porém com efeitos apenas para o futuro (*ex nunc*). Como adverte José A. Cesar, não se tratava, nesse caso, de uma resolução propriamente dita, mas apenas de uma autorização para dissolver o vínculo sem eficácia retroativa (Op. cit., 22).

Era em relação aos contratos nominados de execução instantânea (imediata ou diferida), como a compra e venda, que a ausência de resolução se fazia sentir com mais intensidade. O vendedor podia reter a coisa vendida enquanto não recebesse a contraprestação, como se ela estivesse penhorada em garantia do pagamento do próprio preço (*quasi pignus* ou *pignoris loco*), mas não podia dar o contrato como resolvido ou pleitear judicialmente a resolução. A qualquer momento, mesmo após o vencimento, o comprador podia oferecer o preço e exigir a entrega da coisa. Idem em sentido contrário: o comprador demandado antes da parte adversa entregar a coisa podia se valer, como visto, da *exceptio mercis non traditae* ou da *exceptio doli* para não ser obrigado a pagar o preço. Todavia, ante a inexistência de resolução, o comprador ficava à mercê do vendedor se este, posteriormente, viesse a oferecer a coisa (Cassin, René. Op. cit., p. 94-95)

218. Vide item 1.2.3.
219. Cassin, René. Op. cit., p. 97-98. A resolução, dentro da ótica do Direito Canônico, não era nunca automática (de pleno direito), dependendo sempre de reconhecimento judicial. A Igreja Católica, por conta do pecado de perjúrio, tinha todo o interesse em verificar à exaustão a legitimidade das razões invocadas pelo jurador que, com esteio na condição tácita, buscava desvincular-se de um juramento feito (Ibidem).

Em todas as convenções em que o compromisso de um dos contraentes é o fundamento do compromisso do outro, o seu primeiro efeito é o de que cada um dos contraentes pode obrigar o outro a executar a sua obrigação executando ele próprio por seu lado, segundo aquilo a que um e outro estão adstritos pela convenção; isso quer a execução das obrigações deva ser simultânea, [...], quer a execução de uma das partes deva preceder a da outra.[220]

Incide Domat, contudo, como se percebe, no erro de afirmar que o autor só pode cobrar a contraparte se já cumpriu antes – como se o cumprimento pelo autor fosse requisito, nos contratos sinalagmáticos, para poder instaurar a ação –, quando, na verdade, o mecanismo é inverso: se o autor cobra antes de ter prestado, fica sujeito à *exceptio*.[221] Trata-se, vale lembrar, do mesmo erro conceitual cometido pelo comentador Jacques de Revigny, já referido no subitem anterior.[222]

Afinal, o direito de cobrar a parte contrária existe independentemente de o autor ter prestado ou não, decorrendo da simples condição de credor de uma dívida exigível. O autor que cobra antes de ter prestado, todavia, fica sujeito à arguição da *exceptio* pelo requerido, que pode inclusive optar por não a deduzir. Tal entendimento, unânime nos dias de hoje, já era largamente majoritário na obra dos pós-glosadores, não se compreendendo, portanto, essa inversão de perspectiva encontrada nos escritos de Domat. Talvez a única explicação viável esteja justamente no "eclipse" sofrido pelo instituto em França, que pode ter quebrado a sua evolução dogmática, tal como esta vinha sendo traçada desde os canonistas e pós-glosadores.

O não menos célebre Pothier (1699-1772), agora já século XVIII, também recaiu no mesmo erro.

Em seu "Du quasi-contrat negotiorum gestorum" (n. 226, al. 2, V), Pothier assevera que "em todos os contratos e quase-contratos sinalagmáticos, uma das partes não tem o direito de demandar a outra para que esta cumpra sua obrigação, se ela própria não estiver pronta para cumprir a sua."[223] Na concepção de Pothier, portanto, o cumprimento pelo autor de sua prestação – ou pelo menos sua disponibilização à parte contrária – também constitui requisito para a propositura da ação.

Essas rápidas menções de Domat e Pothier à interdependência das obrigações nos contratos bilaterais, que não deixam de ser marginais e isoladas no contexto

---

220. No original: «En toutes conventions l'engagement de l'un étant le fondement de celui de l'autre, le premier effet de la convention est que chacun des contractants peut obliger l'autre à exécuter son engagement en exécutant le sien de sa part, selon que l'un et l'autre y sont obligés par la convention; soit que l'exécution doive se faire de part et d'autre dans le même temps, comme s'il est convenu dans une vente que le prix sera payé lors de la délivrance; ou que l'exécution doive précéder de la part de l'un ou de la part de l'autre.» (*Oeuvres complètes de J. Domat*. Paris: Firmin Didot Père et Fils, 1828, p. 134).
221. Malecki, Catherine. Op. cit., p. 07.
222. Vide nota 196, retro.
223. «Dans tous les contrats et quasi-contrats qui sont synallagmatiques, l'une des parties n'a droit de demander à l'autre qu'elle remplisse son obligation, si elle n'est prête elle-même à remplir la sienne.» (*Oeuvres de Pothier, annotées et mises en corrélation avec le Code Civil et la législation actuelle par M. Bugnet*. Tome Cinquième. Deuxième Édition. Paris: Cosse et Marchal, 1861, p. 264).

do *Ancien Droit*, não foram suficientes para "reabilitar" o instituto da *exceptio non adimpleti contractus* no Direito francês.

Prova disso é o fato de que, décadas depois, o instituto não seria consagrado em termos gerais no *Code Civil*,[224-225] sendo praticamente ignorado nos debates que antecederam sua edição.[226] Apenas alguns contratos, como a compra e venda (arts. 1.612, 1.613 e 1.653), receberam disposições específicas acerca do tema no novo diploma,

---

224. Isso, deve-se salientar, apesar de os escritos de Pothier terem exercido forte influência, especialmente em matéria obrigacional, sobre os elaboradores do Código (Wieacker, Franz., Op. cit., p. 387-389).
225. Na França pré-revolucionária, como é de conhecimento geral, conviviam duas tradições jurídicas distintas: a zona setentrional e oriental, de predomínio do *droit coutumier*, e a zona central e meridional, de predomínio do *droit écrit*.

    Os *coutumes*, originariamente direito vulgar burgundo-franco, pouco romanizado em seu conteúdo, conservaram-se mediante sua aplicação sistemática pelos Parlamentos e pela sua fixação e desenvolvimento nas *ordonnances* reais. Em 1580, os costumes foram objeto de consolidação, na qual predominaram as praxes adotadas pelo Parlamento de Paris.

    A zona de *droit écrit*, por sua vez, onde predominava originariamente um direito vulgar galo-romano, aderiu mais cedo e com mais força ao Direito Romano científico. Foi no centro e no sul da França que a jurisprudência letrada, educada no Direito Romano, antes se estabeleceu, dando nascimento ao movimento do *mos gallicus* (Jacques Cujas, Hugues Duneau, François Hotman e outros), ao qual já fizemos referência, que tanta influência teve no destino da *exceptio non adimpleti contractus* em território francês. Essa jurisprudência humanista ou elegante é que produziria, no decorrer do tempo, os grandes sistematizadores do direito comum, a quem se devem os fundamentos dogmáticos do *Code Civil*: Donellus, Domat e Pothier (Wieacker, Franz., Op. cit., p. 387).

    O *Code Napoléon* resulta de um processo de fusão e harmonização dessas duas tradições jurídicas (a costumeira e a escrita), sem que se possa dizer que uma tenha predominado sobre a outra. Sintomático, nesse contexto, que a comissão que deu origem ao Código tenha sido composta por quatro juristas: dois provenientes das regiões de direito consuetudinário (Tronchet e Bigot-Préameneu) e dois tributários da tradição meridional de direito escrito (Portalis e Maleville). Por uma disposição expressa, proibiu-se a invocação do direito romano, do direito canônico, do direito comum, de costumes ou de leis anteriores, em assuntos que tivessem sido regulamentados no novo diploma. Com isso, decretava-se, tanto em uma zona como em outra, o fim de uma época de coexistência de fontes, na qual se havia acumulado, no decorrer de aproximadamente dez séculos, imenso arsenal de regras, glosas, comentários e costumes, muitas vezes conflitantes entre si. Tratava-se de uma resposta da burguesia hegemônica à crise irreversível de segurança jurídica gerada pelo direito comum, situação não mais condizente com as exigências do comércio moderno (Schioppa, Antonio Padoa. Op. cit., p. 326-329).
226. Como única referência ao tema nos debates preparatórios, tem-se que o Tribunal de Apelação de Grenoble, consultado sobre a última versão do projeto do governo, chegou a formular uma proposta de regulamentação geral, válida para todos os contratos bilaterais, que carregava, contudo, o mesmo erro de perspectiva das construções de Domat e Pothier: "Em todos os contratos sinalagmáticos, nenhuma das partes pode reclamar contra o outro a execução do contrato se não o tiver executado ou se não estiver pronta para executá-lo naquilo em que estiver obrigada." («Dans tous les contrats synallagmatiques, aucune des parties ne peut demander contre l'autre l'exécution de leur convention si elle ne l'a exécutée ou si elle n'est prête à l'exécuter elle-même pour ce qui la concerne.») Embora não haja uma justificativa escrita para o não acolhimento da proposta, a doutrina levanta suposições. Catherine Malecki sugere que foi uma questão de falta de tempo: por ocasião desse último projeto (*24 thermidor de l'An VIII* [12 de outubro de 1800]), o momento já não era mais propício para discussões jurídicas profundas, daí porque a proposta teria sido simplesmente ignorada (Op. cit., p. 28). René Cassin, em contrapartida, levanta a possibilidade de que o legislador da época tenha reputado inútil o acréscimo sugerido pelo Tribunal de Grenoble: primeiro, por conta da regra que admitia a resolução por inadimplemento (art. 1.184), que englobaria a *exceptio*; segundo, por conta da regra já prevista no Código de que as convenções deveriam ser executadas conforme a boa-fé, o que justificaria também o princípio da *exceptio*, independentemente de uma previsão específica (Op. cit., p. 135).

todas elas, vale ressaltar, em situações nas quais o cabimento da *exceptio* era expressamente admitido nos textos romanos.[227] Tratava-se, portanto, em última análise, do triunfo do método dos jurisprudentes humanistas, capitaneados por Cujas: só reconhecer a *exceptio* nos casos em que ela tivesse sido expressamente referida nas fontes.

O princípio da força vinculante dos contratos assumiu tamanha centralidade no sistema do *Code Napoléon*[228-229] que houve quem afirmasse, na época, que o diploma havia feito opção consciente pela inadmissibilidade da exceção de contrato não cumprido (ressalvados apenas os casos expressamente regulamentados, como a compra e venda), em respeito ao vínculo quase sagrado derivado do acordo de vontades. A ideia pode ser resumida nos seguintes termos: possibilitar que o réu obste a pretensão do autor, por conta do fato deste não ter adimplido – mecanismo de funcionamento da *exceptio* –, equivaleria a dizer que o direito do autor não tira suas forças da convenção mesma, mas de um elemento posterior (o cumprimento ou a disponibilização de sua prestação). Joseph de Decker chegou a afirmar nesse sentido:

> Afirmar que o descumprimento de sua prestação impede uma das partes de exigir a prestação da parte contrária seria o mesmo que dizer que ela extrai seu direito não da convenção mesma, mas do fato de ter cumprido aquilo que prometeu; em outras palavras, que a força dos contratos nasce não do concurso de vontades dos contratantes, mas da realização material dessa vontade. Proposição que carrega uma contradição em seus próprios termos e que leva a suprimir os contratos, ao menos os consensuais.[230]

A ausência de uma disposição geral a consagrar o instituto irá se repetir nos Códigos oitocentistas que buscaram inspiração no modelo francês, a exemplo do italiano de 1865, do espanhol de 1889 e do português de 1867 (o chamado Código Seabra). Em todos estes diplomas, só se encontram regras específicas aplicáveis a alguns contratos, especialmente à compra e venda.[231]

---

227. Serpa Lopes, Miguel Maria de. Op. cit., p. 149.
228. O art. 1.134 do *Code* dispunha, nesse sentido, que "as convenções legalmente formuladas têm força de lei perante aqueles que as criaram."
229. Os princípios fundamentais do Código, como bem resume John Gilissen, eram a família monocrática, a propriedade individual, a autonomia da vontade e a responsabilidade individual (Op. cit., p. 536). René Dekkers, citado pelo mesmo John Gilissen, define lapidarmente: "O *Code Napoléon* constitui uma ode ao bom pai de família, ao indivíduo dotado de razão, tal como o pintam o cartesianismo, a escola jusracionalista e a filosofia de Kant. Esse homem procede, claro está, de acordo com a sua razão. É previdente e diligente. Faz livremente os seus negócios; e fá-los bem, por definição. Fazendo isso, junta uma fortuna. Esta fortuna é destinada à sua família." (L'évolution du droit civil belge depuis le code napoléon. *Rev. Juridique du Congo Belge*, 41ᵉ année, 1965, p. 17-24, apud Gilissen, John. Op. cit., p. 536).
230. « Dire que le défaut d'exécution de sa prestation empêche l'une des parties d'exiger la prestation de l'autre partie, c'est dire qu'elle puise son droit non dans la convention même, mais dans le fait de l'accomplissement de ce qu'elle a promis; en d'autres termes, que la force des contrats naît non pas du concours de volonté des contractants mais de la *réalisation* matérielle de cette volonté. Proposition contradictoire dans les termes, et qui aboutit à supprimer les contrats, au moins les contrats consensuels. » (De Decker, Joseph. *Droit de rétention*. Bruxelles: Larcier, 1909, p. 25).
231. Bozzo, Sebastián. *La excepción de contrato no cumplido*. Tesis doctoral (Facultad de Derecho – Universitat de València), 2012, p. 44; Moreno, Maria Cruz. *La "exceptio non adimpleti contractus"*. Tirant lo Blanch, 2004, p. 15.

Uma regra geral a consagrar a *exceptio*, como se verá adiante, só viria a aparecer nos Códigos editados um pouco mais tarde, como o Alemão de 1900, o Suíço de 1911 e o Brasileiro de 1916.[232]

E o instituto permaneceria largamente esquecido no Direito francês no decorrer de praticamente todo o século XIX.

Foi apenas na última década do referido século que a expressão *exceptio non adimpleti contractus* e o debate acerca dessa figura retornaram ao Direito francês, impulsionados pela vulgarização dos tratados dos pandectistas alemães e pelos trabalhos preparatórios daquele que viria a ser o BGB, oportunidade em que muito se discutiu o tema. É a Raymond Saleilles que se deve o mérito de ter feito primeiro essa transposição, em sua obra "Étude sur la théorie générale de l'obligation d'après le premier projet de code civil pour l'empire allemande", de 1890. Nela o autor comenta os desenvolvimentos da doutrina alemã em torno do princípio da execução simultânea das prestações (*Erfüllung zug um zug*) e da própria exceção de contrato não cumprido (*Einrede des nicht erfüllten Vertrages*), despertando a atenção dos franceses novamente para o tema, que havia passado séculos no esquecimento.[233]

---

232. O legislador brasileiro de 1916, todavia, agiu em dupla frente. Buscou inspiração na pandectística alemã para erigir uma regra geral aplicável a todos os contratos bilaterais (art. 1.092, alínea 1ª), porém importou do Código Napoleônico, simultaneamente, regras específicas aplicáveis a alguns contratos em espécie (é o caso, por exemplo, do art. 1.130 ["*Não sendo a venda a crédito, o vendedor não é obrigado a entregar a coisa, antes de receber o preço*"], que é praticamente uma cópia do art. 1.612 do *Code Civil* [«*Le vendeur n'est pas tenu de délivrer la chose, si l'acheteur n'en paye pas le prix, et que le vendeur ne lui ait pas accordé un délai pour le paiement.*»]). A redação do art. 1.130 do CC/1916 seria repetida, sem qualquer modificação, no art. 491 do CC/2002.

Essa importação simultânea de preceitos derivados de dois modelos diferentes, entretanto, nem sempre produz resultados harmoniosos. Em rigor, o art. 1.130 do CC/1916 (art. 491 do CC/2002) confere proteção apenas ao vendedor, ao dispor que este não está obrigado a entregar a coisa antes de receber o preço. Isso coloca a seguinte questão: estaria o comprador, por outro lado, obrigado a entregar o preço ao vendedor antes da coisa ser-lhe entregue ou poderia o comprador, para evitar tal resultado, invocar a regra geral da *exceptio* dos contratos bilaterais (art. 1.092, alínea 1ª, do CC/1916; art. 476 do CC/2002)? Parece inegável que o comprador também faz jus à mesma proteção, ainda que com base na regra geral, não podendo ser coagido a pagar o preço se o vendedor sequer disponibiliza a coisa. Se é assim – e parece ser este efetivamente o caso – a regra específica da compra e venda, importada do Código Francês, é de todo inútil.

O mesmo problema poderá ser observado, como se verá no capítulo próprio, em relação à exceção de inseguridade: enquanto o art. 477 do CC/2002 pode ser invocado pelo contratante que se obrigar a prestar primeiro, qualquer que seja o polo que ocupe na relação (locatário/locador, empreiteiro/dono da obra, transportador/usuário do serviço de transporte etc.), o art. 495 do CC/2002 oferece proteção expressa apenas ao vendedor que se encontrar nessa condição ("Não obstante o prazo ajustado para o pagamento, se antes da tradição o comprador cair em insolvência, poderá o vendedor sobrestar na entrega da coisa, até que o comprador lhe dê caução de pagar no tempo ajustado"). O art. 495 reproduz, mais uma vez, de forma quase literal, preceito do *Code Civil*, qual seja o art. 1.613 ("O vendedor não estará mais obrigado a entregar a coisa, ainda que tenha concedido um prazo para o pagamento, se, depois da venda, o comprador tiver falido ou entrado em estado de insolvência, a ponto de haver perigo concreto de o vendedor não receber o preço, a não ser que o comprador lhe forneça garantia idônea de pagar no prazo acordado."). E, aqui, a conclusão, como se verá no momento oportuno, também é a de que o art. 495 não tem qualquer utilidade frente à disposição mais genérica do art. 477.

233. Cassin, René. Op. cit., p. 129; Serpa Lopes, Miguel Maria de. Op. cit., p. 149; Malecki, Catherine. Op. cit., p. 10-11.

Saleilles relacionou o instituto à ideia de causa da obrigação:

> Nos contratos sinalagmáticos, as duas obrigações não são apenas conexas, mas são dívidas de que cada uma delas é causa jurídica da outra; de tal forma que não é por via de favor e sob a capa de equidade que se permite ao devedor de uma delas não cumprir enquanto a contraparte o não fizer, mas é, sim, em virtude de um direito que para ele decorre do próprio contrato.[234]

Foi como uma redescoberta. À medida que os autores franceses entravam em contato com os artigos do projeto alemão que dispunham sobre o assunto, e, posteriormente, com os preceitos do próprio BGB já aprovado, eles faziam um retorno à legislação francesa para indagar se o *Code Civil*, apesar de não conter uma norma geral a consagrar a figura, suportaria seu reconhecimento para todos os contratos bilaterais (e não apenas para aqueles que já gozavam de disposições específicas, como o art. 1.612 referente à compra e venda).[235]

E a resposta dada a essa indagação foi positiva. Em poucos anos, a doutrina francesa abraçou a tese da admissibilidade irrestrita da exceção de contrato não cumprido, movida, em especial, por dois argumentos.

O primeiro deles relacionado ao artigo 1.184 do *Code Civil*, em sua redação original,[236] que conferia ao credor lesado o direito de pleitear, alternativamente, a resolução do contrato por inadimplemento (condição resolutória tácita) ou o cumprimento específico da obrigação, se este ainda fosse possível.[237] Daí surgiu um argumento *a fortiori*: se o Código autorizava o *mais* (que era o direito de o credor requerer o desfazimento do contrato, com retorno ao *status quo ante*, ou o cumprimento específico da obrigação), por que não autorizaria o *menos* (a simples resistência passiva à pretensão do autor, ante o descumprimento simultâneo da contraprestação devida ao requerido)? Sendo bem menos invasiva a *exceptio*, em comparação com a resolução e o cumprimento específico, seria um contrassenso admitir estes e negar aquela.[238]

---

234. «Dans le contrat synallagmatique les deux obligations ne sont pas seulement des dettes connexes, ce sont des dettes dont chacune est la cause juridique de l'autre; si bien que ce n'est pas seulement-par voie de faveur, et sous forme de mesure d'équité, que l'on permet au débiteur de l'une de ne pas s'exécuter si le paiement de l'autre ne lui est pas offert, mais c'est en vertu d'un droit qu'il tient du contrat lui-même.» (Saleilles, Raymond. *Étude sur la théorie générale de l'obligation d'après le premier projet de code civil pour l'empire allemande*. 2e édition. Paris: F. Pichon et Durand Auzias. 1914, p. 187).
235. Cassin, René. Op. cit., p. 130.
236. Atualmente, após a reforma promovida pela *Ordonnance* n. 2016-131, de 10 de fevereiro de 2016, a resolução por inadimplemento é regulamentada nos artigos 1.224 e seguintes.
237. «Art. 1.184. La condition résolutoire est toujours sous-entendue dans les contrats synallagmatiques, pour le cas où l'une des deux parties ne satisfera point à son engagement.
    Dans ce cas, le contrat n'est point résolu de plein droit. La partie envers laquelle l'engagement n'a point été exécuté, a le choix ou de forcer l'autre à l'exécution de la convention lorsqu'elle est possible, ou d'en demander la résolution avec dommages et intérêts.» (Code Civil. Art. 1.184. Disponível em: https://www.legifrance.gouv.fr/. Acesso em: 05 dez. 2018)
238. Cassin, René. Op. cit., p. 135–36; Serpa Lopes, Miguel Maria de. Op. cit., p. 149; Ourliac, Paul; Malafosse, Jehan de. *Histoire du droit privé*, v. I: Les obligations. 2e éd. Paris: Presses Universitaires de France, 1969, p. 272-273.

Assim, passou-se a entender que o art. 1.184 consagraria também, *implicitamente*, a exceção de contrato não cumprido. Até porque, vale lembrar, tanto a resolução por inadimplemento como a *exceptio non adimpleti contractus* derivam, historicamente, do mesmo adágio canônico "frangenti fidem, non est fides servanda" ("para aquele que rompe a fé, a fé não é mais devida"). Os dois remédios assentavam originariamente na mesma lógica: todo contrato bilateral contém uma condição tácita, segundo a qual ambas as partes devem cumprir suas obrigações – não observada essa condição tácita, a parte inocente não estava mais vinculada a cumprir a palavra empenhada por juramento. Catherine Malecki comenta nesse sentido:

> Enfim, como afirmar que o art. 1.184 do Código Civil encontra seu fundamento histórico no adágio canônico *Frangenti fidem*, e afirmar que a exceção de contrato não cumprido também encontra seu fundamento na mesma máxima canônica, sem concluir que o art. 1.184 também trata, implicitamente, desta?[239]

O segundo argumento está relacionado aos preceitos do *Code Civil* que já reconheciam expressamente o mecanismo da *exceptio* para alguns tipos contratuais, como era o caso do art. 1.612 já referido acima.[240] Aos poucos, por analogia, a doutrina francesa passou a inferir uma regra geral de cabimento da exceção de contrato não cumprido a partir desses artigos já existentes. Até porque, argumentava-se, faltava qualquer fundamento legítimo a ancorar a postura do legislador de consagrar o mecanismo para alguns contratos bilaterais e exclui-lo para outros.[241]

O mesmo fenômeno será observado naqueles países já referidos que, a exemplo da França, não consagraram uma regra geral em seus respectivos Códigos. Em todos eles, doutrina e jurisprudência alargaram o âmbito da exceção de contrato não cumprido aos contratos bilaterais em geral.[242]

---

239. «Enfin, comment affirmer que l'article 1184 du Code Civil trouve son fondement historique dans l'adage canonique *Frangenti fidem*, et affirmer également que l'exception trouve son fondement dans le même adage canonique sans conclure que l'article 1184 du Code Civil traite, implicitement, de notre notion?» (Op. cit., p. 10-11).
240. «Art. 1.612. Le vendeur n'est pas tenu de délivrer la chose, si l'acheteur n'en paye pas le prix, et que le vendeur ne lui ait pas accordé un délai pour le paiement.» (Code Civil. Art. 1.612. Disponível em: https://www.legifrance.gouv.fr/. Acesso em: 05 dez. 2018).
241. Serpa Lopes, Miguel Maria de. Op. cit., p. 149; Abrantes, José João. Op. cit., p. 27; Schilling, Arno. Exceção de inexecução. *Revista Jurídica*, Ano 1. V. II. 1953, p. 46.
242. Na vigência do Código Seabra de 1867, assim sustentava Adriano Paes da Silva Vaz Serra a aplicação da *exceptio* a todos os contratos bilaterais no Direito português:
"Apesar do silêncio do nosso Código a seu respeito, não pode razoavelmente duvidar-se de que a exceção de contrato não-cumprido é de admitir. Esta exceção é uma consequência natural do caráter bilateral ou sinalagmático do contrato. Nestes contratos, cada uma das partes assume obrigações tendo em vista as obrigações da outra, de sorte que se romperia o equilíbrio contratual, encarado pelas partes, se acaso uma delas pudesse exigir da outra o cumprimento sem por seu lado ter cumprido ou se prestar a cumprir. [...] Por isso, ainda que não haja norma legal expressa a consagrá-la, a exceção deve ter-se como conforme com a natureza dos contratos bilaterais e, desta maneira, um consectário da admissão desta espécie de contratos. Prescindindo de outras considerações, pode, com efeito, ponderar-se que é um meio de compelir os contratantes ao cumprimento do contrato e que, sem ela, poderiam produzir-se resultados contraditórios com

O processo de reabilitação do instituto da *exceptio* no Direito francês culminaria, em 1914, na monumental obra de René Cassin, tantas vezes aqui citada ("De l'exception tirée de l'inexécution dans les rapports synallagmatiques [exceptio non adimpleti contractus] – et de ses relations avec le droit de rétention, la compensation et la résolution"). Nela, o autor conclui sua exposição histórica asseverando que: [i] a *exceptio non adimpleti contractus*, apesar de esquecida por longo período, a ponto de ter sido ignorada pelos redatores do *Code Civil*, era novamente uma realidade viva no Direito francês de sua época (início do século XX); [ii] ao contrário do que sustentavam alguns, não se tratava de importação estrangeira, imposta artificialmente em violação às tradições jurídicas locais (a referência, aqui, era claramente ao BGB, que disciplinava a figura de forma detalhada e havia servido de inspiração para autores franceses como Raymond Saleilles); [iii] artificial, pelo contrário, havia sido o hiato vivido entre os séculos XVI e XIX, decorrente da influência do *mos gallicus*, que levou o Direito francês a desviar-se do curso natural de evolução do

---

o equilíbrio ou equivalência das prestações que caracteriza o contrato bilateral (como o de o contraente que cumprisse ficar na contingência de sofrer os prejuízos resultantes da insolvência do outro).

Mas, em favor dela, pode ainda invocar-se o facto de se autorizar a resolução dos contratos bilaterais por não-cumprimento: se a lei consente que uma das partes resolva o contrato, na hipótese de a outra não cumprir, deve, por maioria de razão, aceitar que pode, em tal hipótese, aquela parte limitar-se a recusar a sua própria prestação enquanto a outra não for feita. Por outro lado, pode ver-se nos artigos 1574 e 1594 aplicação deste princípio: não se compreenderia que apenas nas hipóteses aí previstas fosse legítima a exceção." (Vaz Serra, Adriano Paes da Silva. Exceção de contrato não cumprido [exceptio non adimpleti contractus]. *Boletim do Ministério da Justiça*, n. 67, junho/1957, p. 19-21).

Na Itália, Luigi Tartufari também afirmava que, apesar de inexistir regra expressa no *Codice* de 1865 a consagrar o instituto, a doutrina era unânime em admitir sua aplicação a todos os contratos bilaterais. Os argumentos eram os mesmos invocados pelos escritores franceses: *(i)* a regra do art. 1.165 do *Codice*, que permitia a resolução do contrato por inadimplemento, também autorizaria, implicitamente, a *exceptio* ("quem pode o mais, pode o menos"); *(ii)* as regras dos artigos 1.469 e 1.510, que estabeleciam a *exceptio* para o contrato de compra e venda, poderiam, por analogia, ser aplicadas aos demais contratos bilaterais (Tartufari, Luigi. L'exceptio inadimpleti contractus e l'azione di danni per causa dell'eccepito inadempimento. *Rivista di Diritto Commerciale, Industriale e Marittimo*. v. IV, parte seconda, 1906, p. 307). Gioachino Scaduto acrescentava, ainda, terceiro argumento: o art. 1.124 do *Codice* de 1865, o qual prescrevia que todos os contratos deveriam ser executados em conformidade com a boa-fé. A boa-fé, afirmava o professor italiano, não se comprazia com a ideia de que uma parte possa exigir o cumprimento da prestação da parte contrária antes de ela própria ter prestado ou ao menos ter disponibilizado a prestação que lhe cabe no contrato (Op. cit., p. 89-90). Em idêntico sentido: Lessona, Carlo. Legittimità della massima "inadimplenti non est adimplendum". *Rivista del Diritto Commerciale e del Diritto Generale delle Obbligazioni*, v. XVI, parte prima. 1918, p. 386.

Na Espanha, ainda está em vigor, atualmente, o Código Civil de 1889, cuja elaboração foi inspirada em grande medida no Código Civil Francês. O Código espanhol ainda hoje, apesar das inúmeras reformas que sofreu, não possui uma regra geral a consagrar o instituto da exceção de contrato não cumprido (diferentemente do que ocorreu na Itália e em Portugal, onde os Códigos mais recentes de 1942 e 1967, respectivamente, trouxeram uma regra geral, e na própria França, onde a reforma trazida pela *Ordonnance* nº 2016-131 estendeu expressamente a *exceptio* a todos os contratos bilaterais). De qualquer forma, a doutrina espanhola também é unânime em reconhecer o cabimento da *exceptio* para todos os contratos sinalagmáticos, seja com fundamento na boa-fé, na norma que autoriza a resolução por inadimplemento (art. 1.124) ou nos artigos que admitem o remédio em relação a alguns tipos contratuais (v.g., arts. 1.466, 1.500, 1.505 e 1.539). Nesse sentido, ver: Bozzo, Sebastián. Op. cit., p. 17-24; Moreno, Maria Cruz. Op. cit., p. 39-42; Canovas, Diego Espin. *La excepción de incumplimiento contractual*. Anuario de Derecho Civil, julio-septiembre 1964, p. 546-547.

instituto, o qual, iniciado por canonistas e pós-glosadores, teve continuidade em outros países, notadamente na Alemanha; [iv] nesse contexto, a redescoberta da figura na França, no fim do século XIX, apesar de derivar diretamente de pesquisas de Direito Comparado, longe de representar estrangeirismo, significava na verdade, em relação ao tema, o reencontro do Direito francês com o *ius commune* europeu e com suas próprias raízes.[243]

Apenas com a *Ordonnance* n. 2016-131, de 10 de fevereiro de 2016, que operou a "Reforma do Direito das Obrigações e dos Contratos", a exceção de contrato não cumprido veio a ser incorporada expressamente ao *Code Civil*, como preceito geral, no novo art. 1.219.[244]

Agora, cumpre dar continuidade ao escorço histórico, analisando o caminho percorrido pela *exceptio* na Alemanha, onde, como já dito, ela teve, desde o início, maior propagação.

1.3.2 Alemanha: dos jusracionalistas ao BGB

No restante da Europa, onde o *mos gallicus* não exerceu influência determinante, a *exceptio non adimpleti contractus* não teve seu curso evolutivo interrompido.

Como visto no subitem 1.2.4, os pós-glosadores já haviam conseguido construir, a partir da coordenação dos fragmentos romanos referentes ao tema, tendo por pano de fundo os valores contratuais desenvolvidos pelo Direito Canônico (consensualismo, boa-fé, reciprocidade etc.), uma regra geral de cabimento da *exceptio* para todos os contratos sinalagmáticos.

Esse processo de justificação da exceção de contrato não cumprido entraria em nova fase com a Escola Jusracionalista ou de Direito Natural,[245] cujo método consistia em deduzir progressivamente regras e conceitos a partir de postulados universais (*v.g.*, toda pessoa tem um direito inato ao desenvolvimento de sua personalidade; todo homem é dotado de autodeterminação; ninguém deve causar danos injustos a outrem), para depois ordenar, com sentido unitário e sistemático, as regras e conceitos daí decorrentes.[246] É aos jusracionalistas que se deve, com base nesse labor

---

243. Cassin, René. Op. cit., p. 137.
244. «Art. 1.219. Une partie peut refuser d'exécuter son obligation, alors même que celle-ci est exigible, si l'autre n'exécute pas la sienne et si cette inexécution est suffisamment grave.» (Code Civil, art. 1.219. Disponível em: https://www.legifrance.gouv.fr/. Acesso em: 07 dez. 2018).
245. Entre os principais membros dessa Escola podem ser citados Hugo Grotius (1583-1645), Samuel von Pufendorf (1632-1694), Christian Thomasius (1655-1728) e Christian Wolff (1679-1754).
246. O objetivo era, na medida do possível, transpor para o Direito o método de investigação científica desenvolvido por René Descartes (1596-1650). A primeira regra do método cartesiano era a da *evidência racional*: nada admitir como verdadeiro que não fosse evidente para o espírito. As outras três regras eram complementares a esta e buscavam tornar evidente aquilo que, à primeira vista, não o era. A chamada regra da *análise* consistia em dividir cada problema em tantos elementos quantos fossem necessários para resolvê-lo. A regra da *síntese*, por sua vez, determinava que, na solução dos problemas, o agente deveria iniciar pelos elementos mais aptos a serem conhecidos e progredir racionalmente para o conhecimento

de identificação e ordenação de conceitos, a formação de uma primeira teoria geral das obrigações, tarefa aperfeiçoada, na sequência, pela pandectística.[247]

Os jusracionalistas conferiam papel central aos princípios da autonomia da vontade e do *pacta sunt servanda*, que deduziam do livre arbítrio e do direito de autodeterminação dos indivíduos. O homem é senhor supremo de sua vontade, mas, a partir do momento em que esta é manifestada, deve respeitar a palavra dada. Ao "penso, logo existo" de Descartes, os juristas do período acrescentaram o "quero, logo obrigo-me".[248]

Nesse contexto de construção de um sistema a partir da razão e da observação do que é ordinariamente adotado pelas sociedades (do passado e atuais), a regra da *exceptio* surge de forma quase autoevidente, na medida em que, se cada uma das partes assume obrigações nos contratos bilaterais tendo em vista as obrigações da outra, seria contrário ao próprio acordo de vontades, ao equilíbrio da relação e ao bom senso que uma delas pudesse exigir da outra o cumprimento sem por seu lado ter cumprido ou disponibilizado o cumprimento do que lhe cabia. A regra da *exceptio* constitui, portanto, irão concluir os jusracionalistas, consectário da natureza desses contratos e do princípio da autonomia da vontade, especialmente considerando a causa pela qual as partes neles empenham sua palavra (uma obrigação em função da outra, reciprocamente).[249]

Não deve causar estranheza, assim, que Hugo Grotius estruture a *exceptio non adimpleti contractus* como uma *condição implícita* presente em todos os contratos bilaterais. Com isso, ele faz decorrer a regra da própria vontade manifestada pelas partes e, por tabela, não vulnera o princípio do *pacta sunt servanda*:

> Quando nossa palavra é empenhada, ela deve ser mantida mesmo perante nosso inimigo [...]. Porque o fato de serem nossos inimigos não os faz deixar de serem homens. [...] Mas é preciso também observar que existem duas formas de evitar a quebra da palavra empenhada sem cumprir propriamente a promessa feita: por violação à condição ou por compensação dos danos. O promitente não se desvincula por meio da condição; mas o evento demonstra que não se constituiu efetivamente uma obrigação, *na medida em que o promitente não pretendia se vincular a não*

---

dos mais difíceis. A última era a das *revisões gerais*, segundo a qual o cientista devia assegurar que suas proposições fossem sujeitas a revisões e checagens com a realidade, se possível. Aos poucos, esta ideia de criação de uma ciência certa, atemporal e universal, embora pensada inicialmente para a matemática e demais ciências exatas, começa a ser replicada também no Direito, pelos adeptos desta Escola. Assim, como uma alternativa ao Direito posto da época (que era um misto de Direito Romano, costumes, Direito legislado dos incipientes Estados-nações etc.), os jusracionalistas passam a criar modelos de um Direito "natural" ou "das gentes", que partia da evidência racional dos princípios mais básicos e elementares (primeira regra), para depois avançar, mediante deduções racionais progressivas, para a criação de regras e conceitos mais específicos (segunda e terceira regras). Por fim, cabia ao jurista, segundo esse método, comprovar a qualidade e a justeza das normas assim obtidas, verificando se elas eram adotadas ou se já haviam sido adotadas pelas sociedades, no presente ou no passado (quarta regra, da revisão geral). (Hespanha, Antonio Manuel Botelho. Op. cit., p. 308-310).

247. Wieacker, Franz. Op. cit., p. 266.
248. Gilissen, John. Op. cit., p. 737-338.
249. Malecki, Catherine. Op. cit., p. 28.

ser sob condição. [...] Pois todos os artigos de um mesmo acordo parecem estar contidos um no outro, na forma de uma condição, como se assim tivesse sido expresso: *eu farei estas coisas assim, desde que o outro também faça o que prometeu*.[250]

Outra frente de afirmação do instituto nesse período será o Direito dos tratados internacionais. Os jusracionalistas, partindo do paralelismo entre contrato bilateral e tratado, encontrarão na *exceptio non adimpleti contractus* uma arma defensiva à disposição dos soberanos, que será muitas vezes empregada para tentar justificar a chamada "guerra justa": as agressões de um país passam a se legitimar pelo fato de o outro também não ter cumprido suas obrigações em conformidade com o tratado celebrado.[251]

Superado o jusracionalismo, o instituto viria a ter novo impulso, em seu desenvolvimento dogmático, em território alemão.

Enquanto na França os adeptos do *mos gallicus* ocuparam-se, basicamente, de descrever os institutos do Direito Romano tal como eles funcionavam na Antiguidade, em uma atividade fundamentalmente de pesquisa histórica e filológica – o que levou, como visto, ao eclipse da *exceptio* –, na Alemanha preponderou no mesmo período método diverso, que buscava promover uma releitura dos textos romanos à luz dos problemas da época, adaptando-os, como ferramenta viva, às novas circunstâncias e necessidades. Era o chamado "Heutiges Römisches Recht", isto é, Direito Romano Contemporâneo ou Atual.[252] Como explica José João Abrantes,

> O "Direito das Pandectas" não é mais o direito consagrado pelo *Corpus Juris* de Justiniano, mas o resultado da adaptação do mesmo, ao longo dos séculos, às condições socioeconômicas e culturais específicas da sociedade germânica. O direito comum desprende-se da letra das soluções romanistas e se adapta ao progresso e às necessidades da nova sociedade.[253]

No que se refere especificamente à exceção de contrato não cumprido, essa diferença de perspectiva teve repercussões significativas. Ao contrário do que se deu na França, não tiveram os romanistas alemães, no que foram seguidos pelos tribunais locais e pela prática dos negócios, qualquer pudor em reconhecer e aplicar a figura da *exceptio* a todos os contratos bilaterais, ainda que esta não estivesse expressamente prevista nesses termos nas fontes romanas. Por reconhecerem utilidade econômica

---

250. "When our faith is engaged, it must be kept even to our enemy [...]. For their being enemies, does not make them cease to be men. [...] But we must also observe that there are two ways, where by to avoid the crime of perfidiousness, and yet not perform the promise; namely, in default of the condition, or by compensation. The promiser is not properly discharged for want of the condition; but the event shews, that there had been no real obligation, since he did not intend to engage himself but upon condition. [...] For all the articles of one and the same agreement seem to be included one in the other, in the manner of a condition, as if it had been thus expressed, I will do these things thus; provided the other also do what he has promised." (Grotius, Hugo. *The Rights of War and Peace*. Indianapolis: Liberty Fund, 2005, Livro III, capítulo XIX, parágrafos I e XIV).
251. Malecki, Catherine. Op. cit., p. 28.
252. Cassin, René. Op. cit., p. 93.
253. Abrantes, José João. Op. cit., p. 28.

no instituto, apoderaram-se da regra geral construída por canonistas, pós-glosadores e jusracionalistas, para posteriormente aprimorá-la.[254-255]

Outro fator, além dessa diferença metodológica, contribuiu para o maior florescimento da figura na Alemanha, em comparação com a França.

Na Alemanha, seguindo a linha desenvolvida pelo Direito Romano, a resolução por inadimplemento não era, inicialmente, admitida como remédio geral.[256] Durante largo período, foi apenas tolerada em âmbito extrajudicial, em uma pequena série de casos, como ato de justiça privada.[257]

Na França, em contrapartida, a resolução por inadimplemento desenvolveu-se precocemente, na esteira da máxima canônica "frangenti fidem, non est fides servanda" ("para aquele que rompe a fé, a fé não é mais devida"). Podia ser utilizada como ação ou exceção pelo contratante "fiel" (isto é, por aquele que estivesse pronto para cumprir sua prestação, desde que a outra parte também o fizesse). Isso teve o efeito, como já apontado, de limitar a necessidade e a importância prática da *exceptio non adimpleti contractus*, contribuindo para seu relativo esquecimento no país.

Diferentemente, se a resolução por inadimplemento não era admitida na Alemanha nem como ação, nem como exceção, só restava ao mesmo contratante "fiel" [i] exigir a prestação da contraparte ou [ii] defender-se passivamente, por exceção, de modo a "paralisar" a pretensão do autor até que este também estivesse disposto a cumprir, simultaneamente, a sua parte no contrato. Tratava-se de um sistema, como se percebe, desenhado para manter o contrato e forçar seu cumprimento, no qual a ruptura da relação era medida absolutamente excepcional.

Natural, nesse contexto, ante a falta de outras alternativas em favor do credor, que o remédio da exceção de contrato não cumprido, já na acepção larga desenvolvida por canonistas, pós-glosadores e jusracionalistas, assumisse enorme importância

---

254. Cassin, René. Op. cit., p. 91; Abrantes, José João. Op. cit., p. 29; Zimmermann, Reinhard. Op. cit., p. 801-802.
255. Fenômeno semelhante ocorreu em outros países da Europa em que nem o *mos gallicus*, nem o *Code Civil*, tiveram influência considerável. Nessa linha, lê-se do julgado *BK Tooling (PTY) v. Scope Precision Engineering (PTY) Ltd.*, 1979 (1) SA 391 (A), em relação à evolução desse princípio geral na Holanda: "Não pode haver dúvida de que o princípio da reciprocidade, tal como formulado por Bartolo, foi recebido na Holanda desde os primeiros momentos. Em decisões judiciais do século XVII, esta regra é aplicada como direito posto, enunciada algumas vezes quase literalmente tal como elaborada pelo referido jurista (Cf Utrechts Consultatien 3.62.3, 3.114.3; Van den BergNederlands Advysboek 1.76, 77 and 78; Bellum Juridicum cas 3.). No fim do século XVII, Johannes Voet refere-se ao princípio da reciprocidade em relação à *locatio conductio operis* (ad Pandectas 19.2.40) e à compra e venda, mencionando expressamente o termo *exceptio non adimpleti contractus*. Aproximadamente cem anos depois, Van der Keessel cita Voet aquiescendo com suas conclusões (Praelectiones ad Gr 3.15.3). Daí para frente, o princípio geral da reciprocidade é repetidamente exposto (acompanhado sempre da *exceptio*)."
256. Como já apontado, o Direito Romano não admitia a resolução dos contratos por inadimplemento como remédio geral, cabendo apenas, em regra, ação em favor da parte inocente para exigir a prestação da contraparte. A resolução só era possível se as partes inserissem cláusula especial no contrato, chamada *lex commissoria*. Para análise mais detalhada do tema no Direito Romano, ver nota 217.
257. Abrantes, José João. Op. cit., p. 29; Scaduto, Gioachino. Op. cit., p. 81.

prática no território alemão, tanto para os negócios como para os tribunais, e, como consequência, passasse a receber atenção especial dos doutrinadores.[258]

Desde muito cedo surgiram no país obras que abordaram o tema, a primeira delas de Johann Zanger ("*De exceptionibus*", do ano de 1586). "*Conclusiones selectae de exceptione non impleti contractus*", de Schweder, do ano de 1688, foi provavelmente a primeira monografia dedicada exclusivamente ao instituto. Seguiram-se, no século XVIII, as dissertações de Böhmer (1720), Künhold (1726), Wahl (1751) e Wehren (1790). Todavia, foi a pandectística do século XIX que mais trabalhos dedicou ao assunto, com os escritos de Heerwart, Lang, Schenck, Treitschke, Keller e Bekker.[259]

Em relação a esses autores do século XIX, a principal discussão era travada em torno da natureza do instituto: se se tratava de verdadeira exceção ou se, pelo contrário, o cumprimento pelo autor de sua obrigação constituía requisito para que este pudesse instaurar a ação.[260]

Prevaleceu entre os alemães, inicialmente, a segunda teoria, fundada na concepção, depois largamente rejeitada, de que a obrigação de contraprestar só nasceria após o outro figurante ter prestado ou disponibilizado sua prestação. Em outras palavras, era como se a existência do dever de prestar estivesse condicionada à execução da contraprestação. Partindo dessa premissa, entendia-se que o autor sequer poderia ajuizar demanda se não demonstrasse ou ao menos alegasse, já na petição inicial, ter cumprido o que lhe competia conforme o contrato, pois disso dependia a própria existência de seu direito.[261]

Todavia, a partir de um ensaio de Heerwart, de 1824, foi reintroduzida a posição, dominante até os dias de hoje, de que a *exceptio non adimpleti contractus* constitui

---

258. Abrantes, José João. Op. cit., p. 29.
259. Menezes Cordeiro, António. *Tratado de direito civil, v. IX – Direito das obrigações*: cumprimento e não-cumprimento, transmissão, modificação e extinção. 3. ed. Almedina: Coimbra, 2017, p. 281-282; Scaduto, Gioachino. Op. cit., p. 80.
260. O mesmo debate, vale lembrar, já havia se instaurado entre os pós-glosadores (vide subitem 1.2.4, acima). A opinião já hegemônica na época (encampada por Bartolo e também por outros comentadores, como Baldo degli Ubaldi, Gui Pape, Giasono del Majno e Paolo di Castro) era a de que se tratava de verdadeira exceção. Jacques de Revigny, por outro lado, de forma minoritária, entendia que o comprador não tinha ação contra o vendedor se antes não tivesse pagado o preço, e vice-versa.
261. Keller foi o principal defensor dessa linha de entendimento (Windscheid, Bernardo. *Diritto delle pandette*. Volume Secondo. Parte Prima. Torino: Unione Tipografico-Editrice Torinese, 1904, p. 244; Cesar, José A. *Sobre os efeitos dos contratos bilaterais*. Campinas: Typ. da Casa Genoud, 1914, p. 06).
    Samuel Williston assim sumariza o posicionamento em questão: "A natural conclusão dessa linha de pensamento seria a de que a alegação de cumprimento é essencial para que o autor tenha uma ação perante o requerido e que tal cumprimento é uma condição precedente para qualquer direito de sua parte. Esta era a doutrina prevalecente no início deste século [século XIX]. Era uma consequência dessa doutrina que a assim chamada *exceptio non adimpleti contractus* não fosse propriamente uma exceção, mas meramente uma negação da declaração de cumprimento feita pelo autor na inicial." ("The natural inference would be that the allegation of performance is essential to the plaintiff's case and that such performance is a condition precedent to any actionable right on his part. Such was the prevailing doctrine in the early part of this century. It was a consequence of this doctrine that the so-called *exceptio non adimpleti contractus* was not a proper *exceptio* but merely a denial of an allegation in the plaintiff's declaration.") (Op. cit., p. 99).

verdadeira exceção. Segundo essa linha de raciocínio, que viria a ser abraçada pelo BGB, a existência da pretensão do autor não depende, em rigor, do fato de já ter contraprestado. Havendo dívida vencida, o autor tem pretensão, e, por conseguinte, pode exigir em juízo. O que o outro contratante pode fazer, então, se o autor ainda não contraprestou, é justamente valer-se da exceção de contrato não cumprido, como meio de defesa (que lhe é conferido pelo ordenamento como medida de justiça, em respeito ao sinalagma funcional das obrigações). Por meio dela, o requerido conseguirá encobrir a eficácia da outra pretensão, paralisando-a até que o autor ofereça o que é devido por ele. Se o requerido não exerce o *ius exceptionis* – e ele pode optar por não o fazer – a pretensão do autor deve ser atendida, ainda que não tenha contraprestado.[262]

Pontes de Miranda bem evidencia o erro de perspectiva da primeira corrente:

> "Quem tem pretensão à prestação e tem obrigação de contraprestar *pode exigir* [...]. Para o exercício da pretensão não se lhe apura se tem, ou não, de contraprestar. O que o outro figurante pode fazer é *excepcionar*. Se esse outro não exerce o *ius exceptionis*, tem de ser atendida a exigência da prestação, ainda que o autor da ação não contrapreste. [...] Na doutrina alemã, há concepção que se tem de evitar, que é a de só haver obrigação de quem tem de contraprestar se o outro figurante presta. De modo que obraria injustificadamente quem, sem se prontificar a prestar, ou sem prestar, exigisse a contraprestação. [...] Recentemente, A. Blomeyer construiu o que se passa com a exceção *non adimpleti contractus,* ou com a exceção *non rite adimpleti contractus,* como se a prestação fosse *condicionada* à execução de outra prestação. Nada disso é de admitir-se. Há a dívida, há a obrigação, e apenas, com a exceção, se pode *encobrir* a eficácia da outra pretensão."[263]

Fruto de todo esse debate em torno do instituto, o BGB (1900) foi a primeira grande codificação europeia a consagrar expressamente a *exceptio* como remédio geral, aplicável a todos os contratos sinalagmáticos.[264] O §320, (1), disciplina a

---

262. Williston, Samuel. Op. cit., p. 100, Windscheid, Bernardo. Op. cit., p. 245; Enneccerus, Ludwig; Kipp, Theodor; Wolff, Martin. *Tratado de derecho civil. Segundo tomo. Derecho de obligaciones. Volumen primero.* Trad.: Blas Pérez González y José Alguer. Barcelona: Bosch, 1954, p. 164-165. Entre nós, José A. Cesar, em brilhante monografia do ano de 1914 ("Sobre os efeitos dos contratos bilaterais"), na qual demonstrou estar em perfeita sintonia com o debate travado na doutrina germânica, já defendia a tese de que a *exceptio non adimpleti contractus* constituía verdadeira exceção, afastando a linha argumentativa de Keller: "[...] nenhum deles tem o direito de exigir o implemento da obrigação do outro sem ter do seu lado executado a própria obrigação ou pelo menos feito oferta do implemento, salvo se, segundo cláusula expressa ou tácita, só está obrigado a prestar em segundo lugar; mas o direito da parte acionada com infração desse preceito faz-se valer pela *exceptio* referida, isto é, o autor não está obrigado a alegar e provar o implemento da própria obrigação como fundamento da sua pretensão. [...] A defesa da parte acionada nesse caso é sem dúvida uma exceção e não, como querem Keller, Liebe e outros, uma negação direta do direito da parte autora." (Op. cit., p. 07-08).
263. Pontes de Miranda, Francisco Cavalcanti. *Tratado de direito privado.* Campinas: Bookseller, 2003, t. XXVI, p. 128 e 130.
264. No mundo, a primazia parece caber ao Código Civil Argentino de 1869 (conhecido como "Velez Sarsfield"), que em seu art. 1.201 ("En los contratos bilaterales una de las partes no podrá demandar su cumplimiento, si no probase haberlo ella cumplido u ofreciese cumplirlo, o que su obligación es a plazo."), praticamente reproduz o art. 1.955 do Esboço de Teixeira de Freitas, no qual foi confessadamente inspirado. Para maiores detalhes, ver nota 313 adiante.

exceptio non adimpleti contractus, enquanto o §320, (2), trata da *exceptio non rite adimpleti contractus*, condicionando expressamente a invocação desta à observância do princípio da boa-fé objetiva (o que foi bastante inovador para a época):

> (1) Quem for parte de um contrato bilateral poderá recusar a prestação à qual se obrigou até que a outra parte efetue a contraprestação, a não ser que aquele tenha se obrigado a prestar anteriormente. [...]
>
> (2) Se uma das partes prestou parcialmente, a contraprestação não poderá ser recusada se tal recusa, de acordo com as circunstâncias, infringir a boa-fé, particularmente por causa da insignificância proporcional da parte faltante.[265]

Como destacam Enneccerus, Kipp e Wolff, a expressão "poderá recusar a prestação à qual se obrigou até que a outra parte efetue a contraprestação" já revela a adoção, pelo BGB, da tese da *exceptio non adimpleti contractus* como verdadeira exceção, pois em nenhum momento se condiciona a existência do próprio direito de crédito ao fato de já se ter prestado. Pelo contrário: diz-se expressamente que a parte poderá se autodefender retendo a prestação devida à parte contrária, até que esta cumpra o pactuado, momento em que a exceção deixa de ter a eficácia que lhe é própria (de suspender a exigibilidade da pretensão da contraparte).[266]

Porém, é o §322, (1), que vai escancarar a vitória definitiva da corrente doutrinária que reconhecia na *exceptio* verdadeira exceção. Prescreve a norma:

> (1) Se uma parte ajuíza ação para exigir a prestação que lhe é devida, com base em um contrato bilateral, a afirmação pela outra parte do seu direito de suspender o cumprimento até que lhe seja ofertada a contraprestação apenas tem o efeito, se acolhida, de que a última seja condenada a cumprir recíproca e simultaneamente com o autor.[267]

Com efeito, a condenação do réu-excipiente ao cumprimento da prestação cobrada, condicionando, todavia, sua execução ao adimplemento da contraprestação do excepto, como dispõe a norma acima, só é condizente com a concepção de que a *exceptio* se destina apenas a paralisar a eficácia da pretensão do autor, sem objetar a existência do crédito reclamado. Se, ao invés, a obrigação de contraprestar só nascesse após o outro figurante ter prestado ou disponibilizado sua prestação, como advogavam os defensores da tese contrária, o resultado só poderia ser o indeferimento da petição inicial ou a improcedência, a depender das regras processuais vigentes.[268]

O BGB também inova ao consagrar, no §321, (1), uma regra geral para a chamada "exceção de insegurança" (*Unsicherheitseinrede*), instituída a serviço do contratante

---

265. Bürgerliches Gesetzbuch [BGB], §320. Disponível em: http://www.gesetze-im-internet.de. Acesso em: 15 dez. 2018.
266. Enneccerus, Ludwig; Kipp, Theodor; Wolff, Martin. Op. cit., p. 165.
267. Bürgerliches Gesetzbuch [BGB], §322, (1). Disponível em: http://www.gesetze-im-internet.de. Acesso em: 15 dez. 2018.
268. Addis, Fabio. *La sospensione dell'esecuzione: dalla vendita con dilazione di pagamento alla Unsicherheitseinrede*. In: Addis, Fabio [a cura di]. *Ricerche sull'eccezione di insicurezza*. Milano: Giuffrè, 2006, p. 7.

que se obrigou a prestar primeiro, mas se depara com diminuição patrimonial da parte adversa, a ponto de ensejar dúvida fundada quanto à sua capacidade de cumprir o contratado:

> (1) Quem estiver obrigado a prestar primeiro, em um contrato bilateral, pode se recusar a cumprir se, após a celebração do contrato, tornar-se evidente que o seu direito à contraprestação está comprometido pela incapacidade de cumprir da parte contrária. Tal direito de suspender o cumprimento deixa de ser aplicável se a parte contrária cumpre ou fornece garantia bastante de fazê-lo.[269-270]

Com o BGB, como se percebe, a *exceptio* consolida-se em seus aspectos dogmáticos centrais, adquirindo os traços pelos quais é descrita e disciplinada até os dias de hoje.

Por meio da regra geral do §320, (1), a exceção de contrato não cumprido liberta-se definitivamente do casuísmo do Direito Romano e dos fundamentos religiosos do Direito Canônico, ao mesmo tempo em que ultrapassa o patamar de mera elaboração doutrinária, como se dava na época de pós-glosadores e jusracionalistas. O fundamento de legitimidade do remédio deixa de estar na autoridade de excertos romanos, na palavra jurada tendo Deus por credor ou em supostas leis naturais, para passar a residir puramente na relação de reciprocidade e causalidade entre as obrigações, característica dos contratos bilaterais (sinalagma).[271] Desse vínculo de reciprocidade e causalidade derivam logicamente, em sequência, o princípio da execução simultânea das prestações (*Erfüllung zug um zug*) e, após, a própria exceção de contrato não cumprido (*Einrede des nicht erfüllten Vertrages*).[272]

---

269. Bürgerliches Gesetzbuch [BGB], §321, (1). Disponível em: http://www.gesetze-im-internet.de. Acesso em: 15 dez. 2018.
270. O Código Civil Francês, assim como não continha originariamente uma regra geral para a exceção de contrato não cumprido, também não consagrava uma regra geral para a exceção de insegurança. Havia apenas uma disposição específica para a venda a crédito, protetiva do vendedor, que posteriormente seria estendida, por analogia, aos demais contratos bilaterais pela doutrina e jurisprudência, exatamente como se deu em relação à *exceptio non adimpleti contractus*. Dispunha o art. 1.613 do *Code*: "O vendedor não estará mais obrigado a entregar a coisa, ainda que tenha concedido um prazo para o pagamento, se, depois da venda, o comprador tiver falido ou entrado em estado de insolvência, a ponto de haver perigo concreto de o vendedor não receber o preço, a não ser que o comprador lhe forneça garantia idônea de pagar no prazo acordado." (Code Civil, art. 1.613. Disponível em: https://www.legifrance.gouv.fr/. Acesso em: 15 dez. 2018).
271. Já dizia Savigny, muito antes da edição do BGB, acerca da interdependência funcional das obrigações nos contratos bilaterais: "Mas a essência do contrat sinalagmático, diferente de uma agregação acidental similar, consiste no fato de que as duas obrigações devem ser concebidas em uma relação indissolúvel, de modo que uma só pode subsistir graças à outra e simultaneamente com a outra, razão pela qual ambas formam as duas metades de um único e mesmo negócio jurídico." (« Mais l'essence du contrat synallagmatique, différente d'une semblable agrégation accidentelle, consiste en ce que les deux obligations doivent être conçues dans une relation indissoluble, en sorte que l'une ne puisse subsister que grâce à l'autre et en même temps qu'elle, motif pour lequel les deux ne forment que les deux moitiés d'une seule et même affaire juridique. ») (Savigny, Friedrich Carl von. *Le droit des obligations – Partie du droit romain actuel*. Tome second. Traduction de T. Hippert. Paris: A. Durand & Pedone Lauriel, 1873, p. 86).
272. Menezes Cordeiro, António. *Tratado de direito civil, v. IX – Direito das obrigações*: cumprimento e não-cumprimento, transmissão, modificação e extinção. 3. ed. Almedina: Coimbra, 2017, p. 282.

Daí porque, como se advertiu nas primeiras páginas deste capítulo, a história da exceção de contrato não cumprido é, em larga medida, a narrativa do avanço do reconhecimento dessa relação de reciprocidade e causalidade entre as obrigações nos contratos bilaterais (o sinalagma). É por meio da adequada compreensão da extensão desse vínculo de interdependência, não restrito às prestações ditas principais de um contrato e que pode até mesmo envolver prestações de mais de um contrato – apenas para citar dois dos principais problemas que se pretende abordar nesta tese[273] – que devem ser resolvidas as questões atinentes à *exceptio* na contemporaneidade.

Vale destacar, em arremate, que as regras do §320, (1) e (2), e do §321, (1), do BGB – *exceptio non adimpleti contractus*, *exceptio non rite adimpleti contractus* e exceção de inseguridade, respectivamente – servirão de inspiração para disposições semelhantes em diplomas posteriores, a exemplo do Código Civil Brasileiro de 1916, do Código Civil Italiano de 1942 e do Código Civil Português de 1966. Foram importantes, ainda, como já ressaltado no subitem anterior, para reacender o debate em torno do tema em países cujos Códigos, à época, não consagravam tais figuras em termos gerais, como França, Espanha, Itália e Portugal.

Dando sequência a este estudo histórico, passa-se a lançar algumas ideias acerca da evolução histórica da figura da *exceptio* no Direito luso-brasileiro.

1.4 A *EXCEPTIO* NA TRADIÇÃO LUSO-BRASILEIRA

1.4.1 Ordenações do Reino: construção de uma regra geral a partir das fontes subsidiárias

Tudo o que foi dito neste capítulo acerca da construção do conceito de exceção de contrato não cumprido pelos pretores e jurisconsultos romanos, canonistas, pós-glosadores e jusracionalistas aplica-se integralmente ao território português, parte integrante que foi do Império Romano, da cristandade ocidental e do *ius commune europeu*.

Apesar de inserido nesse macrocontexto europeu, o Direito português do início da Era Moderna apresenta uma particularidade: sua pioneira compilação, por iniciativa do poder central, efetivada nas Ordenações Afonsinas,[274] Manuelinas[275]

---

273. A referência aqui é [i] à possibilidade de invocação da *exceptio* entre obrigações principais e acessórias e [ii] ao cabimento da *exceptio* entre obrigações de contratos diferentes, mas coligados.
274. Concluída em 1446, durante o reinado de D. Afonso V, a obra é dividida em 05 livros, seguindo a estrutura das Decretais de Gregório IX. O livro IV é destinado ao Direito Civil, contendo determinações sobre contratos, sucessões, tutela etc. Com exceção do livro I, os demais livros contêm leis compiladas, transcritas na íntegra, em forma narrativa (Poveda Velasco, I. M.. Ordenações do Reino de Portugal. *Revista da Faculdade de Direito da USP*, São Paulo, v. 89, 1994, p. 17-20).
275. Editadas em 1521, no reinado de D. Manuel, as Ordenações Manuelinas, a exemplo das Afonsinas, também eram divididas em cinco livros, porém houve uma sensível alteração de estilo. Enquanto nas Afonsinas as leis eram *transcritas* na íntegra, em estilo *narrativo*, nas Ordenações Manuelinas as leis foram *reescritas*, em estilo *decretório*, com hipóteses gerais e abstratas. As Ordenações Manuelinas foram também as primeiras a serem impressas (Ibidem, p. 21-22).

e Filipinas.[276] Embora não constituíssem verdadeiros Códigos no sentido atual do termo,[277] as Ordenações marcaram, nas palavras de Luciano Benetti Timm, "a independência, pelo menos formal, entre o direito próprio do Reino de Portugal e o 'direito comum' – que com ele convivia paralelamente – subalternizado então ao posto de fonte subsidiária frente ao primeiro."[278]

Para os fins deste estudo interessam mais as Ordenações Filipinas, que, promulgadas em 1603 no reinado de Felipe II, permaneceriam vigentes no Brasil, na parte referente ao Direito Civil, até o advento do Código de 1916.[279] Em seu Livro IV, Título V, é possível encontrar uma disposição consagradora da reciprocidade das obrigações em matéria de compra e venda:

---

276. As Ordenações Filipinas (1603), apesar de elaboradas durante o período de dominação espanhola, não transpareciam o intento de *castelhanizar* a legislação portuguesa. A obra também foi dividida em cinco livros, não trazendo grandes inovações em relação às Ordenações Manuelinas. O objetivo era apenas reunir, em um mesmo texto, as Ordenações Manuelinas e a abundante legislação extravagante posterior (Ibidem, p. 22-24).
277. Luciano Benetti Timm enumera as principais diferenças entre as Ordenações Portuguesas e os Códigos modernos, que começaram a surgir no fim do século XVIII: i) enquanto as Ordenações objetivavam, prioritariamente, organizar e compilar leis anteriores, que estavam dispersas, de modo a simplificar sua aplicação, os Códigos representavam obras legislativas novas (no sentido de não se tratar de reunião de atos normativos já vigentes antes de sua edição), que pretendiam regular, de forma ordenada, racional e sistemática, determinado ramo do Direito; ii) enquanto as Ordenações não tinham a pretensão de completude – isto é, de esgotar a regulação dos vários campos das relações sociais –, recorrendo confessadamente a fontes subsidiárias para preenchimento de suas lacunas (v.g., Direito Romano, Direito Canônico, glosas de Acúrcio, comentários de Bartolo), os Códigos modernos sempre tiveram a pretensão de conferir resposta a todos os conflitos sociais de determinado campo do Direito ("eficácia onicompreensiva", na expressão do autor), buscando não deixar lacunas para serem preenchidas por outras fontes exógenas (como o Direito Romano ou Canônico), ou mesmo pela atividade integrativa do juiz (em conformidade com a concepção predominante da época de transformar este agente em mera "boca da lei") (Timm, Luciano Benetti. Op. cit., p. 392-395). Assim, se os Códigos constituem "uma totalidade expressa em um conjunto de conceitos e proposições entre si logicamente concatenadas, unidade imanente, perfeita e acabada, que se autorreferencia de modo absoluto", nas Ordenações acontece, de certo modo, justamente o contrário, na medida em que a "visão teórica subjacente à sua elaboração é a de respeito aos textos clássicos, a aceitação de um pluralismo jurídico, [...] além da possibilidade metodológica de que o julgador recorresse a outro ordenamento jurídico diverso do nacional." (Timm, Luciano Benetti. Op. cit. p. 395).
278. Timm, Luciano Benetti. Op. cit., p. 390. Clóvis V. do Couto e Silva relativiza, porém, essa relação de predominância do Direito local perante o Direito Romano especificamente, pois este, além de ser a fonte subsidiária primordial, também teria servido de inspiração para a elaboração da grande maioria das disposições constantes das próprias Ordenações. Certo, ainda, que, na Universidade de Coimbra, onde se formavam os juristas do Reino, estudava-se exclusivamente Direito Romano e Canônico, sendo que as Ordenações Filipinas, em si mesmas, só passaram a ser ensinadas nessa instituição a partir da reforma de seus Estatutos, empreendida pelo Marquês de Pombal em 1772. Natural, nesse contexto, que, no dia a dia forense e da administração pública, esses juristas recorressem mais aos textos romanos e canônicos do que aos locais, invertendo a lógica de funcionamento do sistema de fontes (O direito civil brasileiro em perspectiva histórica e visão de futuro. *Revista de Informação Legislativa*, a. 25, n. 97, jan/mar 1988, p. 165-166). José Carlos Moreira Alves assevera, inclusive, que o prestígio desfrutado pelo Direito Romano era tamanho em Portugal, que, compreendido como verdadeira *ratio scripta*, "foi usado, com bastante frequência, contra textos expressos das Ordenações, generalizando o entendimento de que as normas de Direito Lusitano que lhe fossem contrárias deveriam ser interpretadas restritivamente, ao passo que as com ele conformes seriam extensivamente compreendidas." (Panorama do direito civil brasileiro: das origens aos dias atuais. *Revista da Faculdade de Direito. Universidade de São Paulo*, v. 88, jan. 1993, p. 188).
279. Poveda Velasco, I. M. Op. cit., p. 22-24.

E por quanto, tanto que a compra e venda fôr acabada por consentimento das partes, deve o vendedor entregar primeiro a cousa vendida ao comprador, e depois o comprador lhe deve logo pagar o preço; se o vendedor recusar entregar primeiro a cousa vendida ao comprador, receando de não poder delle haver o preço, e o comprador não confiar no vendedor, duvidando haver dele a cousa comprada, sem lhe primeiro pagar o preço, mandamos que a cousa vendida e o preço sejam entregues em mão de homem fiel, o qual tanto que de tudo fôr entregue, faça as partes contentes, dando ao vendedor o preço, e ao comprador a cousa; e tanto que o comprador fôr entregue da cousa comprada, e pagar o preço ao vendedor, ou offerecer, logo he feito della senhor; e não pagando, nem offerecendo logo o comprador o preço ao vendedor, poderá o vendedor cobrar delle a cousa, quando quizer, como sua.[280]

O primeiro ponto que merece destaque nessa norma é o estabelecimento de uma ordem legal, embora derrogável pelas partes, para o cumprimento das prestações: o vendedor deveria primeiro entregar a coisa, para, na sequência, o comprador pagar o preço. Essa regra viria a ser formalmente invertida no art. 1.130 do Código Civil de 1916 ("Art. 1.130. Não sendo a venda a crédito, o vendedor não é obrigado a entregar a coisa, antes de receber o preço"), reprodução quase perfeita do art. 1.612 do Código Napoleônico (« Art. 1.612. Le vendeur n'est pas tenu de délivrer la chose, si l'acheteur n'en paye pas le prix, et que le vendeur ne lui ait pas accordé un délai pour le paiement »). Todavia, já no contexto do Código Civil de 1916, essa ordem seria ignorada, ante a disposição geral da *exceptio* do art. 1.092, 1ª alínea, consagradora, para todos os contratos bilaterais (compra e venda, inclusive), do princípio da execução simultânea das prestações (*Erfüllung zug um zug*).[281]

Esse preceito das Ordenações Filipinas determinava, ainda, que as partes, em não havendo confiança para que uma cumprisse antes da outra, depositassem a coisa e o preço em mãos de terceiro (um "homem fiel"), que cuidaria de distribui-los ao comprador e ao vendedor, respectivamente. Trata-se, vale lembrar, da mesma solução sugerida por alguns glosadores tardios, como Placentinus, Azo e Accursius, conforme

---
280. Ordenações Filipinas. Livro IV, Título V. Disponível em: http:www1.ci.uc.pt. Acesso em: 18 jan. 2019.
281. A coexistência dessas duas regras no Código Civil de 1916 só pode ser explicada, historicamente, pelo fato de seu autor ter buscado inspiração no Esboço de Teixeira de Freitas e nos pandectistas alemães para erigir uma regra geral aplicável a todos os contratos bilaterais (art. 1.092, 1ª alínea), importando do Código Napoleônico, porém, simultaneamente, regras específicas aplicáveis a alguns contratos em espécie (como é o caso do art. 1.130 transcrito).
Essa prática de recorrer a dois modelos diferentes, entretanto, não produziu resultados harmoniosos, conforme já se teve oportunidade de comentar. Basta pensar que o art. 1.130 do CC/1916, além de estabelecer uma ordem para o cumprimento das prestações, conferia proteção apenas ao vendedor, ao dispor que este não estava obrigado a entregar a coisa antes de receber o preço. Tudo diferente da regra geral do art. 1.092, 1ª alínea, que protegia ambas as partes de qualquer contrato sinalagmático, consagrando o princípio da execução simultânea das prestações. O mesmo problema podia ser observado em relação à exceção de insegurança: enquanto o art. 1.092, 2ª alínea, inspirado nos Projetos do Código Alemão, podia ser invocado pelo contratante que tivesse se obrigado a prestar primeiro, qualquer que fosse o polo que ocupasse na relação (locatário/locador, empreiteiro/dono da obra, transportador/usuário do serviço de transporte etc.), o art. 1.131 do CC/1916 oferecia proteção expressa apenas ao vendedor que se encontrasse nessa condição. Mais lamentável é constatar que, praticamente um século depois, o legislador do CC/2002 reincidiu no erro, reproduzindo as mesmas regras do CC/1916 inspiradas em dois modelos diferentes e inconciliáveis entre si (o BGB e o *Code Civil*).

visto no subitem 1.2.2, coincidência que se justifica, provavelmente, pela enorme influência que as glosas deste último autor exerciam na época, a ponto inclusive de constituírem fonte subsidiária para a solução de lacunas.[282]

Outro ponto que merece atenção nesse preceito é sua parte final, que estabelecia, como proteção ao vendedor, na esteira do Direito Romano (vide subitem 1.1.2), que a tradição feita não tinha o condão de transferir a propriedade enquanto o comprador não pagasse o preço. Logo, como ressaltava Cândido Mendes em comentário à disposição em tela, ainda que o vendedor viesse a entregar a coisa antes de a contraparte pagar o preço, seja em cumprimento à ordem estabelecida na mesma norma, seja por se tratar de venda a crédito,[283] ele ainda continuaria sendo o proprietário da coisa, podendo inclusive valer-se da ação reivindicatória até que o comprador efetuasse o pagamento integral.[284]

Não havia, contudo, nas Ordenações Filipinas, para além desse dispositivo específico da compra e venda, qualquer regra geral expressa, aplicável a todos os contratos sinalagmáticos.

Uma regra geral nesse sentido poderia ser extraída, porém, por meio do recurso às fontes subsidiárias. As Ordenações Filipinas estabeleciam que, nas lacunas do Direito pátrio, observar-se-ia o Direito Romano, desde que a matéria não se enquadrasse no campo do "pecado", quando prevaleceria, então, o Direito Canônico. Na sequência, persistindo a lacuna, observar-se-iam as glosas de Acúrcio e as opiniões de Bartolo.[285] Ora, em face de todo o exposto nos subitens anteriores, uma regra geral que consagrasse o raciocínio próprio da *exceptio* poderia ser extraída [i] tanto por meio de trabalho de indução a partir dos excertos romanos (à maneira do que haviam feito os pós-glosadores), [ii] como do princípio canônico do *"frangenti fidem"* (caso se entendesse que o Direito Canônico seria aplicável na hipótese, por restar configurado o pecado de perjúrio pelo descumprimento da palavra empenhada sob juramento), como, em última instância, [iii] dos trabalhos de Bartolo, que, vale lembrar, foi o criador do adágio "Contractu ultro citroque

---

282. Almeida Costa, Mário Júlio de. *História do direito português*. 5. ed. Coimbra: Almedina, 2012, p. 358-359.
283. Em relação à venda a crédito especificamente, a situação foi alterada com a edição do Alvará de 4 de Setembro de 1810. A partir deste ato normativo, a tradição feita pelo vendedor, na venda a crédito, tinha o efeito de transferir a propriedade, ainda que o comprador não viesse a pagar o preço na data combinada, sendo cabível apenas ação pessoal para exigir a contraprestação (preço) e não mais ação reivindicatória. Para as demais hipóteses em que a coisa fosse entregue antes do preço, que não se tratasse de venda a crédito, continuou a vigorar a disposição original das Ordenações Filipinas mesmo após o citado Alvará (Teixeira de Freitas, Augusto. *Consolidação das leis civis*, v. I. Edição fac-símile. Brasília: Senado Federal, 2003, p. 348).
284. "Para que o contrato fique perfeito, e passe a cousa ao domínio do comprador, é indispensável prévia entrega ou tradição. Mas a entrega não se entende feita sem a competente paga." (Almeida, Cândido Mendes de. *Código filipino ou Ordenações e leis do reino de Portugal*: recopiladas por mandado d'el-Rey D. Filipe, v. 4, t. 3. Edição fac-símile. Brasília: Senado Federal, 2012, p. 783).
285. Almeida Costa, Mário Júlio de. *História do direito português*. 5. ed. Coimbra: Almedina, 2012, p. 347.

obligatorio non potest effectualiter agi, nisi ab eo qui effectualiter totum contractum ex parte sua impleverit".[286-287]

Testemunho desse apelo às fontes subsidiárias é um texto de 1644 (portanto, já na vigência das Ordenações Filipinas), de autoria de um lente canonista de Coimbra, Dr. Francisco Velasco de Couvea, que fazia expressa menção ao adágio *"frangenti fidem"*, na forma de uma condição tática, implicitamente inserida pelas partes nos pactos com juramentos contrapostos:

> Porque, quando os juramentos feitos [...] são recíprocos, de maneira que a ele se lhe promete alguma coisa com juramento, e ele reciprocamente promete outras [...], faltando uma das partes na promessa que fez jurada, pode a outra faltar na sua, posto que jurada, sem quebrar o juramento. [...] É esta uma tácita condição que se entende e se inclui em todo o juramento promissório, posto que não seja condicional, senão absoluto. A qual se confirma pela regra geral de direito que permite quebrar a fé e promessa a quem a quebrou: "frangenti fidem, fides frangatur eidem".[288]

A partir da Lei da Boa Razão de 1769, as glosas de Acúrcio e as opiniões de Bartolo deixaram de constituir fonte subsidiária. Determinou-se também, no mesmo diploma, que o Direito Romano só fosse aplicado quando "conforme com a boa razão". Os Estatutos da Universidade de Coimbra (1772) estabeleceram, para esse fim, que a "boa razão" deveria ser verificada conforme o "uso moderno" atribuído pelas nações civilizadas às fontes romanas (o chamado *"usus modernus pandectorum"*, que nada mais era do que a visão atualizada, já dogmática e científica, do direito comum europeu).[289] Isso não altera a conclusão aqui obtida, quanto à possibilidade de

---

286. Que pode ser traduzido, grosso modo, nos seguintes termos: "Em um contrato sinalagmático, o autor não pode demandar com sucesso se não cumpriu ou não ofereceu sua prestação."
287. Vale destacar que, em Portugal, teve baixa penetração a Escola do Humanismo Jurídico de Cujas (ou *mos gallicus*, como também ficou conhecida), que, como visto, foi a maior responsável por se apagar quase que por completo o instituto da *exceptio* em França, a ponto de séculos depois este ter sido praticamente esquecido no Código Francês. Prevaleceu em Portugal, ao contrário, até as reformas promovidas pelo Marquês de Pombal, o chamado *Bartolismo* (outro nome para o *mos italicus*) (Almeida Costa, Mário Júlio de. Op. cit., 358-359). Assim, a ideia de uma regra geral para a exceção de contrato não cumprido, aplicável a todos os contratos sinalagmáticos, não encontrou empecilhos no território lusitano, a partir de uma interpretação menos restritiva do Direito Romano enquanto fonte subsidiária, típica do *mos italicus*. A ironia do destino reside, porém, no fato de que, séculos depois, em 1867, Portugal adotaria o Código Seabra, que copiou nesse ponto – e em muitos outros – o *Code Civil* (que, por sua vez, havia sido largamente influenciado, no sentido de não conter uma regra geral de *exceptio*, justamente pela Escola Humanista de Cujas, como exposto no subitem 1.3.1 retro).
288. *Justa Acclamação do Serenissimo Rey de Portugal, Dom João IV*. Tratado Analytico. Lisboa: Officina de Lourenço de Anveres, 1644.
289. Couto e Silva, Clóvis Veríssimo do. Op. cit., p. 167; Moreira Alves, José Carlos. Panorama do direito civil brasileiro: das origens aos dias atuais. *Revista da Faculdade de Direito. Universidade de São Paulo*, v. 88, jan. 1993, p. 189; Marques, Cláudia Lima. Cem anos do código civil alemão: o BGB de 1896 e o código civil brasileiro de 1916. In: Mendes, Gilmar Ferreira; Stoco, Rui (Org.). *Doutrinas essenciais de Direito Civil*: parte geral. V. II. São Paulo: Ed. RT, 2011, p. 897-930.

Aqui, vale abrir um parêntese. Essa confusão constante de fontes subsidiárias, antes ou depois da Lei da Boa Razão, teve impactos decisivos, segundo Pontes de Miranda, na forma de se argumentar e decidir nos tribunais portugueses e brasileiros. Primeiro, uma predileção especial por opiniões e argumentos de autoridade, seja por conta do recurso às glosas, seja por conta posteriormente da invocação do *"usus mo-*

depreender-se das fontes subsidiárias uma regra geral que consagrasse o raciocínio da *exceptio*, pois era justamente no seio do jusracionalismo e da pandectística alemã – e portanto do *"usus modernus pandectorum"* – que, como visto, mais se avançava no sentido de desenhar a *exceptio* como regra geral dos contratos sinalagmáticos, enquanto decorrência natural da relação de interdependência entre as obrigações (sinalagma).

1.4.2 Da Consolidação das Leis Civis ao Código Civil de 2002

Esse foi, em linhas gerais, o regime herdado de Portugal na matéria. Vale lembrar que, conforme Lei de 20 de outubro de 1823, foram incorporadas ao sistema jurídico brasileiro "as ordenações, leis, regimentos, alvarás, decretos e resoluções promulgadas pelos reis de Portugal, e pelas quais o Brasil se governava até 25 de abril de 1821".

Na Consolidação das Leis Civis, que teve status de lei no Brasil após sua aprovação pelo Governo Imperial em 1858, servindo, na prática, como Código Civil até 1916,[290] Augusto Teixeira de Freitas (1816-1883) praticamente reproduziu as ideias contidas no trecho acima transcrito do Livro IV, Título V, das Ordenações Filipinas, porém enunciando-as em artigos, à moda dos novos Códigos. Mais uma vez, as referências expressas são apenas ao contrato de compra e venda, sem a estruturação de uma regra geral para os contratos sinalagmáticos. Nem poderia se esperar coisa diversa de seu autor, considerando que a tarefa que lhe foi atribuída foi justamente a de coligir a legislação em vigor, sem fazer inovações:[291]

---

dernus pandectorum". Segundo, um gosto também por argumentar e decidir com base em jurisprudência sumulada ou pacificada, como forma de orientar-se no caos – quer por abundância de fontes divergentes, quer por total vácuo em determinadas matérias –, sem que muitas vezes, já alertava o autor, seja examinada escrupulosamente a identidade entre as matérias (do aresto paradigma e do caso sob análise). (Pontes de Miranda, Francisco Cavalcanti. *Fontes e evolução do direito civil brasileiro*. 2. ed. Rio de Janeiro: Forense, 1981, p. 43-44; Em idêntico sentido: Marques, Claudia Lima. Op. cit., p. 904).

290. Como bem afirma Estevão Lo Ré Pousada, a Consolidação das Leis Civis deve ser considerada no seu imprescindível contexto histórico-jurídico, qual seja o "de instrumento apto a intermediar a transição da disciplina civil decorrente do Livro IV das Ordenações Filipinas (1603) e a promulgação do Código Civil Brasileiro – o que só se daria em 1916." (A obra de Augusto Teixeira de Freitas e a conformação de um direito civil tipicamente brasileiro: sua genialidade compreendida como conciliação entre inovação sistemática e acuidade histórica. *Revista da Faculdade de Direito*. Universidade de São Paulo, v. 102, jan.-dez. 2007, p. 92).

291. As inovações da Consolidação, segundo José Carlos Moreira Alves, estavam mais concentradas na exposição teórica de sua *Introdução* e na sistemática empregada pelo autor para organizar os artigos: "A Consolidação das Leis Civis pôs ordem no caos dos princípios civis constantes das Ordenações Filipinas e das leis extravagantes, permitindo saber quais as normas que vigoravam no território brasileiro. O ponto mais alto desse trabalho se situa nas duas centenas de páginas em que se desdobra a *Introdução* que o acompanha. Nela, distingue Teixeira de Freitas, na execução a que se propôs, a parte prática da parte científica. Na parte prática, pela natureza mesma da obra – consolidar as regras de direito civil em vigor, reduzindo-as a preceitos tão concisos quanto possível –, o trabalho dependia de erudição, paciência e fidelidade, não dando azo a criações. Estas só encontrariam campo na parte teórica, na demarcação dos limites da Legislação Civil e no sistema de sua exposição. E na sistemática da Consolidação Teixeira de Freitas revela, de

Art. 518. Offerecido o preço pelo comprador, está o vendedor obrigado a eutregar-lhe a cousa vendida; e não a entregando, responderá pelas perdas e interesses.

Art. 519. O vendedor deve primeiro entregar a cousa ao comprador, para este pagar-lhe o preço; e, havendo dúvida entre elles, farão depósito em mão de terceiro.[292]

[...]

Art. 528. Se o preço não fôr pago, o domínio não se transfere para o comprador, ainda que a cousa lhe-tenha sido entregue: o vendedor pode reivindica-la como sua propriedade, ou demandar o preço com os juros respectivos.[293]

Diferente, todavia, foi a postura do mesmo Augusto Teixeira de Freitas quando este foi encarregado pelo Governo Imperial de criar um Esboço de Código Civil para o país. Desta feita, sem as amarras que lhe foram impostas quando da Consolidação, de meramente coligir os textos normativos em vigor, o jurista buscou erigir um sistema totalmente novo, inclusive no que toca ao assunto em pauta. O art. 1.955 do Esboço traz o protótipo de uma regra geral para os contratos sinalagmáticos – definidos em seu art. 441 –a fim de conferir solução ao problema da reciprocidade entre as prestações:

Art. 441: Quando os contratos impuserem às duas partes obrigações recíprocas, terão a denominação de contratos bilaterais ou sinalagmáticos.[294]

Art. 1.955. Se forem bilaterais (art. 441), uma das partes não poderá demandar seu cumprimento sem provar que de seu lado os tem cumprido, ou que sua obrigação é a prazo, ou sem se oferecer a cumpri-los.[295]

Ao propor uma regra geral, o Esboço de Teixeira de Freitas foi muito além dos Códigos então em vigor, notadamente do Francês, que constituía a maior referência da época. Em 1864, quando o Esboço foi submetido a uma Comissão Revisora, não havia no mundo qualquer Código que tratasse da *exceptio non adimpleti contractus* de maneira expressa, por meio de uma regra geral aplicável a todos os contratos bilaterais. O primeiro Código Civil a fazê-lo foi justamente o Argentino, de 1869 (conhecido como "Velez Sarsfield"), notoriamente influenciado pelo Esboço de Teixeira de Freitas.[296] O art. 1.201 do antigo Código Argentino é praticamente uma tradução do art. 1.955 do Esboço, acima reproduzido:

---

modo inequívoco, o seu espírito criador." (Panorama do direito civil brasileiro: das origens aos dias atuais. *Revista da Faculdade de Direito*. Universidade de São Paulo, v. 88, jan. 1993, p. 192).

292. Teixeira de Freitas, Augusto. *Consolidação das leis civis*, v. I. Edição fac-símile. Brasília: Senado Federal, 2003, p. 343.
293. Ibidem, p. 348. Interessante mencionar que para a hipótese específica da venda a crédito, mercê do tratamento diferenciado introduzido pelo Alvará de 04 de Setembro de 1810 (vide nota 283 retro), Teixeira de Freitas fez inserir na Consolidação regra específica, de conteúdo inverso à do art. 528: "Art. 530. Igualmente transfere-se o domínio para o comprador, se a venda foi feita à crédito; seja, ou não, com prazo certo de pagamento." (Ibidem, p. 348)
294. Teixeira de Freitas, Augusto. *Código civil*: esboço, v. I. Brasília: Ministério da Justiça, 1983, p. 149.
295. Ibidem, p. 364.
296. Biazi, João Pedro de Oliveira de. *A exceção de contrato não cumprido no direito privado brasileiro*. Rio de Janeiro: GZ Editora, 2019, p. 86.

Art. 1.201. En los contratos bilaterales una de las partes no podrá demandar su cumplimiento, si no probase haberlo ella cumplido u ofreciese cumplirlo, o que su obligación es a plazo.[297]

Não se sabe, todavia, se por influência de Domat, de Pothier ou dos pandectistas alemães do começo do século XIX, o jurista brasileiro estruturou o instituto não como verdadeira exceção, mas como requisito para o ajuizamento da demanda. Pela dinâmica do art. 1.955 acima transcrito, deveria o autor, por ocasião da propositura da ação, demonstrar que cumpriu sua prestação ou pelos menos que a disponibilizou à parte contrária (entendimento que, como visto no subitem anterior, já havia se tornado, àquela altura, minoritário na Alemanha).

Como se sabe, o Esboço, após longas e estéreis discussões na Comissão (que analisou apenas 15 de seus 4.908 artigos) e mudanças de rumo do próprio autor (agora convencido da necessidade de editar-se um Código geral, que abrangesse o Direito Civil e o Comercial), nunca foi convertido em lei, sendo resolvido o contrato para sua elaboração em 1872.[298]

Os projetos de Código Civil de Joaquim Felício dos Santos e Antonio Coelho Rodrigues, que se sucederam ao Esboço de Teixeira de Freitas, não consagravam regras gerais de exceção de contrato não cumprido.[299]

---

297. Codigo Civil de la Nación. Disponível em: http://servicios.infoleg.gob.ar. Acesso em: 30 dez. 2018.
298. Barros Monteiro, Washington de. Augusto Teixeira de Freitas: Conferência proferida na Faculdade de Direito da Universidade de São Paulo em 07/12/1966. *Revista da Faculdade de Direito – Universidade de São Paulo*, v. 62, n. 2, 1967, p. 312-313.
299. A ausência de disposição geral a consagrar o instituto irá caracterizar também, como já exposto, o Código Civil Português de 1867 (o chamado Código Seabra), inspirado que foi este diploma, em sua quase totalidade, no Código Francês. Seu artigo 1.574 ("O vendedor nao é obrigado a entregar a cousa vendida, sem que o preço lhe seja pago, salvo se houver convenção em contrário") era praticamente uma cópia do art. 1.612 do *Code Civil*. Nesse proceder, o legislador português apartou-se inclusive da tradição das Ordenações Filipinas, que prescrevia, como visto, a ordem inversa: o vendedor deveria primeiro entregar a coisa ao comprador, para este pagar-lhe na sequência o preço, sendo que, havendo desconfiança entre eles, a coisa e o preço seriam depositados em mãos de terceiro. Esse distanciamento em relação à tradição do antigo direito lusitano não se deu apenas em relação à *exceptio*, tendo sido na verdade um fenômeno geral resultante da adoção do Código Napoleônico como modelo. Não é por outra razão que, segundo José Carlos Moreira Alves, o Direito Civil Brasileiro – onde se operou transição mais suave das Ordenações para o Código Civil de 1916 (graças, em grande medida, à "ponte" entre os dois sistemas feita pela Consolição de Teixeira de Freitas) –, liga-se mais estreitamente à antiga tradição civil lusitana do que o próprio Direito Civil Português moderno (Panorama do direito civil brasileiro: das origens aos dias atuais. *Revista da Faculdade de Direito. Universidade de São Paulo*, v. 88, jan. 1993, p. 186).
Todavia, voltando à *exceptio*, vale lembrar que, assim como ocorreu em território francês, doutrina e jurisprudência portuguesa alargariam, ainda na vigência do Código Seabra, o âmbito de aplicação da exceção de contrato não cumprido aos contratos sinalagmáticos em geral, notadamente após o influxo das novas ideias do BGB (ver nota 242). Para uma descrição detalhada de como se deu esse processo de "generalização" do instituto em Portugal, por obra da doutrina e da jurisprudência, ver: Menezes Cordeiro, António. *Tratado de direito civil, v. IX – Direito das obrigações*: cumprimento e não-cumprimento, transmissão, modificação e extinção. 3. ed. Almedina: Coimbra, 2017, p. 284-285. Posteriormente, com a edição do novo Código Civil português de 1966, conhecido como Código Vaz Serra, de orientação marcadamente germanista, foi erigida uma regra geral no art. 428º, à maneira daquela existente no BGB: "Se nos contratos bilaterais não houver prazos diferentes para o cumprimento das prestações, cada um dos contraentes tem a faculdade de recusar a sua prestação enquanto o outro não efectuar a que lhe cabe ou não oferecer o seu cumprimento simultâneo." Acerca da substituição do modelo francês pelo modelo alemão na dogmática portuguesa,

O primeiro deles, elaborado entre os anos de 1881 e 1882, disciplinava a matéria apenas em relação ao contrato de compra e venda, sendo o seu art. 2.154 ("Não sendo a venda feita a crédito, o vendedor não é obrigado a entregar a coisa vendida, sem que o preço lhe seja pago")[300] praticamente uma tradução do art. 1.612 do *Code Civil* («Le vendeur n'est pas tenu de délivrer la chose, si l'acheteur n'en paye pas le prix, et que le vendeur ne lui ait pas accordé un délai pour le paiement»). Os artigos 2.155 e 2.160, por sua vez, eram inspirados claramente nas Ordenações Filipinas e na Consolidação das Leis Civis:

> Art. 2.155: Na venda que não é feita a crédito, em falta de pagamento do preço, pode o vendedor, que já tiver feito a entrega da coisa, exigir o preço ou reivindicá-la, achando-se ela ainda na posse do comprador.
>
> Art. 2.160: O vendedor deve primeiro entregar a cousa ao comprador, para haver deste o preço; ou pode, por sua conta e risco, depositá-la em mão de terceiro, e exigir o preço.[301]

Interessante apontar que o art. 2.157 do Projeto de Felício dos Santos negava o princípio básico daquilo que constitui, atualmente, a chamada exceção de insegurança, ao prescrever que "na venda feita a crédito, não fica o vendedor desobrigado de entregar a coisa vendida, pelo fato de se tornar o comprador insolvente, antes do pagamento do preço."[302] A proposta assim formulada, vale destacar, andava em sentido inverso ao regime já então em vigor para as relações comerciais, na medida em que o art. 198 do Código Comercial de 1850 prescrevia: "Não procede, porém, a obrigação da entrega da coisa vendida antes de efetuado o pagamento do preço, se, entre o ato da venda e o da entrega, o comprador mudar notoriamente de estado."

O Projeto de Antonio Coelho Rodrigues, elaborado entre os anos de 1890 e 1893, também seguia a linha francesa de conter disposições específicas para alguns tipos contratuais apenas. O art. 608 tem, mais uma vez, inspiração clara no art. 1.612 do Código Napoleônico, já transcrito acima, ao fixar que "o vendedor não é obrigado a entregar a coisa sem receber o preço, salvo se o contrato confere ao comprador um prazo fixo para o pagamento." O art. 609, por sua vez, de forma inversa ao Projeto de Felício dos Santos, consagra o raciocínio da exceção de insegurança em relação à venda a crédito, ao asseverar que "ainda que o comprador tenha prazo para pagar, se antes da tradição fica ou corre notório risco de ficar insolvável, o vendedor pode sobrestar à entrega da coisa, até que o comprador dê caução de pagá-la no tempo

---

      movimento que culminou exatamente com a edição do Código Vaz Serra, ver: Rodrigues Jr., Otávio Luiz. A influência do BGB e da doutrina alemã no direito civil brasileiro do século XX. *Revista dos Tribunais*, v. 938, p. 79-155, dez. 2013.
300. Felício dos Santos, Joaquim. *Projecto do Código da República dos Estados Unidos do Brazil*. Rio de Janeiro: Imprensa Nacional, 1891, p. 210-211.
301. Ibidem.
302. Ibidem.

ajustado."[303] Trata-se também de disposição claramente baseada em artigo do *Code Civil* ("Art. 1.613. O vendedor não estará mais obrigado a entregar a coisa, ainda que tenha concedido um prazo para o pagamento, se, depois da venda, o comprador tiver falido ou entrado em estado de insolvência, a ponto de haver perigo concreto de o vendedor não receber o preço, a não ser que o comprador lhe forneça garantia idônea de pagar no prazo acordado.").

Esses dois projetos também não foram convertidos em lei. O de Felício dos Santos sequer foi apreciado, tendo sido na prática "engavetado" com a Proclamação da República. O de Coelho Rodrigues sofreu duras críticas da Comissão revisora, não tendo sido aprovado no Congresso Nacional.[304]

Uma disciplina geral da exceção de contrato não cumprido, aplicável a todos os contratos bilaterais, só viria a aparecer no Código Civil de 1916.[305]

Com efeito, o art. 1.092, 1ª alínea, do primeiro Código Civil brasileiro prescrevia que "nos contratos bilaterais, nenhum dos contraentes, antes de cumprida a sua obrigação, pode exigir o implemento da do outro."

Antes dele, apenas o Código Civil Argentino de 1869 (art. 1.201), o Código Civil Alemão, aprovado em 1896 e em vigor a partir de 1900 (§320, [1]), e o Código Federal Suíço das Obrigações, aprovado em 1911 e em vigor a partir de 1912 (art. 82),[306] haviam consagrado regras gerais.

---

303. Coelho Rodrigues, Antonio. *Projeto do Código Civil Brasileiro*. V. II. Brasília: Departamento de Imprensa Nacional, 1980, p. 119.
304. Biazi, João Pedro de Oliveira de. Op. cit., p. 92-93.
305. Interessante, nesse ponto, o testemunho de José A. Cesar que, em 1914 (às vésperas, portanto, da aprovação do Código Beviláqua), escreveu monografia pioneira entre nós com o título "Sobre os efeitos dos contratos bilaterais", na qual examinou sobretudo dois temas: a exceção de contrato não cumprido e a resolução. Após expor em detalhes o sofisticado sistema recém erigido pelo BGB acerca dessas duas matérias, o autor conclui, olhando agora para o Direito nacional, que na total "ausência de princípios gerais sobre o assunto, é necessário tirar inferências das regras particulares ou consultar a doutrina supletiva da nossa fragmentária legislação civil." (Op. cit. 49) Aduz, todavia, que a doutrina nacional e lusitana, àquela altura, já admitia uma regra geral de cabimento da *exceptio* a todos os contratos bilaterais, apesar do silêncio das Ordenações Filipinas, citando nesse sentido Lobão, Corrêa Telles e Pereira e Souza. Na sequência, tece críticas à disposição já referida do Livro IV, Título V, das Ordenações Filipinas, que estabelecia uma ordem legal para o cumprimento das prestações no contrato de compra e venda: o vendedor deveria primeiro entregar a coisa, para, na sequência, o comprador pagar o preço. Citando Carvalho de Mendonça, afirma: "A regra que se pode deduzir do contrato de compra e venda é que ambas as partes devem executar a prestação simultaneamente, após a conclusão do contrato, pois que este é da espécie bilateral e por isso deve ser cumprido *Zug um Zug*, como se exprimem os alemães. Qualquer derrogação desta regra só é concebível nas vendas a crédito ou a prazo. Isto é o que a lógica impõe. Assim, porém, não é determinado em nossas leis pátrias. De acordo com os seus preceitos deve o vendedor primeiro entregar a coisa para depois receber o preço." (Op. cit., p. 50)
306. « Art. 82. Celui qui poursuit l'exécution d'un contrat bilatéral doit avoir exécuté ou offrir d'exécuter sa propre obligation, à moins qu'il ne soit au bénéfice d'un terme d'après les clauses ou la nature du contrat. » (Code des obligations, Loi fédérale du 30 mars 1911 complétant le code civil suisse [Livre cinquième: Droit des obligations], art. 82. Disponível em: https://www.admin.ch/opc/fr/classified-compilation/19110009/index.html. Acesso em: 30 dez. 2018).

Em que pese a forte vinculação de Clóvis Beviláqua à pandectística alemã, como membro que era da chamada "Escola de Recife",[307] a inspiração para esta norma parece ter vindo muito mais do art. 1.955 do Esboço de Teixeira de Freitas do que do §320, (1), do BGB. Quanto ao Código Suíço, nem cabe fazer qualquer cogitação nesse sentido, visto que este foi concebido muito depois de Clóvis Beviláqua ter elaborado seu projeto original (entre abril e novembro de 1900), no qual já constava o preceito que viria a se tornar o art. 1.092, 1ª alínea, do Código aprovado.

Há, primeiro, forte semelhança de redação entre o art. 1.092, 1ª alínea, e seu correspondente do Esboço. Ademais, ambas as disposições recaem coincidentemente no erro de estruturar o instituto como requisito para o ajuizamento da demanda e não como exceção. Confira-se:

> Art. 1.092. Nos contratos bilaterais, nenhum dos contraentes, antes de cumprida a sua obrigação, pode exigir o implemento da do outro. *(CC/1916)*
>
> Art. 1.955. Se forem bilaterais (art. 441), uma das partes não poderá demandar seu cumprimento sem provar que de seu lado os tem cumprido, ou que sua obrigação é a prazo, ou sem se oferecer a cumpri-los. *(Esboço de Teixeira de Freitas)*.[308]

Já o BGB trouxe regulamentação bem mais precisa e detalhada da *exceptio*, fruto do apuro técnico em torno do tema alcançado pela doutrina alemã no fim do século XIX. Como visto no subitem anterior, o §320, (1), disciplinava a *exceptio non adimpleti contractus* como forma de autotutela e como exceção (e não como requisito da ação), o §320, (2), já tratava especificamente da *exceptio non rite adimpleti contractus*, relacionando expressamente sua invocação à observância do princípio da boa-fé objetiva,[309] enquanto o §322, (1), deixava claro que a sentença em caso de acolhimento da exceção deveria ser de procedência (condenando o réu a prestar, desde que o autor também o fizesse).[310]

---

307. Clóvis Beviláqua era professor da cadeira de Legislação Comparada da Faculdade de Direito de Recife, e, como tal, viria a integrar a corrente de pensamento, capitaneada por Tobias Barreto, conhecida como "Escola de Recife", de orientação marcadamente germânica (Couto e Silva, Clóvis Veríssimo do. Op. cit., p. 169; Moreira Alves, José Carlos. Panorama do direito civil brasileiro: das origens aos dias atuais. *Revista da Faculdade de Direito. Universidade de São Paulo*, v. 88, jan. 1993, p. 212).
308. Teixeira de Freitas, Augusto. *Código civil*: Esboço, v. II. Brasília: Ministério da Justiça, 1983, p. 364.
309. §320. [...]
    (1) Quem for parte de um contrato bilateral poderá recusar a prestação à qual se obrigou até que a outra parte efetue a contraprestação, a não ser que aquele tenha se obrigado a prestar anteriormente. [...]
    (2) Se uma das partes prestou parcialmente, a contraprestação não poderá ser recusada se tal recusa, de acordo com as circunstâncias, infringir a boa-fé, particularmente por causa da insignificância proporcional da parte faltante.
    (Bürgerliches Gesetzbuch [BGB], §320. Disponível em: http://www.gesetze-im-internet.de. Acesso em: 03 jan. 2019).
310. §322. [...]
    (1) Se uma parte ajuíza ação para exigir a prestação que lhe é devida, com base em um contrato bilateral, a afirmação pela outra parte do seu direito de suspender o cumprimento até que lhe seja ofertada a contraprestação apenas tem o efeito, se acolhida, de que última seja condenada a cumprir recíproca e simultaneamente com o autor. (*Ibidem*, §322).

O fato de o art. 1.092, 1ª alínea, do Código Civil não refletir em quase nada esse nível de apuro técnico e detalhamento constitui mais uma evidência de que o BGB não foi, nesse ponto, a fonte de inspiração principal de Clóvis Beviláqua.[311]

Nessa linha, só se pode concordar com Pontes de Miranda quando este assevera, de forma categórica, que a gênese do art. 1.092, 1ª alínea, do Código Civil de 1916 – e também, por conseguinte, do art. 476 do Código Civil de 2002, que praticamente o reproduz – só pode residir no art. 1.955 do Esboço de Teixeira de Freitas.[312]

Assim, mesmo representando um avanço no tratamento do tema em termos nacionais – pelo só fato de ter trazido pela primeira vez uma regra geral – o art. 1.092, 1ª alínea, já nascia em certa medida ultrapassado, por ignorar os avanços dogmáticos alcançados na matéria na segunda metade do século XIX. Afinal, as referências de Teixeira de Freitas para a elaboração do art. 1.955 do Esboço eram bem anteriores: os jusracionalistas Domat e Pothier e os pandectistas alemães do início do século XIX.

E não se pode esquecer, ainda, de outro problema já aqui abordado: a convivência nem sempre harmônica dessa regra geral com outras disposições do mesmo

---

311. Essa não foi, aparentemente, uma característica exclusiva da regulação da *exceptio*. Apesar de ter havido tempo hábil para que o BGB fosse consultado (o Código Alemão já estava aprovado desde 1896, enquanto a versão original do projeto brasileiro só foi elaborada entre abril e novembro de 1900), e não obstante Clóvis Beviláqua ter sido sabidamente um admirador da ciência jurídica alemã, fato é que muito pouco do projeto original recebeu inspiração direta do BGB. A influência do Código Alemão também foi pequena nas alterações promovidas pelo Congresso nos 16 anos de tramitação do projeto (embora, aqui, o art. 1.092, 2ª alínea, de que se tratará na sequência, seja uma bem-vinda exceção). Até porque, como é de conhecimento geral, esses 16 anos mais se gastaram com discussões de forma e de redação, graças em grande medida às filigranas gramaticais de Rui Barbosa, muito pouco se discutindo e se alterando em termos de conteúdo das normas. Daí porque Pontes de Miranda assevera que a verdadeira "data mental do Código é 1899", o que o torna "um filho do século XIX" (o último deles, por sinal) (*Fontes e evolução do direito civil brasileiro*. 2. ed. Rio de Janeiro: Forense, 1981, p. 85).
A influência germânica veio, na verdade, muito mais da doutrina e da ciência jurídica do século XIX (isto é, da pandectística) – e de seu impacto na formação jurídica geral de Teixeira de Freitas, Coelho Rodrigues e Clóvis Beviláqua – do que do BGB diretamente. Como bem destaca Cláudia Lima Marques, "grande foi a influência – sistemática e no mérito – da doutrina e literatura alemãs do século XIX, sendo menor a influência dos dois projetos do BGB e do BGB mesmo nas normas editadas no CCB/1916. [...] As coincidências sobretudo sistemáticas de ambos os Códigos podem ser mais bem explicadas pela influência comum da doutrina pandectística dominante à época do que por uma influência direta do BGB no CCB/1916." (Op. cit., p. 930).
Sob um prisma geral, Pontes de Miranda mapeia a origem de todas as disposições do Código Beviláqua nos seguintes termos: "Das aproximadamente 1.929 fontes do Código Civil, ao direito anterior pertencem 479, à doutrina já vigente antes do Código Civil, 272, e ao Esboço de Teixeira de Freitas, 189. Isto quer dizer: em tudo que se alterou, foi o Esboço a fonte principal. Dos códigos, o que quantitativamente mais concorreu foi o *Code Civil*, 172, menos por si do que pela expressão moderna que dera a regras jurídicas romanas. Em seguida, o português, 83; o italiano, 72; os projetos alemães, 66; o Código Civil do Cantão de Zurique, 67; o espanhol, 32; a Lei Suíça de 1881, 31; o Código Civil argentino, 17; o Direito Romano (diretamente), 19; o BGB austríaco, 7; o Código Civil chileno, 7; o mexicano, 4; o uruguaio, 2; o peruano, 2; e outros. As fontes alemãs foram as mais importantes e por vezes os outros códigos foram veículos das influências alemãs e austríacas." (*Fontes e evolução do direito civil brasileiro*. 2. ed. Rio de Janeiro: Forense, 1981, p. 93).
312. Pontes de Miranda, Francisco Cavalcanti. *Fontes e evolução do direito civil brasileiro*. 2. ed. Rio de Janeiro: Forense, 1981, p. 451.

Código, específicas de alguns tipos contratuais, que tiveram inspiração direta no Código Civil Francês. É o caso, vale lembrar, do art. 1.130, que, interpretado literalmente, estabelecia uma ordem para o cumprimento das prestações e conferia proteção apenas ao vendedor, ao dispor que este não estava obrigado a entregar a coisa antes de receber o preço.

Importante destacar, no entanto, que, apesar de a literalidade do art. 1.092, 1ª alínea, do Código Civil de 1916, apontar em sentido diverso, doutrina e jurisprudência brasileiras, no decorrer do século XX, direcionaram-se progressivamente no sentido de conferir ao instituto roupagem de verdadeira exceção (e não de pressuposto da ação), com todas as consequências daí derivadas. Com isso, o erro de concepção do legislador nesse ponto – que viria ironicamente a ser repetido no Código Civil de 2002 – foi na prática solucionado, abrindo caminho para que a exceção de contrato não cumprido recebesse, nos tribunais pátrios, tratamento semelhante àquele dispensado nos mais modernos ordenamentos europeus.[313]

Diferente foi a trajetória, todavia, em relação à chamada "exceção de inseguridade", que também viria a ser regulada por meio de uma regra geral na alínea 2ª do mesmo art. 1.092:

> Art. 1.092. [...]
> Se, depois de concluído o contrato, sobrevier a uma das partes contratantes diminuição em seu patrimônio, capaz de comprometer ou tornar duvidosa a prestação pela qual se obrigou, pode a parte, a quem incumbe fazer prestação em primeiro lugar, recusar-se a esta, até que a outra satisfaça a que lhe compete ou dê garantia bastante de satisfazê-la.

Este preceito não constava do projeto original de Clóvis Beviláqua, o que se explica, provavelmente, pela falta de referências anteriores no Direito brasileiro: as Ordenações nada dispunham acerca do assunto, nada havia igualmente no Esboço de Teixeira de Freitas e, por fim, Antonio Coelho Rodrigues havia concebido, como visto, apenas uma disposição específica para a compra e venda a crédito (art. 609).

Em seus comentários ao Código Civil dos Estados Unidos do Brasil, o próprio Clóvis Beviláqua destaca que a alínea 2ª resultou de emenda aditiva feita na Comissão da Câmara de Deputados, de iniciativa de Amaro Cavalcanti, no ano de 1901.[314]

---

313. Biazi, João Pedro de Oliveira de. *A exceção de contrato não cumprido no direito privado brasileiro*. Rio de Janeiro: GZ Editora, 2019, p. 95–96. Interessante mencionar que fenômeno semelhante foi observado, conforme José M. Gastaldi e Esteban Centanaro, em relação ao art. 1.201 do Código Argentino de 1869, também inspirado no art. 1.955 do Esboço de Teixeira de Freitas. Com o passar do tempo, doutrina e jurisprudência daquele país também passaram a ler o instituto previsto no art. 1.201 como uma exceção em sentido estrito, rechaçando a interpretação de que se trataria de pressuposto para a propositura da demanda. (Op. cit., p. 126) O mesmo ocorreu, conforme Andreas Von Tuhr, em relação ao art. 82 do Código Federal Suíço das Obrigações, cuja redação também insinuava se tratar de pressuposto para o ajuizamento da demanda, mas com o tempo foi interpretado como se estabelecesse uma exceção em sentido estrito (*Tratado de las obligaciones*. Trad. W. Roces. Tomo II. Madrid: Editorial Reus S/A, 1934, p. 52-53).
314. Beviláqua, Clóvis. *Código Civil dos Estados Unidos do Brasil*: comentado. v. IV. 10. ed. Rio de Janeiro: Editora Paulo de Azevedo Ltda., 1955, p. 208.

Uma das raras alterações significativas de conteúdo feitas no decorrer dos 16 anos de tramitação do projeto no Congresso Nacional.

Nesse acréscimo, Pontes de Miranda[315] enxerga a inspiração direta do Segundo Esboço do Código Alemão ("Zweiter Entwurf"), do ano de 1895, e quiçá do próprio BGB em sua versão final, que em seu §321, (1), prescreve:

§321.

(1) A parte a quem incumbe prestar em primeiro lugar em um contrato bilateral pode recusar-se a fazê-lo se, depois de concluído o contrato, tornar-se evidente que seu direito à contraprestação restou comprometido pela incapacidade de prestar da outra parte. Seu direito de recusar a prestação deixa de ser aplicável se a contraprestação for satisfeita ou se for fornecida garantia.[316]

Esse seria um dos poucos pontos em que, segundo o mesmo autor, as várias Comissões formadas pelo Governo, pela Câmara dos Deputados e pelo Senado, nos 16 anos de tramitação do projeto, teriam se dignificado a "folhear o BGB" em busca de inovações.[317]

A incorporação do preceito alemão não foi, contudo, plena. O §321, (2), do BGB, autoriza o contratante obrigado a prestar primeiro, nas situações em que cabível a exceção de insegurança, a não só reter a sua prestação enquanto a contraparte não prestar ou não oferecer garantia, mas também a fixar prazo razoável para que uma dessas duas posturas seja adotada pela contraparte, sob pena de, em nada sendo feito, o obrigado a prestar primeiro ficar autorizado a dar o contrato como resolvido.[318] Essa última parte não foi importada pelo legislador brasileiro de 1916.

Do Código Civil de 1916 para o Código Civil de 2002, muito pouco se alterou em termos normativos, em matéria de exceção de contrato não cumprido e exceção de inseguridade. Houve apenas modificações superficiais na redação das duas normas gerais (artigos 476 e 477), as quais serão examinadas em detalhes oportunamente, quando se fizer a análise do tratamento conferido às referidas exceções no Direito brasileiro contemporâneo.

---

315. *Fontes e evolução do direito civil brasileiro*. 2. ed. Rio de Janeiro: Forense, 1981, p. 261.
316. Bürgerliches Gesetzbuch [BGB], §321, (1). Disponível em: http://www.gesetze-im-internet.de. Acesso em: 05 jan. 2019.
317. *Fontes e evolução do direito civil brasileiro*. 2. ed. Rio de Janeiro: Forense, 1981, p. 83-85.
318. Bürgerliches Gesetzbuch [BGB], §321, (2). Disponível em: http://www.gesetze-im-internet.de. Acesso em: 08 jan. 2019. Disposição semelhante também podia ser encontrada no Código Federal Suíço das Obrigações de 1911:

    Art. 83.

    Si, dans un contrat bilatéral, les droits de l'une des parties sont mis en péril parce que l'autre est devenue insolvable, et notamment en cas de faillite ou de saisie infructueuse, la partie ainsi menacée peut se refuser à exécuter jusqu'à ce que l'exécution de l'obligation contractée à son profit ait été garantie.

    (2) Elle peut se départir du contrat si cette garantie ne lui est pas fournie, à sa requête, dans un délai convenable.

    (Code des obligations, *Loi fédérale du 30 mars 1911 complétant le code civil suisse* (Livre cinquième: Droit des obligations), art. 83, (2), Disponível em: https://www.admin.ch/opc/fr/classified-compilation/19110009/index.html. Acesso em: 09 jan. 2019)

Perdeu o legislador do CC/2002 a oportunidade de atualizar o instituto, cuja regulamentação no art. 1.092 do CC/1916, vale repisar, já estava, naquela época, defasada em relação ao BGB. O que dizer então dos preceitos atuais, que constituem praticamente reprodução daqueles do diploma anterior?

Observe-se que, no primeiro turno de tramitação do Projeto 634/1975 na Câmara dos Deputados, o Deputado Fernando Coelho chegou a oferecer a Emenda n° 386, visando a corrigir a distorção de redação, herdada desde o art. 1.955 do Esboço de Teixeira de Freitas, que, nas suas palavras, "dá a entender que a inexigibilidade no caso operaria 'ipso jure', o que não é exato, pois apenas faculta uma defesa ao devedor."[319] A proposta formulada por Fernando Coelho, que melhor refletiria a natureza de exceção do instituto, foi a seguinte: "Nos contratos bilaterais, o contraente pode recusar o cumprimento da prestação que lhe é exigida, se o outro contraente deixou de cumprir a sua." No entanto, a Emenda 386 foi ao final rejeitada, com parecer do Deputado Raymundo Diniz, após manifestação de Agostinho de Arruda Alvim, encarregado da elaboração da parte de Direito de Obrigações do Projeto. A justificativa empregada, fundamentalmente, foi a de que a redação original já deixava evidente – com o que não podemos concordar – a natureza defensiva do remédio, de verdadeira exceção, de modo que a Emenda proposta seria inútil.[320]

Mais uma vez, contudo, a exemplo do que havia ocorrido com o art. 1.092, alínea 1ª, do Código Civil de 1916, a deficiência de redação do art. 476 não impediu que doutrina e jurisprudência reafirmassem a natureza de verdadeira exceção do instituto, no lugar de pressuposto da ação. Tal discussão, a bem da verdade, sequer se coloca nos livros e tribunais brasileiros atualmente, ressalva feita à execução de títulos extrajudiciais, como se verá oportunamente.[321]

A não modificação dos textos normativos no Código Civil de 2002 não significa dizer, contudo, como se verá, que o instituto tenha se mantido, no Direito brasileiro, alheio [i] aos influxos dos novos princípios contratuais (notadamente da boa-fé objetiva) e [ii] à revisão dos conceitos de sinalagma (a abranger não mais apenas os deveres principais do contrato, mas todos que ostentem relevância para a realização do programa contratual) e de causa do contrato (passando de uma visão abstrata, relacionada à função econômico-social típica, em direção a uma abordagem concreta, vinculada aos reais interesses das partes no contrato, individualmente

---

319. Passos, Edilenice; Lima, João Alberto de Oliveira. *Memória legislativa do código civil. Tramitação na Câmara dos Deputados*: Primeiro Turno, v. 2. Brasília: Senado Federal, 2012, p. 272.
320. Passos, Edilenice; Lima, João Alberto de Oliveira. Op. cit., p. 272.
321. Para os títulos executivos extrajudiciais, especificamente, o legislador repeliu algumas das características tradicionais da *exceptio non adimpleti contractus*, enquanto típica exceção substancial, como a impossibilidade de seu reconhecimento de ofício e a disponibilidade do contradireito que a fundamenta. Com efeito, o art. 787, *caput*, do Código de Processo Civil assevera, peremptoriamente, que, "se o devedor não for obrigado a satisfazer sua prestação senão mediante a contraprestação do credor, este deverá provar que a adimpliu ao requerer a execução, sob pena de extinção do processo." A matéria será tratada com maior profundida adiante, no subitem 8.3.

considerado). Todas essas alterações, que serão abordadas nos capítulos 3º e 4º desta tese, atingiram reflexamente a *exceptio* – *de fora para dentro*, pode-se dizer – mas acabaram modificando a forma como esta ferramenta é compreendida pela doutrina e aplicada pelos tribunais, independentemente de qualquer reforma mais profunda dos textos normativos que lhe dão suporte.

Antes porém de verificar essas transformações *funcionais* do remédio, é necessário submetê-lo a uma análise *estrutural*, com vistas a identificar em que consiste, dogmaticamente, a exceção de contrato não cumprido (essa peculiar defesa que constitui uma posição jurídica ativa), para, a partir daí, esclarecer seus efeitos e mecanismo de funcionamento. É o que se pretende fazer, fundamentalmente, no próximo capítulo.

2
CONCEITO, MECANISMO E EFICÁCIA: A EXCEÇÃO DE CONTRATO NÃO CUMPRIDO COMO EXCEÇÃO MATERIAL, DILATÓRIA, DEPENDENTE E COMUM

Na lição de Pontes de Miranda, a exceção de contrato não cumprido "é a exceção dilatória, que tem qualquer figurante de contrato bilateral, para se recusar a adimplir, se não lhe incumbia prestar primeiro, até que simultaneamente preste o figurante contra quem se opõe."[322]

Por meio dessa exceção material, dilatória, dependente e comum, ensina Antunes Varela, qualquer das partes de um contrato bilateral pode, desde que não tenham sido estabelecidos prazos diferentes para cumprimento das prestações, recusar a sua prestação enquanto o outro não efetuar a que lhe compete ou não oferecer o seu cumprimento simultâneo.[323]

Mas o que é uma exceção para o Direito material? E mais: o que significa dizer que se trata de uma exceção dilatória, dependente e comum?

Essas duas definições, dos preclaros Pontes de Miranda e Antunes Varela, aqui inseridas apenas em caráter introdutório, permitem antever que a adequada compreensão desse instituto não pode ser alcançada sem antes examinar a categoria geral da **exceção** *material*, bem como suas várias classificações (exceções dilatórias e peremptórias; dependentes e independentes; pessoais e comuns).[324]

A exceção de Direito material, como observa com precisão Daisy Gogliano, é figura que se encontra ausente, perdida nas brumas do tempo, praticamente esquecida, mas que precisa ser de quando em quando resgatada para a adequada compreensão de institutos como a exceção de contrato não cumprido, a exceção de inseguridade e o direito de retenção.[325]

---

322. Pontes de Miranda, Francisco Cavalcanti. *Tratado de direito privado*. Campinas: Bookseller, 2003, t. XXVI, p. 122.
323. Antunes Varela, João de Matos. *Das obrigações em geral*. v. I. 10. ed. Coimbra: Almedina, 2008, p. 398.
324. Outro elemento central, vale ressaltar, que desponta dessas duas definições é o da relação *temporal* entre as prestações: a busca por preservar a simultaneidade dos cumprimentos quando nada em sentido diverso decorrer da lei, dos costumes ou do próprio contrato. Esse aspecto será tratado no subitem 4.3.
325. Gogliano, Daisy. *A exceção civil como instrumento de tutela na resolução dos contratos sinalagmáticos*. Tese de Titularidade – Faculdade de Direito da Universidade de São Paulo, São Paulo, 2013, p. 11.

Com altos e baixos, a exceção material transpôs milênios de história, nascendo espontaneamente no processo formulário romano, fruto da necessidade concreta de impedir a aplicação rigorosa de direitos abstratamente albergados pelo *ius civile*, para, sobrevivendo à Idade Média, reestruturar-se com o pandectismo, como contraponto ao conceito de pretensão, na condição peculiar de posição jurídica *ativa* de natureza *defensiva*. Atualmente, além de revelar-se importante ferramenta metodológica de análise (facilita a decomposição de situações jurídicas complexas, especialmente daquelas estruturalmente recíprocas como é o caso da própria exceção de contrato não cumprido, da exceção de inseguridade e do direito de retenção),[326] o conceito de exceção material exerce papel muito particular de modulação da eficácia de direitos, pretensões e ações materiais (ao invés de negar a existência dessas posições jurídicas ou de extingui-las, as exceções têm, como se verá, a característica peculiar de apenas "encobrir" ou "paralisar" a eficácia delas). Seu lugar no Direito Privado contemporâneo, portanto, está assegurado, apesar das vozes que se apressaram a apontar seu esvaziamento.[327]

Como restará evidente ao final, o estudo da exceção de contrato não cumprido à luz do conceito de exceção material, submetendo-a, posteriormente, ao seu enquadramento nas várias subdivisões dela decorrentes (exceções dilatórias e peremptórias; dependentes e independentes; pessoais e comuns), revela-se método extremamente profícuo para aclarar suas principais características, mecanismo de funcionamento e efeitos. É o que se propõe fazer, basicamente, neste capítulo.

2.1 EXCEÇÕES MATERIAIS OU SUBSTANCIAIS: CONTRADIREITOS NEUTRALIZANTES

a) A palavra *exceção* tem, em Direito, uma pluralidade de sentidos.

Na seara do processo civil, o termo *exceção* tanto pode ser empregado em sentido amplo, referindo-se a todo e qualquer tipo de defesa do demandado,[328] quanto em sentido estrito, para designar a espécie de defesa que deve ser alegada pelo réu no momento oportuno, sob pena de não ser conhecida pelo órgão jurisdicional.[329] A

---

326. Menezes Cordeiro, António. *Da boa-fé no direito civil*. Coimbra: Almedina, 2007, p. 740.
327. Foi o caso, por exemplo, de Raymond Carré de Malberg, que, em 1887, vaticinou a morte da exceção de direito material: "Assim, a noção de exceção teve seu tempo de glória; contudo, ela desapareceu ou praticamente desapareceu de nossos Códigos Civis. Resta-nos desejar que ela desapareça também dos usos da prática, onde, por um singular apego às ideias romanas e às tradições do velho procedimento francês, continuam-se a empregar em sua linguagem as qualificações, os epítetos e as divisões da velha teoria das exceções." (Malberg, Raymond Carré de. *Histoire de l'exception en droit romain et dans l'ancienne procédure française*. Paris: Librairie Nouvelle de Droit et de Jurisprudence, 1887, p. 355-356).
328. Cintra, Antonio Carlos Araújo; Grinover, Ada Pellegrini; Dinamarco, Cândido Rangel. *Teoria geral do processo*. 26. ed. São Paulo: Malheiros, 2010, p. 294-295.
329. Dinamarco, Cândido Rangel. *Instituições de direito processual civil: v. II*. 7. ed. São Paulo: Malheiros, 2017, p. 381.

esses sentidos "processuais" da palavra exceção retornaremos no capítulo oitavo desta tese, quando tratarmos do exercício da exceção de contrato não cumprido em Juízo.

Agora, interessa-nos o conceito de exceção para o Direito material, de modo a [i] verificar se a exceção de contrato não cumprido faz jus ao nome (isto é, se constitui ou não verdadeira exceção), e, em caso positivo, [ii] extrair dessa qualificação elementos que ajudem a compreender e regulamentar a exceção de contrato não cumprido.[330]

b) O conceito de exceção material deita raízes na categoria jurídica romana da *exceptio*.

Como já tivemos oportunidade de expor no primeiro capítulo, era observado no processo formulário romano o *ordo iudiciorum privatorum*, no qual o julgamento se dividia em duas fases sucessivas: a *in iure* (diante do pretor) e a *apud iudicem* (perante o juiz popular [*iudex*]). A *formula* era o traço marcante do processo formulário, consistindo no esquema abstrato existente no Edito dos pretores, que servia de modelo para que, no caso concreto, com as adaptações necessários, fosse redigido o *iudicium*, documento aprovado pelo magistrado (pretor), no qual eram fixados os pontos litigiosos do caso concreto e outorgado ao juiz popular escolhido pelas partes (*iudex*) o poder de condenar ou absolver o réu, conforme restasse comprovada, ou não, a pretensão do autor.[331]

As *exceptiones* eram partes acessórias da *formula*, inseridas a pedido do réu, pelas quais este, com base em direito próprio ou determinada circunstância, conseguia paralisar a pretensão do autor.[332] A *exceptio* era, assim, já naquele momento, um

---

330. Após a definição do sentido de exceção para o direito material, ficará claro que a relação entre esses três conceitos (os dois processuais e o material) pode ser representada graficamente como *três círculos concêntricos* (no qual o primeiro sentido [todo e qualquer tipo de defesa do demandado] abrange o segundo [espécie de defesa que deve ser alegada pelo réu no momento oportuno, sob pena de não ser conhecida pelo órgão jurisdicional], que, por sua vez, abrange o terceiro [defesas que não negam a existência do direito do demandante, mas simplesmente encobrem, perene ou temporariamente, a eficácia da pretensão]). (Costa, Sergio. *Eccezione (diritto vigente)*. In: Novissimo Digesto Italiano, v. 6. Torino: Unione Tipografico-Editrice Torinese, 1960, p. 350).

Importante, porém, ter em mente que, excepcionalmente, haverá exceções materiais (terceiro círculo) que, por contingências do direito positivo instrumental de cada país, podem não funcionar como exceções processuais em sentido estrito (não estão compreendidas no segundo círculo). É o que ocorre, por exemplo, com a prescrição no ordenamento brasileiro. Embora não haja dúvida de que constitui exceção substancial, na medida em que não nega nem desmantela o direito de fundo, mas apenas paralisa sua exigibilidade (fazendo-o de forma permanente, daí porque é qualificada como exceção peremptória), é fato que: (i) a consumação da prescrição pode ser pronunciada de ofício pelo magistrado (art. 332, § 1º, e art. 487, II, ambos do CPC); (ii) pode ser alegada em qualquer tempo e grau de jurisdição (art. 193 do CC e art. 342, II e III, do CPC). Logo, a representação gráfica dos três conceitos de exceção como círculos concêntricos é válida para a imensa maioria das situações, porém não é infalível.

331. Moreira Alves, José Carlos. *Direito Romano*, v. I. 12. ed. Rio de Janeiro: Forense, 1999, p. 207-209.

332. Cannata, Carlo Augusto. Eccezione (diritto romano). In: *Novissimo Digesto Italiano*, v. 6, Torino, 1960, p. 347.

meio indireto de defesa do réu: não visava a negar a existência do direito do autor, mas a bloquear a ação, evitando a aplicação rigorosa de um direito abstratamente albergado pelo *ius civile*, mas cuja aplicação, no caso concreto, mostrava-se iníqua. Lê-se nas *Institutiones* de Justiniano: "Seguidamente vamos ocuparmo-nos das exceções; as exceções visam a defesa daqueles contra os quais se propõe uma ação; acontece, designadamente, que a pretensão do autor surja, como tal, lícita, mas seja iníqua perante o réu." (I, 4. 13. Pr.)[333]

As *exceptiones* foram introduzidas sobretudo pela atividade dos pretores, que as incorporavam progressivamente aos seus Editos. Protegiam interesses, convenções e situações não resguardadas pelo antigo *ius civile*, mas que o pretor defendia por equidade, exercendo tal magistrado, nesse mister, função corretiva do *ius civile*. O nome do instituto deriva justamente do fato de as *exceptiones* configurarem exceções aos direitos abstratamente albergados pelo *ius civile*, bloqueando a aplicação destes no caso concreto.[334]

A *exceptio* era intercalada no meio do *iudicium*, entre a *intentio* (parte na qual o autor expõe sua pretensão) e a *condemnatio* (parte na qual se dá ao juiz popular poder para condenar ou absolver o réu), sendo redigida como uma cláusula condicional negativa, que, uma vez averiguada pelo juiz, tinha o efeito de afastar a condenação do réu.[335]

Posteriormente, na *extraordinaria cognitio*, fase histórica final do processo civil romano, o procedimento, que, no processo formulário, era bipartido em duas fases – a *in iure* (diante do pretor) e a *apud iudicem* (perante o *iudex*) – passou a desenrolar-se apenas perante o magistrado estatal. Nesse momento, a *exceptio* deixou de ser uma parte acessória da *formula*, inserida a pedido do réu, com a autorização necessária do pretor, para passar a integrar, se o caso, como simples argumento de defesa, a resposta direcionada pelo réu ao Juízo (*contradictio*).[336] Mesmo assim, no entanto, o termo *exceptio* "continuou sendo empregado para as defesas do réu que não rechaçassem

---

333. Menezes Cordeiro, António. *Tratado de direito civil, v. IX – Direito das obrigações*: cumprimento e não-cumprimento, transmissão, modificação e extinção. 3. ed. Almedina: Coimbra, 2017, p. 274.
334. Correia, Alexandre; Sciascia, Gaetano. *Manual de direito romano*, v. I. 2. ed. Saraiva: São Paulo, 1953, p. 100 e 299-300.
335. Para relembrar o exemplo dado no primeiro capítulo, imaginemos que Caio vendeu um escravo a Tício por dez mil sestércios e que Caio, antes de entregar o escravo a Tício, entrou com ação para cobrar o preço. Tício podia se valer da *exceptio mercis non traditae*, tal como prevista na passagem D. 19, I, 25, para obstar a pretensão do autor. Nesse contexto, o *iudicium* ficaria assim redigido: "Que Otávio seja juiz. Desde que Caio vendeu um escravo a Tício; Se ficar provado que, por essa venda, Tício deve dar a Caio dez mil sestércios; *Se o dinheiro pelo qual se age não é pedido em troca do escravo que foi vendido mas não foi entregue*; Juiz, condena Tício a pagar a Caio dez mil sestércios; se não, absolve-o". O trecho em negrito corresponde à *exceptio mercis non traditae*, ficando intercalada, como se percebe, entre a exposição da pretensão do autor e a outorga de poder ao *iudex* para condenar ou absolver o réu. (Correia, Alexandre; Sciascia, Gaetano. Op. cit., p. 100; Moreira Alves, José Carlos. *Direito Romano*, v. I. 12. ed. Rio de Janeiro: Forense, 1999, p. 214)
336. Serpa Lopes, Miguel Maria de. *Exceções substanciais*: exceção de contrato não cumprido. Rio de Janeiro: Freitas Bastos, 1959, p. 26; Luzzatto, Giuseppe Ignazio. Eccezione (diritto romano). In: *Enciclopedia del diritto*, v. XIV. Milano: Giuffrè, 1965, p. 138.

os pressupostos das reivindicações do autor; mas apontassem para circunstâncias que impedissem, no todo ou em parte, a eficácia dessas postulações."[337] Altera-se, portanto, na *extraordinaria cognitio*, a estrutura processual das *exceptiones* (a forma como se manifestavam processualmente), mas não há modificação substancial no seu conceito, nem no tipo de defesa que encarnavam.[338]

Essa principal característica das *exceptiones* – de constituírem defesas que não negam a existência do direito do demandante, mas que têm o condão de bloquear, perene ou temporariamente, os efeitos da postulação – sobreviveu incólume à Idade Média, chegando aos nossos dias.[339]

c) A partir do século XIX, debruçaram-se os juristas na busca por enquadrar essas vetustas formas de defesa, de inegável importância prática – que, como dito, permaneceram praticamente intocadas desde o Direito Romano – na moderna sistemática do Direito Civil. O desafio consistia, fundamentalmente, em classificar, descrever e mapear os efeitos das *exceptiones* à luz de categorias dogmáticas mais recentes como, v.g., pretensão, direito potestativo e contradireito.[340]

Avanços significativos foram feitos nesse campo, que permitem bem compreender a natureza e o papel das exceções em sentido estrito (leia-se: de Direito material) na contemporaneidade.

c.1) Primeiro, vale ressaltar o que as exceções certamente *não* são.

Exceções não são alegações de nulidade, anulabilidade, rescisão, resolução, resilição ou de qualquer outra causa de extinção dos negócios jurídicos feita pelo demandado em face do demandante. Ao contrário dos meios citados, a exceção não ataca o negócio jurídico, nem o direito em si mesmo, não visando à extinção de um ou de outro. A bem da verdade, a exceção antes supõe a higidez do negócio jurídico e do direito do autor: sem estes ela sequer pode exercer a eficácia "paralisadora" ou "encobridora" que lhe é própria.[341] Como afirma Pontes de Miranda, "o fim da

---

337. Biazi, João Pedro de Oliveira de. *A exceção de contrato não cumprido no direito privado brasileiro*. Rio de Janeiro: GZ Editora, 2019, p. 11.
338. Cannata, Carlo Augusto. Op. cit., p. 349.
339. Serpa Lopes, Miguel Maria de. Op. cit., p. 29-30.
340. Ao final dessa evolução e adaptação, afirma António Menezes Cordeiro, "a exceção de Direito material representa [...] o cristalizar, em termos pandectísticos, da antiga *exceptio* romana" (*Da boa-fé no direito civil*. Coimbra: Almedina, 2007, p. 734). Interessante ressaltar que essa transmutação das antigas *exceptiones* romanas nas atuais exceções de Direito material foi acompanhada de uma operação *paralela* e *oposta*, que conduziu da antiga *actio* romana aos modernos conceitos de direito subjetivo, pretensão e ação em sentido material (Ibidem, p. 734).
341. O que não significa dizer que, em contestação, por exemplo, em decorrência do *princípio da eventualidade*, o demandado não possa também expor, antes da exceção, razões pelas quais entende ser inválido o negócio ou inexistente o crédito pleiteado pelo autor, deixando a exceção como argumento subsidiário (este, sim, pressupondo a higidez do negócio e a existência do direito do autor, como afirmado). Contradições lógicas desse tipo entre os argumentos são naturais ao funcionamento do princípio da eventualidade, ante

exceção é fazer-se atender, ainda mesmo a despeito da existência, validade, ou irrescindibilidade, ou irresolubilidade, ou irresilibilidade do ato jurídico."[342]

Exceções também não constituem espécie de *direitos potestativos*, erro no qual incidiram vários autores de renome.[343]

Direito potestativo, em breve resumo, é a posição jurídica ativa que autoriza seu titular a modificar, de forma unilateral, a situação subjetiva de outrem, que não pode esquivar-se desse efeito, permanecendo em estado de sujeição (não só o concurso da vontade deste é desnecessário, como os efeitos produzem-se mesmo *contra* sua vontade).[344] Constituem direitos potestativos, por exemplo: o poder que tem o condômino de desfazer o condomínio; a faculdade que tem o cônjuge de promover o divórcio; o poder que tem o mandante e o doador de revogarem o mandato e a doação; a faculdade do herdeiro de aceitar a herança.[345]

Esse estado de *sujeição*, de total passividade, que é o contraponto dos direitos potestativos, não é compatível com a noção de exceção. Com efeito, dispõe o demandante de meios, muitas vezes, para colocar fim à eficácia paralisante das exceções dilatórias (como ocorre, por exemplo, na própria exceção de contrato não cumprido [art. 476 do Código Civil], quando o excepto disponibiliza sua prestação, ou na exceção de inseguridade [art. 477 do mesmo diploma], quando o excepto fornece garantias suficientes). Em determinadas situações, o demandante-excepto pode também deduzir outra exceção para bloquear a que lhe foi oposta (a chamada tréplica ou *replicatio*, da qual já tratamos no subitem 1.1.2).[346]

Outra incompatibilidade: o exercício de direitos potestativos extintivos pode ter o efeito de extinguir direitos, pretensões ou ações em sentido material. É o caso, por exemplo, do direito potestativo do doador de revogar a doação por ingratidão (art. 555 do Código Civil), quando configurada uma das hipóteses do art. 557 do

---

a exigência de que as defesas do demandado sejam, em regra, concentradas na contestação. (Biazi, João Pedro de Oliveira de. Op. cit., p. 218)

342. Pontes de Miranda, Francisco Cavalcanti. *Tratado de direito privado*Campinas: Bookseller, 2000, p. 29. t. VI.
343. Defendendo a natureza de direito potestativo das exceções em sentido estrito, ver: Bolaffi, Renzo. *Le eccezioni nel diritto sostanziale*. Milano: Società Editrice Libraria, 1936; Persico, Giovanni. *L'eccezione d'inadempimento*. Milano: Giuffrè, 1955, p. 11-14; Addis, Fabio. *Inattuazione e risoluzione: i rimedi. Le eccezioni dilatorie*. In: Vincenzo Roppo [diretto da]. Trattato del contratto – V – Rimedi (2). Milano: Giuffrè, 2006, p. 445; Amorim Filho, Agnelo. Ações constitutivas e os direitos potestativos. *Revista dos Tribunais*, v. 56, n. 375, Jan. 1967, p. 11-23. Este último chega a afirmar categoricamente: "Quando o réu oferece a exceção, não nega (pelo contrário, até a admite implicitamente) a existência da relação jurídica na qual se fundamentou o autor; apenas procura ele, por meio da exceção (e conforme o caso), modificar ou extinguir aquela relação jurídica. Há, por conseguinte, um direito subjetivo potestativo, que o réu opõe ao direito do autor."
344. Amorim Filho, Agnelo. Critério científico para distinguir a prescrição da decadência e para identificar as ações imprescritíveis. In: Mendes, Gilmar F.; Stoco, Rui (Org.). *Doutrinas essenciais*: Direito Civil – Parte Geral. v. V. São Paulo: Ed. RT, 2011, p. 29-30.
345. Ibidem, p. 30.
346. Pontes de Miranda, Francisco Cavalcanti. *Tratado de direito privado*. Campinas: Bookseller, 2000, t. VI, p. 34; Biazi, João Pedro de Oliveira de. Op. cit., p. 19.

mesmo diploma. Extingue-se, nessa situação, o próprio direito do donatário sobre o bem doado, como corolário da revogação do contrato. Diferentemente, é da essência das exceções, como se verá adiante, apenas "encobrir" a eficácia de direitos, pretensões ou ações em sentido material, sem destruí-los.[347]

Derivada da diferença de Direito material exposta no parágrafo anterior, descortina-se também outra de natureza agora instrumental: enquanto os direitos potestativos são exercidos judicialmente mediante ações constitutivas (positivas ou negativas), que criam, modificam ou extinguem um estado jurídico anterior,[348] as exceções possuem carga declaratória predominante, pois as sentenças, a respeito delas especificamente, apenas reconhecem ou não o contradireito de paralisar a postulação. Nas palavras de Pontes de Miranda, mais uma vez:

> As ações podem ser declarativas, constitutivas, condenatórias, mandamentais ou executivas. As exceções são sempre declarativas. Quer se acolham ou se repilam, as sentenças, a respeito delas, têm a força de declarar. [...] Essa declaratividade das exceções resulta da sua própria natureza (e, pois, da sua definição): só se recusa algo, excepcionando-se, se alguém exige (pretensão); a exceção é *posterius*; qualquer que seja a resolução, declara-se que há ou não o *ius exceptionis*.[349]

A exceção tampouco configura, em si mesma, uma forma de *pretensão*.[350]

---

347. Biazi, João Pedro de Oliveira de. Op. cit., p. 19.
348. Amorim Filho, Agnelo. Critério científico para distinguir a prescrição da decadência e para identificar as ações imprescritíveis. In: Mendes, Gilmar F.; Stoco, Rui (Org.). *Doutrinas essenciais*. direito civil – parte geral. v. V. São Paulo: Ed. RT, 2011, p. 35–37.
349. Pontes de Miranda, Francisco Cavalcanti. *Tratado de direito privado*. Campinas: Bookseller, 2000, t. VI, p. 32.
350. No decorrer desta tese, recorreremos, com frequência, às categorias de *direito, pretensão e ação material*, seguindo, nesse ponto, a estruturação sugerida por Pontes de Miranda. Cumpre, portanto, distinguir esses conceitos, para melhor compreensão.
    Direito, na linguagem ponteana, é "a vantagem que veio a alguém, com a incidência da regra jurídica em algum suporte fático". Seu correlato passivo é o dever jurídico (Pontes de Miranda, Francisco Cavalcanti. *Tratado de direito privado*. Campinas: Bookseller, 2000, t. V, p. 264).
    A pretensão, por sua vez, consiste na faculdade de *exigir* de outrem determinada ação ou omissão (isto é, alguma prestação positiva ou negativa). Ela é o direito já em atividade potencial – algo a mais, portanto, do que o próprio direito – dada a possibilidade conferida a seu titular de exigir de outrem (do obrigado) um fazer ou não fazer. A pretensão confunde-se, desse modo, com a ideia de exigibilidade: não há exigibilidade sem pretensão, não há pretensão sem exigibilidade.
    A posição subjetiva passiva correlata à pretensão é a obrigação em sentido estrito: um dever já premível ou exigível (*Ibidem*, p. 503-504).
    Assim, quando o BGB, em seu §194, definiu a pretensão como "o direito de exigir de outro fazer ou não fazer", acabou na verdade por confundir os dois conceitos, o direito e a pretensão. Se a pretensão é a atividade potencial do direito – a faculdade de exigir – ela não se identifica com o próprio direito: é algo mais do que ele.
    Há direitos que não têm pretensão ou que a perderam, e que, por isso mesmo, não podem ser exigidos, nem judicial, nem extrajudicialmente. Direitos potestativos são exemplos de direitos sem pretensão, pois o exercício deles não reclama qualquer prestação (fazer ou não-fazer) do sujeito passivo, o qual fica simplesmente submisso à atuação direta da vontade do primeiro na sua esfera jurídica (estado de sujeição).
    Já a ação em sentido material é algo além da pretensão. Ação é, na linguagem ponteana, "exigência + atividade para a satisfação". A pretensão limita-se ao poder exigir (*ex-igere*), que é premir para que o obrigado

O termo pretensão é empregado aqui, e no decorrer de todo o trabalho, no sentido técnico de posição subjetiva que permite ao seu titular exigir de outrem uma determinada ação ou omissão (isto é, alguma prestação positiva ou negativa).[351] A posição subjetiva passiva correlata à pretensão é a obrigação em sentido estrito: um dever "premível" ou "exigível" do seu destinatário.[352]

---

aja. Já a ação leva consigo o *agere* daquele que exige: ação sua e não de outrem (do premido). (Ibidem, p. 512) A ação de direito material exerce-se *ordinariamente* por meio da "ação" (remédio jurídico processual), isto é, mediante tutela jurídica estatal (vale destacar que Pontes de Miranda grafa o vocábulo *ação sem aspas* para fazer referência à ação material, e *com aspas* para fazer referência à forma processual, distinção que seguiremos aqui).

Como ressalta Marcel Edvar Simões, a ação em sentido material é "um poder jurídico (uma *situação* ou *posição* jurídica) que surge no polo ativo de uma relação jurídica de Direito material no exato momento em que a pretensão (igualmente de Direito material) é exercitada em face do polo passivo e é resistida, ou não é satisfeita. A partir desse momento lógico, o ocupante do polo ativo da relação [...] passa do *poder exigir* (pretensão) ao *poder agir* (ação), e *poder agir por todos os meios que o ordenamento jurídico lhe assegure.*" (*Ação em sentido material ainda existe em nosso sistema jurídico? Revista Consultor Jurídico*. Disponível em: https://www.conjur.com.br/2016-mai-16/direito-civil-atual-acao-sentido-material-ainda-existe-nosso--sistema-parte. Acesso em: 31 maio 2019).

A ação em sentido material, contudo, pode ser exercida por outros meios que não a "ação". Nem sempre é preciso recorrer ao Estado-juiz, através da "ação" processual, para que ele, que prometeu genericamente a tutela jurídica, a preste. Existem casos, embora raros e residuais desde que o Estado assumiu o monopólio do uso da força e vedou genericamente a autotutela, em que o titular da ação material pode exercê-la – pode agir por conta própria – sem precisar valer-se da tutela estatal, como por exemplo: [i] na legítima defesa (art. 188, I, do CC), por meio da qual o titular de um direito pode garantir, por seus próprios meios, a sua proteção em face de uma agressão atual e injusta; [ii] no desforço imediato (art. 1.210, § 1º, do CC), em que o possuidor turbado ou esbulhado pode manter-se ou restituir-se na posse pela sua própria força, desde que o faça logo e observando a proporcionalidade; [iii] nos casos dos artigos 249, parágrafo único, e 251, parágrafo único, do CC, nos quais o credor, em caso de urgência, pode, independentemente de autorização judicial, assinalar a terceiro o cumprimento de obrigações de fazer ou não fazer, às custas do devedor original; (iv) na compensação entre dívidas (art. 368 e seguintes do CC), hipótese de autossatisfação. Estes exemplos são trazidos por Marcel Edvar Simões no texto acima indicado.

Como dito acima, há direitos sem pretensão, porque não podem ser exigidos (como os potestativos). Interessante pontuar, porém, que, nesse caso específico (direitos potestativos), pode haver "ação" no sentido processual para sua tutela, de caráter constitutivo (positivo ou negativo) – *v.g.*, para extinguir um condomínio, para extinguir o vínculo conjugal –, sem que haja, porém, pretensão (Pontes de Miranda, Francisco Cavalcanti. *Tratado de direito privado*. Campinas: Bookseller, 2000. t. V. p. 536). Podem existir, em tese, segundo Pontes de Miranda, direitos com pretensão (poder de exigir uma prestação de outrem), porém sem ação material (isto é, sem a possibilidade de fazer valer *forçadamente* o direito, por qualquer meio, se houver resistência por parte do sujeito passivo). Seriam as chamadas "pretensões mutiladas": pretensões desprovidas de ação. Difícil, entretanto, pensar em qualquer exemplo concreto nesse sentido, até porque é princípio fundamental do Direito Privado, que inclusive estava expressamente consagrado no art. 75 do CC/1916 (mas que não foi reproduzido no CC/2002), que *a toda pretensão corresponde uma ação que a assegura* (Ibidem, p. 531). Igualmente difícil imaginar, atualmente, pretensão não resguardada por "ação" no sentido processual, que só pudesse ser exercida extrajudicialmente, ante a garantia fundamental do art. 5º, XXXV, da CF ("A lei não excluirá da apreciação do Poder Judiciário lesão ou ameaça a direito.").

Na verdade, o mais comum é o contrário: que as pretensões *só possam ser exercidas* coativamente pela via da "ação", ante o monopólio estatal do uso da força e o caráter absolutamente residual da autotutela (Pontes de Miranda afirma nesse sentido que, de ordinário, a pretensão é "canalizada" para a via da "ação" [*Tratado de direito privado*. Campinas: Bookseller, 2000. t. V. p. 512]).

351. Pontes de Miranda, Francisco Cavalcanti. *Tratado de direito privado*. Campinas: Bookseller, 2000. t. V. p. 503; Biazi, João Pedro de Oliveira de. Op. cit., p. 20; Serpa Lopes, Miguel Maria de. Op. cit., p. 44.

352. Pontes de Miranda, Francisco Cavalcanti. *Tratado de direito privado*. Campinas: Bookseller, 2000. t. V. p. 503.

A exceção não constitui uma forma de pretensão justamente porque não contém em si o poder de exigir do excepto uma prestação positiva ou negativa. Quando muito, a oposição da exceção pode "induzir" o excepto a prestar – como um efeito indireto de sua eficácia paralisante em relação à pretensão contrária –, mas nem por isso estará o excepto premido ou coagido juridicamente a fazê-lo. Pense-se, por exemplo, na própria exceção de contrato não cumprido, que não pode redundar, mesmo se acolhida, na condenação do excepto a prestar (não se trata de pedido reconvencional), mas apenas no condicionamento da exequibilidade da prestação a que faz jus o excepto à também disponibilização da contraprestação devida ao excipiente, o que sem dúvida pode ter o efeito indireto de "induzir" o excepto a prestar.

Visto pelo prisma inverso, falta também o correlato passivo da pretensão, qual seja a obrigação em sentido estrito: não está o excepto, pela simples oposição da exceção, compelido a fazer ou não fazer alguma coisa. Sua eficácia é apenas "paralisadora" ou "encobridora" em relação ao direito, pretensão ou ação em sentido material da parte adversa. Como bem pontua João Pedro de Oliveira de Biazi:

> Se a exceção fosse uma espécie de pretensão, deveria haver um dever jurídico correlato a ela no feixe de situações jurídicas do demandante, afinal, pretensão e obrigação têm entre si uma relação de correlação [...]. Não é esta a eficácia pretendida pelo instituto. A exceção não tem o condão de compelir o demandante a tomar qualquer ação ou omissão. A exceção somente tem efeito paralisador sobre a situação jurídica pela qual se opõe. Ao opor exceção, o demandado encobre a eficácia pretendida pelo demandante, mas não o compele a tomar nenhuma atitude.[353]

c.2) Agora, cumpre dizer o que as exceções efetivamente *são*.

O entendimento majoritário é o de que exceções configuram *contradireitos*,[354] isto é, posições jurídicas ativas que se exercem, que se opõem, a outros direitos, sem negar a existência deles.[355]

Os contradireitos podem ser extintivos – se, uma vez exercidos e acolhidos, têm aptidão para extinguir o direito ao qual se contrapõem – ou apenas neutralizantes – quando, por outro lado, seu acolhimento não fulmina o direito, mas apenas "encobre" ou "paralisa" sua eficácia.[356]

---

353. Biazi, João Pedro de Oliveira de. Op. cit., p. 21.
354. Pontes de Miranda, Francisco Cavalcanti. *Tratado de direito privado*. Campinas: Bookseller, 2000, t. VI, p. 32; Menezes Cordeiro, António. *Tratado de direito civil, v. IX – Direito das obrigações*: cumprimento e não-cumprimento, transmissão, modificação e extinção. 3. ed. Coimbra: Almedina, 2017, p. 276; Menezes Cordeiro, António. *Da boa-fé no direito civil*. Coimbra: Almedina, 2007, p. 719-720.
355. Vale transcrever, em complementação, a definição de contradireito trazida por Fredie Didier Jr.: "O contradireito é uma situação jurídica ativa – situação de vantagem – exercida como reação ao exercício de um direito. É um direito contra exercício de outro direito, assim como o antídoto é um veneno contra um veneno. É um direito que não é exercido por *ação*. A afirmação do contradireito é feita na *defesa*, e não na *ação*. Quando reconvém ou formula pedido contraposto – espécies de ação do réu contra o autor –, o réu afirma ter direito (e não um contradireito) contra o autor; aciona, não se defende." (Contradireitos, objeto litigioso do processo e improcedência. *Revista de Processo*, v. 223, set. 2013, p. 89-91).
356. Oliveira. Rafael Alexandria de. *Aspectos processuais da exceção de contrato não cumprido*. Salvador: JusPodivm, 2012, p. 39–45.

Exemplo de contradireito extintivo é a compensação. Nos termos do art. 368 do Código Civil, "se duas pessoas forem ao mesmo tempo credor e devedor uma da outra, as duas obrigações extinguem-se, até onde se compensarem." O réu que exerce a compensação, por se tratar de contradireito extintivo – ou de direito formativo extintivo, na linguagem ponteana[357] –, reconhece a existência do crédito do autor, mas lhe opõe direito próprio, visando a extinguir o primeiro.

As exceções, em contrapartida, constituem *contradireitos neutralizantes*: uma posição ativa conferida ao demandado que o autoriza a recusar-se a fazer ou não fazer o que está sendo exigido pelo autor, sem negar, extinguir ou modificar o direito deste.

Em outras palavras, por intermédio da exceção, o demandado exerce um direito (*ius exceptionis*), que consiste justamente em não prestar o que lhe está sendo cobrado: um verdadeiro *"direito de não cumprir"*.[358] E isso ocorre não porque se nega ou se fulmina o direito, a pretensão ou a ação material do autor, mas porque a eficácia destes resta "encoberta", definitiva ou temporariamente, pela eficácia do contradireito neutralizante do demandado-excipiente.[359]

Esclarece, nessa linha, João Pedro de Oliveira de Biazi:

> A exceção, a exemplo da *exceptio* romana, não ataca o ato jurídico e nem contesta o pedido da ação do demandante. Aliás, ao contrário de negar o direito em vias de exercício, a exceção o supõe, *mas supõe também um outro que toca ao excipiente*.[360]

Marcos Bernardes de Mello, por sua vez, comenta essa particular circunstância de as exceções constituírem posições jurídicas ativas exercidas defensivamente pelo demandado:

> A exceção, embora constitua eficácia cuja titularidade compete ao sujeito passivo na ação (situação de acionado), tanto que se opõe à ação, à pretensão e/ou ao direito, foi posta, no esquema proposto da relação jurídica, do lado ativo (do sujeito ativo), mercê da circunstância de que seu exercício impõe, em geral, atuação, consistente na oposição, portanto, atividade (ação), nunca

---

357. Pontes de Miranda estabelece uma diferenciação entre direitos *formados* e direitos *formativos*. O direito do proprietário, por exemplo, é direito formado, bastante em si. Já os direitos formativos são aqueles que *tendem à criação* (direitos formativos geradores), à *modificação* (direitos formativos modificadores) ou à *extinção* (direitos formativos extintivos) *de outros direitos*: trata-se, no fundo, de um *direito à prática de ato que gere, modifique ou extinga outros direitos* (*Tratado de direito privado*. Campinas: Bookseller, 2000, t. V, p. 349-357). A compensação consubstancia, para Pontes de Miranda, exemplo de direito formativo extintivo, pois seu exercício conduz à extinção do crédito do demandante (conforme o art. 368 do Código Civil já citado), diferente, como se verá, das exceções em sentido estrito, que apenas servem de anteparo à eficácia do direito, pretensão ou ação material do autor (*Tratado de direito privado*. Campinas: Bookseller, 2003, t. XXIV, p. 374-378).
358. A expressão é de Vítor A. J. Butruce (*A exceção de contrato não cumprido no direito civil brasileiro: funções, pressupostos e limites de um "direito a não cumprir"*. Dissertação [Mestrado em Direito Civil] – Universidade do Estado do Rio de Janeiro, Rio de Janeiro, 2009).
359. Pontes de Miranda, Francisco Cavalcanti. *Tratado de direito privado*. Campinas: Bookseller, 2000. t. V. p. 34; Mello, Marcos Bernardes de. *Teoria do fato jurídico*: plano da eficácia. 11. ed. São Paulo: Saraiva, 2019, p. 210.
360. Biazi, João Pedro de Oliveira de. Op. cit., p. 15.

passividade. Exceção que não seja oposta por seu titular ou por terceiro quando legitimado a fazê-lo (Código Civil, art. 281, e.g.), em regra, não atua.[361]

Na nota 350 acima, mencionamos a definição ponteana de direito ("a vantagem que veio a alguém, com a incidência da regra jurídica em algum suporte fático"). Com as exceções, enquanto contradireitos, não é diferente: uma norma jurídica confere essa vantagem ao demandado, na medida em que se verifica a presença de determinado suporte fático. A ocorrência desse suporte fático, embora não tenha o condão de eliminar o direito, a pretensão ou a ação do excepto, atribui a faculdade ao excipiente de neutralizar a eficácia da posição ativa do demandante.[362] É o que se passa, por exemplo, com a exceção de inseguridade do art. 477 do CC: presentes as circunstâncias de fato ali descritas (diminuição do patrimônio do autor capaz de comprometer ou tornar duvidosa a prestação pela qual se obrigou), poderá o demandado valer-se da exceção – não para negar o direito, a pretensão ou a ação do autor, que continuam hígidos – mas para ficar autorizado a não prestar o que lhe incumbe conforme o contrato (encobrimento de eficácia), até que o autor preste ou dê garantia bastante de fazê-lo.

António Menezes Cordeiro bem sintetiza os elementos acima referidos: "A exceção material apresenta-se, assim, como um contradireito que permite, ao seu titular, deter o exercício de um direito que se lhe oponha, desde que se verifiquem os seus requisitos e enquanto isso suceder."[363] Característico dessa posição jurídica ativa, aduz o mesmo autor em outra obra, "é ela implicar não a impugnação da pretensão, mas a sua paralisação", de forma a autorizar uma pessoa adstrita a um dever a "licitamente, recusar a efetivação da pretensão correspondente".[364]

A exceção pode contrapor-se à eficácia de um direito, de uma pretensão, de uma ação material ou mesmo de outra exceção (a chamada *replicatio*). A situação mais frequente é a segunda (voltar-se contra uma pretensão), como, aliás, é justamente o caso da exceção de contrato não cumprido.[365]

Por encobrir o exercício de uma das aludidas posições jurídicas, a exceção interfere claramente no terceiro plano de análise do negócio jurídico, qual seja o da eficácia.[366] Entretanto, sua repercussão no referido plano é menos grave do que a de outros institutos, como a resolução e a resilição, que têm o condão de *afastar*

---

361. Mello, Marcos Bernardes de. Op. cit., p. 212.
362. Biazi, João Pedro de Oliveira de. Op. cit., p. 22.
363. Menezes Cordeiro, António. *Tratado de direito civil, v. IX – Direito das obrigações*: cumprimento e não-cumprimento, transmissão, modificação e extinção. 3. ed. Coimbra: Almedina, 2017, p. 276.
364. Menezes Cordeiro, António. *Da boa-fé no direito civil*. Coimbra: Almedina, 2007, p. 719-720.
365. Pontes de Miranda, Francisco Cavalcanti. *Tratado de direito privado* Campinas: Bookseller, 2000. t. VI. p. 34 e 43.
366. Zanetti, Cristiano de Souza. Art. 476. In: *Comentários ao código civil*: direito privado contemporâneo. Nanni, Giovanni Ettore (Coord.). São Paulo: Saraiva, 2019, p. 773; Azevedo, Antonio Junqueira de. *Negócio jurídico – Existência, validade e eficácia*. 4. ed. São Paulo: Saraiva, 2007, p. 155-156.

a eficácia do negócio jurídico.[367] Na resolução, por exemplo, conforme a lição de Antônio Junqueira de Azevedo, o não cumprimento de uma das prestações de um contrato bilateral torna *sem causa* a contraprestação, sendo que essa falta de causa funciona, na linguagem do autor, como *fator de ineficácia superveniente* do negócio, que se desfaz.[368] O impacto das exceções, em contrapartida, é bem diverso. Não geram ineficácia absoluta ou relativa: apenas encobrem a eficácia, o que pode ser inclusive temporário (como nas exceções dilatórias).[369] Tome-se o exemplo da própria exceção de contrato não cumprido, mais uma vez: se posteriormente à oposição da exceção, o excepto disponibiliza a contraprestação, a eficácia, que fora encoberta, *descobre-se*.

Em resumo, as exceções, por sua própria natureza, não negam, nem eliminam, os direitos, as pretensões, as ações ou as outras exceções contra as quais são opostas – na verdade, não negam, nem eliminam, sequer a eficácia dessas posições jurídicas. Enquanto contradireitos neutralizantes,[370] tão somente encobrem ou paralisam a eficácia, o que é bem diferente.[371]

Daí porque constitui erro inaceitável, aliás, o preceito contido no art. 189 do Código Civil, que, ao tratar do efeito da prescrição (uma exceção substancial) sobre

---

367. Por terem o potencial de desfazer eficácia jurídica já produzida, resolução e resilição também configuram, na sistemática ponteana, assim como a compensação (vide nota 357), direitos formativos extintivos. São direitos formativos e não formados, na linguagem do autor, porque traduzem o direito da parte à prática de ato capaz de extinguir outros direitos ou relações jurídicas (o que pode se dar mediante ajuizamento de ação judicial ou simples declaração de vontade, se houver no contrato, neste último caso, cláusula resolutória expressa ou cláusula autorizando a resilição unilateral no contrato) (*Tratado de direito privado*. Campinas: Bookseller, 2000, t. V, p. 349-350).
368. Ibidem, p. 154–57.
369. Pontes de Miranda, Francisco Cavalcanti. *Tratado de direito privado*. tomo VI. Campinas: Bookseller, 2000. t. VI. p. 30; Biazi, João Pedro de Oliveira de. Op. cit., p. 15-16.
370. Os processualistas também tendem a tratar das exceções em sentido estrito, ou de mérito, como *contradireitos*, porém sob viés diferente. Giuseppe Chiovenda define as exceções em sentido estrito como "uma particular forma de defesa, que consiste de um direito do demandado, e mais precisamente de um contradireito, tendente a *impugnar e anular o direito de ação*." (Chiovenda, Giuseppe. *Sulla "eccezione"*. Rivista di Diritto Processuale Civile. v. IV. Parte I. 1927, p. 138) Como Chiovenda definia a ação como um direito à sentença favorável, era lógico que concebesse a exceção como um poder jurídico (contradireito) de anular a ação, isto é, de obter a sua rejeição. Ação e exceção, na sua visão, seriam dois direitos contrários, que se excluiriam: ou existe um, ou existe o outro (*Ibidem*, p. 137–39).
Já Enrico Tullio Liebman, partindo de conceito diverso de ação (ação como direito ao juízo de mérito e não mais como direito à sentença favorável), alcançou também, por tabela, outro conceito de exceção: exceção como *direito a que se formule um juízo de mérito sobre a paralisação ou encobrimento da pretensão do autor*. Trata-se de um "direito" do demandado, explicava Liebman, porque se não proposta a exceção (isto é, se não exercido o direito), o juízo não pode conhecer do fato de ofício. (Liebman, Enrico Tullio. Intorno ai rapporti tra azione ed eccezione. *Rivista di Diritto Processuale,* Anno XV, n. 3, luglio-septembre 1960, p. 452).
371. Pontes de Miranda, Francisco Cavalcanti. *Tratado de direito privado*. Campinas: Bookseller, 2000. t. VI. p. 35. Afirma Otávio Luiz Rodrigues Jr., nessa linha: "A exceção não fulmina o direito (a pretensão, a ação ou outra exceção) pelo simples raciocínio de lhe atingir a eficácia. E assim o faz por meio do chamado *encobrimento*, noção que tem a vantagem de evitar a negação do direito (da pretensão, da ação ou da exceção) ou de sua eficácia própria." (Exceções no direito civil: um conceito em busca de um autor? In: Cunha, Leonardo Carneiro da et al. (Org.). *Prescrição e decadência. Estudos em homenagem ao Professor Agnelo Amorim Filho*. Salvador: JusPodivm, 2013, p. 413).

a pretensão, enuncia: "Violado o direito, nasce para o titular a pretensão, a qual se extingue, pela prescrição, nos prazos a que aludem os arts. 205 e 206."[372]

No Código Civil Brasileiro, conforme mapeamento promovido por Otávio Luiz Rodrigues Júnior, o termo "exceção" é empregado nesse sentido técnico-jurídico específico, de exceção em sentido estrito (material), em seis ocasiões: 1) no art. 190, ao dispor que "a exceção prescreve no mesmo prazo em que a pretensão"; 2) no art. 274, o qual estabelece que, na solidariedade ativa, o julgamento contrário a um dos credores solidários não atinge os demais, mas o julgamento favorável aproveita-lhes, a menos que se funde em exceção pessoal daquele credor específico; 3) em relação à própria exceção de contrato não cumprido e à exceção de inseguridade, tratadas, respectivamente, nos artigos 476 e 477; 4) no art. 788, parágrafo único, o qual dispõe que "demandado em ação direta pela vítima do dano, o segurador não poderá opor a exceção de contrato não cumprido pelo segurado, sem promover a citação deste para integrar o contraditório"; 5) em matéria de título ao portador, o art. 906 estabelece que o devedor só poderá opor ao portador exceção fundada em direito pessoal ou em nulidade da obrigação; 6) no art. 824, que trata da exceção do fiador no caso de obrigações nulas, dispondo que "não abrange o caso de mútuo feito a menor".[373]

c.3) Há, porém, quem questione essa forma de pensar as exceções como contradireitos que se contrapõem à eficácia de direitos, pretensões ou ações.

Karl Larenz formula crítica nesse sentido ao tratar da chamada "natureza das coisas" como um dos critérios teleológicos de interpretação do Direito, em oposição a uma ciência jurídica orientada exclusivamente pela lei, por conceitos abstratos e pela lógica formal das relações jurídicas. Para o autor, a ideia de "natureza das coisas" quer significar que as relações humanas da vida já possuem, até certo ponto, antes de qualquer ato de criação normativa, um sentido determinado e uma ordem preestabelecida, cabendo ao Direito positivo não contrariar essa ordem inerente, mas orientar-se por ela e dar-lhe maior precisão (até porque, faz questão de salientar, a "natureza das coisas" não fornece regulamentações completas para os institutos, mas apenas seus elementos fundamentais).[374]

Uma das situações em que, segundo o autor, a visão racionalista e lógico-formal do pandectismo teria descolado o Direito positivo da "natureza das coisas" teria sido justamente no tratamento das exceções como contradireitos, técnica que ele reputa artificial e distante do que efetivamente se passa no desenrolar fático da relação

---
372. Mello, Marcos Bernardes de. Op. cit., p. 212.
373. Rodrigues Jr., Otávio Luiz. *Exceções no direito civil: um conceito em busca de um autor?* In: Cunha, Leonardo Carneiro da et al. (Org.). *Prescrição e decadência. Estudos em homenagem ao Professor Agnelo Amorim Filho.* Salvador: JusPodivm, 2013, p. 411.
374. Larenz, Karl. *Metodologia da ciência do direito.* Trad. José de Souza e Brito e José Antonio Veloso. 2. ed. Lisboa: Fundação Calouste Gulbenkian, 1978, p. 475-476.

contratual. E o exemplo trabalhado por Karl Larenz, em sua obra "Metodologia da Ciência do Direito", é justamente o da exceção de contrato não cumprido.[375]

Para o jurista alemão, o contrato sinalagmático caracteriza-se, em seu sentido imanente, por cada contraente obrigar-se a uma prestação *por causa da, e na medida da*, respectiva contraprestação. Conforme a "realidade das coisas", cada parte, ao celebrar contrato bilateral, assume a obrigação de prestar em favor da outra apenas porque tem em mira o recebimento da contraprestação (isto é, as partes celebram o contrato não para efetuar uma permuta de créditos em abstrato, mas para trocar vantagens reais). Nesse contexto, argumenta, prestação e contraprestação formam um conjunto incindível, sendo um logicismo-formal irrealista pensar que o autor, mesmo quando não disponibiliza a contraprestação que lhe compete à parte contrária, teria direito subjetivo, pretensão e ação contra o demandado, cabendo a este apenas o contradireito de encobrir, arguindo tempestivamente a *exceptio*, a eficácia da pretensão daquele. Na verdade, o mais adequado, sustenta Karl Larenz, seria, partindo dessa realidade incindível entre prestação e contraprestação, compreender o direito subjetivo como *limitado em seu conteúdo* desde a origem: o autor só teria direito de ser satisfeito pelo demandado se também já tivesse ao menos disponibilizado a contraprestação.[376]

António Menezes Cordeiro, embora continue a definir as exceções como contradireitos,[377] não deixa de reconhecer, na esteira de Karl Larenz, que se trata de uma técnica atomística de análise, que decompõe e fragmenta a realidade, bem ao gosto dos pandectistas, acentuando um confronto de posições jurídicas simétricas (pretensão *versus* exceção) que é mais formal do que material. Isso seria decorrência do fato, já referido, de a exceção material representar, historicamente, o "cristalizar, em termos pandectísticos, da antiga *exceptio* romana", o que se deu em simultâneo com a "operação paralela que, da *actio* romana, conduziu à pretensão". Dito de outra forma, o binômio *actio-exceptio* teria se convertido no binômio moderno *pretensão-exceção*,[378] mantendo-se, assim, a visão cindida da relação, marcada por posições opostas e simétricas. Melhor seria, argumenta o autor português, se esses contradireitos (as exceções substanciais) fossem encarados estruturalmente como limitações da própria extensão dos direitos de crédito (compreendendo-se simplesmente, por essa linha, que inexiste direito de crédito se o autor sequer disponibiliza sua prestação).[379]

---

375. Importante ressaltar que o exemplo envolvendo a exceção de contrato não cumprido, a propósito da interpretação com consideração pela "natureza das coisas", está apenas nas edições mais antigas da obra "Metodologia da Ciência do Direito", como a tradução portuguesa citada, de 1978. Nas edições mais recentes, a referência foi suprimida.
376. Larenz, Karl. *Metodologia da ciência do direito*. Trad. José de Souza e Brito e José Antonio Veloso. 2. ed. Lisboa: Fundação Calouste Gulbenkian, 1978, p. 479-480.
377. Vide, inclusive, nesse sentido, a nota 354, retro.
378. Sempre com a ressalva de que a exceção também pode se voltar contra direitos, ações materiais e até mesmo contra outras exceções.
379. Menezes Cordeiro, António. *Da boa-fé no direito civil*. Coimbra: Almedina, 2007, p. 734-740.

Embora se reconheça alguma procedência na crítica de Karl Larenz – especialmente quanto a existir certo distanciamento entre a construção das exceções como contradireitos e o que ele chama de "realidade das coisas" –, não parece ser o caso de abandonar essa posição, a qual, vale lembrar, continua francamente majoritária.

A bem da verdade, a ideia de Larenz de compreender o direito de crédito nos contratos sinalagmáticos como limitado em seu conteúdo desde a origem (o direito do autor seria o de cobrar o requerido, *desde que* disponibilizada a contraprestação) não passa de uma reformulação da concepção capitaneada por Keller, na Alemanha, no início do século XIX, que condicionava o nascimento da obrigação do demandado ao fato de o autor ter prestado ou disponibilizado sua prestação.[380] Tal posição, no entanto, como demonstrado no item 1.3.2, foi rapidamente superada na Alemanha, a partir de um ensaio de Heerwart de 1824, que acolheu a tese da *exceptio non adimpleti contractus* como verdadeira exceção, nos moldes de um contradireito, linha de raciocínio, aliás, que viria a ser expressamente abraçada pelo §322, (1), do BGB:

> §322. [...]
> (1) Se uma parte ajuíza ação para exigir a prestação que lhe é devida, com base em um contrato bilateral, a afirmação pela outra parte do seu direito de suspender o cumprimento até que lhe seja ofertada a contraprestação apenas tem o efeito, se acolhida, de que a última seja condenada a cumprir recíproca e simultaneamente com o autor.[381]

Com efeito, a condenação do réu-excipiente ao cumprimento da prestação cobrada, condicionando, todavia, sua execução ao adimplemento da contraprestação do excepto, como dispõe essa norma, só é condizente com a concepção de que a exceção destina-se apenas a paralisar a eficácia da pretensão do autor, como verdadeiro contradireito, sem objetar a existência do crédito reclamado. Se, ao invés, o próprio direito de crédito dependesse do fato de o autor já ter prestado ou disponibilizado sua prestação, como defende Larenz, o resultado só poderia ser o indeferimento da petição inicial ou a improcedência, a depender das regras processuais vigentes.

Para além disso, pesa também o argumento histórico de que a noção romana de *exceptio*, enquanto defesa que não nega a existência do direito do demandante, mas que tem o condão de bloquear os efeitos da postulação – embora à evidência fizesse mais sentido no contexto específico do processo formulário, sendo, agora, em alguma medida, contraintuitiva para as partes – sobreviveu incólume à Idade Média e foi convertida, com o pandectismo, na exceção material ou em sentido estrito, compreendida como contradireito. Não há razões suficientemente fortes a justificar o rompimento dessa construção que alcança quase dois milênios.

---

380. Windscheid, Bernardo. *Diritto delle pandette*. Volume Secondo. Parte Prima. Torino: Unione Tipografico-Editrice Torinese, 1904, p. 244.
381. Bürgerliches Gesetzbuch [BGB], §322, (1). Disponível em: http://www.gesetze-im-internet.de. Acesso em: 07 jun. 2019.

Um terceiro argumento é dado pelo próprio Menezes Cordeiro: o conceito de exceção material como contradireito, no lugar de direitos limitados em sua própria extensão, como propõe Larenz, tem "sempre alguma utilidade descritiva, sobretudo pelo prisma analítico da decomposição de situações jurídicas complexas."[382]

E, por derradeiro, a concepção da exceção como contradireito é a única que se concilia com a visão de que o demandado tem a faculdade de alegá-la ou não, de exercer ou não o *ius exceptionis*. Com efeito, se o conteúdo do próprio direito do demandante fosse delimitado pelo fato de já ter prestado ou disponibilizado sua prestação (para utilizar a exceção de contrato não cumprido como exemplo), a matéria poderia ser sempre conhecida de ofício pelo juiz, mesmo contra a vontade expressa do demandado, regime que não condiz com aquele que se observa na generalidade dos ordenamentos processuais vigentes.

d) Esse último aspecto revela uma característica das exceções materiais, firmada a natureza destas de contradireitos, que merece exame mais detalhado: de ordinário, elas não podem ser conhecidas de ofício pelo magistrado no processo.

A defesa baseada em exceção material não se confunde com a mera alegação de fato impeditivo, modificativo ou extintivo do direito afirmado pelo autor, tampouco constitui uma defesa direta (que nega os fatos afirmados pelo demandante ou impugna as consequências jurídicas por ele pretendidas).[383] Exceções não são simples fatos, porque, como verdadeiras posições jurídicas ativas (contradireitos), vão muito além deles, configurando o *produto da incidência de normas sobre fatos*, conforme bem distingue Rafael Alexandria de Oliveira: "Como contradireitos, as exceções substanciais constituem uma categoria eficacial. São situações jurídicas ativas que decorrem da incidência normativa sobre fatos da vida. Para que esses contradireitos nasçam, é necessário que sejam observados certos pressupostos de fato. Não há, pois, como dizer que as exceções substanciais são fatos, tampouco faz qualquer sentido qualificá-las como fatos impeditivos, extintivos ou modificativos."[384]

---

382. Menezes Cordeiro, António. *Da boa-fé no direito civil*. Coimbra: Almedina, 2007, p. 740.
383. Didier Jr., Fredie. *Curso de direito processual civil*: introdução ao direito processual civil, parte geral e processo de conhecimento. 17. ed. Salvador: JusPodivm, 2015, p. 630. Miguel Maria de Serpa Lopes exemplifica, de forma didática, a diferença entre essas três classes (as defesas diretas; os fatos impeditivos, modificativos ou extintivos do direito do autor; as exceções substanciais): "Assim sendo, a reação do réu em face da demanda contra ele proposta pode manifestar-se do seguinte modo: a) contestar no todo ou em parte o ato jurídico que serve de fundamento para a ação (pedido de restituição de mil cruzeiros dados por empréstimo, ao que se contesta afirmando nada dever ou simplesmente dever trezentos cruzeiros); b) contrapor um outro fato, do qual resulte a extinção do direito do autor (restituição de uma coisa dada em comodato, a qual, no entretanto, se alega já haver sido restituída); c) contrapor ao direito do autor um outro direito – um contradireito – que o torna total ou parcialmente ineficaz (restituição da quantia emprestada e alegação que a ação para tal fim já se encontra prescrita)." (Serpa Lopes, Miguel Maria de. Op. cit., p. 87-88).
384. Oliveira, Rafael de Alexandria. Delimitação conceitual de exceção substancial e distinção entre exceções e objeções substanciais. *Revista de Processo*, v. 193, mar. 2011, p. 38.

O exercício da exceção (porque posições jurídicas se *exercem*) e a prova de fatos impeditivos, modificativos ou extintivos (porque fatos se *provam* apenas) são inconfundíveis, processualmente. Em relação aos fatos, basta que o juiz os encontre provados nos autos, ainda que o réu não os tenha articulado em sua defesa.[385] Não assim quanto às exceções, como bem destaca Pontes de Miranda, na medida em que, em relação a elas, "em vez de fato, o que o juiz tem de encontrar é o exercício do direito do réu, o exercício do *ius exceptionis* [...]. Por mais [...] provada que esteja, nos autos, a exceção, se não foi oposta, isto é, alegada como exercício (= comunicação de conhecimento + comunicação de vontade), nada pode o juiz no sentido de atender a ela."[386]

Enrico Tullio Liebman bem destaca que a proibição de conhecer de ofício das exceções substanciais representa no fundo respeito absoluto ao contradireito, na medida em que este carrega em si, enquanto posição jurídica ativa, a faculdade ou não de ser exercido. Assim como o juiz não pode resolver um contrato por inadimplemento se o contratante não formula pedido nesse sentido, também não pode conhecer da exceção substancial sem que esta tenha sido deduzida pelo demandado. Na essência, trata-se, em ambos os casos, de aplicar os princípios dispositivo e de inércia do Poder Judiciário, os quais visam, entre outras finalidades, a resguardar a faculdade dos titulares de posições jurídicas ativas de exercê-las ou não (até porque esse exercício gera efeitos que podem ser, em concreto, desejados ou não pelas partes).[387]

A questão não diz respeito, vale repisar, à possibilidade de o Estado-juiz conhecer de fatos que, embora não alegados, restaram comprovados nos autos (isso não se questiona), mas, sim, de ele manter-se inerte perante o próprio não exercício de posições jurídicas ativas (assim como não pode conhecer de pretensão não deduzida, também não deve conhecer de seu oposto simétrico na relação jurídica, a exceção, quando não oposta). E há outro aspecto interessante que ajuda a reforçar, segundo Liebman, a diferença entre as duas situações citadas: a sentença que, por exemplo, condena o réu que não alegou a *exceptio non adimpleti contractus* é justa (o demandado poderá cobrar seu crédito em outro processo, posteriormente – isto é, a situação não é irremediável), o mesmo não ocorrendo com uma sentença que condene alguém que já pagou a pagar de novo (pagamento é fato extintivo do direito do

---

385. Prova dessa sistemática é o art. 345, IV, do CPC, segundo o qual mesmo quando revel o réu, não se presumem verdadeiras as alegações de fato formuladas pelo autor se estas "estiverem em contradição com prova constante dos autos." O mesmo raciocínio deve ser aplicado se, mesmo não tendo sido alegado fato impeditivo, modificativo ou extintivo de direito pelo réu em contestação, estes restarem comprovados nos autos (Oliveira. Rafael Alexandria de. *Aspectos processuais da exceção de contrato não cumprido*. Salvador: JusPodivm, 2012, p. 54).
386. Pontes de Miranda, Francisco Cavalcanti. *Tratado de direito privado*. Campinas: Bookseller, 2000, t. VI, p. 37.
387. Liebman, Enrico Tullio. Intorno ai rapporti tra azione ed eccezione. *Rivista di Diritto Processuale*, Anno XV, n. 3, luglio-settembre 1960, p. 450-451. Como afirma João Pedro de Oliveira de Biazi, "esta conclusão é resultado direto da percepção de que, no nosso sistema jurídico, vigora a máxima de que o exercício de posições jurídicas parte, em regra, do seu titular." (Op. cit., p. 212).

autor), sendo esta outra razão para que, nesses casos, o juiz possa conhecer de ofício do fato (pagamento), se este restar comprovado nos autos, ainda que não alegado.[388]

Para além de não poderem ser conhecidas de ofício, as exceções materiais, como regra geral, devem ser alegadas em contestação, sob pena de preclusão. No Direito instrumental brasileiro, só será lícito arguir a exceção material após a contestação, assim como qualquer outra defesa, nas hipóteses restritas consagradas nos incisos do art. 342 do CPC. Merecem destaque aqui os incisos I e III, que, adaptados à temática em discussão, autorizam a arguição extemporânea de exceção substancial se, respectivamente, o contradireito só surgir após a contestação (pelo vencimento subsequente da prestação do excepto no caso da exceção de contrato não cumprido, por exemplo) ou se houver expressa disposição legal que autorize a formulação do argumento em qualquer tempo e grau de jurisdição.[389]

Marcos Bernardes de Mello, por conta desses dois fatores (para que ocorra a neutralização dos efeitos da pretensão é necessário tanto arguir a exceção, como fazê-lo tempestivamente), distingue didaticamente entre pretensões *encobríveis* e *encobertas*:

> A alegação da exceção tem o efeito de *encobrir* a pretensão e a ação, não podendo ser exigido ou imposto o direito; não havendo alegação, ao contrário, a pretensão e a ação tornam-se apenas *encobríveis*, portanto, tão somente sujeitas a serem *encobertas*, de modo que permanecem com todo o seu vigor. Nessa situação de *encobríveis* poderiam permanecer inclusive definitivamente, na hipótese de ocorrência da preclusão da alegabilidade da exceção, quando, então, não mais seria possível alegá-la.[390]

Entretanto, é importante ter em mente que essas duas últimas características (impossibilidade de cognição de ofício; preclusão caso não alegadas em contestação) não são essenciais às exceções substanciais. São características que historicamente acompanham a categoria dos contradireitos e que sem dúvida melhor se amoldam à sua natureza de posição jurídica ativa (a demandar, portanto, exercício voluntário e expresso por seu titular), mas que contingencialmente podem ser relativizadas pelo legislador processual civil. Não se desnatura o contradireito, nesse sentido, apenas porque o legislador autorizou, excepcionalmente, seu reconhecimento de ofício pelo magistrado ou sua invocação pela parte a qualquer tempo do processo.[391]

---

388. Liebman, Enrico Tullio, Op. cit., p. 450-451. Afirma nesse mesmo sentido, acerca do pagamento, José Joaquim Calmon de Passos: "O autor cobra os 100 do réu, mas este já havia pago os 70 mencionados. Se houver prova nos autos desse pagamento, o juiz deverá considerar este fato extintivo, independentemente de arguição do réu, porquanto, se vier a sentenciar condenando o réu a pagar 100, estará sentenciando injustamente, por atribuir ao autor um direito que não mais lhe assiste." (*Comentários ao Código de Processo Civil, Lei 5.869 de 11 de janeiro de 1973*, v. III: arts. 270 a 331. 7. ed. Rio de Janeiro: Forense, 1994, p. 286).
389. Oliveira, Rafael de Alexandria. Contradireitos, objeto litigioso do processo e improcedência. *Revista de Processo*, v. 223, set. 2013, p. 91-93.
390. Mello, Marcos Bernardes de. Op. cit., p. 211.
391. Oliveira, Rafael de Alexandria. Contradireitos, objeto litigioso do processo e improcedência. *Revista de Processo*, v. 223, set/2013, p. 91-93.

É o que ocorre, por exemplo, com a prescrição no ordenamento brasileiro. Embora não haja dúvida de que consubstancia uma exceção substancial, na medida em que não nega nem desmantela o direito de fundo, mas apenas paralisa sua exigibilidade (fazendo-o de forma permanente, daí porque é qualificada como exceção peremptória),[392] é fato que a consumação da prescrição [i] pode ser pronunciada de ofício pelo magistrado (art. 332, § 1º, e art. 487, II, ambos do CPC), bem como [ii] pode ser alegada em qualquer tempo e grau de jurisdição (art. 193 do CC e art. 342, II e III, do CPC).[393]

A própria exceção de contrato não cumprido foge a essas regras gerais quando se cuida especificamente de processo de execução de título extrajudicial. Nos termos dos artigos 787, *caput*, e 798, I, "d", ambos do CPC, a execução de contrato bilateral está condicionada à demonstração, por parte do exequente, de que cumpriu ou ao menos assegurou o cumprimento da prestação que lhe toca (salvo evidentemente se o exequente deveria prestar depois, não estando vencida sua obrigação). Nesse contexto, a prova do cumprimento ou da disponibilização da contraprestação pelo exequente constitui requisito de procedibilidade da execução, sendo, por conseguinte, [i] passível de cognição de ofício e [ii] não estando sujeita igualmente a efeitos preclusivos, podendo ser apreciada em qualquer tempo ou grau de jurisdição.[394] Nem por isso, saliente-se, deixa a exceção de contrato não cumprido de configurar verdadeira exceção substancial.

e) Todas essas considerações acerca de não ser a exceção, em regra, cognoscível de ofício pelo juiz e estar sujeita à preclusão, não podem transmitir, entretanto, a falsa impressão de que tal posição jurídica ativa só poderia ser exercida dentro de um processo judicial. Na verdade, como ensina Pontes de Miranda, a exceção pode ser exercida tanto em juízo, quanto fora dele: "é *res in iudicium deducta*, se há processo; se não há, opõe-se cá fora, na vida extrajudicial".[395]

---

392. Nesse sentido, qualificando a prescrição como exceção substancial: Aguiar Jr., Ruy Rosado de. *Comentários ao novo Código Civil*, v. VI, t. II: Da extinção do contrato (arts. 472 a 480). Teixeira, Sálvio de Figueiredo (Coord.). Rio de Janeiro: Forense, 2011, p. 755; Pontes de Miranda, Francisco Cavalcanti. *Tratado de direito privado*. Campinas: Bookseller, 2000. t. VI. p. 39.
393. E o inverso também pode ocorrer. A decadência estabelecida por vontade das partes (dita convencional) configura verdadeira *objeção* de mérito ou substancial, já que extingue o direito a que se refere (é também, nesse sentido, processualmente, um fato extintivo do direito do autor). Porém, por expressa disposição legal, tal defesa não está sujeita à apreciação de ofício, embora, de forma híbrida, admita-se que seja arguida em qualquer grau de jurisdição (art. 211 do Código Civil de 2002). (Oliveira. Rafael Alexandria de. *Aspectos processuais da exceção de contrato não cumprido*. Salvador: JusPodivm, 2012, p. 56).
394. Zanetti, Cristiano de Souza. Op. cit., p. 773; Theodoro Júnior, Humberto. In: José Roberto Ferreira Gouvêa et al. *Comentários ao Código de Processo Civil*: da execução em geral, v. XV. São Paulo: Saraiva, 2017, p. 304; Dinamarco, Cândido Rangel. *Instituições de Direito Processual Civil*: volume IV. 3. ed. São Paulo: Malheiros, 2009, p. 174 e 189.
395. Pontes de Miranda, Francisco Cavalcanti. *Tratado de direito privado*. Campinas: Bookseller, 2000. t. VI. p. 43. O exercício extrajudicial da exceção não está sujeito, a princípio, à observância de qualquer requisito de forma (Biazi, João Pedro de Oliveira de. Op. cit., p. 212).

Nada mais natural, acresce Giuseppe Chiovenda, afinal "entendida a exceção como uma faculdade de refutar o adimplemento de uma obrigação, se o adimplemento pode ser requerido extrajudicialmente, assim também pode ser exercida a exceção."[396]

Essa constatação apenas reforça a total *independência* do conceito de exceção material frente à exceção processual (da mesma forma como a ação material não se confunde com a ação processual).[397] Mais do que isso, a possibilidade de ser exercida extrajudicialmente, produzindo seu efeito típico encobridor ou paralisante independentemente de qualquer demanda instaurada, reforça a *utilidade* do conceito de exceção enquanto instituto de Direito material, apesar deste parecer por vezes obliterado pela sombra da exceção processual (a qual recebeu muito mais atenção da doutrina nas últimas décadas).

Nada impede, evidentemente, que a exceção exercida extrajudicialmente venha a ser, em momento posterior, apreciada em procedimento judicial ou arbitral.[398] Tome-se o exemplo da exceção de contrato não cumprido: como meio de autotutela, ela pode ser empregada extrajudicialmente e, presentes os seus requisitos, terá o condão de suspender a exigibilidade do crédito e afastar a configuração da mora. O excepto, todavia, não convencido por qualquer razão da legitimidade do exercício da exceção, pode propor ação de cobrança ou de resolução do contrato, partindo da premissa de que aquela não teve o efeito de afastar a exigibilidade de seu crédito, o que obrigará o magistrado a apreciar incidentalmente, entre outras matérias, a eficácia da exceção exercida em âmbito extrajudicial.

f) Outra questão interessante que se coloca é se a exceção pode ser exercida antes mesmo de o titular da pretensão exigi-la, judicial ou extrajudicialmente.

A resposta deve ser negativa.

Se a exceção visa a encobrir a eficácia da pretensão,[399] sua oposição pressupõe que o excepto ao menos a tenha exigido, judicial ou extrajudicialmente. Isto é, as exceções são por natureza *reativas*, nunca preventivas, tendo sido estruturadas, desde seu nascedouro no Direito Romano, como defesas às *actiones* inseridas nas fórmulas (as *exceptiones*).[400] Nesse sentido, afirma categoricamente Pontes de Miranda: "Sem que o titular da pretensão exija a prestação, não pode ser exercida a exceção".[401]

---

396. Chiovenda, Giuseppe. Sulla "eccezione". *Rivista di Diritto Processuale Civile*, v. IV. Parte I. 1927, p. 13.
397. Vide nota 350.
398. Biazi, João Pedro de Oliveira de. Op. cit., p. 16.
399. Menciona-se aqui apenas a pretensão, por ser a hipótese mais comum, mas, como já explicado, a exceção pode buscar o encobrimento também de direito ou de ação material.
400. Biazi, João Pedro de Oliveira de. Op. cit., p. 215.
401. Pontes de Miranda, Francisco Cavalcanti. *Tratado de direito privado*. Campinas: Bookseller, 2000. t. VI. p. 44.

Isso não quer dizer, todavia, que não possa ser intentada ação declaratória positiva do direito de exceção, visando a obter pronunciamento quanto à existência do próprio contradireito.[402] Tal possibilidade está assegurada pelos termos bastante amplos do art. 19, I, do CPC, segundo o qual "o interesse do autor pode limitar-se à declaração [...] da existência, da inexistência ou do modo de ser de uma relação jurídica." Mesmo porque, como ensina o mesmo Pontes de Miranda, uma coisa é o direito de excepcionar (*ius exceptionis*), e outra, a atividade exceptiva, que se traduz no exercício efetivo da exceção (este sim sempre reativo, nunca preventivo).[403]

Logo, a existência do contradireito pode ser objeto de ação declaratória antes mesmo de o credor ter exigido a pretensão, o mesmo não se podendo dizer em relação ao exercício da exceção (este pressupõe que a pretensão tenha sido exigida).

De questionável utilidade prática, contudo, seria a propositura de ação declaratória da existência do contradireito nesses termos, pois, ainda que julgada procedente, ela sequer poderia barrar o ajuizamento subsequente de ação pelo credor. Isso porque mesmo o trânsito em julgado da ação declaratória, por não configurar exercício da exceção, não teria o condão de encobrir a eficácia da pretensão do credor, que continuaria exigível. Nesse contexto, a paralisação da eficácia só viria com o exercício da exceção em contestação à ação de cobrança, por exemplo.

O Superior Tribunal de Justiça, no Recurso Especial 1.331.115/RJ, Relatora Ministra Nancy Andrighi, em caso que versava justamente sobre a exceção material objeto deste trabalho (a exceção de contrato não cumprido), asseverou ser admissível, em tese, ação declaratória de "inexigibilidade de qualquer obrigação que contra a Autora venha a ser alegada pelo Réu, antes que este demonstre, de maneira cabal, haver cumprido, por sua vez, plena e tempestivamente, com as obrigações que assumiu em decorrência dos instrumentos firmados com a Autora." Lê-se, ainda, do v. aresto:

> Esse pedido encontra guarida no direito subjetivo alicerçado no art. 476 do CC/02, o qual possibilita a uma das partes, em contrato bilateral e sinalagmático, o não cumprimento lícito e temporário de sua obrigação, enquanto a outra parte contratante não cumprir sua precedente obrigação.
>
> [...]
>
> Assim, enquadrados o fato e o pedido na norma expressa no Código Civil, art. 476, não há impossibilidade jurídica do pedido afirmada pelo acórdão recorrido. Ao contrário, é direito subjetivo da recorrente obter preceito que declare a exceção do contrato não cumprido, autorizando-lhe a não cumprir a sua prestação até que o outro contratante demonstre sua adimplência.[404]

---

402. Ibidem, p. 51.
403. Ibidem, p. 44. Vítor A. J. Butruce, como corolário de sua posição de que a *exceptio* traduz verdadeiro "direito a não cumprir", também reconhece expressamente a viabilidade desta ação declaratória positiva (Op. cit., p. 45-53).
404. STJ, REsp 1.331.115/RJ, Relatora Ministra Nancy Andrighi, Terceira Turma, julgado em 19 nov. 2013, DJe 22 abr. 2014. Ao fim e ao cabo, vale acrescentar, o Superior Tribunal de Justiça, apesar de ter afastado a extinção sem resolução do mérito por impossibilidade jurídica do pedido decretada em 2ª instância, julgou improcedente no mérito a ação, por reconhecer que, no momento da sentença, o demandado já havia cumprido suas obrigações nos termos do contrato, deixando de existir, portanto, o *ius exceptionis*:

Algumas conjunturas devem ser feitas, aqui, com relação ao acerto ou desacerto da decisão, pois não revelados na íntegra os fatos relevantes da lide. Se o devedor adiantou-se ao credor, que nada havia exigido, mesmo extrajudicialmente, a ação declaratória era cabível apenas para reconhecer o contradireito de encobrir a eficácia quando a pretensão fosse exigida, não para, como postulou a demandante no caso, declarar a "inexigibilidade de qualquer obrigação que contra a Autora venha a ser alegada pelo Réu", porque a inexigibilidade – compreendida como encobrimento da eficácia – é efeito do exercício da exceção, que pressupõe prévia postulação da pretensão pelo credor. Diferente, por outro lado, deve ser a solução se o credor já havia exigido e o devedor já havia exercido a exceção extrajudicialmente: neste caso, juridicamente possível o pedido de declaração judicial de inexigibilidade dos créditos, como postulado, porque a paralisação da eficácia já teria se operado por conta da oposição prévia da exceção material.

2.2 A EXCEÇÃO DE CONTRATO NÃO CUMPRIDO COMO EXCEÇÃO MATERIAL

a) No Direito brasileiro, a *exceptio non adimpleti contractus* está consagrada, como já dito, no artigo 476 do Código Civil, o qual prescreve: "Nos contratos bilaterais, nenhum dos contratantes, antes de cumprida a sua obrigação, pode exigir o implemento da do outro."

A redação do artigo, como já destacado no subitem 1.4.2 deste trabalho, transmite a falsa impressão de que, nos contratos sinalagmáticos, o prévio cumprimento pelo demandante de sua obrigação seria pressuposto para a exigibilidade do crédito de que é titular, o que afastaria a natureza de verdadeira exceção material.

Esse erro de perspectiva é fruto, como também lá salientado, de ter o Código Reale reproduzido nesse ponto quase sem alterações o art. 1.092, 1ª alínea, do Código Beviláqua, que, por sua vez, havia buscado inspiração no art. 1.955 do Esboço de Teixeira de Freitas,[405] elaborado pelo insigne jurista a partir das obras de Domat, Pothier e dos pandectistas alemães do início do século XIX (Keller, entre eles), todos adeptos da tese de que a exigibilidade do dever de prestar estaria condicionada à prévia execução da contraprestação.

O art. 1.092, 1ª alínea, do CC/1916, já nasceu assim ultrapassado nesse ponto, por ignorar os avanços dogmáticos alcançados na matéria especialmente na segun-

---

"Assim, na hipótese dos autos, ainda que se entendesse ter havido, momentaneamente, o descumprimento contratual por parte do recorrido, à época da sentença a obrigação se encontrava satisfeita e, portanto, superada a mora da recorrida. [...] Desse modo, por qualquer ângulo que se observe a questão posta, não há como se reconhecer a incidência da exceção do contrato não cumprido, por manifesto desatendimento aos pressupostos legais de incidência da regra do art. 476 do CC/02 (art. 1.092 do CC/16)."

405. "Art. 1.955. Se forem bilaterais (art. 441), uma das partes não poderá demandar seu cumprimento sem provar que de seu lado os tem cumprido, ou que sua obrigação é a prazo, ou sem se oferecer a cumpri-los." (Teixeira de Freitas, Augusto. *Código civil*: esboço, v. II. Brasília: Ministério da Justiça, 1983, p. 364).

da metade do século XIX, que estruturaram definitivamente o instituto como uma *defesa*, da espécie *contradireito*, da subespécie *exceção material* – raciocínio este que encontraria consagração definitiva no BGB, notadamente em seus §§ 320 e 322.

Importante destacar, no entanto, que, apesar da redação conferida ao art. 1.092, 1ª alínea, do Código Civil de 1916, doutrina e jurisprudência brasileiras, no decorrer do século XX, direcionaram-se progressivamente no sentido de conferir ao instituto roupagem de verdadeira exceção substancial (e não de pressuposto da ação), com todas as consequências daí derivadas, expostas no subitem anterior. Com isso, o erro de concepção do legislador nesse ponto – que viria a ser surpreendentemente repetido no Código Civil de 2002 – foi na prática solucionado, abrindo caminho para que a exceção de contrato não cumprido recebesse, nos tribunais pátrios, tratamento de verdadeira exceção.[406]

Atualmente, ninguém questiona, mesmo em face da redação equívoca do art. 476 do Código Civil, sua natureza de exceção material.

b) Enquanto típica exceção material, a *exceptio non adimpleti contractus* opera como um *contradireito neutralizante* que o demandado exerce perante o demandante, capaz de encobrir a eficácia da *pretensão* reclamada. Como consequência de seu acolhimento, o demandado fica autorizado a recusar temporariamente seu cumprimento, até que a contraparte também ofereça o que lhe compete conforme o contrato.[407]

Enneccerus, Kipp e Wolff já destacavam essa peculiar natureza da exceção de contrato não cumprido: "A *exceptio non adimpleti contractus* é uma verdadeira exceção no sentido em que este termo é tecnicamente invocado no BGB, isto é, um *contradireito* do obrigado capaz de encobrir a eficácia da pretensão do autor."[408]

Neste ponto, é importante recuar um passo, para entender como a exceção de contrato não cumprido atua sobre a pretensão do credor.

Pretensão, vale lembrar, é a faculdade de *exigir* de outrem determinada ação ou omissão (isto é, alguma prestação positiva ou negativa). Ela é o direito já em atividade potencial – algo a mais, portanto, do que o próprio direito – dada a possibilidade conferida a seu titular de exigir do obrigado um fazer ou não fazer.[409]

A existência da pretensão do autor, nos contratos bilaterais, não depende deste já ter contraprestado. Havendo dívida vencida, o autor tem pretensão, e, por conse-

---

406. Biazi, João Pedro de Oliveira de. *A exceção de contrato não cumprido no direito privado brasileiro.* Rio de Janeiro: GZ Editora, 2019, p. 95-96.
407. Araújo, Fernando. Prefácio. In: João Pedro de Oliveira de Biazi. *A exceção de contrato não cumprido no direito privado brasileiro.* Rio de Janeiro: GZ Editora, 2019, p. VII.
408. Enneccerus, Ludwig; Kipp, Theodor; Wolff, Martin. *Tratado de derecho civil. Segundo tomo. Derecho de obligaciones. Volumen primero.* Trad. Blas Pérez González y José Alguer. Barcelona: Bosch, 1954, p. 168.
409. Pontes de Miranda, Francisco Cavalcanti. *Tratado de direito privado.* Campinas: Bookseller, 2000. t. V. p. 503-504.

guinte, pode exigir o adimplemento.[410] O que o outro contratante pode fazer, então, se o autor ainda não contraprestou, é justamente valer-se da exceção de contrato não cumprido. Com ela, o requerido conseguirá encobrir a eficácia da outra pretensão, paralisando-a até que o autor ofereça a contraprestação.

Todavia, se o requerido não exerce o *ius exceptionis* – e ele pode optar por não o fazer – a pretensão do autor deve ser atendida, ainda que não tenha contraprestado. Da mesma forma, se o devedor cobrado extrajudicialmente adimple de forma espontânea a obrigação, sem opor a exceção, a faculdade de utilizar-se desta também se extingue.[411] Nesse sentido, assevera Pontes de Miranda:

> Quem tem pretensão à prestação e tem obrigação de contraprestar *pode exigir* [...]. Para o exercício da pretensão não se lhe apura se tem, ou não, de contraprestar. O que o outro figurante pode fazer é *excepcionar*. Se esse outro não exerce o *ius exceptionis*, tem de ser atendida a exigência da prestação, ainda que o autor da ação não contrapreste. [...] O credor é que sabe se lhe convém, ou não, exercer, o *ius exceptionis*: se adimple, sem opor a exceção, esse direito de exceção se extingue.
>
> [...] Na doutrina alemã, há concepção que se tem de evitar, que é a de só haver obrigação de quem tem de contraprestar se o outro figurante presta. De modo que obraria injustificadamente quem, sem se prontificar a prestar, ou sem prestar, exigisse a contraprestação. [...] Recentemente, A. Blomeyer construiu o que se passa com a exceção *non adimpleti contractus,* ou com a exceção *non rite adimpleti contractus,* como se a prestação fosse *condicionada* à execução de outra prestação. Nada disso é de admitir-se. Há a dívida, há a obrigação, e apenas, com a exceção, se pode *encobrir* a eficácia da outra pretensão.[412]

A exceção de contrato não cumprido, como típica exceção substancial, não é instrumento de negação do direito de crédito do autor, antes o pressupõe. Como afirma Pontes de Miranda, "quando se opõe a exceção *non adimpleti contractus*

---

410. Nesse sentido: "O nascimento do crédito não é dependente da contraprestação, nem, sequer, o da pretensão, ou o da ação, ou o da exceção. O que não cumpre pode já ter pretensão, ação e exceção. [...] Contrataram venda e compra A e B: o crédito, a pretensão e a ação do comprador existem, ainda que não haja pago o preço porque a comprou." (Pontes de Miranda, Francisco Cavalcanti. *Tratado de direito privado*. Campinas: Bookseller, 2000, t. III, p. 250).
411. E isso, afirma José A. Cesar, ainda que o cumprimento tenha se dado sob a suposição errônea de que a outra parte havia executado, na medida em que ao fazê-lo, mesmo em erro, simplesmente prestou o que devia (*Sobre os efeitos dos contratos bilaterais*. Campinas: Typ. da Casa Genoud, 1914, p. 20). Inversa seria a solução do problema, vale destacar, se fosse adotada a linha sugerida por Keller e posteriormente reformulada por Karl Larenz de que a obrigação de contraprestar só nasce após o outro figurante ter prestado ou disponibilizado sua prestação. A. Von Tuhr bem expõe a diferença de solução do problema a depender da premissa adotada: "Si se entiende que el deudor, en los contratos bilaterales, no está obligado a cumplir su prestación más que a cambio dela parte contraria y, no obstante, la cumple creyendo por error que la parte contraria ha efectuado la suya, paga un *indebitum*, que podrá repetir con arreglo al art. 62 [a referência é ao Código Federal Suíço das Obrigações]. En cambio, si se entiende que el crédito versa sobre la propia prestación incondicionalmente, el deudor que se olvide de alegar la excepción de contrato incumplido no paga ningún *indebitum* ni puede repetir su prestación, sino solamente exigir la adeudada por la parte contraria." (Von Tuhr, Andreas. *Tratado de las obligaciones*. Trad. W. Roces. Tomo II. Madrid: Editorial Reus S/A, 1934, p. 53).
412. Pontes de Miranda, Francisco Cavalcanti. *Tratado de direito privado*. Campinas: Bookseller, 2003. t. XXVI. p. 128-130.

tem-se de alegar que se deixa de cumprir a obrigação; *portanto, que se é obrigado*."⁴¹³ O direito de crédito do autor continua existindo, tanto que, mesmo se acolhida a exceção, como se verá em detalhes adiante,⁴¹⁴ a ação deve ser julgada procedente para condenar o réu a adimplir assim que o autor cumpra também sua prestação.⁴¹⁵

Em suma, a exceção de contrato não cumprido não nega, nem elimina, o direito, a pretensão ou a ação material contra a qual é oposta – na verdade, não nega, nem elimina, sequer a eficácia dessas posições jurídicas. Enquanto contradireito neutralizante, tão somente encobre ou paralisa a eficácia. E se, depois da oposição da exceção, o excepto disponibiliza a contraprestação, a eficácia, que fora encoberta, descobre-se.

Nesse sentido, leciona Marcos Bernardes de Mello:

> Se, na execução de contrato sinalagmático, o contratante, Tércio, antes de cumprir sua obrigação que seja exigível, exige do outro contratante, Primus, que cumpra a sua, este poderá recusar-se, opondo-lhe a exceção de contrato não cumprido, em razão da qual a obrigação de Primus ficará com sua exigibilidade suspensa até que Tércio cumpra sua obrigação. No momento em que Tércio adimplir, a obrigação de Primus voltará a ser exigível. Trata-se, aqui, de uma *exceção suspensiva*, porque seu efeito é o de suspender, exclusivamente, a impositividade da pretensão e a correspondente exigibilidade da obrigação, não a afetando em sua existência. A pretensão e a ação não se extinguem, apenas perdem, temporariamente, sua força de imposição.⁴¹⁶

c) Não é só sua eficácia neutralizante que define a exceção de contrato não cumprido como verdadeira exceção substancial, mas também sua natureza evidente de instituto de Direito material, que atua no âmago da própria relação obrigacional.⁴¹⁷

Sob esse outro prisma, trata-se de exceção substancial porque corolário, como se verá adiante, do *sinalagma funcional* que a funda e legitima: ao autor que exige o cumprimento, opõe o demandado o seu contradireito de só realizar a prestação no momento ulterior em que também receba a contraprestação a que faz jus, segundo o princípio do *cumprimento simultâneo*.⁴¹⁸

---

413. Ibidem, p. 137.
414. Vide item 8.2.6.
415. Aguiar Jr., Ruy Rosado de. *Extinção dos Contratos por Incumprimento do Devedor*. 2. ed. Rio de Janeiro: AIDE Editora, 2004, p. 222. Humberto Theodoro Jr., tendo por base ainda o art. 1.092 do Código Civil de 1916, afirma o que segue: "A exceção autorizada pelo art. 1.092 do CC não é uma defesa voltada para resolver o vínculo obrigacional e isentar o réu-excipiente do dever de cumprir a prestação emergente do contrato bilateral. Manifestada procedentemente, o que se obtém é apenas um provimento dilatório. O contratante demandado obtém, tão-somente, o reconhecimento de que lhe assiste o direito de recusar a execução da prestação que lhe cabe enquanto o autor não cumprir a contraprestação a seu cargo. Com isso o vínculo obrigacional é reconhecido como bom e a dívida do excipiente como eficaz. Apenas, no momento, está em provisória condição de inexigibilidade." (Theodoro Jr., Humberto. Exceção de contrato não cumprido: aspectos materiais e processuais. *Revista Jurídica*, n. 189, 1993, p. 13).
416. Mello, Marcos Bernardes de. Op. cit., p. 211.
417. Serpa Lopes, Miguel Maria de. Op. cit., p. 86-87.
418. Silva, João Calvão da. *Cumprimento e sanção pecuniária compulsória*. Coimbra: Almedina, 1987, p. 334.

Como afirma Daisy Gogliano, a exceção de contrato não cumprido "é a exceção civil, substancial, por excelência, [...] não somente pelo fato de estar positivada no Código Civil, mas pela sua própria natureza, de restabelecer e manter o sinalagma funcional entre as prestações, dada a simultaneidade com que devem ser prestadas pelas partes."[419]

Andou bem o legislador, assim, em inseri-la no Código Civil, a exemplo do que fez com outras exceções materiais, como a prescrição e o direito de retenção.[420]

Muito diferente, portanto, das chamadas exceções de rito, que se voltam apenas contra o andamento processual de determinada demanda, apontando vícios procedimentais referentes ao exercício da atividade jurisdicional, sem interferir na esfera do direito material do demandante. São exemplos de exceções de rito, segundo a atual sistemática do CPC/2015, a de incompetência relativa e a de existência de convenção arbitral.[421]

d) Como decorrência de seu enquadramento na categoria das exceções materiais, aplicam-se à exceção de contrato não cumprido outras características típicas desse gênero, já referidas no tópico anterior:

[i] Pode ser invocada extrajudicialmente, como forma de autotutela, por qualquer meio idôneo;

[ii] Não pode ser conhecida de ofício pelo magistrado no processo, salvo no âmbito do processo de execução de título extrajudicial, em que a prova do cumprimento ou da disponibilização da contraprestação pelo exequente constitui requisito de procedibilidade da execução (artigos 787, *caput*, e 798, I, "d", ambos do CPC);

[iii] Deve ser alegada em contestação, sob pena de preclusão. Aqui há duas ressalvas. A primeira, se o contradireito surge apenas após a contestação, pelo fato, por exemplo, de a prestação do excepto vencer depois do esgotamento do prazo de resposta, circunstância em que se admite, excepcionalmente, a arguição tardia da exceção (art. 342, I, do CPC). A segunda, concernente mais uma vez à execução de título extrajudicial, pois, sendo, neste caso, a prova do cumprimento ou da disponibilização da prestação pelo exequente requisito de procedibilidade, a matéria não está sujeita igualmente a efeitos preclusivos;

[iv] Sua oposição (visto que sempre reativa, nunca preventiva) pressupõe que o excepto ao menos tenha exigido a pretensão, judicial ou extrajudicialmente. Isso não impede, entretanto, como já afirmado, que seja ajuizada ação declaratória positiva do direito de exceção, visando a obter pronunciamento quanto à existência do próprio contradireito;

[v] Deve ser, como regra geral, invocada pelo próprio titular do contradireito.

No que toca a este último item [v], entretanto, deve-se reconhecer que há situações excepcionais em que a exceção de contrato não cumprido pode ser apro-

---

419. Gogliano, Daisy. *A exceção civil como instrumento de tutela na resolução dos contratos sinalagmáticos*. Tese de Titularidade – Faculdade de Direito da Universidade de São Paulo, São Paulo, 2013, p. 49.
420. Theodoro Jr., Humberto. *Exceção de contrato não cumprido – Aspectos materiais e processuais. Revista Jurídica*, n. 189, 1993, p. 07.
421. Biazi, João Pedro de Oliveira de. Op. cit., p. 24.

veitada por pessoa diferente do titular do contradireito. É o caso, por exemplo, do fiador demandado para pagamento da dívida garantida por fiança, a quem também é franqueada a possibilidade de oposição da *exceptio non adimpleti contractus*.

O art. 837 do Código Civil estabelece que "o fiador pode opor ao credor as exceções que lhe forem pessoais, e as extintivas da obrigação que competem ao devedor principal, se não provierem simplesmente de incapacidade pessoal, salvo o caso de mútuo feito a pessoa menor." Uma interpretação literal dessa norma excluiria a exceção de contrato não cumprido, afinal não se trata, em rigor, nem de exceção pessoal do fiador (é exceção comum ou geral, como se verá no subitem 2.5), nem de defesa destinada a extinguir a relação obrigacional (sua natureza é de contradireito neutralizante e não extintivo, como exaustivamente exposto).

Essa interpretação literal, entretanto, não pode prevalecer. Se o fiador não pudesse opor a exceção de contrato não cumprido, sua dívida seria mais "dura" do que a do próprio devedor principal. E mais: conceder-se-ia ao credor, em violação aos fundamentos dessa exceção (preservação do sinalagma e observância da boa-fé), a possibilidade de perseguir a vantagem a ele prometida no contrato sinalagmático sem precisar arcar com o ônus correspectivo. Assevera nesse sentido Pontes de Miranda:

> A dívida do fiador é acessória, porque ele deve o adimplemento pelo devedor. Não há identidade das dívidas, porque prometer que outrem faça a cerca não é prometer fazer a cerca. Se o fiador não pudesse opor o que o devedor poderia opor, a dívida do fiador seria mais dura do que a do devedor. Por isso, tem-se de atribuir ao fiador a oponibilidade de todas as objeções e exceções que o devedor poderia opor. Tais objeções e exceções existem para os dois devedores, independentemente, porque quem promete que outrem faça a cerca não promete mais do que a pessoa encarregada teria de fazer.[422]

Além disso, a restrição feita pelo legislador às exceções "extintivas da obrigação que competem ao devedor principal" sequer faz sentido à luz do próprio conceito técnico de exceção material, na medida em que estas, por natureza, não extinguem direito, pretensão ou ação, mas apenas encobrem a eficácia de tais posições jurídicas. Logo, em rigor, "exceções extintivas", na forma do art. 837, sequer existem. Como aponta o mesmo Pontes de Miranda, em referência à disposição análoga constante do CC/1916, "os legisladores raramente distinguem, na redação das leis, o que é extintivo da dívida, o que é extintivo da obrigação e o que apenas encobre a eficácia."[423] Nessa quadra, deve-se entender que o legislador disse, na verdade, menos do que pretendia e ainda o fez de forma tecnicamente equivocada: quis abranger tanto contradireitos extintivos (como a compensação, por exemplo – que não são exceções), como também contradireitos neutralizantes (como a exceção de contrato não cumprido e a prescrição, por exemplo, estas sim verdadeiras exceções materiais).

---

422. Pontes de Miranda, Francisco Cavalcanti. *Tratado de direito privado*. Campinas: Bookseller, 2006. t. XLIV. p. 233-234.
423. Pontes de Miranda, Francisco Cavalcanti. *Tratado de direito privado*. Campinas: Bookseller, 2006, t. XLIV, p. 236.

A posição aqui defendida, no sentido da oponibilidade da exceção de contrato não cumprido pelo fiador, já foi acolhida repetidas vezes pelos Tribunais. Em julgado da 11ª Câmara de Direito Privado do Tribunal de Justiça do Estado de São Paulo, asseverou-se expressamente que, com esteio no art. 837 do CC/2002, o fiador poderia se valer, em tese, das exceções que competiam ao devedor principal, entre elas a *exceptio non adimpleti contractus* (embora, é preciso salientar, tenha a Turma julgadora, ao fim e ao cabo, apurado inexistir inadimplemento da parte adversa que justificasse, em concreto, o acolhimento da exceção).[424] Em outro aresto da 14ª Câmara de Direito Privado da mesma Corte, também foi reconhecida a possibilidade de o fiador, com fulcro no art. 837 do CC/2002, exercer a exceção de contrato não cumprido por conta de inadimplemento do demandante no contrato principal. Na mesma linha aqui defendida, de que a obrigação do fiador não pode ser mais "dura" do que a do devedor principal, consignou o Desembargador Relator que "seria um contrassenso impedir a defesa pela fiadora, se o débito poderia ser considerado inexigível em face do devedor principal." O caso consistia em execução de título extrajudicial dado em garantia de alienação de estabelecimento comercial, tendo sido o fiador executado diretamente visto que havia renunciado ao benefício de ordem no contrato. Em embargos à execução, o fiador invocou a exceção de contrato não cumprido, sob o argumento de que, após a alienação da empresa, haviam aparecido débitos tributários de mais de R$ 2,5 milhões, decorrentes de impostos não pagos e multas por sonegação e escrituração irregular dos livros contábeis. Em contestação aos embargos, sustentou o exequente-vendedor que a exceção não era cabível, pois o comprador havia assumido quaisquer dívidas da empresa adquirida em troca de um "desconto" de R$ 70.000,00 na compra. A Turma julgadora julgou procedentes os embargos, acolhendo a exceção, por entender nula referida cláusula, ante o desequilíbrio constatado entre o "desconto" concedido na venda (R$ 70.000,00) e a dívida fiscal apurada (mais de R$ 2,5 milhões).[425]

---

424. Ação declaratória de inexigibilidade de cheques. Títulos que não circularam. Cheques sacados pelo fiador para o pagamento da obrigação afiançada. Admissibilidade de oposição de exceções pessoais e das exceções que competiam ao devedor principal. Incidência do art. 837 do CC/2002. Exceção de contrato não cumprido. Confissão e dívida afiançada que não revela a existência de obrigação para a apelada. Não incidência do art. 476 do CC/2002. Apelo desprovido. (TJSP; Apelação Cível 9132892-70.2007.8.26.0000; Relator Desembargador Rômolo Russo; 11ª Câmara de Direito Privado; j. em 16 ago. 2012).

425. "Execução por Título Extrajudicial. Promissórias Ligadas a Contrato de Venda e Compra de Estabelecimento Comercial. Execução Ajuizada Somente Contra a Fiadora. Renúncia ao Benefício de Ordem. Possibilidade de Oposição da Exceção do Contrato não Cumprido. Cláusula Contratual de Renúncia a Qualquer Débito Trabalhista, Fiscal ou de Qualquer Natureza. Abusividade. 1. O fiador que é demandado de forma exclusiva, em razão de renúncia do benefício de ordem, torna-se devedor solidário com o principal. Pode opor, portanto, as exceções que a este são garantidas. 2. Como o fiador não responde por débito superior ao principal, nem por dívida ainda ilíquida, como pode alegar exceções extintivas da obrigação, e como o fiador, no caso, é demandado sem benefício de ordem, tem direito de opor a exceção do contrato não cumprido (*exceptio non adimpleti contractus*). 3. No caso, o devedor principal renunciou a toda e qualquer contingência, de qualquer natureza (fiscal, trabalhista ou de qualquer tipo), mediante desconto de R$ 70.000,00. 4. Ocorre que tal cláusula mostrou-se abusiva, porque o débito fiscal apurado posteriormente superava dois milhões e meio de reais. 5. Tal como na cláusula de renúncia ao direito de evicção, em que o evicto não perde direito ao preço do bem se não sabia do risco que corria, o comprador de estabelecimento

2.3 A EXCEÇÃO DE CONTRATO NÃO CUMPRIDO COMO EXCEÇÃO DILATÓRIA

Entre as exceções materiais ou substanciais, a exceção de contrato não cumprido é do tipo *dilatória*, na medida em que apenas paralisa, provisoriamente, a pretensão de cobrança.[426]

Dilatar significa alargar, expandir, prolongar. A ideia subjacente à expressão "exceção dilatória" é a de que, mediante exceções desse tipo, o devedor-excipiente consegue justamente alargar o tempo de que dispõe para adimplir licitamente, apesar de já consumado o vencimento de sua obrigação.[427]

A marca das exceções dilatórias é sua provisoriedade. Afinal, como explica João Pedro de Oliveira de Biazi, "o encobrimento da eficácia promovido pela exceção dilatória poderá cessar de ter efeito em dado momento, ou até mesmo ser totalmente afastado por ato do demandante que é titular do direito cuja eficácia se encontra encoberta."[428]

Nessa linha, se, posteriormente, aquele contra quem se opôs a exceção de contrato não cumprido presta satisfatoriamente, cessa a eficácia da exceção, porque o próprio *ius exceptionis* se extingue, ficando exigível, mais uma vez, a prestação do

---

comercial que renunciou a qualquer contingência em razão de débitos fiscais e trabalhistas desconhecidos não perde direito ao equilíbrio contratual. 6. Se o débito precisa ser revisado junto à devedora principal, não pode a fiadora pagar o valor tal como exigido na execução. Execução extinta. 7. Recurso provido. (TJSP; Apelação Cível 1035663-91.2017.8.26.0100; Relator Desembargador Melo Colombi; 14ª Câmara de Direito Privado; j. em 16 maio 2018)"

426. Aguiar Jr., Ruy Rosado de. *Extinção dos contratos por incumprimento do devedor*. 2. ed. Rio de Janeiro: AIDE Editora, 2004, p. 172; Gabrielli, Enrico. *Il contratto e i rimedi: La sospensione dell'esecuzione*, Jus Civile, 2014, p. 21. O português Fernando Araújo, justamente por conta do caráter dilatório do remédio, que o afasta de qualquer consideração quanto à definitividade do inadimplemento (discussão própria da resolução), e também pelo fato de que o mecanismo não pressupõe o descumprimento do contrato como um todo (basta que se trate, como se verá, de incumprimento relevante, seja ele de dever principal, secundário, anexo ou de proteção), critica a denominação "exceção de contrato não cumprido", pela qual o instituto sempre foi conhecido no Brasil: "A expressão 'exceção de contrato não cumprido', utilizada na doutrina e na jurisprudência brasileiras, induz um pouco em erro, ao sugerir que a figura se centra no incumprimento definitivo da globalidade do contrato – o contrato não cumprido – o que tornaria nebulosa a distinção face à denominada 'condição resolutiva tácita' e apontaria para a definitividade e para a potestividade na destruição do vínculo – quando na verdade ela opera, de modo meramente dilatório, relativamente a deveres e direitos no 'interior' do contrato, podendo analisar-se prestação a prestação, sempre que numa só prestação, independentemente de todas as outras, seja já discernível a presença do sinalagma e a vantagem estratégica de se conferir à parte 'inocente' um meio expedito e informal de autotutela do seu interesse. Daí que pareçam preferíveis a designação 'exceção de não cumprimento do contrato' (art. 428º do Código Civil Português), ou a designação 'retenção de cumprimento' (a *performance withholding* do art. 7.1.3 dos princípios Unidroit, do art. 9:201 dos *principles of european contract law*, dos artigos 113 e 133 da *common european sales law*, da regra III-3:401 do *draft common frame of reference*)." (Araújo, Fernando. Prefácio. In: João Pedro de Oliveira de Biazi. *A exceção de contrato não cumprido no direito privado brasileiro*. Rio de Janeiro: GZ Editora, 2019, p. IX).

427. Pontes de Miranda, Francisco Cavalcanti. *Tratado de direito privado*. Campinas: Bookseller, 2000. t. V. p. 40-41.

428. Biazi, João Pedro de Oliveira de. Op. cit., p. 28-29.

excipiente (a eficácia que antes estava encoberta, descobre-se).[429] O mesmo ocorre em relação à exceção de retenção por benfeitorias, outra exceção dilatória: esta perde seu efeito neutralizador com o pagamento da dívida, pela simples razão de que o contradireito de recusar a devolução do bem se extingue com tal fato.

Algo diferente ocorre com as exceções *peremptórias*, que têm o potencial de encobrir definitivamente a eficácia do direito, da pretensão ou da ação material do demandante, como ocorre, por exemplo, com a prescrição.[430] As exceções peremptórias não sofrem influência de fatores supervenientes à sua oposição, maculando de maneira perene a eficácia da posição ativa do excepto.

Em relação às exceções peremptórias, nem o transcorrer do tempo, nem qualquer ação do excepto titular do direito têm o potencial de afetar o encobrimento da eficácia delas decorrentes. Impende destacar, no entanto, que a exceção peremptória não promove a exclusão do direito em si do demandante. O que ocorre é a permanência, no tempo, do efeito neutralizador da eficácia.[431] Como destaca Pontes de Miranda:

> Perempto é o que foi tomado em todo o caminho, o que não se confunde com extinto. [...] A peremptoriedade da exceção não significa que, à diferença da dilatoriedade, em virtude dela se exclua o direito, a pretensão, ou a ação, ou, se em causa *replicatio*, a própria exceção. Apenas se alude à permanência do encobrimento no tempo (= coperpetuidade, contraeficácia incessante). [...] É erro concluir-se, pelo fato de serem definitivas, que têm efeito excludente, destrutivo. Ora, o tempo, por si só, não transforma em destruição o que é apenas encobrimento.[432]

2.4 A EXCEÇÃO DE CONTRATO NÃO CUMPRIDO COMO EXCEÇÃO DEPENDENTE. O PROBLEMA DA PRESCRIÇÃO DAS EXCEÇÕES

Outra classificação das exceções materiais é a que as divide em independentes (ou autônomas) e dependentes (ou não autônomas).

Ou a exceção só se apoia em si mesma, no *ius exceptionis* – e então ela é dita independente – ou ela se baseia em outro direito (que não o próprio contradireito de excepcionar) – e aí ela é dita dependente.[433]

A exceção substancial de prescrição é exemplo de exceção independente: enquanto posição jurídica ativa, ela existe por si só, sem estar amarrada a outro direito de titularidade do excipiente. É possível imaginar alguém que seja titular da exceção material de prescrição, sem que seja credor de qualquer obrigação frente ao excepto.

---

429. Pontes de Miranda, Francisco Cavalcanti. *Tratado de direito privado*. Campinas: Bookseller, 2003. t. XXVI. p. 122.
430. Aguiar Jr., Ruy Rosado de. *Comentários ao novo Código Civil, v. VI, t. II: da extinção do contrato (arts. 472 a 480)*. Teixeira, Sálvio de Figueiredo (Coord.). Rio de Janeiro: Forense, 2011, p. 755.
431. Biazi, João Pedro de Oliveira de. Op. cit., p. 30.
432. Pontes de Miranda, Francisco Cavalcanti. *Tratado de direito privado*. Campinas: Bookseller, 2000. t. V. p. 41 e 49.
433. Serpa Lopes, Miguel Maria de. Op. cit., p. 108.

Nas palavras de Pontes de Miranda, "a exceção de prescrição é independente; ela é o conteúdo imediato do próprio direito de excepcionar; todo o seu efeito é o de permitir a recusa à prestação."[434]

Outro exemplo de exceção autônoma, menciona Miguel Maria de Serpa Lopes, é o *beneficium excussionis* do fiador, atualmente consagrado no art. 827 do Código Civil.[435] Esse contradireito também existe por si só, independentemente de qualquer direito do fiador perante o credor.[436]

Por outro lado, a própria exceção de contrato não cumprido e a exceção de retenção são exemplos de exceções dependentes, porque o contradireito que encarnam é decorrência na verdade de outro direito de titularidade do demandado, qual seja o crédito que o demandado possui perante o demandante, que poderia inclusive ser cobrado em reconvenção ou ação própria.[437]

As exceções dependentes estão umbilicalmente ligadas aos direitos de que provêm, e, por isso mesmo, extinguem-se com eles. É por isso que, se por qualquer razão, extinguir-se o crédito do demandado perante o demandante, no contrato bilateral, extingue-se também o contradireito consubstanciado na exceção de contrato não cumprido.[438]

Pode-se renunciar à exceção dependente sem se remitir a dívida ou sem se renunciar ao crédito. A recíproca não é verdadeira: a remissão ou renúncia ao crédito implica extinção da exceção.[439]

Essa relação umbilical entre o contradireito e o crédito do qual ele deriva não pode, porém, conduzir à falsa percepção de que se trataria no fundo da mesma posição jurídica ativa, vista apenas sob perspectivas diferentes, erro no qual incide, com a devida vênia, Miguel Maria de Serpa Lopes, ao falar de "direitos que tanto podem ser exigidos *in excipiendo* como *in agendo*" ou de "exceções que comportam ao mesmo tempo uma ação".[440] Na verdade, o que se tem, não custa repisar, são duas posições jurídicas ativas diferentes: o contradireito, na forma de exceção, e o crédito do demandado perante o demandante, ligados, é verdade, por uma relação de dependência, na qual a extinção deste implica a daquele. Rafael Alexandria de Oliveira bem esclarece a questão:

---

434. Pontes de Miranda, Francisco Cavalcanti. *Tratado de direito privado*. Campinas: Bookseller, 2000. t. VI. p. 39. No mesmo sentido, quanto a configurar a prescrição tipo de exceção independente, ver: Aguiar Jr., Ruy Rosado de. *Comentários ao novo Código Civil*, v. VI, t. II: da extinção do contrato (arts. 472 a 480). Teixeira, Sálvio de Figueiredo (Coord.). Rio de Janeiro: Forense, 2011, p. 757.
435. Art. 827. O fiador demandado pelo pagamento da dívida tem direito a exigir, até a contestação da lide, que sejam primeiro executados os bens do devedor.
436. Serpa Lopes, Miguel Maria de. Op. cit., p. 107.
437. Serpa Lopes, Miguel Maria de. Op. cit., p. 107–08; Aguiar Jr., Ruy Rosado de. *Comentários ao novo Código Civil*, v. VI, t. II: da extinção do contrato (arts. 472 a 480). Teixeira, Sálvio de Figueiredo (Coord.). Rio de Janeiro: Forense, 2011, p. 757.
438. Pontes de Miranda, Francisco Cavalcanti. *Tratado de direito privado*. Campinas: Bookseller, 2000. t. VI. p. 40.
439. Ibidem, p. 39.
440. Serpa Lopes, Miguel Maria de. Op. cit., p. 108.

É importante, contudo, atentar para o seguinte: o contradireito em que consiste a exceção não coincide com o direito que lhe serve de fundamento e que pode ser exercitado por demanda autônoma. O direito que lhe dá fundamento é a sua causa; a exceção, a consequência jurídica. Assim, por exemplo, porque Davi deixou de cumprir a própria prestação e, com isso, fez nascer para Bernardo um direito de crédito (causa), Bernando pode, se demandado para cumprir a contraprestação, exercer a exceção-contradireito de recusá-la, enquanto não receber o que lhe é devido (*consequência*).[441]

E aqui insere-se problema dos mais relevantes, que é o da prescritibilidade da exceção de contrato não cumprido enquanto espécie de exceção dependente.

Há quem compreenda que, justamente por se tratar de exceção dependente, atingida a pretensão do crédito de A contra B pela prescrição, também estaria eliminada a possibilidade de A opor exceção de contrato não cumprido em face de B.

Miguel Maria de Serpa Lopes defende esta posição. Primeiro, o autor cuida de desconstruir o adágio *"quae temporalia sunt ad agendum, perpetua in excipiendum"*, segundo o qual as ações seriam prescritíveis, mas as exceções seriam sempre imprescritíveis,[442] demonstrando sua origem na Idade Média, entre os glosadores, a partir de uma generalização indevida da passagem do Livro XLIV, 4, 5, §6, do Digesto.[443] Na sequência, expõe sua opinião: as exceções autônomas, porque sempre reativas e condicionadas a uma prévia iniciativa da contraparte, seriam imprescritíveis, pois não faria sentido punir a inércia de quem só pode se valer da exceção quando cobrado pela contraparte (princípio *"contra non valentem agere non currit praescriptio"*), mas as exceções dependentes, por outro lado, prescreveriam junto com as pretensões referentes aos créditos a que estão ligadas, porque possível caracterizar, nessa hipótese, a inércia da parte pelo não ajuizamento da ação referente ao crédito:

> As exceções dividem-se em duas importantes categorias: as autônomas, existentes por si mesmas, e as dependentes, isto é, fundadas num determinado direito. [...] São imprescritíveis as exceções da primeira categoria. Quando firmado em qualquer delas, o demandado pode a todo o tempo opô-las [...]. Ao contrário, são prescritíveis as da segunda categoria. [...] A exatidão da regra *"quae temporalia sunt ad agendum, perpetua in excipiendum"* é inatacável quando ao excipiente não era possível intentar qualquer ação, e nem se lhe podia imputar uma negligência, por competir somente ao adversário promovê-la ou não. Se, porém, a parte tiver o concomitante direito à ação e à exceção, e idêntico for o conteúdo de ambas, a exceção prescreve igualmente com a respectiva ação.[444]

---

441. Oliveira. Rafael Alexandria de. O exercício da exceção de contrato não cumprido e a prescrição. In: Didier Jr., Fredie et al. *Pontes de Miranda e o Direito Processual*. Salvador: JusPodivm, 2013, p. 962.
442. A tradução literal seria: "O que é temporário em se tratando de ações, é perpétuo no tocante às exceções." (Oliveira. Rafael Alexandria de. O exercício da exceção de contrato não cumprido e a prescrição. In: Didier Jr., Fredie et al. *Pontes de Miranda e o Direito Processual*. Salvador: JusPodivm, 2013, p. 960).
443. "Não do mesmo modo que a ação de dolo se extingue por certo tempo, se há de dar também pelo mesmo tempo a exceção; porque esta compete *perpetuamente*, pois o autor tem certamente em sua faculdade quando haja de usar do seu direito; mas aqui contra quem se reclama não possui em sua faculdade quando tenha de ser demandado." (Tradução disponível em: Serpa Lopes, Miguel Maria de. Op. cit., p. 341).
444. Ibidem, p. 348-349.

Aplicando o aludido raciocínio à exceção de contrato não cumprido, enquanto exceção dependente, Serpa Lopes afirma que o credor insatisfeito, nos contratos sinalagmáticos, pode tanto aguardar a ação proposta pela parte contrária para opor a exceção, como também exigir do outro contratante o cumprimento da prestação que lhe cabe. Nesse contexto, "se fica indiferente ao curso do tempo, sabendo que o seu crédito prescreve num momento anterior ao da contraparte, e se vem a incorrer em prescrição, parece-nos lógico não mais poder socorrer-se da *exceptio non adimpleti contractus*, pois dispunha de meios para não incorrer em prescrição e, nada obstante, deixou o seu direito extinguir-se."[445]

Araken de Assis vai no mesmo sentido, afirmando que o art. 190 do Código Civil, ao dispor que "a exceção prescreve no mesmo prazo em que a pretensão", repeliu definitivamente no Direito brasileiro, em relação às exceções dependentes (que chama de "subordinadas"),[446] o vetusto brocardo "*quae temporalia sunt ad agendum, perpetua in excipiendum*".[447] Quanto às autônomas, o preceito não se aplicaria, pois sequer existe uma pretensão subjacente a conferir suporte à exceção, entendimento, aliás, acolhido no Enunciado 415 da V Jornada de Direito Civil: "O art. 190 do Código Civil refere-se apenas às exceções impróprias (dependentes/não autônomas). As exceções propriamente ditas (independentes/autônomas) são imprescritíveis."[448]

Idêntico o posicionamento de Humberto Theodoro Jr.: as exceções dependentes, entre as quais a de contrato não cumprido, prescreveriam no mesmo prazo da pretensão, nos termos do art. 190 do Código Civil, enquanto as independentes seriam imprescritíveis.[449]

Em sentido diverso, Pontes de Miranda assevera que a questão da prescritibilidade das exceções não guarda relação direta com a classificação das exceções entre dependentes e independentes, até porque a prescrição não extingue o crédito, apenas paralisa a eficácia de sua pretensão. Assim, argumenta, não poderia ser aplicada a lógica, já referida acima, de que a extinção do crédito implica extinção também do contradireito.[450]

---

445. Serpa Lopes, Miguel Maria de. Op. cit., p. 354.
446. Mesmo nome atribuído, aliás, por Andreas Von Tuhr (*Tratado de las obligaciones*. Trad. W. Roces. Tomo II. Madrid: Editorial Reus S/A, 1934, p. 20).
447. Assis, Araken de. *Comentários ao Código Civil brasileiro*, v. 5: do Direito das obrigações (arts. 421 a 578). Alvim, Arruda; Alvim, Thereza (Coord.). Rio de Janeiro: Forense, 2007, p. 694.
448. Importante aqui abstrair, todavia, a confusão estabelecida no Enunciado entre os conceitos de exceção própria/imprópria e exceção independente/dependente. Exceções impróprias sequer constituem verdadeiras exceções, uma vez que não se destinam a encobrir a eficácia de direito, pretensão ou ação, constituindo, ao invés, exercício de defesa na forma de pretensão na via reversa (como um pedido reconvencional, por exemplo). O que temos chamado, no decorrer do trabalho, de exceção material, substancial ou em sentido estrito, são apenas, portanto, as exceções próprias, que por sua vez podem ser tanto dependentes, como independentes. (Biazi, João Pedro de Oliveira de. Op. cit., p. 243).
449. Theodoro Jr., Humberto. Prescrição: ação, exceção e pretensão. In: *Pontes de Miranda e o Direito Processual*. Salvador: JusPodivm, 2013, p. 473-475.
450. Pontes de Miranda, Francisco Cavalcanti. *Tratado de direito privado*. tomo VI. Campinas: Bookseller, 2000. t. VI. p. 40.

Em outro ponto de sua obra, acresce, no mesmo sentido, que o encobrimento da eficácia da pretensão, decorrente da prescrição (em si outra exceção substancial), limita-se ao que é eficácia própria da pretensão material ou da ação material – isto é, à capacidade de exigir, ativamente – não atingindo o aspecto reativo e defensivo da exceção.[451]

Ao contrário de Serpa Lopes, que enxerga na omissão do exercício da pretensão inércia que legitima a prescrição também da exceção, Pontes de Miranda isola totalmente as duas posições jurídicas ativas, compreendendo que o titular da exceção não pode ser reputado inerte enquanto não demandado (de forma que o réu poderia excepcionar, mesmo quando, em se tratando de exceção dependente, tivesse ocorrido a prescrição da pretensão):

> Por sua natureza de *posterius*, a exceção não poderia ser sujeita à prescrição; pois seria combater-se a inatividade de quem ainda não poderia exercer o direito de excetuar: toda exceção, para se opor, supõe que se exerça o direito, ou a pretensão, ou a ação, ou a exceção. Não se pode excepcionar quando se quer, e sim quando alguém avança contra o que tem o *ius exceptionis*. Destarte, a exceção não prescreve.[452]

João Pedro de Oliveira de Biazi segue este mesmo posicionamento, aduzindo que reconhecer a prescrição da exceção como corolário da prescrição da pretensão teria o efeito perverso de consolidar desequilíbrios entre as partes, mormente quando diferentes os prazos prescricionais aplicáveis às pretensões dos contratantes. Nesse sentido, traz o exemplo de um contrato de compra e venda celebrado por instrumento particular, com vencimentos simultâneos, no qual a pretensão de exigir o preço prescreve em cinco anos (art. 206, §5º, I, do Código Civil), mas a pretensão de exigir a coisa prescreve em dez anos (art. 205 do Código Civil). Se admitido que a prescrição da pretensão implica prescrição da exceção, o vendedor não poderia se valer da exceção de contrato não cumprido se o comprador, por exemplo, a partir do sexto ano, exigisse a entrega da coisa sem ter pagado o preço, o que acabaria, em última análise, por cristalizar e legitimar o rompimento do sinalagma que o instituto da exceção de contrato não cumprido tenciona justamente combater.[453]

Esse tipo de situação pode ocorrer não só quando diferentes os prazos prescricionais aplicáveis às pretensões das partes, mas também quando, embora iguais, apenas uma delas se beneficia de algum tipo de causa suspensiva ou interruptiva da prescrição.[454]

---

451. Nas palavras do autor: "Pode opor a exceção o demandado, ainda que, ao tempo da propositura da ação, já estivesse prescrita a contraprestação. [...] Advertindo-se em que o encobrimento da pretensão ou da pretensão e da ação do demandado pela prescrição *não lhe encobre o que não é eficácia de ação ou de pretensão: a exceptio non adimpleti contractus fica.*" (Pontes de Miranda, Francisco Cavalcanti. *Tratado de direito privado*. Campinas: Bookseller, 2000. t. III. p. 256).
452. Pontes de Miranda, Francisco Cavalcanti. *Tratado de direito privado*. Campinas: Bookseller, 2000. t. VI. p. 51.
453. Biazi, João Pedro de Oliveira de. Op. cit., p. 229.
454. Na vigência do Código Civil de 1916, a tese da imprescritibilidade das exceções era largamente majoritária no Direito brasileiro, até mesmo por conta da ausência de norma expressa acerca da matéria. Caio Mário da

Em Portugal, este sempre foi o entendimento majoritário.

Adriano Paes da Silva Vaz Serra, em obra que antecede o Código Civil Português de 1967, já asseverava que a prescrição, embora tivesse o condão de impedir o contraente de exigir a satisfação de seu crédito, não evitava que pudesse invocar a exceção como meio de defesa. Traz o autor outras justificativas de ordem prática a corroborar tal posicionamento, além das já citadas:

> Com efeito, e restringindo estas considerações à *exceptio non adimpleti contractus* (única de que aqui se trata), o contraente que não é demandado durante certo prazo para cumprimento do contrato pode pensar que ao outro contraente não interessa esse cumprimento e, convindo-lhe considerar o contrato como não destinado a ser cumprido, abster-se de interromper a prescrição do seu crédito. Afinal, para quê dar-se ao incômodo de fazer interromper a prescrição se julga que não terá de cumprir e exercer o crédito correlativo? Se, mais tarde, consumada a prescrição, a sua expectativa se mostra errônea, porque o outro contraente vem, de facto, reclamar o cumprimento, é razoável que possa defender-se invocando o seu crédito. Se não pudesse, romper-se-ia o equilíbrio contratual, que serve de fundamento à relação jurídica, que une os dois contraentes, e isto quando é desculpável ao *excipiens* não ter feito interromper a prescrição.
>
> [...]
>
> E, por outro lado, satisfaz uma necessidade de justiça, evitando que um dos contraentes tire vantagens do contrato sem suportar os encargos que eram a contrapartida dessas vantagens.[455]

No mesmo sentido, a opinião de Antunes Varela.[456]

Certamente por força da influência de ambos os juristas – Vaz Serra e Antunes Varela, o primeiro, como visto, autor de obra específica sobre o tema – o Código Civil Português de 1966 (por alguns chamado de Código Vaz Serra, por outros de Código Antunes Varela)[457] abraçou expressamente essa posição em seu artigo 430:

Silva Pereira defendia, nesse sentido: "Imprescritíveis dizem-se ainda as exceções, e já o afirmava o direito romano: *'quae temporalia sunt ad agendum perpetua sunt ad excipiendum'*. Não se inscreve na casa dos direitos imprescritíveis, senão da faculdade ou do poder de opor uma defesa à pretensão de outrem; faculdade que subsiste enquanto permanece a *actio* do contendor, com fundamento em um princípio de justiça, uma vez que a utilização da *exceptio* não está, em regra, na dependência da exclusiva iniciativa do seu titular. Ao contrário, mantém-se na dependência do exercício da ação por parte do adversário, e não seria equânime que se extinguisse a oponibilidade da exceção, que é técnica de defesa, antes de ser formulada a pretensão a que visaria extinguir." (Pereira, Caio Mário da Silva. *Instituições de direito civil*. v. I. 19. ed., Rio de Janeiro: Forense, 2000, p. 439) Outra não era a posição de Carlos Maximiliano, que asseverava na mesma linha: "Nenhum fundamento de defesa perde a eficácia enquanto persiste, para o adversário, a faculdade de acionar. Se um termo é preestabelecido em lei para se fazer valer determinado direito por meio de ação, o decurso do prazo referido não impede o titular, do mesmo direito, de o alegar como base de contestação, em sendo demandado." (Maximiliano, Carlos. *Hermenêutica e aplicação do direito*. 19. ed. Rio de Janeiro: Forense, 2008, p. 230).

455. Vaz Serra, Adriano Paes da Silva. Excepção de contrato não cumprido (exceptio non adimpleti contractus). *Boletim do Ministério da Justiça*, n. 67, jun. 1957, p. 94-96.

456. "Suponhamos que A vendeu a B certa coisa por determinado preço e que, enquanto a obrigação de B (pagamento do preço) prescreveu, o mesmo não sucedeu quanto à obrigação de entrega da coisa. Assim mesmo, A continua a gozar da exceção de não cumprimento do contrato quanto à entrega da coisa (*quae temporalia sunt ad agendum perpetua sunt ad excipiendum*), enquanto B não cumprir ou se não dispuser a cumprir ao mesmo tempo." (Antunes Varela, João de Matos. *Das obrigações em geral*, v. I, 10. ed. Coimbra: Almedina, 2008, p. 401).

457. Almeida Costa, Mário Júlio de. *História do direito português*. 5. ed. Coimbra: Almedina, 2012, p. 563-568.

Art. 430. Prescrito um dos direitos, o respectivo titular continua a gozar da exceção de não cumprimento, exceto quando se trate de prescrição presuntiva.[458]

No Direito alemão, esta é também a visão dominante, fundada especialmente na constatação de que a prescrição não extingue o crédito, impedindo apenas que este seja exigido pela parte, o que deu origem ao apotegma "Ans pruchvergeth, Einride besteht" ("a ação passa, a exceção fica"). É o que defendem, em linhas gerais, Von Tuhr,[459] Windscheid[460] e Larenz, valendo aqui transcrever a manifestação do último a respeito do tema:

> O demandado conserva a exceção ainda que sua própria pretensão tenha sido atingida pela prescrição. A prescrição da pretensão significa apenas que ele não pode exigir seu cumprimento pela via judicial [...]. Porém, do ponto de vista jurídico-material, o crédito subsiste, e, com ele, também a limitação do direito do autor a poder exigir apenas o cumprimento simultâneo.[461]

No Direito italiano, as opiniões dividem-se. Por um lado, Giovanni Persico,[462] Giuseppina Pisciotta,[463] Paolo Gallo[464] e Francesco Realmonte[465] defendem a imprescritibilidade da exceção de contrato não cumprido, fazendo-o seja por razões de equidade, seja com arrimo em pronunciamentos de Cortes italianas nesse sentido.[466]

---

458. Código Civil Português. Disponível em: https://www.igac.gov.pt. Acesso em: 15 jun. 2019.
    A ressalva final às prescrições presuntivas é específica do Direito português. Nos artigos 312 e seguintes do Código Vaz Serra, o legislador traz hipóteses de prescrição que se fundam na presunção de que os débitos foram cumpridos. Estas hipóteses de prescrição, portanto, não têm relação com a negligência do credor (como ocorre com a prescrição dita "ordinária"): quanto às prescrições presuntivas, a lei limita-se a supor, a presumir, que estas dívidas foram pagas no prazo que ela fixa (art. 312), presunção esta que pode ser elidida por confissão expressa ou tácita do devedor (artigos 313 e 314) (Vaz Serra, Adriano Paes da Silva. Op. cit., p. 96).
    Merece destaque a semelhança da redação final do art. 430 do Código Civil Português com a proposta de regulamentação feita por Vaz Serra em sua obra do ano de 1957: "Art. 7º – O direito de opor a exceção, a que o art. 1º se refere, não obsta à prescrição do crédito do titular desse direito. Prescrito o crédito, pode, não obstante, valer-se esse titular da mesma exceção, se o outro contraente reclamar o cumprimento do contrato, mas esta doutrina não é aplicável às prescrições fundadas numa presunção de pagamento." (Vaz Serra, Adriano Paes da Silva. Op. cit., p. 176).
459. Von Tuhr, Andreas. *Tratado de las obligaciones*. Trad. W. Roces. t. II. Madrid: Editorial Reus S/A, 1934, §80, IV, 4.
460. Windscheid, Bernardo. *Diritto delle pandette*. Volume Secondo. Parte Prima. Torino: Unione Tipografico-Editrice Torinese, 1904, p. 246.
461. "El demandado conserva la excepción aunque su propia pretensión haya prescrito. La prescripción de la pretensión significa solamente que no puede obtener su cumplimiento por vía judicial en caso de que su adversario la invoque. Pero desde el punto de vista jurídico material, el crédito subsiste, y con él también la limitación del derecho del actor a poder exigir solamente prestación simultánea." (Larenz, Karl. *Derecho de obligaciones*. Trad. Jaime Santos Briz. Tomo I. Madrid: Editorial Revista de Derecho Privado, 1959, p. 270).
462. Persico, Giovanni. *L'eccezione d'inadempimento*. Milano: Giuffrè, 1955, p. 225.
463. Pisciotta, Giuseppina. *La risoluzione per inadempimento*. Milano: Giuffrè Editore, 2000, p. 348.
464. Gallo, Paolo. *Trattato del contratto – I rimedi, la fiducia, l'apparenza*. Tomo Terzo. Torino: Utet, 2010, p. 2187.
465. Realmonte, Francesco. Eccezione di inadempimento. In: *Enciclopedia del diritto*, v. XIV. Milano: Giuffrè, 1965, p. 238.
466. Cass., 6.8.1997, n. 7228; Cass., 3.2.2000, n. 1168. Ambos disponíveis em: www.italgiure.giustizia.it. Acesso em: 17 jun. 2019.

O último autor lança interessante argumento na linha da equidade: se a prescrição da pretensão também implicasse impossibilidade de opor a *exceptio non adimpleti contractus*, a parte que dispõe do prazo prescricional mais dilatado poderia, induzindo a outra a crer que o contrato simplesmente não seria executado, dolosamente postergar o ajuizamento da demanda até o momento em que já consumada a prescrição, para, com isso, impedir a parte contrária de valer-se da exceção e obter vantagem patrimonial sem nada despender, quebrando a lógica de equilíbrio dos contratos bilaterais.[467] Em sentido contrário, todavia, manifestam-se Lina Bigliazzi Geri[468] e Gioachino Scaduto.[469]

Na França e na Espanha, predomina a visão da imprescritibilidade, com lastro no adágio "quae temporalia sunt ad agendum, perpetualia sunt ad excipiendum", como bem exemplificam, respectivamente, as obras de René Cassin[470] e María Cruz Moreno.[471] Na França, inclusive, popularizou-se outra máxima de efeitos semelhantes: "Le tant dure la demande, tant dure l'exception" (a exceção dura tanto quanto dura a ação contrária).[472]

Bem exposto o conflito entre as teses, cumpre agora adotar uma das posições, à luz da atual configuração do Direito positivo brasileiro.

Em rigor, partindo da premissa de que a prescrição, enquanto exceção material, não extingue o crédito, apenas paralisa a eficácia da pretensão, não valeria a lógica de que, em matéria de exceções dependentes (e a exceção de contrato não cumprido é uma exceção dependente), a extinção do crédito implica também a do contradireito. Em boa técnica, a classificação das exceções entre dependentes e autônomas não deveria ter qualquer relevância nesta seara.

São pujantes, igualmente, as razões de equidade trazidas por Adriano Paes da Silva Vaz Serra e Francesco Realmonte, no sentido de que a parte que goza de prazo menor pode ser levada de boa-fé a crer que o adversário não mais exigirá sua prestação, não sendo justo que, em se comprovando posteriormente errônea sua expectativa, não possa defender-se por meio da exceção. Afinal, do contrário, legitimar-se-ia o rompimento do equilíbrio contratual, cuja preservação constitui a própria razão de ser do instituto da exceção de contrato não cumprido.

---

467. Realmonte, Francesco. *Eccezione di inadempimento*. In: *Enciclopedia del diritto*, v. XIV. Milano: Giuffrè, 1965, p. 238.
468. Geri, Lina Bigliazzi. Eccezione di inadempimento. In: *Digesto delle Discipline Privatistiche – Sezione Civile*. v. II. Torino: Unione Tipografico-Editrice Torinese, 1998, p. 347.
469. Scaduto, Gioachino. L'exceptio non adimpleti contractus nel diritto civile italiano. In: *Annali del Seminario Giuridico della r. Università di Palermo*, v. III. 1921, p. 214-216.
470. Cassin, René. *De l'exception tirée de l'inexécution dans les rapports synallagmatiques (exceptio non adimpleti contractus) – et de ses relations avec le droit de rétention, la compensation et la résolution*. Paris: Recueil Sirey, 1914, p. 717.
471. Moreno, Maria Cruz. *La "exceptio non adimpleti contractus"*. Tirant lo Blanch, 2004, p. 98–99.
472. Cahali, Yussef Said. *Prescrição e decadência*. São Paulo: Ed. RT, 2008, p. 40.

Na vigência do Código Civil de 1916, para além desses argumentos, ainda pesava a própria inexistência de qualquer preceito expresso a admitir a prescritibilidade das exceções, sendo que todos os prazos prescricionais se referiam expressamente apenas às "ações". Everardo V. de Miranda Carvalho afirmava nessa linha:

> É evidente que o Código Civil, calando em absoluto sobre a prescrição das exceções, adotou o brocardo que os jurisconsultos romanos houveram por bem deduzir de vários textos do seu Direito Imortal: *"quae temporalia sunt ad agendum perpetua sunt ad* excipiendum".[473]

A entrada em vigor do Código Civil de 2002, todavia, marca uma tomada de posição bastante expressa por parte do legislador na matéria, que não pode ser ignorada.

O art. 190 do CC/2002 dispõe de forma clara que "a exceção prescreve no mesmo prazo em que a pretensão". Tal dispositivo, para o bem ou para o mal, pôs fim ao debate que havia na vigência do CC/1916.

A norma do art. 190, que se aplica apenas às exceções dependentes (quanto às autônomas, sequer existe uma pretensão subjacente a conferir suporte à exceção),[474] acabou por consagrar no Direito brasileiro a tese de que a prescrição da pretensão implica também a prescrição da exceção dependente, entendimento já defendido por Serpa Lopes, como visto, muito antes da edição do CC/2002.[475-476]

José Carlos Moreira Alves, autor da Parte Geral do Anteprojeto do CC/2002, é inclusive expresso em afirmar que o objetivo da inclusão do art. 190 foi exatamente o de evitar que, prescrita a ação, o mesmo direito pudesse ser utilizado de modo perpétuo pela via indireta da exceção.[477] Em suma, fez o legislador opção expressa por

---

473. Carvalho, Everarto Viriato de Miranda. *A imprescritibilidade das exceções e a prescrição quinquenal da fazenda pública*. In: Mendes, Gilmar F.; Stoco, Rui (Org.). *Doutrinas Essenciais*: Direito Civil (Parte Geral), v. V. São Paulo: Ed. RT, 2011, p. 218.
474. Nesse sentido: Duarte, Nestor. *Código civil comentado*. Peluso, Cezar (Coord.). 5. ed. Barueri: Manole, 2011, p. 145; Tepedino, Gustavo; Bodin de Moraes, Maria C.; Barboza, Heloísa H. *Código Civil interpretado, v. I*. Rio de Janeiro: Renovar, 2011, p. 362; Cahali, Yussef Said. Op. cit., p. 41; Schreiber, Anderson et al. *Código civil comentado*: doutrina e jurisprudência. Rio de Janeiro: Forense, 2019, p. 121.
475. No sentido de que a entrada em vigor do Código Civil de 2002 pôs fim ao debate anteriormente existente, fazendo opção expressa pela prescritibilidade das exceções dependentes: Campos, Ricardo Ribeiro. Decadência e prescrição no novo código civil: breves reflexões. In: Mendes, Gilmar F.; Stoco, Rui (Org.). *Doutrinas Essenciais*: Direito Civil (Parte Geral), v. V. São Paulo: Ed. RT, 2011, p. 669; Glanz, Aída. A prescrição e a decadência no direito brasileiro. In: Mendes, Gilmar F.; Stoco, Rui (Org.). *Doutrinas Essenciais*: Direito Civil (Parte Geral), v. V. São Paulo: Ed. RT, 2011, p. 70.
476. Interessante salientar que o Anteprojeto de Código das Obrigações, de autoria de Caio Mário da Silva Pereira, defensor, como visto, da tese da imprescritibilidade, estabelecia expressamente, em seu art. 270, na linha do Código Civil Português de 1966, a regra inversa – isto é, que o direito prescrito poderia ser proveitosamente invocado por via de exceção. (Pereira, Caio Mário da Silva. *Instituições de direito civil*. v. I. 19. ed. Rio de Janeiro: Forense, 2000, p. 439).
477. Moreira Alves, José Carlos. *A parte geral do projeto de código civil brasileiro: com análise do texto aprovado pela Câmara dos Deputados*. São Paulo: Saraiva, 1986, p. 152. Apenas faz-se a ressalva de que não se trata propriamente do "mesmo direito", na medida em que, como exaustivamente exposto, direito e contradireito são posições jurídicas ativas distintas.

uma das soluções possíveis, contra o que não adianta expor argumentos fundados na doutrina ou na equidade.

Nessa linha, os Tribunais brasileiros vêm reiteradamente se pronunciando, após a entrada em vigor do CC/2002, no sentido de que, prescrita a pretensão referente ao crédito, não poderá mais o demandado, por tabela, invocar a exceção de contrato não cumprido, por se tratar de exceção dependente.[478]

Todos os julgados analisados, coincidentemente, têm como pano de fundo o mesmo contexto de fato e de direito: promitentes vendedores invocam a exceção de contrato não cumprido em contestação à ação de adjudicação compulsória, sob o argumento de que não receberam os pagamentos referentes a algumas parcelas do contrato, constatando o Juízo, porém, estarem prescritas as pretensões de cobrança e de resolução do contrato fundadas no inadimplemento dessas mesmas parcelas.

A conclusão de todos os arestos pode ser resumida no seguinte trecho do voto do Desembargador João Cancio, do Tribunal de Justiça de Minas Gerais, na Apelação Cível 1.0521.12.005497-3/001:

> A norma do art. 190 preconiza, portanto, consequência negativa pela inércia do titular da pretensão, preceituando que ocorrida a prescrição de seu direito de ação, o contratante não poderá valer-se da exceção de contrato não cumprido, em defesa, se demandado pelo outro contratante também inadimplente, mas cuja pretensão não tiver sido atingida pela prescrição. É dizer: se o titular do direito deixa transcorrer *in albis* o prazo para o exercício de seu direito, não pode valer-se da "outra face" de sua pretensão que é a exceção de contrato não cumprido.[479]

A solução dessas demandas serve, ainda, para demonstrar que, em determinados contextos, argumentos de equidade também podem pesar em favor da solução preconizada pelo art. 190 do CC/2002, não só com arrimo na segurança jurídica (impossibilidade de arguir a exceção de forma perpétua, mesmo quando prescrito o direito subjacente), mas eventualmente no próprio esvaziamento prático da posição contratual do demandado após a prescrição do direito. Nessa linha, elucida o Desembargador Francisco Loureiro, do Tribunal de Justiça do Estado de São Paulo, no julgamento da Apelação Cível 1004891-39.2017.8.26.0006:

> Pago o preço, o domínio formal que se encontra em nome do promitente vendedor não lhe confere mais nenhum direito, mas apenas o dever inexorável de outorgar a escritura definitiva.

---

478. Nesse sentido: TJSP, Ap. 1007163-40.2016.8.26.0006, 5ª Câmara de Direito Privado, Rel. Des. A. C. Mathias Coltro, j. em 10 out. 2018; TJSP, Ap. 1013054-04.2014.8.26.0009, 30ª Câmara Extraordinária de Direito Privado, Rel. Des. Maia da Cunha, j. em 13 ago. 2018; TJMG, Ap. 1.0521.12.005497-3/001, 18ª Câmara Cível, Rel. Des. João Cancio, j. 07 out. 2014; TJSP, Ap. 0001315-64.2012.8.26.0480, 1ª Câmara de Direito Privado, Rel. Des. Francisco Loureiro, j. em 13 fev. 2014; TJSP, EI 4003734-08.2013.8.26.0624, 6ª Câmara de Direito Privado, Rel. Des. Furquim Cabella, j. em 31 ago. 2017; TJSP, Ap. 1004891-39.2017.8.26.0006, 1ª Câmara de Direito Privado, Rel. Des. Francisco Loureiro, j. 03 abr. 2018; TJSP, Ap. 1028254067.2017.8.26.0002, 1ª Câmara de Direito Privado, Rel. Des. Francisco Loureiro, j. em 17 abr. 2018.
479. TJMG, Ap. 1.0521.12.005497-3/001, 18ª Câmara Cível, Rel. Des. João Cancio, j. 07 out. 2014.

O mesmo ocorre se a pretensão de cobrança das parcelas do preço se encontra prescrita. Qual a finalidade de manter o promitente vendedor como titular de um domínio vazio de conteúdo, se não mais pode usar, fruir, dispor e nem retomar o imóvel?

Não havendo mais possibilidade de resolução contratual, resta completamente esvaziada tal garantia. Assim, manter a nua propriedade nas mãos do promitente vendedor serviria somente para perpetuar uma situação que, por natureza, é provisória, qual seja, a situação de cedente comprador.

A grande prejudicada seria a segurança jurídica, pois o imóvel continuaria registrado em nome de um promitente vendedor destituído de qualquer direito palpável (nem mesmo de garantia) sobre a coisa. Em não tendo sido registrado o compromisso, terceiros poderiam adquirir essa propriedade já completamente esvaziada, o que evidentemente deve ser evitado.[480]

2.5 A EXCEÇÃO DE CONTRATO NÃO CUMPRIDO COMO EXCEÇÃO COMUM (OU GERAL)

Falta analisar a última classificação das exceções: aquela que distingue entre pessoais e comuns.

Exceções *pessoais* são aquelas que têm fundamento em fatos ou circunstâncias referentes às pessoas dos contratantes. É o caso da compensação, por exemplo, que embora constitua na verdade contradireito extintivo e não propriamente exceção substancial, recebe de toda a doutrina o tratamento de exceção pessoal para os fins do art. 302 do Código Civil, não podendo o assuntor ou assumente da dívida, nesse sentido, invocar compensação com crédito de titularidade do devedor original, derivado de outra relação jurídica, para furtar-se ao pagamento daquilo que lhe é cobrado.[481]

Já as exceções *comuns* ou *gerais* são objetivas e concernem às próprias obrigações do contrato (e não a uma particularidade das partes envolvidas no negócio). A exceção de contrato não cumprido constitui exemplo de defesa desse tipo, pois decorrente da relação de reciprocidade entre as prestações, sem vínculo com qualquer especificidade dos contratantes.[482]

Essa distinção é invocada expressamente pelo legislador brasileiro para delimitar a oponibilidade das exceções tanto em matéria de transmissão das obrigações (cessão de crédito e assunção de dívida), como nas hipóteses de solidariedade ativa e passiva.

---

480. TJSP, Ap. 1004891-39.2017.8.26.0006, 1ª Câmara de Direito Privado, Rel. Des. Francisco Loureiro, j. 03 abr. 2018.
481. Serpa Lopes, Miguel Maria de. Op. cit., p. 108; Tepedino, Gustavo; Bodin de Moraes, Maria C.; Barboza, Heloísa H. *Código Civil interpretado*, v. I. Rio de Janeiro: Renovar, 2011, p. 565 e 593.
482. Gonçalves, Carlos Roberto. *Direito civil brasileiro*, v. II: *teoria geral das obrigações*. 13. ed. São Paulo: Saraiva, 2016, p. 168.

2.5.1 A oponibilidade da exceção de contrato não cumprido em relação a terceiros

O instituto da exceção de contrato não cumprido segue a lógica do princípio da relatividade dos efeitos contratuais, por força do qual, em regra, os contratos produzem efeitos exclusivamente entre os contratantes, sem aproveitar ou prejudicar terceiros estranhos à relação (raciocínio condensado no aforismo "*res inter alios acta, neque nocet, neque prodest*").[483] Como afirma Pontes de Miranda, "a exceção *non adimpleti contractus* e a *non rite adimpleti contractus* só têm eficácia entre devedor-credor e credor-devedor. Os terceiros não são atingidos por elas."[484]

Todavia, impende salientar que cessionários, herdeiros ou outros sucessores não são considerados terceiros para esse fim.[485] Estes podem opor a exceção de contrato não cumprido, ou podem ter a exceção contra eles oposta, porque ela é corolário da sinalagmaticidade que marca os contratos bilaterais, que não se desfaz com a transmissão *causa mortis* ou *inter vivos* do contrato, do crédito ou da dívida. Ao substituírem os figurantes originários da relação, aqueles atores recebem o contrato, o crédito ou a dívida tal como estes eram antes da transmissão, com as pretensões e exceções pertinentes (bem como com seus correlatos passivos).[486]

O Código Civil Português é inclusive expresso nesse sentido, em seu artigo 431º, que dispõe: "A exceção de não cumprimento é oponível aos que no contrato vierem a substituir qualquer dos contraentes nos seus direitos e obrigações." Nesse ponto, fica evidente mais uma vez a influência de Vaz Serra na elaboração do diploma, que, em sua obra de 1957 sobre a exceção de contrato não cumprido, já havia formulado a seguinte proposta de regulamentação da matéria: "Art. 10 – A exceção de contrato não cumprido é oponível a terceiros que entrem na relação contratual e assumam os direitos e obrigações de um dos contraentes."[487]

Cumpre, agora, examinar algumas situações particulares, a fim de bem compreender como a exceção opera em relação a outros agentes, sejam eles verdadeiros terceiros ou meros substitutos das partes originais.

a) Cessão de crédito

No campo da cessão de crédito, o art. 294 do Código Civil estabelece que "o devedor pode opor ao cessionário as exceções que lhe competirem, bem como as que, no momento em que veio a ter conhecimento da cessão, tinha contra o cedente."

---

483. Biazi, João Pedro de Oliveira de. Op. cit., p. 231; Serpa Lopes, Miguel Maria de. Op. cit., p. 108.
484. Pontes de Miranda, Francisco Cavalcanti. *Tratado de direito privado*. t. XXVI. Campinas: Bookseller, 2003, p. 136.
485. Ibidem.
486. Persico, Giovanni. *L'eccezione d'inadempimento*. Milano: Giuffrè, 1955, p. 200; Assis, Araken de. Op. cit., p. 691.
487. Vaz Serra, Adriano Paes da Silva. Op. cit., p. 178.

Por trás dessa disposição está o princípio de que o devedor não pode ter sua posição agravada em decorrência da cessão do crédito, até porque dela não toma parte, sendo mero espectador.[488]

Assim, em tese, por esta norma, o devedor poderá opor em face do cessionário as exceções pessoais que possuir contra este, as comuns derivadas do contrato e mesmo as pessoais que tinha contra o cedente.

Com relação às últimas (pessoais que tinha contra o cedente), a doutrina faz, porém, a ressalva de que o cedido deve comunicá-las ao cessionário assim que notificado da cessão, na primeira oportunidade, sob pena de não poder se valer delas posteriormente.[489] Hamid C. Bdine Jr. acrescenta, nessa linha, que o silêncio do devedor após a notificação, em relação às exceções pessoais que tinha contra o cedente, "implica prestigiar a presunção do cessionário de que nenhum obstáculo enfrentaria além dos que naturalmente resultam do título. Essa limitação temporal ajusta-se ao princípio da boa-fé objetiva: é ônus do cedido informar ao cessionário todas as defesas de que pretenderá fazer uso oportunamente, para não o surpreender mais tarde."[490]

Quanto às comuns – e a exceção de contrato não cumprido é desse tipo – poderão ser opostas a qualquer tempo pelo cedido, independentemente de qualquer comunicação ao cessionário.

Com a cessão, o cessionário adquire o direito de crédito, com as pretensões que dele se irradiam, mas também passa a ficar sujeito às respectivas exceções, de titularidade do devedor-cedido, capazes de neutralizar a eficácia daquelas pretensões, como é o caso da exceção de contrato não cumprido. Nesse contexto, se o cedente – que continua a ser o responsável pela prestação derivada do contrato bilateral, pois houve apenas cessão do crédito e não do contrato – deixa de cumprir o que deve em favor do cedido, fica o cessionário sujeito à oposição, pelo último, da *exceptio non adimpleti contractus*.[491] Nem poderia ser diferente, pois, do contrário, a cessão de crédito poderia ser utilizada justamente para frustrar a oponibilidade da *exceptio*, como explica Vaz Serra:

> Bastaria que o outro contraente cedesse o seu crédito [...] para que o contraente, com direito à exceção, se visse impossibilitado de a exercer e fosse, consequentemente, obrigado a cumprir, apesar de não ser feita, ao mesmo tempo, a contraprestação. Isso significaria que o equilíbrio ou a equivalência das prestações, que levou as partes a contratar, deixaria de ser respeitado. [...] Por outro

---

488. Bdine Jr., Hamid Charif. *Código Civil comentado*. Peluso, Cezar (Coord.). 5. ed. Barueri: Manole, 2011, p. 259; Farias, Cristiano Chaves de; Rosenvald, Nelson. *Curso de direito civil – v. II: obrigações*. Salvador: JusPodivm, 2019, p. 388.
489. Tepedino, Gustavo; Bodin de Moraes, Maria C.; Barboza, Heloísa H. *Código Civil interpretado, v. I*. Rio de Janeiro: Renovar, 2011, p. 582; Farias, Cristiano Chaves de; Rosenvald, Nelson. *Curso de direito civil – v. II*: obrigações. Salvador: JusPodivm, 2019, p. 388-389.
490. Bdine Jr., Hamid Charif. *Código Civil comentado*. Peluso, Cezar (Coord.). 5. ed. Barueri: Manole, 2011, p. 259.
491. Gomes, Orlando. *Obrigações*. 14. ed. Rio de Janeiro: Forense, 2000, p. 209.

lado, ofenderia a boa-fé o terceiro que, fundando-se no contrato, quisesse obrigar o contraente a cumprir, pois, não podendo as duas prestações contratuais ser havidas como independentes uma da outra, quem exige uma deve fazer ou procurar que se faça a outra.[492]

Embora possa se valer da *exceptio*, não poderá o cedido, porque transmitido apenas o crédito e não a dívida, demandar do cessionário o adimplemento. É o que explica Pontes de Miranda:

> A cessão do crédito oriundo de contrato bilateral é eficaz ainda antes de se fazer contraprestação. A exceção *non adimpleti contractus* ou *non rite adimpleti contractus* pode ser oposta contra o cessionário. O que não há contra ele é ação fundada na obrigação de contraprestar, porque só se lhe transferiu o crédito, não a dívida.[493]

b) Assunção de dívida

Em relação à assunção de dívida, por outro lado, o art. 302 do Código Civil estabelece que o "novo devedor não pode opor ao credor as exceções pessoais que competiam ao devedor primitivo."

Assim, se A é credor de B e este é credor de A, poderá ser realizada a compensação. Porém, se B transmite seu débito para C, com autorização de A, o direito à compensação não acompanha a assunção de dívida, por constituir a compensação modalidade de exceção pessoal para os fins do art. 302 (embora, na verdade, trate-se de contradireito extintivo, como já ressalvado).[494]

Não obstante poderá o assuntor, perante o credor, servir-se tanto das exceções pessoais que lhe são próprias, como também das exceções comuns, entre as quais a de contrato não cumprido.

O assuntor assume a dívida tal como ela era antes da transmissão, não se desfazendo a relação sinalagmática entre as prestações do contrato bilateral pelo simples fato de sua transferência.[495] Em tais condições, se A e B celebram contrato bilateral e C assume a dívida de B (apenas a dívida, não o crédito), C poderá opor exceção de contrato não cumprido caso cobrado por A sem que este tenha antes cumprido o que deve a B. No mesmo exemplo, A também poderá opor a exceção de contrato não cumprido se for cobrado por B antes de C ter prestado.[496]

---

492. Vaz Serra, Adriano Paes da Silva. Op. cit., p. 123-124.
493. Pontes de Miranda, Francisco Cavalcanti. *Tratado de direito privado*. Campinas: Bookseller, 2003. t. XXIII, p. 331 e 336.
494. Farias, Cristiano Chaves de; Rosenvald, Nelson. *Curso de direito civil – v. II: obrigações*. Salvador: JusPodivm, 2019. p. 410; Pontes de Miranda, Francisco Cavalcanti. *Tratado de direito privado*. Campinas: Bookseller, 2003. t. XXIII. p. 419.
495. Biazi, João Pedro de Oliveira de. Op. cit., p. 231; Pontes de Miranda, Francisco Cavalcanti. *Tratado de direito privado*, tomo XXIII, Campinas: Bookseller, 2003. t. XXIII. p. 419.
496. Na Itália, onde não há disposição legal a regulamentar a matéria, há alguma divergência acerca da possibilidade de o assuntor (C) opor a *exceptio* em face do credor (A). Biagio Grasso, por exemplo, sustenta que, com a assunção de dívida, quebra-se a relação de "sinalagmaticidade" entre os créditos (ou de "corres-

De outro lado, é importante ter em mente que a assunção de dívida, em si considerada (ato entre B e C, no exemplo dado), é negócio jurídico *abstrato*.[497] Nesse contexto, o assuntor (C) não pode invocar, perante o credor (A), meios de defesa referentes à sua relação com B, que deu origem à assunção de dívida. Leciona nesse sentido Pontes de Miranda:

> A assunção de dívida alheia, seja unifigurativa, seja bifigurativa, é negócio jurídico bilateral abstrato. [...] As exceções nascidas da assunção de dívida alheia, entre o devedor anterior e o atual, não podem ser opostas ao credor. O assuntor ou assumente pode opor ao credor as exceções que nasceram das relações jurídicas entre o credor e o devedor anterior, porque assumiu a dívida tal qual era.[498]

Assim, a título ilustrativo, o assuntor (C) que não recebeu do antigo devedor (B) a contraprestação eventualmente combinada para assumir a dívida e substituir-lhe na obrigação não poderá invocar, perante o credor original (A), a exceção de contrato não cumprido. Em rigor, este nada tem a ver com o negócio celebrado entre B e C, que, como já adiantado, é abstrato.[499]

c) Cessão de contrato

Em relação a esta, embora inexistente norma expressa a regulamentar a matéria (ao contrário do que ocorre com a cessão de crédito [art. 294 do CC] e com a assunção de dívida [art. 302 do CC]), a solução caminha no mesmo sentido. O cessionário,

---

pectividade", como preferem os autores daquele país). Nem o assuntor (C) teria qualquer relação com o crédito devido por A a B (ou interesse direto nele), nem B teria qualquer relação com o crédito devido por C a A (ou interesse direto nele), de forma que não restaria equilíbrio a ser preservado (fundamento e razão de ser da *exceptio*). Como consectário, o autor entende incabível também a utilização da *exceptio* por A em face de B, com base em eventual inadimplemento do assuntor (C), pois se a *exceptio* pudesse ser utilizada por uma parte e não por outra, tornar-se-ia instrumento promovedor de desequilíbrio contratual (e não de equilíbrio, como é sua função). Esse raciocínio que exclui a oponibilidade da exceção na assunção de dívida, vale destacar, é minoritário mesmo na Itália. Quanto às outras formas de transmissão das obrigações – cessão de crédito e cessão contratual – o autor reconhece a oponibilidade da exceção de contrato não cumprido nos mesmos moldes aqui defendidos (Successione particolare nel debito [o nel credito] corrispettivo, successione nel sinallagma e regime dele eccezioni. In: *Saggi sull'eccezione d'inadempimento e la risoluzione del contratto*. Napoli: Edizioni Scientifiche Italiane, 2000, p. 95-110). No mesmo sentido de Biagio Grasso, ver também: Cicala, Raffaele. *Il negozio di cessione del contratto*. Napoli: E. Jovene, 1962, p. 75-76. Em contrapartida, em conformidade com o entendimento majoritário segundo o qual a relação de correspectividade entre as prestações é preservada mesmo na assunção de dívida, e que, por conseguinte, esta não mereceria tratamento diverso da cessão de crédito e da cessão contratual, ver na doutrina italiana: Realmonte, Francesco. Importanza dell'inadempimento e 'exceptio inadimpleti contractus'. *Rivista Trimestrale di Diritto e Procedura Civile*, Anno XVII, 1963, p. 237; Persico, Giovanni. *L'eccezione d'inadempimento*. Milano: Giuffrè, 1955, p. 200-201.

497. Tepedino, Gustavo; Bodin de Moraes, Maria C.; Barboza, Heloísa H. *Código Civil interpretado*, v. I. Rio de Janeiro: Renovar, 2011, p. 593.

498. Pontes de Miranda, Francisco Cavalcanti. *Tratado de direito privado*. Campinas: Bookseller, 2003. t. XXIII. p. 409.

499. Farias, Cristiano Chaves de; Rosenvald, Nelson. *Curso de direito civil – v. II*: obrigações. Salvador: JusPodivm, 2019, p. 410; Pontes de Miranda, Francisco Cavalcanti. *Tratado de direito privado*. Campinas: Bookseller, 2003. t. XXIII. p. 419.

ao substituir integralmente o figurante originário da relação, recebe o contrato tal como este era antes da transmissão, com as pretensões e exceções pertinentes (tanto ativa, como passivamente).

Em matéria de exceção de contrato não cumprido especificamente, essa lógica é ainda mais clara. Se a *exceptio*, enquanto exceção comum, continua sendo oponível nas hipóteses de cessão de crédito e assunção de dívida, com mais razão ainda deve continuar sendo oponível na cessão de contrato, na qual o cessionário investe-se completamente na posição contratual do cedente, sucedendo-o em todo o complexo unitário de direitos, deveres, contradireitos etc.[500] Em outras palavras, transmitindo-se ao cessionário o contrato como um todo, a sinalagmaticidade que havia entre as prestações (fundamento da exceção de contrato não cumprido) mantém-se incólume, em nada se alterando com a simples modificação de um dos sujeitos, daí porque a exceção de contrato não cumprido pode ser oposta pelo cessionário em face do cedido e também pelo cedido em face do cessionário.[501]

Afirma o italiano Giovanni Persico nesse sentido:

> Se um dos contraentes é substituído por um terceiro nas posições derivadas de um contrato com prestações correspectivas (cessão de contrato), o contraente cedido poderá opor ao cessionário a *exceptio* (art. 1.409 do Código Civil Italiano). Igualmente poderá o cessionário opor a exceção de contrato não cumprido ao cedido, visto que ele ingressou na mesma posição jurídica do contraente cedente, obrigando-se a realizar uma determinada prestação e contemporaneamente adquirindo o direito a uma recíproca contraprestação; se trata de uma sucessão a título particular e por ato entre vivos no contrato.[502]

---

500. Ressalva deve ser feita, todavia, às exceções pessoais. Como esclarecem Nelson Rosenvald e Cristiano C. de Farias, poderá o cedido opor ao cessionário, e vice-versa, os meios de defesa provenientes do contrato (exceções comuns ou gerais), mas não os que eram referentes apenas às pessoas do cedido e do cedente (exceções pessoais), a não ser que o contrário conste expressamente do ato de cessão, que, vale lembrar, deve contar necessariamente com o consentimento do cedido (requisito de validade). No silêncio a esse respeito, estará preclusa a possibilidade de o cedido invocar perante o cessionário, e vice-versa, as exceções pessoais havidas entre cedido e cedente (Farias, Cristiano Chaves de; Rosenvald, Nelson. *Curso de direito civil – v. II*: obrigações. Salvador: JusPodivm, 2019, p. 421). O raciocínio dos autores parece de fato o mais acertado, podendo ser corroborado, ante a ausência de disposições específicas a regular a cessão de contrato, pela aplicação analógica do art. 302 do CC, concernente à assunção de dívida ("O novo devedor não pode opor ao credor as exceções pessoais que competiam ao devedor primitivo."). Afinal, é certo que o cessionário, ao formalizar a cessão, assume dívida para com o cedido (embora não se resuma a isso), enquanto o cedido, da mesma forma, ao expressar seu consentimento em relação à cessão, também assume obrigações perante o cessionário (embora também não se resuma a isso). Nesse contexto, nada mais natural do que, ressalvada a possibilidade de as partes disporem em sentido contrário, aplicar-se o art. 302 do CC, por analogia, à faceta "passiva" de transmissão das dívidas que integra as cessões de contrato, tornando inoponíveis, em ambos os sentidos (cedido cessionário), as exceções pessoais da relação original (cedido cedente).
501. Aguiar Jr., Ruy Rosado de. *Comentários ao novo Código Civil, v. VI, t. II*: da extinção do contrato (arts. 472 a 480). Teixeira, Sálvio de Figueiredo (Coord.). Rio de Janeiro: Forense, 2011, p. 757; Serpa Lopes, Miguel Maria de. Op. cit., p. 321; Assis, Araken de. Op. cit., p. 691-692.
502. "Se uno dei contraenti sostituisce a sé un terzo nei rapporti derivanti da un contratto con prestazioni corrispettive (cessione di contratto), il contraente ceduto può opporre al cessionario l'exceptio derivante dal contratto (art. 1.409 c.c.). Ugualmente può il cessionario opporre l'eccezione d'inadempimento al contraente ceduto, poiché egli è subentrato nella stessa posizione giuridica del contraente cedente obbligandosi

Em regra, com a cessão do contrato, o cedente desvincula-se perante o cedido, pois sua posição contratual é cedida na íntegra ao cessionário. Entretanto, nada impede que as partes, nessa relação triangular, convencionem que o cedente mantém-se responsável, subsidiariamente ou não, pelo cumprimento das obrigações transmitidas ao cessionário.[503] Nessa hipótese, também poderá o cedente, se cobrado pelo cedido antes deste ter cumprido ou disponibilizado a prestação devida ao cessionário, opor a *exceptio non adimpleti contractus*, o que se justifica inclusive como forma de desprestigiar a má-fé do cedido.

d) Sub-rogação

O pagamento com sub-rogação também tem o condão de transferir o crédito. Na dicção do art. 349 do Código Civil, "a sub-rogação transfere ao novo credor todos os direitos, ações, privilégios e garantias do primitivo, em relação à dívida, contra o devedor principal e os fiadores."

Esse artigo trata da transferência das posições jurídicas ativas em favor de quem efetua o pagamento com sub-rogação. Mas o que ocorre em relação às exceções que o devedor tinha perante o credor originário?

A lei nada dispõe a esse respeito, ao menos expressamente.

Embora não exista um equivalente ao art. 294 do Código Civil[504] na disciplina da sub-rogação, entende-se que a transmissão do crédito a quem efetua o pagamento não pode privar o devedor das exceções que este poderia opor ao credor originário.[505] Não apenas os bônus do crédito (pretensões, privilégios, garantias etc.) passam ao *solvens*, mas também as defesas oponíveis pelo devedor sobrevivem à sub-rogação.[506]

Dessa forma, seguindo a mesma lógica da cessão de crédito, deve-se permitir a oposição da exceção de contrato não cumprido pelo devedor original contra o credor que adquiriu o crédito por sub-rogação.[507]

Expõe nesse sentido Vaz Serra:

> Se, em vez de cessão, se tratar de sub-rogação, a solução é a mesma: o sub-rogado adquire o crédito que pertencia ao credor a quem fez o pagamento, e, portanto, com as limitações que ele

---

ad eseguire una determinata prestazione e contemporaneamente acquistando il diritto ad una reciproca controprestazione; si tratta di una successione a titolo particolare e per atto tra vivi nel contratto." (Persico, Giovanni. Op. cit., p. 202-203).
503. Farias, Cristiano Chaves de; Rosenvald, Nelson. *Curso de direito civil – v. II*: obrigações. Salvador: JusPodivm, 2019, p. 421.
504. Art. 294. O devedor pode opor ao cessionário as exceções que lhe competirem, bem como as que, no momento em que veio a ter conhecimento da cessão, tinha contra o cedente.
505. Biazi, João Pedro de Oliveira de. Op. cit., p. 233.
506. Farias, Cristiano Chaves de; Rosenvald, Nelson. *Curso de direito civil – v. II*: obrigações. Salvador: JusPodivm, 2019, p. 522.
507. Biazi, João Pedro de Oliveira de. Op. cit., p. 233.

tinha, entre as quais a de poder ser oposta a *exceptio non adimpleti contractus*, se esta podia já paralisar o crédito em poder daquele credor.[508]

e) Estipulação em favor de terceiro

Por meio da estipulação em favor de terceiro, o *estipulante* convenciona com o *promitente* a concessão de vantagem patrimonial em favor de terceiro estranho à relação (o *beneficiário*). O estipulante permanece com todas as obrigações, enquanto o terceiro adquire todos os direitos.[509]

Imaginemos, nesse contexto, que "A" (estipulante) obriga-se a prestar "x" em favor de "B" (promitente), em troca deste prestar "y" em favor do beneficiário "C".

O parágrafo único do art. 436 do Código Civil autoriza que o terceiro-beneficiário ("C") exija diretamente do promitente ("B") a prestação a ele devida ("y"). Pode "B", então, quando demandado por "C" nessas condições, opor a exceção de contrato não cumprido, alegando ainda não ter recebido "x" de "A"?

A resposta é positiva.

O próprio parágrafo único do art. 436 contém a solução, ao estipular que o beneficiário que decide exigir diretamente a prestação do promitente fica "sujeito às condições e normas do contrato".

Com efeito, se o promitente não se obrigou a prestar "y" senão em troca de uma contraprestação "x", não seria razoável que pudesse ser constrangido a realizar o que lhe compete sem que a contraprestação tivesse lugar. Ademais, se o terceiro tira seu benefício do contrato (e só tira vantagens, sem ônus), deve sujeitar-se às restrições que dele resultarem, especialmente se isso for imprescindível para manter o equilíbrio sinalagmático da relação.[510]

Do contrário, o promitente correria risco de sofrer prejuízo, pelo simples fato de ter sido cobrado pelo terceiro e não pelo estipulante (como também faculta o *caput* do mesmo art. 436),[511] sendo que, nesta última hipótese, ninguém questionaria o cabimento da exceção de contrato não cumprido.

Na Itália, o art. 1.413 do Código Civil dispõe expressamente que "o promitente pode opor ao terceiro as exceções fundadas no contrato do qual o terceiro deriva o seu direito, mas não as fundadas noutras relações entre promitente e estipulante", sendo indubitável que a exceção de contrato não cumprido enquadra-se no primeiro tipo (exceções fundadas no contrato do qual o beneficiário extrai o seu direito).

---

508. Vaz Serra, Adriano Paes da Silva. Op. cit., p. 130.
509. Rosenvald, Nelson. *Código Civil Comentado*. Cezar Peluso [coord.]. 5. ed. Barueri: Manole, 2011, p. 503.
510. Vaz Serra, Adriano Paes da Silva. Op. cit., p. 130; Biazi, João Pedro de Oliveira de. Op. cit., p. 233; Serpa Lopes, Miguel Maria de. Op. cit., p. 322; Pontes de Miranda, Francisco Cavalcanti. *Tratado de Direito Privado*. Campinas: Bookseller, 2003. t. XXVI. p. 286.
511. Art. 436. O que estipula em favor de terceiro pode exigir o cumprimento da obrigação.

Com base em tal preceito, Giovanni Persico conclui que o "promitente pode opor ao beneficiário a exceção de contrato não cumprido no caso de o estipulante não executar a prestação à qual se obrigou ao concluir o contrato do qual o terceiro deriva o seu direito."[512]

f) Títulos de crédito

Entre os princípios que caracterizam os títulos de crédito está o da **autonomia**, em função do qual quem os recebe por endosso passa a ser titular de direito autônomo, independente das relações estabelecidas entre as partes anteriores.[513] Na lição de Fran Martins, "significa a autonomia o fato de não estar o cumprimento das obrigações assumidas por alguém no título vinculado a outra obrigação qualquer, mesmo ao negócio que deu lugar ao nascimento do título."[514]

Como decorrência desse princípio, exsurge o subprincípio da *inoponibilidade das exceções pessoais ao terceiro de boa-fé*. Se a obrigação cambiária é autônoma em relação às intercorrências havidas entre as partes anteriores, não pode o obrigado escusar-se de cumprir aquilo que prometeu – isto é, o pagamento ao portador da soma descrita no título – invocando defesas baseadas nas suas relações com os portadores anteriores. Poderá o obrigado, nessa linha, alegar apenas, em face do credor atual, [i] exceção que tenha contra este especificamente e [ii] defeito de forma do título.[515]

São essas características que conferem segurança aos direitos apostos nos títulos de crédito e, por conseguinte, potencializam a utilização destes instrumentos como meios de circulação de riquezas. Afinal, não podendo ser atingido por vícios relativos às relações anteriores, o novo titular não precisa perquirir acerca da validade dessas obrigações, devendo certificar-se apenas da validade formal do documento.

O subprincípio da "inoponibilidade das exceções pessoais ao terceiro de boa-fé" em matéria cambial encontra-se positivado em várias disposições normativas, tais como o art. 17 da Lei Uniforme relativa às letras de câmbio e notas promissórias,[516] o art. 25 da Lei do Cheque (Lei nº 7.357/85)[517] e o art. 916 do Código Civil.[518]

---

512. Persico, Giovanni. Op. cit., p. 206.
513. Bulgarelli, Waldirio. *Títulos de crédito*. 17ª Ed., São Paulo: Atlas, 2001, p. 66; Lobo, Jorge. As "dez regras de ouro" dos títulos cambiais. *Revista da EMERJ*, v. 3, n. 9, 2000, p. 56.
514. Martins, Fran. *Títulos de crédito* – v. I: Letra de câmbio e nota promissória segundo a Lei Uniforme. 13. ed. Rio de Janeiro: Forense, 2000, p. 8.
515. Ibidem.
516. Art. 17. As pessoas acionadas em virtude de uma letra não podem opor ao portador exceções fundadas sobre as relações pessoais delas com o sacador ou com os portadores anteriores, a menos que o portador ao adquirir a letra tenha procedido conscientemente em detrimento do devedor.
517. Art. 25 Quem for demandado por obrigação resultante de cheque não pode opor ao portador exceções fundadas em relações pessoais com o emitente, ou com os portadores anteriores, salvo se o portador o adquiriu conscientemente em detrimento do devedor.
518. Art. 916. As exceções, fundadas em relação do devedor com os portadores precedentes, somente poderão ser por ele opostas ao portador, se este, ao adquirir o título, tiver agido de má-fé.

Todavia, é preciso ter em mente que, quando a doutrina de Direito Empresarial e a jurisprudência fazem referência ao subprincípio da "inoponibilidade das exceções pessoais ao terceiro de boa-fé" em matéria cambial, o conceito de exceção pessoal invocado não se confunde com aquele que temos empregado no decorrer deste trabalho.

Em rigor, como já referido na abertura deste subitem 2.5, exceções pessoais são apenas aquelas que têm fundamento em fatos ou circunstâncias referentes às pessoas dos contratantes (como a compensação, por exemplo), contrapondo-se às exceções comuns ou gerais, que, ao invés, são objetivas e concernem às próprias obrigações do contrato e não a particularidades das partes envolvidas no negócio (como é o caso da própria exceção de contrato não cumprido).

Em matéria de títulos de crédito, porém, a nomenclatura é outra. São tidas como pessoais (ou extracartulares) – para fins de definir aquelas que são inoponíveis perante terceiros de boa-fé – todas as defesas concernentes às relações anteriores da cadeia de transferência do título, ainda que objetivas e derivadas das próprias obrigações dos negócios subjacentes celebrados. Não é por outra razão que Waldirio Bulgarelli, com escólio nas lições de Ascarelli, enumera entre as exceções pessoais ou extracartulares, para fins de inoponibilidade a terceiros de boa-fé, defesas que, segundo a classificação adotada neste trabalho, constituem exceções comuns ou gerais ou que, em rigor, sequer configuram verdadeiras exceções substanciais ou materiais:

> Por isso devem ser consideradas como extracartulares quer as exceções que decorrem da relação fundamental (falta, nulidade, ilicitude da relação fundamental; *exceptio inadimpleti contractus*; *exceptio non numeratae pecuniae*; *exceptio causa data causa non secuta* etc.), quer as que decorrem da função particular que o título devia preencher quanto à relação fundamental (novação; reforço; garantia de uma dívida própria ou de um terceiro, com a consequente convenção, então, de não exigir o pagamento, a não ser na hipótese da falta de pagamento da dívida principal; e assim por diante), quer as exceções que decorrem das várias convenções acerca do exercício do direito cartular (por exemplo, *pactum de non petendo*, convenção de renovação) ou das ulteriores relações de débito e crédito intercorrentes entre um devedor cartular e um portador do título (por exemplo, compensação).[519]

Compreendido o termo "exceções pessoais" com essa abrangência própria do direito cambial – englobando todas as defesas concernentes às relações subjacentes anteriores da cadeia de transferência do título – não há dúvida de que a exceção de contrato não cumprido deve ser classificada, para esse fim específico, como pessoal ou extracartular, sendo inoponível a terceiros de boa-fé. Isso porque o negócio subjacente (compra e venda, prestação de serviços etc.), do qual deriva a exceção de contrato não cumprido, e o negócio cambial, de natureza abstrata, apresentam-se em planos diferentes, independentes um do outro.[520]

---

519. Bulgarelli, Waldirio. Op. cit., p. 69.
520. Lobo, Jorge. Op. cit., p. 57; Persico, Giovanni. Op. cit., p. 203.

Assim, se "A" emite cheque em favor de "B" como pagamento por um serviço a ser prestado, mas este não é efetuado ou não é efetuado a contento, "A" não pode invocar perante o endossatário "C", terceiro de boa-fé, nem a *exceptio non adimpleti contractus*, nem a *exceptio non rite adimpleti contractus*. Nesse sentido, já se pronunciou o Egrégio Tribunal de Justiça do Estado de São Paulo em diversas oportunidades:

> Monitória. Cheque. Exceção de contrato não cumprido. Descabimento de discutir-se negócio subjacente, por força da inoponibilidade das exceções pessoais ao terceiro de boa-fé. Autor que, na qualidade de endossatário, não participou do negócio jurídico desfeito. Prevalência dos princípios da autonomia e da abstração dos títulos de crédito. Ausência de má-fé do autor. Sentença de procedência mantida. Apelo desprovido.[521]
>
> Apelação cível. Ação declaratória de inexigibilidade de débito c.c. pedido indenizatório. Fornecimento de material de construção. Inadimplência. Exceção de contrato não cumprido. [...] Cheque. Inoponibilidade das exceções pessoais em face do portador de boa-fé. Título de crédito não causal e de livre circulação. Débitos exigíveis. Aplicação do art. 252 do Regimento Interno deste Tribunal de Justiça. Cerceamento de defesa não evidenciado. Recurso desprovido.[522]

O tratamento dispensado ao endossatário do título de crédito, nesse ponto, como se percebe, é muito mais benéfico do que aquele conferido ao simples cessionário de crédito, perante o qual, na forma do art. 294 do Código Civil já comentado, o devedor pode opor as [i] exceções pessoais que tiver em face do cessionário, [ii] as comuns derivadas do contrato (incluída aí a exceção de contrato não cumprido) e mesmo [iii] as pessoais que tinha contra o cedente.

A exceção de contrato não cumprido será oponível ao terceiro, no entanto, se este estiver de má-fé, o que se configura, por exemplo, na hipótese de haver conluio entre endossante e endossatário justamente com o fito de obstacularizar o manejo da exceção pelo devedor.[523] O ônus da prova da má-fé, nesses casos, será do excipiente. Nesse sentido, consoante a lição de Fran Martins, "se o portador sabia que ao seu antecessor seriam oponíveis exceções pessoais pelo devedor, e com a finalidade de prejudicar a este recebeu o título, o devedor pode opor as exceções que teria contra o portador anterior, demonstrando que a aquisição do título teve por finalidade prejudicar o devedor."[524]

A exceção de contrato não cumprido também poderá ser invocada entre os figurantes originários do título de crédito se este não chegou a circular, até mesmo porque nessa hipótese sequer existe um "terceiro".[525] Como explica Antônio Junqueira de Azevedo, a autonomia e a abstração das cambiais não são absolutas, comportando, entre os seus figurantes imediatos – isto é, entre os que estiveram em

---

521. TJSP, Apelação Cível 0004977-11.2012.8.26.0456, Relator Desembargador Ramon Mateo Júnior, 12ª Câmara de Direito Privado, j. em 09 fev. 2017.
522. TJSP, Apelação Cível 0012635-74.2010.8.26.0224, Relator Desembargador Antonio Nascimento, 26ª Câmara de Direito Privado, j. em 08 out. 2014.
523. Persico, Giovanni. Op. cit., p. 203.
524. Martins, Fran. Op. cit., p. 13.
525. Assis, Araken de. Op. cit., p. 691-692.

contato no negócio jurídico subjacente que deu origem ao título – discussão acerca da causa e do sinalagma deste negócio.[526]

Todas as conclusões acima aplicam-se indistintamente, é preciso ressaltar, a títulos de créditos abstratos e causais. Isso porque, mesmo em relação aos últimos, a causalidade reside apenas na origem – ao fato de estarem vinculados, no momento da emissão, a determinado negócio jurídico – o que não lhes retira a condição de títulos de crédito, e, portanto, a submissão aos princípios cambiais (autonomia e inoponibilidade das exceções pessoais a terceiros de boa-fé, entre outros).

Tome-se o exemplo da duplicata mercantil. Conquanto causal na sua emissão, sua circulação, mormente após o aceite do sacado, faz com que o título se desprenda de sua causa original, sendo por isso inoponíveis exceções extracartulares a terceiros de boa-fé. Não merecerá acolhida, por exemplo, nesse contexto, eventual exceção de contrato não cumprido fundada na ausência de entrega das mercadorias adquiridas ou na não prestação do serviço contratado, salvo se demonstrada a má-fé do terceiro. Acerca do tema, confira-se o escólio de Fábio Ulhoa Coelho:

> Claro que, sendo endossado a terceiro de boa-fé, em razão do regime cambiário aplicável à circulação do título (LD, art. 25), a falta de causa legítima não poderá ser oposta pelo sacado perante o endossatário. A ineficácia do título como duplicata, em função da irregularidade do saque, somente pode ser invocada contra o sacador, o endossatário-mandatário ou terceiros de má-fé (quer dizer, os que conhecem o vício na emissão do título). Da causalidade da duplicata, note-se bem, não é correto concluir qualquer limitação ou outra característica atinente à negociação do crédito registrado pelo título. A duplicata mercantil circula como qualquer outro título de crédito, sujeita ao regime do direito cambiário. Isso significa, em concreto, [...] que o executado não pode opor contra terceiros de boa-fé exceções pessoais [...] etc. Não é jurídico pretender vinculação entre a duplicata e a compra e venda mercantil, que lhe deu ensejo, maior do que a existente entre a letra de câmbio, a nota promissória ou o cheque e as respectivas relações originárias.[527]

O Superior Tribunal de Justiça, em inúmeros precedentes, confirmou a inoponibilidade da exceção de contrato não cumprido ao terceiro de boa-fé, por inadimplemento da relação subjacente originária, mesmo quando causal o título de crédito. Toma-se a liberdade de transcrever aqui a ementa do Recurso Especial nº 261.170/SP, de Relatoria do Ministro Luis Felipe Salomão, por seu didatismo no enfrentamento do tema:

> Recurso especial. Direito comercial. Títulos de crédito. Ação anulatória de duplicatas mercantis. Ausência de entrega das mercadorias. Negócio jurídico subjacente desfeito. Irrelevância em relação a endossatários de boa-fé. Duplicata aceita. Pedido reconvencional julgado procedente. Recurso especial parcialmente conhecido e, na extensão, provido. 1. A causalidade da duplicata reside apenas na sua origem, mercê do fato de somente poder ser emitida para a documentação

---

526. Azevedo, Antonio Junqueira de. *Negócio jurídico*: existência, validade e eficácia. 4. ed. São Paulo: Saraiva, 2007, p. 143.
527. Coelho, Fábio Ulhoa. *Curso de direito comercial – v. I*: direito de empresa. 12. ed. São Paulo: Saraiva, 2008, p. 459.

de crédito nascido de venda mercantil ou de prestação de serviços. Porém, a duplicata mercantil é título de crédito, na sua generalidade, como qualquer outro, estando sujeita às regras de direito cambial, nos termos do art. 25 da Lei nº 5.474/68, ressaindo daí, notadamente, os princípios da cartularidade, abstração, autonomia das obrigações cambiais e inoponibilidade das exceções pessoais a terceiros de boa-fé. 2. A compra e venda é contrato de natureza consensual, de sorte que a entrega do bem vendido não se relaciona com a esfera de existência do negócio jurídico, mas tão somente com o seu adimplemento. Vale dizer, o que dá lastro à duplicata de compra e venda mercantil, como título de crédito apto à circulação, é apenas a existência do negócio jurídico subjacente, e não o seu adimplemento. 3. Com efeito, a ausência de entrega da mercadoria não vicia a duplicata no que diz respeito a sua existência regular, de sorte que, uma vez aceita, o sacado (aceitante) vincula-se ao título como devedor principal e a ausência de entrega da mercadoria somente pode ser oponível ao sacador, como exceção pessoal, mas não a endossatários de boa-fé. Há de ser ressalvado, no caso, apenas o direito de regresso da autora-reconvinda (aceitante), em face da ré (endossante), diante do desfazimento do negócio jurídico subjacente. 4. Recurso especial parcialmente conhecido e, na extensão, provido.[528]

Menção especial merece, nesse ponto, a questão da transferência de títulos de crédito em contrato de *factoring*. Durante longo período, a jurisprudência dos Tribunais – Superior Tribunal de Justiça e Tribunal de Justiça do Estado de São Paulo, inclusive – manteve-se pacificada no sentido de que, no contrato de *factoring*, a transferência dos créditos não se opera por endosso, mas por simples cessão de crédito, o que autorizaria ao devedor opor exceção de contrato não cumprido em face da faturizada, por inadimplemento da relação subjacente originária, com lastro no art. 294 do Código Civil.[529] Em outubro de 2017, entretanto, no seio da Quarta Turma do Superior Tribunal de Justiça, por ocasião do julgamento do REsp 1.315.592/RS, de Relatoria do Ministro Luis Felipe Salomão, ressurgiu o entendimento oposto.[530] E mais recentemente, em 28 nov. 2018, a Segunda Seção do Superior Tribunal de Justiça, no julgamento dos Embargos de Divergência em Recurso Especial 1.439.749/RS, Relatora Ministra Maria Isabel Gallotti, *por unanimidade*, consolidou a posição de que o simples fato de se tratar de contrato de *factoring* não tem o condão de afastar a incidência das normas próprias de direito cambiário relativas à transferência por endosso, considerando, por conseguinte, inoponível à faturizadora-endossatária a exceção de contrato não cumprido derivada de inadimplemento da relação originária, salvo se comprovada a má-fé.[531]

---

528. STJ, REsp 261.170/SP, Rel. Min. Luis Felipe Salomão, Quarta Turma, DJe 17 ago. 2009. No mesmo sentido: REsp 1.102.227/SP, Rel. Min. Nancy Andrighi, Terceira Turma, DJe 29 maio 2009; STJ, REsp 668.682/MG, Rel. Min. Hélio Quaglia Barbosa, Quarta Turma, DJ 19 mar. 2007.
529. Nessa linha, confiram-se, inclusive, alguns precedentes recentes das duas Cortes mencionadas: STJ, AgInt no AREsp 446.869/SC, Rel. Ministro Antonio Carlos Ferreira, Quarta Turma, DJe 12 dez. 2017; STJ, AgInt no REsp 1.015.617/SP, Rel. Ministro Raul Araújo, Quarta Turma, DJe de 1º fev. 2017; STJ, AgInt no REsp 1291885/RJ, Rel. Ministro Lázaro Guimarães, Quarta Turma, DJe 17 set. 2018; TJSP; Apelação Cível 1014702-97.2015.8.26.0004; Rel. Des. Álvaro Torres Júnior; 20ª Câmara de Direito Privado; j. em 25 mar. 2019.
530. STJ, REsp 1315592/RS, Rel. Ministro Luis Felipe Salomão, Quarta Turma, DJe 31 out. 2017.
531. Civil e processual. Embargos de divergência em recurso especial. Contrato de factoring. Duplicatas previamente aceitas. Endosso à faturizadora. Circulação e abstração do título de crédito após o aceite. Oposição de exceções pessoais. Não cabimento. 1. A duplicata mercantil, apesar de causal no momento da emissão,

2.5.2 Exceção de contrato não cumprido e pluralidade de partes

Da distinção entre exceções pessoais e comuns também decorrem consequências em matéria de solidariedade, passiva e ativa.

Analisemos primeiro os efeitos quanto à passiva.

O art. 281 do Código Civil prescreve que "o devedor demandado pode opor ao credor as exceções que lhe forem pessoais e as comuns a todos; não lhe aproveitando as exceções pessoais a outro codevedor."

Logo, sendo a exceção de contrato não cumprido do tipo comum, qualquer devedor solidário pode invocá-la, quando demandado, caso não adimplida ou ao menos disponibilizada a contrapartida pelo autor.[532]

Isso é verdadeiro ainda que, em relação à prestação correlata devida pelo autor, inexista solidariedade ativa entre os devedores e o demandado já tenha recebido a parte que lhe cabe. Imagine-se o seguinte exemplo: "A" obriga-se a entregar 300 sacas de soja a "B", "C" e "D", em troca de R$ 30.000,00. No contrato, estipula-se a solidariedade passiva de "B", "C" e "D" no que se refere ao pagamento dessa quantia, mas não a solidariedade ativa no que toca ao recebimento das sacas de soja. "A" ajuíza ação para cobrar os R$ 30.000,00 apenas de "B", como lhe faculta o art. 275 do Código Civil. Nesse contexto, "B" poderá, com lastro no art. 281 do Código Civil, opor a *exceptio non adimpleti contractus* ainda que "A" tenha lhe entregue as 100 sacas pactuadas, mas não tenha cumprido, total ou parcialmente, a obrigação de entregar as outras 200 sacas em favor de "C" e "D".[533]

Embora "B" não possa reconvir para cobrar as 200 sacas, pois não é credor delas, pode excepcionar se "A" não demonstrou o cumprimento ou a disponibilização das 200 sacas em favor de "C" e "D". Com isso evita-se que "A" possa valer-se da solidariedade para obter a integralidade da prestação de um dos devedores, cumprindo, todavia, apenas a parte que deve ao sujeito contra quem escolheu demandar ("B", no caso).

Passemos à solidariedade ativa.

---

com o aceite e a circulação adquire abstração e autonomia, desvinculando-se do negócio jurídico subjacente, impedindo a oposição de exceções pessoais a terceiros endossatários de boa-fé, como a ausência ou a interrupção da prestação de serviços ou a entrega das mercadorias. 2. Hipótese em que a transmissão das duplicatas à empresa de factoring operou-se por endosso, sem questionamento a respeito da boa-fé da endossatária, portadora do título de crédito, ou a respeito do aceite aposto pelo devedor. 3. Aplicação das normas próprias do direito cambiário, relativas ao endosso, ao aceite e à circulação dos títulos, que são estranhas à disciplina da cessão civil de crédito. 4. Embargos de divergência acolhidos para conhecer e prover o recurso especial. (STJ, EREsp 1.439.749/RS, Rel. Ministra Maria Isabel Gallotti, Segunda Seção, julgado em 28 nov. 2018, DJe 06 dez. 2018)

532. Aguiar Jr., Ruy Rosado de. *Comentários ao novo Código Civil, v. VI, t. II*: da extinção do contrato (arts. 472 a 480). Teixeira, Sálvio de Figueiredo (Coord.). Rio de Janeiro: Forense, 2011, p. 776-777.
533. Ibidem.

O art. 273 do Código Civil prescreve que "a um dos credores solidários não pode o devedor opor as exceções pessoais oponíveis aos outros." *A contrario sensu*, portanto, está autorizado o devedor a opor perante o credor solidário que tomou a iniciativa de efetuar a cobrança [i] tanto as exceções comuns, como também as [ii] pessoais concernentes a esse credor específico.

Sendo a exceção de contrato não cumprido do tipo comum, ela pode ser oposta pelo demandado perante um dos credores solidários, ainda que, em relação à contraprestação devida por eles, inexista solidariedade passiva.

Voltemos ao exemplo da compra e venda das sacas de soja, porém invertendo a narrativa no que tange à solidariedade. Mais uma vez, "A" obriga-se a entregar 300 sacas de soja a "B", "C" e "D", em troca de R$ 30.000,00. Todavia, agora estipula-se a solidariedade ativa de "B", "C" e "D" no que se refere ao recebimento das sacas de soja, mas não a passiva quanto ao pagamento da quantia mencionada. "B" ajuíza ação para exigir as 300 sacas de soja de "A", como lhe faculta na condição de credor solidário o art. 267 do Código Civil, porém apenas o próprio "B" pagou os R$ 10.000,00 devidos a "A" ("C" e "D" ainda não o fizeram). Diante de tal quadro, "A" poderá, com lastro no art. 273 do Código Civil, opor a *exceptio non adimpleti contractus* perante "B", para neutralizar a eficácia da obrigação de entregar as 300 sacas, ainda que o inadimplemento na verdade tenha sido de "C" e "D" apenas, pois se trata de uma exceção comum (e, portanto, oponível em face de qualquer dos credores solidários).[534] É esta, inclusive, a posição de Pontes de Miranda, expressa no seguinte trecho: "Se um dos credores demanda pela pretensão, tendo cumprido a sua obrigação parcial, pode o demandado exercer a *exceptio non adimpleti contractus*. Se o contrário se admitisse, o devedor poderia prestar em parte e exigir toda a contraprestação."[535]

A questão merece análise igualmente sob o ângulo da divisibilidade ou indivisibilidade da prestação, quando houver pluralidade de partes.

A teor do art. 257 do Código Civil, "havendo mais de um devedor ou mais de um credor em obrigação divisível, esta presume-se dividida em tantas obrigações, iguais e distintas, quanto os credores ou devedores". Assim, se divisível a obrigação, salvo disposição legal ou contratual em sentido diverso, esta presume-se fracionada em tantas partes iguais quantos forem os credores ou devedores, conservando-se independentes entre si, como um feixe de relações distintas, cada credor com direito a uma fração e cada devedor respondendo por uma fração (aplicação do brocardo *concursu partes fiunt* – isto é, as partes se satisfazem pelo concurso, permanecendo autônomas as obrigações).[536]

---

534. Aguiar Jr., Ruy Rosado de. *Comentários ao novo Código Civil*, v. VI, t. II: da extinção do contrato (arts. 472 a 480). Teixeira, Sálvio de Figueiredo (Coord.). Rio de Janeiro: Forense, 2011, p. 776.
535. Pontes de Miranda, Francisco Cavalcanti. *Tratado de direito privado*. Campinas: Bookseller, 2000. t. III. p. 253.
536. Farias, Cristiano Chaves de; Rosenvald, Nelson. *Curso de direito civil – v. II*: obrigações. Salvador: JusPodivm, 2019, p. 288.

Em contrapartida, a obrigação será indivisível quando a prestação tiver por objeto coisa ou fato não suscetíveis de divisão, por sua natureza, por motivo de ordem econômica, ou dada a razão determinante do negócio jurídico (art. 258 do CC/2002).[537] Nas obrigações pautadas pela indivisibilidade, havendo dois ou mais devedores, o credor poderá exigir de qualquer deles a prestação em sua totalidade (art. 259 do CC/2002), a exemplo do que ocorre na solidariedade passiva. Se a pluralidade for de credores, por outro lado, cada um deles poderá exigir a dívida inteira e o devedor desobriga-se pagando a um ou a todos (art. 260 do CC/2002), a exemplo do que ocorre na solidariedade ativa.

Pois bem.

Imaginemos um contrato bilateral entre "A" de um lado e "B" e "C" do outro. Sendo *divisíveis* as obrigações envolvidas e inexistindo solidariedade entre "B" e "C", cada um destes só pode ser cobrado em relação à sua fração, mas também, em contrapartida, só pode excepcionar pelo descumprimento correspondente à sua parte. Isso porque as prestações devidas a "B" e "C" são, como exposto, independentes entre si, constituindo um feixe de relações separadas.[538] Assevera nesse sentido Vaz Serra:

> Se houver vários devedores conjuntos e um deles tiver recebido a sua parte da contraprestação, parece que não deve poder recusar a parte da prestação, que lhe compete, se ela lhe for exigida, com o fundamento de que os outros devedores não receberam ainda as suas partes da contraprestação. Sendo distintas as obrigações, não interessa, para o efeito, que os outros devedores não tenham recebido essas partes.[539]

Se a obrigação de "A" é *divisível*, mas a de "B" e "C" é *indivisível*, "A" poderá exigir de qualquer dos últimos a prestação em sua totalidade (art. 259 do CC/2002). Como efeito disso, porém, cada um dos réus ("B" e "C") – mesmo sendo credor de apenas uma parcela – poderá opor a *exceptio non adimpleti contractus* enquanto "A" não cumprir as duas prestações parciais (perante "B" e "C"). A lógica de tal solução, mais uma vez, está em impossibilitar que "A" possa obter tudo a que faz jus, cumprindo apenas o que deve em favor do contratante contra quem escolheu demandar.[540]

Idem na situação inversa (obrigação de "A" *indivisível*, obrigação de "B" e "C" *divisível*). Se "A" resolve cobrar de "B" a fração devida por este, "B" poderá opor a exceção de contrato não cumprido se "A" não prestou ou não disponibilizou – seja

---

537. Este preceito deve ser conjugado com aqueles dos artigos 87 ("Bens divisíveis são os que se podem fracionar sem alteração na sua substância, diminuição considerável de valor, ou prejuízo do uso a que se destinam") e 88 ("Os bens naturalmente divisíveis podem tornar-se indivisíveis por determinação da lei ou por vontade das partes"), ambos do Código Civil.
538. Aguiar Jr., Ruy Rosado de. *Comentários ao novo Código Civil*, v. VI, t. II: da extinção do contrato (arts. 472 a 480). Teixeira, Sálvio de Figueiredo (Coord.). Rio de Janeiro: Forense, 2011, p. 776.
539. Vaz Serra, Adriano Paes da Silva. Op. cit., p. 45.
540. Aguiar Jr., Ruy Rosado de. *Comentários ao novo Código Civil*, v. VI, t. II: da extinção do contrato (arts. 472 a 480). Teixeira, Sálvio de Figueiredo (Coord.). Rio de Janeiro: Forense, 2011, p. 776; Vaz Serra, Adriano Paes da Silva. Op. cit., p. 45; Assis, Araken de. Op. cit., p. 685.

em favor de "B", seja em favor de "C" – a obrigação indivisível por ele assumida. Novamente, pretende-se que "A" não possa obter vantagem patrimonial de "B" sem ter nada desembolsado (sendo que cumprir parcialmente era impossível, ante a indivisibilidade da obrigação). E "A" não pode alegar qualquer prejuízo em tal contexto, na medida em que podia, desde o início, incluir "B" e "C" no polo passivo, em litisconsórcio facultativo.[541]

Por fim, se *indivisíveis* as obrigações de ambos os lados e "A" resolve cobrar "B" ou "C" separadamente, qualquer destes pode excepcionar pela totalidade da obrigação caso "A" não tenha cumprido o que deve em favor de "B" ou em favor de "C".[542]

2.6 CONSIDERAÇÕES FINAIS DO CAPÍTULO

Neste capítulo segundo, examinou-se a estrutura e o mecanismo de funcionamento da exceção de contrato não cumprido, o que se buscou fazer à medida que se descrevia a categoria da exceção material e suas várias subdivisões. Ao fim e ao cabo, concluiu-se constituir a exceção de contrato não cumprido *exceção material, dilatória, dependente* e *comum*.

Desses enquadramentos derivam, como visto, consequências jurídicas relevantes em relação, por exemplo, aos efeitos que a oposição deste contradireito neutralizante exerce sobre a pretensão do excepto, ao regime de prescrição aplicável à exceção de contrato não cumprido, à oponibilidade deste remédio sinalagmático perante terceiros e em situações de pluralidade de partes.

Feita esta análise estrutural do remédio, convém agora discutir seus fundamentos, sua razão de ser, o que se fará por meio do estudo de três elementos: o sinalagma, a causa concreta e a boa-fé objetiva. Isso permitirá definir seu âmbito de incidência (ou seja, em que contextos de obrigações recíprocas justifica-se sua invocação) e seus limites (isto é, o ponto para além do qual seu emprego deixa de ser instrumento legítimo de autodefesa para assumir foros de exercício abusivo de posição jurídica). É o que se pretende fazer no próximo capítulo.

---

541. Aguiar Jr., Ruy Rosado de. *Comentários ao novo Código Civil*, v. VI, t. II: da extinção do contrato (arts. 472 a 480). Teixeira, Sálvio de Figueiredo (Coord.). Rio de Janeiro: Forense, 2011, p. 776; Assis, Araken de. Op. cit., p. 685.
542. Aguiar Jr., Ruy Rosado de. *Comentários ao novo Código Civil*, v. VI, t. II: da extinção do contrato (arts. 472 a 480). Teixeira, Sálvio de Figueiredo (Coord.). Rio de Janeiro: Forense, 2011, p. 776.

3
REDEFININDO OS CONTORNOS DO INSTITUTO DA *EXCEPTIO NON ADIMPLETI CONTRACTUS* A PARTIR DAS NOÇÕES DE SINALAGMA, CAUSA CONCRETA E BOA-FÉ OBJETIVA

Como exposto no primeiro capítulo, a história da exceção de contrato não cumprido é, em larga medida, a narrativa do avanço do reconhecimento da relação de reciprocidade e causalidade entre as obrigações nos contratos bilaterais. À medida que o Direito dos Contratos desprendia-se do formalismo e da abstração iniciais para colocar o foco no consentimento, na boa-fé e nos reais interesses que permeiam essas relações de troca – relações em que, à evidência, uma das partes *só* concorda em dar ou fazer algo em favor da contraparte *por ter em mira* o que será dado ou feito pela parte adversa e vice-versa –, crescia o consenso em torno do princípio geral de que não se pode obrigar alguém a cumprir em favor de quem ainda não cumpriu (a velha máxima "*inadimplenti non est adimplendum*", que bem pode ser traduzida por "não se paga a quem não paga").[543]

A evolução dogmática do instituto nos países de *civil law* não se encerra, todavia, com a introdução de regras gerais nos Códigos Civis, a exemplo do §320 do BGB, do art. 476 do Código Civil Brasileiro ou do art. 1.460 do Código Civil Italiano, corte temporal com o qual finalizamos o primeiro capítulo. A bem da verdade, tais regras, por serem muito genéricas, são absolutamente insuficientes para permitir entender por quê, para quê e quando a exceção de contrato não cumprido é cabível, bem como quais são os efeitos de sua aplicação,[544] mormente em face de cenário contratual cada vez mais complexo e sofisticado, tanto em termos de práticas do mercado (*v.g.*, contratos relacionais, contratos coligados), como de teoria (*v.g.*, deveres laterais de

---

543. "*Inadimplenti non est adimplendum*" e "*exceptio implementi non secuti*" eram outras expressões utilizadas, até o início do século XX, para fazer referência ao mesmo princípio subjacente à "*exceptio non adimpleti contractus*". Ver, nesse sentido: Lessona, Carlo. *Legittimità della massima "inadimplenti non est adimplendum"*. Rivista del Diritto Commerciale e del Diritto Generale delle Obbligazioni. v. XVI, parte prima. 1918, p. 383.
544. Butruce, Vítor Augusto José. *A exceção de contrato não cumprido no direito civil brasileiro: funções, pressupostos e limites de um "direito a não cumprir"*. Dissertação (Mestrado em Direito Civil) – Universidade do Estado do Rio de Janeiro, Rio de Janeiro, 2009, p. 09–10.

conduta, novas noções de adimplemento/inadimplemento). Para confirmar essa conclusão, basta pensar na simplicidade do único artigo que trata do tema no Código Civil brasileiro, o já referido art. 476:

> Art. 476. Nos contratos bilaterais, nenhum dos contratantes, antes de cumprida a sua obrigação, pode exigir o implemento da do outro.

Fácil perceber que nenhum *hard case* referente à matéria – v.g., aplicação da *exceptio* entre obrigações de contratos diferentes, porém coligados; cabimento da exceção quando configurado o adimplemento substancial do excepto; possibilidade de invocar o inadimplemento de dever acessório para justificar o inadimplemento da obrigação principal; cabimento da *exceptio* em contratos plurilaterais – pode ser solucionado mediante simples raciocínio silogístico a partir desse dispositivo.

E são justamente esses casos "difíceis" que se apresentam nos tribunais com maior frequência nos dias de hoje, até porque pouco provável que, tendo sido convencionado o cumprimento simultâneo, uma das partes se aventuraria a cobrar em juízo a prestação da parte adversa sem ter cumprido sequer uma parte do pactuado ou sem se disponibilizar a fazê-lo (situação de incidência clara da exceção de contrato não cumprido). Para a solução dos problemas aludidos no parágrafo anterior e de tantos outros, a regra do art. 476 do Código Civil não é suficiente, sendo imprescindível retornar às bases do instituto, que residem nas noções de *sinalagma, causa concreta* e *boa-fé objetiva*.

Cada um desses elementos exerce, como se verá, papel diverso em relação ao instituto, que se complementam, porém, entre si.

O sinalagma, enquanto liame de interdependência e reciprocidade que se estabelece entre as prestações, constitui o próprio *fundamento* da exceção de contrato não cumprido. É justamente porque as partes obrigaram-se reciprocamente, uma prestação em função da outra, que uma delas não pode exigir o cumprimento da parte adversa sem ter antes cumprido o que lhe compete ou oferecido o cumprimento simultâneo.

Já a causa concreta, enquanto unidade de finalidades e interesses essenciais das partes, fornece a própria *"medida" do cabimento em concreto* da exceção de contrato não cumprido. Por duas razões, fundamentalmente. Primeiro, porque a invocação deste remédio só se legitima quando o descumprimento alegado pelo excipiente atingir o núcleo funcional do contrato constituído pela causa concreta – vale dizer, quando o descumprimento interferir significativamente na economia do negócio. Segundo, porque, cumulativamente, exige-se proporcionalidade entre os deveres inadimplidos (pelo excepto e pelo excipiente), à luz justamente da relevância de ambos para o atingimento da causa concreta (dito de outra forma, para que a oposição da exceção seja cabível, é preciso que a prestação descumprida pelo excepto ostente relevância semelhante para a promoção da causa concreta do contrato em cotejo com a prestação cuja exigibilidade o excipiente pretende suspender).

O estudo conjugado desses dois elementos (sinalagma e causa concreta) permitirá apurar a verdadeira razão de ser desse remédio e, por conseguinte, definir seu âmbito de incidência (se vale apenas para contratos bilaterais perfeitos, ou se também se aplica a bilaterais imperfeitos, plurilaterais, obrigações recíprocas derivadas de sentença judicial; se pode ser invocado apenas para as obrigações principais de um contrato, ou se, ao invés, o descumprimento de deveres acessórios também pode, eventualmente, legitimar a *exceptio*; etc.).

Por fim, à boa-fé objetiva está reservado, sobretudo, papel de *imposição de limites* (estabelecendo os pontos para além dos quais o emprego do contradireito neutralizante deixa de ser uma arma legítima de autodefesa para assumir foros de exercício inadmissível de posição jurídica, na forma das várias figuras parcelares já de todos conhecidas [*v.g.*, "*suppressio*", "*surrectio*", "*Nemo auditur propriam turpitudinem allegans*", desequilíbrio no exercício jurídico]).

Em suma: o primeiro é o fundamento, o segundo é a medida do cabimento e o terceiro impõe limites.

Este capítulo será dividido em três partes: cada uma delas destinada a expor um dos elementos referidos (sinalagma, causa concreta e boa-fé objetiva) e a forma como eles interagem com o instituto da *exceptio non adimpleti contractus*.

3.1 SINALAGMA: O FUNDAMENTO DO REMÉDIO. UM CONCEITO EM EXPANSÃO

3.1.1 A origem do termo

O termo "sinalagma" provém do grego συναλλαγμα, que significa acordo ou transação.[545]

Inicialmente, no direito grego, o conceito abrangia toda convenção da qual se originavam obrigações, abarcando, portanto, conforme a terminologia atual, tanto contratos unilaterais como bilaterais.[546]

Nesse sentido, Aristóteles, na Ética a Nicômaco, utilizou-se do termo sinalagma (συναλλαγμα) – ordinariamente traduzido como "transação"[547] – para fazer referência à compra e venda e à locação (contratos bilaterais), mas também ao mútuo e ao depósito (contratos unilaterais).[548]

---

545. Cantarella, Eva. Obbligazione [diritto greco]. In: *Novissimo Digesto Italiano*, v. 11, Torino, 1968, p. 547; Menezes Cordeiro, António. *Tratado de direito civil, v. IX – Direito das obrigações*: cumprimento e não-cumprimento, transmissão, modificação e extinção. 3. ed. Coimbra: Almedina, 2017, p. 277.
546. Berger, Adolf. Synallagma. In: *Encyclopedic dictionary of roman law*. Clark: The Lawbook Exchange Ltd., 2004.
547. Ver, nesse sentido: Aristóteles. *Ética a Nicômaco*. Trad. António de Castro Caeiro. São Paulo: Atlas, 2009, p. 108; Aristotle. *The Nicomachean Ethics*. Trad. H. Rackham, V, ii, 13, p. 266-267.
548. Embora o depósito, como se sabe, também possa ser bilateral, quando fixada remuneração em favor do depositário.

Partindo dessa concepção grega de sinalagma, que incorporava integralmente o conceito de contrato, a expressão "contrato sinalagmático" – há muito empregada como sinônimo de contrato bilateral – não passaria de uma tautologia.[549]

A bem da verdade, Aristóteles fez uso ainda mais largo do termo sinalagma, que para ele abrangia não só todas as transações voluntárias (contratos), como também as transações involuntárias (ilícitos em geral), que juntas, na sua sistemática, compunham a *justiça corretiva*: "A outra forma fundamental [de justiça] é a corretiva e aplica-se nas transações entre os indivíduos. Esta é, por sua vez, bipartida, conforme diga respeito a transações voluntárias ou involuntárias."[550]

Vale lembrar, nesse ponto, que, na classificação de Aristóteles, a justiça manifestava-se de duas formas fundamentais: a *distributiva* e a *corretiva*. A primeira diz respeito à distribuição de dinheiro, honrarias e outros bens pelo Estado entre os membros da comunidade, de acordo com o mérito e as contribuições de cada um. A segunda, por sua vez, aplica-se nas transações entre os particulares, que, como dito, podem ser voluntárias (compra e venda, locação, empréstimo etc.) ou involuntárias (ilícitos em geral). A justiça corretiva observa sempre e apenas o *princípio da igualdade*. O objetivo do juiz, nesse campo, será sempre restabelecer o *equilíbrio* rompido, seja pelo ato ilícito praticado, seja pelo descumprimento do contrato. Nas palavras do próprio Filósofo:

> A justiça, contudo, que se aplica às transações particulares observa o princípio da igualdade. [...] O juiz tentará equilibrá-los ao fazer pagar a multa ou retirar o ganho para ressarcir a perda. [...] O igual, que nós dizíamos ser a justiça, é o meio entre aqueles extremos, de tal sorte que a justiça corretiva é o meio termo entre os extremos perda e ganho.[551-552]

---

549. Abrantes, José João. *A exceção de não cumprimento do contrato no direito civil português*: conceito e fundamento. Coimbra: Almedina, 1986, p. 11.
550. Aristóteles. *Ética a Nicômaco*. Trad. António de Castro Caeiro. São Paulo: Atlas, 2009, p. 108.
551. Aristóteles. *Ética a Nicômaco*. Trad. António de Castro Caeiro. São Paulo: Atlas, 2009, p. 110-111. Afirma, nessa senda, Luciano de Camargo Penteado: "Os sinalagmas, para Aristóteles, podem ser desejados ou não: há os contratos e os delitos. Mas ambos são causa de uma obrigação de reposição em um esquema de referência cruzada. Emprestou-se tanto, espera-se receber valor equivalente; provocou-se um dano, espera-se que haja a reposição do *quantum* correspondente ao prejuízo proporcionado." (*Doação com encargo e causa contratual. Uma nova teoria do contrato*. 2. ed. São Paulo: Ed. RT, 2013, p. 47).
552. Há, porém, quem argumente serem três as formas de justiça manifestadas na obra de Aristóteles: a distributiva, a corretiva e a comutativa. Mariusz J. Golecki, por exemplo, sustenta que a justiça corretiva é aquela fundada na proporção aritmética entre perda e ressarcimento, devendo o juiz atuar no sentido de restabelecer a igualdade pela reparação integral do dano. Essa forma de justiça aplicar-se-ia apenas aos casos de responsabilidade civil e enriquecimento sem causa. Diferentemente, na justiça comutativa, relacionada às transações voluntárias (contrato), a igualdade teria como referencial os próprios termos da avença, na medida em que para a prestação de uma parte deve haver uma contraprestação proporcional da parte contrária – porque do contrário sequer ocorreria, a princípio, uma transação voluntária – em uma relação que o próprio Aristóteles chama de "conjugação diagonal" (se A é um agricultor e B um sapateiro, haverá troca no exato ponto em que as partes encontrarem uma proporcionalidade, por A reputar que o sapato feito por B lhe interessa a ponto de dar-lhe em troca uma quantidade x de alimentos, e vice-versa). Entretanto, embora reconheçamos que as manifestações das ideias de igualdade e equilíbrio nas duas situações levantadas – transações involuntárias e voluntárias – sejam efetivamente diferentes, não nos parece adequada a divisão tripartite sugerida por Mariusz J. Golecki. E isso por uma razão muito simples:

Já se observa, portanto, na obra de Aristóteles, uma preocupação, no que toca aos contratos (transações voluntárias), de garantir o equilíbrio entre as partes, seja no nascedouro da relação, seja durante sua execução (para o que a exceção de contrato não cumprido, como se sabe, constitui ferramenta relevante, ao não permitir que uma das partes receba na íntegra a contraprestação sem ter prestado). Como destaca Catherine Malecki, "mesmo entre os gregos, admitia-se que o sinalagma não exprimia apenas a noção de reciprocidade concebida pelas partes na formação do contrato, já evocando uma concepção funcional de reciprocidade baseada na noção de desequilíbrio econômico gerado pelo primeiro descumprimento. Isso ajudará a demonstrar que a reciprocidade das obrigações está intrinsicamente ligada à execução do contrato."[553] Em idêntico sentido, assevera Luciano de Camargo Penteado:

> A estrutura de proporção nas trocas é expressa pela palavra "sinalagma", que deriva de συν (juntamente, com) e αλλαγμα (trocar). É o ajustamento voluntário ou fatual de uma relação que *nasce e deve se manter equilibrada*, é a reciprocidade, a comutatividade. O justo é não tomar nem mais nem menos do que o devido por méritos ou por acordos estabelecidos. O contrato, dessa maneira, deve permitir um trespasse de bens, ou uma união de esforços de acordo com um equilíbrio de reciprocidade, como ocorre, respectivamente, na troca e no contrato de sociedade.[554]

No Direito Romano, restringiu-se o conceito de sinalagma, que passou a abranger apenas as relações de troca, com obrigações recíprocas, excluindo, assim, contratos unilaterais e atos ilícitos.[555]

No fragmento D. 50.16.19, Ulpiano relembra que Labeão definiu o *contractum* como o acordo que gera obrigações recíprocas para ambas as partes (*ultro citroque obligationem*), dando como exemplos três contratos consensuais (compra e venda, locação e sociedade). O *contractum*, nesse sentido de bilateralidade e reciprocidade, equivaleria, no dizer do jurisconsulto romano, "ao que os gregos chamam de sinalagma" (*"quod Graeci* συναλλαγμα *vocant"*).[556]

---

como já mencionado, o texto da *Ética a Nicômaco* é expresso em mencionar duas formas de justiça apenas, a distributiva e a corretiva, abarcando, no âmbito desta, as transações voluntárias e involuntárias. A distinção justiça comutativa/corretiva simplesmente não aparece na obra do filósofo grego (Golecki, Mariusz Jerzy. Synallagma and freedom of contract – The concept of reciprocity and fairness in contracts from the historical and law and economics perspective. *German Working Papers in Law and Economics*, 2003, p. 01).
553. Malecki, Catherine. *L'exception d'inexécution*. Paris: LGDJ, 1999, p. 03.
554. Penteado, Luciano de Camargo. *Doação com encargo e causa contratual. Uma nova teoria do contrato*. 2. ed. São Paulo: Ed. RT, 2013, p. 47.
555. Berger, Adolf. Synallagma. In: *Encyclopedic dictionary of roman law*. Clark: The Lawbook Exchange Ltd., 2004; Dalmartello, Arturo. Eccezione di Inadempimento. In: *Novissimo Digesto Italiano*. V. VI. Torino: Unione Tipografico-Editrice Torinese, 1960, p. 354.
556. Azevedo, Antonio Junqueira de. Natureza jurídica do contrato de consórcio (sinalagma indireto). Onerosidade excessiva em contrato de consórcio. Resolução parcial do contrato. In: *Novos Estudos e Pareceres de Direito Privado*, São Paulo: Saraiva, 2009, p. 363; Esborraz, David Fabio. La noción de contrato entre 'synallagma' y 'conventio' en la tradición romanista y sus proyecciones en el sistema jurídico latino-americano. In: Roma e America. *Diritto Romano Comune*. Roma: Mucchi Editore, 2008, p. 240; Dozhdev, Dmitry. Reconstructing the jurist's reasoning: "bona fides" and "synallagma" in Labeo (D. 19, 1, 50). *JUS*, 1, 2015, p. 27.

Enquanto essa definição de contrato de Labeão que exigia a bilateralidade de prestações perdeu-se no tempo, sendo substituída, já nas compilações justinianeias, por outra que demandava apenas o acordo de vontades (*conventio*),[557] o termo sinalagma, desse momento em diante, passaria a significar, definitivamente, o liame de reciprocidade e interdependência entre as prestações derivadas dos contratos bilaterais. Foi esse o conceito de sinalagma que passou para a posteridade e chegou a nossos dias.[558]

E isso tudo, aparentemente, por conta de um erro de Labeão (ou talvez de Ulpiano, que o parafraseia), para quem "o que os gregos chamam de sinalagma" ("*quod Graeci* συναλλαγμα *vocant*") corresponderia apenas às relações de troca, quando na verdade, como visto, o termo ostentava, na obra de Aristóteles, acepção bem mais ampla (todas as transações voluntárias e involuntárias).

Com a separação dos conceitos de contrato e sinalagma, difundiu-se a expressão "contrato sinalagmático", significando uma classe de contratos caracterizada justamente pela existência de prestações para ambas as partes, ligadas por um nexo de interdependência. A expressão contrato sinalagmático, segundo António Menezes Cordeiro, predominou até o Código Napoleônico, quando foi substituída por

---

557. Para Labeão e outros juristas clássicos, esclarece David F. Esborraz, o contrato confundia-se com a própria reciprocidade de obrigações. Daí porque contratos, para os adeptos dessa linha, eram apenas os ditos consensuais (compra e venda, locação e sociedade). Posteriormente, desenvolveu-se e veio a predominar outra corrente, a qual colocava o acento mais no elemento subjetivo do acordo de vontades (a *conventio* ou *negotium*), independentemente de derivarem ou não do pacto obrigações para ambas as partes. Embora esta última concepção mais ampla de contrato, bastante próxima da atual, tenha prevalecido nas compilações justinianeias, o fragmento de Ulpiano, que relembrava o vetusto conceito de Labeão, foi estranhamente mantido no Digesto (D. 50.16.19).
    Muito tempo depois, na Escola Humanista (*mos gallicus*), ressurgiriam definições de contrato ancoradas na ideia de sinalagma, excluindo do conceito, novamente, os contratos gratuitos como a doação. Andrea Alciato seria o primeiro jurista moderno a retomar a definição de Labeão: o contrato corresponde ao que os gregos chamam de sinalagma (*quod Graeci* συναλλαγμα *vocant*), com prestações recíprocas (*ultro citroque obligationem*). Jacques Cujas, na mesma linha, vai afirmar ser possível depreender do Digesto duas definições de contrato – a própria e a imprópria – sendo a própria aquela que exigia a reciprocidade de obrigações. Em idêntica linha, posicionaram-se os jusracionalistas Hugo Grotius e Thomas Hobbes.
    Mas também havia quem se esforçasse – tese que viria a prevalecer mais uma vez – para erigir um conceito de contrato em torno do consenso, ao invés da reciprocidade. Foi o caso do humanista Hugues Duneau, cujas ideias nessa matéria passariam para Domat e Pothier e, por meio destes, seriam recepcionadas pelo *Code Civil*. Domat definia o contrato como o "consentimento entre duas ou mais pessoas para estabelecer entre eles qualquer vínculo, ou para extinguir um vínculo precedente ou modificá-lo", descrição esta que foi praticamente reproduzida por Pothier em suas obras. Fenômeno parecido se passaria na Alemanha, onde tanto adeptos da Escola Histórica (Savigny, por exemplo) como do pandectismo (Windscheid, entre outros) adotaram conceito amplo de contrato, baseado no acordo de vontades.
    Foi assim que o confronto entre aqueles que se contentavam, para a formação do contrato, com a bilateralidade subjetiva (*conventio*) e aqueles que exigiam, para além desta, também uma bilateralidade objetiva (sinalagma), terminaria, agora de forma definitiva, com a vitória dos primeiros. (Esborraz, David Fabio. La noción de contrato entre "synallagma" y "conventio" en la tradición romanista y sus proyecciones en el sistema jurídico latino-americano. In: *Roma e America. Diritto Romano Comune*. Roma: Mucchi Editore, 2008, p. 240-256).
558. Menezes Cordeiro, António. *Tratado de direito civil, v. IX – Direito das obrigações*: cumprimento e não-cumprimento, transmissão, modificação e extinção. 3. ed. Almedina: Coimbra, 2017, p. 277.

contrato bilateral (por purismo linguístico, não se quis usar *"pas synallagmatique"* ou *"non synallagmatique"* no *Code*, e, por isso, criou-se *"unilatéral"* e, como seu oposto, *"bilatéral"*).[559]

Antônio Junqueira de Azevedo afirma que as concepções grega e romana de sinalagma diferenciavam-se, ainda, no que se refere à relevância da equivalência ou proporcionalidade material entre as prestações. Diz o autor que o "sinalagma à grega" demandaria, no campo dos contratos bilaterais, equivalência ou proporcionalidade entre as prestações, por ser manifestação da justiça corretiva, que tem como diretriz o princípio da igualdade. Já no "sinalagma à romana", bastaria a reciprocidade entre as prestações (nas modalidades *"do ut des"*, *"do ut facias"*, *"facio ut des"* e *"facio ut facias"*), sem preocupações de equivalência material.[560]

Não concordamos, todavia, com tal construção.

A igualdade referida por Aristóteles em matéria de contratos tinha por referencial os próprios termos da avença, como estes haviam sido subjetivamente sopesados pelas partes, em uma relação que o próprio Filósofo chamou de "conjugação diagonal" (se A é um agricultor e B um sapateiro, a troca ocorre no exato ponto em que as partes encontram uma equivalência subjetiva entre as prestações, por A reputar que o sapato feito por B lhe interessa a ponto de dar-lhe em troca uma determinada quantidade de alimentos, e vice-versa). Fundamental era, sob essa perspectiva, que as partes, subjetivamente, avaliassem como proporcionais e equivalentes as suas prestações, não sendo necessária uma igualdade objetiva entre elas.[561] Nada muito diferente, portanto, da noção de equivalência subjetiva ou intencional que viria a predominar no Direito romano e, posteriormente, nos países de *civil law* em geral (no lugar de uma equivalência objetivamente considerada entre as prestações, que se manifesta apenas residualmente em institutos como a lesão, a onerosidade excessiva e a nulidade de cláusulas abusivas em matéria de consumo).[562]

Em contrapartida, noções de igualdade material, em situações limite, também não eram completamente estranhas à concepção romana de sinalagma, como deixam transparecer, por exemplo, os institutos da lesão enorme (desproporção que excedesse metade do valor real da prestação) e enormíssima (desproporção em mais

---

559. Ibidem.
560. Azevedo, Antonio Junqueira de. Natureza jurídica do contrato de consórcio (sinalagma indireto). Onerosidade excessiva em contrato de consórcio. Resolução parcial do contrato. In: *Novos Estudos e Pareceres de Direito Privado*, São Paulo: Saraiva, 2009, p. 363.

    A mesma ideia, que julgamos equivocada, também pode ser encontrada na obra de Luciano de Camargo Penteado, discípulo de Antonio Junqueira de Azevedo: "Diferentemente do que ocorre no direito romano, em que as obrigações de dois lados não precisam ter igualdade de valor, a noção de sinalagma grega preconiza essa equivalência material entre deveres de efetuar prestações." (*Doação com encargo e causa contratual. Uma nova teoria do contrato*. 2. ed. São Paulo: Ed. RT, 2013, p. 47).
561. Golecki, Mariusz Jerzy. Synallagma and freedom of contract – The concept of reciprocity and fairness in contracts from the historical and law and economics perspective. *German Working Papers in Law and Economics*, 2003, p. 01.
562. Camilletti, Francesco. *Profili del problema dell'equilibrio contrattuale*. Milano: Giuffrè, 2004, p. 40-48.

de dois terços do valor justo da prestação), já reconhecidos no período pós-clássico, vinculados ambos a um forte desequilíbrio no sinalagma genético das relações.[563] Logo, em conclusão, por qualquer prisma que se analise, não há evidências de que o "sinalagma à grega", para usar a expressão do autor, fosse mais preocupado com a igualdade material das prestações do que o "sinalagma à romana".

3.1.2 Sinalagma genético e funcional

O sinalagma constitui, portanto, o próprio nexo de correspectividade ou de interdependência que se estabelece entre as prestações nos contratos bilaterais (*obligatio ultro citroque*), encontrando cada prestação a sua razão de ser na existência e no cumprimento da outra.[564]

A principal nota caracterizadora dos contratos bilaterais é exatamente essa correspectividade entre prestação e contraprestação. É ela que dita, inclusive, a regulamentação própria desses contratos (especialmente em termos de cabimento da resolução por inadimplemento e da exceção de contrato não cumprido, dois remédios característicos dessa classe de contratos).[565]

---

563. Bonini, Paulo Rogério. *Lesão no código civil brasileiro e no direito comparado*. Dissertação (Mestrado em Direito Civil) – Pontifícia Universidade Católica de São Paulo, São Paulo, 2005, p. 65-70.
564. Camilletti, Francesco. Op. Cit., p. 21; Trabucchi, Alberto. *Istituzioni di diritto civile*. Padova: Cedam, 1978, p. 693.
565. A exceção de contrato não cumprido é, certamente, remédio exclusivo dos contratos bilaterais (ressalva feita, como se verá adiante, a algumas relações que também envolvem obrigações recíprocas, como a derivada, por exemplo, de sentença de anulação ou resolução de contrato que determina a devolução pelas partes do que foi prestado até aquele momento). A dicção do art. 476 do Código Civil, inclusive, é expressa em excluir os contratos unilaterais de sua incidência ("*Nos contratos bilaterais*, nenhum dos contratantes, antes de cumprida a sua obrigação, pode exigir o implemento do do outro."). O mesmo não pode ser dito da resolução por inadimplemento, cujos dois artigos de regência (474 e 475 do mesmo diploma) não estabelecem a mesma restrição. Como aponta Aline de Miranda Valverde Terra, doutrina e jurisprudência admitem majoritariamente, em diversas situações, a resolução de contratos unilaterais por inadimplemento. Quanto ao mútuo feneratício, por exemplo, contrato real e unilateral, o art. 1.820 do Código Civil Italiano é expresso em reconhecer a viabilidade do pedido de resolução: "Se o mutuário não cumpre a obrigação de pagar os juros, o mutuante pode pedir a resolução do contrato". Admite-se também tradicionalmente o pedido de resolução no comodato, quando o comodatário, por exemplo, usa a coisa de modo diverso ou contrário ao estipulado no contrato. A utilidade de acolher a resolução nesta hipótese é patente, sobretudo se o comodato foi estipulado em benefício exclusivo do comodatário, situação em que o direito do comodante de resilir unilateralmente o contrato, antes de expirado o prazo, subordina-se à comprovação de "necessidade imprevista e urgente" (art. 581). Como pontua a autora citada, "a possibilidade de resolver a relação obrigacional deve ser estendida a todos os contratos unilaterais cuja inexecução de obrigação atribuída a uma das partes retire do credor o interesse na manutenção do vínculo contratual, sempre que o ordenamento jurídico não lhe oferecer outro instrumento para se desvincular da relação. Em verdade, nesses contratos, a resolução por inadimplemento se afigura ainda mais importante do que nos contratos bilaterais, visto que não comportam a invocação de exceção de contrato não cumprido." (Âmbito de incidência da cláusula resolutiva expressa: para além dos contratos bilaterais. *Revista de Direito Privado*, ano 17, v. 65, jan-mar 2016, p. 133). Se a posição majoritária já é esta em matéria de cláusula resolutiva tácita, a resistência quanto à admissibilidade da resolução torna-se quase nenhuma se o contrato unilateral estabelecer cláusula resolutiva expressa. Araken de Assis, por exemplo, está entre os que, em relação aos contratos unilaterais, não admite a resolução legal (por cláusula resolutiva tácita), mas admite aquela fundada em cláusula resolutiva expressa, pois aí, afirma, "o campo da autonomia privada parece

Como afirma José João Abrantes, esse vínculo de interdependência deriva [i] do respeito pela intenção presumida das partes no momento da celebração da avença, na medida em que quando estas decidem celebrar um contrato bilateral, elas pretendem, é lícito supor, alcançar uma troca real de prestações (e não apenas uma troca de pretensões autônomas entre si), bem como de [ii] uma ideia básica de justiça corretiva ou comutativa,[566] pois haveria evidente iniquidade se o devedor de uma das obrigações pudesse ser compelido a executá-la sem que a contraparte também tivesse cumprido a sua ou ao menos se disponibilizado a fazê-lo. Por tais razões, prossegue o autor, os sistemas evoluídos tendem a consagrar e resguardar esse vínculo de interdependência, na medida em que "cada uma das obrigações é contrapartida da outra, uma não nasce sem a outra e nenhum dos devedores tem de cumprir sem que o outro cumpra igualmente."[567]

Como visto no primeiro capítulo, que tratou da evolução histórica, nem sempre foi esta a concepção prevalecente. A interdependência entre as prestações foi resultado de lento aprimoramento do pensamento jurídico, que se iniciou timidamente entre os romanos (os quais desconheciam o instituto da resolução e restringiam a admissibilidade de instrumentos análogos à exceção de contrato não cumprido à classe dos contratos consensuais [compra e venda, locação e sociedade]), ganhou corpo com canonistas e pós-glosadores, mas só veio a adquirir maturidade em codificações tardias, como o B.G.B. e o Código Civil Brasileiro de 1916.

Fato é que, como já asseverado em ponto anterior deste trabalho, a velha técnica ocidental de pensar o Direito a partir de posições jurídicas individuais, seja pelo método das *actiones* no Direito Romano, seja por meio, posteriormente, da sistemática de direitos subjetivos, dificultou a compreensão e o tratamento de situações *estruturalmente recíprocas*, como é o caso do sinalagma e mais particularmente da exceção de contrato não cumprido. Os juristas são, desde sua formação universitária, incentivados a pensar os contratantes – e o mesmo se aplica, *mutatis mutandis*, aos titulares de direitos reais, aos integrantes da família etc. – preponderantemente como polos titulares de direitos subjetivos (à prestação, à indenização pelo descumprimento, à multa contratual etc.), em uma visão fragmentada da relação que, embora tenha o mérito de isolar problemas e facilitar a solução da maioria deles, traz dificuldades para a dogmatização de situações recíprocas, que demandam raciocínios de equilíbrio e que contrapõem contradireitos a direitos subjetivos (ou *exceptiones* a *actiones*, na sistemática romana). Não é à toa que a *exceptio non adimpleti contractus* consolidou-se tão tardiamente, suscitando dúvidas até nossos dias.[568]

---

ilimitado", podendo a resolução abranger "quaisquer contratos, incluindo os unilaterais" (*Comentários ao Código Civil brasileiro, v. 5. do Direito das obrigações* (arts. 421 a 578). Alvim, Arruda e Alvim, Thereza (Coord.). Rio de Janeiro: Forense, 2007, p. 558).
566. Vide nota "6" acima.
567. Abrantes, José João. Op. cit., p. 41.
568. Menezes Cordeiro, António. *Tratado de direito civil, v. IX – Direito das obrigações*: cumprimento e não-cumprimento, transmissão, modificação e extinção. 3. ed. Almedina: Coimbra, 2017, p. 274.

Impossível, inclusive, afirmar o que veio antes: se a consciência dessa correspectividade influenciou o surgimento de institutos como a resolução e a exceção de contrato não cumprido; ou se necessidades práticas do comércio impulsionaram o desenvolvimento desses remédios – resolução e *exceptio* – que, quando examinados pelos juristas, revelaram a interdependência entre as obrigações. Na verdade, o que parece existir é uma via de mão dupla, de reforço mútuo, variando o predomínio de um ou outro vetor conforme o momento histórico: se entre os romanos foram as necessidades do comércio que demandaram o surgimento de remédios análogos à exceção de contrato não cumprido (*exceptio mercis non traditae* e *exceptio doli*, principalmente), daí advindo progressiva consciência da reciprocidade entre as prestações nos contratos consensuais, entre os canonistas, por outro lado, foram ideais de espiritualização e eticização do contrato, de respeito à palavra dada, à boa-fé e à justiça comutativa das relações, que conduziram à construção teórica da reciprocidade por meio do adágio *frangenti fidem, non est fides servanda*, o qual impulsionou, nos séculos seguintes, o pleno desenvolvimento das ferramentas da resolução por inadimplemento e da *exceptio non adimpleti contractus*.

A relação de interdependência entre as prestações estabelece-se, é preciso ressaltar, independentemente [i] da existência de um querer específico das partes no sentido da formação do sinalagma, [ii] da consciência dos contratantes quanto à formação da reciprocidade (ainda que estes sequer tenham noção desse efeito específico da celebração de um contrato bilateral, ele incidirá) e [iii] das motivações internas das partes (não importa, por exemplo, se por meio da compra "A" quis apenas ajudar "B" – os remédios sinalagmáticos serão cabíveis pelo só fato de restar configurada uma compra e venda).[569]

A despeito disso, é preciso reconhecer que a vontade das partes desempenha papel relevante na formação do sinalagma. Nos contratos bilaterais, típicos ou atípicos, o conteúdo negocial já deixa transparecer uma relação de interdependência entre as prestações, sendo possível depreender que cada parte só está disposta a prestar *para que* e *desde que* a contraparte também cumpra o que lhe compete. Afirmam nesse sentido Maria de Lurdes Pereira e Pedro Múrias:

> Na verdade, um contrato é ou não sinalagmático conforme o estipulado. O sinalagma está «no contrato», é uma estipulação, não é uma criação legal a partir do nada. [...] O ponto de partida parece não oferecer discussão: a dependência entre prestação e contraprestação tem de figurar, de algum modo, na regulação instituída pelas partes. [...] Quer dizer, o nexo de execução e de subsistência estabelecido pela lei entre as obrigações sinalagmáticas tem como pressuposto uma relação de interdependência já presente nas declarações. [...] O sinalagma pressupõe uma

---

569. Abrantes, José João. Op. cit., 41. Em sentido semelhante: Orlando, Marie-Astrid. *L'exception d'inexécution – L'envers du décor. Approche théorique et jurisprudentielle*. Saarbrücken: Éditions Universitaires Européennes, 2012, p. 17.

relação «substancial», mais concretamente uma relação de finalidade entre as duas atribuições. Cada parte vincula-se *para que* a vinculação da outra se concretize.[570]

Tanto é verdade que a vontade é relevante, direta ou indiretamente, para a formação do sinalagma, que as partes podem afastar expressamente no contrato o cabimento dos remédios sinalagmáticos – esvaziando, assim, o nexo de interdependência entre as obrigações – mediante cláusula específica, chamada *solve et repete*.

Serafino Gatti sustenta que a correspectividade característica dos contratos sinalagmáticos pode ser decomposta e examinada sob quatro prismas. O primeiro é o *teleológico*, considerando que nesses acordos cada parte só concorda em promover transferência patrimonial em favor da outra porque tem em mira obter desta uma atribuição correspondente. O segundo é o *econômico*, que demanda a existência de equivalência razoável entre os valores conferidos pelas partes às prestações do contrato, de modo a inclusive possibilitar a ocorrência da troca (uma equivalência que é predominantemente subjetiva, como será aprofundado a seguir). O terceiro prisma é o da *utilidade*, pelo qual, na fase de cumprimento, o interesse de cada contratante só é satisfeito em concreto mediante a execução da prestação do outro e vice-versa. Por fim, o *temporal*, o qual significa que, em linha de princípio, as partes devem adimplir suas obrigações simultaneamente (diferente das demais, esta categoria é apenas eventual, podendo as partes, no exercício da autonomia privada, estabelecer prestações sucessivas).[571] O fracionamento do sinalagma nesses moldes permite compreender que a reciprocidade nos contratos bilaterais é um fenômeno multifacetado, com uma vasta gama de implicações (que vão desde a invalidade do negócio quando mostrar-se impossível, desde a origem, a prestação de uma das partes [prisma teleológico], passando pelos institutos da lesão e da onerosidade excessiva [equilíbrio econômico], pelos remédios da exceção de contrato não cumprido e da resolução [faceta da utilidade], até dar origem ao princípio da execução simultânea das prestações [aspecto temporal]).

Tradicionalmente, a doutrina distingue entre sinalagma genético e funcional.

Fala-se em *sinalagma genético* para ressaltar que os contratos bilaterais já nascem sob o signo da interdependência das obrigações: uma das partes só se obriga a prestar porque antevê o recebimento da respectiva contraprestação; a obrigação assumida por um dos contratantes constitui, já na gênese da avença, a razão de ser da obrigação contraída pelo outro.[572]

---

570. Pereira, Maria de Lurdes; Múrias, Pedro. Sobre o conceito e a extensão do sinalagma. In: *Estudos em Honra do Professor Doutor José de Oliveira Ascensão*, v. I, Coimbra, 2008, p. 387.
571. Gatti, Serafino. L'adeguatezza fra le prestationi nei contratti con prestazioni corrispettive. *Rivista del Diritto Commerciale e del Diritto Generale delle Obbligazioni*, v. LXI, fascículo 11-12, 1963, p. 456.
572. Antunes Varela, João de Matos. *Das obrigações em geral*. V. I. 10. ed., Coimbra: Almedina, 2008, p. 397; Abrantes, José João. Op. cit., 47; Golecki, Mariusz Jerzy. Op. cit., p. 8; Trimarchi, Pietro. *Istituzioni di diritto privato*. 9. ed., Milano: Giuffrè, 1991, p. 295; Menezes Cordeiro, António. *Tratado de direito civil, v. IX – Direito das obrigações*: cumprimento e não-cumprimento, transmissão, modificação e extinção. 3. ed. Almedina: Coimbra, 2017, p. 277-278; Dozhdev, Dmitry. Op. cit., p. 28-29.

Na precisa definição de Hector Massnata, o sinalagma genético constitui a relação recíproca de justificação causal que deve existir, no momento da estipulação, entre as obrigações contrapostas que nascem dos contratos bilaterais.[573]

O sinalagma genético explica por que a nulidade da obrigação principal de uma das partes – por impossibilidade originária, por exemplo – implica nulidade de todo o contrato,[574] ou, ainda, por que se anula o negócio jurídico por lesão quando, já na origem, observa-se manifesta desproporção entre as prestações das partes.[575]

O *sinalagma funcional*, em contrapartida, que diz respeito mais de perto à *exceptio non adimpleti contractus*, aponta essencialmente, conforme lição de Antunes Varela, "para a ideia de que as obrigações têm de ser exercidas em paralelo (visto que a execução de cada uma delas constitui, na intenção dos contraentes, o pressuposto lógico do cumprimento da outra) e ainda para o pensamento de que todo acidente ocorrido na vida de uma delas repercute necessariamente no ciclo vital da outra."[576] Significa, na rica definição de Ricardo Osvaldo Larroza, que o nexo de interdependência que liga as prestações recíprocas não esgota sua importância no momento mesmo da gênese do contrato, pois se mantém operante durante toda a fase de sua execução, garantindo proteção integral ao equilíbrio durante todos os momentos da relação de troca.[577]

Se apenas o sinalagma genético fosse observado, as obrigações recíprocas que nascem dos contratos bilaterais teriam, após a celebração, vidas independentes entre si, não sofrendo os reflexos das ocorrências que viessem a atingir as obrigações correlatas (o comprador, sob essa perspectiva, deveria pagar simplesmente porque *assim prometeu*, independentemente de a contraparte ter prestado ou se oferecido a fazê-lo).[578] Isso seria uma afronta à essência dos contratos bilaterais, por ignorar duas realidades muito claras. A primeira, de que as partes contratam pensando fundamentalmente nas atribuições patrimoniais decorrentes do cumprimento do contrato (e não em uma troca abstrata de direitos de crédito, como ocorre no momento da celebração). A segunda, de que nenhuma das partes, via de regra, está disposta

---

573. Massnata, Héctor. *Excepción de incumplimiento contractual*. Buenos Aires: Abeledo Perrot, 1967, p. 29-30. Definição muito semelhante é trazida por Alberto Trabucchi: "Sinallagma genetico sta a significare il reciproco rapporto di giustificazione causale che deve intercorrere tra le contrapposte obbligazioni nascenti dal contratto nel momento della sua stipulazione." (*Istituzioni di diritto civile*. Padova: Cedam, 1978, p. 694).
574. Larenz, Karl. Derecho de obligaciones. Trad. Jaime Santos Briz. Tomo I. Madrid: *Editorial Revista de Derecho Privado*, 1959, p. 266; Dalmartello, Arturo. Op. cit., p. 355; Aguiar Jr., Ruy Rosado de. *Extinção dos Contratos por Incumprimento do Devedor*. 2. ed. Rio de Janeiro: AIDE Editora, 2004, p. 82.
575. Larroza, Ricardo Osvaldo. Sinalagma Genético y Funcional. In: Stiglitz, Rubén S.; Stiglitz, Gabriel A. [Org.]. *Contratos*: Teoría General, v. I. Buenos Aires: Depalma, 1994, p. 544-545.
576. Antunes Varela, João de Matos. *Das Obrigações em Geral*, v. I. 10. Ed., Coimbra: Almedina, 2008, p. 396.
577. Larroza, Ricardo Osvaldo. Op. cit., p. 546. Como afirma Jorge Mosset Iturraspe, o contrato, justamente por conta dos sinalagmas genético e funcional, "nasce e morre em equilíbrio" (*Justicia Contractual*. Buenos Aires: Ediar, 1977, p. 206).
578. Era o que se observava, aliás, nos primórdios dos contratos consensuais romanos, conforme tivemos oportunidade de expor no primeiro capítulo.

a assumir o risco de cumprir integralmente em favor da outra, em troca apenas da possibilidade de exigir judicialmente, em momento posterior, o cumprimento da prestação correlata ou a restituição do que adiantou (mormente quando se considera o tempo necessário para tanto e o risco de que a contraparte sequer tenha condições econômicas de, após ser condenada nesse sentido, satisfazer a obrigação ou promover a restituição).[579] Como bem sumariza Alberto Trabucchi, é sempre preferível reter o que é próprio, a obter o direito de exigir a contraprestação ou de reaver o que já se pagou ("melius intacta iura serbare quam vulneratae causae remedia quaerere").[580]

O sinalagma funcional é de longe o mais rico em efeitos. Institutos como a [i] exceção de contrato não cumprido, [ii] a exceção de inseguridade, [iii] a resolução por inadimplemento ou por impossibilidade superveniente e [iv] a resolução/revisão por onerosidade excessiva só se justificam pelo fato de o sinalagma não desaparecer após o momento da celebração do contrato, mas continuar, pelo contrário, a permear todo o processo obrigacional, especialmente na fase de cumprimento das prestações.[581]

Enquanto a exceção de contrato não cumprido e a exceção de inseguridade, no dizer de Arturo Dalmartello, representam o que se poderia chamar, quanto à intensidade dos efeitos, de manifestações "menores" do sinalagma funcional (por serem apenas suspensivas e dilatórias), a resolução, em todas as suas formas (impossibilidade superveniente, inadimplemento ou onerosidade excessiva), seria a manifestação "maior" desse tipo de sinalagma (visto que definitiva e peremptória).[582]

Pontes de Miranda bem sintetiza essas duas facetas do vínculo obrigacional – genética e funcional – ao asseverar que "o sinalagma é quanto à estrutura, à construção mesma do negócio jurídico (sinalagma genético), e quanto à eficácia (sinalagma funcional)."[583] Já Alberto Trabucchi, explorando outra perspectiva, afirma que enquanto o sinalagma genético está ligado à causa do contrato ("*cur contractum est*"), o sinalagma funcional está ligado à causa das obrigações ou das atribuições patrimoniais efetivadas na execução do contrato ("*cur debetur*").[584-585]

---

579. Trabucchi, Alberto. Op. cit., p. 694.
580. Ibidem, p. 699.
581. Aguiar Jr., Ruy Rosado de. *Extinção dos contratos por incumprimento do devedor.* 2. ed. Rio de Janeiro: AIDE Editora, 2004, p. 82; Menezes Cordeiro, António. *Tratado de direito civil, v. IX – Direito das obrigações*: cumprimento e não-cumprimento, transmissão, modificação e extinção. 3. ed. Almedina: Coimbra, 2017, p. 277-278; Massnata, Héctor. Op. cit., p. 29-30;
582. Dalmartello, Arturo. Op. cit., p. 354.
583. Pontes de Miranda, Francisco Cavalcanti. *Tratado de Direito Privado.* Campinas: Bookseller, 2003. t. XXVI. p. 127.
584. Trabucchi, Alberto. Op. cit., p. 694.
585. Há, na doutrina estrangeira, quem enumere três formas de sinalagma, ao invés de duas apenas: [i] genético (com sentido idêntico ao que expusemos aqui), [ii] condicional e [iii] funcional. A diferença residiria em subdividir o que chamamos de "sinalagma funcional" em "condicional" e "funcional". O "sinalagma condicional" demandaria que, em caso de impossibilidade superveniente de uma das prestações, sem responsabilidade de qualquer das partes, o contrato seja desfeito (caducidade por caso fortuito ou força maior). O sinalagma condicional seria, nesse sentido, uma espécie de projeção, para os momentos subsequentes, da reciprocidade acordada no momento da celebração da avença. Já o "sinalagma funcional" estaria ligado

Não se pode, porém, deixar de concordar com Aline de Miranda Valverde Terra quando esta afirma que tal distinção, entre sinalagma genético e funcional, afigura-se mais didática do que real, "uma vez que o sinalagma é uno e sofre os influxos do dinamismo da relação negocial. Se a relação obrigacional é um processo, que se altera e se modifica durante seu percurso em direção ao adimplemento, o sinalagma se sujeita às mesmas vicissitudes, sem, contudo, fragmentar-se."[586]

A correspectividade ou interdependência entre as obrigações, que deve existir na gênese e no decorrer de toda a vida do contrato, não demanda, é importante pontuar, equivalência ou paridade objetiva entre elas. Não se exige que a prestação tenha valor de mercado rigorosamente idêntico ao da contraprestação, bastando que se haja estabelecido, no mundo jurídico, segundo os fatos da vida e a intenção dos contraentes, uma *equivalência subjetiva* ("Subjektive Äquivalent").[587] O fundamental, como afirma Cesare Massimo Bianca, é que cada contraente, segundo suas valorações próprias, veja na prestação do outro compensação suficiente para a sua própria prestação, sendo as partes a princípio livres para determinar essa relação de correspondência.[588]

A relação sinalagmática é concebida, portanto, nessa toada, como uma troca de prestações que se amarram funcionalmente entre si, cada contratante podendo atribuir-lhe o significado econômico que entender oportuno. Significa, antes de mais nada, que foi essencial para a decisão de contratar, e para a decisão de permanecer no contrato, a interdependência das posições, traduzida na ideia de que cada parte deve na estrita medida e apenas por que algo também lhe é devido, independentemente, vale insistir, de qualquer paridade objetiva entre os créditos contrapostos.[589] Como adverte Rodrigo da Guia Silva:

à exceção de contrato não cumprido e à resolução por inadimplemento, traduzindo o vínculo necessário de reciprocidade no que toca ao efetivo cumprimento das prestações. Adotando essa divisão em três categorias, ver: Dozhdev, Dmitry. Op. cit., p. 28-29; Golecki, Mariusz Jerzy. Op. cit., p. 08; Heermann, Peter W. The status of multilateral synallagmas in the law of connected contracts. In: Amstutz, Mark; Teubner, Gunther (Org.). *Networks*: Legal Issues of Multilateral Co-operation. Portland: Hart Publishing, 2009, p. 106-107. Entretanto, a separação entre sinalagma condicional e funcional, nos termos propostos por esses autores, afigura-se artificial e desnecessária. Com efeito, parece mais útil e simples a classificação bipartida (sinalagma genético e funcional), a qual agrupa, em torno desta última classe (funcional), todas as projeções práticas da ideia de que as prestações continuam umbilicalmente ligadas mesmo na fase de execução do contrato (impossibilidade superveniente, resolução, exceção de contrato não cumprido, onerosidade excessiva etc.).

586. Terra, Aline de Miranda Valverde. Âmbito de incidência da cláusula resolutiva expressa: para além dos contratos bilaterais. *Revista de Direito Privado*, ano 17, v. 65, jan.-mar. 2016, p. 127.

587. Larenz, Karl. Derecho de obligaciones. Trad.: Jaime Santos Briz. Tomo I. Madrid: *Editorial Revista de Derecho Privado*, 1959, p. 267; Pontes de Miranda, Francisco Cavalcanti. *Tratado de direito privado*. Campinas: Bookseller, 2000. t. III. p. 245. Como já afirmavam Enneccerus, Kipp e Wolff, "não se exige que seja um equivalente, basta que se tenha *prometido* como equivalente, isto é, que *deva ser tal segundo a intenção declarada das partes*." (*Tratado de derecho civil. Segundo tomo. Derecho de obligaciones. Volumen primero.* Trad. Blas Pérez González y José Alguer. Barcelona: Bosch, 1954, p. 163).

588. Bianca, Cesare Massimo. Diritto civile, t. III: Il contratto. 2. ed. Milano: Giuffrè, 2000, p. 450.

589. Araújo, Fernando. Prefácio. In: João Pedro de Oliveira de Biazi. *A exceção de contrato não cumprido no direito privado brasileiro*. Rio de Janeiro: GZ Editora, 2019, p. VIII–IX.

A configuração do sinalagma não depende da constatação de uma equivalência objetiva que leve em consideração o valor das prestações; desde que haja a correspectividade funcional entre as prestações, restará configurado o sinalagma e atraída, por conseguinte, a disciplina dispensada aos contratos bilaterais.[590]

A relevância da comparação objetiva entre o valor das prestações só desponta residualmente em institutos como a lesão (art. 157 do CC) e a onerosidade excessiva (art. 478 do CC), mesmo assim deixando claro o legislador que não é qualquer desequilíbrio objetivo que merece ser remediado, mas apenas aquele que for manifesto ou excessivo. De resto, é vedado ao juiz perscrutar as valorações pessoais promovidas pelas partes quanto aos pesos conferidos às prestações correspectivas, por se reconhecer que se trata de campo relegado à autonomia privada. Afirma, nessa linha, Francesco Camilletti:

> Ao juiz é subtraído o poder de rever as escolhas dos contratantes acerca de como alcançar seus próprios objetivos, cabendo apenas às partes a avaliação sobre a conveniência do sacrifício patrimonial ao qual se propõem [...]. Ao juiz compete, ao invés, a tarefa de indagar se aquela escolha foi realmente livre e consciente, ou se a desproporção entre as prestações resultou de uma deficiência ou contração da liberdade contratual, ou, ainda, se devido ao efeito de fatos supervenientes, imprevisíveis e portanto não avaliáveis no momento da conclusão do contrato, modificou-se a relação original entre os valores das prestações a ponto de o desequilíbrio tornar-se patológico por não poder ser imputável à manifestação consciente da vontade dos participantes.[591]

Nos países de *common law* não é diferente. Nestes, é frequente a menção de que a *consideration* não pressupõe paridade objetiva entre as prestações, bastando que funcionalmente uma tenha sido dada, conforme a conveniência das partes, em troca da outra e vice-versa. O que não quer dizer que em tais ordenamentos, assim como ocorre nos países de *civil law*, não existam mecanismos para corrigir situações manifestamente abusivas ("harsh bargains" ou "grossly unfair transactions"), em que, no limite, a própria vontade resta contaminada.[592]

---

590. Silva, Rodrigo da Guia. Novas perspectivas da exceção de contrato não cumprido: repercussões da boa-fé objetiva sobre o sinalagma contratual. *Revista de Direito Privado*, v. 78, jun. 2017, p. 63.
591. No original: "Al giudice è sottratto il potere di sindacare le scelte dei contraenti sulle modalità di conseguimento dei propri scopi, spettando solo alla parte la valutazione sulla convenienza del sacrificio patrimoniale cui va incontro in forza di una scelta libera e consapevole. Al giudice spetta invece il compito di indagare se quella scelta sia stata effettivamente libera e consapevole, o se la incongruità delle prestazioni sia dipesa da una menomazione o contrazione della libertà contrattuale, oppure se per effetto di fatti sopravvenuti, imprevedibili e quindi non valutabili al momento della conclusione del contratto, si sia modificato l'originario rapporto tra il valore delle prestazioni, per cui lo squilibrio, si potrebbe dire, è patologico per non essere imputabile ad una consapevole manifestazione di volontà." (Camilletti, Francesco. Op. cit., p. 48).
592. Na *common law*, para que se forme um contrato vinculante (afora as hipóteses excepcionais de contratos celebrados por instrumentos [*deeds*]), uma das partes deve necessariamente fornecer *consideration* à outra. A ideia de *consideration*, embora remeta sempre à troca de prestações – pois ambas as partes devem ofertar *consideration* uma à outra, de forma recíproca – não deixa de ser, na essência, unilateral: a *consideration* é dada em troca da *promise* de cada parte. Diferente, portanto, do conceito de "causa" dos países de *civil law*, que se refere ao contrato como um todo, e não a cada uma das obrigações ou promessas assumidas isoladamente.

3.1.3 Tipologia dos deveres nas relações obrigacionais complexas e abrangência do sinalagma

A obrigação não é, como se pensava anteriormente, uma relação *linear* em cujos polos encontram-se o débito do lado passivo e o crédito do lado ativo, mas uma estrutura *complexa*, na qual ao núcleo constituído pela obrigação principal de prestar se somam obrigações secundárias, acessórias e deveres de proteção.[593]

E essa estrutura complexa deve ser compreendida como um *organismo*, como um todo direcionado a um fim, o que é bem diferente da mera soma desses elementos. Nas palavras de Pontes de Miranda:

> O feixe de relações jurídicas e de situações é como todo, e não como soma. O conceito, por exemplo, de relação jurídica de compra e venda não é conceito de relação jurídica a que corresponda dívida de prestar coisa, *mais* de cuidar da coisa até a entrega, *mais* de não descurar da proteção jurídica da coisa; e sim conceito de relação jurídica em que tudo isso é intrínseco.[594]

Superada está, igualmente, nessa mesma linha de raciocínio, a perspectiva *estática* da relação obrigacional como vínculo que liga dois polos opostos entre si, no qual uma parte está obrigada a fazer algo em favor de outra. Em seu lugar, preponderou, como se sabe, a visão *dinâmica* da obrigação como *processo*, isto é,

---

Como já dito, a *consideration* não pode faltar, sob pena de sequer se configurar um contrato (daí porque estão excluídos do conceito de contrato, nos países de *common law*, os atos de pura liberalidade, como a doação). Diz-se comumente, nesse sentido, que [i] oferta, [ii] aceitação e [iii] *consideration* constituem os três pilares de toda barganha, sem os quais não há contrato.

A *consideration* é válida, a princípio, independentemente da equivalência das vantagens ou sacrifícios impostos, não sendo papel das Cortes reconhecer se a prestação oferecida por A a B, e por B a A, em troca, constituem *considerations* adequadas. Como afirmou Lord Blackburn em Bolton v. Madden (1873) L.R. 9 Q.B. 55, 57, em passagem que se tornou clássica, "o valor da *consideration* deve ser apreciado pelas partes na conclusão do contrato e não pela Corte quando lhe é demandada execução." Comum, ainda, nos julgados e textos doutrinários mais antigos, a afirmação de que a *consideration*, embora indispensável, pode consistir em um simples grão de pimenta (*peppercorn*).

Com o tempo, todavia, essa ideia veio a ser em alguma medida relativizada, para permitir a correção de desequilíbrios muito expressivos ("*harsh bargains*" ou "*grossly unfair transactions*"), que se manifestem seja na gênese do contrato (nos moldes do instituto da lesão nos países de *civil law*), seja em sua execução (à maneira do instituto da onerosidade excessiva). Essas intervenções corretivas, no entanto, mostram-se ainda mais excepcionais nos países de *common law* do que nos países de *civil law*. (Markesinis, Basil S. La notion de considération dans la common law: vieux problème; nouvelles théories. *Revue Internationale de Droit Comparé*, v. 35, n. 4, Octobre-décembre 1983, p. 744-747; David, René. Cause e consideration. In: *Mélanges offerts à Jacques Maury*, t. II. Paris: Dalloz & Sirey, 1960, p. 111-122; Alpa, Guido. *Contratto e common law*. Padova: Cedam, 1987, p. 58-60; Golecki, Mariusz Jerzy. Op. cit., p. 1; Black's Law Dictionary, *Consideration*, 9th Ed., 2009).

593. Castronovo, Carlo. Obblighi di protezione. In: *Enciclopedia Giuridica*, v. XXI. Roma: Istituto de la Enciclopedia Italiana – Istituto Poligrafico e Zecca dello Stato, 2007, p. 1; Steiner, Renata C. *Descumprimento contratual*: boa-fé e violação positiva do contrato. São Paulo: Quartier Latin, 2014, p. 76-78.

594. Pontes de Miranda, Francisco Cavalcanti. *Tratado de Direito Privado*. Campinas: Bookseller, 2003. t. XXVI. p. 323. Em semelhante linha, afirma António Menezes Cordeiro: "De facto, a entender-se o vínculo complexo como simples soma dos factores que o integrem, alcançar-se-ia uma noção apenas sistemática e não dogmática da obrigação. Não se deve, na reconstituição do conteúdo desta, estudar e alinhar os elementos que a componham: antes é de partir do todo para as partes." (*Da boa-fé no direito civil*. Coimbra: Almedina, 2007, p. 590).

como sucessão de atos entre si relacionados e dirigidos a uma finalidade, que é o adimplemento.[595] A perspectiva processual, como pondera António Menezes Cordeiro, permite "focar o sentido final das obrigações, as quais, viradas para um escopo, vão sofrendo alterações durante o seu percurso temporal, sem prejuízo da identidade de base."[596]

Essa perspectiva *dinâmica* e *processual* da obrigação conecta-se muito bem com o fundamento e o mecanismo de funcionamento da exceção de contrato não cumprido, remédio que nasce da reciprocidade estabelecida pelas partes na formação do contrato bilateral (sinalagma genético), mas que busca preservar essa reciprocidade na fase de execução do contrato (sinalagma funcional), de modo a induzir o adimplemento recíproco, com satisfação integral dos interesses legítimos derivados do contrato.

Neste ponto, é importante abrir um parêntese para destrinchar os tipos de deveres que permeiam essa relação obrigacional complexa, com o objetivo de, na sequência, averiguar quais deles, no contexto de um contrato bilateral, integram o sinalagma, a ponto de seu inadimplemento poder justificar a invocação dos remédios sinalagmáticos, em especial a exceção de contrato não cumprido.

Mas aqui já é possível lançar uma pedra fundamental do raciocínio a ser desenvolvido neste tópico: se de um lado é certo que nem todos os deveres derivados de um contrato integram o sinalagma, compondo relação de correspectividade com os deveres da parte contrária, por outro também parece evidente que o sinalagma não abrange apenas as prestações ditas principais do contrato, como se pensava até pouco tempo. Daí porque, embora o sinalagma constitua um conceito "em expansão" no que toca aos deveres que o compõem, como se referiu no título deste item 3.1, é certamente um conceito cujos limites precisam ser muito bem definidos, pois eles marcam o cabimento ou não dos remédios sinalagmáticos, consequência das mais relevantes na prática contratual.

E a se confirmar esta última afirmativa – de que o sinalagma não abrange apenas as prestações principais, de modo que o inadimplemento de deveres secundários, anexos ou de proteção pode legitimar, a depender do impacto no contexto global do contrato, a invocação da *exceptio* – este remédio passa a ser testemunho não só do caráter *processual* da obrigação, mas também da *complexidade* e *organicidade* no início referidas.

a) Deveres de prestação e deveres de proteção

Dois interesses distintos permeiam a relação obrigacional: interesse à prestação e interesse à proteção.[597]

---

595. Couto e Silva, Clóvis Veríssimo do. *A obrigação como processo*. Rio de Janeiro: FGV Editora, 2006, p. 20-22.
596. Menezes Cordeiro, António. *Da boa-fé no direito civil*. Coimbra: Almedina, 2007, p. 590.
597. A fim de aclarar a distinção entre esses dois tipos de interesses, convém citar a seguinte lição de Menezes Cordeiro: "Em aprofundamento importante, Stoll distingue, na obrigação, um interesse de prestação e

Ao primeiro, estão ligados deveres direta, secundária ou instrumentalmente ligados ao *praestare* (obrigações principais, secundárias e deveres anexos, respectivamente). Ao segundo, referem-se deveres voltados ao escopo de implementar uma ordem de proteção entre as partes, para que, da relação obrigacional, não resultem danos injustos para os contratantes (os chamados deveres de proteção).[598]

Analisemos cada uma dessas quatro espécies em separado.

As obrigações principais constituem o núcleo da relação contratual, voltadas que estão à satisfação dos interesses centrais das partes com a contratação e também definindo o tipo contratual (como, exemplificativamente, os deveres do vendedor de transferir o domínio da coisa vendida e do comprador de pagar o preço ajustado no contrato de compra e venda).[599]

Diz-se que as obrigações principais definem o tipo porque elas constituem os elementos constantes e invariáveis em todos os negócios concretos que nele se enquadram. Os demais deveres – secundários, anexos e de proteção – poderão variar conforme as circunstâncias do caso ou a vontade manifestada pelas partes, porém não as obrigações principais: se o negócio não apresentar as obrigações

---

um interesse de proteção. Ao serviço do primeiro, resultam deveres do contrato, a interpretar e a complementar segundo a boa-fé, que tutelam a obtenção efetiva do fim visado pela prestação. O segundo, por via, também, da boa-fé, assenta no seguinte. Havendo, entre as partes, uma ligação obrigacional, gera-se, com naturalidade, uma relação de confiança na base da qual é, em especial, possível o infligir mútuo de danos; a boa-fé comina deveres de não o fazer. Esta análise permite constatar a presença na obrigação, de deveres de cumprimento, que visam o prosseguir efetivo do interesse do credor na prestação e de deveres de proteção que pretendem obstar a que, a coberto da confiança gerada pela existência de uma obrigação, se produzam danos na esfera das partes." (*Da boa-fé no direito civil*. Coimbra: Almedina, 2007, p. 598).

598. Martins-Costa, Judith. *A boa-fé no direito privado*: critérios para a sua aplicação. 2. ed. São Paulo: Saraiva, 2018, p. 239-244.
599. Ibidem, p. 239–241; Almeida Costa, Mário Júlio de. *Direito das obrigações*. 12. ed. Coimbra: Almedina, 2009, p. 65. Gustavo Luís da Cruz Haical traz o exemplo dos contratos de agência e de representação para demonstrar a importância de bem definir em concreto a obrigação principal do contrato para, com base nessa informação, promover sua qualificação entre os diversos tipos contratuais existentes: "Um exemplo de falta de critério na análise dos direitos e deveres primários tem ocorrido em grande parte da doutrina brasileira, salvo algumas exceções, quando esta se põe a analisar o contrato de agência e o contrato de representação. A razão disso se deve ao fato de que, por não traçar a nítida distinção quanto ao direito e dever principal do contrato de agência com o direito e dever principal do contrato de representação, a doutrina trata as duas categorias como sinônimas. No contrato de representação, o representante tem, perante o representado, o dever jurídico principal de promover e concluir negócios jurídicos. Já o agente, ao contrário, tem por dever jurídico principal tão somente o de promover a conclusão de negócios para o agenciado. Não vai além disso. Mesmo que lhe tenha sido outorgado poder para concluir contrato em nome e por conta do agenciado, a conclusão do contrato não passa a ser dever jurídico principal. [...] Caso passasse à categoria de dever jurídico principal, o contrato não seria mais de agência, mas, sim, de representação." (Haical, Gustavo Luís da Cruz. O inadimplemento pelo descumprimento exclusivo de dever lateral advindo da boa-fé objetiva. *Revista dos Tribunais*, ano 99, v. 900, out. 2010, p. 51).

principais próprias do tipo, o negócio simplesmente não pode ser qualificado como tal.[600-601]

Todavia, ao lado dessas obrigações principais que perseguem diretamente o interesse do credor, há outras obrigações, ditas secundárias ou acidentais, que podem revestir duas modalidades. Há as obrigações secundárias que servem funcionalmente às principais, preparando o seu cumprimento ou assegurando a sua perfeita execução. No exemplo trazido por António Menezes Cordeiro de uma compra e venda que envolve o transporte do bem até o domicílio do comprador, a tradição constitui a obrigação principal, mas os deveres de embalar adequadamente a coisa e transportá-la em segurança ao local de destino constituem obrigações secundárias desse tipo.[602] A segunda modalidade de obrigações secundárias é constituída por deveres que, devido a uma falha na realização do programa obrigacional, surgem como sucedâneos da obrigação principal (dever de indenizar em caso de impossibilidade culposa de prestar o prometido, por exemplo) ou como complementares a esta (indenização por mora ou cumprimento defeituoso, que se acresce à prestação originária, por exemplo).[603]

---

600. Bodin de Moraes, Maria Celina. O procedimento de qualificação dos contratos e a dupla configuração do mútuo no direito civil brasileiro. *Revista Forense*, v. 309, jan.-mar. 1990, p. 37. Como bem adverte Luciano de Camargo Penteado, "qualificar é dar o nome, é identificar o fato perante o direito, sendo esta tarefa matéria de direito e não de fato, apesar de depender de elementos que podem parecer de fato (exame de cláusulas contratuais)." (Causa concreta, qualificação contratual, modelo jurídico e regime normativo: notas sobre uma relação de homologia a partir de julgados brasileiros. *Revista de Direito Privado*, v. 20, out.-dez. 2004, p. 246).
601. Para a concepção bettiana de causa, de natureza objetiva e abstrata, as obrigações principais não só definem o tipo contratual, como também se confundem com a própria causa contratual. Isso porque a causa, para esta teoria, é determinada a partir da função econômico-social exercida por cada tipo contratual (uma função que é avaliada pelo ordenamento como socialmente útil e, assim, digna de produzir efeitos). Essa função, por sua vez, é definida pelos elementos constantes e invariáveis do tipo, ou seja, pelas suas obrigações principais. Assim, de acordo com esta teoria, as obrigações principais de um contrato de locação, por exemplo – ceder e garantir a posse e o uso do imóvel, em troca do pagamento do aluguel – constituem também sua causa, que, por isso mesmo, é idêntica para todos os contratos de locação. Leciona, nesse sentido, Maria Celina Bodin de Moraes: "Um negócio concluído (em concreto) é qualificável, segundo esta doutrina, como negócio jurídico de um determinado tipo – por exemplo, compra e venda ou locação – se cumpre a função econômico-social que caracteriza o tipo. Tal função, característica do tipo que se considera e que o Direito protege, é, exatamente, a sua causa. Assim, os elementos essenciais do tipo são os elementos essenciais da causa: elementos constantes e invariáveis em cada negócio concreto que esteja (ou que possa estar) inserido naquele tipo e, portanto, elementos indispensáveis à sua identificação. De modo que a causa, sendo diferente para cada tipo de negócio, serve para diferenciar um tipo de outro." (O procedimento de qualificação dos contratos e a dupla configuração do mútuo no direito civil brasileiro. *Revista Forense*, v. 309, jan.-mar. 1990, p. 37) Embora entendamos que essa concepção abstrata de causa, invariável para todos os negócios do mesmo tipo, não deva mais preponderar, pareceu-nos útil, nesse ponto, expor sua relação íntima com as obrigações principais do contrato.
602. Menezes Cordeiro, António. Violação positiva do contrato. Cumprimento imperfeito e garantia de bom funcionamento da coisa vendida; Âmbito da excepção do contrato não cumprido. *Revista da Ordem dos Advogados*, ano 41, v. III, set.-dez. 1981, p. 131.
603. Almeida Costa, Mário Júlio de. *Direito das obrigações*. 12. ed. Coimbra: Almedina, 2009, p. 66; Haical, Gustavo Luís da Cruz. Op. cit., p. 51.

Ainda no campo do interesse à prestação, incluem-se os deveres anexos, que atuam para otimizar o adimplemento satisfativo, fim da relação obrigacional. Como bem coloca Judith Martins-Costa, são deveres que não atinem ao "que" prestar, mas ao "como" prestar.[604] Podem eventualmente estar previstos em dispositivos legais (como o dever de prestar contas dos gestores e mandatários em geral), em cláusulas contratuais (se as partes resolvem deixá-los expressos), ou derivarem exclusivamente da incidência da boa-fé objetiva, em sua função "nomogenética", de criação de deveres destinados a integrar o contrato em conformidade com os postulados da lealdade e da probidade. O fundamento último de todos esses deveres, todavia, mesmo quando ocasionalmente previstos na lei ou no contrato, será sempre a boa-fé objetiva.[605]

São exemplos desses deveres anexos, destinados a permitir o alcance pleno do fim econômico e social do negócio jurídico, [i] o dever de lealdade, que busca coibir comportamentos incoerentes, [ii] o dever de informar sobre as qualidades do bem e sobre os riscos do negócio e [iii] o dever de transparência que incumbe a todos os contratantes, com especial ênfase para os que gerenciam interesses alheios.[606]

A função nomogenética da boa-fé, enquanto fonte de integração heterônoma do negócio jurídico, não se esgota, porém, nos deveres anexos, ainda vinculados instrumentalmente à prestação. Da boa-fé objetiva também exsurgem os chamados

---

604. Martins-Costa, Judith. *A boa-fé no direito privado*. critérios para a sua aplicação. 2. ed. São Paulo: Saraiva, 2018, p. 241. A autora alerta, porém, para a multiplicidade de termos utilizados, na doutrina, para fazer referência a esses deveres anexos, gerando confusões conceituais: alguns autores os denominam "deveres instrumentais", outros "deveres de colaboração", enquanto outros os chamam de "deveres laterais positivos", reservando a expressão "deveres laterais negativos" para o que denominaremos aqui "deveres de proteção" (Ibidem, p. 242).
    Gustavo Luís da Cruz Haical, por exemplo, adota essa última formulação. Compreende como deveres laterais todos aqueles que derivam da boa-fé objetiva e que, portanto, não possuem conteúdo predeterminado pela lei ou pela vontade das partes, mas, sim, um "grau de intensidade escalonado" conforme as circunstâncias do caso e o tipo de relação contratual (Op. cit., p. 59-60). Os deveres laterais, na sua visão, podem ter finalidade *positiva* – deveres de adotar determinados comportamentos com o objetivo de que o processo obrigacional se desenrole em direção à extinção com plena satisfação dos interesses das partes (o que chamamos aqui, seguindo a classificação proposta por Judith Martins-Costa, de deveres *anexos*) – ou finalidade *negativa*, consistente em deveres de não realizar atos que possam causar danos ao patrimônio ou à pessoa da contraparte (o que optamos por chamar de deveres de *proteção*) (Op. cit., p. 57). Os deveres laterais positivos possuem, segundo Gustavo L. C. Haical, uma *vinculação imediata* com as obrigações principais e secundárias, na medida em que servem para potencializar a execução destas, enquanto os negativos têm apenas uma *vinculação mediata* (o que não significa dizer, contudo, que o descumprimento desses deveres laterais negativos, embora apenas mediatamente ligados à prestação, só possa redundar em perdas e danos; se o descumprimento deles, excepcionalmente, for substancial a ponto de afetar a confiança ou o interesse de manter o vínculo obrigacional, possível, em tese, a resolução do contrato). (Op. cit., p. 62-63 e 71)
605. Martins-Costa, Judith. *A boa-fé no direito privado*: critérios para a sua aplicação. 2. ed. São Paulo: Saraiva, 2018, p. 238; Almeida Costa, Mário Júlio de. *Direito das obrigações*. 12. ed. Coimbra: Almedina, 2009, p. 66; Menezes Cordeiro, António. Violação positiva do contrato. Cumprimento imperfeito e garantia de bom funcionamento da coisa vendida; Âmbito da excepção do contrato não cumprido. *Revista da Ordem dos Advogados*, ano 41, v. III, set.-dez. 1981, p. 131-132.
606. Martins-Costa, Judith. *A boa-fé no direito privado*: critérios para a sua aplicação. 2. ed. São Paulo: Saraiva, 2018, p. 243.

deveres de proteção, que tutelam outro tipo de interesse: "não o de prestar, mas o interesse de proteção, para que, da relação obrigacional, e independentemente da realização da prestação, não resultem danos injustos para a contraparte."[607] Isto é, o escopo desses deveres não é preparar ou otimizar o cumprimento do contrato, mas, sim, resguardar a integridade da esfera jurídica das partes contra danos injustos que podem advir no desenrolar da relação.

Tal concepção marca uma expansão dos interesses considerados dignos de tutela no contexto de uma relação obrigacional. Como explica Jorge Cesa Ferreira da Silva: "Por 'interesses envolvidos na relação' entende-se – fundamentalmente após Stoll – não só aqueles vinculados diretamente ou indiretamente à prestação, como também os vinculados à manutenção do estado pessoal e patrimonial dos integrantes da relação, advindos do liame de confiança que toda obrigação envolve."[608]

O descumprimento desses deveres de proteção dá causa à violação positiva do contrato, espécie de inadimplemento que será abordada em maiores detalhes no subitem 4.4.2, "b".

Exemplifiquemos esses danos que podem derivar da ofensa a interesses de proteção. Se alguém ingressa em um supermercado para fazer compras e sofre um choque elétrico grave em um refrigerador de laticínios, a adequada manutenção desse tipo de estrutura coloca-se como um dever jurídico de proteção imposto a quem lida diretamente com o público e aufere vantagens dessa relação. Não houve nessa hipótese, como se percebe, inadimplemento de qualquer prestação pactuada – talvez sequer viesse a ser celebrado efetivamente um contrato de compra e venda – mas apenas violação de um dever jurídico de proteção. Em outro exemplo, trazido por Judith Martins-Costa, um pintor ingressa na residência de uma família para realizar um serviço e acaba, por conta disso, tomando conhecimento de fatos íntimos dos moradores, que, posteriormente, revela publicamente. Há, nesse contexto, clara violação do dever de proteção atribuído ao pintor de resguardar a privacidade e a intimidade do contratante, em relação a fatos a que teve acesso por força unicamente da contratação, o que pode ocorrer, vale ressaltar, mesmo tendo o pintor executado a contento todas as obrigações principais, secundárias e anexas relativas ao interesse de prestação.[609]

A reforma do BGB, datada de 2002, depois de décadas de reconhecimento doutrinário e jurisprudencial, passou a consagrar referência expressa a esses deveres de proteção na 2ª alínea do §241, logo no início do Livro dedicado ao Direito das Obrigações:

---

607. Ibidem, p. 244; Castronovo, Carlo. Op. cit., p. 4.
608. Ferreira da Silva, Jorge Cesa. *A boa-fé e a violação positiva do contrato*. Rio de Janeiro: Renovar, 2002, p. 69.
609. Martins-Costa, Judith. *A boa-fé no direito privado*: critérios para a sua aplicação. 2. ed. São Paulo: Saraiva, 2018, p. 246.

§ 241. Deveres que emergem de uma obrigação

(1) Por força da relação obrigacional o credor está autorizado a exigir do devedor a prestação. A prestação também pode consistir em uma omissão.

(2) *A relação obrigacional pode, conforme o seu conteúdo, obrigar cada parte ao respeito aos direitos, bens e interesses da outra.*[610]

Os deveres oriundos da função nomogenética da boa-fé – englobados aí tanto os anexos, vinculados instrumentalmente à prestação, como os de proteção – podem ser quase sempre reconduzidos ao objetivo de preservar a *confiança* no tráfico negocial e na vida em sociedade. Basta pensar, em relação aos primeiros, nos deveres de informar adequadamente, de agir com transparência e de manter conduta leal (de modo a evitar, por exemplo, neste último caso, comportamentos incoerentes no transcorrer da relação). Quanto aos deveres de proteção, os exemplos dados acima também mantêm relação direta com o objetivo de resguardar a confiança: do consumidor, quanto à segurança a ser proporcionada pelo fornecedor em seu estabelecimento; do dono da casa, quanto à preservação de sua intimidade por parte do prestador de serviço.[611]

Com efeito, a ligação entre boa-fé (*bona fides*) e confiança (*cum fides*) é notória até do ponto de vista etimológico. Entretanto, a confiança que merece ser resguardada constitui, evidentemente, uma confiança adjetivada: apenas a confiança "legítima" (também chamada por vezes de "expectativa legítima"). O qualificativo "legítima", como bem esclarece Judith Martins-Costa, confere objetividade ao princípio da proteção à confiança, afastando-o de puras especulações psicológicas. Cabe ao juiz, conforme os elementos circunstanciais ou contextuais do caso – declarações pré-negociais, peças publicitárias, comportamento das partes antes e no decorrer da relação, usos habituais do mercado etc. – definir se havia ou não confiança "legítima" a ser protegida, e, portanto, se houve ou não violação a dever anexo ou de proteção.[612]

b) A extensão do sinalagma para além das obrigações principais

Em obra do início do século passado, Henri Capitant afirmava que apenas o inadimplemento de obrigações principais legitimaria a oposição da exceção de contrato não cumprido, pois elas seriam as únicas a integrar o sinalagma.[613]

---

610. Bürgerliches Gesetzbuch [BGB], §241, (1) e (2). Disponível em http://www.gesetze-im-internet.de. Acesso em: 20 jul. 2019.
611. No texto já citado na nota 597 acima, ao qual se remete o leitor, Menezes Cordeiro sustenta que o próprio vínculo obrigacional gera, no seu desenrolar, uma relação de confiança entre as partes, na qual o infligir mútuo de danos é possível. Em face disso, a boa-fé comina deveres de não causar danos, que são justamente os deveres de proteção, os quais visam a obstar que, a coberto da confiança gerada pelo vínculo, se produzam ofensas à pessoa ou ao patrimônio das partes (*Da boa-fé no direito civil*. Coimbra: Almedina, 2007, p. 598).
612. Martins-Costa, Judith. Oferta pública para a aquisição de ações (OPA) – Teoria da confiança – Deveres de proteção violados – A disciplina informativa e o mercado de capitais – Responsabilidade pela confiança – Abuso de poder de controle (parecer). *Revista de Direito Mercantil, Industrial, Econômico e Financeiro*, v. 140, ano XLIV, out.-dez. 2005, p. 241.
613. Capitant, Henri. *De la cause des obligations*: Contrats, engagements unilatéraux, legs. 3ᵉ éd. Paris: Librairie Dalloz, 1927, p. 283.

No mesmo sentido, José João Abrantes refere inúmeros julgados de Cortes portuguesas, proferidos no decorrer das décadas de 1970 e 1980, que restringem a oponibilidade da exceção de contrato não cumprido às obrigações principais, por apenas entre elas existir, segundo o entendimento então vigente, a correspectividade própria do sinalagma. Em acórdão da Relação de Lisboa, de julgamento transcorrido em 06 fev. 1981, lê-se, por exemplo:

> Em matéria de locação, a exceção de contrato não cumprido apenas pode ser invocada quando não forem cumpridas as obrigações fundamentais do arrendamento que são, para o senhorio, entregar ao locatário a coisa locada e assegurar-lhe o gozo dela para os fins a que se destina e, para o locatário, pagar a renda. [...] A exceção não pode ser invocada em casos de falta a obrigações secundárias e acessórias, como seja a de o locatário não ter cumprido a obrigação de pagar, enquanto não fossem montados os contadores, a água, a luz e o gás do local objeto do contrato.[614]

Maria Celina Bodin de Moraes, em texto de 1990, após afirmar que a ordem jurídica atribuiu alguns efeitos jurídicos específicos e de relevo à bilateralidade, entre os quais os remédios da resolução e da exceção de contrato não cumprido, assevera que tais efeitos exigiriam que as "recíprocas obrigações fossem principais e correlatas."[615]

Essa visão acanhada do sinalagma – e, por conseguinte, do âmbito de aplicação dos remédios dele decorrentes – bem se enquadrava na concepção antes predominante de obrigação como vínculo *linear* e *estático*, que, aplicada ao contrato bilateral, restringia o fenômeno às duas prestações principais, o que poderia ser representado graficamente por dois polos apartados, ligados por duas setas (as prestações principais) de mesma direção, mas sentidos opostos:

A visão atual da obrigação como *processo* e como estrutura *complexa* e *orgânica*, na qual ao núcleo constituído pela obrigação principal se somam obrigações secundárias, deveres anexos e de proteção, formando um todo dirigido ao adimplemento pleno e sem danos, demanda, entretanto, nova forma de pensar e definir o sinalagma.

A realidade é pródiga, como se demonstrará adiante, em fornecer exemplos de violações de deveres secundários, anexos ou de proteção que assumem grande relevância no contexto da relação contratual, atingindo de forma central o interesse do contratante lesado, a ponto de legitimar o exercício da exceção de contrato não cumprido ou da resolução contratual. Nesse contexto, restringir o sinalagma à relação de dependência entre obrigações principais, como se fazia no passado, significaria

---

614. Abrantes, José João. Op. cit., p. 53.
615. Bodin de Moraes, Maria Celina. O procedimento de qualificação dos contratos e a dupla configuração do mútuo no direito civil brasileiro. *Revista Forense*, v. 309, jan.-mar. 1990, p. 40.

esvaziar o conceito de qualquer utilidade, afinal isso o desvincularia [i] da própria realidade (visto que admitida a possibilidade de haver, em tese, dependência funcional envolvendo deveres de outros tipos [secundários, anexos e de proteção]) e [ii] do próprio âmbito de cabimento dos remédios ditos sinalagmáticos (resolução por inadimplemento e exceção de contrato não cumprido, principalmente).

Em seu lugar, deve prevalecer conceito mais alargado de sinalagma, compreendido como nexo funcional entre *polos prestacionais*, agregando cada polo os deveres que, independentemente de sua natureza (principal, secundário, instrumental ou de proteção), assumam relevância significativa para a promoção do resultado útil do contrato.[616] A violação destes deveres que integram o sinalagma – e apenas deles – poderá ensejar a invocação dos remédios sinalagmáticos. A violação dos demais poderá render, quando muito, perdas e danos ou algum provimento cominatório ou inibitório.

Em semelhante sentido, o jurista argentino Juan Carlos Rezzonico defende que o nexo de interdependência nos contratos bilaterais não pode ser encarado de forma estática, envolvendo apenas as obrigações principais, mas deve ao contrário ser pensado de forma dinâmica, exigindo, para definição de sua extensão, análise do impacto causado pela violação de cada dever no atingimento da finalidade do contrato, à luz dos interesses concretos das partes. Esse alargamento da sinalagmaticidade, sustenta o autor, transparece uma visão mais realista e completa da relação contratual.[617]

Carlo Castronovo analisa o sinalagma sob outra perspectiva – a da equivalência de custos assumidos e de vantagens projetadas pelas partes no momento da contratação – chegando, porém, a resultados análogos. Afirma, nessa linha, que o sinalagma é o liame que exprime essa equivalência de custos assumidos e de vantagens que as partes pretendem obter por meio do contrato, sendo que obrigações secundárias, deveres anexos e de proteção também integram esse cálculo. Em outras palavras: todos os deveres assumidos, independentemente de sua natureza, têm um custo e compõem a equivalência calculada e aceita no momento da celebração. Apenas uma análise em concreto poderá informar quais desses deveres, quando violados, são relevantes a ponto de romper significativamente essa relação de equilíbrio e permitir, como consequência, a utilização dos remédios sinalagmáticos.[618-619]

---

616. Adotando concepção semelhante: Silva, Rodrigo da Guia. Op. cit., p. 51-52.
617. Rezzonico, Juan Carlos. *Principios fundamentales de los contratos*. Buenos Aires: Editorial Astrea de Alfredo e Ricardo Depalma, 1999, p. 325.
618. Castronovo, Carlo. Op. Cit., p. 06. Sob perspectiva semelhante, no tocante ao equilíbrio de custos e vantagens, leciona Darcy Bessone: "Nos contratos bilaterais, as prestações são recíprocas e interdependentes. [...] Obedecem, pois, à chamada regra dos correlativos, o que significa que elas se servem reciprocamente de causa. Então, se um dos contratantes não cumpre as obrigações assumidas, rompe-se a equivalência calculada ao celebrar-se a convenção, com repercussões fatais no jogo normal do contrato e nos próprios pressupostos do consentimento." (*Do contrato*: teoria geral. Rio de Janeiro: Forense, 1987, p. 257-258).
619. Luciano de Camargo Penteado sustenta, porém, a nosso ver com total acerto, que o sinalagma não é só permuta de valores ou de deveres, sendo constituído também por uma *correspectividade de confiança de-*

Nesse contexto, mais relevante do que a classificação dos deveres em principais, secundários, anexos e de proteção, para definição de integrarem ou não o sinalagma (e consequentemente para determinar as consequências de seu inadimplemento), é a verificação da importância de cada um deles, em concreto, para a promoção do resultado útil do contrato. Aline de Miranda Valverde Terra chega inclusive a pugnar que qualificar os deveres como principais, secundários ou de conduta muito pouco "releva para fins de identificação dos efeitos que o inadimplemento de cada um deles produz na concreta relação obrigacional. O que importa é investigar a repercussão do inadimplemento sobre a prestação devida, sobre o resultado útil programado, sobre o interesse do credor na prestação."[620]

Pondera Ruy Rosado de Aguiar Jr., nesse mesmo sentido, que, na análise do cabimento ou não dos remédios sinalagmáticos, mais relevante do que a classificação do dever violado (em principal, secundário, anexo ou de proteção) é o exame, em concreto, da gravidade do descumprimento e da sua importância na economia do contrato. Assim como a violação de deveres secundários, anexos ou de proteção pode, em tese, "amparar o pedido de resolução e, com mais razão, a exceção", de outra banda, "o inadimplemento de obrigação principal poderá ser de escassa importância, a ponto de se ter a exceção como exercício abusivo de um direito".[621] Ao fim e ao cabo, conclui, é o princípio da proporcionalidade que deve presidir o espírito do julgador, descabendo o manejo dos remédios sinalagmáticos quando o descumprimento pouco interferir na economia do contrato ou trouxer pequeno prejuízo à satisfação do interesse útil do credor.[622]

Para exemplificar o raciocínio, Ruy Rosado de Aguiar Jr., tratando do contrato de locação, afirma haver reciprocidade clara entre as suas duas obrigações principais (de entregar a posse da coisa e de pagar o aluguel), mas inexistir entre eventual dever secundário assumido pelo locador de repintar o imóvel e a obrigação principal do locatário de pagar o aluguel, de forma que seria vedado ao locatário o uso da *exceptio*

---

positada pelas partes uma na outra, resultado da dimensão ética da palavra empenhada, subjacente a todo contrato, especialmente aos bilaterais. Esse aspecto da proteção à confiança, que também exsurge, por exemplo, na vedação dos comportamentos contraditórios (*venire contra factum proprium*) e na proibição de utilizar-se de dois pesos e duas medidas (*tu quoque*), já transparecia de forma muito viva no adágio canônico *"frangenti fidem, non est fides servanda"* ("para aquele que rompe a fé, a fé não é mais devida"), que, não por acaso, como visto no subitem 1.2.3, consubstancia a origem remota dos institutos da exceção de contrato não cumprido e da resolução por inadimplemento, as duas manifestações mais evidentes e relevantes do sinalagma. Nas palavras do autor, "o sinalagma não é permuta de valores tão somente, mas um ato de confiança. [...] O caráter sinalagmático do contrato abrange não só equivalência econômica das prestações, mas também reciprocidade jurídica, até mesmo em aspectos de *vantagens e desvantagens estratégicas no desenho contratual e igualdade de tratamento do ponto de vista de deveres éticos*." (*Doação com encargo e causa contratual. Uma nova teoria do contrato*. 2. ed. São Paulo: Ed. RT, 2013, p. 162).

620. Terra, Aline de Miranda Valverde. Cláusula resolutiva expressa e resolução extrajudicial. Civilistica.com, a. 2, n. 3, 2013, p. 01-19.
621. Aguiar Jr., Ruy Rosado de. *Comentários ao novo Código Civil*, v. VI, t. II: da extinção do contrato (arts. 472 a 480). Teixeira, Sálvio de Figueiredo (Coord.). Rio de Janeiro: Forense, 2011, p. 746.
622. Ibidem, p. 747.

neste último caso (porque, na verdade, nada mais significaria do que um subterfúgio do locatário para não cumprir o que é por ele devido). Agora, se o locador assume o dever de obter um alvará para habilitar a utilização do imóvel para uma dada atividade comercial a ser nele desenvolvida pelo locatário, mas não consegue cumprir esse dever, justifica-se a suspensão do pagamento dos aluguéis pelo locatário por meio da *exceptio*, na medida em que o descumprimento daquele dever (secundário ou anexo, a depender do entendimento que se adote) inviabiliza o uso do imóvel para o fim pretendido. Nesse caso, há proporcionalidade de relevância entre as duas obrigações para a realização do programa contratual, ainda que não se trate de duas obrigações principais.[623]

Em linha com este entendimento, Miguel Reale, em parecer lançado no ano de 1993, já asseverava que a invocação da *exceptio* é legítima sempre que as falhas ou vícios constituam impedimento ao resultado útil que substancialmente se tenha em vista atingir por meio do contrato (ou, nas palavras do autor, "quando o excepto deixa de atender ao *objetivo fundamental* previsto no contrato"). Defende expressamente, nesse contexto, a inexistência de uma "solução apriorística" para saber se mero dever secundário, acessório ou de proteção justifica o emprego da *exceptio*, devendo, ao invés, serem sempre valoradas todas as circunstâncias concretas para definir se as faltas ou vícios alegados pelo excipiente "são de molde a impedir a consecução do resultado útil visado pelas partes contratantes".[624]

---

623. Aguiar Jr., Ruy Rosado de. *Comentários ao novo Código Civil*, v. VI, t. II: da extinção do contrato (arts. 472 a 480). Teixeira, Sálvio de Figueiredo (Coord.). Rio de Janeiro: Forense, 2011, p. 724.
624. O caso analisado por Miguel Reale é bastante revelador da necessidade de valorar em concreto as circunstâncias negociais, à luz do resultado útil visado pelas partes. Senão vejamos. Uma empresa de açúcar e álcool ("Balbo") havia encomendado, junto à contraparte "Zanini", a fabricação e entrega de uma nova destilaria. No prazo estipulado, a destilaria foi entregue e posta em funcionamento, tendo a adquirente "Balbo", todavia, negado o pagamento de parte substancial do preço, sob o argumento de que a unidade teria sido entregue em precárias condições, sendo capaz de destilar apenas 263.078,40 litros/dia, quando o contrato fixava produção mínima de 300.000 litros/dia. "Zanini" ingressou com ação de cobrança, tendo a "Balbo" invocado a *exceptio* em contestação, além de ter apresentado reconvenção para reclamar perdas e danos. No decorrer da instrução, entretanto, constatou-se que os vícios alegados pela "Balbo" eram na verdade de pequena monta, sendo, inclusive, suscetíveis de serem sanados sem sequer suspender-se a produção de açúcar. Demonstrou-se, ainda, que a produção mínima de 300.000 litros/dia só não havia sido atingida no primeiro ano por circunstâncias contingenciais de disponibilidade de matéria-prima (cana-de-açúcar), sem relação direta, portanto, com os vícios de pequena monta da destilaria entregue. Tanto isso era verdade que, na safra seguinte, mesmo sendo a "Zanini" impedida pela "Balbo" de corrigir as pequenas falhas apuradas, a destilaria passou para uma produção de 600.000 litros/dia, fato admitido pela "Balbo" em comunicação ao IAA (Instituto do Açúcar e do Álcool), comunicação esta, aliás, contemporânea à apresentação de contestação e reconvenção nos autos da ação de cobrança, tudo a demonstrar a má-fé da ré-excipiente. Diante de tais elementos, a *exceptio* foi refutada, sob o argumento de que o inadimplemento da excepta "Zanini", no caso, não era fundamental à luz do escopo contratual visado pelas partes, não sendo, ademais, proporcional ao dever cuja exigibilidade ela pretendia suspender (de pagamento de parte substancial do preço contratado). A conclusão da Corte foi a de que a invocação da *exceptio*, diante de tais circunstâncias, contrariava a boa-fé objetiva, tratando-se, na verdade, de mero subterfúgio para não cumprir a obrigação de pagar. (Reale, Miguel. A boa-fé na execução dos contratos – A juntada de material e documentos por linha na tradição do direito pátrio. Sua licitude. Delimitação do "ius iudicandi" nos embargos infringentes. Requisito essencial da boa-fé para a "exceptio non adimpleti contractus". A jurisprudência do Supremo Tribunal Federal. Necessidade de examinar-se a exceptio mediante cuidadoso balanceamento dos valo-

Sintomático, nessa quadra, é o fato de os Princípios de Direito Europeu dos Contratos,[625] ao tratarem do cabimento dos remédios sinalagmáticos, não fazerem mais referência ao inadimplemento de prestações principais, mas, sim, ao inadimplemento que seja "fundamental" ou "essencial" para o contrato. O art. 9:301, por exemplo, estabelece que o direito de resolver o contrato só existe quando o incumprimento da outra parte for "fundamental".[626] Por seu turno, o art. 8:103 regula o que se deve entender por incumprimento "fundamental", enumerando três hipóteses: [i] se o cumprimento estrito da obrigação for da essência do contrato; [ii] se o descumprimento priva substancialmente a parte inocente daquilo que ela legitimamente poderia esperar como resultado útil do contrato; [iii] se o descumprimento é doloso, a ponto de conferir à parte inocente razões para acreditar que ela não pode mais confiar no adimplemento futuro da parte contrária.[627] Enquanto a hipótese [i] refere-se sobretudo às obrigações principais, as [ii] e [iii] abrem as portas para deveres de outros tipos (secundários, anexos e de proteção).

Idem em relação à CISG ("United Nations Convention on Contracts for the International Sale of Goods") que, em seu artigo 25, prescreve que o descumprimento cometido por uma das partes é considerado "fundamental" – dando ensanchas, assim, aos remédios sinalagmáticos previstos na Convenção – se resultar em prejuízo tal para a outra parte que a prive substancialmente do benefício que ela pode esperar do contrato.[628]

---

res e fins visados pelo contrato. Contradição entre a arguição de vício total do bem de cuja exploração o excipiente aufere lucros. Limites do direito de retenção e sua inaplicabilidade na espécie. In: *Questões de Direito Privado*, São Paulo: Saraiva, 1997, p. 21-32).

625. Os Princípios do Direito Europeu dos Contratos ("PDEC") são fruto de um projeto de caráter acadêmico, cujo objetivo é fornecer aos operadores do Direito e agentes econômicos um conjunto de regras que seriam comuns aos vários Estados-Membros, as quais poderiam ser utilizadas como modelos pelas partes, especialmente em contratações entre agentes de Estados diferentes. Assim, com base na autonomia privada, as partes podem utilizar os PDEC – que, na verdade, constituem verdadeiras regras e não apenas princípios –como inspiração para a redação das cláusulas ou mesmo estabelecer os PDEC como direito supletivo aplicável ao contrato. Os PDEC, enquanto trabalho acadêmico, são, além disso, importante fonte de análise de Direito Comparado, pela existência de notas comparativas que remetem para a legislação dos diferentes Estados-membros, expondo suas eventuais diferenças e procurando um "denominador comum" (Costa, Guilherme Oliveira e. Uma análise dos princípios do direito europeu dos contratos. *CEDIS Working Papers*, n. 1, out. 2017, p. 1).

626. Article 9:301: *Right to Terminate the Contract*
A party may terminate the contract if the other party's non-performance is fundamental.
(Disponível em: https://www.law.kuleuven.be.. Acesso em: 08 set. 2019).

627. Article 8:103: Fundamental Non-Performance
A non-performance of an obligation is fundamental to the contract if:
(a) strict compliance with the obligation is of the essence of the contract; or
(b) the non-performance substantially deprives the aggrieved party of what it was entitled to expect under the contract, unless the other party did not foresee and could not reasonably have foreseen that result; or
(c) the non-performance is intentional and gives the aggrieved party reason to believe that it cannot rely on the other party's future performance.
(Disponível em: https://www.law.kuleuven.be.. Acesso em: 08 set. 2019).

628. Article 25. A breach of contract committed by one of the parties is fundamental if it results in such detriment to the other party as substantially to deprive him of what he is entitled to expect under the contract

Na verdade, o que está em jogo não é apenas a definição da abrangência do sinalagma, mas, de forma mais ampla, uma dupla mudança: [i] a primeira, traduzida em uma ressignificação do próprio binômio adimplemento/inadimplemento;[629] [ii] a segunda, consubstanciada em uma nova forma de definir os remédios cabíveis em caso de inadimplemento. Longe de exprimir apenas o cumprimento da obrigação principal, o adimplemento, tal como visto atualmente, pressupõe o cumprimento satisfatório, ponto por ponto (modo, forma, lugar, tempo, qualidade, quantidade etc.), de todos os deveres que constituem o objeto da relação obrigacional.[630] Verifica-se o incumprimento ou inadimplemento, em contrapartida, sempre que a respectiva prestação deixa de ser efetuada em termos adequados, sob qualquer aspecto, vulnerando de alguma forma a satisfação do interesse do credor.[631] Já a definição do remédio cabível entre os disponíveis (v.g., resolução, exceção de contrato não cumprido, perdas e danos) dependerá, em cada caso, do nível de comprometimento causado pela violação sobre o resultado útil programado para o contrato. Assim, ao mesmo tempo em que, segundo Anderson Schreiber, "rejeita-se a visão meramente estrutural das obrigações que identifica a satisfação dos interesses envolvidos com a realização da prestação principal, [...] o que reduz a complexidade da concreta regulação de interesses das partes à fórmula simplista do *dar*, *fazer* ou *não fazer*",[632] ganha corpo, na lição de Pietro Perlingieri, notadamente quanto aos efeitos do inadimplemento, "uma investigação de chave funcional, isto é, que tenha em conta a valoração dos interesses considerados não genericamente, mas que os examine singularmente e concretamente".[633]

Em suma, considerando que o inadimplemento do excepto é um pressuposto da exceção de contrato não cumprido, a ressignificação do binômio adimplemento/inadimplemento amplia o leque de deveres que podem, *em tese*, despertar a exceção (de forma a abranger agora também secundários, anexos e de proteção). Todavia, não basta o inadimplemento de um dever: é preciso que se trate de um inadimplemento qualificado, de um dever que *integre o sinalagma* (isto é, que, independentemente da classe, seja relevante para o atingimento do programa contratual e por isso mesmo encontre-se em relação de reciprocidade e proporcionalidade com o dever inadimplido pelo excipiente). Do contrário, não integrando o dever violado o sinalagma, inexistirá o próprio contradireito de paralisar a eficácia da pretensão

---

[...]. (*United Nations Convention on Contracts for the International Sale of Goods*, Uncitral – United Nations. Disponível em: https://www.uncitral.org/pdf/english/texts/sales/cisg/V1056997-CISG-e-book.pdf. Acesso em: 09 set. 2019).

629. Este ponto – da ressignificação conceitual do inadimplemento – será tratado de forma mais detalhada nos subitens 4.4.1 e 4.4.2.

630. Schreiber, Anderson. *Manual de direito civil contemporâneo*. São Paulo: Saraiva, 2018, p. 333.

631. Almeida Costa, Mário Júlio de. *Direito das obrigações*. 9. ed. Coimbra: Almedina, 2001, p. 965.

632. Schreiber, Anderson. A tríplice transformação do adimplemento (adimplemento substancial, inadimplemento antecipado e outras figuras). In: *Direito civil e Constituição*, São Paulo: Atlas, 2013, p. 102.

633. Perlingieri, Pietro. *Il fenomeno dell'estinzione nelle obbligazioni*. Napoli: E.S.I., 1980, p. 21.

do excepto, consubstanciando a invocação do remédio verdadeiro exercício abusivo dessa posição jurídica ativa.

Daí porque, retornando ao ponto inicial deste capítulo, é possível asseverar: se de um lado o sinalagma não abrange apenas as obrigações ditas principais do contrato, como antes se pensava – sendo sob este enfoque um conceito *em expansão* – por outro também é verdadeiro que nem todos os deveres derivados de um contrato bilateral o integram, sendo o sinalagma, sob esta perspectiva, um conceito que demanda *limites claros*, pelos seus reflexos em termos de cabimento da resolução e da exceção de contrato não cumprido.[634]

Interessante pontuar, nesse contexto, que a violação de um *mesmo dever* pode dar azo a consequências diferentes, a depender de sua importância para a realização do programa contratual. Para comprovar essa afirmação, imaginemos duas situações. Na primeira, o vendedor ajuíza ação para cobrar o preço de um carro de passeio comum, sendo que o requerido, em contestação, invoca a *exceptio non adimpleti contractus* pelo fato de o vendedor não lhe ter entregado o manual de instruções (embora estivesse fazendo uso regular do bem adquirido até aquele momento). Na segunda, o vendedor ajuíza ação para cobrar o preço de uma máquina industrial complexa desenvolvida especificamente para o requerido, mas este invoca a mesma exceção pelo fato de o autor não ter fornecido as instruções necessárias para seu adequado funcionamento (instruções sem as quais sua utilização, até aquele momento, restou inviabilizada). Embora se trate fundamentalmente do mesmo dever, parece claro

---

634. Alguns autores menos recentes, embora de forma tímida, já haviam captado essa ideia. Pontes de Miranda, por exemplo, embora afirme que nem todos os deveres de um contrato bilateral estão em relação de reciprocidade entre si, não chega em nenhum momento a afirmar que tal relação de reciprocidade só existiria entre as obrigações principais: "Por outro lado, nem todas as dívidas e obrigações que se originam dos contratos bilaterais são dívidas e obrigações bilaterais, em sentido estrito, isto é, em relação de reciprocidade. A contraprestação do locatário é o aluguel; porém não há sinalagma no dever de devolução do bem locado, ao cessar a locação, nem na dívida do locatário por indenização de danos à coisa, ou na dívida do locador por despesas feitas pelo locatário. A bilateralidade – prestação, contraprestação – faz ser bilateral o contrato; mas o ser bilateral o contrato não implica que todas as dívidas e obrigações que dele se irradiam sejam bilaterais" (Pontes de Miranda, Francisco Cavalcanti. *Tratado de direito privado*. Campinas: Bookseller, 2003. t. XXVI. p. 127). Antunes Varela também caminha na mesma linha, não parecendo limitar o sinalagma às obrigações principais: "Porém, nem todos os deveres de prestação resultantes dos contratos bilaterais para uma das partes estão ligados aos deveres de prestar impostos à outra parte pela relação de *reciprocidade* própria do sinalagma. A obrigação de pagar a renda, imposta ao locatário, faz parte do sinalagma contratual, na medida em que se contrapõe à obrigação fundamental, imposta ao locador, de proporcionar o gozo da coisa ao locatário. Mas já o mesmo não sucede com a obrigação de restituir a coisa locada, uma vez finda a locação, nem com a obrigação de indenização das benfeitorias [...]. Essencial é que haja entre uma e outra obrigação o vínculo jurídico (psicológico) de interdependência ou reciprocidade que caracteriza o sinalagma. [...] O sinalagma liga entre si as prestações essenciais de cada contrato bilateral, mas não todos os deveres de prestação dele nascidos." (Antunes Varela, João de Matos. *Das obrigações em geral*, v. I. 10. Ed., Coimbra: Almedina, 2008, p. 397-398). De forma ainda mais clara, Miguel Maria de Serpa Lopes também reconhecia a expansão do sinalagma de modo a abranger alguns deveres "acessórios", creditando esse efeito à boa-fé objetiva: "Na verdade, com a noção de boa-fé, o juiz está armado dos poderes suficientes para bem admitir a *exceptio non adimpleti contractus* em todos os casos de relações sinalagmáticas que justifiquem essa aplicação. As regras de boa-fé podem, mesmo, de acordo com as circunstâncias, afastar uma obrigação principal e admitir uma de caráter acessório." (Op. cit., p. 245).

que a exceção seria cabível no segundo caso mas não no primeiro – e a diferença reside essencialmente, como é fácil constatar, no fato de o descumprimento desse dever ter impacto mais significativo no interesse do credor e na causa concreta do negócio em uma situação do que na outra. Daí porque absolutamente pertinente a advertência feita por Rodrigo da Guia Silva no sentido de que:

> Revela-se de todo inviável, a propósito, qualquer tentativa de enunciação abstrata e apriorística dos deveres laterais com aptidão a integrar o sinalagma e justificar, em caso de descumprimento, o manejo da exceção de contrato não cumprido. Com efeito, somente a análise fundamentada do julgador em cada caso concreto permitirá aferir a relevância das mais diversas prestações – sejam quais forem as suas fontes normativas diretas – para a promoção do resultado útil do contrato.[635]

Para finalizar este item, cabe salientar que o Superior Tribunal de Justiça já reconheceu, em mais de uma oportunidade, a possibilidade de o requerido invocar, em exceção de contrato não cumprido, a violação de obrigação secundária ou de dever anexo pelo autor, para justificar o não cumprimento de obrigação principal. Analisemos, nesse sentido, o Recurso Especial 764.901/RJ e o Recurso Especial 152.497/SP, que tratam ambos da mesma questão de fundo (relação entre lojista e incorporador-administrador de *shopping center*).

No primeiro caso (REsp 764.901/RJ), o lojista (que atuava no ramo de venda de celulares) invocou a *exceptio* para suspender o pagamento das parcelas do contrato de compra e venda da loja (sua obrigação principal), sob o argumento de que o incorporador-administrador não teria cumprido a cláusula de exclusividade prevista no contrato (um dever anexo), permitindo que loja âncora, de grande poder econômico, se estabelecesse no local e também promovesse a venda de celulares.

A Terceira Turma, em acórdão da Relatoria da Ministra Nancy Andrighi, reconheceu que uma das características mais importantes de um *shopping center* é justamente a equilibrada combinação de lojas não concorrentes entre si, em associação com a manutenção de atrações e utilidades capazes de aliciar os consumidores (o chamado *tenant mix*). A preservação da exclusividade, pontua o acórdão, embora não constituísse a obrigação principal assumida pela incorporadora no contrato (a obrigação principal era, tratando-se de uma compra e venda, a de transferir a propriedade da loja ao comprador), consubstanciava um dos principais atrativos para o excipiente ter decidido investir no empreendimento, além de a violação desse dever anexo ter frustrado significativamente a legítima expectativa de retorno do investimento feito pelo lojista (ainda mais considerando o poderio econômico da loja âncora concorrente). Nesse contexto, a Corte reputou admissível a exceção de contrato não cumprido – e, portanto, legítima a suspensão dos pagamentos das parcelas – refutando o pedido de resolução do contrato por inadimplemento.[636]

---

635. Silva, Rodrigo da Guia. Op. cit., p. 78.
636. Comercial. Shopping center. Cláusula de exclusividade na comercialização de produto pelo lojista (*mix*). Desrespeito pelo incorporador-administrador. Desvirtuamento do objeto do contrato (*res sperata*). Paga-

No segundo caso – Recurso Especial 152.497/SP, de Relatoria do Ministro Ruy Rosado de Aguiar Jr. – as circunstâncias eram ligeiramente diferentes. Tratava-se de execução de título extrajudicial, referente a parcelas inadimplidas de contrato de reserva de localização (*res sperata*) em *shopping center*. Por esse contrato, o futuro lojista obriga-se a pagar certa quantia ao empreendedor, que serve para financiar a construção do *shopping*, em troca deste reservar dada localização no empreendimento e entregá-la futuramente ao lojista (que, no caso dos autos, viria a se tornar locatário do espaço, mediante contrato subsequente de locação). Essas são as obrigações principais desse contrato atípico.

O lojista opôs exceção de contrato não cumprido em embargos à execução, sob o fundamento de que o exequente não havia cumprido seu dever de atrair lojas âncoras para o local, afetando a expectativa de retorno do investimento (um dever anexo, sem dúvida, porém de inegável relevância para a economia do contrato). Os embargos foram julgados procedentes, tendo a Corte considerado que a oposição da *exceptio* era legítima nas circunstâncias, a despeito de o embargante ter invocado a violação de dever anexo (atração de lojas âncoras) para justificar o descumprimento, de sua parte, da obrigação principal (pagamento das parcelas para efetivação da reserva de localização). Asseverou o Ministro Ruy Rosado de Aguiar Jr. em seu voto: "Portanto, se o empreendedor não cumpre com a promessa – expressa ou implícita, porque inerente ao negócio – de destinar espaços para a instalação de lojas âncoras, fator determinante do negócio e da própria escolha do local, [...] o uso da *exceptio non adimpleti contractus* ou da *non rite adimpleti contractus* era perfeitamente cabível."[637]

Muito do que foi dito neste item acerca da invocação da exceção por descumprimento de deveres secundários, anexos ou de proteção será retomado adiante, com maior aprofundamento, no estudo da *exceptio non rite adimpleti contractus* (ou exceção de contrato não adequadamente cumprido), quando se analisará o cabi-

---

mento parcial do preço de compra da loja. Exceção de contrato não cumprido alegada pelo lojista. Possibilidade. Art. 1.092 do código civil/1916 e art. 476, do código civil/200. O lojista pode deixar de efetuar o pagamento total do preço do contrato de promessa de compra e venda de loja situada em *shopping center*, se o incorporador-administrador descumpre sua obrigação de respeitar a cláusula de exclusividade na comercialização de determinado produto pelo lojista (*mix*), permitindo que loja âncora venda o mesmo produto vendido pelo lojista. Trata-se de aplicação do art. 1.092 do Código Civil/1916 (art. 476, do Código Civil atual. Tratando-se de *shopping center*, o incorporador-administrador, além de ter a obrigação de entregar a loja num ambiente com características comerciais pré-determinadas no contrato assinado com o lojista (*tenant mix*), não pode alterar tais características depois de instalado o *shopping*, isto é, durante todo o período de vigência do contrato entre lojista e empreendedor, sob pena de desvirtuamento do objeto do contrato (*res sperata*). Recurso especial conhecido e negado provimento. (STJ, 3ª Turma, REsp 764.901/RJ, Rel. Min. Nancy Andrighi, DJ 30 out. 2006).

637. Shopping Center. Contrato de Reserva. *Res Sperata*. Exceção de contrato não Cumprido. O lojista pode deixar de efetuar o pagamento das prestações previstas no "contrato de direito de reserva de área comercial para instalação de loja e de integração no '*tenant mix*' do centro comercial" se o empreendedor descumpre com a sua obrigação de instalar loja âncora no local previsto, em prejuízo do pequeno lojista. Para isso, não há necessidade de também rescindir o contrato de locação da loja. Art. 1.092 do CCivil. Recurso conhecido e provido. (STJ, REsp 152.497/SP, Quarta Turma, Rel. Ministro Ruy Rosado de Aguiar Jr., j. em 15 ago. 2002).

mento desse remédio em casos de inadimplemento parcial, cumprimento defeituoso e violação positiva do contrato. Uma coisa, porém, já é possível perceber daquilo que foi exposto até aqui: a *exceptio non rite adimpleti contractus* não tem natureza fundamentalmente diversa da *exceptio non adimpleti contractus*. Como visto, o sinalagma é único, podendo ser integrado por deveres de todos os tipos (principais, secundários, anexos e de proteção), ainda que uns, quando descumpridos, ensejem inadimplemento total ou parcial, e outros o chamado cumprimento defeituoso ou a violação positiva de contrato. E a "régua" para definir o cabimento da exceção também é a mesma nos dois casos: se há ou não proporcionalidade entre os deveres inadimplidos, no sentido de terem relevância semelhante para o atingimento do programa contratual. Com essa releitura da abrangência do sinalagma, o que se percebe é uma tendência de abarcamento da *exceptio non rite adimpleti contractus* pela *exceptio non adimpleti contractus*, com uma aproximação progressiva de requisitos e soluções entre os dois remédios.[638]

c) Um exemplo da expansão do sinalagma: a interpretação evolutiva do art. 1.460 do Código Civil Italiano. Os conceitos de "corrispettività" e "interdipendenza"

Nesse ponto, cabe abrir um parêntese a fim de analisar como o Direito italiano, lidando com conceitos próprios (*v.g.*, "contratos com prestações correspectivas", "correspectividade", "interdependência"), operou essa mesma transformação do sinalagma: de um conceito de abrangência limitada, restrito às obrigações principais, para um conceito maleável conforme os interesses concretos das partes e o programa contratual por elas desenhado.

Para tanto, é necessário retroceder um pouco no tempo.

O Código Civil Italiano de 1865, como já exposto no primeiro capítulo desta tese, seguindo o modelo do Código Napoleônico, não consagrava expressamente o instituto da *exceptio non adimpleti contractus*, embora doutrina e jurisprudência reconhecessem seu cabimento em relação aos contratos bilaterais em geral, seja com fundamento no art. 1.165, que tratava da resolução por inadimplemento ("quem pode o mais, pode o menos"), seja com suporte na aplicação por analogia das regras que consagravam a *exceptio* no campo específico da compra e venda (artigos 1.469 e 1.510).[639]

---

638. Orlando Gomes já ressaltava essa aproximação entre as duas modalidades, fruto de uma indiferenciação progressiva das várias formas de inadimplemento, apontando apenas uma distinção quanto ao ônus da prova: "A *exceptio non rite adimpleti contractus* é, no fundo, a mesma *exceptio non adimpleti contractus*, dado que o cumprimento parcial, inexato ou defeituoso, equivale ao inadimplemento. Difere, porém, nos efeitos. Não havendo inadimplemento total, incumbe a prova ao contraente que não cumprir a obrigação. Havendo execução incompleta, deve comprovar quem invoca a exceção, pois se presume regular o pagamento aceito." (Gomes, Orlando. *Contratos*. 27. ed. Rio de Janeiro: Forense, 2019, p. 92) A mesma ideia, quanto ao ônus da prova, pode ser encontrada também em: Tepedino, Gustavo; Bodin de Moraes, Maria C.; Barboza, Heloísa H. *Código Civil Interpretado*, v. I. Rio de Janeiro: Renovar, 2011, p. 125.
639. Tartufari, Luigi. L'exceptio inadimpleti contractus e l'azione di danni per causa dell'eccepito inadempimento. *Rivista di Diritto Commerciale, Industriale e Marittimo*, v. IV, parte seconda, 1906, p. 307.

Esse mesmo diploma trazia definições legais para as categorias dos contratos bilaterais e unilaterais em seus artigos 1.099 e 1.100. Os primeiros seriam aqueles nos quais "os contraentes se obrigam reciprocamente uns perante os outros". Os últimos, por sua vez, seriam aqueles nos quais "uma ou mais pessoas se obrigam perante uma ou mais pessoas, sem que estas assumam alguma obrigação."[640] Tais definições eram também reproduções fiéis dos artigos 1102 e 1103 do *Code Civil*.[641]

O novo Código Civil Italiano de 1942 avançou no sentido de estabelecer uma regra geral para regular a *exceptio* em seu art. 1.460, que dispõe:

> Art. 1.460. Nos contratos com prestações correspectivas, cada um dos contraentes pode recusar-se a adimplir a sua obrigação se o outro não adimple ou não se oferece para adimplir simultaneamente a própria, a não ser que termos diversos para o adimplemento tenham sido estabelecidos pelas partes ou resultem da natureza do contrato. Todavia, não pode o contraente recusar-se a cumprir se, de acordo com as circunstâncias, a recusa for contrária à boa-fé.[642]

Todavia, o Código Civil de 1942 – e a norma acima transcrita é um exemplo disso – abandonou a nomenclatura bilateral/unilateral, substituindo-a por "contratti a prestazioni corrispettive" e "contratti con obbligazioni a carico di una sola parte".

Muitas teses surgiram acerca da abrangência desses novos conceitos: se ela seria equivalente ou não àquela da dicotomia antes vigente (contratos bilaterais/unilaterais). A importância desse debate é evidente, considerando que o cabimento não só da exceção de contrato não cumprido (art. 1.460), mas também da resolução por inadimplemento (art. 1.453)[643] e da resolução por onerosidade excessiva (art. 1.467)[644] foi atrelado, pelo legislador italiano, ao conceito de "*contratti a prestazioni corrispettive*".

Parte considerável da doutrina italiana identifica uma perfeita sinonímia entre os conceitos de contrato bilateral e "contrato com prestações correspectivas". É o caso, por exemplo, de Pietro Trimarchi,[645] Alberto Trabucchi[646] e Francesco Messineo,

---

640. Codice Civile del Regno d'Italia. Art. 1.099 e 1.100. Disponível em: http://www.notaio-busani.it/download/docs/CC1865_300.pdf. Acesso em: 17 set. 2019.
641. Code Civil. Disponível em: https://www.legifrance.gouv.fr/. Acesso em: 17 set. 2019.
642. Codice Civile. Disponível em: http://www.jus.unitn.it/cardozo/obiter_dictum/codciv/Lib4.htm. Acesso em: 17 set. 2019.
643. *Art. 1.453. Risolubilità del contratto per inadempimento*
    Art. 1.453. *Nei contratti con prestazioni corrispettive*, quando uno dei contraenti non adempie le sue obbligazioni' l'altro può a sua scelta chieder' l'adempimento o la risoluzione del contratto (1.878, 1.976, 2.652), salvo, in ogni caso, il risarcimento del danno (1.223 e seguenti). (Codice Civile. Disponível em: http://www.jus.unitn.it/cardozo/obiter_dictum/codciv/Lib4.htm. Acesso em: 17 set. 2019).
644. *Art. 1.467 Contratto con prestazioni corrispettive*
    Nei contratti a esecuzione continuata o periodica ovvero a esecuzione differita, se la prestazione di una delle parti è divenuta eccessivamente onerosa per il verificarsi di avvenimenti straordinari e imprevedibili, la parte che deve tale prestazione può domandare la risoluzione del contratto, con gli effetti stabiliti d'll'art. 1.458 (att. 168). (Ibidem)
645. Trimarchi, Pietro. *Istituzioni di diritto privato*. 9. ed., Milano: Giuffrè, 1991, p. 295.
646. Trabucchi, Alberto. *Istituzioni di diritto civile*. Padova: Cedam, 1978, p. 693.

sustentando o último que a razão da mudança de terminologia estaria apenas no intuito do legislador de "evitar o uso dos termos bilateral e unilateral em referência ao contrato: uso que poderia conduzir a equívocos, visto que os mesmos termos são utilizados com sentidos diversos em relação ao negócio jurídico. Fazendo menção à relação entre as prestações – como fez o novo legislador – evita-se essa confusão e transmite-se uma dimensão mais adequada do conteúdo dessas duas categorias."[647]

Há outra vertente, igualmente relevante, que atribui ao conceito de "contrato com prestações correspectivas" abrangência mais ampla do que a conferida ao conceito de contrato bilateral, aproximando o primeiro da ideia de onerosidade.[648] Para os adeptos dessa linha, o novo Código, nas diversas passagens em que menciona "prestações correspectivas", não estaria empregando o termo "prestação" no sentido tradicional de objeto ou conteúdo de uma obrigação, mas, sim, como atribuição, vantagem ou utilidade patrimonial de qualquer ordem derivada do contrato (ainda que não configure objeto de uma obrigação propriamente dita). Por esse viés, são contratos com prestações correspectivas todos aqueles em que se estabelece uma troca de atribuições patrimoniais, ainda que uma delas, por exemplo, constitua elemento da própria formação do contrato (como ocorre no mútuo feneratício, quando o mutuante transfere o dinheiro ao mutuário). O que importaria, portanto, seria a realidade de haver uma troca de utilidades patrimoniais, independentemente de haver reciprocidade de obrigações (como se exige para que haja contrato bilateral). Entre os adeptos dessa linha, podem ser mencionados Francesco Realmonte,[649] Lina Bigliazzi Geri[650] e Gianguido Scalfi.[651]

Por fim, uma terceira corrente, intermediária, compreende que a abrangência do conceito "contrato com prestações correspectivas" oscila entre coincidir

---

647. "La ragione della nuova terminologia adottata al riguardo dal nuovo legislatore va cercata, verosimilmente, nell'intento di evitare l'uso dei termini «unilaterale» e «bilaterale» riferiti al contratto: uso, che poteva condurre ad equivoci, visto che i due medesimi termini si adoperano con portata diversa, con riferimento al *negozio giuridico*. Richiamandosi al rapporto tra le prestazioni – come ha fatto il nuovo legislatore – si evitano quei termini e si rende in modo adeguato il contenuto dei due accennati tipi di contratto" (Messineo, Francesco. *Dottrina generale del contratto: artt. 1321-1469*. Milano: Giuffrè, 1946, p. 198).
648. A demonstrar que o conceito de "contrato com prestações correspectivas" seria mais amplo do que o de "contrato bilateral", quando compreendido nesses termos, basta lembrar que todo contrato bilateral é oneroso, mas que, em contrapartida, há contratos unilaterais que também são onerosos: "Em regra, há coincidência entre a bilateralidade e a onerosidade. Todo contrato bilateral é oneroso, visto que, suscitando prestações correlatas, a relação entre vantagem e sacrifício decorre da própria estrutura do negócio jurídico. Todavia, nada impede que um contrato se qualifique, simultaneamente, como unilateral e oneroso. É o caso do mútuo feneratício (art. 591, CC). É oneroso posto estipulados juros, caso não o fosse, seria contrato benéfico, de auxílio desinteressado. Também é contrato unilateral, pois cria obrigações somente para o mutuário." (Rosenvald, Nelson; Farias, Cristiano Chaves de. *Curso de direito civil, v. IV – Contratos*: teoria geral e contratos em espécie. 8. ed., Salvador: Editora JusPodivm, 2018, p. 282-283).
649. Realmonte, Francesco. Eccezione di inadempimento. In: *Enciclopedia del diritto*, v. XIV. Milano: Giuffrè, 1965, p. 222.
650. Geri, Lina Bigliazzi. Eccezione di inadempimento. In: *Digesto delle Discipline Privatistiche – Sezione Civile*. v. II. Torino: Unione Tipografico-Editrice Torinese, 1998, p. 331.
651. Scalfi, Gianguido. *Corrispettività e alea nei contratti*. Milano: Istituto Editoriale Cisalpino, 1960, p. 57.

com a de contrato bilateral ou com a de contrato oneroso, a depender do artigo do Código Civil Italiano em que invocado. Giovanni Persico, por exemplo, sustenta que, enquanto no art. 1.453 (que dispõe sobre a resolução por inadimplemento), a expressão deve ser compreendida de forma a englobar todos os contratos onerosos, ainda que unilaterais, no art. 1.460 (que trata exatamente da exceção de contrato não cumprido), o termo só pode ser entendido como sinônimo de contrato bilateral, a afastar todos os unilaterais onerosos.[652] A argumentação do autor é convincente e remete, em grande medida, ao que já foi comentado na nota 565 acima, quanto à não coincidência plena, em termos de cabimento, entre os dois remédios. Em relação à resolução, afirma que "não se compreende por que esta deveria ficar limitada aos casos de obrigações recíprocas, na medida em que a possibilidade de resolução tem como fundamento uma falta de uma atribuição patrimonial assumida, sendo indiferente existir ou não obrigações para ambas as partes do contrato."[653] Acresce que o art. 1.820 do Código Civil Italiano é inclusive expresso em reconhecer a viabilidade da resolução em relação ao mútuo feneratício, exemplo clássico de contrato oneroso mas unilateral ("Se o mutuário não cumpre a obrigação de pagar os juros, o mutuante pode pedir a resolução do contrato").[654] Mesmo no Direito brasileiro, como já apontado na nota 565, admite-se a possibilidade, em algumas hipóteses, de resolução por inadimplemento de contratos unilaterais, mormente se houver cláusula resolutiva expressa no contrato.[655] Já em relação à exceção de contrato não cumprido, afirma Giovanni Persico, a solução não pode ser outra senão restringir o cabimento aos contratos bilaterais. Afinal, para que "a exceção possa operar, é necessário haver obrigações para ambos os contratantes, [...] dado que a recusa em adimplir a própria obrigação é subordinada à circunstância de a outra parte não ter adimplido ou oferecido o adimplemento da sua. Trata-se, portanto, de um caso em que o Código usa a expressão 'contrato com prestações correspectivas' com o mesmo significado de contrato bilateral."[656] A dicção do art. 476 do Código Civil brasileiro, vale lembrar, é expressa em excluir totalmente os contratos unilaterais de sua incidência ("*Nos contratos bilaterais*, nenhum dos contratantes, antes de cumprida a sua obrigação, pode exigir o implemento da do outro"), o mesmo não ocorrendo a respeito da resolução por inadimplemento, cujos dois artigos de regência (474 e 475 do mesmo diploma) não estabelecem a mesma restrição.[657]

---

652. Persico, Giovanni. *L'eccezione d'inadempimento*. Milano: Giuffrè, 1955, p. 40.
653. Ibidem, p. 42.
654. Ibidem, p. 41.
655. Terra, Aline de Miranda Valverde. Âmbito de incidência da cláusula resolutiva expressa: para além dos contratos bilaterais. Revista de Direito Privado, ano 17, v. 65, jan.-mar. 2016, p. 133; Assis, Araken de. Op. cit., p. 558.
656. Persico, Giovanni. *L'eccezione d'inadempimento*. Milano: Giuffrè, 1955, p. 43.
657. Quanto ao art. 1.467, que trata da resolução por onerosidade excessiva, já transcrito na nota 644 acima, a opinião do autor é que nele, especificamente, o termo "contrato com prestações correspectivas" deve ser compreendido na acepção mais ampla (isto é, como sinônimo de contrato oneroso). (Ibidem, p. 43).

Pensamos que a razão está com esta última corrente (a intermediária), podendo a expressão "contrato com prestações correspectivas", no contexto do Código Civil Italiano, ora aproximar-se da onerosidade, ora da bilateralidade. No que tange ao art. 1.460 especificamente, que regulamenta a exceção de contrato não cumprido, "contrato com prestações correspectivas" só pode significar contrato bilateral (afinal, sequer se consegue operacionalizar o manejo da exceção quando o contrato traz obrigações apenas para uma das partes).

Expostas essas três correntes, passo necessário para a adequada compreensão da regra inserta no art. 1.460, cumpre descrever como se deu a expansão do sinalagma no Direito italiano: de uma abrangência restrita em um primeiro momento, limitada às obrigações principais, até passar a englobar todos os deveres cujo descumprimento possa afetar o atingimento do escopo do contrato.

Tal transformação está intimamente relacionada à distinção que se construiu entre os conceitos de "correspectividade" e "interdependência".

Inicialmente, compreendia-se que o nexo de reciprocidade que serve de fundamento à *exceptio* só existiria entre as obrigações principais do contrato, definidoras de seu tipo (ou entre as duas atribuições patrimoniais centrais, caso adotada a segunda corrente, que associa o conceito de "prestações correspectivas" à onerosidade e não à bilateralidade).[658] Ao nexo de reciprocidade, compreendido nesses termos restritos, denominou-se "*corrispettività*", em sintonia com a terminologia adotada pelo Código para fazer referência aos contratos em que tal liame estaria presente ("contratti con prestazioni corrispettive").

A própria redação do art. 1.460 reflete em certa medida essa visão acanhada do sinalagma ao prescrever que cada contraente "pode recusar-se a adimplir *a sua obrigação* se o outro não adimple ou não oferece para adimplir simultaneamente *a própria*", como se o contrato sinalagmático desse origem a apenas um dever para cada parte (quando na verdade sabe-se, hoje, que a relação é complexa e congrega incontáveis deveres, entre principais, secundários, anexos e de proteção). Ou, ainda, como se a operação econômica corporificada nesses contratos se resumisse à troca dessas duas obrigações principais, ou atribuições patrimoniais: uma como causa da outra, uma como razão de ser da outra.

Tal concepção restritiva chegou a ser encampada pela Corte de Cassação nas primeiras décadas após o novo Código, como, por exemplo, no precedente *Cass., 15 giugno 1964, n. 1500*, em que se afirmou a existência de "correspectividade" tão somente entre as obrigações que constituam elementos essenciais do tipo contratual em questão, apenas entre elas podendo ser deduzida a exceção de contrato não

---

658. Apenas para ilustrar, esse nexo de reciprocidade, no mútuo feneratício, exemplo de contrato unilateral oneroso, se daria entre o adiantamento do dinheiro ao mutuário (uma atribuição patrimonial, embora não constitua obrigação no sentido técnico do termo) e a obrigação do mutuário de pagar o principal acrescido de juros após determinado prazo.

cumprido (no caso, tratando-se de uma compra e venda, apenas entre as obrigações de entregar a coisa e de efetuar o respectivo pagamento).[659]

A ideia de *"interdipendenza"* (em contraposição à aludida *"corrispettività"*) veio a se tornar, por sua vez, a chave interpretativa para uma visão ampliada do sinalagma, e, por conseguinte, para a expansão do cabimento dos remédios sinalagmáticos (resolução por inadimplemento e exceção de contrato não cumprido, especialmente).[660]

Enquanto a correspectividade limitar-se-ia à troca de dois resultados (como obrigações principais ou atribuições patrimoniais), o vínculo de interdependência englobaria todos os deveres jurídicos direta ou indiretamente voltados à execução do programa contratual, o que permitiria admitir o cabimento da *exceptio* em face do inadimplemento não só de obrigações principais, mas também de obrigações secundárias, deveres anexos e deveres de proteção, ou mesmo entre obrigações de contratos diferentes, porém coligados.[661]

Ou seja, abandona-se a concepção de que, para ser cabível a *exceptio*, há necessidade de que as duas obrigações contrapostas tenham sido trocadas uma pela outra, uma tendo sido constituída em função da outra – o que remetia à própria definição do termo "correspectividade"[662] – migrando-se para uma visão que privilegia a análise da relevância dos deveres inadimplidos (do excepto e do excipiente) para a satisfação dos interesses concretos perseguidos pelas partes por meio do negócio, globalmente considerados.[663]

---

659. Disponível em www.italgiure.giustizia.it. Acesso em 17 jun. 2019.
660. Pisciotta, Giuseppina. *La risoluzione per inadempimento*. Milano: Giuffrè Editore, 2000, p. 312-314.
661. Geri, Lina Bigliazzi. Op. cit., p. 336; Realmonte, Francesco. Eccezione di inadempimento. In: *Enciclopedia del diritto*, v. XIV. Milano: Giuffrè, 1965, p. 223.
    Como explica Raquel Bellini de Oliveira Salles, a interdependência engloba todos os deveres ligados, ainda que indiretamente, à consecução do programa contratual, mas não envolve eventuais deveres que surjam, no curso da execução do contrato, e que não sejam preordenados à consecução daquele programa, como ocorre, por exemplo, nos contratos bilaterais imperfeitos (*A autotutela pelo inadimplemento nas relações contratuais*. Tese [Doutorado em Direito Civil] – Faculdade de Direito da Universidade do Estado do Rio de Janeiro, Rio de Janeiro, 2011, p. 107).
662. "Correspectivo", segundo o Dicionário Priberam de Língua Portuguesa, significa aquilo "em que há reciprocidade ou retribuição entre duas ou mais pessoas ou entidades, geralmente em relação a benefícios ou vantagens recebidos ou a receber" (Disponível em https://dicionario.priberam.org/correspectivo. Acesso em: 22 set. 2019). No mesmo sentido, segundo o Dicionário Online de Português, diz-se correspectivo ao "ato jurídico em que há retribuição de benefícios ou vantagens recebidas" (Disponível em: https://www.dicio.com.br, Acesso em: 22 set. 2019). No Código Civil brasileiro, o termo aparece uma única vez, no Art. 1.863: "É proibido o testamento conjuntivo, seja simultâneo, recíproco ou correspectivo". Embora aplicado em contexto completamente diverso, o termo traz aqui a mesma ideia de vantagens permutadas entre si, como bem explica José Fernando Simão: "Por fim, será correspectivo [o testamento] quando o benefício previsto por um dos testadores ao outro retribui vantagem correspondente. Por exemplo, se João deixar sua casa para Maria e Maria deixar sua casa para João. Neste caso, há uma troca de benefícios entre os testadores num mesmo instrumento." (Schreiber, Anderson et al. [Org.]. *Código civil comentado – doutrina e jurisprudência*. Rio de Janeiro: Forense, 2019, p. 1487).
663. Paolo Gallo, sob viés um pouco diverso, prega que, para decisão acerca do cabimento da *exceptio*, é preciso averiguar se subsiste relação de proporcionalidade entre o dever inadimplido (secundário, anexo ou de proteção) e a gravidade dessa medida (consistente em paralisar a eficácia de pretensão vencida de titularidade da parte contrária). (*Trattato del contratto – I rimedi, la fiducia, l'apparenza*. Tomo Terzo. Torino: Utet, 2010, p. 2176).

Em outras palavras, o novo método tem a pretensão de avaliar se os deveres inadimplidos são "interdependentes", no sentido de serem ambos substancialmente relevantes para a satisfação do programa contratual, a ponto de o inadimplemento de um justificar a suspensão do cumprimento do outro.

Como afirma Francesco Realmonte, "não é, assim, legítima qualquer restrição apriorística da esfera de aplicação da *exceptio inadimpleti contractus* por serem as obrigações inadimplidas acessórias, instrumentais ou nascidas após o encerramento do contrato".[664] A íntima conexão funcional existente entre todos os deveres contratuais direta ou instrumentalmente voltados à satisfação dos interesses das partes, caracterizadora da chamada "interdependência", não pode deixar de encontrar respaldo em termos de cabimento da *exceptio*. Afinal, como aduz o mesmo autor, por trás do inadimplemento desses deveres (secundários, anexos ou de proteção), desde que não sejam de escassa importância em atenção aos interesses da parte vítima, estão as mesmas razões de justiça que induziram canonistas, pós-glosadores e legisladores a consagrar o remédio da *exceptio*: impedir o desequilíbrio na relação que derivaria do fato de uma parte, mesmo quando também inadimplente, poder exigir o cumprimento da contraparte.[665]

No fundo, se bem analisada a questão, não existe verdadeira oposição entre as ideias de correspectividade e interdependência, mas, sim, complementariedade. Alberto Maria Benedetti é um dos autores que promove esse esforço de conciliação, ao asseverar que o art. 1.460 demanda, sim, que a exceção de contrato não cumprido se desenvolva em um "contrato com prestações correspectivas" – isto é, com dois resultados principais trocados entre si, em correspectividade[666] – o que não significa dizer, em contrapartida, que, no que toca a esses contratos, a *exceptio* só possa ser invocada em relação às obrigações principais, podendo sê-lo também, eventualmente, em relação a obrigações secundárias, deveres anexos e de proteção.

O mesmo autor pondera, porém, que, apesar desse alargamento do sinalagma proporcionado pelo conceito de "interdependência", as várias espécies de deveres, no contexto de uma relação complexa, não estariam em pé de igualdade para fins de cabimento da *exceptio*. Enquanto as obrigações principais são sempre consideradas fundamentais para o atingimento do programa contratual (ressalva feita à eventual possibilidade de seu inadimplemento *parcial* não ser significativo a ponto de legitimar a invocação da *exceptio* ou a resolução), o mesmo não ocorre quanto às demais

---

664. Realmonte, Francesco. Eccezione di inadempimento. In: *Enciclopedia del diritto*, v. XIV. Milano: Giuffrè, 1965, p. 224.
665. Ibidem.
666. É preciso ressalvar, no entanto, a possibilidade de arguição da *exceptio*, em algumas situações excepcionais, fora do âmbito dos contratos com prestações correspectivas, como, por exemplo, [i] entre obrigações de contratos coligados, [ii] em contratos plurilaterais e [iii] em relação a obrigações fixadas em sentença, para ambas as partes, em regime de reciprocidade (quando se determina o restabelecimento do *status quo ante*, mediante devolução do que já se prestou, em sentenças que resolvem o contrato, declaram sua nulidade ou promovem sua anulação). Todas essas situações serão analisadas no item 4.2, adiante.

classes (obrigações secundárias, deveres anexos e de proteção). Em relação a estas, é sempre necessário examinar, em concreto, nas palavras do autor, o seu "pertencimento ao quadro econômico do contrato". Confira-se:

> À diferença das prestações postas em uma relação de correspectividade perfeita (obrigações principais), as obrigações que se colocam fora desta dimensão precisam ser submetidas a um juízo que lhes defina, caso a caso, o pertencimento ao quadro econômico do contrato, a fim de justificar a oponibilidade da exceção no caso em que ditas obrigações não tenham sido adimplidas (e dos outros remédios sinalagmáticos, desde que subsistam os respectivos pressupostos); a isso se acresce, no caso das obrigações geradas pela boa-fé integrativa, que o juiz não se pode subtrair do dever de identificar seu exato conteúdo (porque a obrigação de boa-fé em si considerada não foge da generalidade [...]), para depois verificar se o seu inadimplemento pode legitimar a *exceptio inadimpleti contractus* [...].[667]

A jurisprudência mais recente da Corte de Cassação Italiana, vale consignar, consagra essa visão expandida do sinalagma, derivada da ideia de interdependência, admitindo expressamente o cabimento da exceção de contrato não cumprido em caso de inadimplemento de deveres secundários, anexos ou de proteção. Nesse sentido, por exemplo:

> O princípio que sustenta a exceção *inadimpleti contractus*, e que encontra sua consagração na fórmula do art. 1.460 do Código Civil, retira seu fundamento do nexo de interdependência que, nos contratos de prestações correspectivas, liga as obrigações e prestações opostas [...] e que, independentemente de disposições contratuais explícitas, estende-se – de acordo com o princípio interpretativo-integrativo relacionado à boa-fé (art. 1.175 do Código Civil) – aos chamados deveres colaterais de proteção, colaboração, informação etc. Daí deriva que, na avaliação comparativa da conduta das partes em um contrato de empreitada, para fins de aplicação da *exceptio*, o juiz não pode considerar apenas as obrigações principais previstas no contrato (isto é, o pagamento da remuneração pelo dono da obra e a conclusão da obra pelo empreiteiro), mas precisa considerar também aqueles deveres ditos colaterais [...]. (Cass. 16.1.1997, n. 387)[668]

> Nos contratos com prestações correspectivas, a boa-fé dá origem também aos deveres colaterais de proteção, informação e colaboração, os quais pressupõem e exigem uma capacidade descritiva e uma disponibilidade cooperativa do empreendedor no exercício da sua atividade, tendo em conta sempre os interesses da contraparte ao efetuar o negócio. [...]. Caso se torne inadimplente em relação a esses deveres acessórios, que se põem de forma instrumental às obrigações principais, isso por si só já legitima o uso da exceção do art. 1.460. (Cass., 16.11.2000, n. 14865).[669]

---

667. "A differenza delle prestazioni poste in una relazione di corrispettività perfetta, le obbligazioni che si collocano fuori di questa dimensione necessitano di essere sottoposte ad un giudizio che ne accerti, caso per caso, l'appartenenza al quadro economico del contratto, al fine di giustificare la proponibilità dell'eccezione nel caso in cui dette obbligazioni non siano state adempiute (e degli altri rimedi sinallagmatici, ove ne sussistano i relativi presupposti); a ciò si aggiunge, nel caso delle obbligazioni generate dalla buona fede integrativa, che il giudice non può sottrarsi dal compito di identificarne gli esatti contenuti (perché l'obbligo di buona fede in sé considerato non fuoriesce dalla genericità [...]), per poi verificare se l'inadempimento abbia potuto legittimare l'*exceptio inadimpleti contractus* [...]." (Benedetti, Alberto Maria. *Il codice civile – Commentario. Le autodifese contrattuali (Art. 1.460-1.462)*. Milano: Giuffrè, 2011, p. 31).
668. Pisciotta, Giuseppina. Op. cit., p. 312-314.
669. Addis, Fabio. Inattuazione e risoluzione: i rimedi. Le eccezioni dilatorie. In: Roppo, Vincenzo [diretto da]. *Trattato del contratto – V – Rimedi (2)*. Milano: Giuffrè, 2006, p. 444.

Em arremate, cumpre dizer que essa concepção ampliada do sinalagma já deitou raízes tão profundas na doutrina italiana que cresce o número de doutrinadores que questionam a utilidade da distinção correspectividade/interdependência, passando a sustentar que a própria noção de correspectividade deve ser ampliada, de forma a absorver todo o conteúdo do que vem sendo denominado "interdependência". É o que defende, por exemplo, Fabbio Addis, para quem a distinção entre as duas categorias é supérflua, desde que se acolha "uma noção de correspectividade que supere a individualidade jurídica dos contratos individualmente considerados", bem como que "compreenda em si também os resultados econômicos programados e o complexo de interesses dispostos pelas partes na contratação."[670] Por meio desse exame acurado da concreta dinâmica executiva do contrato, prossegue o autor, será possível justificar o cabimento da *exceptio* [i] "quando as prestações estejam inseridas em contratos formalmente distintos, mas coligados entre si, integrando uma operação econômica unitária", [ii] em relação a "contratos nos quais a estrutura das prestações se organiza de forma diversa de uma troca ou escambo" (nesse ponto, o autor faz menção ao cabimento da *exceptio* em contratos plurilaterais), e, por fim, [iii] quando o inadimplemento em análise diz respeito a "deveres definidos como secundários, acessórios ou colaterais (de proteção, informação e colaboração)" – isto é, diversos dos principais.[671]

3.2 CAUSA DO CONTRATO. MEDIDA DE CABIMENTO DO REMÉDIO E CRITÉRIO DE "SINTONIA FINA"

Não se pretende aqui revisitar, em toda a sua profundidade, os estudos desenvolvidos acerca da causa do contrato, até porque isso demandaria, em virtude da extensão e da complexidade do tema, uma obra própria. O propósito deste item, em linha com o objeto da tese, é limitado a traçar a relação do conceito de causa, notadamente na sua acepção de *causa final concreta*, com o instituto da exceção de contrato não cumprido.

---

670. Addis, Fabio. *Inattuazione e risoluzione: i rimedi. Le eccezioni dilatorie*. In: Roppo, Vincenzo [diretto da]. *Trattato del contratto – V – Rimedi* (2). Milano: Giuffrè, 2006, p. 443.

    A mesma crítica, no sentido de que a distinção entre correspectividade e interdependência teria se tornado supérflua, pode ser encontrada em: Geri, Lina Bigliazzi. Op. cit., p. 336; Salles, Raquel Bellini de Oliveira. Op. cit., p. 107-108. Vale transcrever o que afirma a última autora a esse respeito: "Tendo em vista [...] o já afirmado no tocante à perspectiva funcional do adimplemento como cumprimento da *prestação devida*, em sentido amplo, do que resulta a realização dos concretos interesses envolvidos, uma primeira conclusão acerca da noção de correspectividade é possível extrair, qual seja, a de que ela absorve a noção de interdependência entre todos e quaisquer deveres cujo descumprimento possa, direta ou indiretamente, prejudicar o resultado útil programado." (Ibidem, p. 108).

671. Addis, Fabio. *Inattuazione e risoluzione: i rimedi. Le eccezioni dilatorie*. In: Roppo, Vincenzo [diretto da]. *Trattato del contratto – V – Rimedi* (2). Milano: Giuffrè, 2006, p. 443-444.

3.2.1 Causa: um conceito necessário, mas não uma panaceia para a solução de todos os problemas contratuais

Lino de Moraes Leme, um dos primeiros autores brasileiros a lidar com o difícil tema da causa, sustentava que, embora não de forma explícita, o Código Civil de 1916 admitia a necessidade de uma causa para o negócio jurídico. A causa, dizia o autor, é um "elemento necessário nos contratos e, sendo uma entidade verdadeira, embora abstrata, pode suprimir-se-lhe o nome, que ela se mantém do mesmo modo."[672] E, para comprovar sua tese da consagração implícita desse elemento no ordenamento brasileiro, encerrava com uma pergunta das mais pertinentes: "Que é a exceção *non adimpleti contractus*, consubstanciada no art. 1.092, senão o reconhecimento dessa causa?"[673]

Em comparação com outros países, há muito pouco escrito sobre o tema da causa no Brasil. Além da complexidade algo assustadora, coopera para esse resultado uma visão legalista que, diante da omissão do termo nos textos normativos nacionais com a força semântica que ele aparecia, por exemplo, na versão original do art. 1.131 do *Code*,[674] faz silenciar qualquer referência ao conceito, como se ele não existisse ou fosse dispensável.[675]

Todavia, como afirma Luciano de Camargo Penteado, "por mais que se tente escondê-la (a causa), há um eterno retorno".[676] O ignorar a causa, como fizeram tanto o Código Civil de 1916 como o Código Civil de 2002, equivale, bem ilustra Pontes de Miranda, à conduta do obstetra que, chegando à unidade onde estavam internadas as parturientes, exigiu que todos os bebês nascessem sem pernas.[677] Goste-se ou não do conceito, ele constitui uma realidade e é necessário.

Afinal, como afirma Antônio Junqueira de Azevedo em expressiva metáfora, de nada adianta expulsar a teoria da causa pela porta (excluindo qualquer menção expressa a ela do Código Civil), se ela insiste sempre em entrar pela janela (seja na consagração e na definição dos limites da própria exceção de contrato não cumprido, na distinção entre negócios abstratos e causais, na resolução por frustração do fim do negócio jurídico, na teoria dos contratos coligados etc.).[678]

---

672. Leme, Lino de Moraes. A causa nos contratos. *Revista da Faculdade de Direito – Universidade de São Paulo*, n. 52, 1957, p. 78-79.
673. Ibidem.
674. «Art. 1.131. L'obligation sans cause, ou sur une fausse cause, [...], ne peut avoir aucun effet.». A *Ordonnance* n. 2016-131, de 10 fev. 2016, suprimiu essa referência expressa à causa do art. 1.131.
675. Penteado, Luciano de Camargo. Causa concreta, qualificação contratual, modelo jurídico e regime normativo: notas sobre uma relação de homologia a partir de julgados brasileiros. *Revista de Direito Privado*, v. 20, out.-dez. 2004, p. 239.
676. Penteado, Luciano de Camargo. *Doação com encargo e causa contratual. Uma nova teoria do contrato*. 2. ed. São Paulo: Ed. RT, 2013, p. 175.
677. Pontes de Miranda, Francisco Cavalcanti. *Tratado de direito privado*. Campinas: Bookseller, 2000. t. III, p. 100.
678. Azevedo, Antonio Junqueira de. Natureza de seguro dos fundos de garantia. Os atos devidos no quadro dos atos jurídicos em geral. Conflito de interesses entre representante e representado. Negócio jurídico

Em contrapartida, no entanto, a teoria da causa não pode ter pretensão de totalidade. As tentativas de buscar nela a tábua de salvação do Direito dos Contratos fracassaram, pois, se tudo é causa, então, na verdade, nada é causa. Na França, por exemplo, onde esse conceito difundiu-se mais, ele acabou se tornando vago, elástico e retórico a ponto de a ele recorrer-se para solucionar qualquer problema em matéria obrigacional que não encontrasse resposta legislativa expressa.[679] A reação a este uso exagerado do conceito veio justamente com a *Ordonnance* n. 2016-131, de 10 fev. 2016, que suprimiu todas as referências à causa do texto do *Code*.[680]

3.2.2 Causa: um caso de analogia de proporcionalidade

Qualquer estudante neófito de Direito Privado logo percebe que há uma profusão de sentidos para o termo causa, formados por meio de sua adjetivação: causa natural, causa razoável, causa eficiente, causa final, causa *solvendi* etc. Tal fator colabora, sem dúvida, para a dificuldade de compreensão e para a vulgarização do conceito, pois, a depender do escritor e do leitor, o termo causa acaba evocando um significado diferente.[681]

Todavia, ao mesmo tempo em que a causa não é uma palavra *unívoca* – dotada de único sentido – ela também não chega a ser *equívoca* – apontando realidades completamente distintas entre si. Trata-se, na verdade, de uma palavra *análoga*, que remete a significados diferentes, mas que guardam, como se verá, relação entre si. Explica nesse sentido Luciano de Camargo Penteado:

> Palavras *unívocas* são as que remetem a um único conceito que expressa, por sua vez, uma única realidade, sem possibilidade de qualquer confusão ou multiplicidade de acepções (cadeira, livro

---

com causa pressuposta. É abusiva a cláusula que desnaturaliza o negócio jurídico. In: *Estudos e Pareceres de Direito Privado*, São Paulo: Saraiva, 2004, p. 105.

679. Penteado, Luciano de Camargo. *Doação com encargo e causa contratual. Uma nova teoria do contrato*. 2. ed. São Paulo: Ed. RT, 2013, p. 175.

680. Lê-se do Relatório enviado à Presidência da República, relativo à *Ordonnance* n. 2016-131, o que segue: "Nesse sentido, diante da dificuldade de conferir à noção de causa uma definição precisa, que abranja todos os aspectos, e diante das críticas de que ela é objeto tanto de parcela da doutrina quanto da prática, que a percebem como um fator de incerteza jurídica e um obstáculo à atratividade de nossa lei, decidiu-se por não se recorrer mais a essa noção, substituindo-a por regras com contornos mais bem definidos, que permitam ao juiz atingir os mesmos efeitos, evitando o extenso litígio que desperta esse conceito. A contribuição da reforma nesse ponto consiste, portanto, na exclusão da referência à causa, consolidando na lei, mediante institutos específicos, todas as funções que a jurisprudência anteriormente lhe havia atribuído." (Disponível em: https://www.legifrance.gouv.fr. Acesso em: 16 out. 2019).

A tendência de supressão das menções expressas à causa nos códigos é um fenômeno perceptível nos países europeus, que se espraia agora também para os projetos de codificação supranacionais do continente. Todavia, paradoxalmente, a causa, notadamente em sua vertente mais recente – a concreta – mostra-se cada vez mais viva, segundo Cesare Massimo Bianca, nas decisões dos tribunais e na doutrina (Causa concreta del contratto e diritto effettivo. *Rivista di Diritto Civile*, anno LX, n. 2. Marzo-aprile 2014, p. 255-256). Para Rita Rolli, esta dualidade é apenas uma manifestação contemporânea do debate, que sempre se renova em matéria de causa, "entre a metáfora de sua morte e da sua ressureição". A causa, afirma, é como uma "fórmula mágica, inseparável da história mesma do direito das obrigações e dos contratos, visto que capaz sempre de ressurgir das suas próprias cinzas." (Il rilancio della causa del contratto: la causa concreta. *Contratto e impresa*, anno XXIII, n. 2, marzo-aprile 2007, p. 423).

681. Khayat, Gabriel Fernandes. A teoria da causa. *Revista Brasileira de Direito Comercial*, n. 24, ago.-set. 2018, p. 69.

etc.). A *equivocidade* dá-se com as palavras que designam realidades heterogêneas (manga, e.g., designa a fruta e parte da camisa, além do presente do indicativo do verbo mangar, *i.e.*, gozar, ou fazer um serviço malfeito). Já a *analogia* verifica-se com os vocábulos que remetem a realidades distintas, mas que guardam certa relação entre si.[682]

A analogia pode ser de *atribuição*, quando se expressa uma relação de hierarquia e dependência entre os significados, havendo entre eles uma acepção dominante, que esgota a essência do conceito, e da qual derivam as demais.[683] Ou pode ser também de *proporcionalidade*, quando os significados participam conjuntamente e em grau de igualdade da realidade designada pela palavra.[684] Em relação ao vocábulo "causa", a analogia é deste último tipo, como explica o mesmo autor:

> Já com a palavra causa, por exemplo, dá-se analogia de proporcionalidade. O fim da obra e do agente, a decisão, a matéria do ato e sua estruturação, são todas causas (final, eficiente, material e formal), mas em um certo nível de igualdade. Todas realizam parcialmente a essência do conceito de causa. Na execução de uma estátua, desde o modelo, a intenção do escultor, os seus atos de execução, o mármore e a forma que se vai dando a partir do modelo interior, são todas causas que participam da ideia de causa em grau de igualdade.[685]

Em suma: mesmo havendo uma profusão de significados para o vocábulo causa, cada um destacando faceta distinta do fenômeno, há alguma relação entre eles – estão unidos com certo sentido de coerência.

Essa conjuntura lembra a forma geométrica de um poliedro, em que cada face corresponde a um significado diferente, porém todos unidos e relacionados entre si, sem dominância de uma face sobre a outra, à moda do descrito por Alberto Asquini ao tratar dos perfis da empresa.[686]

3.2.3 As quatro causas de Aristóteles: um ponto de partida

Em sua "Metafísica" (Livro I, capítulo III e Livro V, capítulo II), Aristóteles descreve quatro tipos de causas: (1) a material, (2) a formal, (3) a eficiente e (4) a final.

No primeiro sentido, a causa significa aquilo de que materialmente uma coisa é feita. Assim, para usar os exemplos do próprio Filósofo, causa material da estátua é o bronze e da taça é a prata.[687]

---

682. Penteado, Luciano de Camargo. *Direito das coisas*. São Paulo: Ed. RT, 2008, p. 134.
683. Luciano de Camargo Penteado dá como exemplo de analogia por atribuição o que ocorre em relação à palavra "amor". O sentido dominante é o de *charitas*, a virtude do amor perfeito de dileção, de natureza espiritual. Outros significados menos expressivos derivam deste, como a acepção que remete a atos que refletem a *charitas* ("o que ela fez foi *amor*"), ou aquela que subjetiva a virtude ("você é o meu *amor*"), ou, ainda, a que expressa sentimento de desejo e admiração ("o que tenho por você é *amor*"). (Ibidem, p. 134).
684. Ibidem, p. 134.
685. Ibidem, p. 135. Neste trecho, já se observa a enunciação da teoria das quatro causas de Aristóteles, que será abordada no próximo subitem: material, formal, eficiente e final.
686. Asquini, Alberto. *Perfis da empresa*. Trad. Fábio Konder Comparato. *Revista de Direito Mercantil, Industrial, Econômico e Financeiro*, ano XXXv, n. 104. Out.-dez. 1996, p. 109-126.
687. Aristóteles. *La Metafísica*. Trad. Armando Carlini. Bari: Gius. Laterza & Figli, 1950, p. 140-141.

Na segunda acepção, a causa remete à relação entre a *pura essência* (isto é, o conceito ideal, a forma independente da matéria, a verdade imutável do objeto) e o ser concreto, material, inspirado naquele modelo abstrato. A pura essência, nessa acepção, é a causa do ser concreto.[688]

No terceiro sentido, a causa corresponde ao elemento que origina a mutação, a transformação. Conforme essa linha, nas palavras do próprio Filósofo de Estagira, "o deliberar é causa do agir; o pai, do filho; e, de modo geral, quem faz é causa do fato, o que produz uma mutação, daquilo que muda".[689]

Por derradeiro, pela quarta acepção, o termo causa remete ao "fim", significando a razão pela qual se faz alguma coisa: "por exemplo, se passeia para ter saúde. À pergunta 'por que se passeia?', respondemos 'para ter saúde'; e, assim respondendo, julgamos ter apontado a causa".[690] Conforme esta concepção, a causa de um ser ou de um agir corresponde à finalidade que se tem em mira por meio dele.

Esta última seria, segundo São Tomás de Aquino, a "causa das causas", porquanto é o fim que "faz agir o agente, que, por sua vez, move a matéria para a forma".[691] Note-se como em uma frase extremamente curta, o *Doctor Angelicus*, em toda a sua genialidade, conseguiu congregar e relacionar as quatro causas, com uma precisão que talvez nem o próprio Aristóteles tenha atingido.

Como os quatro sentidos são diferentes, segue-se que uma mesma coisa pode ter mais de uma causa. O bronze e o escultor são causas da estátua, porém um como matéria (causa material) e o outro como princípio de transformação (causa eficiente).[692]

E há também, prossegue Aristóteles, fatos ou coisas que são causas recíprocas entre si, porém não do mesmo modo: o trabalhar é causa final da boa saúde (afinal, um dos propósitos de se ter boa saúde é poder trabalhar), mas a boa saúde é causa eficiente do trabalhar (pois atua como "princípio de mutação" que permite a realização do trabalho).[693]

A teoria das quatro causas de Aristóteles constitui valioso ponto de partida para a compreensão da causa dos contratos, caminho este, aliás, já percorrido por outros autores.[694]

Cumpre, assim, adaptar as quatro causas à teoria contratual.

---

688. Ibidem, p. 12.
689. Ibidem, p. 141.
690. Ibidem, p. 141.
691. Tomás de Aquino (Santo), Suma Teológica I, q. 5, a. 2. Trad. Aldo Vannucchi e outros. São Paulo: Edições Loyola, 2005.
692. Aristóteles. *La Metafisica*. Trad. Armando Carlini. Bari: Gius. Laterza & Figli, 1950, p. 141.
693. Aristóteles. *La Metafisica*. Trad. Armando Carlini. Bari: Gius. Laterza & Figli, 1950, p. 142.
694. Dois, notadamente: Azevedo, Antonio Junqueira de. *Negócio jurídico e declaração negocial: Noções gerais e formação da declaração negocial*. Tese de Titularidade – Faculdade de Direito da Universidade de São Paulo, São Paulo, 1986; Penteado, Luciano de Camargo. *Doação com encargo e causa contratual. Uma nova teoria do contrato*. 2. ed. São Paulo: Ed. RT, 2013.

A *causa material* de um contrato estaria, primeiro, nas tratativas ou em eventual contrato preliminar, elementos que constituem influxos a conduzir as partes ao ato de celebração.[695]

Mesmo se o contrato não chegar a ser celebrado, essa causa material pode gerar deveres. Pense-se em uma consulta de advocacia, onde a simples aproximação das partes impõe, por exemplo, o dever de sigilo profissional quanto aos fatos revelados. A confiança depositada mutuamente pelas partes durante as tratativas pode ser fonte, ainda, como corolário da boa-fé, de responsabilidade pré-contratual por eventuais danos causados.[696]

Causa material do contrato é, ainda, a declaração negocial da qual ele se origina,[697] o seu suporte fático. Submetido tal suporte fático à incidência da norma que prestigia a autonomia privada, exsurge o contrato.[698]

O influxo material que desperta e compõe o negócio jurídico (tratativas, contrato preliminar, declaração negocial) precisa expressar-se socialmente sob determinada forma, entrando em cena, aqui, a segunda causa, a *formal*.

A forma é o elemento que torna o negócio jurídico passível de ser visto e analisado, na medida em que permite a expressão pública da intencionalidade dos agentes.[699] A forma poderá ser oral, gestual, escrita (por documento particular ou público), consistir no próprio silêncio, ou, ainda, em comportamentos dos quais se deduz a declaração de vontade.[700]

Certo, contudo, é que *inexiste* negócio jurídico sem forma: afinal, para que haja negócio jurídico, é preciso que a declaração negocial seja exteriorizada de um modo ou de outro. Coisa diversa é a exigência pelo ordenamento de forma específica como requisito de *validade* do ato, como bem esclarece Antônio Junqueira de Azevedo:

> Não há negócio sem forma. Que haja negócios com forma prescrita em lei e negócios com forma livre, é questão que diz respeito ao plano da validade; aqui, porém, no plano da existência, importa é não fazer a confusão elementar de entender que somente os negócios com forma prescrita é

---

695. Penteado, Luciano de Camargo. *Doação com encargo e causa contratual. Uma nova teoria do contrato*. 2. ed. São Paulo: Ed. RT, 2013, p. 148.
696. Ibidem.
697. Como ensina Antonio Junqueira de Azevedo, "constitui declaração negocial, portanto, toda declaração de vontade com estas características: reconhecimento social de ser destinada a efeitos jurídicos; e nível de igualdade, ou inexistência de hierarquia, entre declarante e declaratário. Havendo declaração negocial, há negócio jurídico." (*Negócio jurídico e declaração negocial*: noções gerais e formação da declaração negocial. Tese de Titularidade – Faculdade de Direito da Universidade de São Paulo, São Paulo, 1986, p. 24)
698. Lorenzetti, Ricardo Luis. *Tratado de los contratos*: parte general. T. 1. Buenos Aires: Rubinzal-Culzoni. 2004, p. 402; Azevedo, Antonio Junqueira de. *Negócio jurídico e declaração negocial*: Noções gerais e formação da declaração negocial. Tese de Titularidade – Faculdade de Direito da Universidade de São Paulo, São Paulo, 1986, p. 128.
699. Penteado, Luciano de Camargo. *Doação com encargo e causa contratual. Uma nova teoria do contrato*. 2. ed. São Paulo: Ed. RT, 2013, p. 153.
700. Azevedo, Antonio Junqueira de. *Negócio jurídico*: existência, validade e eficácia. 4. ed. São Paulo: Saraiva, 2007, p. 126.

que têm forma, sem se dar conta de que todos eles, inclusive os de forma livre, hão de ter uma forma, do contrário, inexistiriam (plano da existência).[701]

O terceiro sentido de causa – a *causa eficiente* – remete, vale lembrar, ao elemento transformador, que origina a mutação. Essa é a causa que importa, fundamentalmente, no campo da responsabilidade civil, quando se indaga se há nexo causal entre a conduta do ofensor e o dano sofrido pela vítima. Voltando para o campo dos contratos, a causa eficiente destes, sustenta Luciano de Camargo Penteado, é a vontade das partes. Ela é a força motriz que desencadeia e movimenta o processo que culmina na celebração da avença: ninguém pode ser titular de direitos e obrigações contratuais contra a sua vontade, porque é o fato de o agente vincular-se livremente que legitima as restrições derivadas do contrato sobre sua esfera jurídica (do contrário, sem o concurso da vontade, só a lei pode comprimir a esfera jurídica coativamente).[702]

A causa eficiente também é costumeiramente referida no campo dos contratos sob a perspectiva inversa, qual seja a que enxerga no próprio contrato a causa eficiente das obrigações dele derivadas (isto é, o contrato como "fonte de obrigações"). É sob esta perspectiva – de *causa efficiens* das obrigações dele decorrentes – que o contrato é arrolado por Gaio, na passagem D. 44, 7, 1, como uma das fontes das obrigações, ao lado do delito e de outras "figuras de causas" (*ex variis causarum figuris*).[703]

Por fim, a mais importante delas, porque extremamente rica em efeitos: a *causa final*.

Embora o contrato resulte da vontade (causa eficiente), é preciso conferir um direcionamento a esse exercício da liberdade. O agir da vontade humana é sempre finalístico, teleológico, dirigindo-se a metas e objetivos. Em última análise, é a vontade, animada pela finalidade, que cria os contratos, de modo que causa eficiente e causa final colaboram para a produção dos efeitos obrigacionais. Como afirma Luciano de Camargo Penteado:

> A finalidade do ato é causa, enquanto elemento impulsionador da declaração de vontade, por exercer certa premência sobre a atividade voluntária e, ao mesmo tempo, dirigi-la. O fim [...] leva a vontade a desejá-lo, de maneira tal que causa a declaração e atrai o comportamento dos sujeitos de direito em direção à sua consecução.[704]

Na mesma toada, Torquato Castro, Professor da Faculdade de Direito de Recife e um dos primeiros autores nacionais a tratar do tema da causa, assim descrevia, de forma quase poética, a causa final aristotélica aplicada aos contratos:

---

701. Ibidem.
702. Penteado, Luciano de Camargo. *Doação com encargo e causa contratual. Uma nova teoria do contrato*. 2. ed. São Paulo: Ed. RT, 2013, p. 157.
703. Azevedo, Antonio Junqueira de. *Negócio jurídico e declaração negocial*: noções gerais e formação da declaração negocial. Tese de Titularidade – Faculdade de Direito da Universidade de São Paulo, São Paulo, 1986, p. 121.
704. Penteado, Luciano de Camargo. *Doação com encargo e causa contratual. Uma nova teoria do contrato*. 2. ed. São Paulo: Ed. RT, 2013, p. 160.

Se o ato jurídico é essencialmente manifestação da vontade, ele há de ser, como todo ato racional, necessariamente causado, isto é, posto em existência em vista de um *fim* que o agente se propõe alcançar.

O conceito de causa, na esfera jurídica, corresponde ao de *causa finalis*, da filosofia aristotélica.

Causa é, aqui, o *fim* a que se propõe o agente, o escopo em vista do qual o efeito é procurado.

Nenhum agente se move, senão quando tende a um fim. Nos atos dos homens, a razão lhes determina a ação. A razão só se determina por um fim. A razão assim determinada é a vontade.

O fim é causa, porque move o agente à operação. Ele governa a sua atividade, e a conduz [...].[705]

Nos textos romanos, esse sentido de causa, enquanto "fim" pretendido pelos agentes, aparece de forma incipiente e esparsa quando [i] se dispõe acerca dos casos de ilicitude dos móveis psicológicos das partes nos negócios jurídicos (na chamada *condictio ob turpem ver injustam causam* [D. 12,5]),[706] [ii] ao se tratar dos casos em que a finalidade do negócio não existe ou não pode ser alcançada (hipótese em que cabível a *condictio sine causa*)[707], [iii] bem como quando se prescreve que a falsa causa não vicia o negócio jurídico (*falsa causa non nocet* [D. 16, 6, 62]).[708]

Foram os canonistas, porém, que, movidos pelas premissas do respeito à palavra dada (decorrência do caráter sagrado do juramento), primazia da vontade sobre as formas e valorização do contrato como instrumento ético, primeiro investigaram sistematicamente os "fins" dos agentes nos negócios jurídicos. Essas considerações acerca das finalidades almejadas pelas partes foram a fonte, inclusive, de três "condições tácitas" (consideradas implicitamente desejadas e inseridas pelas partes em todos os contratos), já comentadas no primeiro capítulo desta tese: [i] a de que a eficácia dos juramentos dependia de permanecerem inalteradas as circunstâncias após a celebração da avença (cláusula *rebus sic stantibus*), [ii] a de que a vinculatividade dos juramentos dependia do fato de os juradores conservarem a possibilidade física e moral de executarem suas respectivas prestações, e, por fim, [iii] a de que, em se tratando de juramentos contrapostos, com obrigações recíprocas, um dos juradores

---

705. Castro, Torquato. *Da causa no contrato*. Recife: Imprensa Universitária, 1966, p. 7-8.
706. Azevedo, Antonio Junqueira de. *Negócio jurídico e declaração negocial*: noções gerais e formação da declaração negocial. Tese de Titularidade – Faculdade de Direito da Universidade de São Paulo, São Paulo, 1986, p. 126–27.
707. Moreira Alves, José Carlos. *Direito Romano*, v. II. 6. ed. Rio de Janeiro: Forense, 2000, p. 221.
708. Azevedo, Antonio Junqueira de. *Negócio jurídico e declaração negocial*: noções gerais e formação da declaração negocial. Tese de Titularidade – Faculdade de Direito da Universidade de São Paulo, São Paulo, 1986, p.121.
Além dessa acepção de finalidade do negócio como um todo (que aparece na *condictio ob turpem ver injustam causam*, na *condictio sine causa* e no adágio *falsa causa non nocet*), e do sentido de causa eficiente antes referido (em que a palavra causa constitui sinônimo de "fonte" das obrigações, sendo o contrato, sob essa perspectiva, causa das obrigações dele decorrentes), Fábio Konder Comparato aponta um terceiro sentido para a palavra causa nas fontes romanas: aquele em que *uma prestação é vista como causa da outra*, como se dava na chamada *condictio causa data causa non secuta* (ação aplicável aos contratos inominados, quando a parte que realizou uma *datio* ou efetuou um comportamento busca restituição ou indenização, porque a outra parte não cumpriu a contraprestação correspondente) (Crédito direto a consumidor. Objeto e causa do negócio. A questão do aval condicionado. In: *Ensaios e pareceres de direito empresarial*. Forense: Rio de Janeiro, 1978, p. 396-397).

deveria ser tido como desobrigado se o outro não cumprisse a sua obrigação (dado que era de se presumir, conforme os "fins" dessas relações recíprocas, que um dos promitentes só havia jurado porque o outro também havia, por seu lado, jurado dar-lhe ou fazer-lhe alguma coisa em troca).[709]

Note-se que essas três condições tácitas criadas pelos canonistas deram origem a três institutos modernos que, até hoje, costumam ser relacionados à doutrina da causa final, quais sejam a resolução por onerosidade excessiva, a resolução por impossibilidade superveniente e a própria exceção de contrato não cumprido, respectivamente.[710]

Posteriormente, as investigações acerca do conteúdo dessa *causa finalis* irão desembocar em uma dissensão teórica entre quatro posições, as duas primeiras predominantes na doutrina francesa e as duas últimas na italiana.

Entre os franceses, surgiram, de um lado, os partidários da *causa subjetiva*, para os quais a causa final seria o motivo próximo e determinante.[711] De outro, surgiram os partidários de uma visão mista (*subjetivo-objetiva*), para os quais a causa ainda constituiria um fim pretendido pelos agentes (viés subjetivo), porém necessariamente um fim comum a ambas as partes, parte integrante da declaração de vontade (viés objetivo).[712]

Essas duas concepções, que chamamos de francesas, são hoje pouco aceitas.

Mais relevantes são as duas acepções italianas de causa final, ambas estritamente objetivas: a *abstrata* e a *concreta*.[713] Estas serão analisadas em detalhes em outro momento, de modo que, agora, cumpre apenas enunciá-las em termos gerais.

---

709. Giffard, André E. V.; Villers, Robert. *Droit romain et ancien droit français (obligations)*. 4ᵉ éd. Paris: Dalloz, 1976, p. 164 e 166-167.
710. Acerca do papel dos canonistas no desenvolvimento da teoria da causa, enquanto *causa finalis*, observa Henri Capitant: "Pode-se dizer, então, que a teoria da causa é sobretudo obra dos canonistas. E por que eles a desenvolveram? Aqui, novamente, eles obedeceram a uma inspiração tanto religiosa como prática. A teoria da causa foi por eles destinada a proteger as partes e os terceiros. Uma promessa em que a finalidade não fosse declarada era suspeita de dolo, o que bem traduzia o sentimento da época dos canonistas e dos jurisconsultos em geral. Pode-se dizer que, fortificando e coroando a nova concepção de pacto – que sem ela era bastante frágil – a causa justificou e garantiu o princípio da liberdade das convenções, exigindo das partes um agir atento, preciso e declarado: atingiu-se, assim, definitivamente, no campo do direito, um progresso de espírito, de moral e de segurança." (Capitant, Henri. *De la cause des obligations: Contrats, engagements unilatéraux*, legs. 3ᵉ éd. Paris: Librairie Dalloz, 1927, p. 142–43)
711. Entre eles, por exemplo: Ripert, Georges. *A regra moral nas obrigações civis*. Trad. Osório de Oliveira. 2. ed. Campinas: Bookseller, 2002, p. 79-80.
712. Entre estes: Capitant, Henri. Op. cit., p. 17-27.
713. Essas duas concepções italianas, apesar de diferentes entre si, são ambas, como já apontado, essencialmente objetivas. Estão baseadas na compreensão, destaca Eduardo Nunes de Souza, de que, "uma vez celebrado, o contrato passa a revelar uma síntese de interesses, um programa objetivamente perceptível por qualquer pessoa que tomar conhecimento dele e de suas circunstâncias – que se autonomiza, após o aperfeiçoamento do ato, da vontade individual das partes." O mérito dessas teorias objetivas, em qualquer de suas manifestações, acrescenta o mesmo autor, está em identificar na causa uma função objetivamente captável, uma razão justificadora que o contrato persegue, e, a partir daí, possibilitar juízo de valor sobre os atos de autonomia privada (isto é, uma definição se são merecedores de tutela ou não). As versões subjetivas

Para a corrente abstrata, capitaneada por Emilio Betti, a causa corresponde à função econômico-social exercida pelo contrato, a qual caracteriza o tipo no qual ele se enquadra (sendo por isso mesmo uniforme para todos os negócios qualificados como sendo desse tipo). Causa de todos os contratos de compra e venda seria, assim, de forma homogênea, a entrega da coisa em troca do dinheiro.[714] Quanto aos contratos atípicos, a situação muda de figura, ante a ausência de uma função econômico-social prevista expressamente na lei. Nem por isso, porém, esses contratos deixam de ter causa: ela corresponderá a uma função econômico-social lícita, idônea, reconhecida como socialmente útil (do contrário, o contrato não receberá a chancela estatal para ser exequível). Nos contratos atípicos, como explica o próprio Betti, "a causa deve responder também a uma exigência durável da vida de relações, a uma função de interesse social, que apenas o Direito – mediante o esforço interpretativo da jurisprudência – é competente para avaliar a idoneidade, a fim de justificar positivamente sua tutela."[715]

Para a corrente *concreta*, a causa corresponde ao fim, objetivamente considerado, de cada negócio individualizado, o que vai muito além dos elementos constantes e invariáveis do tipo. Traduz-se, na lição de Cesare Massimo Bianca, na função prática que as partes efetivamente atribuíram ao acordo, pressupondo a investigação dos interesses concretamente perseguidos.[716] Já adiantando, este é o conceito de causa

---

francesas anteriores, pelo contrário, calcavam-se predominantemente em motivos subjetivos, que, "por não se encontrarem insculpidos no próprio conteúdo negocial, não se sujeitam a um controle valorativo – são, por assim dizer, extrajurídicos, de tal modo que não é possível emitir um juízo de merecimento de tutela sobre eles." (Souza, Eduardo Nunes de. De volta à causa contratual: aplicações da função negocial nas invalidades e nas vicissitudes supervenientes do contrato. *Civilistica.com*, a. 8, n. 2, 2019, p. 11).

714. Betti, Emilio. Causa del negozio giuridico. In: *Novissimo Digesto Italiano*, v. III, Torino: Unione Tipografico-Editrice Torinese, 1960, p. 35.

715. Ibidem, p. 39.

716. Bianca, Cesare Massimo. *Diritto civile*, t. III: *Il contratto*. 2. ed. Milano: Giuffrè, 2000, p. 452-453. Antonio Junqueira de Azevedo propunha, para maior clareza, deixar o termo "causa final" apenas para o sentido abstrato acima referido. Para o sentido concreto, sugeria outra expressão: *fim do negócio jurídico*. Confira-se a distinção feita pelo autor: "No significado de causa final, há, porém, ainda, uma duplicidade. Se se adota a concepção [...] em que a causa é o fim que resulta objetivamente do negócio, a causa do negócio é a 'causa concreta', o fim de cada negócio individualizado. Se se adota a concepção de causa-função, trata-se da 'causa abstrata', causa típica. Ora, por uma questão de clareza, é preferível deixar a expressão *causa final* reservada a somente um desses significados, de preferência o último, em que a palavra 'causa' está mais generalizada e onde é de mais difícil substituição. No outro significado, a causa concreta é, na verdade, o 'fim do negócio jurídico'. Esta é a melhor expressão."

Esse "fim do negócio jurídico", explicita o autor, teria diversas utilidades, entre as quais as seguintes: a) se ilícito, é, por meio dele, que se pode reconhecer a nulidade de negócios simulados, fraudulentos etc.; b) se esse fim concreto se torna impossível, o negócio deve ser considerado ineficaz; c) se, por outro lado, é subvertido pela mudança subsequente das circunstâncias, é caso de revisar ou resolver o negócio (teorias da pressuposição, da base do negócio, da imprevisão etc.); d) é ainda o fim último que explicaria a pós-eficácia das obrigações (*culpa post factum finitum*); e) sua investigação serve também, por fim, para melhor interpretar o negócio realizado pelos declarantes (Azevedo, Antonio Junqueira de. *Negócio jurídico e declaração negocial*: noções gerais e formação da declaração negocial. Tese de Titularidade – Faculdade de Direito da Universidade de São Paulo, São Paulo, 1986, p. 128-129).

A mesma distinção entre causa (para o sentido abstrato) e fim do negócio jurídico (para o sentido concreto) será retomada posteriormente por Francisco Paulo De Crescenzo Marino: "Com a elevação da função

final que reputamos mais útil para a solução dos problemas relacionados à exceção de contrato não cumprido, por conectar-se intimamente, como se verá, ao sinalagma na abrangência que este termo ostenta atualmente.

Apesar de diferentes entre si, essas quatro concepções de causa – as duas francesas e as duas italianas – constituem todas elas espécies de causa final, pois remetem, de uma forma ou de outra, aos fins perseguidos por meio do contrato, tendo um pé simultaneamente no passado (o fim que animou e direcionou a vontade [causa eficiente] no momento da celebração da avença) e no futuro (o que se pretende atingir por meio do negócio).

A causa final, como explica Antônio Junqueira de Azevedo, não é elemento integrante, constitutivo, do negócio. Afinal, isso envolveria a "insuperável contradição de colocar a função como fazendo parte do negócio, quando jamais a função de um ser pode ser, ao mesmo tempo, elemento constitutivo dele." A causa, acrescenta o autor, está fora do negócio: ela é sempre *extrínseca* à sua constituição.[717]

O que integra o negócio, compondo sua estrutura, na visão do autor, é o chamado *elemento categorial inderrogável*. Este constitui uma referência, que se faz à causa (elemento externo), no próprio conteúdo do negócio.[718]

Aqui, convém abrir um parêntese para aprofundar a análise do elemento categorial inderrogável e sua conexão com a causa, pois isso permitirá descortinar uma divisão extremamente relevante dos negócios jurídicos (entre negócios abstratos e causais) e, por tabela, mais uma subdivisão da causa (causa pressuposta e causa final).

3.2.4 Elemento categorial inderrogável: forma e objeto. Negócios abstratos e causais. Causa pressuposta e final

Toda declaração de vontade compõe-se, prossegue Antônio Junqueira de Azevedo, de três elementos: circunstâncias negociais, forma e objeto (plano da existência).[719]

---

concreta ao *status* de causa do negócio jurídico, surgem três possibilidades terminológicas: a) referir-se a ambas as figuras como 'causas' do negócio (causa abstrata ou típica e causa concreta ou individual); b) designar a antiga causa-função como função típica e reservar o termo 'causa' à causa concreta; ou c) manter o vocábulo 'causa' em seu sentido tradicional, de causa típica, substituindo a expressão função concreta por 'fim do negócio jurídico'. Optamos pela última, com o objetivo de evitar a polissemia do termo 'causa' e em homenagem à doutrina que dela faz uso." (Marino, Francisco Paulo De Crescenzo. *Interpretação do negócio jurídico*. São Paulo: Saraiva, 2011, p. 124).

A questão, assim posta, é puramente terminológica, desde que se reconheça que a "causa concreta" (como preferimos) ou o "fim do negócio jurídico" (na linguagem dos autores citados) é relevante do ponto de vista jurídico (e não apenas a causa abstrata, de abrangência bem mais restrita).

717. Azevedo, Antonio Junqueira de. *Negócio jurídico*: existência, validade e eficácia. 4. ed. São Paulo: Saraiva, 2007, p. 149 e 153-154. No mesmo sentido de que a causa não constitui elemento integrante do negócio: Amaral, Francisco. *Direito civil – Introdução*. 10. ed. São Paulo: Saraiva, 2018, p. 524.

718. Azevedo, Antonio Junqueira de. *Negócio jurídico*: existência, validade e eficácia. 4. ed. São Paulo: Saraiva, 2007, p. 149 e 153-154.

719. Azevedo, Antonio Junqueira de. *Negócio jurídico*: existência, validade e eficácia. 4. ed. São Paulo: Saraiva, 2007, p. 122.

As circunstâncias negociais consistem em uma espécie de padrão cultural ou "modelo cultural de atitude" – isto é, um conjunto de fatores que, em dado momento, em determinada sociedade, fazem com que a declaração seja vista socialmente como dirigida à criação de efeitos jurídicos.[720]

As variações que se observam entre os vários tipos de negócios jurídicos referem-se aos outros dois elementos – forma e objeto – havendo tipos de negócio que se caracterizam pela forma e outros que se caracterizam pelo objeto. Assevera o autor nesse sentido: "Pode-se mesmo dizer que há uma grande divisão dos negócios, conforme sua caracterização típica se faça ou por um ou por outro daqueles dois elementos constitutivos, isto é, há negócios cujo elemento categorial inderrogável é formal e outros cujo elemento categorial inderrogável é objetivo. Os primeiros são chamados de negócios abstratos e os segundos, de negócios causais."[721]

Os negócios abstratos são, assim, aqueles que se caracterizam pela forma e não pelo conteúdo. A falta de um requisito de forma, em um ato abstrato, torna-o inexistente enquanto negócio daquele tipo.[722]

É um erro pensar que negócios abstratos não têm causa: na verdade, eles a possuem, porém ela é juridicamente irrelevante para a validade e eficácia, na medida em que seus efeitos jurídicos se produzem em decorrência da observância dos requisitos de forma, independentemente de causa.[723]

A falta de causa, nesses negócios, gera apenas consequências *indiretas* – consubstanciadas em transferências patrimoniais injustificadas – a serem remediadas por meio de ações de enriquecimento sem causa, sem o condão de atingir a validade ou eficácia do negócio. Pietro Trimarchi, inclusive, constrói a diferenciação entre negócios abstratos e causais sob essa perspectiva, em torno das consequências advindas, em um caso e em outro, da ausência de causa:

> À falta de uma causa digna de tutela o ordenamento jurídico reage *sempre*. No mais das vezes, a reação consiste em negar ao negócio qualquer efeito jurídico. Os negócios submetidos a este regime dizem-se *causais*. Em algumas hipóteses, contudo, a reação jurídica à falta de causa não ataca o negócio em si, o qual produz os seus efeitos. Ataca, ao invés, algumas de suas conse-

---

720. Ibidem, p. 122.
721. Ibidem, p. 140.
722. Como exemplo, a Lei do Cheque (Lei 7.357/85) estabelece uma série de requisitos formais em seu artigo 1º para que um documento seja reconhecido como tal (*v.g.*, a indicação do nome da instituição financeira sacada, a ordem de pagar quantia determinada, a denominação "cheque" inscrita no contexto do título, a assinatura do emitente-sacador). No artigo 2º, por sua vez, ela prescreve que "o título a que falte qualquer dos requisitos enumerados no artigo precedente não *vale* como cheque". A despeito da utilização equivocada de termo que remete ao plano da validade ("não *vale* como cheque"), o que a lei pretendeu estabelecer, em termos técnicos, por se tratar de negócio abstrato, foi que um ato ao qual falte qualquer dos requisitos de forma arrolados no artigo 1º não *existe* enquanto cheque (observadas as ressalvas dos incisos do art. 2º). E por não existir enquanto cheque, abre-se a oportunidade de nova qualificação do ato, como, por exemplo, instrumento de confissão de dívida ou documento escrito apto a servir de prova de uma confissão de dívida. (Ibidem, p. 141).
723. Ibidem, p. 141.

quências, e que, por constituírem enriquecimento e empobrecimento injustificados, devem ser eliminadas por ajustamentos oportunos. Estes negócios, que produzem efeitos independentemente da validade da causa, dizem-se *abstratos*.[724]

Exemplo clássico de negócio abstrato era a *stipulatio* do Direito Romano, já referida no primeiro capítulo. Proferidas as respectivas palavras sacramentais, surgiam os efeitos jurídicos próprios desse contrato verbal e solene. Isso não quer dizer, vale repisar, que não existisse causa – afinal, ninguém promete por prometer, sem mirar uma determinada finalidade prática – apenas que essa finalidade era indiferente à validade do negócio jurídico.[725]

Nos negócios abstratos, o ordenamento jurídico permite às partes, excepcionalmente, vincularem-se sem nada declarar acerca do interesse subjacente e assumindo o risco da irrelevância deste para a validade e eficácia do negócio. Como consequência, a estrutura desses negócios abstratos precisa revestir-se sempre de formas taxativamente previstas em lei, medida necessária para (1) conferir grau mínimo de segurança aos agentes, dada a ausência de qualquer menção aos interesses específicos objetivados pelo negócio, e (2) para deixar claro o intento dos envolvidos de se obrigarem nesses moldes muito particulares (em que irrelevantes os interesses práticos subjacentes).[726]

E não se trata apenas de permitir que as partes assim se vinculem, como uma concessão à autonomia privada. Em determinados cenários, a abstração pode ser a solução natural, mais afinada com o interesse público, notadamente quando a facilitação da circulação de riquezas e a tutela da confiança dos agentes envolvidos (no sentido de que se assegure a existência do crédito, a despeito de eventuais problemas em sua origem) recomendem impedir qualquer discussão acerca da causa. Nesse sentido, explana Menezes Cordeiro acerca das vantagens e desvantagens de cada modelo (negócios concretos e abstratos):

> Apenas uma ligação estreita entre a eficácia e a sua fonte permite controlar, em termos sindicantes, a correlação entre as opções voluntárias das pessoas [...] e os efeitos desencadeados. Repare-se que problemas como os da validade ou os dos pressupostos dos negócios só podem suscitar-se, de modo direto e com êxito, perante negócios causais; nos abstratos, isso torna-se impraticável.

---

724. Trimarchi, Pietro. *Istituzioni di diritto privato*. 9. ed., Milano: Giuffrè, 1991, p. 227.
725. Moreira Alves, José Carlos. *Direito Romano*, v. I. 12. ed. Rio de Janeiro: Forense, 1999, p. 154. Como ensinam Alexandre Correia e Gaetano Sciascia, no Direito Romano, aos atos jurídicos abstratos, como a *stipulatio*, correspondiam sempre ações de direito estrito, enquanto aos atos jurídicos causais correspondiam sempre ações de boa-fé. A diferença essencial entre *actiones stricti iuris* e *actiones bonae fidei* estava na redação da fórmula que era submetida ao *iudex*. Nas *actiones stricti iuris*, os elementos da *intentio* não davam margem a qualquer discricionariedade do *iudex*. Por isso, uma exceção do réu, como a *exceptio doli*, só tinha o condão de paralisar a condenação no caso de ser intercalada expressamente na fórmula. Nas *actiones bonae fidei*, pelo contrário, não era preciso que a *exceptio doli* estivesse indicada expressamente na fórmula, pois após a *intentio* estava escrita a expressão *ex fide bona*, o que já autorizava o *iudex* a considerar a pretensão do autor em relação às normas de honestidade e de correção (Correia, Alexandre; Sciascia, Gaetano. Op. cit., p. 102-103).
726. Marino, Francisco Paulo De Crescenzo. *Interpretação do negócio jurídico*. São Paulo: Saraiva, 2011, p. 363.

Pelo contrário, numa zona onde impere a tutela da confiança no tráfego jurídico, impõe-se a abstração como solução natural. É o que sucede nos negócios cartulares, isto é, naqueles cuja eficácia emerja de títulos de crédito: eles subsistem independentemente da fonte que os haja originado [...].[727]

Todavia, é importante distinguir: existem negócios *absolutamente* abstratos e negócios *relativamente* abstratos.

Em relação aos primeiros, a causa é inteiramente irrelevante para a validade e eficácia. Exemplos de negócios desse tipo são justamente a *stipulatio* romana e o *Einigung* do Direito alemão (acordo para transferência da propriedade, ato logicamente posterior ao respectivo negócio causal de efeitos obrigacionais [v.g., compra e venda, troca, doação]). Sendo o *Einigung* absolutamente abstrato, ele não é contaminado pela eventual invalidade do negócio obrigacional que o antecede, diferentemente do que ocorre no Direito brasileiro, onde, seguindo o sistema romano, a tradição e o registro imobiliário são atos causais (e, por conseguinte, contamináveis por eventuais vícios do negócio antecedente ou na cadeia de transferência dominial).

No Direito brasileiro, não existem, atualmente, negócios absolutamente abstratos – há apenas os relativamente abstratos. Os títulos de crédito em geral enquadram-se nessa categoria. No que concerne a eles vigora, conforme já exposto no subitem 2.5.1, "f", o princípio da "inoponibilidade das exceções pessoais ao terceiro de boa-fé": se a obrigação cambiária é autônoma em relação às intercorrências havidas entre as partes anteriores, não pode o obrigado escusar-se de cumprir aquilo que prometeu – isto é, o pagamento ao terceiro-portador da soma descrita no título – invocando defesas baseadas nas suas relações com os portadores anteriores.[728] Todavia, justamente porque os títulos de crédito são *relativamente* abstratos no Direito brasileiro (e não *absolutamente*), as exceções, entre as quais a de contrato não cumprido, serão oponíveis [i] ao terceiro, se este estiver de má-fé (o que se configura, por exemplo, na hipótese de haver conluio entre endossante e endossatário justamente com o fito de obstacularizar o manejo das exceções pelo devedor),[729] ou [ii] entre os próprios figurantes originários do título de crédito, se este não chegou a circular.[730] Como leciona Antônio Junqueira de Azevedo:

---

727. Menezes Cordeiro, António. *Tratado de direito civil, v. II – Parte geral: Negócio jurídico (formação; conteúdo e interpretação; vícios da vontade; ineficácia e invalidades)*. 4. ed. Coimbra: Almedina, 2018, p. 103.
728. Martins, Fran. *Títulos de crédito – v. I – Letra de câmbio e nota promissória segundo a Lei Uniforme*. 13. ed. Rio de Janeiro: Forense, 2000, p. 8.
729. Persico, Giovanni. Op. cit., p. 203.
730. Pietro Trimarchi justifica a possibilidade de discutir a causa quando o título ainda não circulou sob um fundamento eminentemente prático: considerando que o primeiro beneficiário do título poderia ser em tese atingido por uma ação de enriquecimento sem causa movida pelo devedor lesado (como visto, um efeito *indireto* da falta de causa nos negócios abstratos), seria um *nonsense* e uma ofensa à eficiência e à economia processual se o devedor lesado fosse obrigado primeiro a pagar-lhe a obrigação cambial, para, na sequência, poder reaver dele o mesmo valor mediante ação de enriquecimento sem causa (Trimarchi, Pietro. *Istituzioni di diritto privato*. 9. ed. Milano: Giuffrè, 1991, p. 228).

Em todos eles, letra de câmbio, nota promissória, cheque etc., o pagamento pode ser impedido, quando há falta de causa, desde que o título ainda não tenha circulado para além do primeiro beneficiário, isto é, não tenha passado às mãos de terceiro. [...] Todavia, se o título já circulou e há falta de causa, das duas uma: ou o terceiro está de má-fé e a alegação de falta de causa é cabível, [...] ou o terceiro está de boa-fé, e, então, o devedor deve pagar; se o devedor pagar, como deve, sempre terá, depois, direito à *actio in rem verso* contra quem se enriquecer sem causa (*efeito indireto da falta de causa* nos negócios abstratos).[731]

Ao lado dos negócios abstratos, estão os causais, que possuem elemento categorial inderrogável objetivo. No conteúdo (objeto) dos negócios causais, há caracteres que, por se repetirem em diversos negócios jurídicos concretos, justificam o estabelecimento de um regime jurídico específico pelo ordenamento, ensejando a formação de um tipo de negócio. Negócios causais são, portanto, aqueles cuja caracterização típica é feita pelo objeto e não pela forma.[732]

Naturalmente, essa tipicidade, nos negócios causais, não pode mais ser encarada como taxativa – no sentido de limitada às hipóteses especificamente reconhecidas e regulamentadas pelo direito objetivo –, como se dava no Direito Romano clássico. Há também, como leciona Emilio Betti, uma tipicidade derivada diretamente do reconhecimento e do acolhimento de novas causas pela consciência social:

> No significado mais antigo, que remonta ao direito romano clássico, as causas dos negócios são típicas no sentido de que são especificamente denominadas e taxativamente disciplinadas no direito objetivo. No significado mais recente, para o qual o direito justinianeu serve de ponte e que encontra adequado desenvolvimento no direito comum e no ambiente social moderno, as causas dos negócios são típicas no sentido de que, embora não indicadas taxativamente pela lei, devem ser, porém, em princípio, admitidas pela consciência social como correspondentes a uma exigência legítima, a um interesse social durável ou recorrente, e, como tais, consideradas dignas de tutela jurídica.[733]

Essa possibilidade de serem reconhecidos negócios inominados, não disciplinados especificamente pelo direito objetivo, limita-se, contudo, aos negócios causais: não se admite que as partes tenham a liberdade de erigir novos negócios abstratos, pois, se o pudessem, utilizariam-nos para evitar a incidência das normas cogentes dos contratos causais, bem como para eliminar os efeitos relacionados às perturbações da causa (oponibilidade das exceções, onerosidade excessiva, resolução por impossibilidade superveniente etc.).[734] Além disso, o desprezar-se a causa é circunstância excepcional, que precisa vir associada a requisitos de forma (de modo a conferir maior segurança, a fim de compensar justamente a irrelevância da causa), estando sempre associada a um interesse público relevante que justifique

---

731. Azevedo, Antonio Junqueira de. *Negócio jurídico*: existência, validade e eficácia. 4. ed. São Paulo: Saraiva, 2007, p. 143-144.
732. Ibidem, p. 145.
733. Betti, Emilio. Op. cit., p. 38.
734. Azevedo, Antonio Junqueira de. *Negócio jurídico*: existência, validade e eficácia. 4. ed. São Paulo: Saraiva, 2007, p. 146-47.

essa singularidade (que costuma ser a necessidade de conferir, em determinadas condições, maior facilidade de circulação dos direitos, como ocorre com os títulos de crédito e o *Einigung* alemão).[735] É por isso que se diz que os atos abstratos são *numerus clausus*, isto é, fixados rígida e expressamente pela lei.[736]

Assim como os negócios abstratos têm causa, os causais também têm forma. Como já tivemos a oportunidade de comentar no subitem anterior, não há negócio jurídico sem forma: afinal, para que o negócio jurídico *exista*, é preciso que a declaração negocial seja exteriorizada de um modo ou de outro.[737] Os negócios causais podem ter, inclusive, forma solene, mas, ainda assim, o elemento categorial inderrogável deles é o objeto e não a forma.[738] Daí que, se um negócio causal não revestir a forma prescrita em lei, o problema será de *nulidade* (art. 166, IV, do Código Civil), enquanto a falta de requisito de forma em um ato abstrato o tornará *inexistente* enquanto negócio daquele tipo específico.[739]

Entre os negócios causais, há aqueles com *causa pressuposta* (o porquê do negócio encontra sua resposta em fato logicamente anterior ao negócio) e aqueles com *causa final* (o contrato visa a tutelar um fato futuro, ao qual tende e que corresponde à sua finalidade).[740] É por isso que se diz que a causa está "fora do negócio (ela está, logicamente, *ou antes ou depois dele, mas não no negócio*; ela é extrínseca à sua constituição)".[741]

Note-se que, embora sob perspectivas diferentes – em um a finalidade está em elemento que antecede logicamente o negócio, em outro em elemento que o sucede – esses dois tipos de causa (pressuposta e final) remetem à quarta acepção aristotélica, que associa a causa de um ser à sua função, ao seu télos.

São exemplos de negócios com causa pressuposta, [i] todos os contratos reais, os quais pressupõem logicamente a entrega da coisa, [ii] a novação, a dação em pagamento e a confissão de dívida, que supõem dívidas já existentes, [iii] a transação, que pressupõe lide ajuizada ou por ajuizar, [iv] o contrato de fiança e os negócios constitutivos de penhor e hipoteca, que também se remetem a débito já existente.[742]

---

735. Trabucchi, Alberto. *Istituzioni di diritto civile*. Padova: Cedam, 1978, p. 172-173.
736. Azevedo, Antonio Junqueira de. Natureza de seguro dos fundos de garantia. Os atos devidos no quadro dos atos jurídicos em geral. Conflito de interesses entre representante e representado. Negócio jurídico com causa pressuposta. É abusiva a cláusula que desnatura o negócio jurídico. In: *Estudos e Pareceres de Direito Privado*. São Paulo: Saraiva, 2004, p. 106.
737. Azevedo, Antonio Junqueira de. *Negócio jurídico*: existência, validade e eficácia. 4. ed. São Paulo: Saraiva, 2007, p. 126.
738. Como lapidarmente assinala José Carlos Moreira Alves, todo negócio jurídico abstrato é solene, mas nem todo negócio solene é abstrato (*Direito Romano*, v. I. 12. ed. Rio de Janeiro: Forense, 1999, p. 153).
739. Azevedo, Antonio Junqueira de. *Negócio jurídico – Existência, validade e eficácia*. 4. ed. São Paulo: Saraiva, 2007, p. 140.
740. Ibidem, p. 147.
741. Ibidem, p. 150.
742. Ibidem, p. 147; Trimarchi, Pietro. *Istituzioni di diritto privato*. 9ª Ed., Milano: Giuffrè, 1991, p. 224-225.

Os contratos bilaterais ou sinalagmáticos, por sua vez, consubstanciam exemplos de negócios com "causa final": todos eles têm como finalidade um evento futuro, que consiste na dupla realização da prestação e da contraprestação[743] (ou, consoante a visão mais ampla de sinalagma aqui defendida, na dupla realização dos polos prestacionais, compreendidos como o conjunto dos deveres de cada parte que sejam fundamentais para a promoção do resultado útil do contrato).

Pois bem. A falta de causa ou a sua frustração acarretarão consequências diferentes a depender do tipo de causa (se pressuposta ou final).

Se o negócio for dotado de causa pressuposta, a falta da causa implica nulidade (a higidez da causa aí é requisito de validade). Nessa senda, se o débito afiançado inexistir, nula será a fiança; se o débito original inexistir, nula será a novação; e assim por diante (pois o primeiro elemento é causa pressuposta do segundo).[744]

Em contrapartida, se o negócio é dotado de causa final, a falta ou a frustração da causa provocam ineficácia superveniente (a higidez da causa aí é fator de permanência da eficácia).[745]

Nesse sentido, nos contratos bilaterais, dotados de causa final, consistente na dupla realização dos polos prestacionais, uma vez formado o contrato (plano da existência) e observados os requisitos de validade (plano da validade), o não

---

743. Azevedo, Antonio Junqueira de. *Negócio jurídico*: existência, validade e eficácia. 4. ed. São Paulo: Saraiva, 2007, p. 154–55.
744. Azevedo, Antonio Junqueira de. *Negócio jurídico*: existência, validade e eficácia. 4. ed. São Paulo: Saraiva, 2007, p. 152.
745. Ibidem. Essa distinção de efeitos entre a falta de causa pressuposta (nulidade) e de causa final (ineficácia) tem importante aplicação prática na questão da "propagação de vícios" entre contratos coligados, pois será ela que determinará o destino do contrato "contaminado" pelo vício originário do outro contrato. Nas coligações contratuais em que um contrato seja causa pressuposta do outro (*v.g.*, a sublocação pressupõe a locação, a fiança pressupõe o mútuo), uma eventual invalidade ou ineficácia do contrato que constitua a causa pressuposta do outro implicará *nulidade* deste (invalidade ou ineficácia do contrato "A" *nulidade* do contrato "B"). Daí porque, por exemplo, nula será a fiança constituída para garantir débito oriundo de mútuo inválido (afinal, o mútuo é causa pressuposta da fiança). Aqui, trata-se de efeito necessário e automático do desaparecimento da causa pressuposta. Diferentemente, se um contrato não for causa pressuposta do outro, mas estiverem ligados pelo interesse das partes de realizar, por meio da junção deles, uma operação econômica unitária, este interesse passará a integrar a causa final dos contratos coligados (o que fica especialmente nítido quando se adota a concepção mais larga de causa final *concreta*). Nessas condições, eventual invalidade ou ineficácia de um dos contratos poderá gerar a *ineficácia* dos demais, se, com isso, frustrar-se a causa final destes, por deixarem de fazer sentido sem a presença do primeiro (invalidade ou ineficácia do contrato "A" *ineficácia* do contrato "B"). Aqui, a "propagação" não é necessária: depende de uma análise em concreto, em conformidade com o interesse das partes, quanto a manter-se ou não a utilidade econômica do contrato atingido, sendo a regra geral a "propagação", em função da própria lógica que permeia os contratos coligados, unidos desde a origem, por definição, para a realização de operação econômica unitária (mais próximo do "*simul stabunt, simul cadent*" [juntos permanecerão, juntos cairão] do que do "*utile per inutile non vitiatur*"). Daí porque concordamos com Francisco Paulo De Crescenzo Marino quando este afirma que "caberá, então, à parte que sustenta a não afetação dos contratos coligados o ônus de provar que o fim almejado pelas partes pode ser alcançado sem o concurso do contrato inválido" (*Contratos coligados no direito brasileiro*. São Paulo: Saraiva, 2009, p. 189–97), lógica que o autor posteriormente estende, na mesma obra, à hipótese de ineficácia do contrato originariamente viciado (Ibidem, p. 204-205).

cumprimento posterior de prestação relevante para o atingimento do programa contratual (fator que frustra a causa final) autoriza a resolução do negócio pela parte inocente (plano da eficácia), evitando que esta seja obrigada a cumprir o que lhe incumbe. Como explica Antônio Junqueira de Azevedo, a causa funciona nesses contratos bilaterais à semelhança de uma condição resolutiva: tanto a frustração da causa (pelo inadimplemento, pela onerosidade excessiva ou pela impossibilidade superveniente), como a ocorrência da condição resolutiva, são fatores de ineficácia superveniente do negócio.[746]

A exceção de contrato não cumprido também é decorrência dessa causa final dos contratos bilaterais, consistente na dupla realização dos polos prestacionais, amarrados entre si pelo sinalagma. Assim como a resolução, ela também interfere no terceiro plano de análise do negócio jurídico (o da eficácia), embora de forma menos grave do que aquela. Afinal, enquanto típica exceção substancial, a exceção de contrato não cumprido apenas tem o condão de encobrir ou paralisar a eficácia da pretensão do autor (não retirando a eficácia do negócio como um todo). E mais: por se tratar de exceção dilatória, se posteriormente o excepto disponibiliza a contraprestação, a eficácia, que fora encoberta, "descobre-se". Pode-se dizer, então, que a exceção de contrato não cumprido representa um *fator parcial e temporário de ineficácia* – um remédio disponibilizado pelo ordenamento para resguardar a causa final dos contratos bilaterais, a fim de que se cumpram ambas as prestações em discussão ou então que nenhuma delas seja cumprida (evitando-se, neste último caso, a injustiça maior de que um contratante preste e o outro não).[747]

---

746. Azevedo, Antonio Junqueira de. *Negócio jurídico*: existência, validade e eficácia. 4. ed. São Paulo: Saraiva, 2007, p. 155. Não é à toa, percebe-se, dada essa semelhança de efeitos, que os canonistas trataram todos esses institutos hoje relacionados à frustração da causa – resolução por inadimplemento, resolução por impossibilidade superveniente, resolução por onerosidade excessiva e exceção de contrato não cumprido – como "*condições resolutivas tácitas*". Desde cedo perceberam, ainda que de forma rudimentar, que esses eventos capazes de subtrair a "razão de ser" do negócio, afetando a finalidade para a qual haviam sido concebidos, deveriam retirar-lhes a eficácia (no caso das hipóteses de resolução) ou paralisar a eficácia da pretensão do autor (no caso das hipóteses de exceção de contrato não cumprido), *operando da mesma maneira que as condições resolutivas* (mas que por não terem sido pactuadas expressamente, seriam, segundo eles, condições tácitas). Atualmente, concebidos institutos específicos para tutelar a causa final em cada uma dessas situações (resolução por inadimplemento, resolução por impossibilidade superveniente, resolução por onerosidade excessiva e exceção de contrato não cumprido), não faz mais sentido recorrer-se à teoria das condições tácitas (até porque, em rigor, uma verdadeira condição jamais pode ser tácita). Como afirma Luciano de Camargo Penteado, "a vedação da onerosidade excessiva, a exceção de contrato não cumprido e a resolução por inadimplemento são maneiras expressas, já consagradas, que o direito privado encontrou de garantir a proteção da causa final, da causa sinalagmática, garantindo certa razoabilidade no conteúdo das trocas" (*Doação com encargo e causa contratual. Uma nova teoria do contrato*. 2. ed. São Paulo: Ed. RT, 2013, p. 161).
747. Zanetti, Cristiano de Souza. Art. 476. In: *Comentários ao código civil*: direito privado contemporâneo. Nanni, Giovanni Ettore (Coord.). São Paulo: Saraiva, 2019, p. 773; Azevedo, Antonio Junqueira de. *Negócio jurídico*: existência, validade e eficácia. 4. ed. São Paulo: Saraiva, 2007, p. 156; Hironaka, Giselda M. F. Novaes. O sinalagma contratual – A chamada causa dos contratos: relações contratuais de fato. *Revista de Direito do Consumidor*, v. 93, 2014, p. 222.

Razão assiste a Marcos Bernardes de Mello, no entanto, quando sustenta que o erro quanto à causa final – situação que difere de sua frustração – conduz à anulabilidade do negócio jurídico e não à sua ineficácia em sentido estrito.[748] Com efeito, se A empresta certa importância a B, mas este a recebe pensando se tratar de doação, o erro de B quanto à causa, presentes os demais requisitos legais concernentes a este vício do negócio jurídico, torna o contrato anulável, com esteio nos artigos 138 e 139, I, do Código Civil.[749]

Como já dito anteriormente, não é a causa que integra o negócio, mas, sim, o elemento categorial inderrogável. A causa ou está antes (pressuposta) ou depois do negócio (final), nunca no próprio negócio. O elemento categorial inderrogável é composto por caracteres que (de forma [negócios abstratos] ou de conteúdo [negócios causais]) se repetem em diversos negócios jurídicos concretos, justificando o estabelecimento de um regime jurídico específico pelo ordenamento, mediante a formação de um tipo.

Pois bem. É o elemento categorial inderrogável e não a causa que fixa o tipo – e, por conseguinte, o regime jurídico – do negócio. Embora o elemento categorial inderrogável, quando objetivo (negócios causais), tenda a coincidir com a causa final compreendida como função econômico-social (causa abstrata), eles podem divergir, como ocorre, por exemplo, nos negócios indiretos. Nessas condições, prepondera, para fixação do tipo e do regime jurídico, o elemento categorial inderrogável, ainda que seja outra a função do negócio jurídico. De forma didática, explica Antônio Junqueira de Azevedo:

> Se tomarmos como objeto de reflexão a compra e venda e se aceitarmos que ela se caracteriza pelo consenso em trocar uma coisa por certo preço, verificaremos que, em princípio, isto é, nas hipóteses normais, não há necessidade da distinção que fizemos, entre elemento categorial, a integrar o objeto, e causa, definida, conforme geralmente se faz, como função prático-social do negócio, ou como função econômico-social; pois haverá total correspondência entre ambos. Todavia, nada impede que se use a compra e venda já não mais com a finalidade de circulação de bens, mas com função diversa, por exemplo, com escopo de garantia, como acontece na compra e venda com pacto de retrovenda. Aí muda a função, e se realmente fosse esta que determinasse *diretamente* o tipo do negócio e respectivo regime jurídico, estes também mudariam. Tal, porém, não ocorre, nem nesse caso (o negócio, ainda que a função seja outra, continua a ser compra e venda), nem em todas as outras hipóteses de negócio indireto, justamente porque é o elemento categorial inderrogável, e não a função, que fixa o tipo e o regime jurídico de cada negócio.[750]

---

748. Mello, Marcos Bernardes de. *Teoria do fato jurídico*: plano existência. 18. ed. São Paulo: Saraiva, 2012, p. 243.
749. Art. 138. São anuláveis os negócios jurídicos, quando as declarações de vontade emanarem de erro substancial que poderia ser percebido por pessoa de diligência normal, em face das circunstâncias do negócio.
Art. 139. O erro é substancial quando: I – interessa à natureza do negócio, ao objeto principal da declaração, ou a alguma das qualidades a ele essenciais; [...].
750. Azevedo, Antonio Junqueira de. *Negócio jurídico*: existência, validade e eficácia. 4. ed. São Paulo: Saraiva, 2007, p. 150)

Admite o autor, porém, que, diante do surgimento de uma nova função no seio de determinado tipo, a própria ordem jurídica movimente-se no sentido de "tipicizar" o novo negócio, dando como exemplo a alienação fiduciária em garantia, que se apartou da compra e venda comum por meio de mudanças legislativas que consagraram o novo tipo, dotado de regras próprias, mais adaptadas à função de garantia do negócio. Justamente porque é o elemento categorial inderrogável e não a causa que determina o tipo – e, por conseguinte, o regime jurídico – é que, quando muda a função originária, "sente-se a necessidade de 'tipicizar' normativamente o novo negócio, isto é, de reformar a lei, para que o novo negócio possa, assim, libertar-se das antigas vestes e ter regime compatível com as novas finalidades."[751]

3.2.5 Causas de atribuição patrimonial: credendi, solvendi, donandi. A visão ponteana de causa

Ainda que não seja esta a teoria a ser adotada neste trabalho, impõe-se o exame da causa pelo prisma da atribuição patrimonial, em que se destacam – embora não sejam as únicas espécies – as causas *credendi*, *solvendi* e *donandi*. A menção é necessária porque se trata de visão com alguma penetração no Brasil, o que pode ser creditado, sobretudo, à sua adoção por Francisco Cavalcanti Pontes de Miranda.[752]

O foco, segundo essa visão, está em investigar a finalidade das atribuições patrimoniais feitas de uma parte à outra do negócio, método que produz resultados, como se verá, ainda mais genéricos do que aquele que define a causa conforme a sua função econômico-social típica (causa final abstrata).

Consoante esta linha, sempre que há um deslocamento patrimonial de um sujeito para outro é preciso procurar a causa que o justifica. As mais comuns, como já adiantado, são a *credendi*, a *solvendi* e a *donandi*.[753]

A causa é *credendi* se, como equivalência do que se decresce ao patrimônio de "A", este há de obter de "B" direito, ação, exceção ou outro bem da vida. Possuem causa *credendi*, portanto, todos os contratos bilaterais e os unilaterais onerosos (como

---

751. Ibidem, p. 151.
752. Outro seguidor dessa linha no Brasil é o jurista Marcos Bernardes de Mello (*Teoria do fato jurídico*: plano existência. 18. ed. São Paulo: Saraiva, 2012, p. 185 e 242-243). Na doutrina estrangeira, ver: Lorenzen, Ernest G. Causa and consideration in the law of contractus. *Yale Law Journal*, v. 28, n. 7, may/1919, p. 645; Häcker, Birke. *Consequences of impaired consent transfers*: A structural comparison of english and german law. Tübingen: Mohr Siebeck, 2009, p. 27.
753. Fábio Konder Comparato cita uma quarta categoria – a *causa securitatis* –, existente, segundo ele, quando o negócio é constituído para garantir certa obrigação (Seguro de garantia de obrigações contratuais. In: *Novos ensaios e pareceres de direito empresarial*. Rio de Janeiro: Forense, 1981, p. 356). Pontes de Miranda, entretanto, enquadra esses negócios na categoria de *causa solvendi*: "Num e noutro caso, embora se trate de segurança (que não deixa de ser atribuição), a causa é *solvendi*, salvo se se quer criar causa à parte, estreitando-se o conceito de *causa solvendi*. Não há por onde se negar que o dador de garantia pignoratícia, hipotecária, anticrética, ou de fiança, pratica ato com *causa solvendi*. Não se trata apenas de espécie parecida, como pensava A. Von Tuhr." (Pontes de Miranda, Francisco Cavalcanti. *Tratado de direito privado*. Campinas: Bookseller, 2000. t. III. p. 113).

o mútuo feneratício, por exemplo), dado que em todos eles há equivalência subjetiva entre aquilo que, em virtude do negócio, sai do patrimônio de um dos sujeitos e o direito, ação ou exceção que ele recebe em contrapartida. Note-se: como a causa diz respeito apenas ao tipo de atribuição, e esta é a mesma na compra e venda, na permuta, na locação e no mútuo feneratício, todos esses contratos possuem, segundo esse prisma, a mesma causa, do tipo *credendi*.[754]

A *causa solvendi* pressupõe dever ou obrigação anterior do próprio agente, ou de terceiro, que se busca adimplir por meio do novo negócio (por exemplo, "B" recebe algo de "A", porque já era credor de "A" e "A" está pagando). Em outras palavras, a atribuição patrimonial justifica-se, nesses casos, pelo intento de uma das partes de se liberar, por meio do negócio, de dever ou obrigação anterior. É o que ocorre, por exemplo, na dação em pagamento e no *Einigung* do Direito alemão (acordo para transferência da propriedade, de natureza abstrata, que sucede uma compra e venda, doação, troca etc.).[755]

Na *causa donandi*, por sua vez, há unilateralidade do sacrifício: só uma das partes dá ou faz, sem outra finalidade além daquela de gerar vantagem no patrimônio de outrem. Não se tenciona nem vantagem equivalente, nem a liberação de débito anterior. Esse tipo de causa está presente, por exemplo, nas doações, nos negócios jurídicos de fundação, nos testamentos e na promessa pura de doação.[756]

A causa, assim vista, também corresponde a uma função ou finalidade do ato, como se dá em relação à causa final (abstrata ou concreta), porém, por qualificar o deslocamento patrimonial em apenas três categorias principais (*credendi*, *solvendi* e *donandi*), mostra-se ainda mais genérica do que a causa final abstrata, porque cada categoria de causa de atribuição patrimonial, como visto, abarca vários tipos de negócios jurídicos. Como exemplifica Pontes de Miranda, em relação à causa *credendi*, "a causa só diz respeito à atribuição, e a atribuição é a mesma, na venda e compra, na troca, na locação e na transação."[757]

Definir a causa de atribuição patrimonial importa, segundo esse mesmo autor, porque, a cada uma delas correspondem regras e princípios comuns, que vão se juntar às regras concernentes a cada tipo negocial específico e àquelas pactuadas expressamente pelas partes.[758] Apenas para dar um exemplo, os negócios com

---

754. Ibidem, p. 111.
755. Azevedo, Antonio Junqueira de. *Negócio jurídico e declaração negocial*: noções gerais e formação da declaração negocial. Tese de Titularidade – Faculdade de Direito da Universidade de São Paulo, São Paulo, 1986, p. 124-125; Pontes de Miranda, Francisco Cavalcanti. *Tratado de direito privado*. Campinas: Bookseller, 2000. t. III. p. 112.
756. Pontes de Miranda, Francisco Cavalcanti. *Tratado de direito privado*. Campinas: Bookseller, 2000. t. III. p. 114; Mello, Marcos Bernardes de. *Teoria do fato jurídico*: plano existência. 18. ed. São Paulo: Saraiva, 2012, p. 185 e 242-243.
757. Pontes de Miranda, Francisco Cavalcanti. *Tratado de direito privado*. Campinas: Bookseller, 2000. t. III. p. 107.
758. Ibidem, p. 110.

causa donandi, no Direito brasileiro, qualquer que seja o tipo, interpretam-se estritamente (art. 114 do Código Civil) e podem ser anulados por fraude contra credores se os praticar o devedor já insolvente ou por eles reduzido à insolvência (art. 158 do Código Civil).

Essa classificação da causa em *credendi, solvendi* e *donandi* tem o mérito, portanto, de pôr luz sobre a razão de ser das transferências patrimoniais operadas por meio dos negócios jurídicos – aspecto muitas vezes negligenciado, embora de evidente importância – descortinando regras e princípios que transcendem mesmo o nível dos tipos negociais. Por outro lado, ao limitar a causa à finalidade da atribuição patrimonial – relegando todo o resto, por tabela, ao campo dos motivos irrelevantes – essa teoria mostra-se excessivamente restritiva (muito pouco daquilo que concerne à finalidade do negócio poderia, por essa linha, interferir em sua eficácia). De qualquer modo, parafraseando Guido Calabresi e Douglas Melamed, trata-se de "mais uma visão da Catedral" (em alusão às várias pinturas de Monet da Catedral de Rouen) – isto é, mais uma forma possível e útil de examinar o fenômeno da finalidade dos negócios jurídicos, mas que não exclui outras perspectivas. Para nos aproximarmos da verdade científica, já diziam os mesmos autores, é preciso "ver todas as pinturas".[759]

3.2.6 A concepção atomística de causa: a causa da obrigação. Uma teoria a ser abandonada

Há uma afirmação, ainda bastante disseminada atualmente, que deve, no entanto, ser evitada, para melhor depuração do conceito de causa: a de que, nos contratos bilaterais, a obrigação de uma das partes constitui causa da obrigação da contraparte.[760]

---

759. Guido Calabresi e Douglas Melamed valeram-se dessa figura de linguagem no famoso artigo "Property Rules, Liability Rules, and Inalienability: One View of the Cathedral" (1972), em que introduziram a ideia, muito difundida atualmente nos estudos de "Law and Economics", de que os direitos poderiam ser protegidos por três tipos de regras jurídicas: regras de propriedade, regras de responsabilidade e regras de inalienabilidade. Todavia, fizeram questão de salientar, tal classificação não excluiria outras, sendo apenas mais uma forma de enxergar o fenômeno jurídico (ou seja, mais "uma visão da Catedral", em alusão às várias pinturas de Monet da Catedral de Rouen). (Calabresi, Guido; Melamed, Douglas. Property Rules, Liability Rules, and Inalienability: One View of the Cathedral. *Harvard Law Review*, n. 85, 1972, p. 1089-1128).

760. Nesse sentido, por exemplo: Gomes, Orlando. *Contratos*. 27. ed. Rio de Janeiro: Forense, 2019, p. 91 ("A obrigação de uma parte é a causa jurídica da outra"); Hironaka, Giselda M. F. Novaes. Op. cit., p. 222 ("Nos contratos sinalagmáticos, então, a causa da obrigação de um dos contratantes é, justamente, o cumprimento da obrigação pelo outro"); Bodin de Moraes, Maria Celina. A causa dos contratos. *Revista Trimestral de Direito Civil*, n. 21, 2005, p. 112 ("O conceito de correspectividade, insista-se, refere-se ao nexo que liga indissoluvelmente as prestações contratuais de modo que cada uma é causa da outra"); Ferreira da Silva, Luís Renato. *Reciprocidade e contrato. A teoria da causa e sua aplicação nos contratos e nas relações "paracontratuais"*. Porto Alegre: Livraria do Advogado, 2013, p. 81 ("Efetivamente, nos contratos sinalagmáticos, a causa da obrigação de um dos contratantes é o cumprimento da obrigação do outro"); Melo, Marco Aurélio Bezerra de. *Direito dos contratos – tomo I: teoria geral dos contratos*. São Paulo: Atlas, 2015, p. 364 ("Poderíamos dizer didaticamente que a causa do dever de prestar assumido por um dos contratantes corresponde à causa que leva a contraparte a realizar sua parte na avença").

Sob essa perspectiva, a causa seria da obrigação e não do contrato como um todo.

Como já referido (vide nota 708), este uso do termo causa deita raízes nas fontes romanas, aparecendo, por exemplo, na chamada *condictio causa data causa non secuta* (ação aplicável aos contratos inominados, quando a parte que realizou uma *datio* ou um *facere* busca restituição ou indenização, porque a outra parte não cumpriu o que prometera [faltando assim a "causa" daquilo que fora adiantado pela primeira]).[761]

Este foi o sentido que acabou consagrado no *Code Civil*, na versão original do art. 1.131, posteriormente revogada pela *Ordonnance* n. 2016-131: "A obrigação sem causa, ou fundada em uma causa falsa, ou em uma causa ilícita, não pode produzir qualquer efeito."[762] Quase idêntica redação foi conferida, ainda, ao art. 1.119 do Código Civil Italiano de 1865: "A obrigação sem causa, ou fundada sobre uma causa falsa ou ilícita não pode ter qualquer efeito."[763]

Tratava-se de uma concepção atomística da causa, na qual esta figurava, primeiro, como *requisito da obrigação*, sendo apenas indiretamente referida ao contrato como um todo.[764] Em um mesmo contrato, cada obrigação teria, sob essa visão, uma causa diferente (sendo que, nos contratos sinalagmáticos, uma obrigação seria causa da outra, em caráter de reciprocidade).

Mario Bessone e Enzo Roppo explicam o raciocínio então predominante na França e na Itália, justificador dessa perspectiva fragmentada do fenômeno, centrada na obrigação: se a causa era o escopo (ainda eminentemente subjetivo) que movia o

---

761. Comparato, Fábio Konder. Crédito direto a consumidor. Objeto e causa do negócio. A questão do aval condicionado. In: *Ensaios e pareceres de direito empresarial*. Forense: Rio de Janeiro, 1978, p. 396-397. Em outro texto, o mesmo autor argutamente aproxima este uso do termo causa à *consideration* da *common law*, descrita na nota 592 deste trabalho (*Obrigações de meio, de resultado e de garantia*. In: Ensaios e pareceres de direito empresarial. Forense: Rio de Janeiro, 1978, p. 531).
762. Code Civil, art. 1.131. Disponível em: ht tps://www.legifrance.gouv.fr/. Acesso em 17/11/2019.
    O legislador francês buscou inspiração, nesse ponto, indubitavelmente, nos escritos de Domat e Pothier. O primeiro, em sua obra *Lois Civiles*, distinguiu entre os contratos bilaterais, nos quais "a obrigação de uma das partes é a causa da obrigação da outra", e os contratos nos quais "apenas um faz ou dá", sendo que, nestes, "a obrigação daquele que faz ou dá deve ter causa em qualquer motivo razoável ou justo" (Domat, Jean. *Lois civiles*. In: Oeuvres complètes de J. Domat. Paris: Firmin Didot Père et Fils, 1828, tit. I, sez. I, n.5). Pothier, em sentido semelhante, asseverou em seu *Tratado das Obrigações*: "Toda obrigação há de ter uma causa honesta. Nos contratos onerosos, a causa da obrigação contraída por uma das partes consiste naquilo que a outra parte dá, ou se obriga a dar, ou no risco que assume. Nos contratos benéficos, a liberalidade que uma das partes quer exercer em favor da outra é uma causa suficiente da obrigação que assume. Mas, quando uma obrigação não tem causa, ou, o que é a mesma coisa, quando a causa para a qual foi assumida é uma causa falsa, a obrigação é nula, e o contrato que a contém é nulo também." (Pothier, R. J. *Tratado de las obligaciones*. Buenos Aires: Atalaya, 1947, p. 32-33).
763. Codice Civile del Regno d'Italia. Disponível em: http://www.notaio-busani.it/download/docs/CC1865_300.pdf. Acesso em: 17 nov. 2019.
764. Essa conexão *indireta* da causa com o contrato aparecia nos artigos 1.108 do *Code* e 1.104 do Código Italiano de 1865, quando estes inseriam a existência de "*uma causa lícita para a obrigação*" entre os quatro requisitos para a validade do contrato, ao lado do consentimento de quem se obriga, da capacidade de contratar e do objeto certo.

sujeito a obrigar-se, então, nos contratos bilaterais, ela só poderia corresponder ao interesse de cada contraente em obter a prestação do outro.[765]

Não se perdia de vista com isso, adverte Michele Giorgianni, que as duas obrigações principais e correlatas de um contrato bilateral estivessem reunidas em um organismo composto, que era o contrato. As menções dos artigos 1.108 do *Code* e do 1.104 do Código Italiano de 1865 à existência e licitude da causa da obrigação como requisito de validade do contrato constituem prova disso. Ou seja, ainda que referida a causa primeiramente à obrigação, se ela não existisse ou fosse ilícita, a consequência seria, conforme a visão francesa, a invalidade do contrato como um todo. Da mesma forma, pelo ângulo inverso, se o contrato deixasse de existir e as obrigações fossem desmembradas, ficando isoladas, uma deixaria de ser evidentemente causa da outra – de forma que o contrato era a "argamassa" que unia essas duas causas separadas. O fato, porém, é que, em um contexto em que ainda se compreendia a causa de forma eminentemente subjetiva – como finalidade perseguida por meio do ato –, ela não podia ser vista de forma unitária (como causa do contrato, idêntica para ambas as partes), na medida em que, sob uma perspectiva estritamente psicológica, era indubitável que "A" se obrigava tendo em mira a prestação de "B" e vice-versa.[766]

Nesse ponto reside, ainda, a diferença histórica de tratamento da causa na França e na Alemanha. No Direito francês, onde a causa, como visto, estava ligada ao elemento subjetivo, à vontade dos contratantes, ela ficou relacionada ao escopo de cada parte com a contratação (que, nos contratos bilaterais, residiria na prestação assumida pela contraparte). No Direito alemão, por sua vez, ela permaneceu mais ligada ao momento da transferência da propriedade (e não à vontade das partes no momento do consentimento), ensejando a teoria fundada na natureza da atribuição patrimonial, analisada no subitem anterior (causas *credendi, solvendi* e *donandi*).[767]

Posteriormente, Henri Capitant irá modificar um pouco esta teoria francesa, passando a sustentar que a causa de uma obrigação consiste não na obrigação assumida pela contraparte, mas na sua efetiva execução. Assim entendida, a causa – ao contrário do que se passava na formulação anterior – não se esgota com a conclusão do contrato, antes segue acompanhando sua execução, enquanto as prestações prometidas não forem cumpridas inteira e regularmente.[768] Este é o lado positivo da nova roupagem trazida por Capitant. Persistem nela, porém, os vícios de se tratar de visão fragmentada e subjetiva: ainda não constitui a causa do contrato, mas, sim, de cada obrigação (levando agora em conta, entretanto, seu cumprimento); e a causa, mesmo

---

765. Bessone, Mario; Roppo, Enzo. *La causa nei suoi profili attuali. Materiali per una discussione*. In: Alpa, Guido; Bessone, Mario (a cura di). Causa e consideration. Padova: Cedam, 1984, p. 09.
766. Giorgianni, Michele. *La causa tra tradizione e innovazione*. In: Alpa, Guido; Bessone, Mario (a cura di). Causa e consideration. Padova: Cedam, 1984, p. 18-19.
767. Ibidem, p. 20-21.
768. Capitant, Henri. *De la cause des obligations*: Contrats, engagements unilatéraux, legs. 3ᵉ éd. Paris: Librairie Dalloz, 1927.

nessa nova formulação, ainda é compreendida como o elemento que faz com que cada um dos contraentes consinta em obrigar-se (predomínio do aspecto voluntarístico).

Todavia, no atual estágio de desenvolvimento da teoria contratual, superada essa visão inicial subjetiva da causa e encarado o contrato como fonte unitária dos efeitos dele decorrentes, essa concepção atomística e fragmentada não faz mais qualquer sentido.

Como afirma Cesare Massimo Bianca, só pode haver uma única causa para cada contrato, que será a causa não só do todo unitariamente considerado, mas também de todos os seus elementos. Afinal, se as obrigações nascem e derivam do contrato, é artificial colocar-se um problema distinto com relação à causa de cada prestação, na medida em que todas compartilham da mesma razão de ser (que é justamente a causa do contrato).[769] Daí porque, ao invés de sustentar que, nos contratos bilaterais, uma prestação encontra causa na outra, ele afirma que uma prestação encontra "remuneração" na outra, devendo a causa ser procurada sempre na operação econômica como um todo (de que a prestação constitui apenas um elemento).[770]

Emilio Betti, na mesma toada, utilizando também o exemplo dos contratos sinalagmáticos, afirma que a causa não pode ser confundida com uma ou outra prestação, isoladamente considerada, encontrando-se na verdade no nexo comutativo que se estabelece entre as duas prestações e que se exprime no escambo de prestações realizado. A causa, por isso mesmo, é necessariamente comum a ambas as partes do contrato bilateral (e não uma distinta para cada parte). Apenas uma visão atomística que fragmente a unidade do negócio e o considere sob a perspectiva individual de cada contratante pode chegar a vislumbrar a causa da prestação na contraprestação e vice-versa. Nesse modo de ver o problema, continua o autor, "não se percebe o absurdo lógico de conceber aquilo que é um simples elemento do todo como a razão justificadora de um outro elemento do mesmo todo", ignorando, nesse proceder, "a mútua interdependência e a comum subordinação de ambos os elementos à totalidade e à *unidade funcional* de que fazem parte, unidade e interdependência estas que constituem exatamente a razão justificadora (causa) que se procura."[771]

Em sentido algo semelhante, assevera Luciano de Camargo Penteado:

> Mesmo nos contratos sinalagmáticos, não é uma prestação a causa da outra. A crítica de Planiol ao causalismo clássico é pertinente. Os sacrifícios patrimoniais das partes são condições, enquanto a causa é a sua reunião, o ligame que se produz pela manifestação de vontade das partes. A reciprocidade constitui a causa, que não pode ser vista atomisticamente como se cada prestação tivesse uma causa distinta. A causa fundamenta a contraposição das prestações, não se confundindo com ela.[772]

---

769. Bianca, Cesare Massimo. *Diritto civile, t. III*: Il contratto. 2. ed. Milano: Giuffrè, 2000, p. 455-456.
770. Bianca, Cesare Massimo. *Diritto civile, t. III*: Il contratto. 2. ed. Milano: Giuffrè, 2000, p. 488.
771. Betti, Emilio. Op. cit., p. 34-35.
772. Penteado, Luciano de Camargo. *Doação com encargo e causa contratual. Uma nova teoria do contrato.* 2. ed. São Paulo: Ed. RT, 2013, p. 177.

Colaborou também para o descrédito dessa visão atomística a objetivação progressiva do contrato e da própria causa, não mais compreendida como a razão psicológica que leva cada parte a obrigar-se, mas, sim, como a finalidade econômico-social perseguida por meio do todo.

Bem de ver que o legislador italiano, já por ocasião do Código Civil de 1942, cuidou de suprimir do novo diploma todas as referências à "causa das obrigações", mencionando apenas a "causa do contrato" (art. 1.343 e seguintes), unitariamente considerada, distanciando-se definitivamente do modelo francês.[773]

Nesse contexto, as referências feitas por alguns autores modernos (vide nota 760 retro) à obrigação de uma das partes constituir a "causa" da obrigação da contraparte, e vice-versa, descolam-se do desenvolvimento técnico recente da figura da causa, evocando passos já superados de sua evolução. Tais referências não passam, quase sempre, de recursos retóricos para destacar o vínculo de dependência e correspectividade existente entre as prestações nos contratos bilaterais, para o que, todavia, a invocação do termo causa mostra-se, além de equivocada, totalmente supérflua.

3.2.7 Duas acepções de causa final: causa abstrata e causa concreta

Expostas e afastadas, para os objetivos deste trabalho, essas duas últimas concepções – (i) causa de atribuição patrimonial e (ii) causa da obrigação – cumpre retomar o exame da *causa do contrato* (globalmente considerado), sob seu prisma *final* (isto é, da finalidade que os agentes têm em mira alcançar).

Duas acepções de causa final, uma mais restrita e outra mais ampla, ambas objetivas, dominam o debate acadêmico atual: a *abstrata* e a *concreta*.

Para a corrente *abstrata*, cujo principal expoente foi Emilio Betti,[774] a causa do contrato corresponde à função econômico-social que caracteriza o tipo no qual ele se enquadra, determinando seu conteúdo mínimo necessário (*essentialia negotii*).[775]

---

773. Campos Filho, Paulo Barbosa de. *O problema da causa no código civil brasileiro*. São Paulo: Max Limonad, 1959, p. 93.
774. Se Emilio Betti foi o principal expoente e difusor dessa teoria, seu precursor foi, sem dúvida, Vittorio Scialoja, que, já em 1933, havia escrito: "É preciso, portanto, distinguir a função, o escopo do negócio jurídico, dos motivos impulsionadores, determinantes da vontade do agente do próprio negócio. O escopo do negócio jurídico deve ser considerado objetivamente: a compra e venda tem por finalidade a troca entre mercadoria e dinheiro, e esta troca é tão socialmente útil que deve ser tutelada pelo direito. Quando o nosso olhar se coloca neste lado objetivo do negócio jurídico, sobre esta causa (palavra que possui muitos significados diversos nas nossas fontes, servindo para indicar também este escopo, esta função do negócio jurídico), não pode haver confusão entre a causa e os motivos que impulsionam o agente, motivos que, sendo meras representações intelectuais internas, não podem se apresentar sob aquela forma objetiva [...]." (Scialoja, Vittorio. *Negozi giuridici*. Roma: Foro Italiano, 1933, p. 89-90).
775. A respeito da teoria que divide os elementos dos atos jurídicos em essenciais, naturais e acidentais, leciona Vicente Ráo: "Antigo sistema de classificação dos componentes dos atos jurídicos, parte da noção filosófica de elementos, ou seja, das partes que, em seu todo, formam ou constituem as coisas materiais, aplicando esta noção, analogicamente, às coisas imateriais. E os elementos distingue em essenciais (genéricos e específicos), naturais e acidentais. [...] Essenciais dos atos jurídicos (*essentialia negotii*) são, pois, os elementos

Por essa razão, a causa, de acordo com tal perspectiva, é uniforme e constante em todos os negócios concretos que pertençam ao mesmo tipo, ao mesmo tempo em que é necessariamente diferente de tipo para tipo, servindo para diferenciá-los.[776]

Segundo essa visão, portanto, a causa de todos os contratos de compra e venda seria, de modo uniforme, a entrega da coisa em troca do dinheiro, enquanto a causa de todos os contratos de mútuo seria a transferência ao mutuário de uma coisa fungível, com a obrigação deste restitui-la posteriormente. Essas funções imutáveis dos contratos de compra e venda e de mútuo, reconhecidas pelo ordenamento como socialmente úteis, seriam os elementos que justificariam a proteção social e jurídica conferida à vontade das partes quando direcionada à produção de negócios desses tipos. A causa funcionaria, assim, como um signo a identificar transações admitidas pela consciência social, porque direcionadas a satisfazer exigências legítimas e recorrentes do tráfego, representando, por isso mesmo, exercícios dignos de proteção da autonomia privada.[777]

Em que pese essa teoria reconhecer que todo negócio jurídico é animado e direcionado por uma finalidade – abraçando, assim, a concepção de causa final, conforme o quarto sentido aristotélico – ela limita a relevância dessa finalidade à função econômico-social característica do tipo, tudo o mais ficando fora do campo da causa. Como afirma Emilio Betti, "quem promete, dispõe, renuncia, aceita, não pretende pura e simplesmente obrigar-se, desfazer-se de um bem, transmiti-lo, adquiri-lo, sem outra finalidade [...]. Objetiva, ao invés, sempre alcançar um dos *escopos práticos típicos* que governam a circulação de bens e a prestação de serviços na interferência entre as várias esferas de interesse que se põem em contato na vida social."[778]

Os interesses individuais das partes na realização do negócio concreto que ultrapassem a função típica assim considerada constituem, sob essa óptica, meros *motivos*, só assumindo relevância jurídica quando expressos na forma de cláusula, condição, termo ou modo. A causa, ao contrário, "revela-se a partir da própria estrutura de cada negócio causal e governa, na definição e na medida, os seus efeitos jurídicos."[779]

A liberdade das partes de criar negócios jurídicos não está adstrita, porém, aos tipos previstos em lei – isto é, às funções socioeconômicas consagradas legislativa-

---

que o compõem, qualificam e distinguem dos demais atos." (*Ato jurídico*. 3. ed. São Paulo: Saraiva, 1981, p. 97)
776. Betti, Emilio. Causa del negozio giuridico. In: *Novissimo Digesto Italiano*, v. III, Torino: Unione Tipografico-Editrice Torinese, 1960, p. 36.
777. Ibidem, p. 34.
778. Ibidem, p. 33.
779. Ibidem, p. 36. Observa com razão Paulo Barbosa de Campos Filho que, conforme a teoria abstrata ora em análise, inexistem diferenças substanciais (de natureza) entre causa e motivos, "sendo causa o motivo a que a ordem jurídica empreste o alcance de função social do negócio e motivos todos aqueles a que esse mesmo alcance lhes seja negado." (Op. cit., p. 96).

mente (como ocorria no Direito Romano clássico). Ao lado da tipicidade legislativa, fechada em torno de um número limitado de denominações negociais, há uma tipicidade que Emilio Betti chamou de "social", que reconhece a admissibilidade de negócios que, a despeito de não qualificados e regulamentados especificamente em lei, sejam direcionados a exercer funções econômico-sociais reputadas úteis e dignas de proteção pela coletividade. Na visão do autor, não bastaria, para o reconhecimento dessa tipicidade social, que a causa fosse *lícita*, sendo necessário que, para além disso, ostentasse uma *utilidade positiva*, satisfazendo um interesse da coletividade: "A licitude é assim condição necessária, mas não condição suficiente para justificar o reconhecimento pelo direito. Para obter esse reconhecimento, a causa deve responder também a uma exigência durável da vida de relações, a uma função de interesse social, que apenas o Direito – mediante o esforço interpretativo da jurisprudência – é competente para avaliar a idoneidade, a fim de justificar positivamente sua tutela."[780]

Torquato Castro e Paulo Barbosa de Campos Filho, dois autores que trataram do tema da causa em monografias pioneiras no contexto nacional, adotaram expressamente a linha abstrata bettiana, da causa como função econômico-social que caracteriza o tipo. O primeiro afirmou: "Todos os atos pertencentes ao mesmo tipo têm causa única, constante, uniforme. [...] O contrato de compra e venda tem a sua causa, a doação outra, e assim por diante, com relação a todos os contratos nominados."[781] O segundo, na mesma linha, asseverou: "A ordem jurídica, no deferir tutela à autonomia privada, tem em conta não já os caprichos individuais, mas apenas a função socialmente relevante do negócio-tipo, considerada em si e de per si [...]."[782]

Não demorou muito, porém, para que a doutrina da causa abstrata passasse a ser atacada.

As críticas, inicialmente, foram de natureza ideológica, salientando o vínculo dessa teoria com o fascismo. Para os juristas italianos do pós-guerra, era cada vez mais claro que essa construção da causa – enquanto função econômico-social típica reconhecida pela coletividade como idônea e útil e, por isso mesmo, merecedora de tutela –, servia aos objetivos totalitários de aumentar o controle do Estado sobre a autonomia privada.

---

780. Betti, Emilio. Causa del negozio giuridico. In: *Novissimo Digesto Italiano*, v. III, Torino: Unione Tipografico-Editrice Torinese, 1960, p. 39. Adotando essa mesma visão de causa final abstrata no Direito italiano, confira-se a obra de Pietro Trimarchi: "Note-se que a causa é entendida como estrutura essencial do negócio, abstraindo-se de muitas particularidades do seu conteúdo concreto [...]. Assim, a compra e venda pode ter por objeto coisa móvel ou imóvel, pode ser estipulada por um preço alto ou baixo, mas a sua causa será sempre a transferência da propriedade de uma coisa ou de um outro direito em troca do correspectivo de um preço. [...] A causa é, portanto, um esquema que define um certo tipo de negócio." (Trimarchi, Pietro. *Istituzioni di diritto privato*. 9. ed. Milano: Giuffrè, 1991, p. 222).
781. Castro, Torquato. Op. cit., p. 40.
782. Campos Filho, Paulo Barbosa de. Op. cit., p. 96.

Nessa concepção, denunciou Gino Gorla, escamoteava-se um forte espírito de dirigismo econômico, figurando o Estado, legislador e juiz, como controlador daquilo que seria útil ou inútil conforme a consciência social, e, por consequência, digno ou não de tutela jurídica. Para o autor, admitir uma intervenção nesses moldes sobre a autonomia privada, com base em filtros tão genéricos como, por exemplo, os de "interesse merecedor de tutela" e "utilidade social", significaria impor amarras indevidas ao potencial dinâmico, criador e transformador do negócio jurídico (e do contrato, em especial), contrariando o ideal de sociedade livre que se pretendia construir no período pós-fascismo.[783]

Enquanto Emilio Betti sustentava que a licitude era uma condição necessária, mas não suficiente para o reconhecimento da causa pelo direito, exigindo, para além disso, que ela ostentasse uma utilidade positiva, cresce o número daqueles que, denunciando o dirigismo controlador daí decorrente, defendem, a exemplo de Vincenzo Roppo, que o ordenamento desaprova apenas contratos com *funções socialmente danosas*, mas não contratos com *funções socialmente indiferentes* – isto é, nem úteis positivamente, nem danosas do ponto de vista social (como os ditos contratos com "causa fútil", que perseguem interesses puramente individuais, que, no limite, poderiam ser até mesmo caprichosos ou extravagantes).[784]

Ainda sob o viés ideológico, apontou-se que a fórmula "função econômico--social", bem ao gosto fascista, enfatizava apenas os interesses coletivos, menosprezando os interesses individuais. A ideia de causa funcionava, por essa linha, puramente como um instrumento para qualificar o contrato e verificar se ele seria ou não merecedor de tutela, conforme fosse útil ou inútil socialmente, porém nada além disso: perdia-se, sob essa perspectiva, qualquer papel criador ou moderador de efeitos jurídicos, em atenção aos interesses concretos dos indivíduos contratantes, que o conceito de causa final historicamente havia tido até aquele momento, desde sua gênese no Direito Canônico.[785]

A doutrina da causa abstrata foi criticada também sob viés técnico.

Um primeiro ponto diz respeito à sua relação com o conceito de causa ilícita, conforme trazido pelo art. 1.343 do Código Civil Italiano ("A causa é ilícita quando contrária a normas imperativas, à ordem pública e ao bom costume").[786] Ora, se a causa é uniforme para todos os negócios de um mesmo tipo, como propugna a teoria abstrata, os negócios típicos jamais poderiam ter causa ilícita nos moldes do referido

---

783. Gorla, Gino. *Il contratto*: problemi fondamentali trattati con il metodo comparativo e casistico. v. I. Milano: Giuffrè, 1955, p. 265-266.
784. Roppo, Vincenzo. Il contratto. In: Iudica, Giovanni; Zatti, Paolo (a cura di). *Trattato di Diritto Privato*. Seconda Edizione. Milano: Giuffrè, 2001, p. 345. Na mesma linha, a sustentar que só devem ser reconhecidos como não merecedores de tutela os negócios socialmente danosos, ver: Bianca, Cesare Massino. Causa concreta del contratto e diritto effettivo. *Rivista di Diritto Civile*, anno LX, n. 2. Marzo-aprile 2014, p. 253.
785. Souza, Eduardo Nunes de. Op. cit., p. 12-13.
786. Codice Civile. Disponível em: http://www.jus.unitn.it/cardozo/obiter_dictum/codciv/Lib4.htm. Acesso em: 29 nov. 2019.

artigo, porque o legislador, pelo simples fato de ter erigido e regulamentado o tipo, já teria chancelado a licitude da causa de todos os contratos que nele se enquadrem. Isso seria verdadeiro ainda que a finalidade em concreto das partes nesses negócios nominados contrariasse normas imperativas, a ordem pública ou os bons costumes.[787]

Logo, apenas os negócios atípicos, por coerência, poderiam ter causa ilícita – e, mesmo assim, apenas quando a própria estrutura abstrata do negócio já o denunciasse –, o que reduziria drasticamente a capacidade do Estado-juiz de conter, com base no art. 1.343, finalidades *socialmente danosas*, por não se permitir, nessa análise, ultrapassar a fina casca da função típica (a qual dificilmente irá revelar, em si mesma, contrariedade direta às normas imperativas, à ordem pública ou ao bom costume).

O próprio Emilio Betti expõe a insuficiência de sua teoria frente ao disposto no referido art. 1.343, ao afirmar que as hipóteses de causa ilícita consubstanciam casos em que "o interesse individual, ao invés de coincidir, interfere no interesse objetivo [...], de forma a neutralizar e paralisar no caso concreto a atuação da função social típica, desviando o negócio da sua destinação para fazê-lo servir a um escopo antissocial."[788] Mas isso não seria emprestar relevância jurídica aos motivos, algo que não se admitiria conforme a própria doutrina abstrata?

Outra crítica, ainda mais importante do que a primeira, vai no sentido de que a noção de causa-função negligencia a realidade viva de cada contrato singular, porque tudo que se refere aos interesses reais das partes, mas que excede o modelo típico adotado, acaba relegado ao plano secundário dos motivos. Ao praticamente confundir a causa com o tipo negocial, esta teoria reduz drasticamente a abrangência da causa, deixando um campo vasto de interesses reais, concretos, objetivamente manifestados, sem tutela jurídica, a não ser que expressos na forma de condição, termo, cláusula etc.[789]

Como pondera Salvatore Pugliatti, a fórmula bettiana, no intento de objetivar ao máximo a causa, acabou por confundir duas oposições de todo apartadas, a saber, "subjetivo x objetivo" e "individual x típico", como se qualquer consideração dos interesses individuais e das circunstâncias específicas do caso concreto, para além dos elementos

---

787. Bianca, Cesare Massimo. *Diritto civile*, t. *III*: Il contratto. 2. ed. Milano: Giuffrè, 2000, p. 452; Roppo, Vincenzo. Il contratto. In: Iudica, Giovanni; Zatti, Paolo (a cura di). *Trattato di Diritto Privato*. Seconda Edizione. Milano: Giuffrè, 2001, p. 344.
788. Betti, Emilio. Causa del negozio giuridico. In: *Novissimo Digesto Italiano*, v. III, Torino: Unione Tipografico-Editrice Torinese, 1960, p. 38.
789. Bianca, Cesare Massimo. *Diritto civile*, t. *III*: Il contratto. 2. ed. Milano: Giuffrè, 2000, p. 452.
    A teoria bettiana remete à *função econômico-social* do negócio jurídico. Expressão similar, não por acaso, foi lançada pelo legislador brasileiro no art. 187 do Código Civil, ao definir que comete ato ilícito o titular de um direito que, ao exercê-lo, excede manifestamente os limites impostos pelo "seu *fim econômico e social*, pela boa-fé ou pelos bons costumes". Porém, assim como a definição do uso abusivo ou disfuncional de um direito deve ir além de seu *fim econômico e social*, levando em conta também a sua função individual (isto é, o interesse que o titular, e não a coletividade, nele encontra), também a causa não pode empobrecer-se a ponto de ignorar todos os demais interesses reais das partes, objetivamente manifestados, que excedam o modelo típico. (Souza, Eduardo Nunes de. Op. cit., p. 11-12).

essenciais do tipo, representasse necessariamente uma concessão em favor da subjetividade, o que será inclusive desmentido pela teoria subsequente da causa concreta (puramente objetiva, mas ao mesmo tempo atenta aos elementos individuais).[790]

Para além disso, um conceito assim tão etéreo e restrito de causa como o de Emilio Betti deixa de ser útil para a solução da maioria dos problemas contratuais, na medida em que estes tendem a não alcançar a fina camada da função típica, tornando a causa uma ferramenta pouco empregada e de reduzida relevância prática. No fim das contas, conforme esta visão, a causa resume-se praticamente a um mecanismo de qualificação do contrato (neste ou naquele tipo) e de verificação de utilidade social (para definir se merecedor ou não de tutela), perdendo a sua principal utilidade histórica, que sempre foi a de atrair efeitos jurídicos mais consentâneos com os interesses reais das partes, conforme suas finalidades concretas, mesmo que não previstos nas normas do tipo ou nas disposições expressas do contrato (ou eventualmente afastar certos efeitos que não estivessem em linha com essas mesmas finalidades e interesses).[791]

Vincenzo Roppo bem resume as deficiências da teoria abstrata:

> Mas há um outro inconveniente: deixar fora do horizonte da causa tudo aquilo que – em relação ao particular contrato que concretamente se discute – excede a linha *standard* do tipo, e individualiza a específica operação perseguida, significa empobrecer e enrijecer a análise do contrato, esterilizar elementos que, ao contrário, merecem relevância, e assim precluir o mais adequado tratamento da *fattispecie*.[792]

Pois bem. Em face de tais críticas técnicas e superada a matriz ideológica que conferia suporte à teoria abstrata (o fascismo), tornou-se verdadeiro lugar-comum defender a sua substituição pela noção de *causa concreta*.

Com efeito, hoje se entende mais consentâneo com a preocupação de examinar e tutelar os interesses efetivos que governam a relação conceber a causa não como a finalidade comum perfilhada indistintamente por todos os contratos que pertencem ao mesmo tipo (troca entre coisa e preço na compra e venda, por exemplo), mas como a razão que concretamente anima e direciona o particular contrato em exame, à luz das especificidades relevantes que o conotam (troca entre certa coisa e um dado preço, no particular contexto das circunstâncias, finalidades, riscos e interesses em que aquelas partes específicas o programaram). Algo que vai muito além, portanto, dos elementos constantes e invariáveis do tipo (*essentialia negotii*).[793]

---

790. Pugliatti, Salvatore. Precisazioni in tema di causa del negozio giuridico. *Nuova rivista di diritto commerciale, diritto dell'economia, diritto sociale*, v. I. p. 13-21, 1947.
791. Souza, Eduardo Nunes de. Op. cit., p. 12-13.
792. Roppo, Vincenzo. Il contratto. In: Iudica, Giovanni; Zatti, Paolo (a cura di). *Trattato di Diritto Privato*. Seconda Edizione. Milano: Giuffrè, 2001, p. 344.
793. Ibidem. Maria Celina Bodin de Moraes bem expõe a diferença entre as concepções abstrata e concreta de causa, inclusive para fins de qualificação do negócio. Segundo a autora, da primeira "[...] se extrai o conteúdo mínimo do negócio, aqueles efeitos mínimos essenciais sem os quais não se pode, em concreto – ainda que assim se tenha idealizado –, ter aquele tipo, mas talvez um outro, ou mesmo nenhum. [...] Já a função concreta diz respeito ao efetivo regulamento de interesses criado pelas partes, e não se pode, *a priori*,

A causa concreta, na precisa definição de Andrea M. Garofalo, é a "razão justificativa específica de cada contrato, aquele sentido complessivo que deriva da consideração e da síntese de todos os interesses que compõem a economia do negócio."[794] Da mesma forma que, conforme já exposto, o *sinalagma* não deve ser compreendido de maneira restrita, como nexo funcional entre as prestações principais apenas, agregando na verdade todos os deveres que independentemente de sua natureza (principais, secundários, instrumentais ou de proteção) assumam relevância significativa para a promoção do resultado útil do contrato, a *causa* do contrato também não pode ficar confinada à troca de prestações principais que caracteriza o respectivo tipo, como defende a teoria abstrata, abrangendo na verdade todas as finalidades e interesses que compõem a economia do negócio, ainda que manifestados em deveres de outra natureza (secundários, instrumentais e de proteção) ou até mesmo em simples circunstâncias negociais. Aqui já se adianta, como se percebe, certa confluência entre os dois conceitos (sinalagma e causa), compreendidos nesses termos, a qual será aprofundada no próximo subitem.

É preciso advertir, no entanto: a teoria concreta da causa não significa um retorno à causa subjetiva, em que eram valorizadas e tomadas em consideração as motivações estritamente individuais das partes, as suas particulares representações psíquicas, os seus interesses pessoais cultivados em foro interno. A causa concreta é, pelo contrário, eminentemente objetiva: manifesta-se na função que o singular contrato desempenha na realidade, enquanto expressão dos interesses que os contratantes materialmente estão a perseguir e das circunstâncias que permeiam o negócio, tudo objetivamente perceptível e captável. O que nela não se enquadrar, permanecendo no campo das representações psíquicas e do foro interno das partes, continua a consubstanciar simples *motivo*.[795]

Se o conceito de causa tem alguma utilidade dogmática, ela está certamente na possibilidade conferida ao intérprete de, por meio dele, ir além das regras próprias dos tipos contratuais e daquilo que foi expressamente pactuado pelas partes para atrair ou afastar efeitos jurídicos mais consentâneos com a função negocial de cada contrato em concreto. Isso não podia ser atingido por meio da teoria abstrata, que reduzia a causa a uma ferramenta de qualificação, mas volta a ser possível por meio da teoria concreta, atenta às finalidades e interesses que animam e direcionam cada contrato específico.

---

estabelecer, naquele particular negócio, quais efeitos são essenciais e quais não o são. Para a qualificação do concreto negócio será necessário examinar cada particularidade do regulamento contratual, porque uma cláusula aparentemente acessória pode ser, em concreto, o elemento individualizador da função daquele contrato" (O procedimento de qualificação dos contratos e a dupla configuração do mútuo no direito civil brasileiro. *Revista Forense*, v. 309, jan/mar 1990, p. 39).

794. Garofalo, Andrea Maria. La causa: una "storia di successo"? (A proposito delle opere di Vincenzo Roppo sulla causa del contratto). *Jus civile*, 2. 2018, p. 167.
795. Roppo, Vincenzo. Il contratto. In: Iudica, Giovanni; Zatti, Paolo (a cura di). *Trattato di Diritto Privato*. Seconda Edizione. Milano: Giuffrè, 2001, p. 344.

A causa concreta, assim considerada, assume papel de *critério de "ajuste fino"* do contrato. Os problemas que surgem no desenvolvimento da relação contratual (impossibilidade superveniente, inadimplemento, exceção de contrato não cumprido etc.) só podem encontrar solução apropriada quando se levam em conta os interesses concretamente perseguidos pelas partes, os riscos voluntariamente assumidos e as trocas de vantagens globalmente consideradas (isto é, quando se tem em mente a economia integral do negócio, e não exclusivamente as duas obrigações principais, permutadas entre si, que constituíam a dita "função econômico-social"). Apenas com atenção à causa concreta do contrato, é possível verificar, por exemplo, se a relação pode sobreviver a uma parcial nulidade do contrato, se as circunstâncias supervenientes afetam ou não o contrato de forma decisiva, se a invalidade ou ineficácia de um dos contratos coligados deve "contagiar" os demais, bem como se é admissível ou não a invocação da *exceptio non adimpleti contractus* em contextos menos evidentes (quando, *v.g.*, a obrigação inadimplida pelo excepto não é do tipo principal, foi apenas parcial ou refere-se a outro contrato, porém coligado).[796]

Vale destacar que, no ordenamento italiano, a falta de causa implica *nulidade* (como é o caso da promessa de pagamento que se comprove carente de causa, conforme o art. 1.988).[797] Idem quanto à sua ilicitude, na forma do art. 1.343 ("A causa é ilícita quando contrária a normas imperativas, à ordem pública e ao bom costume").[798] Já a sua frustração ou impossibilidade superveniente têm como consequência, mesmo no ordenamento italiano, não a nulidade, mas a *ineficácia*.[799] No Brasil, as intempéries relacionadas à causa terão, como já exposto (subitem 3.2.4), consequências diferentes a depender do tipo de causa (se pressuposta ou final). Em relação aos negócios dotados de causa pressuposta, a higidez da causa é requisito de *validade* (se o débito afiançado inexistir, nula será a fiança; se o débito original inexistir, nula será a novação; e assim por diante).[800] Já quanto aos negócios dotados de causa final – e os contratos bilaterais, que mais nos interessam, são todos desse tipo – a falta, ilicitude, impossibilidade superveniente ou frustração da causa final provocam a *ineficácia* do negócio (a higidez da causa aí é fator de permanência da eficácia).[801] De qualquer forma, quer em um ordenamento, quer em outro, a dife-

---

796. Bianca, Cesare Massimo. *Diritto civile*, t. III: Il contratto. 2. ed. Milano: Giuffrè, 2000, p. 447 e 454; Rolli, Rita. Il rilancio della causa del contratto: la causa concreta. *Contratto e impresa*, anno XXIII, n. 2, marzo-aprile 2007, p. 446-247.
797. "Art. 1.988. A promessa de pagamento ou o reconhecimento de um débito dispensa àquele em favor de quem é feita do ônus de provar a relação subjacente. A existência desta se presume até prova em contrário." (Codice Civile. Disponível em: http://www.jus.unitn.it/cardozo/obiter_dictum/codciv/Lib4.htm. Acesso em: 29 nov. 2019).
798. Codice Civile. Disponível em: http://www.jus.unitn.it/cardozo/obiter_dictum/codciv/Lib4.htm. Acesso em: 29 nov. 2019.
799. Betti, Emilio. Causa del negozio giuridico. In: *Novissimo Digesto Italiano*, v. III, Torino: Unione Tipografico-Editrice Torinese, 1960, p. 37.
800. Azevedo, Antonio Junqueira de. *Negócio jurídico*: existência, validade e eficácia. 4. ed. São Paulo: Saraiva, 2007, p. 152.
801. Ibidem.

rença entre as duas visões de que estamos agora tratando (causa abstrata e causa concreta) está na abrangência do conceito (mais restrita na primeira e mais ampla na última), e, por conseguinte, na extensão dos elementos e circunstâncias que, se afetados, dispararão as consequências acima aludidas, em termos de invalidade ou ineficácia. Enquanto pela teoria abstrata, a causa limita-se à função típica, tudo o mais constituindo motivos (e por isso mesmo irrelevantes para fins de validade ou eficácia, salvo se expressos como cláusula, condição, termo ou modo), pela teoria concreta cresce em abrangência o campo da causa, na mesma medida em que se restringe o campo dos meros motivos.

Bem de ver que a valorização da causa, sob a perspectiva mais abrangente, realista e rica de efeitos da causa concreta, enquadra-se perfeitamente na nova *postura metodológica* hegemônica na ciência do Direito – o *funcionalismo jurídico* –, que leva o intérprete a analisar funcionalmente os institutos jurídicos, sem se limitar ao exame dos seus elementos estruturais (que, no caso do contrato, são a forma, o objeto e a declaração de vontade). O avanço da perspectiva funcional (que valoriza interesses, objetivos, efeitos etc.), em detrimento (embora sem anulá-la) da perspectiva estrutural tradicional (que coloca o foco, por sua vez, na forma, no conteúdo, na validade etc.), foi um movimento perceptível em todos os campos da ciência jurídica a partir da segunda metade do século XX, não ficando imune o Direito dos contratos.[802] Essa mudança metodológica, do *estruturalismo* para o *funcionalismo*, em matéria contratual, afirma Eduardo Nunes de Souza,

> [...] demandou inserir o contrato, como era então compreendido (estrutura formal, ato pontual na linha temporal da relação jurídica) em um contexto maior, que permitisse apreender a real dinâmica entre as partes. Quais efeitos o contrato se destina a produzir? Qual estado ideal de coisas as partes acordaram obter? Que interesses esse acordo tem a finalidade de tutelar? De que modo a eventual relação prévia entre as partes, as tratativas e demais comportamentos pré-contratuais e os próprios termos da avença permitem identificar esses efeitos pretendidos e interesses tutelados? De que modo o inteiro programa contratual, esse somatório de efeitos e interesses, coaduna-se (ou não) com os valores do ordenamento?[803]

E a causa concreta, nessa quadra, assume também um *papel metodológico*, marcando, nas palavras do mesmo autor, "uma predisposição do observador a analisar o negócio prioritariamente pelo seu perfil funcional, ou seja, com especial atenção aos seus aspectos de ordem não estrutural".[804] Em outras palavras: o conceito de causa concreta é em si revelador e catalisador de uma preocupação, de um viés, de

---

802. Para uma comparação entre os modelos de análise do estruturalismo e do funcionalismo, ver: Castanheira Neves, António. Entre o legislador, a sociedade e o juiz ou entre sistema, função e problema – Os modelos actualmente alternativos da realização jurisdicional do direito. *Boletim da Faculdade de Direito*, v. LXXIV, Coimbra, 1988, p. 1-44; Bobbio, Norberto. *Da estrutura à função*: novos estudos de teoria do direito. Barueri: Manole, 2007.
803. Souza, Eduardo Nunes de. Op. cit., p. 05.
804. Ibidem, p. 03.

valorização do aspecto funcional também no campo dos contratos, que bem se enquadra em uma tendência geral observada em toda ciência jurídica.

E o conceito de causa concreta assume também *papel hermenêutico* relevante, na medida em que, como observa Cesare Massimo Bianca, "para definir o que as partes realmente quiseram estabelecer no contrato, é preciso identificar primeiro o escopo perseguido por meio dele, qual é o interesse que o contrato está programado a realizar – vale dizer, sua causa concreta."[805] Francisco Paulo De Crescenzo Marino é ainda mais enfático em realçar esse papel hermenêutico, ao apontar que a causa concreta – ou fim do negócio jurídico, como ele prefere[806] – unifica e confere sentido global ao conteúdo do contrato, o que é fundamental para "iluminar" o processo de interpretação e integração de seu conteúdo:

> Para a adequada construção do conteúdo contratual, e, consequentemente, para que o processo interpretativo possa alcançar o seu objetivo, é de fundamental importância a consideração da causa concreta do negócio jurídico, ou, na terminologia adotada neste trabalho, do fim (concreto ou prático) do negócio jurídico. Trata-se de elemento do conteúdo negocial global (integrante do conteúdo expresso, ou, o que é mais frequente, do conteúdo implícito) que desempenha papel crucial, na medida em que unifica o conteúdo do negócio jurídico, esclarecendo o seu sentido global. É missão do intérprete, portanto, revelar o fim do negócio jurídico, com o escopo de trazer à tona o "suplemento de significação" que ele proporciona, iluminando o conteúdo global do negócio jurídico.[807]

Esse papel hermenêutico da causa concreta acabou em certa medida consagrado no Direito brasileiro pela Lei 13.874/19 ("Declaração de Direitos de Liberdade Econômica"), que, ao modificar o art. 113 do Código Civil, estabeleceu que a interpretação do negócio jurídico deve lhe atribuir, a par de outros vetores, o sentido que "corresponder a qual seria a razoável negociação das partes sobre a questão discutida, inferida das demais disposições do negócio e da *racionalidade econômica das partes*, consideradas as informações disponíveis no momento de sua celebração." Em que pese o desnecessário apego à suposição daquilo que teria sido pactuado pelas partes se tivessem deliberado especificamente a respeito da questão lacunosa, manifestado

---

805. Bianca, Cesare Massino. Causa concreta del contratto e diritto effettivo. *Rivista di Diritto Civile*, anno LX, n. 2, Marzo-aprile 2014, p. 267.
806. Nesse ponto, o autor segue a linha de Antonio Junqueira de Azevedo, que propunha deixar o termo "causa final" apenas para o sentido abstrato-bettiano, sugerindo outra expressão para o sentido concreto: "fim do negócio jurídico". Vale retratar aqui a distinção feita por Antonio Junqueira de Azevedo: "No significado de causa final, há, porém, ainda, uma duplicidade. Se se adota a concepção [...] em que a causa é o fim que resulta objetivamente do negócio, a causa do negócio é a 'causa concreta', o fim de cada negócio individualizado. Se se adota a concepção de causa-função, trata-se da 'causa abstrata', causa típica. Ora, por uma questão de clareza, é preferível deixar a expressão *causa final* reservada a somente um desses significados, de preferência o último, em que a palavra 'causa' está mais generalizada e onde é de mais difícil substituição. No outro significado, a causa concreta é, na verdade, o 'fim do negócio jurídico'. Esta é a melhor expressão." (Azevedo, Antonio Junqueira de. *Negócio jurídico e declaração negocial*: noções gerais e formação da declaração negocial. Tese de Titularidade – Faculdade de Direito da Universidade de São Paulo, São Paulo, 1986, p. 128-129).
807. Marino, Francisco Paulo De Crescenzo. *Interpretação do negócio jurídico*. São Paulo: Saraiva, 2011, p. 371.

na primeira parte da norma, a referência à "racionalidade econômica" da operação, levando em conta as "informações disponíveis no momento de sua celebração", carrega em si uma necessária consideração das finalidades e interesses concretamente perseguidos pelas partes, à luz dos riscos assumidos[808] e das circunstâncias negociais – vale dizer, impõe, malgrado a não menção expressa ao conceito, uma interpretação do contrato orientada pela sua causa concreta.

Enquanto no meio doutrinário a vitória da causa concreta sobre a causa abstrata já está consolidada há algumas décadas,[809] nos Tribunais esse fenômeno é bem mais recente.

A partir de meados da década de 1990, surgem as primeiras decisões da Corte de Cassação Italiana que, embora sem fazerem referência expressa ao conceito de causa concreta, atribuem valor causal a interesses reais que permeiam a operação econômica, ainda que ultrapassando a função típica.[810] Isso ocorreu, primeiramente, em questões de onerosidade excessiva (Cass. 1995/975) e contratos coligados (Cass. 2001/5966), duas matérias naturalmente permeáveis a influxos causais. Notava-se, a essa altura, uma dissociação entre o nível operacional – já mais próximo daquele da causa concreta – e o linguístico, no qual a referida Corte ainda se mostrava apegada à fórmula bettiana.[811] Nesse sentido, em uma decisão do ano de 2003, ainda era possível ler que "a causa do contrato se identifica com a função econômico-social que o negócio objetivamente persegue e que o direito reconhece como relevante para fins de proteção [...]."[812]

A primeira decisão da Corte de Cassação que fez referência expressa ao conceito de causa concreta, reconciliando os níveis operacional e de linguagem, veio apenas no ano de 2006. Nela consta que a "causa do contrato é o escopo prático do negócio, isto é, a síntese dos interesses que o mesmo é concretamente direcionado a realizar (a assim chamada 'causa concreta'), como função individual da singular e específica negociação, para além do modelo abstrato utilizado."[813] Nos anos seguintes, a invocação do conceito de causa concreta no âmbito da Corte de Cassação e dos demais tribunais italianos tornou-se cada vez mais frequente, obliterando definitivamente a concepção bettiana.[814]

---

808. Acerca dos riscos assumidos pelas partes, vale destacar, aqui, outra importante alteração trazida pela mesma lei, ao introduzir no Código Civil o art. 421-A, o qual, após estabelecer que os contratos civis e empresariais presumem-se paritários e simétricos, dispõe, em relação a esses contratos, que "*a alocação de riscos definida pelas partes deve ser respeitada e observada*".
809. Vincenzo Roppo localiza os primeiros sinais do avanço da causa concreta no ambiente doutrinário na década de 60 do século passado (Causa concreta: una storia di successo? Dialogo [non reticente, né compiacente] con la giurisprudenza di legittimità e di merito. *Rivista di Diritto Civile*, anno LIX, n. 4, Luglio-agosto 2013, p. 959).
810. Ibidem, p. 960.
811. Ibidem.
812. Cass., 4 aprile 2003, n. 5324. Disponível em: www.italgiure.giustizia.it. Acesso em: 30 nov. 2019.
813. Cass., 8 maggio 2006, n. 10490. Disponível em: www.italgiure.giustizia.it. Acesso em: 30 nov. 2019.
814. Nesse sentido, por exemplo: Cass., 12 novembre 2009, n. 23941; Cass., 7 ottobre 2008, n. 24769; Cass., 24 luglio 2007, n. 16315. Todos disponíveis em: www.italgiure.giustizia.it. Acesso em: 30 nov. 2019.

No Brasil, a penetração do conceito de causa concreta na jurisprudência ainda é incipiente, dando-se sobretudo, nos poucos casos encontrados, sob o viés hermenêutico acima destacado, enquanto elemento capaz de unificar e conferir sentido global ao conteúdo do contrato, auxiliando em sua *interpretação e integração*. Na Apelação Cível 0009862-74.2010.8.26.0024, o Tribunal de Justiça do Estado de São Paulo manteve sentença que, apoiada no conceito de causa concreta, afastou a obrigação do parceiro outorgado, em contrato de parceria agrícola de cana-de-açúcar, de manter as cercas do imóvel, mas reconheceu, em contrapartida, sua obrigação de preservar os aceiros (faixas de terra em volta da plantação, utilizadas para impedir a propagação de incêndios). O contrato celebrado entre as partes não dispunha expressamente acerca dessas duas questões, mas, segundo concluiu o magistrado de 1º grau, a nosso ver acertadamente, sua finalidade concreta, defluída a partir dos reais interesses envolvidos, apontaria para o dever do parceiro outorgado de cuidar dos aceiros, porque a preservação destes estaria associada diretamente ao próprio desenvolvimento adequado da atividade de cultivo da cana-de-açúcar (de responsabilidade do parceiro outorgado), mas também apontaria, por outro lado, para a responsabilidade do parceiro outorgante de promover a manutenção das cercas, por se tratar de ônus relacionado à preservação da segurança e higidez do próprio imóvel, de caráter permanente (tendo a cerca duração estimada muito superior à vigência do contrato de parceria).[815] Já no julgamento da Apelação Cível 0002764-32.2009.8.26.0587, o Tribunal de Justiça do Estado de São Paulo tratou de relação locatícia de imóvel litorâneo, em que se previa um desconto para os meses de baixa temporada (março a novembro). A despeito da literalidade da cláusula contratual do último instrumento celebrado pelas partes, que somente mencionava a vigência do referido desconto no período de 2005 a 2007, a Corte entendeu, também fazendo referência ao papel integrativo da causa concreta, que o desconto deveria se estender para o período em que o contrato se prorrogou por prazo indeterminado, até porque o imóvel já era ocupado pela locatária, de forma ininterrupta, com o mesmo desconto durante os meses de baixa temporada, desde o ano de 1999, de forma que, nas palavras do Relator Desembargador Hamid Bdine, "tal condição encontrava-se arraigada no conteúdo do negócio jurídico de modo implícito, a despeito da literalidade da cláusula contratual que somente mencionava o período de 2005 a 2007."[816] Neste último caso, com a devida vênia, apesar de concordarmos com a solução conferida ao caso, entendemos desnecessária a invocação do conceito de causa concreta, pois, em rigor, não é a finalidade do contrato de locação (causa final) que aponta para a preservação do desconto no período de prorrogação por prazo indeterminado, mas outros vetores de interpretação e integração expressamente referidos no art. 113 do Código Civil (*v.g.*, boa-fé objetiva; usos, costumes e práticas

---

815. TJSP, Apelação Cível 0009862-74.2010.8.26.0024, Relator Desembargador Antonio Nascimento, 26ª Câmara de Direito Privado, j. em 30 jul. 2014.
816. TJSP, Apelação Cível 0002764-32.2009.8.26.0587, Relator Desembargador Hamid Bdine, 29ª Câmara de Direito Privado, j. em 03 set. 2014.

do mercado relativas ao negócio; comportamento reiterado das partes na vigência da mesma relação jurídica).[817]

3.2.8 Causa concreta e sinalagma expandido: aproximação dos conceitos

Chegou o momento de estabelecer a ponte entre as concepções de sinalagma e causa que reputamos mais adequadas (vale dizer, o sinalagma "expandido" e a causa concreta), para, na sequência, avaliar em que medida os contornos da causa concreta interferem na definição quanto ao cabimento ou não do remédio da exceção de contrato não cumprido.

A defesa de uma versão "expandida" do sinalagma – em contraposição àquela anteriormente predominante que conectava apenas as obrigações principais de um contrato – foi feita no subitem 3.1.3, acima.

Naquela oportunidade, asseveramos que o sinalagma deve ser compreendido como nexo funcional entre polos prestacionais, agregando cada polo os deveres que, independentemente de sua natureza (principal, secundário, instrumental ou de proteção), assumam relevância significativa para a promoção do resultado útil do contrato.[818] A violação destes deveres que integram o sinalagma – e apenas deles – poderá ensejar a invocação dos remédios sinalagmáticos, entre os quais a exceção de contrato não cumprido.

Sustentamos, em continuidade, que, economicamente, o sinalagma é expressão da equivalência subjetiva entre os custos assumidos e as vantagens que as partes pretendem obter por meio do contrato, sendo que todos os deveres que integram a relação, independentemente de sua natureza, têm um custo e compõem essa equivalência. Apenas uma análise em concreto, à luz da finalidade do contrato e dos interesses das partes, poderá informar quais desses deveres, quando violados, são relevantes a ponto de romper significativamente essa relação de equilíbrio e permitir, como consequência, a utilização dos remédios sinalagmáticos.[819]

Vale repisar que a noção de inadimplemento é mais ampla do que o âmbito de cabimento dos remédios sinalagmáticos (resolução, exceção de contrato não cumprido etc.). O inadimplemento se dá sempre que a prestação deixa de ser efetuada em termos adequados, sob qualquer aspecto, vulnerando de alguma forma

---

817. Art. 113. Os negócios jurídicos devem ser interpretados conforme a boa-fé e os usos do lugar de sua celebração.
 § 1º A interpretação do negócio jurídico deve lhe atribuir o sentido que
 I – for confirmado pelo comportamento das partes posterior à celebração do negócio;
 II – corresponder aos usos, costumes e práticas do mercado relativas ao tipo de negócio;
 III – corresponder à boa-fé;
 [...].
818. Adotando concepção semelhante: Silva, Rodrigo da Guia. Op. cit., p. 51-52.
819. Castronovo, Carlo. Op. cit., p. 06.

a satisfação do interesse do credor.[820] Ou, visto pelo ângulo inverso, para que haja adimplemento é preciso que ocorra o cumprimento satisfatório, ponto por ponto (modo, forma, lugar, tempo, qualidade, quantidade etc.), de todos os deveres que constituem o objeto da relação obrigacional.[821] Isso não significa, todavia, que, sempre que houver inadimplemento, poderão ser invocados os remédios sinalagmáticos, na medida em que a definição do remédio cabível, entre os disponíveis (v.g., resolução, exceção de contrato não cumprido, perdas e danos), dependerá, em cada caso, *do nível de comprometimento causado pela violação sobre o resultado útil programado para o contrato*. Se esse comprometimento for mínimo, incapaz de atingir o núcleo de interesses do contrato, poderá o credor pleitear apenas o cumprimento específico e/ou perdas e danos.[822]

Em suma: para o cabimento da exceção de contrato não cumprido, enquanto espécie de remédio sinalagmático, não basta o inadimplemento de um dever, é preciso que se trate de um inadimplemento qualificado – vale dizer, de um dever que *integre o sinalagma* (isto é, que, independentemente da classe [principal, secundário, instrumental ou de proteção], seja relevante para o atingimento do programa contratual e encontre-se em relação de reciprocidade e proporcionalidade com o dever inadimplido pelo excipiente). Do contrário, não integrando o dever violado o sinalagma, inexistirá o próprio contradireito de paralisar a eficácia da pretensão do excepto, consubstanciando a invocação do remédio verdadeiro exercício abusivo dessa posição jurídica ativa.

Pois bem.

Fácil perceber, nessa senda, a íntima conexão entre esse sinalagma "expandido" –que, a despeito de não se restringir às obrigações principais, também não engloba todos os deveres do contrato – e a própria noção de causa concreta, com os contornos definidos linhas atrás.

Com efeito, se o sinalagma constitui o nexo funcional entre os deveres de cada parte relevantes para a promoção do resultado útil do contrato, isso equivale a dizer que o sinalagma representa o liame entre os deveres essenciais para o atingimento da causa concreta.

Colocados desta forma, os dois conceitos (sinalagma e causa concreta) influenciam-se mutuamente.

Primeiro, a causa concreta (enquanto unidade de finalidades e interesses essenciais consagrados pelo contrato) serve como ponto de referência para a determinação do sinalagma: afinal, só integram o sinalagma, por definição, os deveres que, independentemente da classe, sejam relevantes para a realização da causa concreta.

---

820. Almeida Costa, Mário Júlio de. *Direito das obrigações*. 9. ed. Coimbra: Almedina, 2001, p. 965.
821. Schreiber, Anderson. *Manual de direito civil contemporâneo*. São Paulo: Saraiva, 2018, p. 333.
822. Terra, Aline de Miranda Valverde. *Cláusula resolutiva expressa e resolução extrajudicial*. Civilistica.com, a. 2, n. 3, 2013, p. 01-19.

Em direção inversa, o próprio sinalagma, enquanto liame de correspectividade entre os deveres relevantes de cada parte – expressão da delicada equivalência subjetiva construída entre custos, riscos e vantagens projetados por meio da avença –, também participa e integra a função concreta de todos os contratos bilaterais (caracterizados, sem exceção, por deveres recíprocos de cada parte, ligados por esse nexo de interdependência). Ademais, apenas a partir do exame dos deveres que constituem o sinalagma é possível individualizar a função concreta de cada negócio e definir os interesses reais que o animam (isto é, sua causa concreta). É nesse sentido que Luciano de Camargo Penteado afirma, com toda razão, que a estruturação sinalagmática das trocas voluntárias, nos contratos bilaterais, é ao mesmo tempo *constituinte* e *reveladora* do fim concreto do negócio.[823]

Acerca dessa influência recíproca, de mão dupla, entre as noções de sinalagma e causa concreta, bem adverte Rodrigo da Guia Silva, na mesma linha aqui esposada:

> Sustenta-se, a propósito, a relevância do sinalagma para a própria determinação da causa contratual, de modo que a correspectividade entre prestações desempenharia papel relevante para a individualização da função exercida por um dado contrato. Avançando-se mais um passo nessa análise eminentemente funcional, talvez seja o caso de reconhecer, em complementação (frise-se, não sobreposição), que a causa concreta (enquanto mínima unidade de efeitos essenciais e interesses tangenciados pelo contrato) tem o condão de servir como ponto de referência para a determinação do sinalagma. Desse modo, poder-se-ia agregar pontual observação ao difundido entendimento de que o nexo funcional entre prestações consiste na circunstância de terem elas sua razão de ser uma na outra: talvez seja a causa contratual concreta, em rigor, a razão de ser de todas as prestações a cargo dos contratantes, de modo que o vínculo de correspectividade, quando verificado, consiste, em verdade, na análise qualitativa da relevância de determinadas prestações (*rectius*: polos prestacionais) para a promoção da causa do específico contrato. Em outras palavras, restará configurado o sinalagma sempre que houver prestações (ou polos prestacionais) igualmente relevantes para a promoção do resultado útil do contrato.[824]

Luciano de Camargo Penteado usa a imagem de uma molécula para explicar a relação entre sinalagma e causa. A coordenação dos átomos, que os mantém unidos na molécula, pode ser comparada ao sinalagma. Já a causa seria a finalidade que anima a existência da molécula, a razão pela qual os átomos se uniram (admitindo-se, para fins didáticos, que uma molécula tenha uma finalidade).[825]

---

823. Penteado, Luciano de Camargo. *Doação com encargo e causa contratual. Uma nova teoria do contrato*. 2. ed. São Paulo: Ed. RT, 2013, p. 160. É também sob essa dupla perspectiva que Maria Celina Bodin de Moraes sustenta a relevância do sinalagma para a determinação da causa contratual: "A interdependência funcional, também chamada nexo de correspectividade, entre os efeitos essenciais serve, de modo especial, a determinar a função negocial. De fato, observa-se que o nexo de sinalagmaticidade, isto é, o particular coligamento jurídico entre os efeitos do contrato, indica o nexo funcional existente entre os recíprocos interesses dos contraentes." (Bodin de Moraes, Maria Celina. O procedimento de qualificação dos contratos e a dupla configuração do mútuo no direito civil brasileiro. *Revista Forense*, v. 309, jan.-mar. 1990, p. 41).
824. Silva, Rodrigo da Guia. Novas perspectivas da exceção de contrato não cumprido: repercussões da boa-fé objetiva sobre o sinalagma contratual. *Revista de Direito Privado*, v. 78, jun.- 2017, p. 50-51.
825. Penteado, Luciano de Camargo. *Doação com encargo e causa contratual. Uma nova teoria do contrato*. 2. ed. São Paulo: Ed. RT, 2013, p. 160.

Apesar de coexistirem nos contratos bilaterais e se influenciarem mutuamente, causa e sinalagma não se confundem. Causa é função, finalidade. Sinalagma é coordenação, interdependência. A causa é extrínseca ao negócio, pois a função de um ser não pode ser, ao mesmo tempo, elemento constitutivo dele. Já o sinalagma é intrínseco ao negócio: a coordenação dos elementos integra o conteúdo do negócio, resultando direta ou indiretamente da vontade das partes. Nesse sentido, explicam Maria de Lurdes Pereira e Pedro Múrias:

> O sinalagma não é uma função econômico-social, nem uma função prática do contrato. É apenas a estipulação pelas partes de que cada atribuição jurídica fica dependente de se realizar a outra atribuição e tem por finalidade essa realização. O sinalagma é, pois, um elemento do negócio, do seu texto ou do seu conteúdo, por vezes autonomamente explicitado em locuções como "em troca de", mas que pode em alternativa estar analiticamente incluído noutras expressões ou resultar simplesmente do contexto.[826]

O sinalagma cria um conjunto de deveres coordenados, mas não lhes dá um sentido, uma direção: isso é feito pela causa do contrato, a qual acrescenta um télos, a impulsionar e legitimar a declaração de vontade. Na metáfora feita pelos mesmos autores, uma coisa é articular, fixar e lubrificar as peças de um automóvel, outra coisa é destiná-lo a uma atividade.[827]

Outra diferença relevante: o sinalagma é uma coordenação entre deveres (note-se: apenas entre deveres), enquanto a causa concreta é uma finalidade extraída não só do exame dos deveres, mas também dos interesses das partes e das circunstâncias negociais.

Estabelecida a relação entre sinalagma "expandido" e causa concreta, com seus pontos de contato e distinções, é o momento de avaliar como a causa concreta influencia no juízo de cabimento da exceção de contrato não cumprido.

3.2.9 Causa concreta e cabimento da exceção de contrato não cumprido

Como já exposto, o principal papel da causa concreta – coadjuvado pelas funções que denominamos "metodológica" e "hermenêutica" – é o de servir como critério de "ajuste fino" do contrato, orientando o intérprete na solução dos problemas que venham a surgir no desenvolvimento da relação contratual (v.g., impossibilidade superveniente, inadimplemento, exceção de contrato não cumprido), a fim de que a solução leve em consideração os interesses concretamente perseguidos pelas partes, os riscos voluntariamente assumidos e as trocas de vantagens globalmente consideradas.

---

826. Pereira, Maria de Lurdes; Múrias, Pedro. Sobre o conceito e a extensão do sinalagma. In: *Estudos em Honra do Professor Doutor José de Oliveira Ascensão*, v. I, Coimbra, 2008, p. 425-426.
827. Ibidem, p. 427.

Bem de ver que os incidentes referidos, concernentes ao desenvolvimento da relação contratual, são regidos por regras do Código Civil, próprias de cada instituto, como é o caso do art. 476 em relação à exceção de contrato não cumprido, do art. 475 no que tange à resolução por inadimplemento, do art. 478 no que toca à resolução por onerosidade excessiva, e assim por diante. A causa concreta não estabelece, assim, a regra básica de solução de cada um desses problemas: seu papel, como já tantas vezes remarcado, é de servir de critério de "sintonia fina", de modo a assegurar que a resposta a ser dada esteja sempre em linha com as finalidades específicas da avença sob exame. Não se trata, entretanto, de função pouco significativa, haja vista o caráter genérico da maioria das normas aludidas, muitas vezes insuficientes para resolver os *hard cases* concernentes à aplicação de cada instituto. Tome-se, como exemplo, justamente o caso da única disposição atinente à exceção de contrato não cumprido no Código Civil, cuja simplicidade salta aos olhos: "Art. 476. Nos contratos bilaterais, nenhum dos contratantes, antes de cumprida a sua obrigação, pode exigir o implemento da do outro."

Não basta para o cabimento da exceção de contrato não cumprido que tenha havido o descumprimento de qualquer dos deveres inseridos em um contrato bilateral, como poderia levar a crer a genérica disposição do art. 476 do Código Civil. A invocação da exceção de contrato não cumprido, assim como dos demais remédios sinalagmáticos, só se legitima quando o descumprimento alegado pelo excipiente atingir o núcleo funcional do contrato constituído pela causa concreta – vale dizer, quando o descumprimento interferir significativamente na economia do negócio, trazendo prejuízo à satisfação do interesse útil do credor (leia-se: do excipiente).[828]

Como já tivemos oportunidade de mencionar, Miguel Reale, em parecer do ano de 1993, já sustentava que a invocação da *exceptio* é legítima somente quando as falhas ou vícios constituam impedimento ao resultado útil que substancialmente se tenha em vista atingir por meio do contrato (ou, nas suas palavras, "quando o excepto deixa de atender ao *objetivo fundamental* previsto no contrato"). Para a delimitação deste objetivo fundamental, defendeu expressamente, é necessário valorar todos os deveres e circunstâncias concretas do negócio, de modo a constatar se a falta alegada pelo excipiente é "de molde a impedir a consecução do resultado útil visado pelas partes contratantes".[829]

---
828. Aguiar Jr., Ruy Rosado de. *Comentários ao novo Código Civil*, v. VI, t. II: da extinção do contrato (arts. 472 a 480). Teixeira, Sálvio de Figueiredo (Coord.). Rio de Janeiro: Forense, 2011, p. 747.
829. Reale, Miguel. A boa-fé na execução dos contratos – A juntada de material e documentos por linha na tradição do direito pátrio. Sua licitude. Delimitação do "ius iudicandi" nos embargos infringentes. Requisito essencial da boa-fé para a "exceptio non adimpleti contractus". A jurisprudência do Supremo Tribunal Federal. Necessidade de examinar-se a "exceptio" mediante cuidadoso balanceamento dos valores e fins visados pelo contrato. Contradição entre a arguição de vício total do bem de cuja exploração o excipiente aufere lucros. Limites do direito de retenção e sua inaplicabilidade na espécie. In: *Questões de Direito Privado*. São Paulo: Saraiva, 1997, p. 21-32.

Mas é preciso também verificar, por ocasião do exame do cabimento do remédio, se existe *proporcionalidade* entre os deveres inadimplidos (pelo excepto e pelo excipiente), à luz justamente da relevância de ambos para o atingimento da causa concreta: vale dizer, para que a oposição da exceção seja cabível, é preciso que a prestação descumprida pelo excepto ostente relevância semelhante para a promoção da causa concreta do contrato em cotejo com a prestação cuja exigibilidade o excipiente pretende suspender.[830]

Nessa senda, Ruy Rosado de Aguiar Jr. também enumera, entre os requisitos necessários para o cabimento da *exceptio*, os dois seguintes, de forma conjugada: [i] gravidade da inexecução atribuída ao excepto para a economia do contrato; [ii] proporcionalidade entre a inexecução atribuída ao excepto e a prestação cujo cumprimento o excipiente pretende suspender.[831] Em igual linha de entendimento, Enrico Gabrielli sustenta que a jurisprudência da Corte de Cassação Italiana "é orientada no sentido de que a faculdade do excipiente de recusar a própria prestação está subordinada à gravidade do inadimplemento da parte contrária, isto é, impende se tratar de um inadimplemento que não seja de escassa importância em consideração aos interesses do excipiente." E prossegue afirmando que o juiz também deve se ater "ao critério fundamental da proporcionalidade das prestações inadimplidas em respeito à causa concreta do contrato, [...] bem como à incidência dos descumprimentos sobre o equilíbrio das posições das partes contraentes na relação."[832]

Cabe citar dois julgados, ambos da Corte Estadual Bandeirante, em que estas ideias foram aplicadas na forma aqui sugerida.

No primeiro, Apelação Cível 0007399-13.2010.8.26.0008, de Relatoria do Desembargador Francisco Loureiro,[833] os autores haviam alienado as quotas sociais de uma empresa aos requeridos pelo preço de R$ 500.000,00, valor já pago pelos cessionários, obrigando-se estes, ainda, a quitar um passivo tributário previamente auditado no valor de R$ 107.476,06. Ante a não quitação do débito tributário pelos cessionários, os autores-cedentes ingressaram com ação de obrigação de fazer cumulada com cobrança da cláusula penal estabelecida no contrato (R$ 50.000,00).

---

830. Silva, Rodrigo da Guia. Novas perspectivas da exceção de contrato não cumprido: repercussões da boa-fé objetiva sobre o sinalagma contratual. *Revista de Direito Privado*, v. 78, jun. 2017, p. 52.
831. Os outros sete pressupostos que se somariam aos dois referidos são, na lição do autor, os seguintes: a) o contrato deve ser bilateral; b) existência de correspectividade entre as obrigações do excepto e do excipiente; c) vencimento da obrigação do excipiente; d) não cumprimento da obrigação do excipiente; e) obrigação do excepto de prestar antes ou simultaneamente; f) não cumprimento ou falta de oferta da prestação do excepto; g) o não cumprimento do excepto não pode ser imputado ao excipiente. (Aguiar Jr., Ruy Rosado de. *Comentários ao novo Código Civil*, v. VI, t. II: da extinção do contrato [arts. 472 a 480]. Teixeira, Sálvio de Figueiredo [Coord.]. Rio de Janeiro: Forense, 2011, p. 724).
832. Gabrielli, Enrico. Il contratto e i rimedi: la sospensione dell'esecuzione. *Jus Civile*, 2014, p. 23.
833. TJSP, Apelação Cível 0007399-13.2010.8.26.0008, Relator Des. Francisco Loureiro, 1ª Câmara Reservada de Direito Empresarial, j. em 04 dez. 2013.

Em contestação, os cessionários invocaram a exceção de contrato não cumprido, sob o argumento de que, após a alienação da sociedade, apareceram diversas dívidas que não haviam sido auditadas, junto a escritórios de advocacia e fornecedores. Além disso, um auto de infração apontou a existência de débito tributário em montante muito superior ao constante no contrato (R$ 5.802.288,53). Logo, os autores-cedentes também seriam inadimplentes, pois alienaram a sociedade com gravames muito mais substanciosos do que os levantados na auditoria.

Em réplica, os autores argumentaram que havia cláusula expressa no contrato isentando os cedentes de qualquer cobrança referente à sociedade, mercê do que a exceção de contrato não cumprido não seria cabível.

Estes eram os fatos da lide.

A 1ª Câmara Reservada de Direito Empresarial acolheu a *exceptio*, assim como já havia feito o juízo de piso. Como premissa do raciocínio desenvolvido, o Relator, Desembargador Francisco Loureiro, afirmou com apuro técnico digno de nota que a exceção de contrato não cumprido pressupõe "relação de equivalência, isto é, de correspectividade entre a prestação não adimplida pelo autor e aquela cujo adimplemento é recusado pelo réu." Essa relação de equivalência, de proporcionalidade, entre as prestações, prosseguiu o julgador, deve ser apurada mediante o exame da relevância de ambas para a promoção da causa concreta do negócio, a qual ele denominou "causa-fim". Confira-se:

> Nessa perspectiva, apenas por um exame de finalidade que as partes atribuem às obrigações recíprocas é que se pode falar em relação de conexidade, na proporcionalidade entre as duas prestações. O que vai estabelecer essa conexão é o fim atribuído como parte da manifestação de vontade, ao lado do consentimento em si. Fala-se, aqui, em causa-fim do contrato celebrado.

No caso, o valor do passivo tributário havia exercido forte influência na celebração do contrato, tendo sido certamente um dos fatores considerados pelos requeridos na decisão de adquirir a empresa. Se estes tivessem tido conhecimento da verdadeira extensão desse passivo – cerca de cinquenta vezes superior ao declarado – certamente não teriam realizado o negócio entabulado, ou pelo menos outro, bem inferior, teria sido o preço que teriam concordado em pagar pelas quotas sociais, uma vez que, na realidade, as dívidas superavam em muito o valor patrimonial da sociedade. Enfim, a circunstância de a empresa possuir poucas dívidas havia integrado a causa concreta do negócio (ou sua "causa-fim", conforme consta do v. acórdão).

Legítima, nesse contexto, a arguição da exceção de contrato não cumprido pelos requeridos, pois equivalentes, em termos de relevância para o atingimento da causa concreta, os deveres em cotejo: se, de um lado, os requeridos não haviam quitado o passivo fiscal auditado de R$ 107.476,06, como haviam se obrigado, por outro, os autores também haviam descumprido significativamente a avença, na medida em que omitiram a existência de passivo real que excedia em cerca de cinquenta vezes o auditado.

Acolhida a exceção, operou-se a paralisação da eficácia da pretensão dos autores, tendo o julgado concluído, nesses termos, pela improcedência do pedido de obrigação de fazer.[834]

O pedido de cobrança da cláusula penal também não merecia acolhida nessas circunstâncias. Quem alega validamente a *exceptio non adimpleti contractus* não é inadimplente, não incorre em mora. Afinal, a mora constitui, por definição, um retardamento culposo no cumprimento da obrigação, do que não se cogita quando a oposição da exceção é regular, na medida em que esta, mercê do seu caráter dilatório, tem o condão de suspender a eficácia da pretensão contra a qual é oposta.[835]

Observe-se que não poderia vingar na hipótese o argumento dos autores, trazido em réplica, em resposta à *exceptio*, da existência de cláusula no contrato a exonerá-los de todo e qualquer débito da sociedade. Primeiro, porque essa disposição contratual só poderia valer para os débitos prévios devidamente auditados e para os posteriores à alienação da empresa: para os pretéritos que não foram captados pela auditoria, ela constituiria um contrassenso, pois criaria um risco não dimensionável e, portanto, não precificável. Segundo, não seria razoável que os autores – que haviam distorcido fragorosamente o valor do passivo fiscal – fossem beneficiados por cláusula que os exonerasse de qualquer débito pretérito da sociedade.

Analisemos o segundo caso.

Trata-se da Apelação Cível 0031315-32.2006.8.26.0068, de Relatoria do Juiz Enéas Costa Garcia.[836]

No caso, as partes celebraram "instrumento particular de promessa de permuta de partes ideais de terrenos e outras avenças", por meio do qual as rés transmitiram à autora direitos sobre nove glebas de terras, no montante de 65% da "gleba 1" e 85% das demais, para implantação futura, pela autora, de empreendimentos imobiliários nos terrenos.

Caberia à autora elaborar os projetos (loteamentos, condomínios, prédios comerciais, plantas industriais etc.), bem como arcar com os custos de impostos, legalização e implementação dos empreendimentos, inclusive no que concerne às partes ideais dos imóveis que remanesceriam com as requeridas. Além disso, a au-

---

834. Em que pese o julgado tenha, nesse ponto (obrigação de fazer), adotado a solução da improcedência, somos da opinião, pelas razões que serão aprofundadas em capítulo próprio, de que a melhor solução processual para o caso de acolhimento da exceção de contrato não cumprido é uma espécie de "procedência condicionada" – isto é, condenar o réu-excipiente ao cumprimento da prestação cobrada, condicionando-se, todavia, a execução da sentença ao adimplemento da contraprestação do excepto.
835. No sentido de que a oposição regular da *exceptio* afasta os efeitos da mora, ver: Silva, João Calvão da. *Cumprimento e sanção pecuniária compulsória*. Coimbra: Almedina, 1987, p. 335; Serpa Lopes, Miguel Maria de. Op. cit., p. 290; Aguiar Jr., Ruy Rosado de. *Comentários ao novo Código Civil*, v. VI, t. II: da extinção do contrato (arts. 472 a 480). Teixeira, Sálvio de Figueiredo (Coord.). Rio de Janeiro: Forense, 2011, p. 778-779.
836. TJSP, Apelação Cível 0031315-32.2006.8.26.0068, Relator Juiz Convocado Enéas Costa Garcia, 1ª Câmara de Direito Privado, j. em 29 out. 2018.

tora assumiu a obrigação de quitar, diretamente perante terceiros, débitos referentes à aquisição pelas requeridas das glebas 1 a 5, no montante aproximado de R$ 12 milhões (assunção de débito).

No prazo de 90 dias a contar da assinatura do contrato, a autora deveria apresentar às rés anteprojetos detalhados dos empreendimentos das glebas 1 a 5 e, no prazo de 180 dias, o mesmo em relação às glebas 6 a 9. Apresentados os anteprojetos, abrir-se-ia prazo para apresentação, pelas requeridas, de eventuais pontos de discordância e/ou sugestões. Na sequência, a autora deveria submeter os anteprojetos aos órgãos públicos para aprovação. Obtidos os alvarás necessários, passaria a fluir novo prazo de 540 dias, com tolerância de 180 dias, para conclusão dos empreendimentos, efetivação do registro e concessão do "habite-se". A escritura para transferência dos imóveis à autora seria outorgada após a aprovação dos projetos pelos órgãos públicos.

Em contrapartida à cessão das frações ideais dos imóveis, a autora pagaria às requeridas a quantia de R$ 65 milhões, por meio da entrega de coisa futura (unidades autônomas e lotes nos empreendimentos a serem implementados). O contrato previa um adiantamento, no valor de R$ 4 milhões (R$ 500 mil na assinatura do contrato e mais dez cheques pré-datados), que seria posteriormente abatido do valor total a ser pago por meio da entrega de unidades autônomas e lotes (R$ 65 milhões).

Para além dessa já complexa "promessa de permuta", as partes haviam mantido, no passado, outra relação contratual entre si, denominada pelas requeridas "parceria", a envolver outros 51 imóveis. Por meio desse segundo contrato, as rés adquiriam imóveis por ordem e com recursos da autora, obrigando-se posteriormente a transmiti-los à autora. No mesmo instrumento em que realizada a "promessa de permuta", as partes dispuseram, como forma de acertar pendências relativas à dita "parceria", que as rés outorgariam procuração à autora, com poderes para regularizar documentalmente 51 imóveis adquiridos junto a terceiros com seus recursos, enquanto a autora, por outro lado, dava plena quitação em relação aos valores recebidos pelas rés para a aquisição desses imóveis. Como único ponto de contato entre os dois negócios ("promessa de permuta" e "parceria"), constou do instrumento que a falta de outorga de procuração autorizaria a suspensão dos pagamentos referentes ao adiantamento de R$ 4 milhões, mediante sustação dos cheques pendentes.

Este era, na essência, o desenho das relações contratuais existentes entre as partes.

Na petição inicial, a autora sustentou, basicamente, que as requeridas estavam em mora por não terem outorgado a procuração necessária para regularizar os 51 imóveis adquiridos com seus recursos, e, partindo dessa premissa, postulou o cumprimento dessa obrigação. As rés, por outro lado, alegaram, em contestação, que a autora havia incorrido em inadimplemento absoluto, em virtude de várias violações relevantes à "promessa de permuta" (não apresentação tempestiva dos anteprojetos dos empreendimentos; não pagamento do saldo do preço aos terceiros vendedores das glebas 1 a 5; sustação indevida dos cheques referentes ao adiantamento). Ante o inadimplemento absoluto, aduziram as requeridas, o contrato teria se resolvido extrajudicialmente, mercê da existência de cláusula resolutiva expressa. Nessa esteira, pleitearam, em reconvenção, a declaração da resolução extrajudicial havida, com o retorno das partes ao *status quo ante* (devolução da posse das glebas 1 a 9), além de condenação da autora em perdas e danos.

A questão principal estava, portanto, em determinar quem havia dado causa ao descumprimento do contrato: se a autora ou as rés.

Subjacente ao pedido formulado pela autora de obrigação de fazer, para exigir o cumprimento da obrigação de outorgar escritura, estava uma alegação de exceção de contrato não cumprido, a fim de tentar justificar as prestações por ela não cumpridas do contrato de "promessa de permuta". Argumentava a autora, nesse sentido, terem sido legítimas [i] sua inércia em elaborar, aprovar e dar andamento aos projetos imobiliários das glebas 1 a 9, [ii] sua omissão em efetuar os pagamentos aos terceiros vendedores das glebas 1 a 5, [iii] bem como sua conduta de sustar os cheques referentes ao adiantamento de R$ 4.000.000,00, porque, *antes*, as rés não teriam cuidado de outorgar a procuração necessária para regularizar os outros 51 imóveis.

Já as rés, em contestação, trouxeram a exceção de contrato não cumprido em caráter subsidiário à tese principal de resolução extrajudicial: sustentaram que, não tendo a autora cumprido suas obrigações, mesmo após ter sido interpelada nesse sentido, ela teria dado azo à resolução extrajudicial do negócio, mas que, na hipótese dessa linha de raciocínio não ser acolhida, era o caso de ao menos suspender a exigibilidade da pretensão de obrigação de fazer, como efeito da *exceptio*.

Ao examinar o caso, a Câmara julgadora concluiu que foi a autora que deu causa ao inadimplemento.

Como apontado pelo Relator Enéas Costa Garcia, a relação contratual principal no caso era, sem dúvida, a "promessa de permuta". A questão referente à outorga de procuração, constante de uma disposição final do instrumento, constituía apenas um acertamento, um encontro de contas, de outra relação comercial anterior entre as mesmas partes, já esgotada, que denominou "parceria" (na qual a autora transferia recursos às requeridas para que estas adquirissem imóveis sob sua ordem, cuja propriedade, em momento subsequente, deveria ser transmitida à autora). O ponto de contato entre os dois negócios ("promessa de permuta" e "parceria") restringia-se à menção de que a falta de outorga de procuração autorizaria a suspensão dos pagamentos referentes ao adiantamento de R$ 4 milhões, mediante sustação dos cheques. Nada mais.

Embora isso não conste expressamente do v. Acórdão, resta claro que, para a Turma julgadora, esse único ponto de contato entre os dois negócios não era suficiente para que se pudesse reconhecer que os dois contratos eram "coligados" entre si (situação em que, como se verá adiante, seria possível, em tese, a invocação da exceção "cruzada", por inadimplemento de prestações de contratos diferentes). Na verdade, a ligação entre os dois negócios era puramente circunstancial, derivada do fato de constarem do mesmo instrumento e da cláusula que condicionava o "adiantamento" à outorga da procuração – em outras palavras, inexistia uma ligação funcional entre os dois negócios, a ponto de se poder afirmar que estavam unidos para realizar uma operação econômica unitária, como é característico dos casos verdadeiros de coligação contratual.

Nesse contexto, é certo que a autora havia descumprido justamente as obrigações centrais do contrato de "promessa de permuta", integrantes de sua causa concreta, haja vista que [i] não viabilizou, conforme os prazos pactuados, os projetos arquitetônicos, a aprovação deles perante os órgãos públicos e a construção efetiva dos empreendimentos (passos necessários para que as requeridas recebessem no futuro a contraprestação no valor total de R$ 65 milhões), [ii] nem pagou aos terceiros os valores pendentes referentes às glebas 1 a 5 (no valor aproximado de R$ 12 milhões), criando embaraços substanciais para as requeridas. Para justificar o descumprimento dessas obrigações centrais da "promessa de permuta", componentes de seu sinalagma, a autora invocou inadimplemento, por parte das requeridas, de ajuste que, sob a perspectiva dessa relação específica, era meramente lateral (ausência de outorga da procuração para transferência dos 51 imóveis, que, consoante disposição expressa do instrumento, autorizava *apenas* a suspensão do pagamento do adiantamento de R$ 4 milhões – o que, para além de constituir mero adiantamento, correspondia a pouco mais de 6% do valor do contrato de "promessa de permuta"). Nessa senda, asseverou o magistrado Relator:

> E neste sentido a autora se tornou inadimplente justamente quanto à principal obrigação do contrato e para justificar seu inadimplemento busca invocar inadimplemento das requeridas quanto a parte secundária do negócio, em comportamento que afasta a alegação da *exceptio*. [...]
> O sinalagma do contrato de promessa de permuta reside na entrega das nove glebas e, em contrapartida, pagamento da quantia de R$ 65.000.000,00. Este é o objeto principal do contrato, consistindo na causa de atribuição patrimonial (entrega do imóvel pelo pagamento do valor ajustado). Tudo o mais foi ajustado como obrigações acessórias para viabilizar a efetivação da obrigação principal.[837]

Dito de outra forma, a exceção de contrato não cumprido não poderia ser validamente invocada pela autora justamente porque a prestação inadimplida pelas requeridas não ostentava relevância semelhante para a promoção da causa concreta do contrato em cotejo com as prestações cujo descumprimento a autora tentava justificar.

---
837. TJSP, Apelação Cível 0031315-32.2006.8.26.0068, Relator Juiz Convocado Enéas Costa Garcia, 1ª Câmara de Direito Privado, j. em 29 out. 2018.

Para a autora, vale remarcar, demonstrar a legitimidade da exceção de contrato não cumprido, alegada extrajudicialmente e em período anterior ao ajuizamento da demanda, era um passo lógico necessário para sua conclusão de que a mora era na verdade das requeridas, fundamento de seu pedido de obrigação de fazer referente à outorga da escritura. O que restou demonstrado, ao invés, foi que a autora havia descumprido obrigações muito mais significativas ao crivo da causa concreta do contrato de "promessa de permuta", de modo permanente e insanável (inadimplemento absoluto), a ponto de confirmar a tese das requeridas de que o contrato teria sido, na verdade, resolvido extrajudicialmente pela incidência de cláusula resolutiva expressa.

A solução conferida à lide parece-nos absolutamente acertada, constituindo este segundo caso, aliás, ótimo exemplo de como por vezes a exceção de contrato não cumprido, mormente quando invocada extrajudicialmente em período anterior ao ajuizamento da demanda, pode aparecer como uma questão incidental relevante no exame de provimentos judiciais de outra natureza, tais como de resolução do contrato ou de cumprimento específico (auxiliando especialmente na tarefa de definir qual dos contratantes efetivamente descumpriu o contrato).

Analisados o sinalagma e a causa concreta, passa-se, agora, ao terceiro fator que exerce influência no juízo de cabimento da exceção de contrato não cumprido: a boa-fé objetiva.

3.3 BOA-FÉ OBJETIVA: ANTES FUNDAMENTO, AGORA LIMITE PARA A EXCEÇÃO DE CONTRATO NÃO CUMPRIDO

Mais uma vez, como já se advertiu quanto à causa do contrato, não se pretende aqui revisitar, em toda sua profundidade, o instituto da boa-fé objetiva (conceito, funções, efeitos etc.). O propósito deste item é bem mais modesto: traçar a relação entre os temas da boa-fé objetiva e da exceção de contrato não cumprido.

3.3.1 A boa-fé na gênese histórica da exceptio: fundamento original do instituto

Primeiramente, é preciso recordar a importância exercida pela boa-fé – ainda sob as concepções romana e canônica de *bona fides* – na formação das bases do remédio da exceção de contrato não cumprido.

Como apontado no primeiro capítulo, os romanos, embora sem nunca alcançar uma regra geral e sem igualmente desenvolver qualquer sistematização teórica ou conceitual quanto ao tema, foram levados, *por razões de equidade e boa-fé* – diretrizes perenes de seu espírito eminentemente prático –, a consagrar mecanismos capazes de conferir ao demandado, em determinadas circunstâncias, a faculdade de recusar o cumprimento de sua obrigação ante o inadimplemento coetâneo do autor.[838]

Isso se deu, inicialmente, como visto, por meio de duas *exceptiones* (a *exceptio mercis non traditae* e a *exceptio doli*). As *exceptiones* eram, por natureza, meios de defesa carregados dos influxos da *bona fides* e da *aequitas*: geralmente introduzidas no sistema pela atividade moderadora e corretora de abusos dos pretores, as *exceptiones* constituíam partes acessórias da *formula*, inseridas a pedido do réu, que não objetivavam negar a existência do direito do autor, mas bloquear a ação, evitando a aplicação rigorosa de um direito abstratamente albergado pelo *ius civile*, mas cuja aplicação, no caso concreto, mostrava-se iníqua e contrária à boa-fé.[839]

Por meio da *exceptio mercis non traditae*, o comprador podia recusar o pagamento do preço enquanto o bem vendido não lhe fosse entregue pelo vendedor.[840] Já por meio da *exceptio doli*, defesa mais genérica, admitida sempre que se observasse má-fé por parte do demandante (a abranger tanto o momento da celebração do contrato, como de seu cumprimento), permitia-se que o demandado, em relação a qualquer dos contratos bilaterais perfeitos então existentes (compra e venda, locação e sociedade), recusasse o cumprimento de sua prestação sob o argumento de a parte adversa também não ter cumprido o que lhe competia.[841]

A partir do fim do século II, passou-se a entender que, em relação aos contratos bilaterais tutelados por *actiones bonae fidei* (compra e venda, locação e sociedade, novamente), o *iudex* estava autorizado a rejeitar a pretensão do autor, caso este não tivesse cumprido ou disponibilizado sua prestação ao requerido, ainda que o requerido não tivesse cuidado de inserir a *exceptio mercis non traditae* ou a *exceptio doli* no *iudicium*, por se considerar que uma demanda ajuizada nesses termos afrontava os deveres de honestidade e correção derivados da boa-fé, não podendo ter prosseguimento.[842]

Tal processo foi levado adiante e aprofundado pelos canonistas.

Estes, ao se livrarem das amarras da tipicidade estrita e dos últimos resquícios do formalismo romano, abraçando definitivamente o consensualismo, redesenharam o instituto do contrato, sob as novas bases do respeito à palavra dada, da preservação das legítimas expectativas e da valorização da vontade humana.[843]

---

838. Abrantes, José João. Op. cit., p. 15-16; Capitant, Henri. Op. cit., p. 261.
839. Correia, Alexandre; Sciascia, Gaetano. Op. cit., p. 100 e 299-300.
840. Zimmermann, Reinhard. *The law of obligations*: Roman foundations of the civilian tradition. Oxford University Press, 1996, p. 93.
841. Menezes Cordeiro, António. *Tratado de direito civil*, v. IX: direito das obrigações: cumprimento e não-cumprimento, transmissão, modificação e extinção. 3. ed. Almedina: Coimbra, 2017, p. 279; Cassin, René. *De l'exception tirée de l'inexécution dans les rapports synallagmatiques (exceptio non adimpleti contractus) – et de ses relations avec le droit de rétention, la compensation et la résolution*. Paris: Recueil Sirey, 1914, p. 06-09; Correia, Alexandre; Sciascia, Gaetano. Op. cit., p. 303.
842. Cassin, René. Op. cit., p. 14.
843. Serpa Lopes, Miguel Maria de. Op. cit., p. 146.

Dando ênfase ainda maior à equidade e à boa-fé, os canonistas realçaram, como nunca antes, a reciprocidade e a correspectividade entre as obrigações dos contratos bilaterais, potencializando a noção de sinalagma funcional.

O coroamento dessa evolução veio com o adágio *frangenti fidem, non est fides servanda* – "para aquele que rompe a fé, a fé não é mais devida" – compreendido como condição tácita implicitamente inserida pelas partes em todos os contratos bilaterais (que, mercê do consensualismo hegemônico, não se restringiam mais à tríade romana [compra e venda, locação e sociedade], abrangendo todas as convenções lícitas, típicas ou atípicas, que envolvessem obrigações recíprocas).[844] A ideia subjacente a este enunciado era a de que quem assume um compromisso por juramento empenha a sua palavra e, portanto, deve manter-se fiel ao prometido, sob pena de não poder prevalecer-se de compromissos contratados em seu favor na mesma oportunidade.[845] Isso representava, para os contratos bilaterais em geral, a consagração da ideia de sinalagma funcional: a compreensão de que uma das partes só havia jurado porque a outra também havia, por seu lado, jurado dar-lhe ou fazer-lhe alguma coisa em troca.[846]

Bem de ver, portanto, o relevante papel exercido pela boa-fé, nas acepções romana e canônica, para a própria estruturação e justificação do mecanismo básico que, posteriormente, viria a assumir a forma definitiva da exceção de contrato não cumprido.

Não é exagerado afirmar, destarte, que a boa-fé – sob essa concepção inicial de princípio de justiça material, de conteúdo mais moral do que jurídico, a exigir fundamentalmente corretude e lealdade dos contratantes,[847] ainda muito distante dos refinamentos advindos do pandectismo e da segunda codificação (BGB, notadamente), que a transformariam em verdadeira cláusula geral, repleta de funcionalidades (regra de conduta, contenção de exercícios inadmissíveis de posições jurídicas, vetor interpretativo etc.)[848] – serviu como *primeiro fundamento* para o remédio aqui estudado, também em suas formas mais primitivas (sejam as *exceptiones* romanas, seja o adágio canônico *frangenti fidem*).

---

844. Abrantes, José João. Op. cit., p. 18; Malecki, Catherine. Op. cit., p. 64; Cassin, René. Op. cit., p. 44.
845. Capitant, Henri. Op. cit., p. 146; Abrantes, José João. Op. cit., p. 18.
846. Cassin, René. Op. cit., p. 42-43.
847. A boa-fé canônica assumia um sentido predominantemente moral e religioso de "ausência de pecado", traduzido em um comportamento probo que seguisse o referencial da "honestidade cristã". Seu conteúdo acabou, no entanto, mercê dessa vagueza, dissolvendo-se na *aequitas* canônica (definida por Santo Tomás de Aquino como "a justiça ajustada em todas as suas particularidades pela doçura da misericórdia temperada"), a ponto de praticamente confundir-se com ela. Isso tornaria a boa-fé canônica, segundo Judith Martins-Costa, conquanto horizontalmente presente no discurso da época e com papel central na incipiente teoria dos contratos que se formava, uma *categoria vazia de conteúdo e operatividade próprias, pois indistinta da equidade*. (Martins-Costa, Judith. *A boa-fé no direito privado: critérios para a sua aplicação*. 2. ed. São Paulo: Saraiva, 2018, p. 90-96).
848. Para essa evolução histórica da boa-fé, da *fides* romana à cláusula geral pós-BGB, ver: Menezes Cordeiro, António. *Da boa-fé no direito civil*. Coimbra: Almedina, 2007, p. 53-370.

Tudo se resumia à ideia, quase intuitiva na verdade, de que não seria condizente com o padrão leal e ético devido e esperado das partes nos contratos bilaterais, dada a vinculação profundamente moral e até mesmo religiosa que derivava desses acertos,[849] que uma delas pudesse exigir a prestação da contraparte sem antes oferecer ou efetuar a sua própria.[850]

Em um momento subsequente, pós-pandectismo, de estágio mais avançado de elaboração da exceção de contrato não cumprido, o fundamento desta migrará progressivamente da boa-fé para o sinalagma (e mais recentemente para o sinalagma em associação com a causa concreta, como visto nos itens anteriores deste capítulo). Mais do que uma decorrência do dever de corretude e probidade perante o outro contratante, a *exceptio* passará a ser vista como uma consequência do liame funcional, de reciprocidade, entre as prestações do contrato, direcionada a manter o equilíbrio da relação e a incentivar o atingimento do programa contratual. Menezes Cordeiro dá conta dessa mudança de visão:

> No início, numa visão parcelar reforçada pela inexistência de uma sistemática atuante, as prestações eram tratadas de modo isolado, conectadas apenas com os seus sujeitos. De tal forma que só o recurso à boa-fé, entendida como princípio de justiça material, transcendente em relação às partes e às suas prestações, possibilitou, pelo desdobramento progressivo duma *exceptio doli* informe, o surgir da exceção de contrato não cumprido. A evolução posterior das sociedades, com a aquisição de capacidades generalizadoras, permite apreender o sinalagma como tal. No sinalagma, há uma estrutura final imanente ao contrato, com dependência genética, condicional e funcional (pelo menos) de dois deveres de prestar primários interligados. Portanto, e de modo ainda mais incisivo: não há que partir, ontologicamente, das prestações para o sinalagma; este traduz, pelo contrário, a existência e a configuração dos deveres contrapostos os quais, sem essa inserção sistemática, perderiam a identidade e o sentido que os definem.[851]

De qualquer forma, ainda que atualmente seja predominante a ideia de que a *exceptio* encontra fundamento no sinalagma e na causa concreta, é importante relembrar que boa-fé, sinalagma e causa concreta são conceitos que mantêm um elo de comunicação entre si. A boa-fé, em sua função nomogenética, como exposto no subitem 3.1.3 acima, cria deveres de duas ordens: a) deveres anexos, que atinem ao "como" prestar e atuam para otimizar o adimplemento satisfativo (*v.g.*, dever de lealdade, dever de informar, dever de transparência);[852] b) deveres de proteção, cujo escopo é resguardar a integridade da esfera jurídica das partes contra danos injustos que podem advir no desenrolar da relação.[853] Deveres

---

849. Relembre-se, nesse ponto, o instituto do juramento promissório, em relação ao qual se entendia que o credor principal da obrigação era Deus, constituindo perjúrio o inadimplemento imotivado (vide, nesse sentido, subitem 1.2.3).
850. Vaz Serra, Adriano Paes da Silva. Excepção de contrato não cumprido (exceptio non adimpleti contractus). *Boletim do Ministério da Justiça*, n. 67, jun. 1957, p. 43.
851. Menezes Cordeiro, António. *Da boa-fé no direito civil*. Coimbra: Almedina, 2007, p. 844-845.
852. Martins-Costa, Judith. *A boa-fé no direito privado*: critérios para a sua aplicação. 2. ed. São Paulo: Saraiva, 2018, p. 243.
853. Castronovo, Carlo. Op. cit., p. 4.

de ambos os tipos podem eventualmente integrar o sinalagma a depender de ostentarem ou não relevância significativa para a promoção do resultado útil do contrato. Em outras palavras: a boa-fé, na sua função de gerar deveres em complementação aos estabelecidos pelas partes e pela lei, acaba interferindo na determinação dos limites estruturais do sinalagma (que, por sua vez, é definido, em última análise, de acordo com a relevância ou não dos deveres para o atingimento da causa concreta).[854]

No entanto, a função mais relevante da boa-fé objetiva, atualmente, no que concerne à exceção de contrato não cumprido, é certamente outra: *impedir sua invocação abusiva*. É o que se propõe analisar no próximo tópico.

3.3.2 Papel atual: a boa-fé a impor limites à invocação abusiva da exceção de contrato não cumprido

Ante as transformações sofridas pela boa-fé (que deixou de ser um princípio de justiça material, de conteúdo mais moral do que jurídico, para se tornar uma complexa cláusula geral, definidora, entre outras funções, dos limites do exercício admissível das posições jurídicas) e também pela própria *exceptio* (não mais um remédio fundado em considerações de equidade e confiança, arrancando, agora, sua legitimidade da reciprocidade entre as obrigações), ambas mudanças operadas sobretudo pela pandectística alemã do século XIX, logo se cuidou de atribuir novo papel predominante à boa-fé, no que concerne à sua relação com a exceção substancial em tela: *a fixação das fronteiras de seu uso legítimo*.[855]

---

854. Em que pesem estes pontos de contato, Luciano de Camargo Penteado faz questão de bem distinguir esses três elementos. Causa é a função, a finalidade, que anima a existência do contrato. Sinalagma é o nexo de coordenação, de interdependência, entre os deveres dos contratantes, que perpassa dinamicamente toda a relação contratual. Já a boa-fé objetiva é regra de comportamento, módulo de justiça e eticidade no relacionamento obrigacional, a impor um atuar que leve em consideração os interesses dos demais agentes do espaço jurídico (o que pode se estender inclusive a terceiros estranhos à relação) (Penteado, Luciano de Camargo. Causa concreta, qualificação contratual, modelo jurídico e regime normativo: notas sobre uma relação de homologia a partir de julgados brasileiros. *Revista de Direito Privado*, v. 20, out.-dez. 2004, p. 255).

855. Há autores que, ao invés de ressaltarem a função limitadora ou corretora da boa-fé em relação ao uso legítimo da *exceptio*, como se faz aqui, preferem enumerar a conformidade a esta cláusula geral como um dos requisitos para o cabimento do remédio. Nesse sentido, por exemplo: Moreno, Maria Cruz. *La "exceptio non adimpleti contractus"*. Tirant lo Blanch, 2004, p. 75; Gagliardi, Rafael Villar. *Exceção de contrato não cumprido*. São Paulo: Saraiva, 2010, p. 116. Embora não se vislumbrem nessa diferença de perspectiva consequências práticas das mais relevantes, o caminho adotado por estes autores não parece ser, conceitualmente, o mais correto. Enumerar a conformidade à boa-fé como requisito para a oposição da *exceptio* significa de certa forma retrazê-la para dentro dos fundamentos do instituto, concepção que, como visto, encontra-se historicamente superada desde o pandectismo, quando o eixo mudou para o sinalagma. Ademais, o papel desempenhado pela boa-fé em relação à exceção de contrato não cumprido, em sua função corretora, não difere daquele preenchido por ela em relação às demais posições jurídicas ativas (direitos subjetivos, direitos potestativos etc.), qual seja impor limites ao seu uso admissível, fixando uma zona de exercício legítimo e outra de exercício ilegítimo ou abusivo. Ora, não é comum enumerar a conformidade à boa-fé como *requisito* para essas outras posições jurídicas ativas (direito de propriedade, direito de obter reparação civil, direito de resolver o contrato etc.). Se é assim, por que fazê-lo em relação à *exceptio*?

Resultado desse movimento, o BGB (1900), de forma pioneira, já condicionava expressamente a invocação da *exceptio non rite adimpleti contractus*, disciplinada em seu §320, (2), à observância dos cânones da boa-fé objetiva:

> §320. Exceção de contrato não cumprido
> [...]
> (2) Se uma das partes prestou parcialmente, a contraprestação não poderá ser recusada se tal recusa, *de acordo com as circunstâncias, infringir a boa-fé, particularmente por causa da insignificância proporcional da parte faltante*.[856]

Essa disposição era lacunosa, no entanto, justamente por limitar-se às hipóteses de inexecução parcial e defeituosa, quando, na verdade, como será demonstrado adiante, os limites da boa-fé incidem tanto para a *exceptio non adimpleti contractus* como para a *exceptio non rite adimpleti contractus*, não se restringindo sua aplicação ao problema da proporcionalidade entre os inadimplementos.[857] Nesse sentido, a regra do art. 1.460 do Código Civil Italiano (1942) mostra-se mais completa e abrangente:

> Art. 1.460. Nos contratos com prestações correspectivas, cada um dos contraentes pode recusar-se a adimplir a sua obrigação se o outro não adimple ou não se oferece para adimplir simultaneamente a própria, a não ser que termos diversos para o adimplemento tenham sido estabelecidos pelas partes ou resultem da natureza do contrato.
> *Todavia, não pode o contraente recusar-se a cumprir se, de acordo com as circunstâncias, a recusa for contrária à boa-fé.*[858]

A boa-fé referida em ambos os artigos, como expõe Giovanni Persico, só pode ser a *objetiva* (isto é, a boa-fé regra de conduta, padrão de comportamento, que traduz o agir leal, probo e colaborativo esperado das partes nas relações negociais) e não a *subjetiva* (consistente num estado psicológico de errônea crença, decorrente de ignorância do agente ou de aparência de direito). Tal conclusão, como bem salienta o autor, pode ser extraída da própria literalidade das duas disposições. Tanto o §320, (2), do BGB, como o art. 1.460 do Código Civil Italiano, ao descreverem o exercício abusivo do instrumento, aludem à recusa de executar a prestação que, de acordo com as circunstâncias, infrinja a boa-fé (e não a um agente que, por ser conhecedor do vício, esteja em estado de má-fé).[859]

O novo artigo 1.219 do *Code Civil*, introduzido pela *Ordonnance* n. 2016-131, de 10 de fevereiro de 2016, que consagrou legislativamente a *exceptio* no Direito francês, incide em vício semelhante ao do BGB ao estabelecer como pressuposto para

---

856. Bürgerliches Gesetzbuch [BGB], §320. Disponível em: http://www.gesetze-im-internet.de/englisch_bgb/englisch_bgb.html#p1167. Acesso em: 18 dez. 2019.
857. Abrantes, José João. Op. cit., p. 119.
858. Codice Civile, art. 1.460. Disponível em: http://www.jus.unitn.it/cardozo/obiter_dictum/codciv/Lib4.htm. Acesso em: 18 dez. 2019.
859. Persico, Giovanni. Op. cit., p. 137.

a aplicação do remédio a gravidade suficiente do inadimplemento do excepto, o que, como já exposto, está longe de esgotar a atuação limitadora da boa-fé na matéria:

> Art. 1.219. Uma parte pode recusar-se a executar sua obrigação, mesmo que ela seja exigível, se a outra não executou a sua e *se esta inexecução for suficientemente grave*.[860]

No Direito brasileiro, não há norma que relacione diretamente a boa-fé à exceção de contrato não cumprido. O art. 476 do Código Civil é silente no que toca à conexão entre os dois institutos.[861] Já era assim no Código Civil de 1916 (que se inspirou, nesse ponto, no Esboço de Teixeira de Freitas e não no BGB) e assim permaneceu no Código Civil de 2002 (que praticamente reproduziu, nessa matéria, a redação do diploma anterior).

De qualquer forma, mesmo inexistindo disposição específica a respeito, é indubitável que o manejo da exceção de contrato não cumprido pressupõe aderência à cláusula geral da boa-fé objetiva, o que pode ser creditado, de forma mais direta, a dois outros preceitos:

> Art. 187. Também comete ato ilícito o titular de um direito que, ao exercê-lo, excede manifestamente os limites impostos pelo seu fim econômico ou social, *pela boa-fé* ou pelos bons costumes.
>
> Art. 422. Os contratantes são obrigados a guardar, assim na conclusão do contrato, *como em sua execução, os princípios de probidade e boa-fé*.

Com efeito, a oposição da *exceptio* não poderia escapar dessas duas normas de amplo espectro: a primeira, aqui mais relevante, destinada a reprimir o exercício abusivo de qualquer posição jurídica ativa; a segunda, capaz de espraiar o controle valorativo da boa-fé sobre todas as fases da relação contratual, inclusive a de execução (e a exceção de contrato não cumprido é, vale repisar, fenômeno atinente ao sinalagma funcional, de incidência na fase de execução).

Como bem adverte Jacques Ghestin, o campo da oposição da exceção de contrato não cumprido é particularmente fértil para a ocorrência de abusos. Primeiro, porque se trata de uma forma de autotutela, que pode ser exercida extrajudicialmente, sem controle estatal prévio. Segundo, porque nasce sempre de uma situação de recusa de prestar por parte do excipiente, não sendo infrequente, deste modo, que este se valha da exceção como mero subterfúgio para justificar seu inadimplemento. Terceiro, porque a *exceptio* constitui forte meio de coação sobre a parte adversa, sujeito a limites legais imprecisos, o que pode fomentar comportamentos oportunistas, como o do excipiente que, diante de uma falha sem relevo do excepto, julga-se no direito de reter a integralidade da prestação que lhe é devida (contexto em que resta ao excepto submeter-se aos caprichos do excipiente, suprindo a suposta falha por ele apontada, ou levar a juízo a discussão acerca da legitimidade da invocação pretérita

---
860. Code Civil, art. 1.219. Disponível em: https://www.legifrance.gouv.fr/. Acesso em 18 dez. 2019.
861. Art. 476. Nos contratos bilaterais, nenhum dos contratantes, antes de cumprida a sua obrigação, pode exigir o implemento da do outro.

da exceção).[862] Desponta, em face destes possíveis cenários, a necessidade de pôr em prática uma das mais relevantes funções da boa-fé objetiva no sistema jurídico, qual seja a de repressão ao abuso de direito, nos termos do art. 187 acima transcrito, a fim de definir o ponto para além do qual o emprego da *exceptio* deixa de ser instrumento legítimo de autodefesa para assumir foros de exercício abusivo de posição jurídica.

Vale lembrar que, enquanto típica exceção material, a exceção de contrato não cumprido opera como *contradireito neutralizante*: isto é, uma posição jurídica ativa conferida ao demandado que o autoriza a recusar o que está sendo exigido pelo autor, porém sem negar ou fulminar a pretensão deste, apenas encobrindo temporariamente sua eficácia (até que o autor cumpra ou ofereça o que lhe compete conforme o contrato).[863]

Em que pese a teoria do abuso de direito ter sido construída tomando por referencial a categoria do direito subjetivo, sendo a própria redação do art. 187 do Código Civil um demonstrativo disso ("também comete ato ilícito o titular de um *direito* que, ao exercê-lo [...]"), é certo que outras posições jurídicas ativas – *os contradireitos, inclusive* – também podem ser utilizadas de forma abusiva, em violação à boa-fé, merecendo o mesmo tratamento, em termos de consequências jurídicas, do abuso de direito subjetivo. É por isso mesmo que Menezes Cordeiro propõe a expressão "exercício inadmissível de posição jurídica", capaz de abarcar outras figuras além do direito subjetivo, no lugar da tradicional "abuso de direito":

> O exercício inadmissível, por disfuncionalidade face ao sistema, foi fixado com referência ao direito subjetivo; nessa base surgiu, aliás, a doutrina inicial do abuso de direito. O tratamento típico dos exercícios ditos abusivos mostrou que o fenômeno pode ocorrer em situações irredutíveis a direitos subjetivos num sentido estrito: poderes, faculdades, direitos potestativos e outras realidades colocam-se, em certas circunstâncias, perante o sistema, numa sequência tal que a sua atuação, contrariando a boa-fé, torna-se, na linguagem do Código Civil, "ilegítima". O âmbito da inadmissibilidade de exercício, limitado ao direito subjetivo, numa visão histórica e nuclear-explicativa, deve ser alargado. Consciente do problema e apoiado em jurisprudência sugestiva, SIEBERT propõe o termo "abuso de normas". O termo "abuso de normas jurídicas", porém, só colhe quando essas normas sejam permissivas, e na medida que o sejam. Aclarada a necessidade de, conceptual e linguisticamente, transcender a fórmula do abuso de direito [...] e presente a insuficiência possível do esquema siebertiano do "abuso de normas", fica, como útil, a locução *exercício inadmissível de posições jurídicas*.[864]

---

862. Ghestin, Jacques. *Traité de droit civil: les obligations*: les effets du contrat. Paris: LGDJ, 1992, p. 362.
863. Pontes de Miranda, Francisco Cavalcanti. *Tratado de direito privado*. Campinas: Bookseller, 2000. t. VI. p. 34; Mello, Marcos Bernardes de. *Teoria do fato jurídico*: plano da eficácia. 11. ed. São Paulo: Saraiva, 2019, p. 210; Enneccerus, Ludwig; Kipp, Theodor; Wolff, Martin. *Tratado de derecho civil. Segundo tomo. Derecho de obligaciones. Volumen primero*. Trad.: Blas Pérez González y José Alguer. Barcelona: Bosch, 1954, p. 168.
864. Menezes Cordeiro, António. *Da boa-fé no direito civil*. Coimbra: Almedina, 2007, p. 898-899. Afirma Judith Martins-Costa no mesmo sentido, em relação especificamente à abrangência, no art. 187 do CC/2002, da oposição de contradireitos neutralizantes, que denomina "direitos de exceção": "Também o exercício dos direitos de exceção deve ser efetuado sem abuso, sob pena de recair na esfera do art. 187 do Código Civil. [...] Nesse caso, a boa-fé como regra de lealdade e consideração aos legítimos interesses alheios atua como

O mesmo autor defende que o exame do exercício inadmissível de posições jurídicas seja efetuado por meio de "tipos", enumerando seis formas típicas de abuso: [i] *exceptio doli*; [ii] *venire contra factum proprium*; [iii] inalegabilidade de nulidades formais; [iv] *suppressio e surrectio*; [v] *tu quoque*; [vi] desequilíbrio no exercício jurídico.[865]

A oposição abusiva da exceção de contrato não cumprido e de suas congêneres (exceção de contrato não adequadamente cumprido e exceção de inseguridade) enquadra-se, nessa classificação, como regra geral, no último tipo.

A rubrica do "desequilíbrio no exercício jurídico" mostra-se um tanto residual em relação às demais, abrigando formas variadas de conjunturas abusivas, unidas pela característica comum de haver uma desconexão – ou, se se quiser, uma desproporção – entre os objetivos pré-configurados pelas normas jurídicas que atribuem as posições jurídicas ativas (direitos subjetivos, direitos potestativos, contradireitos etc.) e o resultado prático, concreto, do exercício dessas mesmas posições. Integram essa categoria três subtipos de comportamentos inadmissíveis: [i] o exercício inútil danoso (o titular da posição ativa atua dentro do âmbito formal de permissão normativa, porém sem retirar disso qualquer proveito pessoal, ao mesmo tempo em que causa dano considerável a outrem); [ii] as situações inseridas no brocardo *"dolo agit qui petit quod statim redditurus est"* (comportamento de quem exige o que, em seguida, será obrigado a restituir, forçando, sem qualquer proveito próprio, a parte contrária a despender esforços e recursos em vão); [iii] hipóteses de desproporcionalidade entre a vantagem auferida pelo titular da posição jurídica ativa e o sacrifício imposto pelo seu exercício a outrem.[866] É exatamente neste último subtipo que se insere, em regra, a invocação abusiva das exceções materiais de que aqui se cuida, como afirma o próprio Menezes Cordeiro:

> Há desencadear de poderes-sanção por faltas insignificantes quando o titular-exercente mova a exceção de contrato não cumprido por uma falha sem relevo de nota na prestação da contraparte, em termos de causar, a esta, um grande prejuízo ou quando resolva o contrato alegando o seu desrespeito pela outra parte, em termos, também, sem peso. A primeira hipótese está expressamente regulada no §320, (2), do BGB, que remete para a boa-fé [...].[867]

---

crivo para aferir a licitude da oposição do direito de exceção." (*A boa-fé no direito privado: critérios para a sua aplicação*. 2. ed. São Paulo: Saraiva, 2018, p. 707)
865. Esses tipos configuram, como bem lembra Luciano de Camargo Penteado, figuras parcelares da boa-fé objetiva, ou seja, "tipos de argumentos recorrentes com vistas à sua aplicação tópica". Sendo figuras parcelares de uma cláusula geral e não noções conceituais fechadas, sua aplicação não está sujeita a um raciocínio de "tudo ou nada", no sentido de que uma figura necessariamente exclua as demais, mas podem ser invocadas em termos de "mais e de menos" (preponderando, em cada caso concreto, uma sobre a outra, porém sem afastar por completo, em termos argumentativos, a relevância da figura "menor"). Assim, determinada situação jurídica pode ser reconduzida a mais de um tipo, visto que estes gozam de certa plasticidade (*Figuras parcelares da boa-fé objetiva e "venire contra factum proprium"*. Revista de Direito Privado. v. 27. jul-set 2006, p. 261).
866. Menezes Cordeiro, António. *Da boa-fé no direito civil*. Coimbra: Almedina, 2007, p. 853-857.
867. Ibidem, p. 858.

Dois vetores principais orientam as hipóteses de exercício inadmissível de posições jurídicas, segundo o mesmo autor: [i] a proteção da confiança e [ii] o resguardo do que ele denomina "materialidade das situações jurídicas". Os tipos da *exceptio doli*, do *venire contra factum proprium*, da *suppressio*, da *surrectio* e da inalegabilidade de nulidades formais são orientados predominantemente pelo primeiro vetor: visam a resguardar situações de confiança, de legítimas expectativas geradas, que o direito entende por bem proteger. Já o *tu quoque* e o tipo do desequilíbrio no exercício jurídico (que, como visto, encerra muitas das hipóteses de invocação abusiva da exceção de contrato não cumprido) põem antes a tônica na necessidade de respeitar a realidade material da relação – isto é, *proteger o seu equilíbrio intrínseco, com enfoque nas particularidades do caso concreto*.[868]

Nesse papel de tutelar a materialidade das situações jurídicas, a boa-fé reforça e corrige a aplicação das normas constitutivas da respectiva posição jurídica ativa (no caso da exceção de contrato não cumprido, o artigo 476 do Código Civil), fixando bitolas para seu uso admissível, mediante um "ponderar cabal da realidade subjacente, em termos tais que um problema, conectado com um dos seus ângulos, não possa ter uma saída que esqueça os restantes."[869] Essa tarefa mostra-se particularmente delicada em relação à exceção de contrato não cumprido: uma situação *estruturalmente recíproca*, que contrapõe um contradireito (do demandado-excipiente) a um direito subjetivo (do demandante-excepto), obrigando o exame conjugado dessas duas posições ativas (ambas albergadas e protegidas pelo ordenamento em um primeiro momento), em atenção às circunstâncias concretas do negócio. Isso impõe a consideração de fatores variados, tais como: a proporcionalidade entre as prestações (não apenas em termos quantitativos, mas também qualitativos, de relevância para o atingimento da causa concreta); o momento de invocação da exceção e eventual tolerância do excipiente em relação ao alegado inadimplemento do excepto; a capacidade concreta do excipiente de adimplir a prestação e sua real intenção de fazê-lo (pois quem alega a exceção sem capacidade ou intenção de cumprir o contrato, fá-lo apenas para escamotear seu inadimplemento); a eventual essencialidade de alguma das prestações contrapostas para a efetivação de um direito fundamental; o grau de onerosidade que o descumprimento pode trazer para cada parte.

Esses fatores que devem ser sopesados para avaliar a legitimidade do uso da *exceptio* serão detalhados adiante. Antes, porém, convém abrir um parêntese para explorar as semelhanças e diferenças entre a exceção de contrato não cumprido e o *tu quoque* (um dos seis tipos de exercício inadmissível de posição jurídica, consoante a classificação proposta por Menezes Cordeiro).

---

868. Ibidem, p. 900.
869. Ibidem, p. 1253.

a) Um excurso necessário: exceção de contrato não cumprido e tu quoque. Semelhanças e dessemelhanças

Deixando de lado momentaneamente o estudo das hipóteses de exercício *abusivo* da *exceptio*, é interessante notar que o instituto da exceção de contrato não cumprido, em seu âmbito *legítimo* de atuação, cuida de problema semelhante àquele que permeia as situações de *tu quoque*.

Senão vejamos.

A fórmula *tu quoque* traduz "o aflorar de uma regra pela qual a pessoa que viole uma norma jurídica não poderia, sem abuso, exercer situação jurídica que essa mesma norma lhe tivesse atribuído."[870] Por meio dela, o direito censura o emprego de "dois pesos e duas medidas", já que fere visivelmente a sensibilidade ética e jurídica a possibilidade de um mesmo sujeito desrespeitar um comando e depois exigir de outrem seu acatamento.[871]

Desse comportamento contraditório advém o legítimo espanto da parte contrária, que bem pode ser resumido, conforme a lição de Antônio Junqueira de Azevedo, na indagação "até você que agiu desse modo, vem agora exigir de mim um comportamento diferente?"[872]

O autor traz, nesse mesmo parecer, interessante exemplo prático de *tu quoque*, consistente na conduta de quem, como devedor, pagou com a correção monetária "X", mas, como credor da mesma relação, quer receber com a correção monetária "X + 1". Ora, quem pagou a sua dívida sem aquele índice de correção monetária que pretende obter agora da parte contrária ("X + 1") exige o cumprimento de normas negociais que ele próprio desrespeitou no passado, o que configura comportamen-

---

870. Menezes Cordeiro, António. *Da boa-fé no direito civil*. Coimbra: Almedina, 2007, p. 837. Na mesma linha, porém acrescendo um aspecto "defensivo" muitas vezes olvidado, leciona Claudio Luiz Bueno de Godoy: "Pelo *tu quoque*, expressão cuja origem [...] está no grito de dor de Júlio César, ao perceber que seu filho adotivo Bruto estava entre os que atentavam contra sua vida (*Tu quoque, fili?* Ou *Tu quoque, Brute, fili mi?*), evita-se que uma pessoa que viole uma norma jurídica possa exercer direito dessa mesma norma inferido ou, especialmente, que possa recorrer, em defesa, a normas que ela própria violou. Trata-se de regra de tradição ética que, verdadeiramente, obsta que se faça com outrem o que não se quer que seja feito consigo mesmo." (*Função social do contrato*. 4. ed. Saraiva: São Paulo, 2012, p. 103).
871. Biazi, João Pedro de Oliveira de. *A exceção de contrato não cumprido no direito privado brasileiro*. Rio de Janeiro: GZ Editora, 2019, p. 123.
    Para além desse aspecto – censurar a conduta de quem *descumpre* a norma, mas, de forma contraditória e desleal, exige depois seu cumprimento por outrem – pensamos que o conceito também deve abarcar situação ligeiramente diferente, mas igualmente enquadrada na ideia de "dois pesos e duas medidas", consistente na vedação do comportamento de quem, após *usufruir vantagens* de um preceito normativo, tenta, depois, vedar o acesso às mesmas vantagens à contraparte, inalteradas as circunstâncias.
872. Azevedo, Antonio Junqueira de. (Parecer) Interpretação do contrato pelo exame da vontade contratual. O comportamento das partes posterior à celebração. Interpretação e efeitos do contrato conforme o princípio da boa-fé objetiva. Impossibilidade de "venire contra factum proprium" e de utilização de dois pesos e duas medidas ("tu quoque"). Efeitos do contrato e sinalagma. A assunção pelos contratantes de riscos específicos e a impossibilidade de fugir do "programa contratual" estabelecido. In: *Estudos e Pareceres de Direito Privado*. São Paulo: Saraiva, 2004, p. 169.

to dúplice que não pode ser admitido pelo ordenamento. Como expõe o autor: "Convém salientar que o princípio da boa-fé, que veio corrigir eventuais excessos do subjetivismo individualista, [...] impõe também a manutenção de uma linha de conduta uniforme, quer a pessoa esteja na posição de credor quer na de devedor. [...] Afinal, *equity must come with clean hands*."[873]

A partir daí, já é possível depreender que o princípio inspirador de ambas as figuras (*exceptio* e *tu quoque*) é, em última análise, o mesmo: quem não cumpriu o contratado, ou a lei, não pode exigir o cumprimento da outra parte.[874]

Quando aplicado ao campo dos contratos bilaterais, o *tu quoque* apresenta, segundo Menezes Cordeiro, conotação mais ampla do que em outras searas, não derivando necessariamente da ofensa por ambas as partes de *idêntico* preceito, mercê da especificidade do vínculo sinalagmático que caracteriza essas convenções. Nos contratos bilaterais, afirma, há uma estrutura final definida pela dependência genética e funcional entre os deveres, os quais perdem sentido quando analisados isoladamente, de forma que o que importa são as perturbações ao sinalagma. Ontologicamente, para adequada compreensão desses pactos, não se deve partir das prestações para o sinalagma, devendo ser percorrido o caminho inverso (do sinalagma para os deveres), pois é o sinalagma que traduz "a existência e a configuração dos deveres contrapostos, os quais, sem essa inserção sistemática, perderiam a identidade e o sentido que os definem".[875] Nessa quadra, prossegue o autor,

> O *tu quoque* ganha, perante esta colocação do sinalagma, uma perspectiva diferente: qualquer atentado a uma das prestações implicadas pode ser, na realidade, um atentado ao sinalagma; sendo-o, altera toda a harmonia da estrutura sinalagmática, atingindo, com isso, a outra prestação. A justificação e a medida do *tu quoque* estão, pois, nas alterações que a violação primeiro perpetrada tenha provocado no sinalagma.[876]

Sob essa perspectiva estendida, decorrente do efeito unitário exercido pelo sinalagma, o *tu quoque*, quando aplicado a contratos bilaterais, pode ser traduzido na regra de que "quem seja infiel ao contrato não pode, em princípio, derivar direitos da violação praticada pela contraparte ao mesmo contrato."[877] Essa regra, todavia, está longe de ser absoluta, devendo ser aplicada com cautela, afinal não é líquido e certo que um sujeito possa eximir-se de seus deveres pelo simples fato de a contraparte também ter perpetrado violações anteriores. É preciso sempre submeter a hipótese aos filtros do abuso do direito: a conduta do agente infiel que demanda cumprimento do

---
873. Ibidem, p. 168-169.
874. Gonçalves, Carlos Roberto. *Boa-fé objetiva nos contratos*. In: Salomão, Luís Felipe; Tartuce, Flávio (Coord.). Direito Civil: *diálogos entre a doutrina e a jurisprudência*. São Paulo: Atlas, 2018, p. 179.
875. Menezes Cordeiro, António. *Da boa-fé no direito civil*. Coimbra: Almedina, 2007, p. 844-845.
876. Ibidem, p. 845.
877. Ibidem, p. 837.

contrato só configura *tu quoque* se transparecer imoderação, desproporcionalidade, incoerência ou deslealdade.[878]

Assim relacionado ao sinalagma, fica claro por que o *tu quoque* enquadra-se entre os tipos de exercício inadmissível orientados predominantemente pelo vetor do resguardo da "materialidade das situações jurídicas" (em que a tônica reside, mais do que na tutela da confiança, na proteção ao equilíbrio da relação, com atenção às particularidades do caso concreto).[879]

A figura parcelar do *tu quoque* e a exceção de contrato não cumprido compartilham, portanto, não só a mesma *ratio* (quem não cumpriu o contratado, não pode exigir o cumprimento da outra parte), como também a mesma finalidade (tutela do equilíbrio da relação).

Ante tais elementos de aproximação, Judith Martins-Costa chega a sustentar que a exceção de contrato não cumprido consubstancia uma especificação, legislativamente consagrada, na forma de contradireito, do gênero *tu quoque*, ao qual ficaria reservado papel residual: quando incabível a *exceptio*, poderia ser invocado, conforme as circunstâncias, o *tu quoque*, para apontar a ilicitude configurada no agir de quem exige de outrem o cumprimento de regra fraudada por si.[880]

Concordamos com a segunda parte do raciocínio (o *tu quoque* exerce função residual em relação à *exceptio*), pois, ao mesmo tempo em que o *tu quoque* é mais abrangente (no sentido de abarcar conjunto maior de hipóteses de fato), ele também deve necessariamente ceder à aplicação da exceção quando presentes os requisitos desta, haja vista sua expressa consagração legislativa em regras como o art. 476 do Código Civil Brasileiro. Discordamos, porém, da primeira parte (que, conceitualmente, a *exceptio* pode ser reduzida a uma especificação da fórmula *tu quoque*), pois os pontos que dogmaticamente apartam os dois institutos, como restará demonstrado a seguir, não permitem vislumbrar essa relação gênero-espécie.

---

878. Ibidem, p. 837.
879. Ibidem, p. 900.
880. Martins-Costa, Judith. *A boa-fé no direito privado*: critérios para a sua aplicação. 2. ed. São Paulo: Saraiva, 2018, p. 703. Outros autores também apontam que a exceção de contrato não cumprido constitui uma especificação normativa da fórmula *tu quoque*: Godoy, Claudio Luiz Bueno de. *Função social do contrato*. 4. ed. Saraiva: São Paulo, 2012, p. 103; Rosenvald, Nelson; Farias, Cristiano Chaves de. *Curso de direito civil*, v. IV – *Contratos*: teoria geral e contratos em espécie. 9. ed. Salvador: Editora JusPodivm, 2019, p. 677-678; Azevedo, Antonio Junqueira de. (Parecer) Interpretação do contrato pelo exame da vontade contratual. O comportamento das partes posterior à celebração. Interpretação e efeitos do contrato conforme o princípio da boa-fé objetiva. Impossibilidade de "venire contra factum proprium" e de utilização de dois pesos e duas medidas ("tu quoque"). Efeitos do contrato e sinalagma. A assunção pelos contratantes de riscos específicos e a impossibilidade de fugir do "programa contratual" estabelecido. In: *Estudos e Pareceres de Direito Privado*. São Paulo: Saraiva, 2004, p. 169; Penteado, Luciano de Camargo. Figuras parcelares da boa-fé objetiva e "venire contra factum proprium". *Revista de Direito Privado*, v. 27, jul.-set. 2006, p. 264-265; Pereira, Vítor Pimentel. A fórmula "tu quoque": origem, conceito, fundamentos e alcance na doutrina e jurisprudência. *Revista Quaestio Iuris*, v. 05, n. 1, 2012, p. 378-379.

O *tu quoque* é modelo jurídico extraído da função corretora da boa-fé objetiva, consubstanciando tipo de exercício inadmissível de posição jurídica. O fundamento da exceção de contrato não cumprido é outro: o sinalagma. Quem ajuíza demanda em condições que autorizem a invocação da *exceptio* pelo seu oponente não age em abuso de direito. Havendo dívida vencida, o autor tem pretensão, e, por conseguinte, pode exigir o adimplemento (sua conduta é lícita), ficando sujeito apenas à invocação pelo requerido, se ele o quiser e o fizer tempestivamente, da exceção de contrato não cumprido.

Daí decorre uma distinção operacional das mais relevantes. A eficácia do *tu quoque* é a mesma das demais figuras inseridas no círculo do abuso de direito: a conduta que nele se enquadrar configura ato ilícito, como evidencia a própria redação do art. 187 do Código Civil,[881] deixando de gozar de proteção judicial (será improcedente a demanda ajuizada para exigir a prestação quando o autor incorrer em *tu quoque*) e dando ensejo à reparação civil se do exercício abusivo decorrerem danos. Já a exceção de contrato não cumprido, como tantas vezes remarcado, atua como exceção substancial dilatória: uma defesa que não nega nem fulmina o direito do demandante, tendo apenas o condão de encobrir, provisoriamente, a eficácia da pretensão.[882] Na linha do que defenderemos em termos processuais no momento oportuno, a sentença deve ser neste caso de procedência, ficando tão somente sua execução condicionada ao adimplemento da contraprestação pelo excepto.[883]

Ademais, o *tu quoque*, diferente da exceção de contrato não cumprido, transcende o âmbito dos contratos sinalagmáticos, sendo aplicável, enquanto tipo de exercício inadmissível de posição jurídica, a qualquer relação (de Direito Público ou de Direito Privado) em que se apresentem seus pressupostos (um agir incoerente e iníquo de quem, após desrespeitar um comando, exige de outrem seu acatamento). Embora a figura do *tu quoque* sirva à proteção do sinalagma quando aplicada especificamente aos contratos bilaterais, ela não depende, ao contrário da *exceptio*, da existência de sinalagma para poder ser invocada, podendo servir à proteção de outras formas de comutatividade.[884] Bem analisada a questão, essa diferença de abrangência

---

881. Art. 187. Também comete *ato ilícito* o titular de um direito que, ao exercê-lo, excede manifestamente os limites impostos pelo seu fim econômico ou social, pela boa-fé ou pelos bons costumes.
882. Biazi, João Pedro de Oliveira de. Op. cit., p. 124-226.
883. Ver subitem 8.2.6.
884. Menezes Cordeiro, António. *Da boa-fé no direito civil*. Coimbra: Almedina, 2007, p. 844-845.
No RE 453.740, de relatoria do Ministro Gilmar Mendes (j. em 28 fev. 2007), o STF firmou, pela primeira vez, o entendimento de que o Estado e o particular, em se tratando de relações jurídicas de igual natureza, devem estar sujeitos à mesma disciplina em matéria de juros moratórios. Assim, ao mesmo tempo em que a Corte reconheceu a constitucionalidade da limitação a 6% a.a. do índice de juros moratórios para as verbas devidas pelo Estado a servidores e empregados públicos (redação então vigente do art. 1º-F da Lei 9.494/97, cuja constitucionalidade estava sendo atacada), firmou, em contrapartida, que o mesmo índice (6% a.a.) também deveria ser observado quando a Fazenda Pública fosse credora no mesmo tipo de relação (como, por exemplo, na hipótese de cobrança, por enriquecimento sem causa, de verbas remuneratórias indevidamente pagas a servidores e empregados). Em igual linha, no RE 870.947, Relator Ministro Luiz Fux (j. em 20 set. 2017), a Suprema Corte decidiu que, nas condenações da Fazenda Pública oriundas

entre os dois institutos constitui a prova definitiva de que seus fundamentos são distintos: no caso do *tu quoque*, a boa-fé objetiva (com aplicação inclusive para além das fronteiras do Direito Privado); no caso da exceção de contrato não cumprido, o sinalagma (restrito aos contratos bilaterais, com algumas raras exceções que serão apontadas adiante).

Até se poderia imaginar que, caso não existisse a figura da exceção de contrato não cumprido, na forma como esta foi histórica e dogmaticamente construída, a lacuna daí decorrente poderia ser preenchida sem grandes perturbações pela fórmula do *tu quoque*, pois efetivamente esta figura parcelar abrange, hipoteticamente considerando, os comportamentos que autorizam o manejo da *exceptio*, além de também servir à função de resguardar a comutatividade da relação.[885] Todavia, isso não é suficiente para, conceitualmente, permitir afirmar que exista relação de gênero-espécie entre os dois institutos.

Já estabelecendo o ponto de ligação com o próximo tópico, convém expor uma derradeira discrepância: enquanto o *tu quoque* constitui tipo de exercício inadmissível de posição jurídica, a exceção de contrato não cumprido é veículo para manifestação de uma posição jurídica ativa (contradireito neutralizante), estando sujeita, por isso mesmo, ela própria, à atuação corretora da boa-fé objetiva conforme os filtros dos tipos de exercício inadmissível. Em outras palavras: quem se vale da exceção de contrato não cumprido deve fazê-lo nos limites estabelecidos pela boa-fé, sob pena de incorrer em abuso de direito.

b) Uso abusivo da exceptio. *Situações que se enquadram no tipo "desequilíbrio no exercício jurídico"*

Linhas atrás afirmamos que a oposição abusiva da exceção de contrato não cumprido e de suas formas congêneres (exceção de contrato não adequadamente cumprido e exceção de inseguridade) enquadra-se, como regra geral, na classifica-

---

de relação jurídica tributária, deveria ser aplicado, quanto aos juros moratórios, o mesmo índice pelos quais a própria Fazenda Pública remunera seu crédito tributário. Embora ambos os julgados tenham sido fundamentados no princípio constitucional da igualdade, sem qualquer referência expressa ao instituto de que ora se cuida, não deixaria de configurar *tu quoque* a conduta do ente público que, no contexto de uma mesma relação (empregador-empregado; Fisco-contribuinte; contratante-contratado; etc.), cobrasse do particular, quando credor, juros de mora em patamar superior ao pago por ele quando devedor (isto é, quando os polos da relação estivessem invertidos). Ainda que não se possa pensar na existência de sinalagma no que concerne à maioria desses liames entre Estado e particulares, é certo que ainda há um equilíbrio, uma comutatividade, a ser preservada nessas relações – especialmente no campo dos juros de mora, em que não se vislumbra motivo legítimo para tratamento privilegiado da Fazenda Pública – a demonstrar a viabilidade, em tese, da aplicação da ferramenta do *tu quoque* mesmo no âmbito do Direito Público.

885. Vítor Pimentel Pereira faz o mesmo exercício hipotético: "Face à existência de norma específica em nosso Código consagradora da exceção de contrato não cumprido, cabe a pergunta: ainda que não houvesse a previsão normativa, poder-se-ia alegar o *tu quoque* [...] para que a outra parte fosse protegida da atuação daquele que primeiramente violou o contrato? A resposta, sem qualquer dúvida, deve ser afirmativa." (Op. cit., p. 379)

ção feita por Menezes Cordeiro, no tipo do "desequilíbrio no exercício jurídico",[886] categoria que abarca conjunturas abusivas caracterizadas por haver uma desconexão entre os objetivos pré-configurados pelas normas que atribuem as posições jurídicas ativas e o resultado prático do exercício dessas mesmas posições no caso concreto.

Impende, a esta altura, dar exemplos de tais situações.

b.1) O excipiente não tem capacidade concreta de adimplir ou demonstra não ter intenção de fazê-lo

A recusa do excipiente em cumprir deve encontrar fundamento exclusivo no descumprimento do excepto, objetivando o excipiente, por meio do remédio da exceção, assegurar ou [i] o cumprimento simultâneo e integral das obrigações devidas por ambas as partes ou [ii] ao menos que ele (excipiente) não seja obrigado a prestar sem que o excepto também o faça.

É nesse sentido que Giovanni Persico sustenta que para ser legítima a oposição da *exceptio* é preciso haver *nexo de causalidade* entre o incumprimento da outra parte e a suspensão da prestação pelo excipiente:[887] "O incumprimento da contraprestação pelo excepto deve ser causa única e determinante, justificação jurídica, da recusa de cumprir do excipiente".[888] A exceção só é legitimamente invocada, portanto, quando tem em vista compelir a parte contrária à execução ou impedir que ela obtenha o proveito da relação sem prestar o que lhe compete. Se o comportamento do excipiente, manifestado objetivamente, indica não aderência a esses objetivos, a oposição da *exceptio* configura abuso de direito.[889]

Serão abusivas, nesse contexto, as exceções que objetivem, por exemplo, escamotear a incapacidade ou falta de intenção do excipiente de cumprir sua parte no acordado ou, ainda, apenas servir de ardil para camuflar o inadimplemento do excipiente e, com isso, tentar evitar as consequências negativas dele derivadas (em termos de resolução, cumprimento específico, agravamento do risco e perdas e danos).

Bem de ver que não impedir invocações abusivas nesses termos teria o efeito perverso de premiar o inadimplemento, fomentando-o.[890]

Ora, se a *exceptio* tem o condão apenas de encobrir a eficácia da pretensão do excepto enquanto este não cumpre ou oferece cumprimento (quando então aquela eficácia é "descoberta"), qual sentido haveria em admitir esse remédio quando, desde

---

886. O autor enumera, vale lembrar, seis formas típicas de abuso: [i] *exceptio doli*; [ii] *venire contra factum proprium*; [iii] inalegabilidade de nulidades formais; [iv] *suppressio e surrectio*; [v] *tu quoque*; [vi] desequilíbrio no exercício jurídico.
887. Note-se: não se trata de nexo de causalidade ou interdependência entre as prestações, mas, sim, entre os inadimplementos.
888. Persico, Giovanni. Op. cit., p. 142.
889. Ibidem, p. 142–44.
890. Gagliardi, Rafael Villar. *Exceção de contrato não cumprido*. São Paulo: Saraiva, 2010, p. 118.

o início, resta evidenciado que o excipiente não tem capacidade concreta ou real intenção de cumprir a prestação por ele devida, apoiando-se no descumprimento do excepto como mero pretexto?

Observe-se que as situações acima exemplificadas se encaixam perfeitamente no tipo do "desequilíbrio no exercício jurídico", pois patente nelas a desconexão entre os objetivos pré-configurados pela norma que institui o contradireito da *exceptio* e o resultado prático que lhe pretende conferir o excipiente.[891]

Como já asseverou a Corte de Cassação Italiana, "o juiz deve avaliar o comportamento das partes contratantes para estabelecer quando a recusa de adimplir [...] configura instrumento legítimo para a salvaguarda do próprio direito ou tão somente meio de mascarar a própria inadimplência."[892]

Menezes Cordeiro[893] comenta decisão do Tribunal Federal de Justiça Alemão (*Bundesgerichtshof*, BGH) que versa sobre oposição abusiva da *exceptio* nos moldes ora descritos. Cuidava-se de contrato de cooperativa de construção, no qual se estabelecia que os adquirentes poderiam residir na casa como locatários por três anos após o término da obra, a título de experiência. Encerrado esse período, eles teriam a opção de adquirir definitivamente o imóvel pelo preço que viesse a ser estabelecido a partir da divisão, entre os cooperados, do custo final de todas as construções somadas (para além dessa disposição, o contrato fixava um preço mínimo de 4000 DM). Decorridos dois anos aproximadamente, a construtora informou que o preço final para os adquirentes seria de 8253,68 DM, apresentando uma planilha para demonstrar os custos e a forma como estes haviam sido repartidos entre os cooperados. Os adquirentes impugnaram o valor apresentado

---

891. Raquel Bellini de Oliveira Salles (Op. cit., p. 135) traz outra hipótese em que a invocação da *exceptio* também se revela dissociada dos objetivos legítimos do instituto: quando o excipiente busca por meio dela, de maneira oblíqua, coagir o excepto a satisfazer uma vantagem não estipulada no contrato. Com efeito, o remédio da exceção de contrato não cumprido, enquanto meio de autotutela, pode ser utilizado, de forma oportunista, para arrancar vantagens indevidas da parte contrária, especialmente quando o excipiente ainda retém a integralidade (ou parte significativa) da prestação devida ao excepto (contexto em que resta ao excepto submeter-se aos caprichos do excipiente ou levar a juízo, com os ônus daí decorrentes, a discussão acerca da legitimidade da invocação extrajudicial da exceção pela parte contrária). Embora essa situação seja de inegável relevância prática, parece-nos que, tecnicamente, ela não constitui propriamente hipótese de invocação *abusiva* da *exceptio*, mas, sim, situação em que o uso da exceção é simplesmente incabível por *faltar-lhe um requisito* (qual seja o próprio inadimplemento do excepto, na medida em que se partiu da premissa, na descrição da hipótese, de que as vantagens exigidas pelo excipiente seriam indevidas, não acobertadas pelo contrato). Dito de outra forma: não é o caso de o uso em concreto do contradireito ser abusivo, por contrariar a boa-fé, mas de sequer existir contradireito, visto que ausente o incumprimento do excepto.
892. Cass., 8 settembre, 1986, n. 5459. Disponível em www.italgiure.giustizia.it. Acesso em: 17 jun. 2019. Em igual linha, defende Giselda M. F. N. Hironaka: "A *exceptio non adimpleti contractus* demanda que seja empregada com boa-fé, quer dizer, a exceção não pode ser utilizada apenas como subterfúgio para não adimplir, mas deve, ao contrário, ser invocada sempre que as circunstâncias forem relevantes. A exceção, então, deve ser utilizada dentro do limite da utilidade, da razoabilidade e apenas quando for eficientemente necessária." (O sinalagma contratual – A chamada "causa" dos contratos: relações contratuais de fato. *Revista de Direito do Consumidor*, v. 93, 2014, p. 225).
893. Menezes Cordeiro, António. *Da boa-fé no direito civil*. Coimbra: Almedina, 2007, p. 846.

e demandaram informações complementares. A construtora não apresentou as informações solicitadas e resolveu o contrato extrajudicialmente, com base em cláusula resolutiva expressa, ante a falta de pagamento do preço no termo estabelecido. Na sequência, ingressou com ação declaratória de resolução do contrato cumulada com reintegração de posse para reaver o bem. Os requeridos-adquirentes suscitaram a exceção de contrato não cumprido, argumentando que não pagaram o preço porque a autora-construtora não havia fornecido as informações complementares solicitadas. Esta, por sua vez, alegou e demonstrou que a oposição da exceção configurava, no caso, exercício inadmissível de posição jurídica, pelo fato de os requeridos-adquirentes não terem condições materiais de pagar sequer o preço mínimo inicial de 4000 DM (ou mesmo de ter acesso a crédito nesse montante), de modo que a violação do dever de informar (ainda que viesse a ser reconhecida sua ocorrência) não teria perturbado de nenhuma forma a estrutura sinalagmática do contrato, sendo irrelevante para o desfecho da relação. A bem da verdade, concluiu o Tribunal, os adquirentes haviam invocado a *exceptio* apenas como subterfúgio para justificar seu próprio descumprimento e, com isso, tentar afastar a resolução do contrato e a consequente reintegração de posse.[894]

b.2) A inexecução atribuída ao excepto não guarda relação de proporcionalidade com a prestação que está sendo demandada do excipiente

Esta é certamente a hipótese mais frequente de exercício abusivo da *exceptio* e também aquela que desperta mais atenção da doutrina.[895]

Recebeu menção expressa no §320, (2), do BGB, como exemplo particularmente relevante de exercício deste contradireito em contrariedade à boa-fé:

§320. Exceção de contrato não cumprido

[...]

(2) Se uma das partes prestou parcialmente, a contraprestação não poderá ser recusada se tal recusa, *de acordo com as circunstâncias, infringir a boa-fé, particularmente por causa da insignificância proporcional da parte faltante*.[896]

---

894. BGH, 10jul-1970, WM 1970, 1246-1247.
895. Apenas para uma menção rápida, não exaustiva, em relação à doutrina nacional: Theodoro Jr., Humberto. *Exceção de Contrato não Cumprido – Aspectos Materiais e Processuais*. Revista Jurídica, n. 189, 1993, p. 12 ("O princípio da boa-fé exige que, entre o inadimplemento do excipiente e da contraparte, exista um nexo de *equivalência* ou de *proporção*"); Serpa Lopes, Miguel Maria de. Op. cit., p. 311 ("O princípio da boa-fé exige, assim, que entre o inadimplemento do excipiente e da contraparte haja um nexo de equivalência ou de proporção. Se o inadimplemento do *excipiens* for de leve teor, não poderá ele [...] justificar a oposição da exceção de contrato não cumprido."); Gagliardi, Rafael Villar. Op. cit., p. 122 ("Para que a oposição da exceção de contrato não cumprido seja considerada legítima, a suspensão da contraprestação precisa guardar relação de proporcionalidade com o inadimplemento do excepto, sob pena de configurar exercício abusivo do direito à exceção.").
896. Bürgerliches Gesetzbuch [BGB], §320. Disponível em: http://www.gesetze-im-internet.de/englisch_bgb/englisch_bgb.html#p1167. Acesso em: 19 dez. 2019.

Idem em relação ao novo art. 1.219 do *Code Civil*, introduzido pela *Ordonnance* n. 2016-131, que peca, no entanto, ao trazer essa hipótese como se ela fosse a única em que o exercício da exceção se faz abusivo:

> Art. 1.219. Uma parte pode recusar-se a executar sua obrigação, mesmo que ela seja exigível, se a outra não executou a sua e *se esta inexecução for suficientemente grave*.[897]

Neste ponto do trabalho, pretende-se apenas expor em linhas gerais essa exigência de proporcionalidade entre as prestações, pois o tratamento específico das várias situações em que o problema se manifesta na prática será realizado no subitem 4.4.5, dedicado à *exceptio non rite adimpleti contractus* (v.g., mora parcial por inexatidão quantitativa; realização inexata da prestação principal por má qualidade ou desconformidade com o pactuado; violação positiva do contrato, compreendida como ofensa a deveres de proteção).

Pois bem.

A questão da proporcionalidade entre as prestações não é totalmente nova no âmbito desta tese. Já tivemos oportunidade de comentá-la ao tratar do sinalagma e da causa concreta.

Na ocasião, sustentamos que a invocação da exceção de contrato não cumprido, assim como dos demais remédios sinalagmáticos, só se legitima se o descumprimento alegado pelo excipiente atingir o núcleo funcional do contrato constituído pela causa concreta – isto é, se interferir significativamente na economia do negócio, trazendo prejuízo à satisfação do interesse útil do excipiente.[898] Mas também afirmamos que é preciso verificar, *cumulativamente*, se existe *proporcionalidade* entre os deveres inadimplidos (pelo excepto e pelo excipiente), à luz justamente da relevância de ambos para o atingimento da causa concreta: vale dizer, para que a oposição da exceção seja cabível, é preciso que a prestação descumprida pelo excepto ostente relevância semelhante para a promoção da causa concreta do contrato em cotejo com a prestação cuja exigibilidade o excipiente pretende suspender.[899]

A falta desses dois requisitos inviabiliza a utilização do remédio da *exceptio*, mas não impede a parte lesada pelo inadimplemento pouco relevante de reclamar, por exemplo, perdas e danos por ação própria.

A exigência de proporcionalidade entre as prestações, à luz da causa concreta, foi bem resumida em julgado da Corte de Cassação Italiana, já no ano de 1954:

---

897. Code Civil, art. 1.219. Disponível em: https://www.legifrance.gouv.fr/. Acesso em: 19 dez. 2019.
898. Aguiar Jr., Ruy Rosado de. *Comentários ao novo Código Civil*, v. VI, t. II: da extinção do contrato (arts. 472 a 480). Teixeira, Sálvio de Figueiredo (Coord.). Rio de Janeiro: Forense, 2011, p. 747; Gabrielli, Enrico. Op. cit., p. 23.
899. Silva, Rodrigo da Guia. Novas perspectivas da exceção de contrato não cumprido: repercussões da boa-fé objetiva sobre o sinalagma contratual. *Revista de Direito Privado*, v. 78, jun/2017, p. 52.

Nos contratos com prestações correspectivas, em caso de recíproco inadimplemento, a fim de estabelecer se pode encontrar aplicação o princípio *inadimplenti non est adimplendum*, cumpre proceder a uma apreciação comparativa da conduta de ambos os contraentes em relação à arguida e recíproca falta de cumprimento, [...] tomando em consideração a relativa gravidade e eficácia em face da finalidade econômica global do contrato e consequente influência sobre a sua sorte.⁹⁰⁰

A exigência de proporcionalidade entre os inadimplementos, como corolário da função limitadora da boa-fé, conecta-se com o próprio fundamento e a razão de ser do instituto (proteção do sinalagma funcional). Com efeito, o remédio não se prestaria à preservação do equilíbrio na relação contratual – pelo contrário, poderia ser utilizado indevidamente para aprofundar desequilíbrios – se não fosse observada a aludida equivalência. Pense-se, por exemplo, no demandado que, já tendo recebido parte substancial da prestação a que tinha direito conforme o contrato, opõe a *exceptio* em face de um pequeno descumprimento do autor, pretendendo, com isso, legitimar a retenção da integralidade do que lhe deve. Nessas circunstâncias, como se verá no capítulo da *exceptio non rite adimpleti contractus*, ou a exceção deverá ser considerada abusiva na íntegra ou sua eficácia encobridora deverá ser reduzida a um patamar proporcional ao descumprimento da contraparte, sob pena de o remédio servir não à preservação do equilíbrio da relação, mas a objetivos bem menos nobres (achacar a parte adversa, postergar o pagamento, escamotear a incapacidade de adimplir do excipiente etc.).⁹⁰¹

Com efeito, nessa busca por manter o equilíbrio da relação, como já adiantado no parágrafo anterior, podem ser adotadas soluções intermediárias que não sejam do tipo "tudo ou nada" (ou a exceção é plenamente legítima, paralisando toda a pretensão do autor; ou é considerada totalmente abusiva, sendo rejeitada na íntegra, sem qualquer eficácia encobridora). Em determinadas condições, especialmente se a obrigação reclamada for divisível, soluções intermediárias como a aludida (reduzir a eficácia encobridora da exceção a um patamar proporcional ao descumprimento da contraparte, considerando-a abusiva apenas naquilo que a isso exceder), podem se mostrar, em concreto, as mais consentâneas com as

---

900. Cass., 1 luglio 1954, n. 2444. Disponível em: www.italgiure.giustizia.it. Acesso em: 24 dez. 2019.
901. Bem de ver, a partir do exposto neste parágrafo, que as situações tratadas neste tópico se enquadram perfeitamente, segundo a classificação de Menezes Cordeiro, no tipo do "desequilíbrio no exercício jurídico", na medida em que transparecem uma desconexão entre o objetivo original do instituto da exceção (preservação do sinalagma) e o resultado efetivo que pode advir do seu exercício nessas condições (criação ou consolidação, ao invés, de um desnível entre as partes). Entre os três subtipos que, segundo o mesmo autor, integram esta categoria ([i] exercício inútil danoso; [ii] situações inseridas no brocardo *"dolo agit qui petit quod statim redditurus est"*; [iii] hipóteses de desproporcionalidade entre a vantagem auferida pelo titular da posição jurídica ativa e o sacrifício imposto pelo seu exercício a outrem), tais situações enquadram-se também de forma muito clara no terceiro (basta pensar na postura narrada de quem, apontando um incumprimento mínimo da contraparte, acha-se legitimado a reter a integralidade da prestação por ele devida). Vale destacar que Menezes Cordeiro evoca exatamente a hipótese da *exceptio* arguida com inobservância da proporcionalidade para exemplificar este terceiro subtipo: "Há desencadear de poderes-sanção por faltas insignificantes quando o titular-exercente mova a exceção de contrato não cumprido por uma falha sem relevo de nota na prestação da contraparte, em termos de causar, a esta, um grande prejuízo [...]." (Menezes Cordeiro, António. *Da boa-fé no direito civil*. Coimbra: Almedina, 2007, p. 853-858).

finalidades do instituto, por assegurarem, na medida do possível, o cumprimento simultâneo das obrigações.[902]

Na comparação entre os incumprimentos, mostra-se irrelevante, em princípio, a natureza dos deveres violados (se principais, secundários, acessórios ou de proteção), mais pesando a importância de cada um deles para a promoção do resultado útil do contrato. Como explica Ruy Rosado de Aguiar Jr., assim como a violação de deveres secundários, anexos ou de proteção pode, em tese, "amparar o pedido de resolução e, com mais razão, a exceção", de outra banda, "o inadimplemento de obrigação principal poderá ser de escassa importância, a ponto de se ter a exceção como exercício abusivo de um direito".[903]

Evidente, ainda, que não faz sentido algum exigir, para tornar legítimo o exercício da exceção, que a proporcionalidade entre os inadimplementos seja absoluta ou por demais rigorosa, sob pena de fazer do instituto letra morta. Como afirma Jean-François Pillebout, basta um *equilíbrio razoável*: "É necessário que entre as duas infrações exista uma certa relação. Certamente, não seria adequado exigir uma igualdade absoluta, quase impossível de ser alcançada e que faria nosso instituto perder a utilidade, mas ao menos um equilíbrio relativo."[904]

Muito se falou neste tópico sobre a necessidade de haver proporcionalidade entre os incumprimentos. Todavia, é preciso deixar claro que nenhum problema haverá se a falta de proporcionalidade se der em prejuízo do excipiente – vale dizer, se o incumprimento por ele imputado ao excepto mostrar-se muito mais relevante do que o seu próprio. Afinal, o que se examina, aqui, é a existência ou não de exercício inadmissível da posição jurídica ativa de titularidade do excipiente (e não o contrário).

A exigência de proporcionalidade entre os descumprimentos, como requisito para a exceção, com os temperamentos acima feitos, é tema relativamente frequente na jurisprudência nacional.

Na Apelação Cível 0009600-84.2010.8.26.0005, tramitada perante a 1ª Câmara de Direito Privado do Tribunal de Justiça do Estado de São Paulo, Relator Desembargador Francisco Loureiro, asseverou-se, com toda razão, que "fere princípios elementares de direito e a boa-fé objetiva que, sob o argumento de que possa haver dificuldade na outorga da escritura a final, os cessionários de direitos de adquirentes sustem desde logo as parcelas do preço e residam por anos a fio em casa pronta e acabada cujas chaves lhes foram entregues." Na ocasião, os requeridos haviam tentado justificar a suspensão do pagamento das parcelas, sob a capa protetora da

---

902. Alvitrando a possibilidade, em tese, dessas soluções intermediárias: Vaz Serra, Adriano Paes da Silva. Op. cit., p. 42; Assis, Araken de. Op. cit., p. 677-678.
903. Aguiar Jr., Ruy Rosado de. *Comentários ao novo Código Civil*, v. VI, t. II: da extinção do contrato (arts. 472 a 480). Teixeira, Sálvio de Figueiredo (Coord.). Rio de Janeiro: Forense, 2011, p. 746.
904. Pillebout, Jean-François. *Recherches sur l'exception d'inexécution*. Paris: LGDJ, 1971, p. 207.

exceptio, alegando possível dificuldade futura na outorga da escritura, enquanto continuavam a residir no imóvel.[905]

Quando muito, reconheceu a Câmara Julgadora, seria admissível, em tese, uma "solução intermediária" na forma alvitrada linhas atrás (retenção dos pagamentos em escala proporcional ao inadimplemento da vendedora), muito diferente, contudo, da postura dos excipientes de suspender os pagamentos já nas primeiras parcelas e continuar a residir no imóvel, escudando-se em um descumprimento comparativamente menor do excepto:

> A exceção do contrato não cumprido, na qual se escoram os réus, representa um processo lógico de assegurar, mediante cumprimento simultâneo, o equilíbrio em que assenta o esquema do contrato bilateral. Parece claro que eventual irregularidade formal do empreendimento, pois pendente de registro imobiliário, não autoriza a sustação quase que integral do pagamento do preço, mas tão somente das parcelas indispensáveis a fazer frente a eventuais obrigações decorrentes do inadimplemento parcial.

Na Apelação Cível 1085654-70.2016.8.26.0100, Relator Desembargador Renato Rangel Desinano, a Corte Bandeirante examinou "contrato de depósito oneroso de cálculo biliar bovino". Em face do inadimplemento da depositante em relação à remuneração mensal pactuada, a depositária ajuizou ação de cobrança, tendo a requerida-depositante, em contestação, arguido exceção de contrato não cumprido, sob o fundamento de que a autora-depositária não teria cumprido a obrigação de entregar ao banco interveniente (com o qual a requerida havia celebrado operações de crédito, dando o cálculo biliar bovino em alienação fiduciária em garantia) relatórios periódicos relativos à condição dos bens depositados. Ao fim, a Turma julgadora, para além de ter compreendido que a prova produzida demonstrava, ao contrário do alegado pela requerida, o adequado cumprimento da obrigação de enviar os relatórios, ainda fez constar que, mesmo se viesse a ser reconhecido o inadimplemento nesse ponto, ele não autorizaria a suspensão dos pagamentos das remunerações mensais pactuadas, na medida em que a "a exceção de contrato não cumprido deve ser invocada dentro dos limites da boa-fé objetiva, não sendo razoável a recusa total da prestação diante de uma falta sem maior gravidade e desprezível do ponto de vista da economia do negócio jurídico."[906]

No Recurso Especial 981.750/MG, o Superior Tribunal de Justiça, em v. acórdão de Relatoria da Ministra Nancy Andrighi, embora tenha solucionado o caso sob outra perspectiva (reconhecendo a própria *inexistência* do contradireito de exceção de contrato não cumprido, mercê do fato de a obrigação inadimplida do excipiente na hipótese ser exigível antes da obrigação do excepto, sendo sucessivas entre si, e não simultâneas, as obrigações), asseverou, *obiter dictum*, que seu exercício legítimo

---

905. TJSP, Apelação Cível 0009600-84.2010.8.26.0005, Relator Desembargador Francisco Loureiro, 1ª Câmara de Direito Privado, j. em 27 nov. 2017.
906. TJSP, Apelação Cível 1085654-70.2016.8.26.0100, Relator Desembargador Renato Rangel Desinano, 11ª Câmara de Direito Privado, j. em 04 dez. 2018.

pressupõe que a recusa da parte em cumprir sua obrigação guarde "proporcionalidade com a inadimplência do outro, não havendo de se cogitar da arguição da exceção de contrato não cumprido quando o descumprimento é parcial e mínimo."[907]

No Recurso Especial 883.990/RJ, de Relatoria do Ministro Fernando Gonçalves, o Superior Tribunal de Justiça enfrentou diretamente o tema da proporcionalidade dos incumprimentos em caso envolvendo a compra e venda de um imóvel em parcelas.

Em dado momento da relação contratual, já na posse do bem, os compradores arguiram extrajudicialmente a exceção de contrato não cumprido para suspender o pagamento das parcelas da compra (o valor das parcelas restantes ultrapassava R$ 1 milhão), em decorrência da não quitação, pelos vendedores, de débito pretérito de IPTU que somava aproximadamente R$ 37 mil.

Decorridos vários anos sem o pagamento das parcelas (que já estavam, a essa altura, todas vencidas), os vendedores ajuizaram ação de resolução do contrato cumulada com reintegração de posse, tendo os requeridos, em contestação, negado o direito dos autores à extinção do contrato, argumentando que a *exceptio* arguida extrajudicialmente teria, desde aquele momento, afastado a configuração da mora.

O Superior Tribunal de Justiça, no entanto, considerou abusiva, ante a notória desproporcionalidade dos inadimplementos, a invocação extrajudicial da *exceptio* nas circunstâncias apontadas, resolvendo o contrato por inadimplemento dos requeridos. Lê-se do v. acórdão:

> Como se vê, sem dúvida, há, nada obstante o descumprimento parcial dos recorrentes da avença com a quitação dos débitos fiscais fora do prazo avençado, uma flagrante desproporcionalidade

---

907. Direito civil. Contratos. Rescisão. Prévia constituição em mora. Necessidade. Exceção de contrato não cumprido. Requisitos. Nulidade parcial. Manutenção do núcleo do negócio jurídico. Boa-fé objetiva. Requisitos. [...] – A exceção de contrato não cumprido somente pode ser oposta quando a lei ou o próprio contrato não determinar a quem cabe primeiro cumprir a obrigação. Estabelecida a sucessividade do adimplemento, o contraente que deve satisfazer a prestação antes do outro não pode recusar-se a cumpri-la sob a conjectura de que este não satisfará a que lhe corre. Já aquele que detém o direito de realizar por último a prestação pode postergá-la enquanto o outro contratante não satisfizer sua própria obrigação. A recusa da parte em cumprir sua obrigação deve guardar proporcionalidade com a inadimplência do outro, não havendo de se cogitar da arguição da exceção de contrato não cumprido quando o descumprimento é parcial e mínimo. – Nos termos do art. 184 do CC/02, a nulidade parcial do contrato não alcança a parte válida, desde que essa possa subsistir autonomamente. Haverá nulidade parcial sempre que o vício invalidante não atingir o núcleo do negócio jurídico. Ficando demonstrado que o negócio tem caráter unitário, que as partes só teriam celebrado se válido fosse em seu conjunto, sem possibilidade de divisão ou fracionamento, não se pode cogitar de redução, e a invalidade é total. O princípio da conservação do negócio jurídico não deve afetar sua causa ensejadora, interferindo na vontade das partes quanto à própria existência da transação. – A boa-fé objetiva se apresenta como uma exigência de lealdade, modelo objetivo de conduta, arquétipo social pelo qual impõe o poder-dever de que cada pessoa ajuste a própria conduta a esse modelo, agindo como agiria uma pessoa honesta, escorreita e leal. Não tendo o comprador agido de forma contrária a tais princípios, não há como inquinar seu comportamento de violador da boa-fé objetiva. Recurso especial a que se nega provimento. (STJ, REsp 981.750/MG, Rel. Ministra Nancy Andrighi, Terceira Turma, j. em 13 abr. 2010).

entre este fato e a retenção das parcelas devidas pela compra do imóvel [...]. Como consignado na transcrição feita, para um débito fiscal de mais ou menos R$ 37 mil, sobrevém uma retenção, extremamente onerosa e desigual, de aproximadamente R$ 1 milhão, sendo certo, por outro lado, que em relação ao imóvel, objeto do negócio, já houve a tradição. [...] A obrigação principal, repita-se, é a entrega do imóvel, já concretizada, mediante pagamento em tratos sucessivos. Neste contexto de desproporcionalidade, [...] há flagrante mora dos recorridos, porque por uma escassa importância, suspenderam o pagamento de aproximadamente 1 milhão de reais, já na posse do imóvel até hoje mantida.[908]

Impende destacar, no entanto, que, a despeito de largamente majoritário, o entendimento de que a boa-fé torna abusiva a oposição da exceção quando ausente a proporcionalidade entre os incumprimentos não é unânime.

Araken de Assis, por exemplo, estabelece distinção nesse ponto entre os remédios sinalagmáticos da resolução e da exceção de contrato não cumprido. Como a desconstituição do contrato representa terapia mais radical e agressiva, é natural, afirma o autor, que se rejeitem pedidos de resolução fundados em descumprimentos de pequena monta. Entretanto, a cautela que se exige para desconstituir o contrato não precisaria ser estendida ao outro remédio sinalagmático, que busca apenas paralisar a eficácia da pretensão do demandante enquanto este não cumprir o que lhe compete.[909]

Na opinião do autor, impedir o uso da exceção nessas circunstâncias não estaria em linha com aquele que ele compreende ser o principal objetivo deste remédio, qual seja induzir as partes ao cumprimento exato. E complementa: desconforme à boa-fé, na verdade, é a conduta daquele que pleiteia a prestação do parceiro quando não tenha prestado exatamente no tempo, lugar e forma estabelecidos na lei ou no contrato, ainda que de pequena relevância o descumprimento. Daí porque, conclui, "é de se admitir que o réu excepcione sem restrições e inibições defluentes do princípio da boa-fé."[910]

Com a devida vênia, essa corrente – absolutamente minoritária, aliás – não pode prosperar.[911]

Seu ponto de partida, pensamos, já é equivocado: o de que o principal objetivo do instituto seria o de induzir as partes ao cumprimento exato das obrigações e que, por conta mesmo desse objetivo, sua admissibilidade deve ser ampla, não sujeita a limites impostos pela boa-fé.

Não se nega que a exceção de contrato não cumprido desempenhe também função coercitiva, de induzir as partes ao cumprimento pleno do contrato. Mas, ao lado dela – e, acreditamos, acima dela – há outra: assegurar o cumprimento

---

908. STJ, REsp 883.990/RJ, Rel. Ministro Fernando Gonçalves, Quarta Turma, j. em 01 abr. 2008.
909. Assis, Araken de. Op. cit., p. 677.
910. Ibidem, p. 678.
911. A exigência de que seja relevante o inadimplemento do excepto, vale lembrar, está consagrada legislativamente, de forma expressa, no §320, (2), do BGB, e no art. 1.219 do *Code Civil*.

simultâneo das obrigações e, com isso, proteger o equilíbrio da relação (o sinalagma funcional). João Calvão da Silva chama esta última de "função de garantia", pois por meio dela o excipiente, ao suspender o contrato e recusar a prestação demandada, protege-se contra a insolvência eventual do excepto. Afinal, afirma com razão, "é preferível para o credor não cumprir a sua obrigação, recíproca da obrigação não cumprida pelo devedor, através da exceção de contrato não cumprido [...], a estar a cumprir e a sofrer as consequências da impotência econômica do devedor inadimplente."[912]

Tanto é verdade que o aspecto coercitivo é secundário – um efeito indireto do principal, de preservação do sinalagma – que muitas vezes o instituto não se presta a alcançar, efetivamente, o adimplemento pleno: basta pensar nas situações em que, obtido o efeito paralisador típico da exceção, as partes permanecem inertes indefinidamente, em estado de incumprimento mútuo. Nessas condições, preserva-se o equilíbrio, mas não se atinge a satisfação plena.

Ademais, quem pretende coagir a parte adversa ao cumprimento pleno dispõe de meios mais efetivos e diretos para tanto, no lugar de uma defesa que tem apenas o condão de paralisar a pretensão do demandante.

Feito esse excurso funcional necessário, cabe indagar: como admitir como legítimo o exercício da exceção que, ao invés de perseguir essa função principal do instituto (preservar o equilíbrio), tende a produzir o resultado contrário? Pois é exatamente o que ocorre, como demonstramos, se não se impõe, como filtro do remédio, a existência de proporcionalidade razoável entre os incumprimentos.

Recorre-se aqui, mais uma vez, ao exemplo do demandado que, já tendo recebido parte substancial da prestação a que tinha direito conforme o contrato, opõe a *exceptio* em face de pequeno descumprimento do autor, pretendendo, com isso, legitimar a retenção da integralidade do que lhe deve. Uma exceção manejada nessas circunstâncias, se não fosse barrada por contrariedade à boa-fé, serviria na verdade para preservar um estado de desequilíbrio e uma posição de superioridade estratégica em favor do excipiente (e, quiçá, a partir daí, servir a objetivos ainda menos nobres, como os de achacar o excepto, postergar o pagamento devido pelo excipiente ou esconder a eventual incapacidade deste de adimplir).

Não é por outra razão que Menezes Cordeiro, como visto, qualifica a exceção oposta em tais condições de desproporcionalidade como espécie do tipo de exercício inadmissível "desequilíbrio no exercício jurídico", que agrupa justamente situações nas quais o uso concreto da posição jurídica volta-se contra os objetivos preordenados do respectivo instituto.

---

912. Silva, João Calvão da. Op. cit., p. 336. Em idêntico sentido, a afirmar que o instituto tem dupla função (de *garantia*, por impedir o sacrifício patrimonial do excipiente; e *coercitivo*, por estimular o cumprimento integral do contrato), ver também: Salles, Raquel Bellini de Oliveira. Op. cit., p. 101.

Não se pode olvidar, por derradeiro, que a exceção de contrato não cumprido é resposta que pode ser deduzida extrajudicialmente, como autotutela, e que tem como consequência, quando oposta legitimamente, afastar os efeitos da mora (fazendo-o inclusive *ex tunc*, de modo a encobrir a eficácia da pretensão do demandante desde o nascimento desta).[913] Ela obstaculiza, como bem pontua João Pedro de Oliveira de Biazi, "o surgimento de qualquer direito a receber indenização moratória por parte do credor da prestação do excipiente, bem como o impede de buscar a resolução do contrato por inadimplemento, fundado no incumprimento ilícito e imputável ao devedor."[914]

Se é assim, o entendimento de que a exceção deve ser admitida mesmo quando desproporcionais os incumprimentos, "sem restrições e inibições defluentes do princípio da boa-fé",[915] carrega em si enorme potencial de gerar distorções práticas.

O locatário poderia extrajudicialmente suspender o pagamento dos aluguéis, embora continuando a residir no imóvel, apenas porque o locador não fez pequenos reparos ou não realizou uma repintura, conforme estava obrigado pelo contrato. E mesmo depois de superados esses obstáculos, o locador não poderia exigir os aluguéis com juros de mora, qualquer que fosse o atraso, porque de mora não se poderia cogitar, visto que o locatário teria agido licitamente.

A cada nova exigência do locatário, por qualquer incumprimento (por mais irrelevante que fosse), o locador se veria impedido de resolver o contrato e de exigir os aluguéis, assumindo, inclusive, na prática, o risco da insolvência da contraparte (que acumularia aluguéis vencidos, mas continuaria a fazer uso do bem).

Trata-se de uma visão equivocada, portanto, mais não sendo necessário ser dito para afastá-la, até porque difícil imaginar qualquer posição jurídica obrigacional que possa ser exercida, como colocado, "sem restrições e inibições defluentes do princípio da boa-fé."

b.3) O exercício da *exceptio* prejudica ou coloca em risco um direito fundamental do excepto. Restrições à oposição da exceção em contratos de prestação de serviços públicos essenciais e de plano de saúde

Não basta, entretanto, que o inadimplemento do excipiente seja proporcional ao do excepto. Outras considerações, de ordem qualitativa, concernentes ao tipo da prestação e aos sujeitos envolvidos na relação, podem tornar a invocação da exceção de contrato não cumprido abusiva em concreto.

O foco, aqui, não está mais na proporcionalidade entre os incumprimentos, mas na gravidade dos efeitos da suspensão da prestação para o excepto vis-à-vis ao

---
913. Pontes de Miranda, Francisco Cavalcanti. *Tratado de direito privado*. Campinas: Bookseller, 2000. t. VI. p. 56-57.
914. Biazi, João Pedro de Oliveira de. Op. cit., p. 227.
915. Assis, Araken de. *Comentários ao Código Civil brasileiro*, v. 5. do Direito das obrigações (arts. 421 a 578). Alvim, Arruda; Alvim, Thereza (Coord.). Rio de Janeiro: Forense, 2007, p. 678.

impacto negativo da eventual proibição ou limitação da utilização desse remédio para o excipiente.

Há situações, pontua Pablo Moreno Cruz, em que o magistrado é chamado a estabelecer não uma comparação quantitativa entre os incumprimentos, mas uma verdadeira *hierarquia* entre os interesses envolvidos no exercício da *exceptio*.[916]

Com efeito, quando a situação envolver interesses existenciais, o juízo de cabimento da exceção de contrato não cumprido não pode ficar adstrito a ponderações patrimoniais de proporcionalidade entre os incumprimentos, devendo ser permeável também à consideração de fatores como a vulnerabilidade dos atores envolvidos na relação, a potencial gravidade da suspensão da prestação para o excepto, se há outros meios menos lesivos de o excipiente obter a satisfação de seu interesse, se o inadimplemento do excepto é atual ou pretérito etc.

Como bem observa Marco Fábio Morsello, enquanto para os contratos ditos *de lucro* a primazia deve ser conferida em regra ao princípio da autonomia privada, em relação aos contratos *existenciais*, por outro lado, impõe-se ao hermeneuta atribuir comparativamente maior *densidade* aos princípios sociais do contrato (boa-fé, função social e equilíbrio).[917-918]

---

916. Cruz, Pablo Moreno. Los límites a la exceptio inadimpleti contractus: la "buena", la "mala" y la "fea" excepción de contrato no cumplido. *Revista de Derecho Privado*, n. 24, jan.-jun. 2013, p. 140.
917. Morsello, Marco Fábio. Análise categorial dos contratos existenciais e de lucro. In: *Estudos em Homenagem a Clóvis Beviláqua por ocasião do Centenário do Direito Civil Codificado no Brasil*. São Paulo: Escola Paulista da Magistratura, 2018. v. II. p. 528.
918. Esta distinção entre contratos existenciais e de lucro foi introduzida pioneiramente por Antônio Junqueira de Azevedo, constituindo, nas suas palavras, a "dicotomia contratual do século XXI". Contratos existenciais, na lição do jurista, são aqueles em que uma das partes, ou ambas, são pessoas físicas, e que têm por objeto da prestação um bem considerado essencial para a subsistência da pessoa ou para a preservação de sua dignidade (alimentação, moradia, entretenimento, comunicação, vestuário, saúde, previdência etc.). Contratos de lucro, por sua vez, são aqueles celebrados entre empresários, pessoas físicas ou jurídicas, ou ainda entre um empresário e um não empresário, desde que este também tenha celebrado o contrato com fim de lucro. Sustentou o autor, nesse sentido: "Os contratos existenciais têm com uma das partes, ou ambas, as pessoas naturais; essas pessoas estão visando a sua subsistência. [...] Ora, as pessoas naturais não são 'descartáveis' e os juízes têm que atender às suas necessidades fundamentais; é preciso respeitar o direito à vida, à integridade física, à saúde, à habitação etc., de forma que cláusulas contratuais que prejudiquem esses bens podem ser desconsideradas. Já os contratos de lucro são aqueles entre empresas ou entre profissionais e, inversamente, se essas entidades ou pessoas são incompetentes, devem ser expulsas, 'descartadas', do mercado ou da vida profissional. No caso desses contratos de lucro, a interferência dos juízes perturba o funcionamento do mercado ou o exercício das profissões; o princípio 'pacta sunt servanda' tem que ter aí maior força. [...] Outro ponto interessante são as diferenças de efeitos entre as duas categorias de contrato, por exemplo, quanto à boa-fé, quanto à função social, quanto ao dano moral (a nosso ver, cabe dano moral nos contratos existenciais, mas não nos contratos de lucro) etc.". Tais considerações constam de uma nota de atualização feita pelo Professor Antônio Junqueira de Azevedo à obra "Contratos", de Orlando Gomes (Gomes, Orlando. *Contratos*. 26. ed. Atual. por Antonio Junqueira de Azevedo e Francisco Crescenzo Marino. Rio de Janeiro: Forense, 2008. p. 231-232), bem como de uma entrevista concedida pelo mesmo autor à Revista Trimestral de Direito Civil (Azevedo, Antonio Junqueira de. Diálogos com a doutrina: entrevista com Antonio Junqueira de Azevedo. *Revista Trimestral de Direito Civil*, v. 9, n. 34. Rio de Janeiro: Ed., Padma. Abr.-jun. 2008, p. 304-305).
Ruy Rosado de Aguiar Jr. também irá explorar, posteriormente, a distinção *contratos existenciais/contratos de lucro*, apontando outras aplicações além das já mencionadas. Em relação aos existenciais, segundo o

Nos contratos existenciais, explica o mesmo autor, a função corretora da boa-fé objetiva atua, sobretudo, mediante a fixação de limites aos direitos que a parte mais forte da relação teria, em tese, a faculdade de exercer perante a parte mais vulnerável, seja *impedindo* esse exercício em determinadas circunstâncias (pense-se no rol de cláusulas e práticas abusivas do Código de Defesa do Consumidor), seja *dulcificando-o* em outras.[919]

Pois é exatamente o que se vai observar nas hipóteses tratadas neste tópico: a lei e a jurisprudência atuando, com esteio na boa-fé corretora de abusos, para impedir ou dulcificar o exercício da exceção de contrato não cumprido diante do incumprimento da parte vulnerável da relação, quando em jogo interesses existenciais.

Antes, porém, de verificarmos como o legislador e os tribunais brasileiros solucionam em concreto esse choque de interesses, convém citar alguns escólios doutrinários.

Alberto Maria Benedetti defende que a natureza essencial das utilidades prestadas por meio de determinados contratos (os exemplos que ele traz são de serviços públicos primários, como os de fornecimento de água, luz, gás e esgoto) demanda, mercê do risco de serem vulnerados direitos constitucionalmente protegidos, limites mais rigorosos ao exercício da exceção de contrato não cumprido pelo credor-fornecedor (que costuma se manifestar, nessas hipóteses, pela simples interrupção unilateral do fornecimento da utilidade).[920]

Como consequência desses limites mais rigorosos, derivados de uma aplicação mais densa da boa-fé nesses contratos, o autor propõe três diretrizes práticas: [i] que a interrupção dos serviços por inadimplemento só seja efetuada após prévia notificação do usuário, concedendo-lhe nova oportunidade para promover o paga-

---

autor, [i] deve haver maior tolerância quanto aos requisitos de forma do negócio jurídico, [ii] os deveres de informação e de esclarecimento, derivados da boa-fé objetiva, merecem maior ênfase, [iii] deve haver menor rigor quanto aos requisitos para o reconhecimento da lesão e da onerosidade excessiva, [iv] o juiz deve privilegiar o princípio da conservação do negócio jurídico, em caso de inadimplemento de menor importância, e, por fim, [v] deve haver maior rigor no controle de cláusulas penais excessivas. Tudo isso, segundo o autor, para assegurar que sejam respeitados os valores inerentes à dignidade da pessoa natural que participa do negócio. Em contrapartida, em relação aos contratos de lucro, prevaleceria o seguinte: [i] maior rigor na exigência de cumprimento exato das prestações; [ii] facilitação da comprovação da mora; [iii] maior rigor quanto aos requisitos da lesão e da onerosidade excessiva; [iv] preponderância dos usos e costumes na interpretação do negócio jurídico; [v] maior aceitação de cláusulas resolutivas expressas; [vi] menor controle judicial da abusividade de multas estabelecidas no contrato. Pondera o autor, todavia, que, embora submetidos com maior rigor ao princípio *pacta sunt servanda*, nem por isso deixam de ser aplicados aos contratos de lucro, de forma absoluta, os preceitos constitucionais (direitos fundamentais, livre concorrência etc.) e demais princípios que orientam as relações obrigacionais em geral (boa-fé, função social etc.). (Aguiar Jr., Ruy Rosado. Contratos relacionais, existenciais e de lucro. *Revista Trimestral de Direito Civil*, v. 12, n. 45, Rio de Janeiro: Ed., Padma. Jan.-mar. 2011, p. 106-107).

919. Morsello, Marco Fábio. Análise categorial dos contratos existenciais e de lucro. In: *Estudos em Homenagem a Clóvis Beviláqua por ocasião do Centenário do Direito Civil Codificado no Brasil*. São Paulo: Escola Paulista da Magistratura, 2018. v. II. p. 537.
920. Benedetti, Alberto Maria. *Il codice civile* – Commentario. Le autodifese contrattuali (Art. 1460-1462). Milano: Giuffrè, 2011, p. 85–86.

mento; [ii] que a interrupção dos serviços atue apenas como *extrema ratio*, quando outros meios de coerção tenham se mostrado ineficientes; [iii] em sendo necessária a interrupção dos serviços, que ela seja, se possível, apenas parcial, de forma a manter um fornecimento mínimo capaz de assegurar a dignidade dos usuários.[921]

Cesare Massimo Bianca, que também analisou a questão, foi ainda mais longe, ao sustentar ser abusiva, pura e simplesmente – e, portanto, ilícita – a suspensão de serviços por inadimplemento que possa colocar em risco a integridade física e moral do devedor-excepto, como nas hipóteses, exemplifica, de serviço de fornecimento de água potável ou de prestação de cuidados médicos urgentes. Nesses casos, assevera, "o interesse à integridade física ou moral da pessoa é, com efeito, de relevância muito superior àquele outro de natureza econômica, de forma que a tutela do direito do credor não pode chegar a sacrificar o primeiro."[922]

Raquel Bellini de Oliveira Salles, em âmbito nacional, também é bastante incisiva quanto à necessidade de fazer prevalecer, no juízo de cabimento da exceção, os interesses existenciais sobre os patrimoniais:

> A exceção de contrato não cumprido encontra óbice quando contrária à cláusula geral de tutela da pessoa humana, que preconiza, segundo a perspectiva civil-constitucional, a funcionalização dos interesses patrimoniais àqueles existenciais. Trata-se, pois, de um limite que o ordenamento impõe ao exercício de tal instrumento de autotutela, de modo que, numa ponderação, a lesão a um interesse existencial, considerada mais grave, deve ser prioritariamente remediada em relação à lesão a um interesse patrimonial.[923]

O legislador e as cortes brasileiras não chegaram, como se verá, a esse nível de proteção ao devedor inadimplente, nem em relação aos contratos de fornecimento de serviços públicos essenciais (água, gás, luz etc.), quanto menos em relação aos contratos de assistência médica e hospitalar (planos de saúde e seguros saúde). E nem parece que seria mesmo o caso de fazê-lo, pois exageros nesta seara carregam consigo riscos sistêmicos para toda a rede, tais como: formação, diante da certeza da proteção judicial, de uma cultura de inadimplemento em relação a esses serviços; possível queda da qualidade dos serviços prestados (afinal, com ou sem má-fé dos usuários, haverá uma parcela considerável de atividade prestada e não remunerada); oneração excessiva dos usuários que pagam regularmente seus débitos, que, confessadamente ou não, serão chamados a arcar, no todo ou em parte, com a diferença resultante.[924]

Primeiro, analisemos o quadro em relação aos serviços públicos essenciais.

---

921. Ibidem, p. 86-87.
922. Bianca, Cesare Massimo. Eccezione d'inadempimento e buona fede. In: *Il contratto*: silloge in onore di Giorgio Oppo. v. I. Padova: Cedam, 1992, p. 530.
923. Salles, Raquel Bellini de Oliveira. Op. cit., p. 136.
924. Bem de ver que, nesses contextos (serviços públicos essenciais e contratos de saúde), a ponderação de interesses subjacente à *exceptio* não pode ser atomizada, analisando-se cada relação jurídica isoladamente (o interesse do excepto de continuar a ter suprida uma necessidade básica *vis-à-vis* ao interesse patrimonial do excipiente de ter o serviço prestado devidamente remunerado), na medida em que, associados ao interesse "meramente" econômico do excipiente, estão outros de ordem coletiva, como os apontados (manutenção

Inicialmente, o Superior Tribunal de Justiça, com esteio nos artigos 22 e 42 do CDC,[925] inclinou-se no sentido de reconhecer a impossibilidade de interrupção de serviços essenciais por inadimplemento do usuário.[926]

Após 2003, porém, a jurisprudência do Superior Tribunal de Justiça firmou-se, com fundamento no art. 6º, § 3º, II, da Lei 8.987/95,[927] no sentido da possibilidade de interrupção dos serviços essenciais por inadimplemento do usuário, *desde que antecedida de aviso prévio*.[928]

---

da qualidade do sistema; não onerar excessivamente os adimplentes; não abalar a força vinculante dos contratos etc.), que também precisam ser considerados.

925. Art. 22. Os órgãos públicos, por si ou suas empresas, concessionárias, permissionárias ou sob qualquer outra forma de empreendimento, são obrigados a fornecer serviços adequados, eficientes, seguros e, *quanto aos essenciais, contínuos.*

Art. 42. Na cobrança de débitos, o consumidor inadimplente não será exposto a ridículo, nem será submetido a qualquer tipo de constrangimento ou ameaça.

926. Nesse sentido, conferir, por exemplo: STJ, REsp 430.812/MG, Rel. Ministro José Delgado, Primeira Turma, j. em 06 ago. 2002; STJ, REsp 122.812/ES, Rel. Ministro Milton Luiz Pereira, Primeira Turma, j. em 05 dez. 2000; STJ, REsp 201.112/SC, Rel. Ministro Garcia Vieira, Primeira Turma, j. em 20 abr. 1999. A ementa do primeiro julgado, porque reveladora do entendimento então em voga e por mencionar expressamente a impossibilidade do exercício de "justiça privada" na hipótese (leia-se: impossibilidade do uso da *exceptio* extrajudicialmente), merece citação:

Administrativo. Direito do consumidor. Ação de indenização. Ausência de pagamento de tarifa de energia elétrica. Interrupção do fornecimento. Corte. Impossibilidade. Arts. 22 e 42, da lei nº 8.078/90 (código de proteção e defesa do consumidor). 1. [...] *O corte de energia, como forma de compelir o usuário ao pagamento de tarifa ou multa, extrapola os limites da legalidade.* [...] 3. *A energia é, na atualidade, um bem essencial à população, constituindo-se serviço público indispensável, subordinado ao princípio da continuidade de sua prestação, pelo que se torna impossível a sua interrupção.*

4. O art. 22, do Código de Proteção e Defesa do Consumidor, assevera que "os órgãos públicos, por si ou suas empresas, concessionárias, permissionárias ou sob qualquer outra forma de empreendimento, são obrigados a fornecer serviços adequados, eficientes, seguros e, quanto aos essenciais, contínuos". [...] Já o art. 42, do mesmo diploma legal, não permite, na cobrança de débitos, que o devedor seja exposto ao ridículo, nem que seja submetido a qualquer tipo de constrangimento ou ameaça. Os referidos dispositivos legais aplicam-se às empresas concessionárias de serviço público.

5. *Não há de se prestigiar atuação da Justiça privada no Brasil, especialmente, quando exercida por credor econômica e financeiramente mais forte, em largas proporções, do que o devedor. Afronta, se assim fosse admitido, os princípios constitucionais da inocência presumida e da ampla defesa.*

6. O direito do cidadão de se utilizar dos serviços públicos essenciais para a sua vida em sociedade deve ser interpretado com vistas a beneficiar a quem deles se utiliza.

7. É devida indenização pelos constrangimentos sofridos com a suspensão no fornecimento de energia elétrica. [...]

927. Art. 6º Toda concessão ou permissão pressupõe a prestação de serviço adequado ao pleno atendimento dos usuários, conforme estabelecido nesta Lei, nas normas pertinentes e no respectivo contrato.

§ 1º Serviço adequado é o que satisfaz as condições de regularidade, continuidade, eficiência, segurança, atualidade, generalidade, cortesia na sua prestação e modicidade das tarifas.

[...]

§ 3º Não se caracteriza como descontinuidade do serviço a sua interrupção em situação de emergência ou *após prévio aviso*, quando:

[...]

II – *por inadimplemento do usuário, considerado o interesse da coletividade.*

928. O dissenso inicialmente existente entre a Primeira Turma (que reputava abusivo o corte do fornecimento, com fundamento nos artigos 22 e 42 do CDC) e a Segunda Turma (que já o admitia, com espeque no art. 6º, § 3º, II, da Lei 8.987/95) foi resolvido no julgamento, pela Primeira Seção, do Recurso Especial 363.943/

Note-se, aí, um primeiro temperamento da regulamentação da exceção no tocante a esses serviços: a exigência de aviso prévio como condição para sua invocação.

Outro abrandamento em relação ao regime geral da *exceptio* está na vedação do corte de fornecimento por débitos pretéritos, só se admitindo como legítima a interrupção se o inadimplemento referir-se ou estender-se ao mês corrente (isto é, se for atual).[929] No que toca aos débitos pretéritos, o credor deve se valer de outros meios para obter a satisfação (ação judicial, inscrição em cadastros de inadimplentes etc.).

Cabe salientar que, para contratos duradouros de natureza diversa, prevalece o entendimento de que a *exceptio* pode, sim, ser oposta com base em incumprimentos pretéritos.[930] Assim, se a empresa "A" fornece, por exemplo, certa matéria-prima à empresa "B" de forma contínua, mediante pagamentos mensais, nada a impede de, no mês de agosto, optar por suspender o fornecimento enquanto não lhe forem pagas as faturas em aberto dos meses de fevereiro e março (cujo atraso até aquele momento ela havia tolerado em nome do bom relacionamento empresarial e das promessas reiteradas de pagamento dos representantes de "B").[931] Isso só não será possível se a tolerância do credor chegar ao ponto de configurar *suppressio* (ou seja, de ensejar na parte contrária a confiança legítima de que a exceção não mais será exercida).[932]

Retornando aos contratos de prestação de serviços públicos essenciais, também é pacífica no Superior Tribunal de Justiça a posição de que é ilegal a interrupção do fornecimento se o débito tiver origem em suposta fraude no aparelho medidor, apurada unilateralmente pela concessionária.[933]

Excepcionalmente, para além das limitações acima expostas, a suspensão do fornecimento será abusiva se, mesmo tendo havido aviso prévio e referir-se a inadimplemento atual, ela puder acarretar lesão irreversível à integridade física do usuário, como na hipótese, em relação ao serviço de energia elétrica, de haver pessoa atendida em regime de *home care* na unidade consumidora.[934]

MG, Rel. Ministro Humberto Gomes de Barros, em 10 dez. 2003, no qual se firmou a tese de que a interrupção é possível desde que o usuário tenha sido previamente notificado (entendimento que vigora até o momento).

929. STJ, AgRg no Ag 1320867/RJ, Rel. Ministra Regina Helena Costa, Primeira Turma, j. em 08 jun. 2017; STJ, REsp 1658348/GO, Rel. Ministro Herman Benjamin, Segunda Turma, j. em 16 maio 2017; STJ, AgRg no AREsp 570.085/PE, Rel. Ministro Napoleão Nunes Maia Filho, Primeira Turma, j. em 28 mar. 2017.

930. Nesse sentido, por exemplo: Aguiar Jr., Ruy Rosado de. *Comentários ao novo Código Civil*, v. VI, t. II: Da extinção do contrato (arts. 472 a 480). Teixeira, Sálvio de Figueiredo (Coord.). Rio de Janeiro: Forense, 2011, p. 741-742; Abrantes, José João. Op. cit., p. 60.

931. A *exceptio* aplicada a contratos duradouros será analisada, em suas especificidades, no subitem 4.3.2 adiante.

932. Para o exame da *suppressio* aplicada à exceção de contrato não cumprido, vide subitem 3.3.2, d, adiante.

933. Nesse sentido: STJ, AgInt no REsp 1473448/RS, Rel. Ministra Assusete Magalhães, Segunda Turma, DJe 01 fev. 2017; STJ, AgRg no AREsp 448.913/PE, Rel. Ministra Regina Helena Costa, Primeira Turma, DJe de 03 set. 2015; STJ, AgRg no AREsp 405.607/MA, Rel. Ministro Humberto Martins, Segunda Turma, DJe de 20 nov. 2013.

934. STJ, EDcl no AI 1.000.621/RJ, Rel. Ministro Herman Benjamin, j. 24 nov. 2008. Afirma o Ministro Herman Benjamin no corpo da decisão monocrática que rejeitou os embargos: "Assim, para que o corte de energia elétrica por motivo de inadimplência seja considerado legítimo, a jurisprudência do STJ exige que: a) *não acarrete lesão irreversível à integridade física do usuário*; b) não tenha origem em dívida por suposta fraude no medidor de consumo de energia, apurada unilateralmente pela concessionária; c) não decorra de débito

Até aqui tratamos da possibilidade de corte do fornecimento a pessoas físicas e pessoas jurídicas de direito privado. Mas e se o consumidor inadimplente for ente público que também presta serviços essenciais (saúde, educação etc.)? É o problema da "dupla essencialidade", conforme expressão cunhada por Gustavo Tepedino: tanto o fornecedor como o próprio usuário estão a prestar serviços públicos essenciais, o que demanda outras ponderações quanto à legitimidade do uso da exceção de contrato não cumprido.[935]

Nesse ponto, posiciona-se o Superior Tribunal de Justiça no sentido da possibilidade de interrupção por inadimplemento do fornecimento dos serviços de energia elétrica, água e telefone a entes públicos, não podendo o corte atingir, entretanto, serviços essenciais como hospitais, prontos-socorros, escolas, creches, delegacias de polícia, presídios e iluminação pública.[936] Observe-se que o art. 6º, § 3º, II, da Lei 8.987/95, já referido linhas atrás,[937] contém ressalva expressa que autoriza esta conclusão, ao admitir a interrupção por inadimplemento do usuário, após prévio aviso, *"considerado o interesse da coletividade".*

No que concerne aos contratos de serviços de assistência à saúde, também de conteúdo existencial, o exercício da exceção de contrato não cumprido fundada em inadimplemento do consumidor mereceu igualmente tratamento diferenciado por parte do legislador. O art. 13, parágrafo único, II, da Lei 9.656/98, só autoriza a suspensão do contrato (e, portanto, dos respectivos atendimentos) se o período de não pagamento da mensalidade exceder "sessenta dias, consecutivos ou não, nos últimos doze meses de vigência do contrato, desde que o consumidor seja comprovadamente notificado até o quinquagésimo dia de inadimplência". Já o inciso seguinte proíbe, em qualquer hipótese, a suspensão do contrato "durante a ocorrência de internação do titular".

Note-se: para esses contratos, além de o legislador impor a notificação prévia, de modo a permitir que o consumidor salde o débito antes de os atendimentos serem suspensos, ele ainda fixa um prazo mínimo de inadimplemento para que a exceção possa ser invocada pelo fornecedor (sessenta dias, consecutivos ou não, nos últimos doze meses de vigência).

Conforme entendimento majoritário dos tribunais, tais disposições aplicam-se também, por analogia, aos planos coletivos.[938]

---

irrisório; d) não derive de débitos pretéritos; e, por fim, e) não exista discussão judicial da dívida. Acrescentaria, ainda, outra condição: f) que o débito não se refira a consumo de usuário anterior do imóvel."
935. Tepedino, Gustavo; Bodin de Moraes, Maria C.; Barboza, Heloísa H. *Código Civil interpretado*, v. II. 2. ed. Rio de Janeiro: Renovar, 2012, p. 128.
936. STJ, AgRg no AgRg no AREsp 152.296/AP, Rel. Ministro Mauro Campbell Marques, Segunda Turma, j. em 15 ago 2013; STJ, REsp 900.064/RS, Rel. Ministro Mauro Campbell Marques, Segunda Turma, j. em 03 ago. 2010; STJ, EREsp 845.982/RJ, Rel. Ministro Luiz Fux, Primeira Seção, j. em 24 jun. 2009.
937. Vide nota 927, retro.
938. TJSP, Apelação Cível 1015572-48.2015.8.26.0100, Relator (a): Angela Lopes, 9ª Câmara de Direito Privado, j. em 20 fev. 2018; TJSP, Apelação Cível 1007534-81.2014.8.26.0100, Relator (a): Elcio Trujillo,

Por fim, cabe uma advertência: as restrições e condições ao exercício da exceção de contrato não cumprido tratadas neste tópico, porque estabelecidas em proteção a interesses existenciais do consumidor e em atenção à sua condição de vulnerável, aplicam-se apenas ao fornecedor, não ao consumidor. O exercício da exceção pelo consumidor não demandará, assim, em relação aos mesmos contratos (serviços públicos essenciais e de assistência à saúde), notificações prévias ou outras cautelas, quanto menos poderá ser limitado ou excluído por disposição contratual. Embora a chamada cláusula *solve et repete* (que exclui a possibilidade de exercício da *exceptio*) seja no geral considerada válida em relação a contratos paritários, ela é reputada abusiva quando inserida em contratos de consumo, com arrimo no art. 51, I e IV, do CDC,[939] seja quando retira essa faculdade de ambas as partes, seja quando o faz apenas em desfavor do consumidor.[940]

Com isso, encerra-se a análise das hipóteses que se enquadram no tipo "desequilíbrio no exercício jurídico". Elas não esgotam, todavia, as possibilidades de uso abusivo da *exceptio*. Na sequência, examinaremos situações de invocação da exceção que se encaixam no adágio *"Nemo auditur propriam turpitudinem allegans"* ("a ninguém é dado beneficiar-se da própria torpeza"), e, após, para finalizar este item dedicado aos limites derivados da boa-fé, examinaremos casos de exercício da exceção que configuram exemplos de *suppressio* e *surrectio*.

c) "Nemo auditur propriam turpitudinem allegans":[941] a conduta de quem opõe a exceção após ter recusado indevidamente a prestação ofertada pela contraparte ou dado causa ao incumprimento desta

---

10ª Câmara de Direito Privado, j. em 23 jun. 2015; TJSP, Apelação Cível 1053937-49.2017.8.26.0506, Relator (a): Donegá Morandini, 3ª Câmara de Direito Privado, j. em 16 dez. 2019; TJSP, Apelação Cível 1039401-06.2017.8.26.0224, Relator (a): J. L. Mônaco da Silva, 5ª Câmara de Direito Privado, j. em 16 abr. 2019; TJSP, Apelação Cível 1025556-93.2014.8.26.0002, Relator (a): Marcus Vinicius Rios Gonçalves, 2ª Câmara de Direito Privado, j. em 04 fev. 2019.

939. Art. 51. São nulas de pleno direito, entre outras, as cláusulas contratuais relativas ao fornecimento de produtos e serviços que:
I – impossibilitem, exonerem ou atenuem a responsabilidade do fornecedor por vícios de qualquer natureza dos produtos e serviços ou impliquem renúncia ou disposição de direitos. Nas relações de consumo entre o fornecedor e o consumidor pessoa jurídica, a indenização poderá ser limitada, em situações justificáveis;
[...]
IV – estabeleçam obrigações consideradas iníquas, abusivas, que coloquem o consumidor em desvantagem exagerada, ou sejam incompatíveis com a boa-fé ou a equidade;

940. Nesse sentido: Melo, Marco Aurélio Bezerra de. *Direito dos contratos – tomo I*: Teoria geral dos contratos. São Paulo: Atlas, 2015, p. 365–66; Biazi, João Pedro de Oliveira de. Op. cit., p. 241-242.

941. Em que pese não arrolado por Menezes Cordeiro como um tipo independente de exercício inadmissível na classificação referida no subitem 3.3.2, compartilhamos do entendimento de Judith Martins-Costa de que o *"nemo auditur propriam turpitudinem allegans"* aparta-se significativamente do *"venire contra factum proprium non potest"*, apesar de serem ambas formas de condutas deslealmente contraditórias, pelo fato de, no primeiro, preponderar o elemento da torpeza do agente que, após ter contribuído para certo resultado, busca dele tirar proveito, enquanto no segundo, o foco está na confiança despertada legitimamente no *alter* pelo comportamento antecedente. Daí porque decidimos tratá-lo, nesta sede, como um tipo autônomo

Também ofende a boa-fé a postura de quem, ao invocar a *exceptio*, aponta incumprimento da parte adversa que, bem analisado, só pode ser imputado ao próprio excipiente (seja porque este recusou indevidamente a prestação ofertada pelo excepto no tempo, lugar e forma estabelecidos [mora do credor], seja porque, por qualquer outra forma, impediu o cumprimento adequado por parte do excepto).

Pois bem. Aqui é preciso prestar um esclarecimento prévio.

O cabimento da *exceptio* não pressupõe que o excepto tenha descumprido sua prestação com culpa em sentido lato ou mesmo que o incumprimento lhe seja imputável.[942]

E isso ocorre porque a exceção de contrato não cumprido não é uma sanção, mas um instrumento destinado a preservar o sinalagma funcional mediante a garantia da simultaneidade das prestações.[943]

E o sinalagma resta igualmente ameaçado quando um dos contraentes, encontrando-se, por exemplo, impossibilitado de prestar por motivo de caso fortuito ou força maior, resolve exigir o cumprimento da parte adversa. Em tais condições, a exceção é tão necessária para evitar um estado de desequilíbrio como ela o é quando o excepto descumpriu com culpa ou dolo: em todos os casos, indistintamente, ela serve ao propósito de impedir que uma parte obtenha a vantagem esperada do contrato enquanto a outra nada obtém.[944]

O que importa, portanto, em linha de princípio, não é a culpabilidade ou sequer a imputabilidade da conduta do excepto, mas a insatisfação do interesse do excipiente, efeito da inexecução da prestação que lhe é devida.[945]

Confira-se, nessa linha, a lição de João Calvão da Silva:

(Martins-Costa, Judith. *A boa-fé no direito privado – Critérios para a sua aplicação*. 2. ed. São Paulo: Saraiva, 2018, p. 689)

942. Trimarchi, Pietro. *Il contratto*: Inadempimento e rimedi. Milano: Giuffrè, 2010, p. 58; Capitant, Henri. Op. cit., p. 282; Silva, João Calvão da. Op. cit., p. 330.
Culpabilidade e imputabilidade, é preciso destacar, não coincidem plenamente. Existem situações em que o inadimplemento se verifica – e, portanto, há imputabilidade – mesmo não havendo culpabilidade, como nas hipóteses, por exemplo, de risco agravado por mora ou de obrigações de resultado e garantia. Como afirma Judith Martins-Costa: "Imputar não é inculpar, não é atribuir culpa, é atribuir responsabilidade. Responsabilizar é imputar, não necessariamente inculpar." (*Comentários ao novo Código Civil*: do inadimplemento das obrigações. V. 5. t. 2. Forense: Rio de Janeiro, 2003, p. 88).
943. Aguiar Jr., Ruy Rosado de. *Comentários ao novo Código Civil*, v. VI, t. II: da extinção do contrato (arts. 472 a 480). Teixeira, Sálvio de Figueiredo (Coord.). Rio de Janeiro: Forense, 2011, p. 725.
944. Afirmou, nesse sentido, Caio Mário da Silva Pereira em parecer de sua lavra: "Se, até pelo fortuito, o descumprimento de uma das obrigações justifica o descumprimento das prestações da outra parte, tal significa que não cabe verificar a causa desta inexecução: é bastante a apurar, objetivamente, o inadimplemento, para que justifique a falta de execução por parte do outro contratante. Estando ABC em mora no cumprimento de suas obrigações, ou, independentemente de mora, verificando-se que simplesmente ABC deixou de executar o que lhe cumpria, justifica-se a falta de adimplemento das obrigações da XYZ." (Contratos coligados. Inadimplemento parcial. Resolução do contrato. Inaplicabilidade da exceção de contrato não cumprido. In: *Obrigações e Contratos*: Pareceres. Rio de Janeiro: Forense, 2010, p. 213).
945. Salles, Raquel Bellini de Oliveira. Op. cit., p. 104.

Se o devedor não cumpre, não quer cumprir ou não pode cumprir, ainda que não imputavelmente, o credor pode suspender o cumprimento da sua obrigação, dada a ausência de contrapartida e reciprocidade que liga a prestação debitória e a prestação creditória. Sendo as obrigações interdependentes, [...] o não cumprimento de uma (que não tem de ser necessariamente imputável a dolo ou a culpa do devedor) faz desaparecer a sua contrapartida [...], o que legitima a *exceptio*, meio de conservação do equilíbrio sinalagmático. Pouco importa, por conseguinte, que o devedor não cumpra a sua obrigação por não querer e estar de má-fé ou por estar impossibilitado [...], porquanto aquilo que legitima a *exceptio* é a ausência de correspondência ou de reciprocidade que está na origem das obrigações (sinalagma genético) e que deve continuar a estar presente no seu cumprimento (sinalagma funcional).[946]

Assim, como regra geral, a razão do incumprimento do excepto é irrelevante para o cabimento da exceção, ressalva feita a uma hipótese, que é justamente aquela de que se cuida neste tópico: quando o não prestar do excepto for causado por conduta omissiva ou comissiva do próprio excipiente.

Nessas condições – excipiente deu causa ao descumprimento do excepto – o manejo da exceção revela-se manifestamente abusivo, afinal a ninguém é dado beneficiar-se da própria torpeza (*"Nemo auditur propriam turpitudinem allegans"*).[947]

Este adágio, que deita raízes no direito justinianeu e no direito canônico, estabelece ser inadmissível a quem violou deveres contratuais aproveitar-se posteriormente da própria violação. Seu fundo ético, como bem explica Judith Martins-Costa, reside na rejeição à malícia "daquele que adotou certa conduta, contribuiu para certo resultado e depois pretende escapar aos efeitos do comportamento malicioso com base na alegação da própria situação para a qual contribuiu."[948]

A hipótese mais clara de exercício inadmissível da *exceptio* por esse fundamento é a da mora do credor (*mora creditoris*).

Na forma do art. 394 do Código Civil, considera-se em mora o credor que não aceita receber o pagamento no tempo, lugar e forma estabelecidos pela lei ou pela convenção (isto é, que recusa o cumprimento integral, ponto por ponto, oferecido pelo devedor).

Com efeito, mostra-se incoerente e desleal o comportamento de quem, após recusar o recebimento da prestação adequadamente oferecida pela contraparte, invoca o suposto inadimplemento da mesma prestação para fundamentar seu contradireito neutralizante.[949]

---

946. Silva, João Calvão da. Op. cit., p. 330.
947. Aguiar Jr., Ruy Rosado de. *Comentários ao novo Código Civil*, v. VI, t. II: da extinção do contrato (arts. 472 a 480). Teixeira, Sálvio de Figueiredo (Coord.). Rio de Janeiro: Forense, 2011, p. 725.
948. Martins-Costa, Judith. *A boa-fé no direito privado*: critérios para a sua aplicação. 2. ed. São Paulo: Saraiva, 2018, p. 690.
949. Aguiar Jr., Ruy Rosado de. *Comentários ao novo Código Civil*, v. VI, t. II: da extinção do contrato (arts. 472 a 480). Teixeira, Sálvio de Figueiredo (Coord.). Rio de Janeiro: Forense, 2011, p. 725; Serpa Lopes, Miguel Maria de. Op. cit., p. 312.

Nem sempre estes casos, é preciso salientar, a despeito de enquadrados na figura do "nemo auditur propriam turpitudinem allegans", consubstanciarão situações de clara má-fé ou dolo por parte do excipiente, podendo nascer em zona de penumbra. Basta pensar em situação na qual se instaura dúvida razoável quanto a ter havido mora do credor ou do devedor, debatendo as partes se a prestação oferecida pelo devedor se ajustava ou não inteiramente, ponto por ponto, ao pactuado (em termos de tempo, lugar, forma, identidade, integralidade e indivisibilidade). Vale recordar que é direito do credor recusar-se a receber prestação diversa da devida, com imperfeição ou de forma fracionada, configurando-se, diante de recusa legítima operada nesses termos, mora do devedor e não do credor (que incidirá sobre toda a prestação e não apenas quanto à parte que o devedor não se propunha a cumprir prontamente ou de forma perfeita).[950] Imagine-se, nesse sentido, para ilustrar, que "A" ingressa com demanda para exigir o cumprimento de "B", oferecendo aquele, por assim entender suficiente, o cumprimento de sua obrigação nos moldes já recusados previamente por "B". Em contestação, "B" invoca a exceção de contrato não cumprido, arguindo que não está obrigado a cumprir enquanto "A" não o fizer integralmente e que a prestação, tal como ofertada por "A" com a inicial, não o satisfaz. A legitimidade da *exceptio* deduzida por "B" enfrenta nesse contexto, como se percebe, uma questão antecedente, que precisará ser dirimida incidentalmente pelo magistrado da causa: saber se a mora era do devedor (de "A"), situação em que a exceção de contrato não cumprido será cabível, ou do credor (de "B"), situação em que a invocação da *exceptio*, ao invés, será incabível, porque abusiva, na medida em que foi o próprio excipiente que deu causa, mercê de sua recusa indevida ao recebimento da prestação, ao incumprimento do excepto. Bem de ver que a questão não é solucionada pelo ângulo da má-fé (enquanto conceito oposto à boa-fé subjetiva), mas pelo ângulo de ter o excipiente, objetivamente, por seu comportamento, dado causa ou não ao incumprimento da contraparte, incumprimento este que, agora, invoca como fundamento de sua posição jurídica ativa (o contradireito de exceção).

Outra situação que se enquadra nesta classe de exercício inadmissível da *exceptio* é a do credor que inviabiliza *temporariamente*, por conduta sua, o cumprimento da prestação pelo devedor.[951]

Pense-se no credor que descumpre obrigação secundária necessária para preparar e permitir o cumprimento da obrigação principal pela parte contrária, fornecendo-se aqui, para ilustrar, um exemplo hipotético. Para que "A" possa transferir um imóvel a "B", este, conforme o contratado, deve previamente fornecer-lhe documentos e solucionar um entrave burocrático junto a órgãos públicos, o que não faz. "A" ingressa com ação para exigir o cumprimento específico do contrato, visando a receber o pagamento do preço com perdas e danos, comprometendo-se a

---
950. Antunes Varela, João de Matos. Op. cit., p. 15.
951. Vaz Serra, Adriano Paes da Silva. Op. cit., p. 44; Trimarchi, Pietro. *Il contratto*: Inadempimento e rimedi. Milano: Giuffrè, 2010, p. 58.

efetuar a transferência do bem assim que "B" providenciar os elementos necessários. É evidente que "B", nessas circunstâncias, não pode opor a exceção de contrato não cumprido em sua defesa, afinal, "A" só não lhe transferiu o imóvel anteriormente porque o próprio "B", por suas omissões, impediu-o de cumprir.

Agora, se o credor, por uma atitude não cooperativa de sua parte, impossibilita *definitivamente* o cumprimento pelo devedor, a solução será, no Direito brasileiro, a resolução do negócio por impossibilidade superveniente, com perdas em danos em favor do devedor lesado. Nessas circunstâncias, não haverá lugar nem para demanda visando ao cumprimento específico da contraprestação (ajuizada pelo devedor impossibilitado de prestar), porque o contrato já foi ou deve ser resolvido,[952] nem para arguição judicial de exceção de contrato não cumprido pelo credor que causou a impossibilidade (pelo fato desta exceção não ser defesa cabível contra pretensão de resolução).[953]

---

952. No Direito Civil Português, a solução é diversa, por força de norma expressa, qual seja o art. 795/2, que dispõe: "Se a prestação se tornar impossível por causa imputável ao credor, *não fica este desobrigado da contraprestação*; mas, se o devedor tiver algum benefício com a exoneração, será o valor do benefício descontado na contraprestação." Menezes Cordeiro aplaude tal solução legislativa, afirmando que, de outro modo, "o credor poderia desistir facilmente de qualquer obrigação sinalagmática, sacrificando o direito do devedor. Pior: [...] liberá-lo da contraprestação envolveria um *tu quoque*: ele tiraria partido da sua própria ilicitude." Diante de tal norma, continua o autor, o devedor mantém intacto o seu direito à contraprestação, mas fica dispensado do dever de prestar. Entretanto, se a exoneração lhe conferir algum benefício, deve este ser descontado da contraprestação a ele devida (Menezes Cordeiro, António. *Tratado de direito civil*, v. IX – *Direito das obrigações*: cumprimento e não-cumprimento, transmissão, modificação e extinção. 3. ed. Coimbra: Almedina, 2017, p. 381-382).

Nesse contexto específico da legislação portuguesa, no qual, por força do aludido art. 795/2, o credor que torna impossível o cumprimento pela contraparte não fica desobrigado de prestar, pensamos que, mais acertado do que dizer que eventual exceção de contrato não cumprido manejada pelo credor seria abusiva (como consequência do adágio *"nemo auditur propriam turpitudinem allegans"*), seria reconhecer o não-cabimento da exceção por inexistência de um crédito de titularidade do excipiente (afinal, como vimos, consoante a lição de Menezes Cordeiro, o devedor, nessas condições, mantém intacto o seu direito à contraprestação, mas fica dispensado do dever de prestar). Imagine-se, por exemplo, um organizador de espetáculos que voluntariamente cancele o evento no qual o devedor ia se apresentar. Com esteio na aludida disposição, o artista poderia ingressar com ação para cobrar seu cachê (a contraprestação firmada no contrato), sendo que, se o requerido viesse a invocar a *exceptio*, esta defesa deveria ser rejeitada, não porque abusiva (por exceder os limites da boa-fé), mas por faltar-lhe requisito mais básico: um crédito, de titularidade do excipiente, em regime de reciprocidade com o do excepto (não há sequer sinalagma a ser resguardado).

953. Com efeito, a exceção de contrato não cumprido, arguida *judicialmente*, é defesa logicamente incompatível com o pleito de resolução. Enquanto exceção material dilatória, a exceção serve para suspender a eficácia de pretensões que exijam o cumprimento do contrato (e não seu desfazimento), até que o excepto preste ou ofereça o que é por ele devido (possibilidade que sequer existe se o pedido do autor é de extinção do contrato). Todavia, a alegação de que a exceção de contrato não cumprido foi legitimamente arguida em momento anterior ao processo, em sede *extrajudicial* (como instrumento de autotutela), pode, sim, encontrar lugar na contestação de uma ação de resolução, a fim de negar o requisito do inadimplemento do requerido (e conduzir, desta forma, potencialmente, à *improcedência* da ação de resolução [e não à sua procedência condicionada, como seria o efeito processual próprio do acolhimento da *exceptio* em sede judicial]). Pode, assim, o requerido, nessa linha, alegar que *não descumpriu o contrato, que nunca esteve em mora*, haja vista que, quando cobrado extrajudicialmente, utilizou-se validamente da *exceptio*, suspendendo a exigibilidade da pretensão contrária. Se esses elementos restarem demonstrados, a consequência será a decretação da

d) O fator tempo e o exercício inadmissível da exceção. A tolerância com o inadimplemento do excepto ("suppressio"). A criação de uma vantagem em favor do excepto que inviabiliza a exceção ("surrectio")

Há situações em que o transcurso do tempo, associado à confiança legítima na estabilidade das relações que dele decorre, torna inadmissível, por contrariedade à boa-fé, o exercício da *exceptio* que, antes dele, era viável.[954]

Isso costuma ocorrer em dois contextos bastante específicos: [i] quando, por um longo período, o contratante manifesta *tolerância* em relação ao inadimplemento da contraparte, mas, ao ser demandado, resolve trazê-lo à tona para fundamentar a exceção (situação que pode ser enquadrada na figura da *suppressio*); [ii] nos casos em que, após um dos contratantes ter exercido por longo período uma vantagem não prevista originalmente no instrumento contratual, a contraparte invoca a exceção fundamentando o inadimplemento justamente no desbordo aludido (situação que, por sua vez, pode ser enquadrada no tipo da *surrectio*).[955]

Passemos a analisá-los separadamente.

Diz-se *suppressio*, na definição de Menezes Cordeiro, "a situação do direito que, não tendo sido, em certas circunstâncias, exercido durante um determinado lapso de tempo, não possa mais sê-lo por, de outra forma, se contrariar a boa-fé."[956]

Em que pese a referência a "direitos" nessa definição, é certo que, como ocorre em relação às demais figuras parcelares, a *suppressio* também pode ser potencialmente aplicada a qualquer classe de posição jurídica ativa (contradireitos, inclusive).[957]

A *suppressio*, derivada do *Verwirkung* alemão, ensina Judith Martins-Costa, é caracterizada por uma inatividade do titular da posição jurídica, que, por ter perdurado por lapso de tempo significativo (não determinável *a priori*, ao contrário da

---

improcedência da ação, por ausência de requisito para a resolução por inadimplemento (consistente, no caso, justamente no inadimplemento do requerido).

Se, por outro lado, a exceção nunca foi arguida em sede extrajudicial anteriormente, não é correto deduzi-la pela primeira vez na contestação da ação de resolução, pela razão já exposta anteriormente (o remédio da exceção de contrato não cumprido, compreendido como verdadeira exceção substancial dilatória, é defesa logicamente incompatível com o pedido de resolução). Se, todavia, o réu mesmo assim a invoca expressamente – querendo, na verdade, com isso, dizer que não é inadimplente, que nunca esteve em mora –, o magistrado deve, pensamos, ante o princípio da instrumentalidade das formas, receber a alegação como simples negativa do direito de resolver (sem os efeitos próprios de uma exceção substancial), e, reconhecendo a inexistência de inadimplemento por parte do requerido, julgar improcedente a lide.

A relação entre exceção de contrato não cumprido e ação de resolução será examinada em detalhes, adiante, no capítulo 8°, dedicado aos aspectos processuais do instituto.

954. Benedetti, Alberto Maria. *Il codice civile – Commentario. Le autodifese contrattuali (Art. 1460-1462)*. Milano: Giuffrè, 2011, p. 53.
955. Galgano, Francesco. *Il contratto*. Seconda edizione. Milano: Cedam, 2011, p. 524-225.
956. Menezes Cordeiro, António. *Da boa-fé no direito civil*. Coimbra: Almedina, 2007, p. 797.
957. Neves, Julio Gonzaga Andrade. *A "suppressio" (Verwirkung) no direito civil*. São Paulo: Almedina, 2016, p. 124-127.

prescrição e da decadência), foi capaz de criar na contraparte legítima expectativa de que ela não mais seria exercida.[958]

Seus requisitos, nessa quadra, segundo Julio Gonzaga Andrade Neves, são quatro: [i] existência de uma posição jurídica ativa conhecida e exercitável; [ii] abstenção ostensiva do exercício dessa posição ativa pelo seu titular; [iii] confiança legítima da contraparte – derivada do decurso do tempo, de atos inspiradores e das circunstâncias – de que essa posição ativa, a despeito de exercitável em tese, não mais será exercida em concreto; [iv] e, por fim, o exercício da posição ativa pelo titular em contrariedade à legítima expectativa despertada na contraparte.[959]

O eixo da figura, como se percebe, está na afronta à boa-fé como regra de lealdade e como norma tutelar de legítimas expectativas. Visa a coibir a *surpresa desleal* derivada de um comportamento contraditório (de quem, após manter uma omissão prolongada, em circunstâncias capazes de suscitar na contraparte a confiança de que a posição ativa não mais seria exercida, resolve exercitá-la em concreto).[960]

Os exemplos dessa figura, aplicada à *exceptio*, estão geralmente relacionados à tolerância do excipiente em relação ao alegado inadimplemento do excepto, em condições tais, como explica Mario Zana, que o excepto tenha sido "levado a confiar, legitimamente, que aquela irregularidade não mais seria levada em conta".[961]

Assim, a Corte de Cassação Italiana decidiu, com base na *suppressio*, que, se um locatário continua a residir no imóvel locado por vários anos, não obstante os vícios alegados que, segundo sua argumentação, tornariam inviável a ocupação do bem, não pode valer-se da *exceptio* para, por sua iniciativa, suspender unilateralmente o pagamento dos aluguéis.[962]

Decidiu o mesmo Tribunal, ainda, ser contrária à boa-fé a conduta de quem invoca a *exceptio* apenas em juízo, quando demandado pela parte contrária, depois de dois anos de vigência do contrato de fornecimento, durante os quais efetuou regularmente a sua prestação sem nunca levantar, judicial ou extrajudicialmente, qualquer vício naquilo que era prestado pelo excepto.[963]

Asseverou a Corte de Cassação Italiana, na mesma linha, configurar *suppressio* a postura do compromissário-comprador que, após ter gozado do bem por longo período e pagado parcialmente o preço, recusa-se a celebrar o contrato definitivo e

---

958. Martins-Costa, Judith. *A boa-fé no direito privado – Critérios para a sua aplicação.* 2. ed. São Paulo: Saraiva, 2018, p. 710-711.
959. Neves, Julio Gonzaga Andrade. Op. cit., p. 96-111.
960. Martins-Costa, Judith. *A boa-fé no direito privado: critérios para a sua aplicação.* 2. ed. São Paulo: Saraiva, 2018, p. 716.
961. Zana, Mario. La regola della buona fede nell'eccezione di inadempimento. *Rivista Trimestrale di Diritto e Procedura Civile*, v. 26, 1972, p. 1386.
962. Cass., 11 aprile 2006, n. 8425. Disponível em: www.italgiure.giustizia.it. Acesso em 10 jan. 2020.
963. Cass., 3 novembre 2010, n. 22353. Disponível em: www.italgiure.giustizia.it. Acesso em 10 jan. 2020.

quitar o valor restante aduzindo que à coisa objeto do contrato faltam as qualidades especificadas no compromisso (todos vícios aparentes, facilmente constatáveis).[964]

Há exemplos na jurisprudência nacional, igualmente.

No julgamento da Apelação Cível 9237966-79.2008.8.26.0000, Relator Desembargador Álvaro Torres Júnior,[965] e dos Embargos Infringentes nº 9237966-79.2008.8.26.0000, Relator Desembargador Rebello Pinho,[966] ambos recursos concernentes ao mesmo caso, a Corte Estadual Paulista evocou expressamente a teoria da *suppressio* para reputar abusiva a exceção de contrato não cumprido levantada pela demandada.

Tratava-se, naquilo que interessa ao presente trabalho, de contrato de franquia por meio do qual a autora havia cedido à ré o uso de uma marca a ela pertencente ("Peg Pag"), mediante o pagamento de *royalties* em uma parcela fixa e outra variável. A franqueadora ingressou com ação de cobrança, pleiteando os *royalties* não pagos pela franqueada entre 01/03/2001 e 15/01/2003. Em contestação, a requerida não impugnou o inadimplemento dos *royalties*, deixando este fato incontroverso, mas arguiu exceção de contrato não cumprido, sob os fundamentos de que a autora nunca havia lhe cedido a marca objeto do contrato ("Peg Pag"), nem oferecido cursos e treinamento aos seus funcionários, conforme obrigara-se expressamente no instrumento.

Ao fim e ao cabo, a exceção de contrato não cumprido foi rejeitada, mercê de seu claro exercício abusivo no caso concreto. No que toca à cessão da marca, restou demonstrado que a autora realmente não havia cedido aquela fixada no contrato à requerida ("Peg Pag"), mas havia lhe cedido outra ("Sirva-se"), com a anuência inicial dos representantes da requerida e sem qualquer oposição ou ressalva por mais de sete anos, durante os quais a requerida pagou regularmente os *royalties* à autora (o inadimplemento das parcelas vencidas entre 01/03/2001 e 15/01/2003 iniciou-se apenas após esse período). No que concerne à obrigação de oferecimento de cursos e treinamento, a Corte também entendeu, na mesma linha, que configurava agir manifestamente desleal e contraditório da excipiente, causador de legítima surpresa na parte contrária, invocar a exceção após ter participado "do contrato por mais de 7 (sete) anos pagando regularmente os valores convencionados sem qualquer reclamação ou menção a esse descumprimento da franqueadora".

Rejeitada a exceção, a ação de cobrança foi julgada procedente nesse ponto, para condenar a requerida ao pagamento dos *royalties* no período reclamado na inicial.

---

964. Cass., 23 luglio 1984, n. 3313. Disponível em: www.italgiure.giustizia.it. Acesso em 11 jan. 2020.
965. TJSP, Apelação Cível 9237966-79.2008.8.26.0000, Rel. Des. Álvaro Torres Júnior, 20ª Câmara de Direito Privado, j. em 06 ago. 2012.
966. TJSP, Embargos Infringentes 9237966-79.2008.8.26.0000, Rel. Des. Rebello Pinho, 20ª Câmara de Direito Privado, j. em 07 abr. 2014.

No julgamento da Apelação Cível 9197972-10.2009.8.26.0000, Relator Desembargador Hugo Crepaldi,[967] a Corte Bandeirante fez uso novamente da figura parcelar da *suppressio* para reconhecer hipótese de exercício inadmissível da *exceptio*.

Cuidava-se, no caso, de contrato de trespasse de um lava-rápido, no qual o autor comprometeu-se a transferir o estabelecimento ao requerido, com os respectivos equipamentos, em troca de R$ 10.000,00 em dinheiro, pagos na assinatura do contrato, e R$ 13.000,00 na forma de um veículo (o qual ainda se encontrava alienado fiduciariamente, tendo o requerido assumido a responsabilidade pelo pagamento das prestações restantes).

Diante do inadimplemento do requerido em relação às parcelas restantes do mútuo, a instituição financeira moveu ação de busca e apreensão, perdendo o autor a posse do veículo. Em face disso, o autor moveu ação de cobrança em face do requerido, pleiteando a diferença não quitada de R$ 13.000,00 (correspondente ao valor do carro no negócio).

Em contestação, o requerido invocou a exceção de contrato não cumprido, sob o argumento de que a cláusula 3ª condicionava a eficácia da avença ao fato de o lava-rápido gerar rendimentos mínimos mensais de R$ 2.000,00, o que teria se demonstrado inverídico.

A exceção acabou rejeitada, por contrariedade à boa-fé, sem sequer se admitir a produção de prova acerca dos rendimentos proporcionados pelo estabelecimento.

Afinal, como afirmou o Ilustre Desembargador Relator, "se em três anos não houve insurgência, ajuizamento de ação visando a rescindir o contrato ou qualquer outra manifestação de vontade do réu nesse sentido, gerou-se a legítima expectativa de que o negócio produziu a rentabilidade prometida, ou, ao menos, alguma rentabilidade que não descontentou o réu."

Destarte, ainda que restasse demonstrada, *ad argumentandum*, a infringência à cláusula 3ª do contrato, a conduta do réu de valer-se da exceção de contrato não cumprido, após longo período de inércia quanto ao inadimplemento do autor, seria ainda assim abusiva, por subsumir-se ao tipo da *suppressio*, donde derivava a desnecessidade de produção de qualquer outra prova.

A ementa do julgado merece ser transcrita, por bem transmitir como a *suppressio* pode limitar, em concreto, o exercício da exceção de contrato não cumprido:

> Apelação. [...] Contrato de compra e venda de lava-rápido. Parcela do pagamento feita pela alienação de veículo do réu, que, por sua vez, era de propriedade do Banco Sofisa, em razão de alienação fiduciária pendente. O réu deixou de adimplir a alienação, o que culminou com a ação de busca e apreensão e consequente perda da posse do autor sobre o bem. Alegação de cerceamento do réu, porque visava a demonstrar que o negócio não gerou a rentabilidade pro-

---

967. TJSP, Apelação Cível 9197972-10.2009.8.26.0000, Rel. Des. Hugo Crepaldi, 25ª Câmara de Direito Privado, j. em 06 jun. 2013.

metida [...]. *Alegação de exceptio non adimplenti contractus que se mostra abusiva no contexto dos autos. Somente após três anos da celebração do negócio se insurge o réu quanto à ineficácia pela ausência da rentabilidade prometida. Suppressio. Legítima expectativa, pela omissão, de que não havia qualquer descontentamento com o rendimento apresentado. Impossibilidade de alegação dessa exceptio, e consequente desnecessidade de produção de prova nesse sentido.*[968]

No Recurso Especial 36.022/SP, Relator Ministro Sálvio de Figueiredo Teixeira, julgado em 16/05/1995, já se aplicou, embora sem menção expressa ao instituto da *suppressio*, o raciocínio a ele subjacente como fator limitador do exercício da exceção de contrato não cumprido.[969]

O caso versava sobre contrato de seguro de vida. O segurado pagou com atraso, no dia 24/08/1987, os prêmios vencidos em 13/07/1987 e 13/08/1987. Tais pagamentos, a despeito do atraso, foram normalmente recebidos, sem qualquer ressalva, pela instituição financeira em cujas agências eram costumeiramente efetuados os recolhimentos. Posteriormente, o segurado ainda efetuaria, tempestivamente, o pagamento do prêmio vencido em setembro daquele ano, vindo a falecer apenas em 03/10/1987.

Quando os beneficiários do seguro pleitearam extrajudicialmente o pagamento da indenização, esta foi negada pela seguradora, sob o argumento de que o contrato teria se resolvido de pleno direito com os atrasos referentes às prestações vencidas em 13/07 e 13/08, conforme disposto em cláusula expressa da convenção. Ajuizada ação de execução, a seguradora-executada arguiu exceção de contrato não cumprido, sob o mesmo fundamento (embora, em rigor, sua linha de raciocínio conduzisse à resolução do contrato por incidência de cláusula resolutiva expressa e não propriamente à paralisação da eficácia da pretensão da contraparte até que esta viesse a cumprir ou oferecer a prestação por ela inadimplida, efeito típico da *exceptio* [até porque os prêmios vencidos em 13/07/1987 e 13/08/1987, causa do inadimplemento alegado, já haviam sido pagos, embora com atraso]).

Fato é, de qualquer forma, que o Superior Tribunal de Justiça tratou a questão como exceção de contrato não cumprido e, dentro da seara executiva especificamente, em termos processuais, o argumento da *exceptio* (não estou obrigado a cumprir minha prestação, porque a parte contrária também não o fez) e o da resolução de pleno direito (não estou obrigado a cumprir porque na verdade o contrato foi resolvido previamente por inadimplemento do segurado) conduzem, se acolhidos, a soluções processuais idênticas: em ambos os casos, os embargos devem ser julgados procedentes, por se compreender que a obrigação exequenda não é exigível, carecendo o exequente de interesse de agir (vide subitem 8.3.5 adiante). Processualmente, portanto, ainda que se reconheça erro técnico no alegar e no tratar a questão como exceção de contrato não cumprido, ele era irrelevante.

---

968. TJSP, Apelação Cível 9197972-10.2009.8.26.0000, Rel. Des. Hugo Crepaldi, 25ª Câmara de Direito Privado, j. em 06 jun. 2013.
969. STJ, REsp 36.022/SP, Rel. Ministro Sálvio de Figueiredo Teixeira, Quarta Turma, j. em 16 maio 1995.

Atualmente, está consolidado o entendimento, no próprio Superior Tribunal de Justiça, de que, em matéria de seguro de vida, o mero atraso no pagamento não importa desfazimento automático do contrato, exigindo-se a prévia constituição em mora do contratante pela seguradora, mediante interpelação.[970] Desta forma, pela jurisprudência atual da Corte, a questão da resolução de pleno direito do contrato pelo simples não pagamento da parcela no termo sequer se colocaria. Interessa, no entanto, verificar como o Tribunal, antes desse "novo" entendimento firmar-se, resolveu a situação à luz de outros elementos, mormente da confiança ensejada no segurado, pela tolerância em relação a atrasos anteriores, de que o contrato não seria resolvido nessas circunstâncias.

Com efeito, para além de os pagamentos extemporâneos (referentes a julho e agosto) terem sido recebidos sem qualquer oposição, de que lhes sucedeu outro pagamento tempestivo sem ressalvas (referente a setembro) e de a seguradora sequer ter manifestado ao segurado seu intento de dar o contrato como cancelado antes do evento óbito – todos argumentos que já apontavam para a improcedência dos embargos –, ainda restou cabalmente demonstrado que a seguradora, no decorrer de décadas de vigência da relação contratual, havia tolerado pagamentos efetuados com atraso pelo segurado, sem que nunca antes eles tivessem sido considerados como causas válidas de cancelamento do contrato, apesar de também infringirem em tese a mesma cláusula agora apontada como violada pela seguradora. Só no momento de pagar a indenização contratada, quando ocorrido o sinistro, é que a seguradora resolveu se valer, pela primeira vez, da cláusula de resolução automática por atrasos, em comportamento absolutamente desleal e incoerente.

Em face disso, a Corte rejeitou a exceção de contrato não cumprido (que, na verdade, era mais alegação de resolução de pleno direito do contrato), forte especialmente no argumento de que, pela tolerância com os atrasos manifestados no decorrer de toda a relação contratual, sem que nunca antes isso tivesse desencadeado qualquer iniciativa resolutória, houve violação à boa-fé objetiva (que hoje certamente seria reconduzida ao tipo da *suppressio*) na mudança de postura da seguradora apenas quando isso lhe interessou (isto é, em face do evento morte, desencadeador do dever de indenizar).

Antonio Junqueira de Azevedo também tratou da *suppressio* aplicada à exceção de contrato não cumprido em parecer envolvendo "contrato de seguro de crédito".[971] No caso examinado, o Banco BMG S/A ("BMG") havia contratado seguro com Mitsui

---

970. Nesse sentido: STJ, REsp 316.552/SP, Rel. Ministro Aldir Passarinho Júnior, Segunda Seção, j. em 09 out. 2002; STJ, AgRg no Ag 1334552/SP, Rel. Ministra Nancy Andrighi, Terceira Turma, j. em 26 abr. 2011; STJ, REsp 650.938/DF, Rel. Ministro Aldir Passarinho Júnior, Quarta Turma, j. em 28 abr. 2009.
971. Azevedo, Antonio Junqueira de. Contrato de seguro de crédito. Ônus da seguradora de provar a má-fé do segurado. Impossibilidade do uso da exceptio non adimpleti contractus em caso de dispensa reiterada do cumprimento da obrigação por parte da seguradora (suppressio). Distinção entre cessão de contrato e cessão de crédito. In: *Novos Estudos e Pareceres de Direito Privado*, São Paulo: Saraiva, 2009, p. 311-328.

Sumitomo Seguros S/A ("Mitsui"), na modalidade "prestamista", tendo por objeto a "carteira" de empréstimos celebrados com aposentados e pensionistas do INSS (a fim de que o seguro viesse a cobrir o saldo devedor dos contratos encerrados em virtude do falecimento dos mutuários).

Decorrido aproximadamente um ano do início desta relação e frustradas as tentativas de renegociação, a seguradora Mitsui, alegando aumento imprevisto da sinistralidade, decorrente, na sua visão, de falhas do Banco BMG (que não exigiria dos mutuários a comprovação do estado de saúde), notificou a instituição financeira a fim de dar por "cancelada" a apólice de seguro, recusando, a partir desse momento, o pagamento das indenizações.

O Banco BMG ajuizou ação judicial para exigir o cumprimento da avença. A seguradora, em contestação, invocou a exceção de contrato não cumprido, reiterando que estava desobrigada de pagar as indenizações porque o Banco BMG havia descumprido o contrato, provocando aumento do risco da apólice, por [i] conceder empréstimos por telefone a pessoas moribundas ou mesmo já falecidas e [ii] sem exigir a "Declaração Pessoal de Saúde e Atividade" dos mutuários, como previsto no instrumento.

Antonio Junqueira de Azevedo reconheceu, no entanto, que "as Condições Especiais e Particulares e as Condições Gerais do Contrato de Seguro, somadas ao comportamento das partes ao longo da execução da avença [...], demonstram que a Mitsui sempre soube como o BMG realizava a contratação dos empréstimos, inclusive por telefone, tendo ela, seguradora, assumido o risco de não conhecer exatamente o estado de saúde dos mutuários."[972] Além disso, aduziu o parecerista, a seguradora Mitsui, por mais de um ano, pagou regularmente as indenizações, mesmo sabendo como os mútuos eram celebrados (por telefone, em sua imensa maioria) e mesmo sem nunca ter recebido as Declarações Pessoais de Saúde e Atividade dos mutuários (das quais tacitamente abriu mão, considerando que, durante todo o período do contrato, os mutuários eram incluídos automática e eletronicamente no seguro, independentemente de prestarem a aludida declaração).[973]

Em face desses elementos, configurou-se na hipótese, conclui o autor, a figura da *suppressio*, a impedir o exercício da exceção de contrato não cumprido pela demandada:

> Por reiteradas vezes e considerável lapso de tempo, ela indenizou a BMG sem exigir qualquer declaração e, assim, criou expectativa objetiva de que a Declaração Pessoal de Saúde e Atividade não era necessária. [...] Teria operado aqui [...] o que Menezes Cordeiro chama de *suppressio* [...].
> A *suppressio* é a perda de direito pela parte que ficou inerte por certo tempo, não se admitindo que, depois, venha a exigir da outra parte, de surpresa, uma conduta "esquecida" na relação contratual. *In casu*, a inércia da Mitsui veio fixar definitivamente o entendimento da dispensa da

---

972. Ibidem, p. 319.
973. Ibidem, p. 319-320.

declaração do estado de saúde dos mutuários. Uma dispensa desse tipo, aliás, não é incomum no tipo de seguro oferecido ao BMG, eis que, por se tratar de um produto de massa, a "lei dos grandes números" permite que se negligencie a seleção dos segurados, em razão da compensação de riscos que os "bons mutuários" realizam em relação aos "não tão bons".[974]

Pois bem.

Analisados todos esses casos em que a tolerância do excipiente em relação ao inadimplemento do excepto tornou a invocação da exceção abusiva (e parece-nos que, em todos eles, estavam efetivamente presentes os requisitos da *suppressio*), é preciso deixar claro, no entanto, que esta solução está longe de ser geral ou mesmo de constituir a regra.

Vale aqui, primeiramente, a advertência feita pela doutrina em relação à *suppressio* em geral,[975] extensível ao seu uso aplicado à *exceptio*, de que o apelo ao instituto deve ser feito sempre com moderação e cautela, sobretudo em ordenamentos, como o brasileiro pós-entrada em vigor do Código Civil de 2002, em que os prazos prescricionais e decadenciais já sejam relativamente curtos (relembrando que defendemos, no subitem 2.4 retro, o entendimento de que a exceção de contrato não cumprido prescreve no mesmo prazo do respectivo crédito do excipiente). Como afirma com propriedade Humberto Ávila:

> Em geral, todo credor pode, para fazer valer a sua pretensão, esgotar, até o último dia, o prazo que lhe é oferecido pelo direito prescricional, e todo devedor deve preparar-se para que o credor utilize, em toda a sua extensão, o prazo prescricional legal ou contratual. O instituto da limitação de direito por exercício tardio (*Verwirkung*) só pode intervir em casos excepcionais, para não condenar os prazos de prescrição à perda de sentido prático e para que a segurança do tráfego jurídico, que é garantida pela clareza e calculabilidade dos prazos prescricionais, não seja substituída pela insegurança de decisões equitativas dependentes do caso concreto e difíceis de serem previstas.[976]

Mas não é só.

Vincenzo Roppo faz observação das mais pertinentes ao afirmar que é necessário também verificar, mercê da *reciprocidade dinâmica* que caracteriza os contratos bilaterais, se o réu-excipiente, na verdade, não tolerou o inadimplemento do autor-excepto no *pressuposto perceptível* de que o seu inadimplemento (do réu-excipiente) também era da mesma forma tolerado pelo autor-excepto. Nessas condições, se posteriormente o réu se vê surpreendido com a ação de adimplemento ajuizada pelo autor (que ele, réu, também fora levado legitimamente a crer que não mais seria proposta), deve ser admitida a exceção pelo réu.[977]

---

974. Ibidem, p. 320-321.
975. Martins-Costa, Judith. *A boa-fé no direito privado*: critérios para a sua aplicação. 2. ed. São Paulo: Saraiva, 2018, p. 712-713; Neves, Julio Gonzaga Andrade. Op. cit., p. 73.
976. Ávila, Humberto. *Suppressio*. Limitação de direito por exercício tardio: definição e requisitos de aplicação. In: Pargendler, Mariana e outros (Org.). *Direito, Cultura, Método*: Leituras da Obra de Judith Martins-Costa. Rio de Janeiro: GZ Editora, 2019, p. 327.
977. Roppo, Vincenzo. Il contratto. In: Iudica, Giovanni; Zatti, Paolo (a cura di). *Trattato di Diritto Privato*. Seconda Edizione. Milano: Giuffrè, 2001, p. 987.

Dito em termos mais gerais, é preciso analisar o comportamento de uma das partes (em termos de tolerância) à luz também do comportamento da outra parte, sob pena de, eventualmente, ao coibir-se a deslealdade de uma, privilegiar-se a deslealdade da outra.

Com efeito, não é infrequente que ambas as partes, talvez até mesmo porque arrependidas da celebração do contrato, permaneçam em estado de total inércia após sua celebração (sem cumprir o que cabe a cada uma delas, mas também sem exigir o cumprimento da contraparte), apostando, assim, em um jogo de resultado "zero a zero". Da mesma forma, não é nada incomum que as partes, preocupadas em manter um bom relacionamento durante contratos de longa duração, estejam dispostas a relevar reciprocamente pequenas violações, deixando de exigir o pronto cumprimento no que concerne a esses pontos. Ora, em ambas as situações, a tolerância do demandado não pode servir de argumento para afastar o cabimento da exceção *se este também foi vítima do ajuizamento de uma ação que ele legitimamente confiou não mais seria ajuizada* (dada a tolerância inversa do excepto), seja porque apostou na manutenção definitiva do estado de "zero a zero" (primeira situação), seja porque confiou que pequenas infrações ao contratado seriam reciprocamente perdoadas em nome do bom relacionamento ou mesmo que teriam sido superadas por ajustamentos tácitos posteriores à celebração (segunda situação).

Cumpre, agora, lançar algumas palavras acerca da outra figura – a *surrectio* – e de sua relação com a exceção de contrato não cumprido.

Pela *surrectio* ou surreição ocorre a incorporação de uma vantagem "nova", não prevista originalmente no instrumento, à esfera jurídica de um dos contratantes, em razão da confiança provocada pela contraparte. Diferente, portanto, da *suppressio*, em que a confiança ensejada pela inércia provoca extinção, paralisação ou limitação de uma posição jurídica ativa.[978]

A *surrectio* verifica-se, afirma Luciano de Camargo Penteado, "nos casos em que o decurso do tempo permite inferir o surgimento de uma posição jurídica, pela regra da boa-fé."[979] Há um comportamento materialmente reiterado, inicialmente sem uma posição jurídica ativa a resguardá-lo, mas que, a partir da inércia da contraparte, da própria reiteração da conduta, do tempo transcorrido e da confiança derivada desse quadro, passa a ser acobertado por uma pretensão. O exemplo dado pelo autor é o seguinte: "Se ocorre distribuição de lucros diversa da prevista no contrato social, por longo tempo, esta deve prevalecer em homenagem à tutela da boa-fé objetiva. Trata-se do surgimento do direito a esta distribuição – *surrectio* – por conta da sua existência na efetividade social."[980]

---

978. Martins-Costa, Judith. *A boa-fé no direito privado*: critérios para a sua aplicação. 2. ed. São Paulo: Saraiva, 2018, p. 722–23.
979. Penteado, Luciano de Camargo. Figuras parcelares da boa-fé objetiva e "venire contra factum proprium". *Revista de Direito Privado*, v. 27, jul.-set. 2006, p. 269.
980. Ibidem.

Em *Cass., 8 novembre 1984, n. 5639*, a Corte de Cassação Italiana decidiu interessante caso, relativo a contrato de seguro de vida, a envolver os institutos da *surrectio* e da exceção de contrato não cumprido.[981]

No instrumento contratual, estava estipulado expressamente que os pagamentos dos prêmios deveriam ser efetuados no estabelecimento da seguradora, bem como que qualquer concessão eventualmente feita pela seguradora nesse ponto no decorrer da relação não teria o condão de alterar a natureza portável da dívida.

Ocorre, no entanto, que, por vários anos seguidos, instaurou-se a prática contrária de um preposto da seguradora dirigir-se à casa do segurado, mensalmente e de forma quase infalível, para recolher os pagamentos.

Sucedeu de, justamente no mês de falecimento do segurado, nenhum preposto da seguradora ter comparecido para receber o prêmio.

Ajuizada ação para cobrança da indenização pelos beneficiários, a seguradora arguiu exceção de contrato não cumprido, sob o fundamento de que, ante o incumprimento da obrigação de pagar o prêmio na forma e no lugar previstos no contrato, não estava obrigada a pagar a indenização.

A exceção foi rejeitada por se entender que era contrária à boa-fé. O Tribunal considerou que a prática reiterada de um preposto da seguradora dirigir-se regularmente todos os meses à casa do segurado, durante vários anos seguidos, gerou para este uma vantagem não prevista originalmente no instrumento, qual seja a de a dívida ter se tornado quesível (ao invés de portável). Com isso, descaracterizou-se a mora do segurado no que toca ao pagamento do último prêmio e configurou-se em contrapartida a mora do credor, já que competia à seguradora dirigir-se ao domicílio do segurado para receber a prestação (e não o contrário), mercê da praticada reiterada nesse sentido e da confiança derivada dessa realidade social, sendo, assim, incabível a exceção de contrato não cumprido.

Note-se, em arremate, a partir do último exemplo, que *suppressio* e *surrectio* atuam de formas distintas sobre a exceção de contrato não cumprido. Na primeira, a inércia reiterada age sobre a própria posição jurídica ativa do excipiente (isto é, sobre o contradireito neutralizante), tolhendo seu exercício. Na segunda, o efeito sobre a exceção de contrato não cumprido é indireto, na medida em que a *surrectio*, por sua própria natureza, atua no sentido de incorporar pretensões na esfera de um dos sujeitos (e não de limitar posições já existentes da contraparte): assim, foi o nascimento no patrimônio do segurado da prerrogativa ou vantagem de ser a dívida quesível (e não mais portável) que tornou a oposição da exceção incabível na hipótese.

As hipóteses que foram descritas nos tópicos "b", "c" e "d", acima, não constituem, à evidência, rol exaustivo. Não existe a pretensão de, a partir delas, esgotar as hipóteses possíveis de exercício inadmissível da exceção de contrato não cumprido

---

981. Cass., 8 novembre 1984, n. 5639. Disponível em: www.italgiure.giustizia.it. Acesso em 15 fev. 2020.

por contrariedade à boa-fé objetiva. Até se poderia admitir (por que não?) uma invocação abusiva da *exceptio* que configurasse *venire contra factum proprium* ou mesmo *tu quoque* (mantida a ressalva que fizemos no tópico "a" de que a exceção, genericamente considerada, não pode ser reduzida a uma espécie de *tu quoque*).

No próximo capítulo, com base no que colhemos até aqui em relação aos três eixos do instituto (sinalagma, causa concreta e boa-fé objetiva), pretendemos analisar os seus requisitos, colocando especial enfoque nas hipóteses limítrofes (*v.g.*, arguição da exceção entre obrigações de contratos diferentes, mas coligados entre si; cabimento da exceção em caso de incumprimento de deveres secundários, anexos ou de proteção; especificidades da arguição da *exceptio* em contratos de duração, notadamente no que toca à simultaneidade das prestações).

4
REQUISITOS DE APLICAÇÃO DA EXCEÇÃO DE CONTRATO NÃO CUMPRIDO (ART. 476 DO CÓDIGO CIVIL). ÂMBITO DE INCIDÊNCIA

4.1 DELINEAMENTO DOS REQUISITOS

No capítulo anterior, analisamos o instituto da exceção de contrato não cumprido à luz de três eixos: sinalagma, causa concreta e boa-fé objetiva.

O primeiro deles, o sinalagma, encarna o próprio fundamento do remédio. A exceção de contrato não cumprido é o resultado de uma evolução histórica de contínua e progressiva consciência do liame de interdependência entre as prestações de um contrato bilateral, não só no momento de sua gestação (sinalagma genético), mas também durante seu cumprimento (sinalagma funcional). A principal função da exceção é preservar o equilíbrio do contrato, em respeito justamente a esse nexo de interdependência entre as obrigações.

A causa concreta, por sua vez, tem a função de assegurar que a aplicação da exceção de contrato não cumprido esteja em linha com os interesses e finalidades essenciais dos contratantes, impedindo que [i] o remédio seja utilizado por conta de violações não significativas em consideração à realização do programa contratual[982] e [ii] em situações de patente desproporcionalidade entre os incumprimentos.[983] É por essa razão que dissemos que ela (causa concreta) fornece a própria "medida do cabimento" da exceção de contrato não cumprido.

---

982. Menezes Cordeiro fala, com esse mesmo sentido, acerca da necessidade de "exigir que a exceção de contrato não cumprido seja movida apenas por perturbações sinalagmáticas materiais e não formais" (*Da boa-fé no direito civil*. Coimbra: Almedina, 2007, p. 847).
983. As situações de desproporcionalidade entre os incumprimentos configuram exercício inadmissível da posição jurídica ativa, conforme tratado no subitem 3.3.2, "b.2", retro. Logo, nesse ponto, a causa concreta atua em apoio à boa-fé objetiva, oferecendo o parâmetro de comparação entre os incumprimentos, para medir se há ou não abusividade: se os incumprimentos forem proporcionais entre si, *à luz da relevância de seu impacto para a causa concreta do negócio*, inexiste abusividade; se forem desproporcionais entre si, *à luz do mesmo critério*, haverá abusividade.

O terceiro eixo – a boa-fé objetiva – demarca o âmbito de exercício admissível da ferramenta, estabelecendo as fronteiras para além das quais o emprego do contradireito deixa de ser uma arma legítima de autodefesa para assumir foros de abusividade.

Apenas quando se analisa a figura sob esses três eixos, conjugadamente, é que se pode ter dela uma visão global e mais acurada em termos de hipóteses de cabimento, eficácia, funcionamento e uso admissível. Dito de outra forma, são perspectivas diferentes que se complementam.

É por essa razão que deixamos para tratar dos pressupostos de aplicação da exceção após o exame dos três eixos referidos, a fim de que tudo o que já foi dito acerca destes (sinalagma, causa concreta e boa-fé objetiva) possa clarear o caminho da exposição daqueles (os pressupostos).

Até porque seria de pouca valia, por exemplo, lançar a afirmação de que para o cabimento da *exceptio* é imprescindível que os deveres sejam sinalagmáticos (primeiro requisito a ser tratado neste capítulo), sem que antes fosse explicado, com profundidade, em que consiste o próprio sinalagma. E, permanecendo ainda no âmbito deste requisito, pouco se poderia avançar no sentido do tratamento das situações limítrofes a ele pertinentes (*v.g.*, aplicabilidade ou não da *exceptio* a contratos bilaterais imperfeitos, a contratos plurilaterais, a obrigações mútuas decorrentes de resolução contratual, a obrigações derivadas de contratos diferentes, mas coligados entre si), sem uma adequada compreensão dos fundamentos e das funções do instituto.

O que pretendemos fazer neste capítulo é justamente explorar, em relação a cada um dos requisitos, essas situações limítrofes, os *hard cases*. Afinal, não é o exemplo livresco do credor que nada cumpriu, nem se oferece a cumprir, mas mesmo assim decide aventurar-se em juízo para cobrar a parte adversa, sendo simultâneos os vencimentos e bilateral o contrato (situação de incidência indubitável da *exceptio*), que costuma se apresentar na prática. As lides forenses estão permeadas, ao invés, de exceções arguidas em contextos bem mais "cinzentos": entre deveres de tipos e pesos diferentes na relação contratual (principais, secundários, acessórios ou de proteção); em situações de incumprimento parcial, nas quais o excipiente recebeu anteriormente, com ou sem ressalvas, a prestação incompleta; entre obrigações de vencimentos diferentes em relações duradouras, tendo uma das partes tolerado, em nome da continuidade da relação, o inadimplemento da outra por algum tempo; e assim por diante.

Pois comecemos, então, a busca por definir os requisitos do instituto.

Ruy Rosado de Aguiar Jr. relaciona nove requisitos para o cabimento da exceção de contrato não cumprido: a) o contrato deve ser bilateral; b) existência de correspectividade entre as obrigações do excepto e do excipiente; c) gravidade da inexecução atribuída ao excepto para a economia do contrato; d) proporcionalidade entre a inexecução atribuída ao excepto e a prestação cujo cumprimento o excipiente pretende suspender; e) vencimento da obrigação do excipiente; f) não cumprimento da obrigação do excipiente; g) obrigação do excepto de prestar antes ou simultaneamente; h) não cumprimento ou falta de oferta da prestação do excepto; i) o não cumprimento do excepto não pode ser imputado ao excipiente.[984]

Esta é a mais abrangente enumeração que encontramos em nossos estudos e, por isso mesmo, um adequado ponto de partida para a exposição.

O item "a" – *o contrato deve ser bilateral* – não reflete adequadamente o âmbito de incidência do remédio, visto que, como se verá a seguir, há situações excepcionais de cabimento que extrapolam essa classe.

Melhor dizer, assim, de forma mais genérica, que *os deveres de prestar das partes precisam ser sinalagmáticos ou correspectivos entre si* (o que também engloba o item "b" da lista acima). Este será nosso primeiro requisito.

O segundo requisito de que cuidaremos engloba os pontos "e", "f" e "g": os *deveres de prestar do excipiente e do excepto precisam ser contemporaneamente exigíveis no momento do exercício da exceção*.[985] Com efeito, esse requisito resulta da conjugação de duas constatações principais: [i] se a obrigação do demandado não está nem mesmo vencida, sua defesa não deverá ser pautada no art. 476 do Código Civil, mas na própria inexigibilidade da obrigação; [ii] se a obrigação do demandante, por sua vez, ainda não é exigível, a exceção de contrato não cumprido também não é cabível (embora possa ser cabível aquela do art. 477 do Código Civil – a chamada exceção de insegurança – a ser examinada no próximo capítulo).[986]

Por fim, o terceiro requisito que anunciaremos concerne ao inadimplemento do demandante-excepto. Para que a exceção seja cabível, é imprescindível um incumprimento do excepto que atinja o núcleo funcional do contrato (isto é, a causa concreta). Este requisito sofre, ainda, a complementação de duas condições impostas pela função corretiva da boa-fé objetiva, já analisadas anteriormente, quais sejam: [i] que o incumprimento do excepto não seja imputável ao próprio excipiente;[987] [ii]

---

984. Aguiar Jr., Ruy Rosado de. *Comentários ao novo Código Civil*, v. VI, t. II: da extinção do contrato (arts. 472 a 480). Teixeira, Sálvio de Figueiredo (Coord.). Rio de Janeiro: Forense, 2011, p. 724.
985. A formulação original desse requisito, nesses termos, deve ser creditada a João Pedro de Oliveira de Biazi (*A exceção de contrato não cumprido no direito privado brasileiro*. Rio de Janeiro: GZ Editora, 2019. p. 150).
986. Não parece adequado, todavia, restringir o cabimento da exceção, como fez Ruy Rosado de Aguiar Jr. (item "g"), às situações nas quais o autor-excepto tenha a obrigação de prestar antes ou simultaneamente. Como veremos, se as obrigações de ambas as partes estiverem vencidas no momento da oposição da exceção, irrelevante que o demandante, inicialmente, estivesse obrigado a prestar em data posterior ao demandado. Dito de outra forma, se "A" tinha de prestar no dia 20 e "B" no dia 10 do mesmo mês, ambos poderão invocar a *exceptio* após o dia 20 quando cobrados (inclusive "B" que, em tese, conforme o contrato, deveria ter prestado primeiro). Vencidas ambas as obrigações, a ordem original estabelecida não mais importa: as duas partes poderão opor a *exceptio* em igualdade de condições.
987. No capítulo anterior (subitem 3.3.2, "c"), relacionamos como abusiva por afronta à boa-fé objetiva, incidindo no tipo de exercício inadmissível "*Nemo auditur propriam turpitudinem allegans*" ("a ninguém é dado alegar a própria torpeza"), a conduta do excipiente que, ao invocar a *exceptio*, aponta incumprimento da parte adversa que, na verdade, só pode ser imputado ao próprio excipiente (seja porque este recusou indevidamente a prestação ofertada pelo excepto [mora do credor], seja porque, por qualquer outra forma, impediu o cumprimento adequado por parte do excepto).

que a inexecução atribuída ao excepto guarde relação de proporcionalidade com a prestação que está sendo demandada do excipiente.[988] Incorporando esses limites derivados da boa-fé,[989] o requisito pode ser assim exposto, de modo a englobar os pontos "c", "d", "h" e "i", da lista de Ruy Rosado de Aguiar Jr.: *um incumprimento do excepto, não imputável ao excipiente, que atinja o núcleo funcional do contrato representado pela causa concreta e que guarde relação de proporcionalidade adequada com a prestação que está sendo demandada do excipiente*.

O exame deste terceiro requisito ensejará a oportunidade de estudar, em todas as suas nuances, a chamada *exceptio non rite adimpleti contractus*, pois é justamente no âmbito desta que costumam surgir questionamentos acerca da relevância do inadimplemento do excepto e de sua proporcionalidade com o incumprimento do excipiente.

Logo, em resumo, os requisitos do remédio, consoante a linha aqui adotada, seriam três:

1) Os deveres de prestar do excipiente e do excepto precisam ser sinalagmáticos ou correspectivos entre si;

2) Os deveres de prestar do excipiente e do excepto precisam ser contemporaneamente exigíveis no momento do exercício da exceção;

3) O incumprimento do excepto, que não pode ser imputável ao excipiente, deve atingir o núcleo funcional do contrato representado pela causa concreta e guardar relação de proporcionalidade adequada com a prestação que está sendo demandada do excipiente.

Vale repisar, no entanto, que, mesmo preenchidos esses três requisitos, o exercício da exceção ainda deve ser submetido ao escrutínio das outras hipóteses de violação da boa-fé objetiva tratadas no subitem 3.3.2 retro (cujo rol apresentado, impende relembrar, era, ainda, meramente exemplificativo).

---

988. Da mesma forma, no capítulo anterior (subitem 3.3.2, "b.2"), relacionamos como abusiva por afronta à boa-fé objetiva, incidindo no tipo de exercício inadmissível "desequilíbrio no exercício jurídico", a invocação da exceção de contrato não cumprido quando a inexecução atribuída ao excepto não guarde relação de proporcionalidade com a prestação que está sendo demandada do excipiente.

989. Em rigor, assim como a própria conformidade à boa-fé objetiva, considerada em termos gerais, não constitui requisito da exceção ou de qualquer outra posição jurídica ativa – ela fixa, ao invés, limites ao uso admissível, estabelecendo uma zona de exercício legítimo e outra de exercício ilegítimo (vide, nesse sentido, a nota 855 retro) – as várias situações específicas de "não abusividade", como as duas ora mencionadas (que o incumprimento do excepto não seja imputável ao próprio excipiente; que haja proporcionalidade entre os incumprimentos), também não poderiam ser guindadas a requisitos. Até porque, do contrário, deveriam constar do rol também, por coerência, outras hipóteses de "não abusividade": "que o exercício não configure *suppressio* ou *surrectio*"; "que o excipiente tenha capacidade concreta de adimplir e demonstre intenção real de fazê-lo"; "que o exercício da exceção não configure *venire contra factum proprium*"; etc. Todavia, como essas duas limitações derivadas da boa-fé complementam de forma muito particular e profunda esse último requisito (um incumprimento do excepto que atinja o núcleo funcional do contrato), a ponto de, sem elas, ele perder muito de sua capacidade explicativa, optou-se, para fins didáticos, com a ressalva aqui feita, por incorporá-las ao enunciado do requisito.

4.2 OS DEVERES DE PRESTAR DO EXCIPIENTE E DO EXCEPTO PRECISAM SER SINALAGMÁTICOS OU CORRESPECTIVOS ENTRE SI

Os contratos *bilaterais* constituem o campo natural de incidência da exceção de contrato não cumprido.

A própria redação do art. 476 do Código Civil deixa isso muito claro:

> Art. 476. *Nos contratos bilaterais,* nenhum dos contratantes, antes de cumprida a sua obrigação, pode exigir o implemento da do outro.[990]

Por uma visão tradicional, entende-se por contrato bilateral ou sinalagmático aquele que, no momento de sua formação, gera obrigações para ambos os contratantes (*v.g.*, compra e venda, locação e empreitada), que passam a exercer, por conseguinte, a dupla posição de credor e devedor. Dizem-se unilaterais, em contrapartida, segundo essa mesma perspectiva, os contratos dos quais resultem, no momento de sua formação, obrigações apenas para uma das partes, como ocorre na doação, no comodato e no mandato gratuito, por exemplo. Nos contratos unilaterais, deste modo, uma das partes teria a condição apenas de credora (possuiria somente direitos) e a outra apenas de devedora (possuiria somente obrigações).[991]

Essa visão clássica, que define a bilateralidade e a unilateralidade a partir da existência ou não de deveres para ambas as partes, precisa ser, no entanto, temperada e complementada pelos novos influxos da teoria obrigacional. Com efeito, prevalece atualmente, como já tivemos oportunidade de apontar, a visão da obrigação como *processo* e como estrutura *complexa* e *orgânica*, na qual ao núcleo constituído pela obrigação principal se somam obrigações secundárias, deveres anexos e de proteção, formando um todo dirigido ao adimplemento pleno e sem danos.[992] Nesse contexto, especialmente em virtude da heterointegração derivada da boa-fé objetiva (geradora de múltiplos deveres anexos e de proteção), é virtualmente impossível cogitar de

---

990. O §320, (1), do BGB, também relaciona expressamente o cabimento da exceção de contrato não cumprido aos contratos bilaterais:
  §320. Exceção de contrato não cumprido.
  (1) *Quem for parte de um contrato bilateral* poderá recusar a prestação à qual se obrigou até que a outra parte efetue a contraprestação, a não ser que aquele tenha se obrigado a prestar anteriormente. [...] (Bürgerliches Gesetzbuch [BGB], §320. Disponível em http://www.gesetze-im-internet.de/englisch_bgb/englisch_bgb. html#p1167. Acesso em 20 jan. 2010)
  No art. 1.460 do Código Civil Italiano, vale lembrar, a expressão utilizada pelo legislador para delimitar o âmbito de aplicação da *exceptio* foi outra ("contratos com prestações correspectivas"). Todavia, pela análise que fizemos no subitem 3.1.3, "c", retro, concluímos que, nessa norma específica, a expressão "contratos com prestações correspectivos" deve ser lida como "contratos bilaterais" (embora em outros dispositivos do mesmo Código, seu significado possa aproximar-se mais, como visto, da noção de onerosidade).
991. Antunes Varela, João de Matos. *Das Obrigações em Geral, v. I.* 10. Ed., Coimbra: Almedina, 2008, p. 396; Gomes, Orlando. *Contratos.* 27ª Ed., Rio de Janeiro: Forense, 2019, p. 70-71.
992. Vide subitem 3.1.3.

um contrato no qual apenas uma das partes tenha direitos e a outra possua apenas deveres.[993]

Assim, pretendendo-se preservar a utilidade da distinção entre contratos unilaterais e bilaterais, é preciso submetê-la a uma releitura: no contrato unilateral, apenas uma das partes tem obrigação principal (embora a outra possa ter deveres secundários, anexos e de proteção), enquanto, no contrato bilateral, cada parte possui uma obrigação principal perante a outra[994] (e certamente também outros deveres secundários, anexos e de proteção).

É verdade que, ao tratar do sinalagma, defendemos uma concepção ampliada do conceito, que passasse a compreendê-lo como nexo funcional entre *polos prestacionais*, agregando cada polo os deveres que, independentemente de sua natureza (principal, secundário, instrumental ou de proteção), assumam relevância significativa para a promoção do resultado útil do contrato.

Porém, a despeito de o sinalagma poder englobar deveres de outra natureza (secundários, anexos e de proteção), ele pressupõe, para sua existência, a bilateralidade do contrato no sentido acima declinado: isto é, que cada parte possua uma obrigação principal perante a outra, em regime de reciprocidade.

Sem essas obrigações principais contrapostas, inexistirá o liame de correspectividade entre os polos prestacionais que define o sinalagma, no sentido de uma das partes só ter aceitado se comprometer a um sacrifício obrigacional em prol da outra porque esta também aceitou se submeter, por seu turno, a um sacrifício equivalente (embora esta equivalência seja apenas subjetiva, como tantas vezes remarcado).

Essa correspectividade não existe nos contratos unilaterais, ainda que, como visto, ambas as partes possam neles, em tese, possuir deveres secundários, anexos ou de proteção.

Imagine-se, nesse sentido, um exemplo clássico de contrato unilateral: o mútuo. Mesmo quando oneroso por conta da estipulação de juros (mútuo feneratício), mantém-se sua unilateralidade, pois quem se obriga a pagar os juros é a mesma parte que já estava obrigada a restituir o montante emprestado (o mutuário). A restituição do principal, com ou sem juros, é a única obrigação principal da avença. Os eventuais deveres do mutuante (de emitir extratos para bem informar a evolução do débito;

---

993. Silva, Rodrigo da Guia. Novas perspectivas da exceção de contrato não cumprido: repercussões da boa-fé objetiva sobre o sinalagma contratual. *Revista de Direito Privado*, v. 78, jun. 2017, p. 50-52.
994. Vale lembrar que, conforme já afirmado, as obrigações principais constituem o núcleo da relação contratual, voltadas que estão à satisfação dos interesses centrais das partes com a contratação e também definindo o seu tipo (como, exemplificativamente, os deveres do vendedor de transferir o domínio da coisa vendida e do comprador de pagar o preço ajustado no contrato de compra e venda). Diz-se que as obrigações principais definem o tipo porque elas constituem os elementos *constantes* e *invariáveis* em todos os negócios concretos que nele se enquadram. Enquanto os demais deveres – secundários, anexos e de proteção – podem variar conforme as circunstâncias do caso, o mesmo não pode ocorrer quanto às obrigações principais: se o negócio não apresentar as obrigações principais próprias do tipo, o negócio simplesmente não pode ser qualificado como tal.

de não efetuar cobranças vexatórias; de receber pagamentos antes do termo das parcelas, com abatimento dos juros; de promover a portabilidade do débito para outras instituições financeiras quando esta faculdade for conferida por lei ao mutuário; de resguardar o sigilo do mutuário com relação à operação de crédito e seus dados pessoais; etc.), sejam eles derivados da lei, do contrato ou da boa-fé, *não estão em linha de correspectividade* com a obrigação principal de restituir o valor emprestado, com ou sem juros (vale dizer, aqueles deveres não foram dados *em troca* desta obrigação principal, e vice-versa). Bem analisada a situação, os deveres do mutuante, longe de constituírem contraprestação à obrigação principal do mutuário, objetivam, na verdade, ou auxiliar a adequada execução desta ou resguardar o mutuário contra prejuízos injustos advindos da relação. Nada mais.

Em sentido muito semelhante, sustenta Rodrigo da Guia Silva:

> No âmbito dessa renovada teoria obrigacional, parece mais adequado associar o atributo da bilateralidade contratual não propriamente à mera existência de obrigações para ambas as partes (o que tende a ocorrer na generalidade das hipóteses em decorrência da heterointegração dos contratos decorrente da incidência de princípios de ordem solidarista, particularmente a boa-fé objetiva), mas, sim, a um especial liame entre as prestações a cargo de cada contratante. Passou a ganhar destaque em sede doutrinária, então, o entendimento da bilateralidade contratual como correspectividade entre prestações – noção sinteticamente traduzida por sinalagma. Afirma-se que existe correspectividade quando a prestação de um contratante tem como razão de ser a prestação do outro. Aludida razão de ser consistiria na justificativa jurídica para a assunção de certa prestação pelo contratante: somente quando a prestação tiver sido assumida em contrapartida direta à prestação do cocontratante é que restará configurado o sinalagma.[995]

Ante a ausência nos contratos unilaterais, por natureza, dessa correspectividade, já é possível afastar, em relação a eles, o cabimento da exceção de contrato não cumprido.

Se para a resolução por inadimplemento, também tradicionalmente associada aos contratos bilaterais, há algumas raras exceções em que se admite sua aplicação a contratos unilaterais,[996] no que toca à *exceptio* esses desvios não existem: é possível

---

995. Silva, Rodrigo da Guia. Op. cit., p. 50-52.
996. Com efeito, embora a resolução por inadimplemento também seja remédio tradicionalmente associado aos contratos bilaterais, admite-se sua aplicação, excepcionalmente, aos contratos unilaterais. Interessante notar, nesse sentido, que os dois artigos de regência da resolução por inadimplemento (artigos 474 e 475 Código Civil), diferentemente do art. 476 do mesmo diploma (referente à *exceptio*), não restringem expressamente o cabimento da resolução por inadimplemento aos contratos bilaterais.
Quanto ao mútuo feneratício, por exemplo, de que acabamos de tratar, contrato real, oneroso e unilateral, o art. 1.820 do Código Civil Italiano é expresso em reconhecer a viabilidade do pedido de resolução: "Se o mutuário não cumpre a obrigação de pagar os juros, o mutuante pode pedir a resolução do contrato". Orlando Gomes afirma na mesma linha, em que pese a ausência de disposição legal expressa no ordenamento brasileiro: "No mútuo feneratício, o mutuário é obrigado a pagar juros. Se deixa de fazê-lo, pode o mutuante demandar a resolução do contrato, o que constitui singularidade, pois a resolução por inexecução é própria dos contratos bilaterais ou sinalagmáticos." (*Contratos*, 27. ed. Rio de Janeiro: Forense, 2019, p. 340).

afirmar com tranquilidade que a *exceptio* é incabível nos contratos unilaterais, mercê da falta de *correspectividade* entre as prestações, seu fundamento.

Tal conclusão, aliás, encontra-se em absoluta consonância com o texto do art. 476 do Código Civil, *a contrario sensu*.[997]

Até aqui, portanto, duas assertivas já podem ser feitas, suficientes para resolver uma ampla gama de casos: [i] a exceção aplica-se aos contratos bilaterais; [ii] a exceção *não* se aplica aos contratos unilaterais.

Todavia, isso não soluciona todos os problemas.

Primeiro, porque há uma classe intermediária – a dos contratos bilaterais imperfeitos – que demanda análise em separado, notadamente a fim de estabelecer a relação entre a exceção de contrato não cumprido e o direito de retenção, remédio de uso frequente nesses contratos. Há relação de gênero/espécie entre esses remédios? Para as hipóteses em que a lei não prevê expressamente o direito de retenção para os contratos bilaterais imperfeitos, poderia ser invocada subsidiariamente a exceção de contrato não cumprido? Estas são perguntas a serem respondidas adiante.

Segundo, porque, como se sabe, para além dos unilaterais, bilaterais perfeitos e bilaterais imperfeitos, existe ainda uma outra categoria: a dos contratos plurilaterais.

Terceiro, pois há situações em que aquela correspectividade existe (uma obrigação nasce em razão da outra, em troca da outra), fora, porém, do âmbito específico dos contratos bilaterais perfeitos. Para adiantar, podem ser mencionadas aqui três hipóteses: [i] obrigações mútuas derivadas da declaração de nulidade, da anulação ou da resolução do contrato, que fixam a restituição de parte a parte, a fim de restabelecer o *status quo ante*; [ii] obrigações de contratos diferentes, mas coligados, que estejam, conforme a operação econômica unitária articulada pelas partes, em relação de correspectividade entre si; [iii] obrigações recíprocas derivadas de acordos judiciais.

Os próximos tópicos serão dedicados a analisar o cabimento da *exceptio* nessas situações diferenciadas.

A chave que vai orientar o exame dessas hipóteses é a existência ou não de correspectividade. Havendo correspectividade entre as prestações, a exceção é cabível. Não havendo, é incabível.

Admite-se também, aponta Aline de Miranda Valverde Terra, o pedido de resolução no comodato, quando o comodatário, por exemplo, usa a coisa de modo diverso ou contrário ao estipulado no contrato. A utilidade de acolher a resolução nesta hipótese é patente, sobretudo se o comodato foi estipulado em benefício exclusivo do comodatário, situação em que o direito do comodante de resilir unilateralmente o contrato, antes de expirado o prazo, subordina-se à comprovação de "necessidade imprevista e urgente" (art. 581). (Âmbito de incidência da cláusula resolutiva expressa: para além dos contratos bilaterais. *Revista de Direito Privado*, ano 17, v. 65, jan.-mar. 2016, p. 133).

997. Art. 476. *Nos contratos bilaterais*, nenhum dos contratantes, antes de cumprida a sua obrigação, pode exigir o implemento da do outro.

Se uma prestação está genética e funcionalmente ligada à outra por uma relação de troca (uma parte só aceitou assumir a sua obrigação porque a contraparte, por seu turno, aceitou assumir a dela, e vice-versa), fere o equilíbrio da relação e até mesmo um senso elementar de justiça que uma delas possa cobrar a outra sem ter cumprido ou oferecido cumprimento, ainda que isso se verifique entre deveres oriundos de dois contratos diferentes, entre deveres de restituição nascidos da resolução, da nulidade ou da anulação de um contrato, entre deveres recíprocos estabelecidos em um acordo judicial, entre deveres de um contrato plurilateral etc.

Ou seja, a exceção aplica-se aos contratos bilaterais, mas não apenas a eles.

O fundamento da exceção está no sinalagma. Não há razão para confinar o âmbito de aplicação do instituto a uma classe de contratos (os bilaterais), se o sinalagma pode existir em outros tipos de relação.

Daí porque o artigo 476 do Código Civil, que se refere textualmente apenas aos contratos bilaterais, merece ser aplicado por *analogia* a outras relações em que houver sinalagma, correspectividade, entre as prestações. Afinal, *ubi eadem ratio, ibi eadem jus* (onde houver o mesmo fundamento, que seja aplicado o mesmo direito).[998]

Como afirma Menezes Cordeiro, em que pese a letra da lei referir-se expressamente apenas a contratos bilaterais, "a *exceptio* é aplicável nos contratos com prestações recíprocas e, ainda, noutras situações que, embora não tendo natureza contratual, impliquem, contudo, uma sinalagmaticidade funcional." Segundo o autor, o legislador, ao editar normas como o §320 do BGB, o art. 476 do Código Civil Brasileiro e o art. 428º do Código Civil Português, que fazem referência ao cabimento da *exceptio* apenas em relação aos contratos bilaterais, está se valendo da técnica legislativa de regular os "polos matriciais", a fim apenas de fixar uma regra geradora, a partir da qual o intérprete-aplicador poderá expandir os limites do instituto, especialmente por meio do recurso da analogia.[999]

De forma nenhuma a menção exclusiva aos contratos bilaterais no art. 476 do Código Civil pode ser interpretada como uma opção consciente do legislador por excluir outras relações sinalagmáticas. Esse tipo de argumento *a contrario* (se a norma menciona apenas uma categoria, é porque se pretendeu excluir as demais) só é possível se o legislador deixou muito claro – o que não ocorre em relação ao art. 476 do Código Civil – que a norma posta se refere exclusivamente à situação jurídica

---

[998]. Referindo-se expressamente à aplicação do método da analogia a uma ou mais dessas hipóteses, para justificar a aplicação da exceção de contrato não cumprido, verificar: Pereira, Caio Mário da Silva. Interpretação contratual. Exceção de contrato não cumprido. O acessório segue o principal. In: *Obrigações e contratos*: Pareceres. Rio de Janeiro: Forense, 2010, p. 225-227; Menezes Cordeiro, António. *Da boa-fé no direito civil*. Coimbra: Almedina, 2007, p. 734.
[999]. Menezes Cordeiro, António. *Tratado de direito civil, v. IX – Direito das obrigações*: cumprimento e não-cumprimento, transmissão, modificação e extinção. 3. ed. Coimbra: Almedina, 2017, p. 290.

expressamente regulamentada, sob pena de prejudicar a capacidade do sistema jurídico de preencher lacunas e fornecer tratamento igual a situações semelhantes.[1000]

Antes de ingressar no exame dessas situações diferenciadas – que vão atrair ou não a aplicação por analogia da regra do art. 476 do Código Civil –, cabe fazer uma observação de ordem metodológica. A análise da correspectividade entre os deveres de prestar do excipiente e do excepto (objeto deste primeiro requisito) também poderia, em tese, abranger outra perspectiva, qual seja a de verificar se ambos os deveres integram a causa concreta do negócio e se seus incumprimentos são proporcionalmente relevantes entre si (em função igualmente da causa concreta). Afinal, estes são problemas que também dizem respeito, em última análise, à existência ou não de sinalagma entre as prestações. Entretanto, por uma questão de organização da exposição, a fim de melhor esclarecer os pressupostos do remédio, optou-se por "destrinchar" essa outra faceta da correspectividade em um outro requisito, que será o terceiro de nossa exposição, destinado especificamente a averiguar se o incumprimento do excepto é suficientemente grave para dar ensejo ao remédio e se ele guarda relação de proporcionalidade com o incumprimento do excipiente.[1001]

4.2.1 Contratos bilaterais imperfeitos. Impossibilidade de invocação da exceção de contrato não cumprido. Direito de retenção

a) A pseudocategoria dos contratos bilaterais imperfeitos. Inexistência de sinalagma

Além dos contratos unilaterais e dos contratos bilaterais, haveria também os chamados bilaterais imperfeitos ou acidentalmente bilaterais.

Para compreender esta *pseudocategoria* – no decorrer da exposição, restará demonstrado que os contratos por ela abrangidos não passam, fundamentalmente, de contratos unilaterais – é preciso retroceder à visão tradicional, já refutada no tópico anterior, que distinguia contratos unilaterais e bilaterais a partir da existência de deveres para uma das partes apenas (unilaterais) ou para ambas (bilaterais).[1002]

1000. Biazi, João Pedro de Oliveira de. Op. cit., p. 184. Segundo Menezes Cordeiro, deve-se compreender que o recurso à analogia está vedado nas seguintes situações: [i] quando o legislador o proíbe expressamente para determinadas relações, como se dá no âmbito do Direito Penal, no que concerne à abrangência dos tipos criminais; [ii] quando o legislador anuncia um rol e deixa claro que este é *numerus clausus*, tal como ocorre quanto à enumeração dos direitos reais; [iii] quando a norma regulamentada é em si uma exceção a uma regra geral, ocasião em que a extensão da exceção, pelo método da analogia, também é tradicionalmente tida como vedada (o art. 11 do Código Civil Português é expresso em vedar a analogia neste caso). (*Tratado de direito civil*, v. I: introdução. Fontes do direito. Interpretação da lei. Aplicação das leis no tempo. Doutrina geral. 4. ed. Coimbra: Almedina, 2012, p. 763).
1001. O terceiro requisito, vale lembrar, foi enunciado linhas atrás nos seguintes termos: "3 – O incumprimento do excepto, que não pode ser imputável ao excipiente, deve atingir o núcleo funcional do contrato representado pela causa concreta e guardar relação de proporcionalidade adequada com a prestação que está sendo demandada do excipiente."
1002. Ver item 4.2, 3º parágrafo e seguintes.

Pois bem. Dentro desta visão clássica, os contratos bilaterais imperfeitos formariam um *tertium genus*, na medida em que, na origem, gerariam deveres tão somente para uma das partes, entretanto, a partir deles poderiam brotar acidentalmente, no curso da relação contratual, obrigações para a outra parte. Seria o caso, por exemplo, do mandato gratuito: na origem, há obrigações apenas para o mandatário, porém, se no curso da execução do contrato, o mandatário realiza despesas ou sofre danos, nasce para o mandante a obrigação de reembolsar ou indenizar a parte contrária.[1003]

A partir, no entanto, de uma nova perspectiva que enxerga o fenômeno obrigacional como estrutura complexa, em que ao núcleo constituído pela obrigação principal se somam obrigações secundárias, deveres anexos e de proteção, essa terceira categoria perde muito de sua razão de ser. Mesmo em contratos unilaterais que não ensejam o nascimento dessas obrigações acidentais no curso da relação – v.g., de reembolsar despesas e indenizar danos – haverá, quase certamente, desde a origem, deveres secundários, anexos e de proteção para ambas as partes (inclusive para aquela que não detém a obrigação principal), como no exemplo do mútuo feneratício dado no tópico anterior.[1004]

A questão principal a ser investigada, portanto, não é se existem deveres para ambas as partes, pois isso há em quase todos os contratos, mesmo naqueles reconhecidos como puramente unilaterais. Nem é muito relevante também o fato desses deveres nascerem com o contrato ou surgirem depois. O que mais importa para estabelecer o tratamento a ser conferido a esses contratos ditos bilaterais imperfeitos é definir se essas obrigações acidentais que surgem no curso da execução de contratos como o depósito gratuito e o mandato gratuito – exemplos clássicos de contratos bilaterais imperfeitos – chegam a estabelecer um sinalagma, uma relação de correspectividade, com as obrigações principais desses contratos (que são, respectivamente, as de custodiar a coisa [depósito] e as de praticar atos jurídicos ou administrar interesses por conta de outrem [mandato]).

Se a resposta for positiva, merecem tratamento de contrato bilateral, inclusive no que concerne à aplicabilidade da exceção de contrato não cumprido, a despeito de as obrigações não terem nascido com o contrato (o sinalagma seria só funcional, mas não genético). Se negativa a resposta, ao invés, merecem tratamento de contrato unilateral, inclusive no que toca ao não cabimento da exceção (não haveria nem sinalagma genético, nem funcional).

Como bem afirma Rodrigo da Guia Silva:

> Com efeito, a assunção da bilateralidade como correspectividade funcional entre polos prestacionais torna despicienda a categoria dos contratos bilaterais imperfeitos: ou bem há

1003. Antunes Varela, João de Matos. *Das obrigações em geral*, v. I. 10. ed. Coimbra: Almedina, 2008, p. 398.
1004. Dross, William. L'exception d'inexécution: essai de généralisation. *Revue Trimestrielle de Droit Civil*, n. 1, jan.-mar. 2014, p. 09.

correspectividade funcional (independentemente da fonte ou do momento de surgimento das obrigações) e o contrato é bilateral/sinalagmático, ou falta tal correspectividade e o contrato é unilateral/não sinalagmático. Em rigor, o fato de determinadas prestações surgirem apenas no decorrer da execução contratual será relevante para outros tipos de análise, mas não se estará tratando de uma sinalagmaticidade substancialmente distinta caso se verifique o surgimento de um sinalagma superveniente (não já originário) à formação do contrato. *Tertium non datur*: ou a prestação surgida *a posteriori* manterá nexo de correspectividade com outras, ou não manterá.[1005]

As opiniões dividem-se na doutrina quanto a esse ponto.

Parcela expressiva dos autores considera que a exceção de contrato não cumprido é cabível nos contratos bilaterais imperfeitos, entre a obrigação principal desses contratos e aquelas acidentais nascidas no transcorrer da relação. Isso, observe-se, *para além do direito de retenção*, frequentemente estabelecido pela lei para tutelar essas hipóteses. A relação entre exceção de contrato não cumprido e direito de retenção será tratada a seguir.

No Brasil, já afirmava Carvalho Santos, em atenção ao art. 1.092, alínea 1ª, do CC/1916, que "não se pode deixar de aplicar o preceito deste artigo, no tocante à exceção *non adimpleti contractus*, também aos contratos sinalagmáticos imperfeitos, por isso que, em qualquer hipótese, a equidade seria igualmente ofendida se uma parte pudesse obrigar a outra ao cumprimento de sua obrigação sem que tivesse efetuado, a seu turno, a prestação a que se obrigara."[1006] No mesmo sentido, ainda em relação à doutrina nacional, as opiniões de Miguel Maria de Serpa Lopes[1007] e Ruy Rosado de Aguiar Jr., este último salientando, porém, que, na prática, a extensão da exceção aos bilaterais imperfeitos "não tem maior significado, porque de um modo ou de outro, pela exceção de contrato não cumprido ou pela retenção, se satisfaz o direito do devedor."[1008]

Na doutrina italiana, defendem esta posição Augusto Pino,[1009] Cesare Massimo Bianca[1010] e Lina Bigliazzi Geri.[1011] Na francesa, René Cassin[1012] e Catherine Male-

---

1005. Silva, Rodrigo da Guia. Op. cit., p. 53-54.
1006. Carvalho Santos, João Manuel de. *Código Civil Brasileiro interpretado*: principalmente do ponto de vista prático. Direito das obrigações (arts. 1079-1121). 7. ed. Rio de Janeiro: Freitas Bastos, 1956. v. XV. p. 236.
1007. Serpa Lopes, Miguel Maria de. *Exceções substanciais*: exceção de contrato não cumprido. Rio de Janeiro: Freitas Bastos, 1959, p. 255.
1008. Aguiar Jr., Ruy Rosado de. *Comentários ao novo Código Civil*, v. VI, t. II: da extinção do contrato (arts. 472 a 480). Teixeira, Sálvio de Figueiredo (Coord.). Rio de Janeiro: Forense, 2011, p. 731.
1009. Pino, Augusto. *Il contratto con prestazioni corrispettive*: Bilateralità, onerosità e corrispettività nella teoria del contratto. Padova: Cedam, 1963, p. 20-21.
1010. Bianca, Cesare Massimo. *Diritto civile: la responsabilità*. Milano: Giuffrè, 1994. v. 5. p. 332.
1011. Geri, Lina Bigliazzi. Eccezione di inadempimento. In: *Digesto delle Discipline Privatistiche – Sezione Civile*. v. II. Torino: Unione Tipografico-Editrice Torinese, 1998, p. 338.
1012. Cassin, René. *De l'exception tirée de l'inexécution dans les rapports synallagmatiques (exceptio non adimpleti contractus) – et de ses relations avec le droit de rétention, la compensation et la résolution*. Paris: Recueil Sirey, 1914, p. 454-454.

cki.[1013] Na espanhola, Maria Cruz Moreno.[1014] Na belga, Orlando Marie-Astrid.[1015] Todos lançam a mesma ideia, fundamentalmente: de que é preciso ter visão mais ampla do sinalagma, podendo a reciprocidade surgir apenas no meio da execução do contrato.

Em que pese compartilhar-se da ideia de que ao sinalagma deve ser conferido conteúdo ampliado, não restrito às obrigações principais, ponto tantas vezes defendido ao longo desta tese, fato é que esse liame de reciprocidade não se estabelece, nos contratos bilaterais imperfeitos, nem no nascedouro deles (sinalagma genético), nem com o surgimento das obrigações acidentais no curso da relação (sinalagma funcional).

Esta é, a despeito das autorizadas vozes acima referidas, a opinião majoritária.

Henri Capitant bem assevera que as obrigações acidentais do mandante, do depositante e do comodante, nesses contratos, não apresentam nexo de correspectividade com aquelas assumidas *ab ovo* pelo mandatário, pelo depositário e pelo comodatário (as únicas obrigações principais desses contratos). Quando um contrato bilateral imperfeito é celebrado, aduz o autor, as obrigações eventuais de reembolsar despesas e indenizar danos certamente não integram sua finalidade, sua causa (quer em sentido abstrato, quer em sentido concreto). Afinal, não é por conta dessas eventualidades, desses direitos acidentais, que as partes contratam – elas contratam por conta das obrigações principais assumidas por mandatários, depositários e comodatários. Em função dessa ausência de dependência funcional entre os polos prestacionais, defende Henri Capitant, a exceção de contrato não cumprido não encontra guarida nesse campo, podendo ser invocado apenas, se e quando previsto em lei para a hipótese, o direito de retenção.[1016]

Pontes de Miranda destaca que tais contratos são, na essência, unilaterais e não bilaterais, por não existir nem equivalência, nem reciprocidade, entre as obrigações principais dos devedores originais e as obrigações acidentais nascidas no curso do contrato. Enquanto no Direito Romano, acrescenta o autor, as ações dos contratos bilaterais eram estruturadas em pares, de forma a tutelar ambas as obrigações principais (*empti, venditi* [compra e venda]; *locati, conducti* [locação] etc.), em relação aos contratos bilaterais imperfeitos havia as *actiones directae* (*mandati, depositi* etc.), referentes às obrigações principais, e as *actiones contrariae*, destinadas a tutelar as obrigações eventuais que podiam nascer [i] da incidência de fatos estranhos à avença (o dano causado ao depositante ou ao mandante, por exemplo) ou [ii] para proteger interesses meramente instrumentais à causa do contrato (como, por exemplo,

---

1013. Malecki, Catherine. *L'exception d'inexécution*. Paris: LGDJ, 1999, p. 246.
1014. Moreno, María Cruz. *La "exceptio non adimpleti contractus"*. Tirant lo Blanch, 2004, p. 50-51.
1015. Orlando, Marie-Astrid. *L'exception d'inexécution – L'envers du décor. Approche théorique et jurisprudentielle*. Saarbrücken: Éditions Universitaires Européennes, 2012, p. 17-18.
1016. Capitant, Henri. *De la cause des obligations*: Contrats, engagements unilatéraux, legs. 3ᵉ éd. Paris: Librairie Dalloz, 1927, p. 277.

a obrigação do mandante de fornecer ao mandatário os meios necessários para a execução do mandato).[1017]

Imagine-se, nesse sentido, um exemplo clássico de contrato unilateral: depósito gratuito, feito no interesse exclusivo do depositante. Nele, o depositário está obrigado a guardar a coisa e conservá-la com o cuidado e diligência que costuma ter em relação aos seus próprios bens, até o fim do prazo ou até o momento em que o depositante solicitar a devolução. Esta é a única obrigação principal da avença. Os eventuais deveres do depositante (de reembolsar despesas feitas com a coisa; indenizar prejuízos provenientes do depósito; buscar a coisa quando findo o prazo; informar a contraparte acerca de eventuais riscos relacionados à guarda do bem; etc.), sejam eles derivados da lei, do contrato ou da boa-fé, *não estão em linha de correspectividade* com a obrigação principal de guarda e custódia (vale dizer, aqueles não foram dados *em troca* desta, e vice-versa).[1018] Bem analisada a situação, os deveres do depositante, longe de constituírem contraprestação à obrigação principal do depositário, objetivam, na verdade, ou auxiliar a adequada execução desta (*v.g.*, dever de buscar a coisa quando findo o prazo, dever de informar acerca de suas características e dos riscos a ela associados), ou resguardar o depositário contra prejuízos injustos advindos da relação (*v.g.*, dever de reembolsar despesas e indenizar danos).

Também afastam a existência de sinalagma nos contratos bilaterais imperfeitos, e, por conseguinte, o cabimento da exceção de contrato não cumprido nessas convenções, Andreas Von Thur,[1019] Harm Peter Westermann,[1020] Adriano Paes da S. Vaz Serra,[1021] João de Matos Antunes Varela,[1022] Francesco Realmonte,[1023] Arturo Dalmartello,[1024] Pietro Trimarchi,[1025] entre tantos outros.[1026]

1017. Pontes de Miranda, Francisco Cavalcanti. *Tratado de direito privado*. Campinas: Bookseller, 2000. t. III. p. 245. No mesmo sentido, quanto à distinção entre *actiones directae* e *actiones contrariae*, ver: Scalfi, Gianguido. Osservazioni sui contratti a prestazioni corrispettive. *Rivista del Diritto Commerciale e del Diritto Generale delle Obbligazioni*, anno LVI, parte prima, p. 459.
1018. Silva, João Calvão da. *Cumprimento e sanção pecuniária compulsória*. Coimbra: Almedina, 1987, p. 333.
1019. Von Tuhr, Andreas. *Tratado de las obligaciones*. Trad.: W. Roces. t. II. Madrid: Editorial Reus S/A, 1934, p. 59.
1020. Westermann, Harm Peter. *Código Civil Alemão*: Direito das obrigações – Parte geral. Trad. Armindo Edgar Laux. Porto Alegre: Sergio Antonio Fabris Editor, 1983, p. 50.
1021. Vaz Serra, Adriano Paes da Silva. Excepção de contrato não cumprido (exceptio non adimpleti contractus). *Boletim do Ministério da Justiça*, n. 67, jun. 1957, p. 74.
1022. Antunes Varela, João de Matos. *Das obrigações em geral*, v. I. 10. ed. Coimbra: Almedina, 2008, p. 398.
1023. Realmonte, Francesco. Eccezione di inadempimento. In: *Enciclopedia del diritto*, v. XIV. Milano: Giuffrè, 1965, p. 224.
1024. Dalmartello, Arturo. *Eccezione di Inadempimento*. In: Azara, Antonio; Eula, Ernesto. *Novissimo Digesto Italiano*. Torino: Unione Tipografico-Editrice Torinese, 1960. v. VI. p. 354.
1025. Trimarchi, Pietro. *Istituzioni di diritto privato*. 9. ed. Milano: Giuffrè, 1991, p. 296.
1026. Podem ser arrolados também, no mesmo sentido, em reforço: Bozzo, Sebastián. *La excepción de contrato no cumplido*. Tesis doctoral (Facultad de Derecho – Universitat de València), 2012, p. 170-171; Gastaldi, José María; Centanaro, Esteban. *Excepción de incumplimiento contractual*. Buenos Aires: Abeledo-Perrot, 1995, p. 59-61; Hironaka, Giselda M. F. Novaes. O sinalagma contratual – A chamada causa dos contratos: relações contratuais de fato. *Revista de Direito do Consumidor*, v. 93, p. 209-229, 2014, p. 224; Ferreira da Silva, Luís Renato. *Reciprocidade e contrato. A teoria da causa e sua aplicação nos contratos e nas relações*

4 • REQUISITOS DE APLICAÇÃO DA EXCEÇÃO DE CONTRATO NÃO CUMPRIDO (ART. 476 DO CC)

É interessante perceber, a referendar a ausência de correspectividade, que essas obrigações acidentais que podem surgir nos contratos bilaterais imperfeitos não decorrem da vontade contratual, mas da *incidência direta da lei*, que atribui efeitos a *fatos exteriores* ocorridos na vigência do vínculo convencional, como a superveniência de despesas e danos no mandato (artigos 676 e 678, respectivamente, do Código Civil) ou no depósito (art. 643 do mesmo diploma).[1027]

No capítulo anterior, definimos o sinalagma como nexo funcional entre *polos prestacionais*, agregando cada polo os deveres que, independentemente de sua natureza (principal, secundário, instrumental ou de proteção), assumam relevância significativa para a promoção do resultado útil do contrato (ou seja, de sua *causa concreta*), e que, por isso mesmo, encontrem-se em relação de reciprocidade e correspectividade com os deveres que integram o polo oposto.[1028] Pois bem. Não há como vislumbrar esse nexo funcional entre as obrigações principais dos contratos bilaterais imperfeitos e as obrigações acidentais que podem neles surgir, pela simples razão de que as últimas não servem à realização do resultado útil do contrato – não integram sua causa concreta, compreendida como a comunhão de finalidades e interesses que animaram as partes a contratar (até porque sua ocorrência era, por definição, meramente eventual no momento da contratação).[1029]

Se no campo dos contratos bilaterais imperfeitos julgar-se equitativo que o devedor possa se recusar a restituir o bem enquanto o credor não cumprir uma obrigação acidental, o legislador pode instituir especificamente essa faculdade – o direito de retenção – para conferir ao devedor uma *garantia* do cumprimento da obrigação acidental do credor. Note-se: a possibilidade de retenção da coisa não é aí efeito natural da reciprocidade e da interdependência entre as obrigações (até porque, como dito, esse liame não existe), mas de disposição expressa e específica da lei, a incidir sobre fatos exteriores à relação, com o intuito de fornecer uma garantia ao devedor, notadamente quando este teve despesas ou danos na execução do contrato.[1030]

A própria existência de previsões expressas e específicas a instituir o direito de retenção em favor dos devedores em contratos bilaterais imperfeitos não deixa de ser uma confirmação da inaplicabilidade a esses contratos do regime geral da *exceptio* do art. 476 do Código Civil. Afinal, se lhes fosse aplicável essa regra geral,

---

"*paracontratuais*". Porto Alegre: Livraria do Advogado, 2013, p. 79; Assis, Araken de. *Comentários ao Código Civil brasileiro*, v. 5. Do Direito das obrigações (arts. 421 a 578). Alvim, Arruda; Alvim, Thereza (Coord.). Rio de Janeiro: Forense, 2007, p. 667-668; Tepedino, Gustavo; Bodin de Moraes, Maria C.; Barboza, Heloísa H. Op. cit., p. 125-126; Biazi, João Pedro de Oliveira de. Op. cit., p. 152; Salles, Raquel Bellini de Oliveira. *A autotutela pelo inadimplemento nas relações contratuais*. Tese (Doutorado em Direito Civil) – Faculdade de Direito da Universidade do Estado do Rio de Janeiro, Rio de Janeiro, 2011, p. 107.

1027. Realmonte, Francesco. Eccezione di inadempimento. In: *Enciclopedia del diritto*, v. XIV. Milano: Giuffrè, 1965, p. 224.
1028. Vide subitem 3.1.3, "b".
1029. Salles, Raquel Bellini de Oliveira. Op. cit. p. 107.
1030. Vaz Serra, Adriano Paes da Silva. Excepção de contrato não cumprido (exceptio non adimpleti contractus). *Boletim do Ministério da Justiça*, n. 67, jun. 1957, p. 74-75.

inexistiria a necessidade de o legislador estabelecer o direito de retenção caso a caso, especificando as hipóteses e os contratos em relação aos quais pode ser invocado.

Sustentar a existência de reciprocidade nos contratos bilaterais imperfeitos como decorrência do fato de, em alguns casos, o legislador ter erigido para eles remédio semelhante à *exceptio* (o direito de retenção), não passa de um erro lógico. A uma, porque parte de um efeito (o direito de retenção) para concluir pela existência de sinalagma, quando, em verdade, deve-se caminhar no sentido contrário (averigua-se a existência de sinalagma para, então, ditarem-se os efeitos [entre os quais o cabimento da exceção de contrato não cumprido]). A duas, porque esse efeito (o direito de retenção) é estabelecido apenas ocasionalmente pelo legislador, para hipóteses específicas – diferente da *exceptio*, não há uma regra geral a consagrar o direito de retenção –, admitindo-se quando muito o emprego da analogia para abranger outras situações. A três, porque a previsão do direito de retenção não é consequência de existir um sinalagma: trata-se apenas de uma ponderação equitativa do legislador visando a conferir uma garantia ao devedor em alguns tipos de relações (que, inclusive, não se restringem aos contratos bilaterais imperfeitos, podendo ocorrer em relações possessórias e até mesmo em alguns contratos verdadeiramente sinalagmáticos, como se verá a seguir).

Cabe, agora, aprofundar essa análise comparativa entre os dois remédios: exceção de contrato não cumprido e direito de retenção.

b) Exceção de contrato não cumprido e direito de retenção. Análise comparativa dos dois institutos

Arnoldo Medeiros da Fonseca, em obra clássica acerca do tema, define o direito de retenção como a "faculdade assegurada ao credor, independente de qualquer convenção, de continuar a deter a coisa a outrem devida até ser satisfeita, ou ficar extinta, uma obrigação existente para com ele."[1031]

Diana Tognini Saba, em trabalho mais recente, conceitua o direito de retenção como a posição jurídica que autoriza o possuidor, obrigado a restituir um bem, a retê-lo em garantia, prolongando a sua posse para além do momento em que esta deveria cessar, até que a contraparte quite integralmente débito, relacionado à coisa em si ou à sua posse, que tenha para com o possuidor.[1032-1033]

1031. Fonseca, Arnoldo Medeiros da. *Direito de retenção*. 3. ed. Rio de Janeiro: Forense, 1957, p. 105.
1032. Saba, Diana Tognini. *Direito de retenção e seus limites*. Dissertação (Mestrado em Direito Civil) – Universidade de São Paulo, São Paulo, 2016, p. 39.
1033. Segundo Moreira Alves, o direito de retenção, a exemplo da exceção de contrato não cumprido, nasceu como uma *exceptio* (defesa intercalada no *iudicium*), bem como também foi obra do trabalho do pretor. Com vistas à equidade, este magistrado admitia que o retentor opusesse à *rei vindicatio* uma *exceptio doli generalis*, na hipótese deste ser credor do proprietário de dívida derivada da própria coisa. No direito pós--clássico, o *ius retentionis* adquiriu feição própria, como meio de defesa distinto da *exceptio doli* (*Direito Romano*, v. II. 6. ed. Rio de Janeiro: Forense, 2000, p. 48).

O direito de retenção, assim como a exceção de contrato não cumprido, é típica *exceção material* ou *substancial*: vale dizer, uma posição jurídica ativa, mas de natureza *defensiva*, que autoriza o demandado a recusar-se a fazer ou não fazer o que está sendo exigido pelo demandante, sem negar, extinguir ou modificar o direito deste.[1034]

Tal como as outras exceções substanciais, o direito de retenção constitui um *contradireito neutralizante*: por meio dele, o demandado (retentor) exerce um direito (o *ius retentionis*), que consiste justamente em conservar em seu poder um bem do demandante enquanto este não lhe satisfaça uma obrigação. E isso ocorre não porque se nega ou se fulmina a pretensão do demandante, mas porque a eficácia desta resta "encoberta", definitiva ou temporariamente, pela eficácia do contradireito neutralizante do retentor.

A exemplo da exceção de contrato não cumprido, o direito de retenção também pode ser invocado em regime de *autotutela*. Destarte, nas hipóteses em que a legislação consagra o remédio e preenchidos os seus requisitos específicos, o demandado-retentor está autorizado, mesmo extrajudicialmente, a reter coisa alheia como instrumento de coerção do demandante à satisfação do seu crédito, em exceção à regra geral de imprescindibilidade do controle jurisdicional para o equacionamento de litígios entre particulares.[1035-1036]

Mediante o exercício do contradireito de retenção, a situação patrimonial fática permanece a mesma. Continua temporariamente em mãos do retentor o que ele devia entregar, até que seja satisfeito o crédito conexo à coisa. Não é solução definitiva: não serve como forma de pagamento, nem se opera a compensação entre as obrigações, apenas mantém-se o *status quo*.[1037] Daí porque o instituto não se compraz com situações em que, a despeito de o legislador valer-se do termo "reter" ou "retenção", o que está autorizado, na verdade, é que a parte reserve parte ou a totalidade do que está em seu poder para pagar-se definitivamente, como ocorre, por exemplo, no art.

1034. Pontes de Miranda, Francisco Cavalcanti. *Tratado de direito privado*. Campinas: Bookseller, 2003. t. XXII. p. 283.
1035. Silva, Rodrigo da Guia. Notas sobre o cabimento do direito de retenção: desafios da autotutela no direito privado. *Civilistica.com*, a. 6, n. 2, 2017, p. 05; Benedetti, Alberto Maria. *Il codice civile*: Commentario. Le autodifese contrattuali (Art. 1460-1462). Milano: Giuffrè, 2011, p. 26; Pontes de Miranda, Francisco Cavalcanti. *Tratado de direito privado*. Campinas: Bookseller, 2003. t. XXII. p. 287.
1036. O direito de retenção não tem eficácia sem ser exercido. Nem basta recusar a entrega do bem, nem alegar que tem direito de retenção. É preciso cumular as duas ações, daí porque, na fórmula enunciada por Pontes de Miranda, "recusa da prestação + invocação do *ius retentionis* = exercício do direito de retenção". Se a parte entrega o bem ao ser cobrada (não efetua a recusa), extingue-se o direito de retenção. Se, por outro lado, recusa a entrega sem dizer que exerce o direito de retenção (não invoca o remédio), incorre em *mora debendi*. (*Tratado de direito privado*. Campinas: Bookseller, 2003. t. XXII. p. 310)
1037. Biazi, João Pedro de Oliveira de. Op. cit., p. 129; Pontes de Miranda, Francisco Cavalcanti. *Tratado de direito privado*. Campinas: Bookseller, 2003. t. XXII. p. 284.

740, parágrafo único, referente ao contrato de transporte de pessoas,[1038] e no art. 418, concernente às arras.[1039]

É por isso mesmo uma exceção *dilatória* e não peremptória. Por meio da exceção de retenção, o retentor consegue "dilatar" o tempo de sua posse, para além do momento em que esta deveria cessar de acordo com o estabelecido na lei ou no contrato. Todavia, o encobrimento da eficácia que exerce sobre a pretensão da parte contrária estende-se apenas até o momento em que a contraparte presta satisfatoriamente, oferece o cumprimento simultâneo ou presta garantia suficiente (esta última, como se verá, admitida na retenção, mas não na exceção de contrato não cumprido). Ocorrendo uma dessas três situações, o próprio *ius retentionis* se extingue, ficando exigível, mais uma vez, a prestação do excipiente de entrega da coisa (a eficácia que antes estava encoberta, descobre-se).

O mecanismo de funcionamento, portanto, é bastante semelhante ao da exceção de contrato não cumprido.

O exercício do direito de retenção depende de três requisitos: [i] o excipiente deve ter a posse da coisa alheia; [ii] o excipiente deve ser titular de crédito vencido frente ao excepto; [iii] é preciso haver conexidade entre o crédito e a posse.[1040]

A conexidade mais comum que autoriza o direito de retenção é a dita material ou objetiva, em que o crédito do excipiente-retentor nasce de despesas ou danos derivados da própria coisa que está sob sua custódia, como ocorre nos já mencionados artigos 643 e 644 do Código Civil, referentes ao depósito.[1041] Possível também a conexidade jurídica, vínculo mais tênue do que o anterior, quando a lei decide

---

1038. Art. 740. O passageiro tem direito a rescindir o contrato de transporte antes de iniciada a viagem, sendo-lhe devida a restituição do valor da passagem, desde que feita a comunicação ao transportador em tempo de ser renegociada.
§ 1º Ao passageiro é facultado desistir do transporte, mesmo depois de iniciada a viagem, sendo-lhe devida a restituição do valor correspondente ao trecho não utilizado, desde que provado que outra pessoa haja sido transportada em seu lugar.
[...]
§ 3º Nas hipóteses previstas neste artigo, o transportador terá direito de *reter* até cinco por cento da importância a ser restituída ao passageiro, a título de multa compensatória.
1039. Art. 418. Se a parte que deu as arras não executar o contrato, poderá a outra tê-lo por desfeito, *retendo-as*; se a inexecução for de quem recebeu as arras, poderá quem as deu haver o contrato por desfeito, e exigir sua devolução mais o equivalente, com atualização monetária segundo índices oficiais regularmente estabelecidos, juros e honorários de advogado.
1040. Saba, Diana Tognini. Op. cit., p. 55; Pontes de Miranda, Francisco Cavalcanti. *Tratado de direito privado*. Campinas: Bookseller, 2003. t. XXII. p. 294; Silva, Rodrigo da Guia. Notas sobre o cabimento do direito de retenção: desafios da autotutela no direito privado. Civilistica.com, a. 6, n. 2, 2017, p. 04; Ribeiro, Renato Ventura. Direito de retenção no contrato de empreitada. In: Tepedino, Gustavo; Fachin, Luiz E. (Org.). *Doutrinas Essenciais*: obrigações e contratos. v. VI. São Paulo: Ed. RT, 2011, p. 269.
1041. Art. 643. O depositante é obrigado a pagar ao depositário as despesas feitas com a coisa, e os prejuízos que do depósito provierem.
Art. 644. O depositário poderá reter o depósito até que se lhe pague a retribuição devida, o líquido valor das despesas, ou dos prejuízos a que se refere o artigo anterior, provando imediatamente esses prejuízos ou essas despesas.

estender essa garantia a situações em que o crédito do excipiente não deriva da coisa retida em si, mas nasce da mesma relação jurídica em que se impõe o dever de restituir, como se observa no art. 742 do Código Civil, que confere ao transportador direito de retenção sobre a bagagem e outros objetos pessoais do passageiro até o pagamento do valor da passagem.[1042]

O direito de retenção, no Brasil, não goza de disciplina unitária e sistemática. Não existe, em relação ao direito de retenção, no ordenamento nacional, uma regra geral como a do art. 476 do Código Civil, referente à *exceptio*. Há, sim, uma série de previsões esparsas estabelecendo esse contradireito para relações específicas.

Alguns países de *civil law* instituíram regras gerais.

O §273, (2), (3), do BGB, estabelece que aquele que é obrigado à devolução de uma coisa poderá recusá-la se titularizar uma pretensão em razão de despesas com a coisa ou em virtude de danos causados por ela, até que esta pretensão seja satisfeita ou que seja oferecida garantia suficiente.[1043]

O art. 2.286 do *Code Civil*, inserido por alteração recente (Ord. n. 2006-346, de 23 de março de 2006), prescreve que poderão se valer de direito de retenção sobre a coisa: 1º) Aquele a quem a coisa tenha sido entregue até o pagamento de seu crédito; 2º) Aquele cujo crédito não pago resulte do contrato que o obriga a entregá-la; 3º) Aquele cujo crédito não pago nasceu da detenção da coisa; 4º) Aquele que se beneficia de um penhor sem desapossamento.[1044] A denunciar a verdadeira natureza do instituto, tal norma foi inserida no Livro IV do *Code*, denominado "Das Garantias".

Já o art. 754 do Código Civil Português preceitua, em termos gerais, que "o devedor que disponha de um crédito contra o seu credor goza do direito de retenção se, estando obrigado a entregar certa coisa, o seu crédito resultar de despesas feitas por causa dela ou de danos por ela causados."[1045] No artigo seguinte, por sua vez, são enunciados casos especiais de direito de retenção que extrapolam o enunciado geral do art. 754 (do transportador, sobre as coisas transportadas, pelo crédito resultante do transporte; do albergueiro, sobre as coisas que as pessoas albergadas tenham trazido consigo, pelo crédito da hospedagem; do gestor de negócios, sobre

---

1042. Biazi, João Pedro de Oliveira de. Op. cit., p. 129.
1043. §273. *Direito de retenção*. (1) Se o devedor tiver contra o credor uma pretensão oriunda da mesma relação jurídica na qual se baseia a sua obrigação, poderá, salvo se a relação obrigacional levar a conclusão diversa, recusar a prestação devida por ele até que seja cumprida a prestação devida a ele (direito de retenção). (2) Aquele que é obrigado à devolução de uma coisa terá o mesmo direito se titularizar uma pretensão em razão de despesas com a coisa ou em virtude de danos causados a ele pela coisa, salvo se a tiver obtido intencionalmente por ação não autorizada. (3) O devedor pode evitar o exercício do direto de retenção mediante a oferta de garantia. A prestação de garantia mediante garantidores é excluída. (Bürgerliches Gesetzbuch [BGB], §273. Disponível em: https://www.gesetze-im-internet.de/englisch_bgb/englisch_bgb.html#p0819. Acesso em: 15 jan. 2020).
1044. Code Civil. Art. 2.286. Disponível em: https://www.legifrance.gouv.fr/. Acesso em: 15 jan. 2020.
1045. Código Civil Português. Art. 754. Disponível em: http://www.pgdlisboa.pt. Acesso em: 15 jan. 2020.

as coisas que tenha em seu poder para execução da gestão, pelo crédito dela proveniente; entre outras).[1046]

O campo de operação do direito de retenção não se restringe aos contratos bilaterais imperfeitos (depósito gratuito, mandato gratuito etc.). Há previsão de direito de retenção mesmo para contratos sinalagmáticos perfeitos. O art. 571 do Código Civil, referente ao contrato de locação de coisas, prescreve que o locatário tem direito de retenção se o locador decide reaver a coisa alugada antes do vencimento, pelas perdas e danos resultantes do rompimento prematuro. O art. 578 do Código Civil, relativo ao mesmo contrato, preceitua que o locatário goza de direito de retenção pelas benfeitorias necessárias que tenha efetivado, bem como pelas úteis, se estas foram feitas com expresso consentimento do locador. O art. 35 da Lei 8.245/91 estabelece a mesma regra para as locações de imóveis urbanos, ressalvando a possibilidade de as partes disporem de forma diversa em contrato, já tendo o Superior Tribunal de Justiça firmado o entendimento de que é válida a cláusula de renúncia ao direito de indenização e de retenção, quer em relação às benfeitorias necessárias, quer em relação às úteis (Súmula 335).[1047] Quanto ao contrato de transporte de pessoas, o art. 742 do Código Civil decreta que o transportador, uma vez executado o transporte, tem direito de retenção sobre a bagagem e outros objetos pessoais do passageiro, até o pagamento do valor da passagem. Em matéria de contrato de comissão, por sua vez, o art. 708 do Código Civil dispõe que o comissário tem direito de retenção sobre os bens e valores do comitente em seu poder em virtude do contrato, para reembolso das despesas feitas e para recebimento das comissões devidas.

Isto apenas para citar alguns exemplos de direito de retenção em matéria de contratos verdadeiramente bilaterais. Note-se: mesmo no campo próprio da exceção de contrato não cumprido – os contratos bilaterais perfeitos – o direito de retenção pode ter lugar, situação em que coexistirão ambos os remédios (o direito de retenção aplicável à situação específica prevista na lei e a *exceptio* como remédio a tutelar genericamente todas as obrigações do contrato que integrem o sinalagma).

O direito de retenção também se manifesta em algumas relações de Direito Reais. O art. 1.219 do Código Civil, por exemplo, estabelece que o possuidor de boa-fé tem direito de retenção pelo valor das benfeitorias necessárias e úteis que tiver realizado. Já o art. 1.433, II, do mesmo diploma, dispõe que o credor pignoratício tem direito de retenção sobre a coisa empenhada até ser indenizado das despesas devidamente justificadas que tiver feito.

Inexistindo uma regra geral no Direito pátrio e havendo uma série de estipulações esparsas, coloca-se inevitavelmente a questão da taxatividade dessas previsões.

1046. Ibidem, Art. 755.
1047. Súmula 335 – Nos contratos de locação, é válida a cláusula de renúncia à indenização das benfeitorias e ao direito de retenção.

Há os que defendem a taxatividade, ancorados sobretudo na excepcionalidade dos meios de autotutela.[1048]

Por outro lado, há corrente que prega a construção de uma hipótese geral de direito de retenção a partir justamente de uma aproximação com o modelo da exceção de contrato não cumprido. Esta linha defende que a retenção nada mais seria do que a recusa de prestação que tenha por objeto a devolução de um bem, justificada por um incumprimento da parte contrária, mercê do que as hipóteses de direito de retenção poderiam ser reconduzidas à regra geral da *exceptio* (no caso do Direito brasileiro, o art. 476). Nesse sentido, afirma Angelo Barba em relação ao Direito italiano, cujo quadro, nesse ponto, é semelhante ao brasileiro:

> O legislador de 1942 reconheceu ao contratante o poder de "recusar-se a adimplir a sua obrigação, se o outro não adimplir ou não oferecer o adimplemento simultâneo da própria" (art. 1.460) e delineou a medida de tal poder por meio da cláusula da boa-fé. [...] Em tais perspectivas, também a retenção, na sua mais clássica acepção, pode ser entendida como recusa da prestação que tenha por objeto a devolução de um bem material, tornada inexigível pelo comportamento do credor; ela reingressa, então, no âmbito da autotutela privada sem nenhuma pretensão de lhe exaurir o conteúdo.[1049]

A razão parece estar mais com os primeiros do que com os últimos. Não se pode ignorar o fato de que o legislador nacional escolheu, em relação ao direito de retenção, estabelecer uma série de disposições específicas, ao invés de uma norma geral.

Esse "silêncio" em erigir um direito geral de retenção, pelas despesas e danos advindos da coisa, tem um significado, a nosso ver: exprime o intento do legislador nacional de restringir esse contradireito às hipóteses expressamente previstas em lei. Por ocasião da elaboração do Código Civil de 2002, já estavam em vigor outros diplomas que estabeleciam regras gerais de direito de retenção – o BGB e o Código Civil Português, especialmente – todavia, o legislador nacional fez novamente a opção, como já havia feito em 1916, pelo modelo de disposições específicas. E o fez

---

1048. Na doutrina nacional: Biazi, João Pedro de Oliveira de. Op. cit., p. 130–32; Gagliardi, Rafael Villar. *Exceção de contrato não cumprido*. São Paulo: Saraiva, 2010, p. 55.
 Quanto ao Direito italiano, que também não consagra uma regra geral, apresentando, portanto, quadro semelhante ao brasileiro, ver, no sentido da taxatividade do remédio: Betti, Emilio. Autotutela (diritto privato). *Enciclopedia del Diritto*, v. IV. Milano: Giuffrè. 1959, p. 531; Addis, Fabio. Inattuazione e risoluzione: i rimedi. Le eccezioni dilatorie. In: Roppo, Vincenzo [diretto da]. *Trattato del contratto – V – Rimedi* (2). Milano: Giuffrè, 2006, p. 439; Benedetti, Alberto Maria. *Il codice civile*: Commentario. Le autodifese contrattuali (Art. 1460-1462). Milano: Giuffrè, 2011, p. 26-27. Na Espanha, em que também inexiste regra geral: Moreno, María Cruz. Op. cit., p. 106.
 A jurisprudência da Corte de Cassação Italiana também é no sentido da taxatividade do remédio. Nesse sentido, ver: Cass., 29 settembre 2005, n. 19162; Cass., 28 gennaio 2005, n. 1741; Cass., 16 novembre 1984, n. 5828. Disponíveis em: www.italgiure.giustizia.it. Acesso em: 25 jan. 2020.
1049. Barba, Angelo. Ritenzione (diritto privato). *Enciclopedia del diritto*, v. XL. Milano: Giuffrè, 1989, p. 1373.
 Em sentido semelhante, no Brasil, também pregando ser possível vislumbrar uma regra geral de direito de retenção, por aproximação ao modelo da exceção de contrato não cumprido, ver: Silva, Rodrigo da Guia. Notas sobre o cabimento do direito de retenção: desafios da autotutela no direito privado. Civilistica.com, a. 6, n. 2, 2017, p. 17.

de forma tão numerosa e detalhada que só se pode crer que as situações não contempladas representam hipóteses em que não deve ser reconhecido tal contradireito.

O só fato de se tratar de uma forma de autotutela não impediria, a princípio, a criação por indução de uma regra geral ou o emprego de analogia para abranger outras hipóteses. Tanto é que defenderemos adiante a aplicação por analogia do art. 476 do Código Civil, também uma forma de autotutela, a relações que não constituem contratos bilaterais em sentido estrito. O problema maior está no fato de o direito de retenção constituir uma forma dura e agressiva de autotutela, na qual o agente mantém em sua posse *coisa alheia*, para além do período em que estava inicialmente autorizado a fazê-lo pela lei ou pelo contrato, para garantir-se do pagamento do que lhe é devido. Não parece adequado cogitar de uma garantia que não seja ou estipulada voluntariamente pelas partes ou derivada expressamente da lei. E mais: o problema do direito de retenção costuma se colocar, muitas vezes, em relações nas quais não existe vínculo de correspectividade ou sinalagmaticidade entre as obrigações (contratos bilaterais imperfeitos, relações de direito real, gestão de negócios etc.), de modo que o cabimento indiscriminado da exceção de retenção pode mais deturpar o equilíbrio da relação do que resguardá-lo.

A aproximação dos modelos do direito de retenção e da exceção de contrato não cumprido, notadamente para o fim de erigir em favor do primeiro uma regra geral, é solução que não se justifica. Afora a origem histórica comum nas *exceptiones* romanas e o fato de constituírem contradireitos neutralizantes passíveis de emprego em regime de autotutela, sobram apenas diferenças entre as duas figuras.

Algumas dessas diferenças já foram pontuadas acima. Quanto ao *âmbito de operação*: a exceção de contrato não cumprido só se aplica a relações sinalagmáticas; já o direito de retenção pode restar configurado em qualquer relação em que exista a obrigação de restituir bens, o que se estende, potencialmente, a contratos bilaterais imperfeitos, relações de direito real, gestão de negócios etc.[1050] Quanto às *hipóteses de cabimento*: enquanto a exceção de contrato não cumprido dispõe de uma regra geral de cabimento, que a torna aplicável a todos os contratos bilaterais (com possibilidade de extensão a outras relações sinalagmáticas por analogia), o direito de retenção submete-se, conforme defendemos, a um regime de taxatividade, de tipicidade estrita.[1051] Quanto ao *objeto*: por definição, o direito de retenção supõe que uma pessoa tenha em mãos uma coisa de outro, e que se recuse a devolver, porque se tornou credor do adversário, por força da mesma coisa ou da mesma relação jurídica; já a *exceptio* pode ser invocada para qualquer objeto – não precisa ser o de entregar uma coisa material pertencente à contraparte – pode ser uma coisa pertencente ao próprio excipiente, uma soma em dinheiro, um fazer ou não fazer.[1052]

1050. Biazi, João Pedro de Oliveira de. Op. cit., p. 130.
1051. Addis, Fabio. Inattuazione e risoluzione: i rimedi. Le eccezioni dilatorie. In: Roppo, Vincenzo [diretto da]. *Trattato del contratto – V – Rimedi (2)*. Milano: Giuffrè, 2006, p. 439.
1052. Capitant, Henri. Op. cit., p. 272; Fonseca, Arnoldo Medeiros da. Op. cit., p. 141-142.

Mas a principal diferença entre os dois remédios diz respeito ao *fundamento*. A exceção de contrato não cumprido encontra fundamento na preservação do sinalagma, compreendido como nexo de correspectividade entre deveres relevantes para o atingimento da causa concreta do negócio. Ela está lastreada na clara injustiça que emerge do fato de uma das partes cobrar a outra sem ter prestado ou oferecido o que lhe compete. O mesmo fundamento não se encontra no direito de retenção, já que em nenhuma hipótese a relação existente entre a entrega da coisa e o crédito do qual deriva o *ius retentionis* pode ser qualificada como sinalagmática.[1053] Tais obrigações não são correspectivas nem quando o direito de retenção aplica-se a contratos bilaterais perfeitos: basta pensar nos exemplos dados do direito de retenção do locatário sobre o bem locado, por conta das benfeitorias realizadas, ou do transportador sobre as bagagens e pertences pessoais do passageiro, por conta do serviço prestado. Note-se como as obrigações do locador de indenizar benfeitorias e do transportador de restituir bagagens não participam da causa concreta de nenhum desses contratos – constituem interesses acidentais e desvinculados das razões que levaram as partes a contratar.

Como bem resume Luis Díez-Picazo, enquanto a exceção de contrato não cumprido "pressupõe uma relação sinalagmática e, portanto, um vínculo de reciprocidade perfeitamente caracterizado entre as duas obrigações, em virtude de um sinalagma genético e funcional", no direito de retenção, por sua vez, "existe uma conexão entre o crédito e a coisa, porém o dever de restituição e o dever de reembolso não são em sentido genuíno sinalagmáticos."[1054] Em sentido semelhante, Pontes de Miranda ressalta que a "exceção do art. 476 do Código Civil permite recusar-se a solver enquanto o outro figurante não contrapresta; a exceção de retenção dá ao que há de prestar o poder reter o bem até que se solva a dívida que deu ensejo ao *ius retentionis, dívida que não é a da contraprestação.*"[1055]

Justamente porque não existe sinalagma entre essas obrigações que, no subitem anterior, defendemos a inaplicabilidade da exceção de contrato não cumprido aos contratos bilaterais imperfeitos como regime supletivo a tutelar os casos em que não há previsão legal de direito de retenção. Também não é possível, conforme entendemos, pelas razões já expostas, o caminho inverso, qual seja ampliar o regime do direito de retenção, erigindo uma regra geral, por aproximação com a exceção de contrato não cumprido.

Exceptio e direito de retenção também possuem *funções* distintas. Enquanto a exceção de contrato não cumprido visa a resguardar a reciprocidade da relação sinalagmática e, secundariamente, induzir o excepto ao adimplemento, o direito de retenção tem função essencialmente de garantia em favor do possuidor.[1056]

1053. Betti, Emilio. Autotutela (diritto privato). *Enciclopedia del Diritto*, v. IV. Milano: Giuffrè. 1959, p. 531.
1054. Díez-Picazo, Luis. *Fundamentos del derecho civil patrimonial*. v. II. 6. ed. Navarra: Civitas, 2008, p. 474–75.
1055. Pontes de Miranda, Francisco Cavalcanti. *Tratado de direito privado*. Campinas: Bookseller, 2003. t. XXII. p. 283.
1056. Biazi, João Pedro de Oliveira de. Op. cit., p. 131; Benedetti, Alberto Maria. *Il codice civile*: Commentario. Le autodifese contrattuali (Art. 1460-1462). Milano: Giuffrè, 2011, p. 28.

Dessa diferença de funções dos dois institutos, decorre outra distinção prática das mais relevantes. Na exceção de contrato não cumprido, como visto, a paralisação da eficácia da pretensão do excepto perdura até o momento em que este cumpre ou oferece o cumprimento simultâneo do que lhe compete. Só com isso extingue-se o *ius exceptionis*. Na exceção de retenção, de outra banda, mercê de sua função de garantia, o devedor do retentor pode, para extinguir o *ius retentionis*, adimplir o débito ou prestar caução suficiente em relação a ele.

A prestação de caução *não* tem o condão de extinguir o *ius exceptionis* do art. 476 do Código Civil, nos contratos sinalagmáticos perfeitos, porque ambas as partes são obrigadas a cumprir ao mesmo tempo: dito de outra forma, cada uma delas tem o *direito* de exigir a contraprestação em troca da sua prestação, na medida em que a prestação só foi prometida em vista da contraprestação. Seria contrário à própria estrutura do contrato, nessas condições, admitir que o só oferecimento de caução pudesse afastar a *exceptio* e permitir, desta forma, que a parte cobrasse a outra sem ter prestado.[1057] Afinal, a exceção de contrato não cumprido, como salientam Enneccerus, Kipp e Wolff, "não atende unicamente à segurança do recebimento do contracrédito, mas também está destinada a evitar a injustiça derivada da exigência prévia da prestação por quem ainda não prestou."[1058]

Bem diferente é o quadro em relação ao direito de retenção. Ele não constitui uma decorrência natural da reciprocidade, até porque só existe em situações nas quais não há correspectividade entre as obrigações. Funciona como garantia de pagamento e como forma de constrição em casos específicos em que, a despeito de não haver sinalagma, o legislador reputou que seria injusto forçar o devedor a restituir a coisa para depois obrigá-lo a ingressar no Poder Judiciário para pleitear ressarcimento de somas das quais ele se tornou credor por conta da própria coisa ou da mesma relação jurídica.[1059]

Se a finalidade do instituto é mesmo de garantia, natural que o contradireito de retenção possa ser encoberto pelo oferecimento de caução, pois, nessas situações, o excipiente acaba ficando em situação absolutamente equivalente à que o direito de retenção lhe conferia.[1060]

Vale recordar que o §273, (3), do BGB, é expresso em consignar que o "devedor pode evitar o exercício do direito de retenção mediante a oferta de garantia."[1061] No

---

1057. Vaz Serra, Adriano Paes da Silva. Op. cit., p. 74–75.
1058. Ennecerus, Ludwig; Kipp, Theodor; Wolff, Martin. *Tratado de derecho civil. Segundo tomo. Derecho de obligaciones. Volumen primero.* Trad. Blas Pérez González y José Alguer. Barcelona: Bosch, 1954, p. 167.
Todavia, como se verá no capítulo seguinte, a prestação de caução tem, sim, o efeito de afastar a eficácia paralisante da *exceção de inseguridade* do art. 477 do Código Civil, o que só se justifica, porém, neste caso, porque, conforme o contrato ou a lei, o excipiente estava mesmo obrigado a prestar primeiro. Aí, a exceção de inseguridade também tem, como o direito de retenção, função predominante de garantia.
1059. Capitant, Henri. Op. cit., p. 272.
1060. Vaz Serra, Adriano Paes da Silva. Op. cit., p. 75; Von Tuhr, Andreas. *Tratado de las obligaciones.* Trad.: W. Roces. Tomo II. Madrid: Editorial Reus S/A, 1934, p. 59.
1061. Bürgerliches Gesetzbuch [BGB], §273. Disponível em: https://www.gesetze-im-internet.de/englisch_bgb/englisch_bgb.html#p0819. Acesso em: 26 jan. 2020.

mesmo sentido, o art. 756, "d", do Código Civil Português, dispõe que a prestação de caução suficiente exclui o direito de retenção.[1062]

No Direito brasileiro, não há norma expressa a prescrever que a prestação de caução elide o direito de retenção. Todavia, como afirma Pontes de Miranda, "a eliminabilidade do direito de retenção pela caução suficiente é princípio que não precisa estar em *lex scripta*".[1063] E, de fato, exista ou não lei a estabelecer esse efeito, é fato que, servindo o direito de retenção puramente a uma função de garantia, não faz sentido que ele subsista quando outra garantia idônea venha a ser oferecida. Na verdade, Pontes de Miranda vai ainda mais longe ao sustentar que o direito de retenção sequer chega a exsurgir se, desde o início, o crédito já está suficientemente resguardado por outra forma de garantia.[1064] E a conclusão alcançada pelo autor faz todo sentido, afinal, se o oferecimento posterior de caução elimina o contradireito, é natural que a existência de caução na origem tenha o efeito de impedir o nascimento do contradireito.

Ressalte-se que no Agravo Regimental no Agravo de Instrumento nº 1.379.240/PR, Relator Ministro Raul Araújo, o C. Superior Tribunal de Justiça reconheceu que o direito de retenção é afastado pelo oferecimento de caução suficiente, ainda que inexista norma a estabelecer expressamente esse efeito.[1065]

Pois bem. Firmado que a exceção de contrato não cumprido não se aplica aos contratos bilaterais imperfeitos, podendo ser invocado em relação a estes, quando houver previsão legal, outro contradireito de características bem diversas (o direito de retenção), cumpre, agora, seguir adiante e analisar a aplicabilidade da *exceptio* em relação a uma outra categoria de contratos: os plurilaterais.

4.2.2 Contratos plurilaterais. Sinalagma indireto e mediato. Aplicação excepcional da exceção de contrato não cumprido

Conforme mencionado no primeiro capítulo, o contrato de sociedade era um dos quatro contratos consensuais do Direito Romano (ao lado da compra e venda, da locação e do mandato), classe que abrangia os contratos que se perfaziam pelo simples consentimento, independentemente de qualquer formalidade ou da entrega de uma coisa. O contrato de sociedade era classicamente definido como bilateral porque, apesar de admitir mais de dois sócios desde a sua origem no Direito Romano, todos eram credores e devedores entre si, havendo, portanto, uma troca de prestações.[1066]

1062. Código Civil Português. Art. 756. Disponível em http://www.pgdlisboa.pt. Acesso em: 16 jan. 2020.
1063. Pontes de Miranda, Francisco Cavalcanti. *Tratado de direito privado*. Campinas: Bookseller, 2003. t. XXII. p. 334.
1064. Ibidem.
1065. STJ, AgRg no Ag 1379240/PR, Rel. Ministro Raul Araújo, Quarta Turma, j. em 13 dez. 2011.
1066. Correia, Alexandre; Sciascia, Gaetano. Op. cit., p. 291; Moreira Alves, José Carlos. *Direito Romano*, v. II. 6. ed. Rio de Janeiro: Forense, 2000, p. 172-173.

Posteriormente, no decorrer do século XX, a doutrina, refinando a análise do contrato de sociedade e de outros assemelhados (*v.g.*, associações, cooperativas, mútuas), passará a classificá-los como "plurilaterais" e não mais como bilaterais.

Propõe-se, primeiro, analisar as características desses contratos plurilaterais, mormente no que concerne à configuração ou não de sinalagma, a fim de averiguar se a regra do art. 476 do Código Civil, projetada para os contratos bilaterais, pode ser estendida aos plurilaterais.

Um primeiro ponto que merece destaque nesses contratos é a *possível* participação de mais de duas partes. Não deixará, porém, de ser plurilateral o contrato de sociedade, por exemplo, em que figurarem apenas duas partes.[1067]

Nos contratos bilaterais, pode, sim, haver vários vendedores, locadores, compradores ou locatários, mas há sempre duas e somente duas partes. Todos os vendedores e todos os compradores se apresentam unificados em dois polos de interesses, em duas partes. Nos contratos plurilaterais, ao contrário, como explica Tullio Ascarelli, "há a possibilidade de uma verdadeira pluralidade de partes: os cinco, dez ou cem sócios, que podem concorrer na constituição de uma sociedade, representam cinco, dez, cem partes, não havendo possibilidade de reagrupá-los em dois grupos, em duas partes."[1068]

Um segundo diferencial: nos contratos plurilaterais, cada parte tem obrigações não para com uma outra, mas para com todas as outras, e, da mesma forma, cada parte tem direitos perante não apenas uma outra, mas perante todas as outras. Usando imagens geométricas, pode-se representar os contratos plurilaterais, nesse sentido, como figuras com tantos vértices quanto forem as partes envolvidas, todos os vértices ligados entre si, enquanto nos demais contratos (unilaterais e bilaterais), cada uma das partes se acha num dos extremos de uma linha.[1069] Abaixo, na figura à esquerda, a representação gráfica de um contrato plurilateral com seis partes, à direita, de um contrato unilateral ou bilateral:

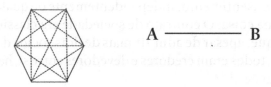

Nos contratos plurilaterais, como terceira característica, os interesses contrastantes dos vários contraentes são unificados em torno de uma finalidade

---

1067. Ascarelli, Tullio. *O contrato plurilateral*. In: Problemas das sociedades anônimas e direito comparado. 2. ed. São Paulo: Saraiva, 1969, p. 266.
1068. Ibidem.
1069. Ascarelli, Tullio. Op. cit., p. 268.

comum, qual seja o desenvolvimento de uma atividade ulterior, que reverterá em proveito de todos. Há uma comunhão de fim, que constitui o elemento unificador das várias adesões das partes (sócios, associados etc.). Isso não quer dizer que as partes, nos contratos plurilaterais, não possuam interesses antagônicos (v.g., na determinação de quem exercerá os poderes de administração; na divisão dos lucros e das perdas). É evidente que cada sócio, associado ou cooperado tenta tirar de sua contribuição o máximo benefício, pondo-se, destarte, em conflito com os demais. Todavia, todos esses interesses contrastantes acabam unificados por essa finalidade comum, na medida em que, constituído o contrato plurilateral, todos estão interessados na melhor realização da atividade.[1070] Como bem sumariza o mesmo Tullio Ascarelli, "o conflito de interesses – evidente na constituição e subsistente durante a vida da sociedade – permite falar de contrato e excluir o ato complexo;[1071] a comunhão de objetivo, por sua vez, distingue esse contrato dos de permuta."[1072]

A comunhão de fim permite introduzir a quarta característica dos contratos plurilaterais: eles são "instrumentais", por servirem para organizar uma atividade ulterior, esta sim o verdadeiro objetivo dos contraentes. Nos contratos bilaterais, por sua vez, a execução das prestações, trocadas pelas partes entre si, esgota a finalidade perseguida por meio da avença.[1073] Dito de outra forma, enquanto os contratos plurilaterais visam a disciplinar o exercício de uma atividade posterior (e, em certa medida, disciplinar a utilização futura dos bens a que se referem, necessários à execução da atividade), os bilaterais, ou de permuta, visam a distribuir bens diretamente entre os sujeitos de direito participantes, com isso esgotando-se o objeto da avença.[1074]

E, por fim, a última e mais relevante característica que merece ser apontada, para os fins deste estudo: nos contratos plurilaterais inexiste uma relação sinalagmática *imediata* e *direta* entre as obrigações das partes, mas apenas um sinalagma *mediato* e *indireto*.

Com efeito, nos contratos bilaterais, as prestações de cada parte se apresentam numa relação jurídica de equivalência, substituindo-se reciprocamente no patrimônio de cada qual, uma em função direta da outra (o sinalagma é, aí, direto e imediato). "A" só aceitou entregar a coisa porque "B" assumiu a obrigação de pagar-lhe determinada quantia em dinheiro, e vice-versa. Nos plurilaterais, diferentemente,

---

1070. Ibidem, p. 271.
1071. Enquanto nos contratos, sejam eles unilaterais, bilaterais ou plurilaterais, as partes são animadas por interesses contrapostos, constituindo o contrato justamente o instrumento de solução dessa contraposição, nos atos complexos, afirma Tullio Ascarelli, as partes apresentam-se animadas a todo momento por idêntico interesse; encontram-se, por assim dizer, do mesmo lado e não em lados opostos (Ibidem, p. 258).
1072. Ibidem, p. 259. Afirma, nesse mesmo sentido, Miguel Maria de Serpa Lopes, "enquanto nos contratos sinalagmáticos são prestações e contraprestações opostas, duas somas de interesses que se pacificam pela regulamentação contratual, sendo diversos os objetivos das duas partes contratantes, no contrato plurilateral, ao contrário, são interesses que convergem para um objetivo comum." (Op. cit., p. 258).
1073. Ascarelli, Tullio. Op. cit., p. 271.
1074. Ibidem, p. 273.

essa relação existe apenas *entre as obrigações e os direitos de cada parte e as de todas as demais*, ou seja, levando em conta obrigações e direitos de cada parte perante todas as outras que participam do contrato (o sinalagma existe, mas é indireto e mediato). "A" só aceitou ingressar na sociedade, integralizando determinada quantia, porque "B", "C", "D", e todos os demais, também o fizeram (as entradas de todos eles, juntas, são a contrapartida da prestação de "A").[1075] Leciona, nesse sentido, Antonio Junqueira de Azevedo, em relação aos contratos plurilaterais, que chama de contratos de colaboração ou associativos:

> Entretanto, não são somente os contratos de troca [...] que são sinalagmáticos. O que, de fato, os caracteriza é que são causais, isto é, exigem causa – que, para distinguir de outros significados da palavra, seria melhor se pudéssemos escrever *kausa*. A causa, no sentido próprio (*causa naturalis*), é o deslocamento patrimonial que justifica outro deslocamento patrimonial. [...] Por exemplo, na compra e venda, a obrigação de pagar o preço justifica a obrigação de entrega da coisa. A causa, no sentido fundamental (*causa naturalis*), é pois consubstancial aos contratos onerosos. Nos contratos de colaboração, ou associativos, o sinalagma é indireto, mas a causa continua presente: um sócio se obriga porque o outro também se obriga, ainda que seus interesses não sejam opostos – não há troca – e haja escopo comum.[1076]

Embora nos contratos plurilaterais ou de colaboração nenhuma troca direta de bens ou serviços entre os patrimônios das partes se observe – essas trocas são intermediadas pela sociedade e as prestações se colocam a serviço da atividade a ser desenvolvida – é certo que cada prestação só se justifica em função da existência das outras. Todas elas estão inequivocamente unidas em torno e para a efetivação da causa do contrato – que se confunde com o desenvolvimento da própria atividade – havendo entre elas um liame de reciprocidade que, se não é direto e imediato, é indireto e mediato.

E é justamente porque o sinalagma nesses contratos, embora existente, comporta-se de forma diversa do que nos contratos bilaterais, que o impacto da invalidade ou da inexigibilidade de uma das obrigações nas demais também se opera de maneira diferente, *sofrendo a mediação necessária do escopo comum*. Nesse sentido, o escólio de Tullio Ascarelli:

> Ora, nos contratos plurilaterais, essa relação, em lugar de ter um caráter direto e imediato, como nos contratos de permuta, adquire um caráter indireto e mediato; a invalidade ou inexecução das obrigações de uma parte não exclui, só por si, a permanência do contrato entre as demais, a não ser quando torne impossível a consecução do objetivo comum.[1077]

1075. Ibidem, p. 290; Abrantes, José João. *A exceção de não cumprimento do contrato no direito civil português*: conceito e fundamento. Coimbra: Almedina, 1986, p. 56.
1076. Azevedo, Antonio Junqueira de. Natureza jurídica do contrato de consórcio (sinalagma indireto). Onerosidade excessiva em contrato de consórcio. Resolução parcial do contrato. In: *Novos Estudos e Pareceres de Direito Privado*, São Paulo: Saraiva, 2009, p. 363-364.
1077. Ascarelli, Tullio. Op. cit., p. 290.

A partir dessa constatação, o autor defende que a oponibilidade da exceção de contrato não cumprido depende, fundamentalmente, da análise da gravidade do inadimplemento invocado pelo excipiente e de seu impacto na consecução da finalidade comum. Também afirma que a exceção seria em tese cabível se quem exige o adimplemento não efetua, simultaneamente, a cobrança dos outros sócios faltosos. Nesse sentido: "O inadimplemento de um entre muitos participantes do contrato plurilateral não autoriza, de per si, os outros sócios a não executar a sua prestação, *caso continue possível a consecução do objeto social*; seria, porém, obviamente ilícito pedir o adimplemento de um entre os sócios sem pedir simultaneamente (também judiciariamente) o dos demais."[1078]

José João Abrantes, Miguel Maria de Serpa Lopes e Giovanni Persico adicionam uma terceira hipótese, que também nos parece adequada: se aquele que promove a ação para exigir a prestação devida para a formação da sociedade não adimpliu ele próprio a sua prestação já vencida.[1079]

A *exceptio* deve ser admitida, portanto, nos contratos plurilaterais, em três situações: [i] se aquele que promove a ação não adimpliu ele próprio a sua prestação já vencida; [ii] se o que promove a ação já adimpliu, mas há outros sócios ou associados que ainda não o fizeram, sendo a obrigação devida por estes essencial para o atingimento do escopo comum; [iii] se o cumprimento não é exigido simultaneamente de todos os sócios ou associados inadimplentes.

Há autores que fazem distinção quanto ao cabimento da *exceptio* a depender do fato de a sociedade já estar ou não personificada.

É verdade que o crédito, se a sociedade já se personificou, é dela e não dos sócios. Por conseguinte, somente ela tem, em princípio, legitimidade para cobrar a contribuição inicial devida por cada um deles. Nessas circunstâncias, sustentam, por exemplo, Pontes de Miranda e Ruy Rosado de Aguiar Jr., se a sociedade cobra do sócio sua contribuição, não pode este excepcionar pela falta das contribuições dos demais sócios, por mais fundamentais que estas sejam para o atingimento do escopo comum, pois, em relação à sociedade-credora, após a personificação, não se poderia falar mais em correspectividade entre as prestações, nem mesmo indireta.[1080]

O entendimento da Corte de Cassação Italiana caminha nesse sentido:

A exceção de inadimplemento (art. 1.460) é oponível apenas em relação aos contratos com prestações correspectivas, enquanto é preordenada à tutela dos interesses contrapostos pelas partes, e não é, assim, oponível em relação ao contrato de sociedade, no qual há interesses contrapostos

---

1078. Ibidem, p. 289. Em idêntico sentido: Dalmartello, Arturo. Op. cit., p. 359-360.
1079. Abrantes, José João. Op. cit., p. 56; Serpa Lopes, Miguel Maria de. Op. cit., p. 260; Persico, Giovanni. *L'eccezione d'inadempimento*. Milano: Giuffrè, 1955, p. 63.
1080. Pontes de Miranda, Francisco Cavalcanti. *Tratado de direito privado*. Campinas: Bookseller, 2000. t. III. p. 256; Aguiar Jr., Ruy Rosado de. *Comentários ao novo Código Civil*, v. VI, t. II: da extinção do contrato (arts. 472 a 480). Teixeira, Sálvio de Figueiredo (Coord.). Rio de Janeiro: Forense, 2011, p. 739.

entre o sócio e o ente social e este, em caso de morosidade do primeiro no adimplemento de suas obrigações, tem apenas a alternativa de solicitar o adimplemento ou de resolver o vínculo social, limitadamente ao sócio inadimplente, com a exclusão deste.[1081]

Agora, se a sociedade ainda não se personificou, argumentam os mesmos autores, qualquer sócio tem legitimidade para cobrar do outro o que é devido para a formação da sociedade, devendo a exceção de contrato não cumprido ser admitida nas hipóteses acima enumeradas (se o excepto não prestou; se a prestação devida pelos demais afeta o escopo do contrato; se o excepto não cobra, simultaneamente, os demais inadimplentes).[1082]

Tal distinção de momentos (antes da personificação; depois da personificação) não se afigura, no entanto, adequada.

É indubitável que, após a personificação, o crédito é da pessoa jurídica, de forma que só ela tem legitimidade, a princípio, para persegui-lo. Todavia, mesmo nessas condições, persiste – ainda que não formalmente – o sinalagma indireto entre as prestações referentes aos bens que devem ser aportados pelos sócios para a formação da sociedade. Não se pode ignorar a realidade de que a prestação de um sócio encontra justificativa na prestação de todos os outros apenas porque, a partir de uma formalidade (a personificação), a titularidade dos créditos referentes aos ingressos passou à sociedade. Do contrário, chegar-se-ia à conclusão absurda de que um sócio que se obrigou, hipoteticamente, a ingressar com parcela irrelevante do capital social (1%, por exemplo) não poderia invocar a exceção quando demandado pela pessoa jurídica, após a personificação, mesmo diante da falta de outras prestações, devidas por terceiros, quantitativamente relevantes para a efetivação do escopo comum (90%, por exemplo). Isso significaria, em última análise, obrigá-lo a aceitar o risco de uma perda financeira ou de um dispêndio inútil, pois, em não ingressando os tais 90% faltantes, a sociedade precisará ser desconstituída ou estará fadada na prática ao insucesso.[1083]

É verdade que o art. 1.004 do Código Civil, inserido no capítulo das sociedades simples e aplicável às limitadas salvo se exercida a opção do art. 1.053, parágrafo único, do mesmo diploma, refere-se expressamente apenas a dois remédios em caso de mora do sócio na integralização de suas quotas: [i] a sociedade exigir o cumprimento do sócio faltoso, com perdas e danos caso superados os trinta dias ali referidos; [ii] exclusão do sócio remisso ou redução de sua quota ao montante já realizado,

---

1081. Cass. 4 maggio 1993, n. 5180.
1082. Pontes de Miranda, Francisco Cavalcanti. *Tratado de direito privado*. Campinas: Bookseller, 2000. t. III. p. 256; Aguiar Jr., Ruy Rosado de. *Comentários ao novo Código Civil*, v. VI, t. II: *da extinção do contrato (arts. 472 a 480)*. Teixeira, Sálvio de Figueiredo (Coord.). Rio de Janeiro: Forense, 2011, p. 739.
1083. Sem fazer distinção quanto ao cabimento da exceção, com base no fato de a sociedade estar ou não personificada, na forma aqui defendida, ver: Persico, Giovanni. Op. cit., p. 64.

se assim o deliberar a maioria dos demais sócios.[1084] A solução, como se percebe, é semelhante àquela dada pelo julgado da Corte de Cassação Italiana acima transcrito.

Todavia, isso não significa dizer que o uso da exceção de contrato não cumprido esteja impedido no Direito brasileiro após a personificação da sociedade. Primeiro, porque a norma enumera os remédios disponíveis à *sociedade* para solucionar o problema do inadimplemento do sócio, enquanto o que se cogita, aqui, é de um remédio defensivo a ser invocado *pelo sócio* demandado em condições em que outros sócios também estejam inadimplentes (por aportes que, se não concretizados, inviabilizarão o atingimento do escopo comum). Segundo, porque, se houver sinalagma, ainda que indireto e mediato, aplicável por analogia a regra geral de cabimento da *exceptio* do art. 476 do Código Civil, dispensando-se menção expressa à possibilidade do uso do remédio nas normas que tutelam especificamente o Direito Societário.

Deixando agora o campo das prestações relacionadas à integralização do capital, vale dizer que, em relação aos ulteriores deveres entre o ente social e o aderente, durante a vida da sociedade, associação ou cooperativa, é cabível, em tese, a exceção de contrato não cumprido. Giovanni Persico, nesse sentido, sustenta que uma associação pode suspender a prestação de serviços ao associado inadimplente, da mesma forma como este, em tese, pode suspender o pagamento de suas contribuições mensais se a associação não estiver executando adequadamente seu propósito.[1085] A Corte de Cassação Italiana, na mesma linha, já asseverou que, em cooperativas, "a relação entre esta e os cooperados, correspondente ao fornecimento de bens ou serviços pela cooperativa, é caracterizada pela correspectividade entre aqueles bens ou serviços e o preço respectivo, de forma que a estas relações aplicam-se os remédios gerais destinados a manter, ou restabelecer, o equilíbrio sinalagmático entre as prestações."[1086]

Nos casos citados no parágrafo anterior, como se percebe, o sinalagma entre as prestações de sócios/associados/cooperados e sociedades/associações/cooperativas, é *direto* e *imediato*, bem à semelhança do que ocorre nos contratos bilaterais, justificando-se, com maior razão, o cabimento da exceção de contrato não cumprido.

Pois bem. Analisado o cabimento da exceção no que concerne aos contratos plurilaterais, cumpre, agora, examinar a aplicabilidade da *exceptio* em relação a dois outros tipos de vínculos: [i] obrigações mútuas decorrentes da resolução ou da invalidade de contratos e [ii] obrigações mútuas derivadas de acordos judiciais e outras avenças.

1084. Art. 1.004. Os sócios são obrigados, na forma e prazo previstos, às contribuições estabelecidas no contrato social, e aquele que deixar de fazê-lo, nos trinta dias seguintes ao da notificação pela sociedade, responderá perante esta pelo dano emergente da mora.
Parágrafo único. Verificada a mora, poderá a maioria dos demais sócios preferir, à indenização, a exclusão do sócio remisso, ou reduzir-lhe a quota ao montante já realizado, aplicando-se, em ambos os casos, o disposto no §1º do art. 1.031.
1085. Persico, Giovanni. Op. cit., p. 64.
1086. Cass., 18 gennaio 2001, n. 694. Disponível em: www.italgiure.giustizia.it. Acesso em: 30 jan. 2020.

4.2.3 Obrigações recíprocas de restituição derivadas da resolução ou da pronúncia de invalidade de contratos (sinalagma invertido). Obrigações recíprocas estabelecidas em distratos, acordos judiciais e outras avenças. Cabimento, em tese, da exceção de contrato não cumprido nessas hipóteses

Imagine-se que uma sentença resolva um contrato ou pronuncie sua invalidade (nulidade ou anulação), determinando a restituição das partes à situação anterior, com a devolução daquilo que já havia sido prestado. Aplica-se a exceção de contrato não cumprido nessa hipótese, a despeito de não se tratar mais de contrato bilateral (art. 476 do Código Civil), mas, sim, de obrigações derivadas de uma sentença?

A resposta, pensamos, deve ser positiva.

E a razão é simples: há sinalagma entre esses deveres de restituição, porque eles derivam do cumprimento parcial de um contrato sinalagmático, que foi desfeito. Da mesma forma como havia nexo de interdependência entre as obrigações originais da avença, há liame de correspectividade entre essas obrigações de restituição (também chamadas de "obrigações de segundo grau"), sendo que uma só se justifica em função da outra, e vice-versa. Juntas, essas obrigações contrapostas formam um todo incindível, destinado a restabelecer o estado anterior à contratação, quando isso se faz possível.[1087]

Seria notoriamente injusto, nesse contexto, permitir que uma das partes, sem ter cumprido ou oferecido o que lhe competia restituir conforme a sentença, pudesse exigir a restituição da parte adversa, com o risco de que, posteriormente, viesse a ser constatada a insolvência da primeira.

Esse sinalagma que se forma entre as obrigações de restituição, não fundado no contrato e na vontade, mas em uma proibição ao enriquecimento sem causa, costuma ser chamado de "sinalagma invertido".[1088]

Outro elemento aponta, ainda, para a aplicabilidade da *exceptio* na hipótese: a sentença que declara a nulidade, anula o negócio, ou decreta sua resolução, determinando o retorno ao estado anterior, não fixa ordem para o cumprimento dessas obrigações (e isso vale mesmo para as hipóteses em que o contrato originariamente estabelecia uma ordem para as obrigações pactuadas). Se não há uma ordem estabelecida, é porque o cumprimento delas deve ser *simultâneo*, e a simultaneidade das obrigações, vale lembrar, está no próprio fundamento do remédio da exceção de contrato não cumprido. Afinal, é justamente porque as obrigações são sinalagmáticas e devem ser cumpridas simultaneamente que uma das partes não pode ser obrigada a cumprir sem que a outra já o tenha feito ou tenha oferecido cumprimento.

Como afirma Ruy Rosado de Aguiar Jr.:

1087. Silva, Rodrigo da Guia. Op. cit., p. 56.
1088. Biazi, João Pedro de Oliveira de. Op. cit., p. 179; Malecki, Catherine. Op. cit., p. 250.

A exceção de contrato não cumprido tem sido admitida para outras situações além do contrato bilateral, nos casos de obrigações recíprocas de restituição derivadas da nulidade ou da anulação do contrato e da resolução. Determinada por sentença a restituição das partes à situação anterior, se ambas receberam e têm o que restituir, essa devolução deve ocorrer simultaneamente, sendo permitido à parte recusar a sua prestação enquanto a outra não prestar ou oferecer a sua. A regra se aplica ao nosso sistema, por força da bilateralidade que resulta do ato judicial.[1089]

É bem verdade que, como esclarece Karl Larenz, as pretensões de restituição que emergem da resolução ou da invalidação de um contrato, com vistas a restabelecer o *status quo ante*, não são mais propriamente contratuais, mas de enriquecimento sem causa. Enquanto pretensões de enriquecimento sem causa, elas seriam em princípio independentes entre si, o que tornaria possível cada parte exigir a restituição separadamente, sem vincular a sorte de uma à da outra. Todavia, a "natureza das coisas", conceito desenvolvido pelo autor e já tratado no segundo capítulo,[1090] evidencia que aquilo que já foi prestado e deve ser restituído, em decorrência da extinção do contrato sinalagmático, está existencialmente ligado ao que já foi contraprestado e também deve ser restituído, formando um todo incindível (como já acontecia antes da extinção). Em outras palavras: o nexo de interdependência mantém-se na repetição, não obstante a mudança de natureza das obrigações, impondo-se por isso mesmo aplicar o regime da exceção de contrato não cumprido às pretensões cruzadas de enriquecimento derivadas da resolução ou da invalidação.[1091]

Afinal de contas, a exceção de contrato não cumprido, adverte Francesco Realmonte, não serve para proteger o contrato bilateral em si, mas as relações de interdependência que existem entre as obrigações. O contrato bilateral é apenas o modelo por excelência de relação em que essa interdependência se configura, o que não quer dizer que seja o único tipo de relação em que ela vai existir. Logo, se há interdependência entre as obrigações de restituição derivadas da sentença, o cabimento da exceção de contrato não cumprido, presentes os demais requisitos, é solução de rigor, ainda que o contrato bilateral já tenha sido desfeito.[1092]

Em alguns ordenamentos, há disposições expressas fixando a aplicabilidade da *exceptio* a tais obrigações de restituição. O §348 do BGB prescreve, nesse sentido, que os deveres de restituição derivados da resolução devem ser cumpridos recíproca e simultaneamente, aplicando-se, quanto a eles, no que for cabível, o disposto nos §§

1089. Aguiar Jr., Ruy Rosado de. *Comentários ao novo Código Civil*, v. VI, t. II: da extinção do contrato (arts. 472 a 480). Teixeira, Sálvio de Figueiredo (Coord.). Rio de Janeiro: Forense, 2011, p. 726.
1090. Para o autor, vale lembrar, a ideia de "natureza das coisas" quer significar que as relações humanas da vida já possuem, até certo ponto, antes de qualquer ato de criação normativa, um sentido determinado e uma ordem preestabelecida, cabendo ao Direito positivo não contrariar essa ordem inerente, mas orientar-se por ela e dar-lhe maior precisão (Larenz, Karl. *Metodologia da ciência do direito*. Trad. José de Souza e Brito e José Antonio Veloso. 2. ed. Lisboa: Fundação Calouste Gulbenkian, 1978, p. 475-476). Para maiores detalhes, ver subitem 2.1, c.3, acima.
1091. Ibidem, p. 479-480.
1092. Realmonte, Francesco. Eccezione di inadempimento. In: *Enciclopedia del diritto*, v. XIV. Milano: Giuffrè, 1965, p. 224-225.

320 e 322 do mesmo Código, que são, vale lembrar, as normas centrais que regulam a exceção de contrato não cumprido.[1093] Na mesma linha, o Código Civil Português estende expressamente as normas concernentes à exceção de contrato não cumprido às hipóteses de obrigações recíprocas de restituição derivadas da nulidade ou anulação de contrato (art. 290º), bem como de sua resolução (art. 433º). Confira-se:

> Art. 290. As obrigações recíprocas de restituição que incumbem às partes por força da nulidade ou anulação do negócio devem ser cumpridas simultaneamente, sendo extensivas ao caso, na parte aplicável, as normas relativas à exceção de não cumprimento do contrato.[1094]
>
> Art. 433º. Na falta de disposição especial, a resolução é equiparada, quanto aos seus efeitos, à nulidade ou anulabilidade do negócio jurídico, com ressalva do disposto nos artigos seguintes.[1095]

Entretanto, a ausência de norma expressa nesse sentido em outros ordenamentos – como, por exemplo, no brasileiro, no italiano e no francês – não impediu que a doutrina desses países reconhecesse, majoritariamente, a aplicabilidade da *exceptio* a tais obrigações de restituição, mercê da constatação de que há sinalagma entre elas, ainda que "invertido", e de que devem ser executadas simultaneamente.[1096]

Ressalte-se, contudo, que, embora majoritária a doutrina, a jurisprudência italiana é oscilante, parecendo inclinar-se atualmente pela inaplicabilidade da exceção nesses casos. Em abril de 1980, a Corte de Cassação proferiu decisão

---

1093. Bürgerliches Gesetzbuch [BGB], §348. Disponível em: https://www.gesetze-im-internet.de/englisch_bgb/englisch_bgb.html#p1270. Acesso em: 15 fev. 2020.
1094. Código Civil Português. Art. 290º. Disponível em: http://www.pgdlisboa.pt. Acesso em: 15 fev. 2020.
1095. Ibidem, Art. 433.
1096. No Brasil, ver, por exemplo: Assis, Araken de. Op. cit., p. 669; Salles, Raquel Bellini de Oliveira. Op. cit. p. 102; Biazi, João Pedro de Oliveira de. Op. cit., p. 179-186.
Na Itália, em sentido favorável, igualmente: Realmonte, Francesco. Eccezione di inadempimento. In: *Enciclopedia del diritto*, v. XIV. Milano: Giuffrè, 1965, p. 224-225; Scaduto, Gioachino. L'exceptio non adimpleti contractus nel diritto civile italiano. In: *Annali del Seminario Giuridico della r. Università di Palermo*, v. III, 1921, p. 119; Trimarchi, Pietro. *Il contratto: Inadempimento e rimedi*. Milano: Giuffrè, 2010, p. 73; Ambrosali, Matteo. Le restituzioni nella risoluzione del contratto per inadempimento. *Rivista di Diritto Privato*, anno XVII. gennaio/marzo 2012, p. 57.
Na França, também em sentido favorável à aplicação da *exceptio* a tais pretensões restitutórias correlatas oriundas de declaração de nulidade, anulação ou resolução do contrato, checar: Malecki, Catherine. Op. cit., p. 250; Capitant, Henri. Op. cit., p. 277; Cassin, René. Op. cit., p. 455-457.
Na Bélgica: Orlando, Marie-Astrid. Op. cit., p. 18.
Durante a vigência do Código anterior – o chamado Código Seabra –, o ordenamento português não contava com normas equivalentes aos atuais artigos 290º e 433º, acima transcritos. Isso não impediu, porém, a doutrina portuguesa da época de reconhecer, por analogia, a aplicabilidade da exceção de contrato não cumprido nas hipóteses de sinalagma invertido, derivadas da declaração de nulidade, anulação ou resolução do contrato. Adriano Paes da Silva Vaz Serra, inclusive, formulava em sua obra sugestão para que, a exemplo do que já ocorria no Direito alemão (§348), houvesse norma expressa no diploma português vindouro, a estabelecer tal aplicabilidade: "Para evitar dúvidas, talvez conviesse, na reforma da lei civil, declarar expressamente que, resolvido ou anulado o contrato, os deveres de restituição daí resultantes devem ser cumpridos simultaneamente, quando isto não contrariar a convenção ou a lei; e que são extensivas a estas hipóteses, na parte aplicável, as disposições relativas à *exceptio non adimpleti contractus*. Tornar-se-ia, com esta última declaração, manifesto, por exemplo, que a recusa não seria legítima quando ofendesse a boa-fé." (Op. cit., p. 84)

admitindo a invocação da exceção no que toca às pretensões restitutórias derivadas de nulidade, anulação e resolução.[1097] Todavia, recentemente, em acórdão de fevereiro de 2014, a Corte de Cassação menciona expressamente estar superado tal entendimento:

> Observa-se que, contrariamente ao que foi considerado pela Corte de Apelação, que aplicou nesse ponto os princípios expressos em uma isolada e antiga decisão desta Corte – *Cass., 23 aprile 1980, n. 2678* –, a jurisprudência posterior firmou-se no sentido de que, uma vez resolvido o contrato, as duas obrigações que surgem de tal resolução perdem o requisito da correspectividade, não se operando a respeito delas, portanto, a possibilidade de invocar a exceção de inadimplemento derivada do art. 1.460 do Código Civil.[1098]

Pois bem. Se o entendimento majoritário é no sentido de admitir a exceção em relação a essas pretensões restitutórias derivadas da nulidade, anulação ou resolução do contrato,[1099] com mais razão ainda deve admitir-se o remédio quando o sinalagma entre as obrigações é estabelecido livremente pelas partes em distrato.

O distrato, modalidade de resilição bilateral, é o negócio jurídico pelo qual as partes, declarando conjuntamente o intuito de dar cabo do contrato, rompem o vínculo, extinguindo a relação jurídica. Trata-se, em síntese, na feliz expressão de Orlando Gomes, de "um contrato para extinguir outro".[1100]

Ora, sendo o distrato um novo contrato, se ele estabelecer obrigações recíprocas e coetâneas de restituição, não pode haver dúvida de que a *exceptio* será cabível. Neste caso, sequer é necessário falar em aplicação analógica do art. 476 do Código Civil, pois se trata de verdadeiro contrato bilateral.[1101]

Nessa esteira, já sustentava René Cassin, que "se a desconstituição do contrato sinalagmático já executado em parte é decidida de comum acordo pelas duas partes, forma-se entre elas um novo contrato sinalagmático que deverá ser executado, de regra, simultaneamente, [...] de forma que, neste caso, a aplicabilidade da *exceptio non adimpleti contractus* não causa dificuldade."[1102]

1097. Cass., 23 aprile 1980, n. 2678. Disponível em: www.italgiure.giustizia.it. Acesso em: 16 fev. 2020.
1098. Cass., 25 febbraio 2014, n. 4442. Disponível em: www.italgiure.giustizia.it. Acesso em: 16 fev. 2020.
1099. Aqui, vale fazer um acréscimo. Francesco Realmonte e Gioachino Scaduto fazem menção, ainda, às obrigações de ressarcimento por inadimplemento ou mora, que também podem surgir nos casos de resolução (para além dos deveres de restituição). É verdade que as pretensões de ressarcimento por dano são diversas das originariamente derivadas do contrato e também não se confundem com as de restituição, entretanto, afirmam os autores, a nosso ver com razão, deve-se entender que integram este "sinalagma invertido" para fins de oponibilidade da exceção de contrato não cumprido. Do contrário, a parte que deu causa ao rompimento poderia exigir aquilo que lhe cabe a título de restituição – para o restabelecimento do *status quo ante* – antes de indenizar o contratante-vítima dos danos causados por seu inadimplemento, o que não se afigura razoável. (Eccezione di inadempimento. In: *Enciclopedia del diritto*, v. XIV. Milano: Giuffrè, 1965, p. 224; Scaduto, Gioachino. Op. cit., p. 218).
1100. Gomes, Orlando. *Contratos*, 27. ed. Rio de Janeiro: Forense, 2019, p. 190.
1101. Capitant, Henri. Op. cit., p. 277.
1102. Cassin, René. Op. cit., p. 455.

O mesmo raciocínio pode ser aplicado se o contrato contém cláusula resolutiva expressa a estabelecer expressamente que aquilo que já foi prestado deve ser restituído simultaneamente pelas partes.[1103]

Cabe, por fim, neste tópico, avaliar o cabimento da exceção em relação a uma última situação: obrigações recíprocas fixadas em acordos judiciais.

A solução, aqui, não se distancia daquela já proposta para as outras hipóteses analisadas: havendo sinalagma entre as obrigações fixadas no acordo homologado judicialmente, tenha ele sido apresentado por petição conjunta ou constado de ata de audiência, não existe óbice à invocação da *exceptio*. Nesse sentido, assevera Ruy Rosado de Aguiar Jr.:

> O acordo de vontades com obrigações recíprocas, que ordinariamente se expressa nos contratos, também pode estar presente em outros instrumentos, como em petições conjuntas das partes em juízo, nas transações judiciais, nos registros das audiências, nas atas de assembleias etc. Se uma prestação é devida em razão da outra, cabível a exceção a fim de manter o equilíbrio que é pressuposto do acordo manifestado dessa forma.[1104]

Impende observar, no entanto, que há decisão do Superior Tribunal de Justiça em sentido contrário. A ementa do v. Acórdão já é em si bastante elucidativa:

> Civil. Locação. Exceção De Contrato Não Cumprido. Impertinência. Violação Ao Art. 1.092, Do Cc. Inexistência.
> 1 – Não há espaço para a aplicação da *exceptio non adimpleti contractus* se o móvel da execução em análise é um acordo firmado pelas partes (locador e locatário), em autos de ação de despejo e não um contrato propriamente dito. Violação ao art. 1.092, do Código Civil inexistente.
> 2 – Recurso não conhecido.[1105]

No caso, as partes, locador e locatário, haviam celebrado acordo judicial em audiência realizada em ação de despejo. Pelo acordo, o locatário desocuparia o imóvel, enquanto o locador o ressarciria de despesas referentes a taxas de condomínio.

O locador não cumpriu a obrigação de ressarcir o locatário quanto às taxas de condomínio, tendo o locatário dado início à execução. O locador ajuizou embargos à execução – defesa cabível na época – invocando em seu favor a exceção de contrato não cumprido do então vigente art. 1.092 do CC/1916, ao argumento de que o imóvel teria sido devolvido em estado deplorável de conservação.

A exceção foi rejeitada com base no raciocínio – equivocado, sob a ótica defendida neste trabalho – de que a *exceptio non adimpleti contractus* arrima-se necessariamente em contratos bilaterais, não podendo ser aplicada para obrigações nascidas de um acordo firmado em audiência.

1103. Capitant, Henri. Op. cit., p. 277; Cassin, René. Op. cit., p. 456.
1104. Aguiar Jr., Ruy Rosado de. *Comentários ao novo Código Civil*, v. VI, t. II: da extinção do contrato (arts. 472 a 480). Teixeira, Sálvio de Figueiredo (Coord.). Rio de Janeiro: Forense, 2011, p. 732.
1105. STJ, REsp 191.502/SP, Rel. Ministro Fernando Gonçalves, Sexta Turma, j. em 29 mar. 2000.

Melhor teria sido rejeitar a exceção por outro fundamento, qual seja a ausência de correspectividade entre as prestações. Com efeito, a obrigação de responder pelos danos causados ao imóvel – que demandava prévia constituição e era, acima de tudo, ilíquida – não estava em linha de reciprocidade com a obrigação de ressarcir as taxas de condomínio. Por conta disso e não pela fonte das obrigações (no caso, o acordo judicial) é que a exceção deveria ter sido rejeitada na hipótese.

No âmbito do Tribunal de Justiça do Estado de São Paulo, em contrapartida, podem ser mencionados vários precedentes a respaldar o entendimento aqui esposado, no sentido da aplicabilidade, em tese, da exceção de contrato não cumprido às obrigações derivadas de acordo judicial. Confira-se, nesse sentido:

> Agravo de Instrumento. Execução de Título Judicial. Suspensão Determinada. Irresignação dos Exequentes. Descabimento. Descumprimento, por parte dos exequentes, de parte das obrigações livre e expressamente assumidas no acordo judicialmente homologado. Inexigibilidade provisória do título executivo. Aplicação da *exceptio non adimpleti contractus* – Decisão mantida. Recurso não provido.[1106]

> Multa. Obrigação de Fazer. Acordo Judicial. Hipótese em que pelo princípio da *exceptio non adimpleti contractus*, cabe à autora cumprir sua parte na avença para só depois exigir a atribuída à ré, ora agravante. Multa diária, pois, afastada. Agravo provido para esse fim, com observação.[1107]

> Cumprimento de Sentença em Ação de Rescisão Contratual c.c. Pedido de Indenização por Perdas e Danos e Reintegração de Posse – Acordo judicial não cumprido que fixou obrigações e direitos para ambas as partes – Necessidade de liquidação – Procedimento em que não cabe alteração do que se decidiu na sentença, sujeito aos seus limites, visando apenas tornar o título líquido – Inércia de uma parte que não impede a outra de liquidar a sentença como proferida – Impossibilidade de exigir o cumprimento do julgado pelo outro litigante sem cumprir a sua parte – Aplicação da *exceptio non adimpleti contractus* – Recurso provido.[1108]

Ainda em relação ao primeiro requisito de aplicabilidade da *exceptio* – sinalagmaticidade entre os deveres de prestar do excipiente e do excepto – cumpre avaliar a situação peculiar das obrigações derivadas de contratos diferentes, mas coligados entre si.

4.2.4 Contratos coligados e exceção de contrato não cumprido

a) Conexão contratual: Fundamento, conceito e estrutura

Há conexão contratual quando as partes se valem de mais de um contrato para realizar uma única operação econômica. Coordenando os contratos, as partes ob-

---

1106. TJSP, Agravo de Instrumento 2078343-88.2014.8.26.0000, Relator Desembargador Walter Barone, 7ª Câmara de Direito Privado, j. em 16 jul. 2014.
1107. TJSP, Agravo de Instrumento 0253578-11.2011.8.26.0000, Relator Desembargador Rizzatto Nunes, 23ª Câmara de Direito Privado, j. em 06 dez. 2011.
1108. TJSP, Agravo de Instrumento 0195346-06.2011.8.26.0000, Relator Desembargador Mendes Pereira, 7ª Câmara de Direito Privado, j. em 07 fev. 2012.

têm resultado econômico que não poderia ser alcançado por meio de um contrato apenas.[1109]

Na conexão contratual, a pluralidade convive com a unidade. Estruturalmente, há pluralidade. Funcionalmente, há unidade.[1110]

Estruturalmente, a conexão contratual pressupõe a pluralidade de contratos. Esta, no entanto, por si só, não é suficiente para que haja conexão contratual. Se a ligação entre os contratos se limitar, por exemplo, ao fato de virem expressos em um mesmo documento, ou à circunstância de terem surgido simultaneamente, a existência de mais de um contrato é de todo irrelevante.

Além da pluralidade de contratos, é necessário que estes estejam unidos por um nexo econômico e funcional, consistente em terem sido concebidos para a realização de uma operação econômica unitária. Para averiguar a existência desse nexo, é necessário examinar os interesses das partes, os quais vêm à tona por meio de elementos objetivos da relação negocial, como preços, custos e distribuição de riscos. Se o exame desses interesses evidenciar [i] que os contratos foram concebidos uns em função dos outros e [ii] que o resultado econômico buscado só pode ser atingido por meio dos contratos em conjunto, a conexão contratual existe.[1111-1112]

1109. Lener, Giorgio. *Profili del collegamento negoziale*. Milano: Giuffrè, 1999, p. 179; Ferrando, Gilda. I contratti collegati: principi della tradizione e tendenze innovative. *Contratto e impresa*, 2000, v. 16, n. 1, p. 129-130.
1110. Marino, Francisco Paulo De Crescenzo. *Contratos coligados no direito brasileiro*. São Paulo: Saraiva, 2009, p. 131-134.
1111. Di Nanni, Carlo. Collegamento negoziale e funzione complessa. *Rivista del Diritto Commerciale e del Diritto Generale delle Obbligazioni*, anno 1977. Fascicolo 9-10, p. 342; Schizzerotto, Giovanni. *Il collegamento negoziale*. Napoli: Jovene, 1983, p. 158.
1112. Parece interessante, neste ponto, demonstrar de modo mais concreto como se dá essa análise dos elementos objetivos. O estudo de um caso clássico de conexão contratual – o mútuo para consumo – serve bem para esse fim.
Na operação de mútuo para consumo, tem-se um contrato de mútuo e um contrato de compra e venda, coligados entre si. O dinheiro é emprestado ao consumidor para que este o empregue na compra de um bem determinado. A operação envolve, assim, três sujeitos: a instituição financeira, o vendedor e o consumidor (note-se que as partes não coincidem plenamente nos dois contratos, o que não impede a coligação). O consumidor é o vértice da operação, a parte presente em ambos os contratos.
Por meio do mútuo para consumo, o consumidor paga em parcelas, mas o vendedor recebe à vista. Isso porque o valor do empréstimo é repassado ao vendedor sem nem mesmo passar pelas mãos do consumidor-mutuário. Desse modo, o vendedor pode oferecer ao consumidor opções de pagamento a prazo, sem abrir mão de receber à vista e sem correr o risco da inadimplência.
Nem sempre, contudo, haverá conexão contratual quando um consumidor fizer um empréstimo tendo em mira a compra de um bem. É possível que apenas o consumidor saiba o destino que vai ser conferido ao dinheiro. Ou, ainda que o mutuante saiba que o dinheiro será empregado na compra de um certo bem, não haverá conexão contratual se o mutuante não estiver envolvido em nenhuma medida com o contrato de compra e venda. Nesses casos, o contrato de compra e venda é apenas um *motivo* do contrato de mútuo, e, por isso mesmo, a sorte de um não interfere na do outro – não chega a se configurar um entrelaçamento entre os contratos no nível da *causa concreta*.
Só existe coligação entre mútuo e compra e venda se houver nexo econômico-funcional entre os contratos. No caso do mútuo para consumo, é possível apontar alguns elementos objetivos que funcionam como "indícios" da existência desse nexo, podendo a coligação configurar-se na presença de todos ou de apenas alguns desses elementos: a) A quantia emprestada no contrato de mútuo é igual ao preço do bem vendido,

A influência da vontade das partes na formação da coligação contratual é, nesse contexto, apenas indireta. Como bem salienta Carlo Di Nanni, a vontade "limita-se a realizar a situação de fato sobre a qual se opera a conexão contratual, mas não determina a existência desta."[1113] Assim, conforme o entendimento atualmente majoritário, o papel da vontade é somente o de expressar os elementos objetivos que revelam os interesses das partes, dispensando-se, para o reconhecimento da conexão, a existência de um *animus* específico de coligar.[1114]

Dentro dessa concepção objetiva, o raciocínio empregado para concluir se há conexão contratual é semelhante ao procedimento de qualificação que identifica o tipo correspondente a determinado contrato, consistindo fundamentalmente de duas fases. Na primeira, os interesses das partes são apurados e definidos. Na segunda, examina-se, diante do resultado da primeira, se há nexo econômico-funcional entre os contratos (vale dizer, se os contratos estão unidos para a realização de uma operação econômica unitária).[1115] Nesse contexto, o *animus* de coligar é tão irrelevante quanto a vontade de que o contrato seja de determinado tipo. Assim como as partes não podem escolher o tipo "A" quando estão presentes os elementos do tipo "B", também lhes é vetado optar pela inexistência de conexão contratual quando presentes os elementos que a caracterizam.

Como já adiantado, em uma coligação contratual, cada um dos contratos foi pensado e concebido para atuar em associação com os demais (o nexo econô-

---

a indicar que o empréstimo foi feito especificamente para possibilitar a compra do bem; b) O valor do empréstimo é repassado diretamente ao vendedor, sem nem mesmo passar pelas mãos do consumidor; c) O contrato de mútuo é negociado com os prepostos do próprio vendedor, nas dependências do estabelecimento deste; d) O bem adquirido pelo consumidor é dado em garantia no contrato de mútuo; e) A instituição financeira e a empresa vendedora fazem parte do mesmo grupo de sociedades (circunstância, aliás, bastante comum no ramo de venda de automóveis) (Ferrando, Gilda. Credito al consumo: operazione economica unitaria e pluralità di contratti. *Rivista del Diritto Commerciale e del Diritto Generale delle Obbligazioni*, n. 9-10, 1991, p. 602; Cenni, Daniela. Superamento dello schermo della personalità giuridica, collegamento contrattuale e dintorni. *Contratto e Impresa*, v. III, 1998, p. 1066).

1113. Op. cit., p. 342.

1114. Nas primeiras manifestações doutrinárias acerca do tema, era comum a afirmação de que a conexão contratual só se configuraria se o vínculo entre os contratos fosse querido pelas partes. Nesse sentido, por exemplo: Giorgianni, Michele. *Negozi giuridici collegati*. Roma: Società Editrice del Foro Italiano, 1937, p. 58; Gennaro, Giovanni di. *I contratti misti*: delimitazione, classificazione e disciplina, negotia mixta cum donatione. Padova: Cedam, 1939, p. 132.

Segundo essa visão, além do nexo econômico e funcional entre os negócios, seria imprescindível que as partes desejassem, ainda que tacitamente, a coligação contratual e seus efeitos. Esse elemento subjetivo não se limitaria à consciência, por parte dos contratantes, do nexo econômico e funcional entre os contratos, consistindo, na verdade, em uma verdadeira vontade de coligar (um *animus* específico de coligar, nas palavras de Michele Giorgianni [Op. cit., p. 58]). Por essa linha, o problema da configuração da conexão contratual se resolveria por meio da interpretação da vontade das partes, sendo, por isso mesmo, uma *quaestio voluntatis*. Ainda que de forma absolutamente minoritária, essa concepção subjetiva da conexão contratual persiste na obra de alguns autores mais recentes. Ver, nesse sentido, por exemplo: Rapazzo, Antonio. *I contratti collegati*. Milano: Giuffrè. 1998, p. 28; Macioce, Francesco. Un interessante caso di collegamento negoziale. *Rivista Trimestrale di Diritto e Procedura Civile*, n. 4, 1979, p. 1589.

1115. Konder, Carlos Nelson. *Contratos conexos*: grupos de contratos, redes contratuais e contratos coligados. Rio de Janeiro: Renovar, 2009, p. 180-189.

mico-funcional acima referido). Disso deriva uma relação de dependência entre os contratos, de intensidade variável. Há coligações em que a dependência entre os contratos é muito forte, a exemplo da relação que existe entre as peças de um relógio. Nesses casos, a ineficácia em sentido amplo[1116] de um dos contratos tende a causar a derrocada também dos demais, assim como a retirada de uma peça do relógio tende a paralisá-lo por completo. Em contrapartida, há conexões em que a dependência entre os contratos é menos intensa, a exemplo da relação que existe entre os animais de um rebanho. Nesses casos, a ineficácia de um dos contratos pode não ter impacto sobre os demais, assim como a morte de um dos animais não elimina o rebanho.

Essa intensidade variável do vínculo de dependência entre os contratos, a refletir também uma diferença de nível de correspectividade entre as obrigações dos diferentes contratos unidos, também influenciará no juízo quanto à possibilidade ou não de invocação da *exceptio* entre contratos coligados (ou melhor, entre deveres oriundos de contratos diferentes, mas coligados).

No capítulo anterior, foi analisada a teoria da causa concreta,[1117] definida como a unidade das finalidades e interesses essenciais das partes, objetivamente perceptíveis, na contratação sob exame (o que vai muito além das obrigações principais que caracterizam e definem o tipo contratual, a que se restringe a causa abstrata).

A causa concreta, além de exercer papel central no juízo de cabimento da exceção de contrato não cumprido, conforme já exposto, também possui profunda ligação com o tema da conexão contratual.

Com efeito, para que exista conexão contratual, é preciso, como já dito, que o exame dos interesses das partes, objetivamente captáveis, revele que os contratos foram concebidos um em função do outro, para a realização de uma operação econômica unitária. Fácil concluir, a partir disso, que, havendo conexão contratual, o nexo econômico-funcional que liga os contratos conexos estará gravado necessariamente na causa concreta de cada um deles, na medida em que esta é constituída justamente pelos interesses e finalidades essenciais das partes na contratação. Como afirma Enrico Gabrielli, "a operação econômica unitária, enquanto esquema unificante de todo o corpo de interesses e finalidades desenhado pela autonomia privada, penetra no interior das causas individuais dos contratos que compõem a coligação contratual, qualificando-as em concreto, para além das causas típicas abstratas dos respectivos negócios."[1118]

A conexão contratual constitui, assim, uma forma particular de relação entre contratos, caracterizada pelo fato de que a realização do programa unitário integra a

---
1116. A englobar também as hipóteses de invalidade e não só de ineficácia em sentido estrito.
1117. Vide subitens 3.2.7, 3.2.8 e 3.2.9.
1118. Gabrielli, Enrico. Il contratto e l'operazione economica. *Rivista di Diritto Civile*, n. 1, 2003. p. 102.

causa concreta de cada um deles.[1119] Não existe uma estrutura nova e separada acima dos contratos, sobreposta a eles, com uma causa própria: há apenas os contratos, cada um deles com sua causa concreta, todas elas, porém, integradas e interligadas pelo escopo de realização da operação econômica unitária.[1120]

É justamente por estar inserido na causa concreta de cada contrato, não constituindo mero motivo, que o interesse comum de realizar o programa unitário assume relevância prática. Os efeitos possíveis da conexão contratual, como a propagação de vícios (invalidade, ineficácia) de um contrato a outro e a possibilidade de invocar-se a *exceptio* de forma "cruzada" (entre deveres de contratos diferentes), derivam, em última análise, desta inserção da operação unitária na causa concreta de cada negócio. Isso porque o vício de um dos contratos ou o inadimplemento de uma de suas obrigações podem *dificultar ou mesmo impedir a realização da operação econômica unitária*, a ponto, respectivamente, de [i] frustrar a causa concreta do outro contrato coligado (ele perde sentido, perde sua razão de ser), tornando-o ineficaz (a chamada propagação de vícios), ou de [ii] autorizar a suspensão do cumprimento de obrigação que integra o outro contrato coligado (mediante a exceção de contrato não cumprido). No caso específico da *exceptio*, soma-se a essa interrelação de causas concretas, como se verá, a constatação de que a própria abrangência do sinalagma, enquanto liame de reciprocidade e correspectividade entre os deveres das partes, expande-se nos contratos coligados, de forma a abranger, potencialmente, deveres de convenções diferentes.

Importante ter em mente, desde já, que não se admitem soluções uniformes e estanques em matéria de coligação contratual. Só a análise em concreto dos interesses das partes, caso a caso, poderá definir se um contrato é capaz de resistir à queda (invalidade; ineficácia) de outro, se a exceção de contrato não cumprido pode ou não ser invocada entre duas obrigações oriundas de contratos diferentes, se o

---

1119. Frías, Ana López. *Los contratos conexos*: Estudio de supuestos concretos y ensayo de una construcción doctrinal. Barcelona: Jose Maria Bosch. 1994, p. 299.
1120. Alguns autores chegam a defender, pelo contrário, que a conexão contratual constitui uma realidade autônoma, exterior aos contratos. Segundo essa linha de raciocínio, a conexão contratual seria o conjunto formado pelos contratos coligados e não uma simples forma de relação entre estes, como defendemos. Esta estrutura teria, inclusive, uma causa própria, que Ricardo Luis Lorenzetti chama de "causa sistemática". O fenômeno da coligação não deixaria marcas nas causas dos contratos coligados, as quais não se alterariam. A unidade funcional da conexão só se manifestaria na "causa sistemática" do todo, que seria a função econômico-social do conjunto de contratos (*Tratado de los contratos: parte general*. T. 1. Buenos Aires: Rubinzal-Culzoni. 2004, p. 63). Daniela Cenni assevera na mesma linha: "Naturalmente, não é que com isso se determine uma modificação da causa do contrato singular, pois esta permanece ao invés estruturalmente idêntica, mas simplesmente que à causa de cada contrato se acresce e se sobrepõe uma causa – isto é, uma justificação – da operação unitária globalmente considerada." (Op. cit., 1068). Todavia, criar um ente e chamá-lo de conexão de contratos, rede contratual ou grupo de contratos, atribuindo-lhe uma causa própria, parece-nos apenas um artifício para tentar contornar a dualidade já referida tantas vezes e que é ínsita à figura: pluralidade estrutural e unidade funcional. A conexão contratual não passa de uma forma de relação entre contratos, um modo particular deles se ligarem para a realização de uma operação econômica unitária – é no interior dos contratos coligados, mais especificamente na causa concreta de cada um deles, que a conexão vai se manifestar e operar seus efeitos.

desequilíbrio de um contrato pode ser "compensado" pelo desequilíbrio do outro em sentido inverso, para fins de lesão e onerosidade excessiva etc.[1121]

Superada essa introdução geral à coligação contratual, é chegado o momento de analisar especificamente o problema da oponibilidade da *exceptio* entre obrigações de contratos diferentes. Os demais efeitos possíveis da coligação contratual extrapolam o objeto deste trabalho, daí porque foram e serão apenas referidos superficialmente.

b) Sinalagma complessivo: correspectividade que excede as fronteiras de um único contrato. Cabimento, em tese, da exceção de contrato não cumprido entre deveres oriundos de contratos diferentes, mas coligados

A pergunta a responder, nesse ponto, seria a seguinte: se um sujeito reclama uma prestação derivada de um contrato conexo a outro que ele próprio inadimpliu, pode o devedor daquela invocar a exceção de contrato não cumprido?

Se admitida a resposta positiva a esta pergunta, o não cumprimento da prestação devida pelo excepto, que justificaria a abstenção do excipiente, ocorreria aqui não entre prestações correspectivas fixadas no mesmo contrato, como ordinariamente acontece, e como se encontra expressamente autorizado no art. 476 do Código Civil, mas entre prestações fixadas em contratos distintos, embora coligados.[1122]

Vale lembrar que a dicção do art. 476 do Código Civil tutela expressamente apenas o cabimento da exceção no bojo de um único contrato ("Nos contratos bilaterais, nenhum dos contratantes, antes de cumprida a sua obrigação, pode exigir o implemento da do outro."). Destarte, mais uma vez, o que se questiona é a possibilidade de estender, por analogia, a referida regra a uma hipótese nela não albergada.

Pois bem.

Algumas vozes dissidentes, posição minoritária na doutrina, resistem à possibilidade de opor a *exceptio* quando os descumprimentos do excipiente e do excepto não tiverem sede no mesmo contrato.

Escoram-se, primeiro, no argumento de que o nexo de correspectividade que caracteriza o sinalagma – o qual constitui o fundamento do remédio da *exceptio* – pode subsistir tão somente entre prestações nascentes de um mesmo contrato e que, por isso mesmo, as normas que instituem o contradireito em tela (*v.g.*, art. 476 do Código Brasileiro, art. 1.460 do Código Italiano, §320 do BGB) fazem referência, sempre, a um único contrato apenas.[1123]

1121. Colombo, Claudio. *Operazione economiche e collegamento negoziale*. Padova: Cedam, 1999, p. 293.
1122. Konder, Carlos Nelson. Op. cit., p. 240.
1123. Persico, Giovanni. Op. cit., p. 65; Di Sabato, Franco. Unità e pluralità di negozi – Contributo alla dottrina del collegamento negoziale. *Rivista di Diritto Civile*, Anno V, Parte Prima. 1959. p. 438.

Franco Di Sabato aduz que "não constituindo o agrupamento complexo um único negócio, e não sendo automática a repercussão dos eventos de um negócio sobre o outro em decorrência da coligação, não haveria razão de conceder às partes um meio de prevenção e de justiça privada tal como a *exceptio*."[1124]

Giovanni Schizzerotto, trilhando semelhante caminho, afirma que o problema da oponibilidade da *exceptio* nos contratos coligados seria uma falsa questão, pois relevante, na verdade, seria definir os efeitos do inadimplemento das obrigações de um contrato sobre os outros. Observa, então, que a invalidade, resolução ou rescisão de um dos negócios não reagem automaticamente sobre os demais negócios coligados, mas apenas de modo indireto e mediato, na medida em que podem tornar estes inúteis pela impossibilidade de executar o programa unitário. Assim, conclui o autor, quem é parte de um diverso negócio "pode refutar a cobrança, não invocando a *exceptio inadimpleti contractus*, mas alegando a superveniente inutilidade do negócio cujo cumprimento se pede por efeito do inadimplemento do negócio coligado [...]."[1125]

Nenhum dos argumentos – restrição do sinalagma ao âmbito de cada contrato e repercussão apenas indireta dos eventos de um negócio nos demais – convence minimamente.

Doutrina e jurisprudência são absolutamente majoritárias, como se demonstrará, no sentido de admitir a exceção entre deveres de contratos diferentes, mas coligados.

Refutemos, primeiro, o último argumento (da repercussão apenas indireta dos eventos de um negócio nos demais). O erro de Giovanni Schizzerotto, pensamos, está em aplicar à *exceptio*, exceção dilatória que visa a preservar o negócio, a mesma lógica da propagação de vícios extintivos (invalidade; ineficácia) entre contratos coligados. Ora, não há dúvida de que a aludida propagação de vícios é efetivamente *indireta*: diante da invalidade ou ineficácia de um dos negócios, verifica-se, na sequência, se o outro, conforme sua causa concreta, perdeu também sentido econômico ou se, pelo contrário, pode subsistir sozinho. Coisa muito diversa ocorre em relação à exceção de contrato não cumprido: aqui, não se está cogitando de um inadimplemento que tenha resolvido um dos contratos e, por conseguinte, dos efeitos desta resolução sobre os demais negócios coligados – o que se questiona é se deve ser admitida a *exceptio*, enquanto defesa dilatória, quando uma das partes, em que pese não ter cumprido sua obrigação no contrato "A", exige o cumprimento do que lhe é devido conforme o contrato "B". E, aqui, o reflexo do inadimplemento de uma das obrigações é, sim, *automático* no outro contrato, no sentido de autorizar a exceção, porque na verdade ambos os contratos compartilham de um sinalagma expandido, de um mesmo sinalagma para a operação unitária como um todo.

1124. Di Sabato, Franco. Op. cit., p. 438.
1125. Schizzerotto, Giovanni. Op. cit., p. 203-205.

E isso nos permite refutar o outro argumento, lançado por Persico e Di Sabato, de que o sinalagma estaria restrito ao âmbito de cada contrato.

O sinalagma constitui, vale lembrar, o nexo de correspectividade ou de interdependência que se estabelece entre as prestações das partes nas relações de troca, encontrando cada prestação a sua razão de ser na existência e no cumprimento da outra (*obligatio ultro citroque*).[1126]

No capítulo anterior (item 3.1), defendemos uma expansão do conceito de sinalagma, para abranger não apenas as prestações ditas principais do contrato, mas todos os deveres que independentemente de sua natureza (principal, secundário, instrumental ou de proteção) assumam relevância significativa para a promoção do resultado útil do contrato (isto é, de sua causa concreta).

Posteriormente, no subitem 4.2.3, defendemos também haver sinalagma – ainda que costumeiramente chamado de "invertido" – entre deveres de restituição derivados da declaração de nulidade, anulação ou resolução de um contrato. Note-se: um sinalagma entre obrigações que não possuem mais fonte direta no contrato, a esta altura já extinto, mas na vedação ao enriquecimento sem causa.

Falou-se também, em 4.2.2, de um sinalagma "mediato" ou "indireto" nos contratos plurilaterais: as prestações de cada sócio ou associado só se justificam em função da existência das prestações dos outros sócios ou associados, estando todas elas unidas em torno e para a efetivação do escopo comum do contrato plurilateral, relacionado ao desenvolvimento de uma atividade.

Pois, agora, é chegado o momento de explorar uma nova frente de expansão do sinalagma, capaz de projetá-lo para além das fronteiras de um único contrato, nos casos de coligação.

Com efeito, considerando que a coligação contratual reúne contratos econômica e funcionalmente ligados para a realização de uma operação econômica unitária, o sinalagma, afirma Giorgio Lener, deve necessariamente ser analisado nesse contexto amplo, a englobar todos os deveres que sejam relevantes para a realização do programa global. A realidade da "troca" de prestações operada pelas partes reside nessa perspectiva complessiva, em que todos os deveres, riscos e vantagens, foram sopesados em conjunto, configurando-se um equilíbrio geral, e não na perspectiva individualizada de cada contrato, que pode até mesmo conduzir o intérprete a "armadilhas" (falsos contratos gratuitos que, na verdade, representam contraprestações a obrigações de outros contratos coligados; desequilíbrios nos contratos individuais que, em verdade, são compensados por outros contratos no plano global; e assim por diante).[1127]

1126. Camilletti, Francesco. Op. cit., p. 21; Trabucchi, Alberto. *Istituzioni di diritto civile*. Padova: Cedam, 1978, p. 693.
1127. Lener, Giorgio. Op. cit., p. 277.

Antonio Rapazzo, na mesma senda, sustenta que o foco, quando configurada a coligação, não deve estar mais nos negócios singulares, na medida em que estes, embora se mantenham estruturalmente separados, deixam de ter, no plano econômico-funcional, autonomia operativa.[1128] A atenção, continua o autor, deve se deslocar para a operação unitária posta em prática pelas partes, e, nesse contexto, o sinalagma assume contornos complessivos, a ponto de "as prestações que brotam dos contratos funcionalmente interdependentes, postas a cargo de uma parte, representarem o correspectivo de todas as prestações postas a cargo da outra parte, no conjunto dos contratos singulares."[1129]

Outrossim, deve-se compreender que os *polos prestacionais* que formam o sinalagma, a que nos referimos no subitem 3.1.3, agregam, nas conexões contratuais, todos os deveres de cada parte que assumam relevância significativa para a promoção da operação econômica unitária, oriundos de todos os contratos envolvidos.

Bem de ver que esse sinalagma global pode conviver com o sinalagma dos contratos individuais ou existir independentemente destes. Aqui, há três quadros diferentes a analisar. **(I)** Primeiro, é possível idealizar uma coligação formada pela junção de dois ou mais contratos bilaterais, situação em que, para além do sinalagma complessivo, cada contrato individual conterá seu próprio sinalagma. Entretanto, observa Francisco Paulo De Crescenzo Marino, mesmo nesses casos em que cada contrato apresente seu sinalagma próprio, "com prestação e contraprestação em aparente equilíbrio, pode perfeitamente ocorrer que o valor de uma ou de todas as prestações previstas dependa do conjunto contratual."[1130] Imagine-se, nesse sentido, um contrato de locação de um posto de gasolina associado a um contrato de distribuição de combustíveis: é razoável presumir que o valor do aluguel será afetado pela peculiar circunstância de o imóvel ser necessariamente empregado para a venda exclusiva de combustíveis fornecidos pela locadora. **(II)** No polo oposto, é possível imaginar uma conexão contratual a envolver "contratos recíprocos", isto é, contratos unilaterais nos quais a prestação devida por uma das partes é objeto de um contrato e a contraprestação devida pela parte adversa é objeto do outro contrato. Em outras palavras: um contrato é contraprestação do outro. Nessas condições, há o sinalagma complessivo, mas paradoxalmente inexiste sinalagma nos contratos singulares.[1131] É o que ocorre no caso, com o qual nos deparamos no exercício da magistratura, de um famoso clube de futebol que, por meio de um contrato de comodato, assumiu a posse do centro de treinamento de um clube amador, enquanto, por outro contrato, obrigou-se a fornecer "gratuitamente" materiais esportivos (bolas, uniformes etc.) para uso dos associados do comodante. A despeito de for-

---

1128. Rapazzo, Antonio. Op. cit., p. 70–71.
1129. Rapazzo, Antonio. Op. cit., p. 68.
1130. Marino, Francisco Paulo De Crescenzo. *Contratos coligados no direito brasileiro*. São Paulo: Saraiva, 2009, p. 200.
1131. Ibidem, p. 200.

malmente haver dois contratos unilaterais e gratuitos, as circunstâncias deixavam muito claro que um era a contraprestação do outro, e vice-versa.[1132] (III) Por fim, há situações intermediárias, em que se unem contratos bilaterais e unilaterais. Para visualizar esta situação, basta acrescer aos contratos de locação e de distribuição de combustíveis, no exemplo dado acima, um contrato de comodato das bombas e tanques de combustível, configuração muito comum na prática. Ora, mais do que evidente que o contrato de comodato celebrado nessas circunstâncias não pode ser visto isoladamente e que a benesse feita ao comodatário por meio desse contrato gratuito encontra algum tipo de contrapartida indireta nos outros dois contratos onerosos, especialmente naquele de distribuição de combustível. Todas as situações acima consideradas, especialmente as retratadas em (II) e (III), evidenciam a relevância do sinalagma complessivo, referente à rede contratual como um todo, visto que apenas ele reflete plenamente a realidade de trocas entre as partes – mesmo em (I), todavia, onde todos os contratos são bilaterais, é possível, como visto, que o verdadeiro equilíbrio só se manifeste no todo.

Em face desse sinalagma complessivo, o português Francisco M. de Brito Pereira Coelho defende que todas as normas e institutos dirigidos, direta ou indiretamente, ao conteúdo econômico do contrato devem ser objeto, nos casos de coligação, de aplicação unitária. Nesse sentido, a interpretação dos contratos, a avaliação da gratuidade/onerosidade e também da bilateralidade/unilateralidade do negócio, o exame da desproporção entre as prestações para fins de onerosidade excessiva e lesão, a análise do interesse residual do credor para efeitos de mora ou inadimplemento absoluto, e, finalmente, a avaliação se há reciprocidade entre as prestações para que possa ser invocada a *exceptio*, tudo deve ser feito globalmente,

---

1132. Arnoldo Wald, em parecer, traz outro interessante caso de conexão com "contratos recíprocos". Em linhas gerais, o banco "A" cedeu, sem qualquer contraprestação especificada no instrumento, créditos para outra instituição financeira ("B"), garantindo o pagamento destes. Em contrapartida, na mesma ocasião, em outro instrumento, também sem contraprestação firmada, o banco "B" cedeu um CDI ao primeiro ("A"). Todos os débitos (os cedidos e o CDI) tinham vencimento na mesma data. Não houve desembolso efetivo por qualquer das partes no momento da celebração dos contratos e, em situações normais, também não haveria no vencimento, pois o valor do CDI a ser pago seria igual ao valor dos créditos somados (salvo alguma diferença eventual que deveria ser liquidada à vista). Ocorre que o banco cessionário faliu, não pagando o CDI. Mesmo assim, "B" ajuizou ação contra "A" para cobrar os créditos (que eram garantidos por "A"), sustentando que o CDI, por regras falimentares, só poderia ser pago ao final, em concurso de credores, de forma que não haveria verdadeiro inadimplemento de sua parte. Arnoldo Wald, em seu parecer, fala primeiro em compensação legal. Depois, para a hipótese de não ser acolhido este argumento, sustenta o cabimento da *exceptio non adimpleti contractus*, defendendo que o banco cessionário ("B") jamais poderia cobrar os créditos sem antes pagar o CDI (assim como a recíproca também seria verdadeira). Os contratos (cessão de créditos e CDI) são, afirma o autor, coligados. Embora isoladamente eles sejam unilaterais e gratuitos, porque não estipulada contraprestação para nenhum deles isoladamente, em verdade *um é contraprestação do outro*. Nessas condições, *havendo sinalagma no conjunto*, cabível a *exceptio*, de forma que o banco cedente ("A") pode se negar a cumprir sua obrigação no primeiro contrato, enquanto o banco cessionário ("B") não cumprir sua obrigação no segundo contrato (referente ao CDI). (Wald, Arnoldo. A cessão de posição no mercado financeiro e a insolvência do cessionário – Da compensação legal nos negócios jurídicos bilaterais e da exceção do contrato não cumprido. *Revista de Direito Civil*, n. 67, p. 85-101, 1994).

sob pena de incorrer-se em visões fragmentadas com resultados dissociados dos reais interesses das partes.[1133]

Diante deste sinalagma mais amplo, que reflete o balanço de custos, preços e riscos da operação unitária, Gianpiero Paolo Cirillo, em artigo específico sobre o tema, conclui ser aplicável a *exceptio* entre deveres de contratos coligados, já que "o requisito verdadeiramente indeclinável não é a unidade da fonte contratual, mas a necessidade de que as prestações, procedentes dos contratos, estejam em relação de correspondência"[1134]

Enfim, se o fundamento próprio da *exceptio* é a reciprocidade entre as obrigações e se esta pode existir nos quadros não apenas de um, mas de vários contratos coligados, não há qualquer base para negar a possibilidade do recurso ao remédio nessas condições. Esta é também a linha de raciocínio traçada por Ana López Frías:

> A razão de ser da *exceptio* está no caráter bilateral, sinalagmático ou recíproco das obrigações, incumpridas ambas por sujeitos diferentes. Essa reciprocidade se produz, de ordinário, entre obrigações nascidas de um contrato único. Porém, nada impede que tenha lugar, em algum caso, a respeito de obrigações que derivem de dois convênios distintos.[1135]

Vale aqui também transcrever, na mesma linha, trecho de julgado da Corte de Cassação Italiana, de 11 de março de 1981:

> O vínculo de correspectividade entre duas ou mais prestações, que é o pressuposto inarredável no qual se funda a oponibilidade da exceção de contrato não cumprido, pode subsistir também em relação a prestações que brotam de contratos estruturalmente autônomos, contanto que estes tenham sido postos pelas partes em uma relação de coligação funcional de tal forma a dar ao negócio uma base unitária.[1136]

A jurisprudência da Corte de Cassação Italiana, aliás, é uníssona no sentido do cabimento da exceção de contrato não cumprido entre obrigações derivadas de contratos coligados: Cass., 14 gennaio 1998, n. 271; Cass., 5 giugno 1984, n. 2204; Cass., 12 gennaio 1971, n. 31; Cass., 15 marzo 1969, n. 848; Cass., 13 gennaio 1958, n. 459.[1137]

1133. Pereira Coelho, Francisco Manuel de Brito. Coligação negocial e operações negociais complexas: tendências fundamentais da doutrina e necessidade de uma reconstrução unitária. *Boletim da Faculdade de Direito*, Universidade de Coimbra. 2003, p. 255.
1134. Cirillo, Gianpiero Paolo. *Negozi collegati ed eccezione di inadempimento*. Giurisprudenza Italiana, I, 1982, p. 380-381.
1135. Frías, Ana López. Op. cit., p. 304.
1136. Cass., 11 marzo 1981, n. 1389. Disponível em: www.italgiure.giustizia.it. Acesso em: 23 fev. 2020.
1137. Todos disponíveis em www.italgiure.giustizia.it. Acesso em: 24 fev. 2020.
    Michele Giorgianni cita pronunciamento da Corte de Trieste, de 27 de junho de 1935, já nesse sentido: "O princípio *inadimplenti non est adimplendum* é aplicável não apenas quando as obrigações derivam de um mesmo contrato, mas também quando se possa, de qualquer modo, estabelecer uma conexão entre as prestações dos dois contraentes." (*Negozi giuridici collegati*. Roma: Società Editrice del Foro Italiano, 1937, p. 79).

A doutrina também é francamente majoritária nesse sentido, como demonstram os escólios, na Itália, de Michele Giorgianni, Francesco Messineo, Giuseppe Castiglia, Gianpiero P. Cirillo, Fabbio Addis, Antonio Rapazzo, Giorgio Lener, Lina Bigliazzi Geri e Bruno Meoli, todos fortes na necessidade de analisar a relação globalmente.[1138] Em Portugal e Espanha, posicionam-se nessa linha, respectivamente, os já referidos Francisco M. de Brito Pereira Coelho e Ana López Frías.[1139] No Brasil, merecem menção, a admitir a oponibilidade da *exceptio* entre obrigações de contratos coligados, Francisco Paulo De Crescenzo Marino, Carlos Nelson Konder, Ruy Rosado de Aguiar Jr., Luciano de Camargo Penteado e Giovanni Ettore Nanni.[1140]

Observe-se que o Enunciado 24 da I Jornada de Direito Comercial, evento organizado pelo Conselho da Justiça Federal, apresenta o seguinte teor: "Os contratos empresariais coligados, concretamente formados por unidade de interesses econômicos, permitem a arguição da exceção de contrato não cumprido, salvo quando a obrigação inadimplida for de escassa importância."[1141] A despeito da referência expressa apenas aos contratos empresariais, o Enunciado bem pode ser aplicado a contratos coligados de quaisquer tipos.

O Superior Tribunal de Justiça já reconheceu a aplicabilidade da exceção de contrato não cumprido entre obrigações de contratos coligados em duas oportunidades.

O primeiro precedente nesse sentido foi o Recurso Especial nº 419.362/MS, de Relatoria do Ministro Ruy Rosado de Aguiar Jr., julgado no ano de 2003.[1142]

No caso, Júlio Pereira Dittmar vendeu uma fazenda a Tufi Melke, recebendo como pagamento uma casa, 600 vacas e certa quantia em dinheiro. No mesmo instrumento, as partes acordaram que as 600 vacas agora pertencentes a Júlio seriam arrendadas a Tufi, sendo mantidas, assim, na posse deste (para entrega futura, junto com a renda convencionada para o arrendamento). Posteriormente, Júlio cedeu sua

---

1138. Na ordem: Giorgianni, Michele. *Negozi giuridici collegati*. Roma: Società Editrice del Foro Italiano, 1937, p. 79; Messineo, Francesco. *Contratto Collegato*. In: Enciclopedia del diritto. v. X. Milano: Giuffrè, 1962, p. 52; Castiglia, Giuseppe. Negozi collegati in funzione di scambio. *Rivista di Diritto Civile*, Anno XXV. 1979. Parte Seconda. p. 410; Cirillo, Gianpiero Paolo. Op. cit., p. 380-381; Addis, Fabio. Inattuazione e risoluzione: i rimedi. Le eccezioni dilatorie. In: Roppo, Vincenzo [diretto da]. *Trattato del contratto – V – Rimedi (2)*. Milano: Giuffrè, 2006, p. 443-444; Rapazzo, Antonio. Op. cit., p. 71; Lener, Giorgio. Op. cit., p. 225–28; Geri, Lina Bigliazzi. Op. cit., p. 336; Meoli, Bruno. *I contratti collegati nelle esperienze giuridiche italiana e francese*. Napoli: Edizioni Scientifiche Italiane, 1999, p. 80.
1139. Pereira Coelho, Francisco Manuel de Brito. Op. cit., p. 260-261; Frías, Ana López. Op. cit., p. 304.
1140. Na ordem: Marino, Francisco Paulo De Crescenzo. *Contratos coligados no direito brasileiro*. São Paulo: Saraiva, 2009, p. 198-202; Konder, Carlos Nelson. Op. cit., 239-245; Aguiar Jr., Ruy Rosado de. *Comentários ao novo Código Civil*, v. VI, t. II: da extinção do contrato (arts. 472 a 480). Teixeira, Sálvio de Figueiredo (Coord.). Rio de Janeiro: Forense, 2011, p. 734; Penteado, Luciano de Camargo. Redes contratuais e contratos coligados. In: Giselda M. F. N. Hironaka; Flávia Tartuce (Coord.). *Direito Contratual*: Temas Atuais. Método: São Paulo, 2007, p. 482; Nanni, Giovanni Ettore. Contratos coligados. In: Lotufo, Renan; Nanni, Giovanni Ettore (Coord.). *Teoria Geral dos Contratos*. São Paulo: Atlas, 2011, p. 276.
1141. Disponível em: https://www.cjf.jus.br/cjf/CEJ-Coedi/jornadas-direito-comercial. Acesso em: 24 fev. 2020.
1142. STJ, REsp 419.362/MS, Rel. Ministro César Asfor Rocha, Rel. p/ Acórdão Ministro Ruy Rosado de Aguiar Jr., Quarta Turma, j. em 17 jun. 2003.

posição no contrato de arrendamento a um terceiro, Jorge Luiz Artuso, que, diante do inadimplemento de Tufi, ingressou com ação para pleitear a restituição das 600 vacas, a renda convencionada para o arrendamento e a multa prevista em contrato. Tufi arguiu, em contestação, exceção de contrato não cumprido, alegando que só não adimpliu o contrato de arrendamento porque Júlio ainda não havia lhe transmitido a posse de uma parte da fazenda, nem efetuado a transferência da propriedade da área.

Para comprovar que não houve cumprimento adequado do contrato de compra e venda, o excipiente Tufi solicitou a realização de prova oral e pericial. O juiz de primeira instância indeferiu as provas requeridas, argumentando que os contratos não eram coligados e que, por consequência, a prova era desnecessária. Em julgamento antecipado da lide, condenou Tufi a restituir as 600 vacas, pagar a renda convencionada e a multa fixada, tudo em favor do cessionário Jorge Luiz Artuso. A decisão foi mantida em 2ª instância. Tufi interpôs recurso especial, alegando cerceamento de defesa e pleiteando a anulação do feito a partir da sentença (inclusive).

O Superior Tribunal de Justiça, por maioria de votos, conheceu do recurso e deu-lhe provimento a fim de anular a sentença e determinar a realização das provas requeridas.

Este acórdão é relevante sob dois aspectos.

Primeiro, porque, ao aceitar que uma decisão acerca da existência de conexão contratual possa ser revista em sede de Recurso Especial, o Superior Tribunal de Justiça referendou a tese, defendida linhas atrás, de que o fundamento da coligação contratual é exclusivamente *objetivo*, reconhecendo que se trata de um problema de *qualificação*, e, portanto, de uma *questão de direito* (e não um problema de interpretação da vontade das partes [uma "quaestio voluntatis"], que seria, ao invés, uma questão de fato, o que conduziria fatalmente ao não conhecimento do recurso com esteio nas Súmulas 05 e 07 da Corte).[1143]

O voto do Ministro Ruy Rosado de Aguiar Jr., Relator para o Acórdão, é bastante claro nesse sentido:

> O r. Acórdão recorrido admitiu que as partes deixaram evidente que os semoventes foram adquiridos pelo arrendador ao arrendatário como parte do pagamento da compra e venda feita entre eles em 17 de outubro de 1989. Embora a Egrégia Câmara tenha afirmado que disso não se poderia extrair a vinculação entre os contratos, deve-se convir que essa conclusão *decorre da qualificação jurídica a eles atribuída, e assim pode ser revista na via especial.*

E, prosseguindo em sua análise, o Ministro Ruy Rosado de Aguiar Jr. concluirá, em sentido contrário ao que havia sido asseverado pelas instâncias inferiores, que

---
1143. Nos termos da Súmula 05 do STJ, não cabe recurso especial para interpretação da vontade contratual. Pela Súmula 07 do mesmo Tribunal, não cabe recurso especial para simples reexame de prova. Destarte, se a existência ou não da coligação constituísse uma *quaestio voluntatis*, dependendo de um *"animus de coligar"* a ser averiguado pelo juiz, como chegou a preponderar no passado (e, atualmente, é entendimento minoritário), o recurso em tela sequer poderia ser conhecido.

havia, sim, conexão contratual entre os dois contratos (compra e venda e arrendamento) e que, diante disso, era cabível *em tese* a exceção de contrato não cumprido, ainda que entre deveres oriundos de contratos diferentes (a segunda inovação relevante trazida pelo aresto):

> Acredito que um contrato feito para pagamento de outro está vinculado a este outro de modo indissociável, por mais que se queira negar esse laço, e se em um existe o inadimplemento, parece bem evidente que esse fato influi sobre o outro contrato, que dele era consequência e que pressupunha o pagamento do primeiro. Quero dizer: *se o segundo contrato é celebrado como parte do pagamento do primeiro, o inadimplemento deste autoriza a exceção de contrato não cumprido, pelo devedor do segundo, que era o credor insatisfeito do primeiro.*

Diante dessas premissas – existência de coligação e possibilidade, em tese, de oposição da *exceptio* entre deveres de contratos diferentes, mas coligados – a Corte reputou indispensável examinar a alegação de que não houve cumprimento adequado do contrato de compra e venda pelo vendedor-cedente[1144] (pela não transferência da propriedade e pela não transmissão da posse de parte da área alienada), para o que cumpria produzir as provas requeridas pelo excipiente. Posto isso, deu provimento ao recurso para reconhecer o cerceamento de defesa e anular o processo a partir da sentença (inclusive), determinando a realização da instrução.

O segundo caso que merece ser aqui tratado, em que o Superior Tribunal de Justiça admitiu o cabimento da exceção de contrato não cumprido entre obrigações de contratos coligados, é o Recurso Especial nº 985.531/SP, de Relatoria do Ministro Vasco Della Giustina (Desembargador Convocado).[1145]

No caso, a "Companhia Brasileira de Petróleo Ipiranga" (doravante "distribuidora") concedera empréstimo ao "Autoposto Copacabana Ltda." (doravante "revendedor"), no valor de R$ 372.000,00, para pagamento em 48 parcelas, devendo o financiamento recebido ser aplicado exclusivamente na movimentação do posto de combustível.

Simultaneamente, as mesmas partes firmaram contrato de fornecimento de produtos, pelo prazo de 06 (seis) anos, no qual se estabelecia que a distribuidora deveria fornecer e o revendedor deveria adquirir, mensalmente e com exclusividade, uma quantidade mínima de litros de combustível.

Considerando que o revendedor honrou o pagamento tão somente de 24 parcelas do mútuo, a distribuidora ajuizou execução de título extrajudicial. O revendedor, em resposta, opôs embargos à execução, invocando, entre outras defesas, a exceção

---

1144. Note-se que o acórdão em questão também confirma nossa conclusão do subitem 2.5.1, "c", retro, de que a *exceptio* continua aplicável mesmo na hipótese de ter havido cessão do contrato. Afinal, o cessionário (Jorge Luiz Artuso, no caso), ao substituir integralmente o figurante originário da relação, recebeu o contrato tal como este era antes da transmissão, com as pretensões e exceções pertinentes (tanto ativa, como passivamente).

1145. STJ, REsp 985.531/SP, Rel. Ministro Vasco Della Giustina (Desembargador convocado do TJ/RS), Terceira Turma, j. em 01 set. 2009.

de contrato não cumprido. Argumentou o embargante que os dois contratos (financiamento e fornecimento) seriam coligados e que a distribuidora-embargada não estaria cumprindo a contento sua obrigação, referente ao contrato de fornecimento, de "prover todo o combustível necessário e a preço que garanta lucratividade ao posto revendedor", o que, na prática, estaria inviabilizando o pagamento do empréstimo na forma acordada.

A 13ª Câmara de Direito Privado do TJSP julgou procedentes os embargos, reconhecendo a inexistência de título hábil a embasar a execução, mercê do não cumprimento do disposto no art. 615, IV, do CPC/73.[1146]

Interposto Recurso Especial pela distribuidora de combustíveis, a este foi negado provimento pelo Superior Tribunal de Justiça.

Primeiro, confirmou o Superior Tribunal de Justiça que os dois contratos eram coligados, a partir, especialmente, das circunstâncias [i] de que haviam sido celebrados simultaneamente e [ii] de que o numerário disponibilizado por meio do mútuo deveria ser aplicado necessariamente na movimentação do posto. Ficava claro, assim, diante de tais elementos, que a finalidade única do financiamento era a de possibilitar a estruturação do negócio, para, com isso, incrementar a aquisição de produtos da distribuidora.

A partir de tal premissa (coligação dos contratos), o Relator extraiu a conclusão de que as prestações assumidas pelas partes nos dois contratos eram interdependentes, a ensejar, nas suas palavras, "a possibilidade da arguição da exceção de contrato não cumprido, nos termos dos artigos 1092 do CC/1916, 582 e 615, inciso IV, do CPC/73, independentemente da existência de cláusula expressa." Fez referência, como precedente nesse sentido, ao Recurso Especial nº 419.362/MS (caso do arrendamento de vacas), que acabamos de analisar.

E prossegue o Ministro Relator afirmando que "em se tratando de processo de execução, a exceção de contrato não cumprido incide sobre a exigibilidade do título, condicionando a ação do exequente à comprovação prévia do cumprimento de sua contraprestação como requisito imprescindível para o ingresso da execução contra o devedor, nos termos do art. 615, inciso IV, do CPC".

Com efeito, como se verá no último capítulo, dedicado ao tratamento processual da *exceptio*, embora segundo a teoria civilística a exigibilidade da obrigação do autor não dependa, em rigor, deste já ter contraprestado (havendo dívida vencida, o autor tem pretensão, e, por conseguinte, pode exigir em juízo; ao outro contratante compete, se o autor ainda não contraprestou, justamente valer-se da exceção de contrato não cumprido, como forma de defesa), o fato é que, *em matéria de execução de*

1146. Art. 615. Cumpre ainda ao credor:
 […] IV – provar que adimpliu a contraprestação, que lhe corresponde, ou que lhe assegura o cumprimento, se o executado não for obrigado a satisfazer a sua prestação senão mediante a contraprestação do credor.

título extrajudicial, o legislador processual dispôs de forma contrária, condicionando expressamente a exigibilidade do título ao fato de o autor já ter contraprestado. Já era assim no art. 615, IV, do CPC/1973, e persiste da mesma forma nos artigos 787, *caput*, e 798, I, "d", do CPC/2015.

Ou seja, o implemento da contraprestação do credor constitui pressuposto da tutela executiva. Compete ao exequente comprovar o cumprimento de sua prestação para poder dar início à execução, devendo o juiz realizar esse controle de ofício, ao analisar a petição inicial.

A novidade do acórdão em tela está em estender essa disposição – que exige o cumprimento da contraprestação como requisito para o ajuizamento da execução – ao contexto dos contratos coligados, considerando o sinalagma de forma complessiva.

Visto isoladamente, o contrato de mútuo é unilateral, e, como tal, não suportaria a exceção de contrato não cumprido. Porém, dentro do contexto global da coligação contratual, vislumbrou-se interdependência, em tese, entre a obrigação do autoposto no contrato de financiamento (de pagar as parcelas do empréstimo) e as obrigações da distribuidora no contrato de fornecimento de combustíveis, e, como efeito dessa correspectividade, entendeu-se, com base no art. 615, IV, do CPC/73, que a distribuidora só poderia dar início à execução do contrato de mútuo se comprovasse ter cumprido suas obrigações referentes ao contrato coligado de fornecimento. Como isso não ocorreu e o revendedor-mutuário sustentava o descumprimento do contrato de fornecimento pelo exequente, entendeu-se que este era carecedor da ação, confirmando o Superior Tribunal de Justiça a procedência dos embargos e o decreto de extinção da execução.

c) Oponibilidade da exceptio *nas coligações com partes distintas*

Os exemplos que trouxemos até aqui foram todos de contratos coligados que envolviam as mesmas partes, circunstância em que não se vislumbra dificuldade em considerar aplicável a exceção de contrato não cumprido, até porque, nessas condições, o excepto é a mesma parte que teria, em tese, descumprido o outro contrato coligado.

O que dizer, no entanto, do cabimento desse remédio quando as partes nos diversos contratos forem distintas? Dito de outro modo, pode "B", quando demandado por "A", justificar seu inadimplemento com fundamento no descumprimento de "C", referente a outro contrato, apenas porque coligadas as convenções?

No item 2.5.1, afirmamos que o instituto da exceção de contrato não cumprido segue a lógica do princípio da relatividade dos efeitos contratuais, por força do qual, em regra, os contratos produzem efeitos exclusivamente entre os contratantes, sem aproveitar ou prejudicar terceiros estranhos à relação ("*res inter alios acta, neque nocet, neque prodest*"). Na ocasião, citamos Pontes de Miranda, para quem "a exceção *non adimpleti contractus* e a *non rite adimpleti contractus* só têm eficácia entre devedor--credor e credor-devedor. Os terceiros não são atingidos por elas."[1147]

Já naquele momento, todavia, excluímos do conceito de terceiros, para esse fim, cessionários, herdeiros ou outros sucessores,[1148] na medida em que a exceção é corolário da sinalagmaticidade que marca os contratos bilaterais, que não se desfaz com a transmissão *causa mortis* ou *inter vivos* do contrato, do crédito ou da dívida. Ao substituírem os figurantes originários da relação, tais atores recebem o contrato, o crédito ou a dívida tal como estes eram antes da transmissão, com as pretensões e exceções pertinentes (bem como com seus correlatos passivos).[1149]

Daí porque nenhuma dúvida se coloca quanto à oponibilidade da exceção, no caso de que acabamos de tratar, perante o cessionário do contrato de arrendamento de vacas (Recurso Especial 419.362/MS). O cessionário, nessas condições, não é verdadeiramente terceiro, sendo-lhe oponível a exceção tal como se o contrato nunca tivesse sido cedido.

Aqui, queremos cuidar, ao invés, de contratos coligados que envolvem partes verdadeiramente distintas, em que não tenha havido mera substituição das partes originais.

Ana López Frías é categórica em excluir o cabimento da exceção nessas circunstâncias, em que distintas as partes que integram os contratos coligados. Para a autora, reconhecer o cabimento da *exceptio* por obrigação inadimplida por terceiro em outro contrato, ainda que coligado, seria uma afronta ao princípio da relatividade dos efeitos contratuais. Afirma, nesse sentido:

> Para que possa falar-se de um nexo sinalagmático entre prestações pertencentes a contratos diferentes, devem concorrer alguns requisitos: será necessário que os contratos tenham sido celebrados pelas mesmas partes e que as prestações em questão sejam correspectivas e de similar importância. Não cabe a *exceptio* se a obrigação foi inadimplida por um terceiro (isto é, por alguém distinto de quem pede o cumprimento), nem é procedente o dito meio de defesa quando a prestação não realizada tenha caráter acessório em relação à qual se reclama.[1150]

A negativa, pura e simples, não parece ser, contudo, a melhor solução.

De há muito doutrina e jurisprudência admitem, excepcionalmente, calcadas na boa-fé objetiva e na função social do contrato, a propagação da eficácia de certos contratos para além do restrito círculo das partes, especialmente perante "terceiros" que não sejam totalmente estranhos à relação, por manterem com ela algum ponto de contato (os chamados "terceiros interessados").[1151]

1147. Pontes de Miranda, Francisco Cavalcanti. *Tratado de direito privado*. Campinas: Bookseller, 2003. t. XXVI. p. 136.
1148. Ibidem.
1149. Persico, Giovanni. Op. cit., p. 200; Assis, Araken de. Op. cit., p. 691.
1150. Frías, Ana López. Op. cit., p. 304.
1151. Gagliardi, Rafael Villar. *Exceção de contrato não cumprido*. São Paulo: Saraiva, 2010, p. 160-162.

Francisco Paulo De Crescenzo Marino traz interessante exemplo que bem permite explorar todas as variantes do problema.

"A", fabricante de sofás, adquire componentes de dois fornecedores distintos, "B" e "C". O primeiro fornece a estrutura interna de madeira do sofá, ao passo que o segundo fornece componentes de metal (molas, pés etc.), que são acoplados àquela estrutura interna. Em dada ocasião, "A" percebe que um defeito na matéria-prima utilizada por "B" comprometeu irremediavelmente todo o conjunto, tornando-o imprestável. Nem mesmo os componentes de metal fornecidos por "C", porque acoplados à estrutura, poderiam ser aproveitados, em que pese eles, isoladamente considerados, não apresentarem qualquer defeito. Nessas condições, pode "A" recusar o pagamento a "C", por conta do vício na prestação de "B"?[1152]

A resposta, segundo o autor, depende das circunstâncias do caso concreto.

O fato de "C" entregar seus componentes metálicos para que estes sejam inseridos na estrutura interna montada por "B" não é suficiente, por si só, para gerar a coligação entre os dois contratos (quanto menos para tornar o inadimplemento de "B" oponível a "C").

Ainda que "C" tivesse apresentado "B" a "A", recomendando seu trabalho, a coligação não estaria configurada e o inadimplemento de um não seria oponível ao outro.

Diferente, contudo, é a situação se, por exemplo, "A", desejando iniciar a produção de sofás, procura "B", fabricante de estruturas internas para móveis, a fim de lhe encomendar um lote de produtos. "B" explica a "A", então, que fabrica apenas a estrutura de madeira, utilizando necessariamente os componentes metálicos fornecidos por "C", seu parceiro comercial, mercê da qualidade superior dos produtos providos por este. "A" celebra dois contratos distintos: um com "B" e outro com "C", todavia, recebe diretamente de "B" a estrutura inteira montada, inclusive com os componentes de "C".

Este caso se distancia dos anteriores. Aqui, é possível vislumbrar o que o autor chama de uma "atuação concertada" entre "B" e "C", parceiros comerciais:

> A *atuação concertada* pode dar-se sob diversas formas, mediante modelos típicos de cooperação, parcerias com exclusividade, atuação na mesma sede, participação ativa na estruturação da operação etc. Traduz-se, de qualquer modo, no *interesse comum dos agentes*, direcionado a, por meio de *esforço comum*, obter novos clientes e aumentar a competitividade e o lucro de cada um deles. A atuação concertada é um conceito indeterminado, a ser preenchido no caso concreto.[1153]

1152. Marino, Francisco Paulo De Crescenzo. *Contratos coligados no direito brasileiro*. São Paulo: Saraiva, 2009, p. 205-206.
1153. Marino, Francisco Paulo De Crescenzo. *Contratos coligados no direito brasileiro*. São Paulo: Saraiva, 2009, p. 206. Rafael Villar Gagliardi, em sentido semelhante, fala na aplicabilidade da *exceptio*, em contratos coligados com partes distintas, quando entre o excepto e a parte que inadimpliu o outro contrato houver "algum tipo de relação", alguma "espécie de contato social", a justificar que não sejam tratados como terceiros totalmente estranhos entre si (Op. cit., p. 162).

Diante da atuação concertada de "B" e "C", os dois contratos de fornecimento, prossegue o autor, "iluminam-se por um fim comum, econômica e juridicamente relevante".[1154] Ambos estão dirigidos ao fornecimento de estruturas internas para sofás, compostas pelos produtos de "B" e "C", parceiros comerciais. Pode-se concluir, nesse contexto, não só pela existência de coligação, mas também pela oponibilidade do inadimplemento de "B" a "C".[1155]

O mesmo tipo de "atuação concertada" entre empresários, a tornar oponível a exceção em contratos coligados com partes diversas, pode ser encontrada, com frequência, no mútuo para consumo, de que tratamos na nota de rodapé 1112 acima.

Com efeito, algumas características já apontadas desse tipo de coligação (v.g., pagamento efetuado diretamente pelo mutuante ao vendedor; contrato de mútuo que pode ser celebrado pelos próprios prepostos do vendedor, nas dependências da loja deste; empresa vendedora e instituição financeira que integram, eventualmente, o mesmo grupo econômico) evidenciam a parceria comercial muitas vezes existente entre mutuante e vendedor. Por meio dessa *atuação concertada*, ambos os agentes obtêm vantagens: o mutuante consegue celebrar mais contratos, contando com acesso imediato ao consumidor justamente quando este necessita de empréstimo para adquirir bens, enquanto o vendedor pode receber sempre à vista, com risco "zero" de inadimplência, mas oferecendo a seus clientes a opção de pagar em parcelas.

Ora, se os dois agentes atuam em conjunto, em benefício mútuo, um potencializando os negócios do outro, não faz sentido, mormente em relações de consumo, que o mutuante permaneça totalmente alheio a eventuais descumprimentos do vendedor (produto entregue fora das especificações; não entrega do bem no prazo convencionado; etc.), continuando a cobrar do mutuário as parcelas como se nada tivesse acontecido.

Alguns países chegaram, inclusive, a regulamentar expressamente a oponibilidade da *exceptio* na hipótese de mútuo para consumo. O art. 18, 3, "a", do Decreto-Lei 133/2009 de Portugal estabelece o que segue:

Art. 18º. Contrato de crédito coligado

[...]

3 – No caso de incumprimento ou de desconformidade no cumprimento de contrato de compra e venda ou de prestação de serviços coligado com contrato de crédito, o consumidor que, após interpelação do vendedor, não tenha obtido deste a satisfação do seu direito ao exato cumprimento do contrato, pode interpelar o credor para exercer qualquer uma das seguintes pretensões:

a) A exceção de não cumprimento do contrato;

b) A redução do montante do crédito em montante igual ao da redução do preço;

c) A resolução do contrato de crédito.[1156]

1154. Marino, Francisco Paulo De Crescenzo. *Contratos coligados no direito brasileiro*. São Paulo: Saraiva, 2009, p. 206.
1155. Ibidem, p. 207.
1156. Decreto-Lei 133/2009. Art. 18º. Disponível em: http://www.pgdlisboa.pt Acesso em: 25 fev. 2020.

No mesmo sentido, dispõe também o §359, (1), do BGB, especificamente acerca dos contratos coligados de mútuo para consumo de produtos ou serviços:

> *§359. Exceções nos contratos coligados.*
>
> *(1) O consumidor pode recusar a restituição do mútuo na mesma extensão em que exceções nascidas do contrato coligado o legitimariam a recusar a própria prestação em face do empresário com o qual concluiu o contrato coligado. [...]*[1157]

Assim, conclui em termos gerais Francisco Paulo De Crescenzo Marino, o inadimplemento de parte diversa em contrato coligado será oponível desde que haja, entre o inadimplente e o excepto, *comunhão de interesses*, normalmente representada pela atuação concertada acima descrita, ou desde que, de outro modo, a parte que opõe a *exceptio* tenha a *expectativa legítima* "de que as prestações das contrapartes se vinculavam de tal modo que nenhuma delas poderia exigir contraprestação sem que a outra também adimplisse."[1158] Essa expectativa legítima terá de ser aferida à luz da causa concreta dos contratos e das circunstâncias relevantes (boa-fé e usos daquele modelo negocial; qualificação das partes; comportamento anterior e posterior à conclusão dos contratos; se o inadimplemento do terceiro pertencia à esfera de controle da parte a quem se opõe a exceção; etc.).[1159]

Apenas nessas condições, é possível cogitar, conclui o autor, a nosso ver acertadamente, de tornar oponível a *exceptio* perante o terceiro, como exceção ao princípio da relatividade dos efeitos do contrato.[1160]

1157. Bürgerliches Gesetzbuch [BGB], §359. Disponível em: http://www.gesetze-im-internet.de/englisch_bgb/englisch_bgb.html#p1167. Acesso em: 25 fev. 2020.
No Direito Brasileiro, o art. 54-F do CDC, recentemente inserido pela Lei 14.181/21, prevê expressamente em seu § 2º a possibilidade de o consumidor, no mútuo para consumo, requerer a resolução do empréstimo em caso de descumprimento do contrato principal de fornecimento de produto ou serviço. Embora tal norma não trate expressamente da exceção de contrato não cumprido, parece possível sustentar seu cabimento no mesmo contexto, em favor do consumidor, sob a lógica de que quem pode o mais (no caso, a resolução), pode o menos (a exceção de contrato não cumprido).
1158. Marino, Francisco Paulo De Crescenzo. *Contratos coligados no direito brasileiro*. São Paulo: Saraiva, 2009, p. 208.
1159. Marino, Francisco Paulo De Crescenzo. *Contratos coligados no direito brasileiro*. São Paulo: Saraiva, 2009, p. 208.
1160. Ibidem. Observe-se que o terceiro, nessas condições, não é nem o *penitus extraneus* (isto é, o terceiro completamente alheio ao contrato), nem é aquele que, por qualquer razão, substituiu a parte contratante (cessionário, herdeiro, sucessor), o qual recebe o contrato, o crédito ou a dívida tal como estes eram antes da transmissão, com todas as pretensões e exceções. Entre esses dois polos extremos – o terceiro totalmente estranho e aquele que em verdade sequer é propriamente terceiro – há uma outra categoria, a dos "terceiros interessados". O terceiro interessado, ensina Luciano de Camargo Penteado, é "aquele que detém posição jurídica afim a uma das posições jurídicas das partes" ou está "em situação tal que o suceder de acontecimentos no interior da relação obrigatória pode claramente lhe provocar efeitos prejudiciais." (*Efeitos contratuais perante terceiros*. São Paulo: Quartier Latin, 2007, p. 48). O terceiro contra quem pode ser oposta a exceção de contrato não cumprido, em contratos coligados, seja porque configurada a "comunhão de interesses", seja porque configurada a "expectativa legítima" na forma acima descrita, encaixa-se nesta última situação (em que o suceder de acontecimentos no interior da relação contratual pode atingir-lhe, provocando efeitos prejudiciais).

Aqui, esgota-se a análise do primeiro requisito que enumeramos para o cabimento da *exceptio* (os deveres de prestar do excipiente e do excepto precisam ser sinalagmáticos ou correspectivos entre si). Parte-se, agora, para o segundo requisito: exigibilidade conjunta dos deveres de prestar do excipiente e do excepto.

4.3 OS DEVERES DE PRESTAR DO EXCIPIENTE E DO EXCEPTO PRECISAM SER CONTEMPORANEAMENTE EXIGÍVEIS NO MOMENTO DO EXERCÍCIO DA EXCEÇÃO

A correspectividade entre os deveres de prestar do excipiente e do excepto não é suficiente para o cabimento da exceção de contrato não cumprido. Também é imprescindível que estes deveres sejam contemporaneamente exigíveis no momento do exercício do remédio.

O §320, I, do BGB,[1161] e o art. 1.460 do Código Civil Italiano,[1162] trazem, aliás, referências expressas nesse sentido.

Com efeito, esse segundo requisito resulta da conjugação de duas constatações principais, que serão detalhadas a seguir: [i] se a obrigação do demandado não está nem mesmo vencida, sua defesa não deverá ser pautada no art. 476 do Código Civil, mas na própria inexigibilidade da obrigação; [ii] se a obrigação do demandante, por sua vez, ainda não é exigível (porque as partes, por exemplo, estipularam que o demandado deveria cumprir primeiro), a exceção de contrato não cumprido também não é cabível (embora possa sê-lo, se presentes os requisitos específicos, aquela do art. 477 do Código Civil – a chamada exceção de inseguridade, que será examinada no próximo capítulo).

Em verdade, a contemporaneidade não é só requisito, mas integra o próprio fundamento do remédio, em complemento ao sinalagma: é justamente porque ambas as prestações estão igualmente vencidas que a parte demandada pode se valer da exceção se a outra exigir o cumprimento sem adimplir ou disponibilizar o que lhe compete. Afinal, se as obrigações de "A" e "B" são ambas exigíveis, por que "B" poderia ser coagido a prestar se "A" ainda não o fez também?[1163]

1161. §320. Defesa do contrato não cumprido.
    (1) Quem for parte de um contrato bilateral poderá recusar a prestação à qual se obrigou até que a outra parte efetue a contraprestação, *a não ser que aquele tenha se obrigado a prestar anteriormente*. [...] (Bürgerliches Gesetzbuch [BGB], §320, (1). Disponível em: http://www.gesetze-im-internet.de/englisch_bgb/englisch_bgb.html#p1167. Acesso em: 01 fev. 2020)
1162. Art. 1.460. Nos contratos com prestações correspectivas, cada um dos contraentes pode recusar-se a adimplir a sua obrigação se o outro não adimple ou não se oferece para adimplir simultaneamente a própria, *a não ser que termos diversos para o adimplemento tenham sido estabelecidos pelas partes ou resultem da natureza do contrato*. (Codice Civile, art. 1.460, Disponível em: http://www.jus.unitn.it/cardozo/obiter_dictum/codciv/Lib4.htm. Acesso em: 01 fev. 2020)
1163. Pontes de Miranda, Francisco Cavalcanti. *Tratado de direito privado*. Campinas: Bookseller, 2003. t. XXVI. p. 119.

4.3.1 A situação mais comum: simultaneidade das prestações (toma-lá-dá-cá). A outra hipótese: aplicação do princípio "de igual trato das dívidas vencidas"

A situação mais comum, e também mais clara, de configuração deste requisito ocorre nos casos em que as prestações devem ser cumpridas *simultaneamente*, no sistema toma-lá-dá-cá (*trait pour trait*, como dizem os franceses; *Zug um Zug*, como dizem por seu turno os alemães), quer de forma imediata, quer de forma diferida. Nas dívidas desse tipo, afirma Pontes de Miranda, se nenhum dos contratantes adimpliu ainda sua prestação, ambos podem se utilizar da *exceptio non adimpleti contractus* caso cobrados.[1164]

Poderia parecer que de tal modo os contratos correspectivos jamais seriam executados, afinal, se cada parte, antes de cumprir, pode reter o adimplemento da contraparte, quem se arriscaria a dar o primeiro passo? Basta, porém, que uma parte demonstre que está pronta e disposta a cumprir – oferecendo por qualquer meio o cumprimento da obrigação – para que o demandado não possa se utilizar da exceção de contrato não cumprido. Com isso resolve-se o impasse.[1165]

Importante mencionar que, em nada sendo disposto em sentido contrário pelas partes, pela lei, pela própria natureza da avença ou pelos usos e costumes, as obrigações, nos contratos bilaterais, devem ser cumpridas *simultaneamente*, estando, portanto, sujeitas naturalmente à oposição da *exceptio*.[1166]

No Direito brasileiro, vale lembrar, não sendo fixado prazo, as prestações nos negócios entre vivos são imediatamente exigíveis, para ambas as partes (art. 134 do Código Civil). Assim, depende de disposição expressa a inclusão no contrato de termos finais para as obrigações (a afastar a imediata exigibilidade), que poderão ser coincidentes ou não para as partes (a estabelecer, nesta última hipótese, uma sucessividade para o cumprimento das obrigações).[1167]

A regra do cumprimento simultâneo, observa María Cruz Moreno, "obedece à ideia de equidade, concretizada no princípio da manutenção do equilíbrio contratual previamente criado: as partes quiseram obrigar-se reciprocamente, porém nenhuma delas quis conceder crédito à outra."[1168]

1164. Ibidem, p. 133.
1165. Trabucchi, Alberto. *Istituzioni di diritto civile*. Padova: Cedam, 1978, p. 696.
1166. Antunes Varela, João de Matos. *Das obrigações em geral*, v. I, 10. ed. Coimbra: Almedina, 2008, p. 398.
    Como já apontamos no primeiro capítulo desta tese, há uma passagem das Institutas de Gaio (IV, 126 a) que revela uma *replicatio* possível em face da *exceptio mercis non traditae*, consistente no fato de as partes terem pactuado expressamente, no contrato de compra e venda, que o preço seria pago antes da entrega da coisa. Ora, se era necessário um pacto expresso para estabelecer que uma obrigação deveria ser cumprida antes da outra, de forma a obstar o emprego da *exceptio*, é porque, concluem André E. V. Giffard e Robert Villers, *a regra geral naquele momento já era a da execução simultânea das obrigações*, no sentido de que, na falta de estipulação diversa, as obrigações do vendedor e do comprador deveriam ser cumpridas simultaneamente (*Droit romain et ancien droit français [obligations]*. 4ᵉ éd. Paris: Dalloz, 1976, p. 58).
1167. Assis, Araken de. Op. cit., p. 671.
1168. Moreno, María Cruz. Op. cit., p. 36.

Embora a simultaneidade seja a regra, há hipóteses em que a *lei* fixa uma ordem para o cumprimento das obrigações. É o que ocorre, por exemplo, no art. 11 da Lei 6.729/79 (a chamada Lei Ferrari), que regula a concessão comercial entre produtores e distribuidores de veículos automotores de via terrestre. Tal norma estabelece que, salvo ajuste diverso entre o concedente e sua rede de distribuição, o pagamento do preço dos veículos ao concedente somente pode ser exigido da concessionária após o respectivo faturamento.[1169] Em outras hipóteses, é a própria *convenção* que estabelece uma sucessividade para o cumprimento das obrigações (como em uma compra e venda a prazo, com tradição imediata da coisa ao comprador, mas com pagamento do preço em data futura). Em outros casos, isso decorre da *natureza da relação* (no contrato de locação, uma das partes deve necessariamente prestar antes da outra – o que, aliás, ocorre em todos os contratos em que a obrigação de uma parte é de cumprimento contínuo e a obrigação da outra é de cumprimento periódico). Por fim, em outras hipóteses, são os *usos e costumes* que fixam uma ordem para o cumprimento das obrigações (nos restaurantes, por exemplo, ordinariamente o fornecedor recebe o pagamento apenas depois de efetuar sua prestação).[1170]

Nesses casos em que as partes decidem estabelecer uma ordem cronológica para o cumprimento das obrigações, ou em que esta deriva da lei, da natureza do contrato ou dos usos e costumes, não pode o contratante que teria de prestar primeiro invocar a exceção de contrato não cumprido do art. 476, caso ainda não vencida a dívida do outro contratante.[1171] Poderá, quando muito, se presentes os requisitos legais, valer-se de outra exceção dilatória: a *exceção de inseguridade*, prevista no art. 477 do Código Civil, objeto do próximo capítulo.

Nesse sentido, no REsp 981.750/MG, de Relatoria da Ministra Nancy Andrighi, em que se discutia quem havia descumprido um contrato de alienação de uma empresa, o Superior Tribunal de Justiça considerou incabível a exceção de contrato não cumprido oposta pelo vendedor-demandado, justamente por compreender que a obrigação por ele inadimplida (disponibilizar um sistema de localização de veículos apto e em funcionamento [atividade principal da empresa que havia sido

---

1169. Esta foi, aliás, a interpretação dada ao referido artigo 11 da Lei pelo Superior Tribunal de Justiça, no julgamento do REsp 1.345.653/SP, Rel. Ministro Ricardo Villas Bôas Cueva, Terceira Turma (j. em 04 dez. 2012).
1170. Aguiar Jr., Ruy Rosado de. *Comentários ao novo Código Civil*, v. VI, t. II: da extinção do contrato (arts. 472 a 480). Teixeira, Rio de Janeiro: Forense, 2011, p. 729.
    Pietro Trimarchi afirma, a este propósito, que nos contratos que têm por objeto um *facere* é do uso do mercado que o pagamento do preço em dinheiro seja posterior ao adimplemento da prestação de fazer. Nesse sentido, no contrato de trabalho o salário é pago depois de o trabalhador ter atuado por um período; na empreitada, costuma-se pagar aos poucos, à medida que executados e medidos os trechos da obra contratada. Este proceder, continua o autor, encontra raiz na constatação de que enquanto é relativamente simples obter satisfação em dinheiro pela via judiciária, mostra-se bem mais difícil obter judicialmente a satisfação da obrigação de fazer (mormente se infungível). (*Il contratto: Inadempimento e rimedi*. Milano: Giuffrè, 2010, p. 55)
1171. Theodoro Jr., Humberto. Exceção de contrato não cumprido: Aspectos materiais e processuais. *Revista Jurídica*, n. 189, 1993, p. 18.

alienada]) tinha vencimento anterior àquela devida pelo excepto (quitar os débitos da empresa alienada perante terceiros).[1172] Da mesma forma, no REsp 85.956/SP, Relator Ministro Carlos Alberto Menezes Direito, decidiu-se pelo não cabimento da exceção de contrato não cumprido arguida pelo compromissário-comprador em ação que exigia a quitação do preço, mercê do fato de o contrato estabelecer que a outorga da escritura definitiva (suposto inadimplemento imputado ao excepto) só era devida após a quitação do preço.[1173]

É possível, porém, que o requisito em tela – serem os deveres contemporaneamente exigíveis no momento do exercício do remédio – se configure mesmo quando *não simultâneas* as prestações. Isso ocorrerá quando, firmada no contrato uma ordem para o cumprimento das obrigações, já estiverem *ambas vencidas* por ocasião da oposição da exceção.

Com efeito, a oposição da exceção de contrato não cumprido do art. 476 torna-se possível, *para ambas as partes*, se o contratante que deveria cumprir em segundo lugar também incorre em mora, pelo vencimento de seu débito. Isso é uma decorrência, afirma Pontes de Miranda, do princípio "de igual trato das dívidas vencidas", aplicável mesmo nos casos em que os vencimentos ocorrem em datas diferentes.[1174] Em sendo assim, se "A" tinha de prestar no dia 10 e "B" tinha de prestar no dia 20, ambos poderão invocar a *exceptio* após o dia 20, em igualdade de condições, como se o esquema fosse, desde o início, do tipo toma-lá-dá-cá.[1175]

Daí porque enunciou-se este segundo requisito como "contemporaneidade" da exigibilidade das prestações e não apenas como "simultaneidade".

E, no exemplo dado, se "A", que tinha de prestar antes, opõe a *exceptio* a partir do dia 20 (quando vencida também a obrigação da contraparte), a sua mora, que restou configurada e gerou efeitos a partir do vencimento de sua obrigação (dia 10), fica, a partir desse momento, afastada, ante a oposição legítima da *exceção*.[1176]

Em sentido diverso, Carlos Roberto Gonçalves sustenta que a oposição da exceção do art. 476 do Código Civil só é possível se *simultâneas* as prestações, sem admitir qualquer ressalva. Na hipótese ora tratada de serem sucessivas as prestações, mas estarem ambas vencidas, o autor afirma que "se impõe a resolução do contrato, com restituição das partes à situação anterior."[1177] Não se pode, contudo, concordar

---

1172. STJ, REsp 981.750/MG, Rel. Ministra Nancy Andrighi, 3ª Turma, j. em 13 abr. 2010.
1173. STJ, REsp 85.956/SP, Rel. Ministro Carlos Alberto Menezes Direito, Terceira Turma, j. em 17 jun. 1997.
1174. Pontes de Miranda, Francisco Cavalcanti. *Tratado de direito privado*. Campinas: Bookseller, 2003. t. XXVI. p. 129.
1175. Em idêntico sentido, quanto a admitir a exceção, para ambas as partes, se o contratante que deveria cumprir em segundo lugar também incorre em mora: Assis, Araken de. Op. cit., p. 673; Aguiar Jr., Ruy Rosado de. *Comentários ao novo Código Civil*, v. VI, t. II: da extinção do contrato (arts. 472 a 480). Teixeira, Sálvio de Figueiredo (Coord.). Rio de Janeiro: Forense, 2011, p. 775.
1176. Silva, João Calvão da. Op. cit., p. 331.
1177. Gonçalves, Carlos Roberto. *Direito civil brasileiro*, v. III: contratos e atos unilaterais. Saraiva: São Paulo, 2004, p. 164.

com tal entendimento. Ainda que ambas as obrigações estejam vencidas, a resolução do contrato é uma faculdade das partes, podendo ainda interessar aos contratantes que as prestações sejam cumpridas em momento posterior. Não faz sentido, assim, que o contrato seja tido como resolvido, como efeito automático do vencimento recíproco, se nenhuma das partes manifestou expressa ou tacitamente tal desiderato, em juízo ou extrajudicialmente. Para a proteção de ambos os contraentes contra o oportunismo da parte adversa, nesse contexto de descumprimento mútuo, basta a exceção de contrato não cumprido, na forma aqui sugerida.

María Cruz Moreno defende, por sua vez, que, na hipótese de serem sucessivas as prestações, mas estarem ambas vencidas, apenas aquele que se obrigou a prestar em segundo lugar poderia opor a exceção de contrato não cumprido.[1178] Tal entendimento também não se afigura adequado. A situação originariamente acordada, onde havia uma ordem estabelecida para o cumprimento, se alterou: estão agora vencidas ambas as obrigações, em pé de igualdade, não havendo razão para tratar diferentemente os contratantes (concedendo a um o contradireito e a outro não).

Entretanto, o efeito que apontamos – cabimento da *exceptio* para ambas as partes, mesmo se sucessivas as obrigações – só ocorrerá se os vencimentos das prestações forem independentes entre si, como no exemplo dado em que "A" tinha de prestar no dia 10 e "B" no dia 20. Em muitas situações, porém, é possível observar que a exigibilidade da segunda prestação se encontra *vinculada*, pela natureza da relação ou por estipulação das próprias partes, ao cumprimento da primeira, e, aí, será impossível de fato o cabimento da exceção para ambas as partes com base no princípio "de igual trato das dívidas vencidas" (até porque sequer ocorre o vencimento da segunda enquanto não cumprida a primeira). É exatamente o que ocorre no caso julgado no REsp 85.956/SP, de Relatoria do Ministro Carlos Alberto Menezes Direito, que acabamos de comentar. Como o contrato estabelecia que a outorga da escritura definitiva só era devida após a completa quitação das parcelas do compromisso, a sucessividade das prestações, nesse caso, afastava em absoluto o uso da *exceptio* pelo comprador. Afinal, tendo o comprador sido demandado porque não havia quitado integralmente o preço, como ocorreu no caso, a prestação da contraparte de outorga da escritura definitiva sequer era ainda exigível.[1179] O mesmo também transcorre no outro caso comentado, o REsp 981.750/MG, de Relatoria da Ministra Nancy

---

      Em sentido semelhante, também limitando o cabimento da *exceptio* às hipóteses de serem simultâneas as prestações, Orlando Gomes afirma que "a *exceptio non adimpleti contractus* somente pode ser oposta quando a lei ou o próprio contrato não determinar a quem cabe primeiro cumprir a obrigação" (*Contratos*. 27. ed. Rio de Janeiro: Forense, 2019, p. 91). Da mesma forma, leciona Miguel Maria de Serpa Lopes: "A oposição da *exceptio non adimpleti contractus*, exigindo a realização das prestações *trait pour trait*, depende, assim, dessa simultaneidade do adimplemento das respectivas obrigações. Se elas forem realizáveis sem essa sincronização temporal, já não há base [...] para aquela forma de *exceptio* ter lugar." (Op. cit., p. 271) Também limitando à hipótese da simultaneidade, ver: Perez, Mariano Alonso. *Sobre la esencia del contrato bilateral*. Universidad de Salamanca, 1967, p. 62.
1178. Moreno, María Cruz. Op. cit., p. 72-73.
1179. STJ, REsp 85.956/SP, Rel. Ministro Carlos Alberto Menezes Direito, Terceira Turma, j. em 17 jun. 1997.

Andrighi, em que se compreendeu que a obrigação do vendedor de disponibilizar um sistema de localização veicular operante era logicamente anterior à obrigação do comprador de pagar os débitos da empresa perante terceiros (afinal, a atividade principal da empresa alienada consistia exatamente naquele serviço de rastreamento). Nessas condições, o vendedor não podia opor a exceção com fundamento no inadimplemento pelo comprador da obrigação de pagar os débitos da empresa perante terceiros, pela simples razão de que este dever sequer era exigível enquanto o vendedor não disponibilizasse o tal sistema de rastreamento em condições de adequado funcionamento.[1180] Em ambos os casos, a exceção era incabível e o obrigado a prestar primeiro entrou em mora.

Pois bem. Agora, invertamos a perspectiva.

Se, por outro lado, o autor cobra do réu obrigação que ainda não está nem mesmo vencida, qualquer que tenha sido a ordem pactuada, aí a defesa não deverá estar pautada nem no art. 476, nem no art. 477, mas na própria inexigibilidade da obrigação.[1181] Isso porque, nessas circunstâncias, não há contradireito a ser oposto, pois este só surge após o nascimento da pretensão a que se opõe, conforme a lapidar lição de Pontes de Miranda: "A exceção somente nasce depois de ter nascido o direito, a pretensão, a ação, ou a exceção, a que se opõe. Porque ela supõe eficácia que *recubra* toda ou parte de outra eficácia. Não se pode pensar em recobrimento de eficácia que ainda não é."[1182]

Como já dito tantas vezes, a exceção de contrato não cumprido não nega nem o direito, nem a pretensão que dele deriva, *antes pressupõe ambos*. Sem vencimento não surge a pretensão, e, sem esta, não nasce o contradireito, porque não há eficácia a ser encoberta.[1183]

Há entendimento muito difundido, mas que deve ser evitado em absoluto, no sentido de que a exceção seria oponível em duas situações: [i] na hipótese de cumprimento simultâneo; e [ii] em favor daquele que deve prestar depois, quando sucessivas as obrigações. Quanto ao cumprimento simultâneo, não se objeta: trata-se, enfim, da situação mais comum de cabimento da exceção, conforme exposto acima. Quanto à situação [ii], o raciocínio é sedutor (se o remédio é cabível em favor de quem deve prestar simultaneamente, *a fortiori* também poderia ser utilizado por aquele que goza do benefício de prestar depois),[1184] mas dogmaticamente equivocado. Afinal,

---

1180. STJ, REsp 981.750/MG, Rel. Ministra Nancy Andrighi, 3ª Turma, j. em 13 abr. 2010.
1181. Aguiar Jr., Ruy Rosado de. *Comentários ao novo Código Civil*, v. VI, t. II: da extinção do contrato (arts. 472 a 480). Teixeira, Sálvio de Figueiredo (Coord.). Rio de Janeiro: Forense, 2011, p. 834.
1182. Pontes de Miranda, Francisco Cavalcanti. *Tratado de direito privado*. Campinas: Bookseller, 2000. t. VI. p. 34.
1183. Isso, saliente-se, para o caso específico da exceção de contrato não cumprido, que é exceção substancial que se volta contra a eficácia da pretensão (e não do direito).
1184. Nesse sentido, afirma Rafael Villar Gagliardi: "Com efeito, a exceção de contrato não cumprido tem por finalidade proteger o contratante não inadimplente demandado pelo contratante inadimplente pelo cumprimento de sua obrigação. Nesse cenário, se for cabível a exceção ante prestações simultâneas, com

de duas uma: ou a dívida de quem está obrigado a prestar depois sequer está vencida, circunstância em que a defesa não deve ser a *exceptio*, mas a própria inexigibilidade da obrigação; ou ela também está vencida (junto com a da contraparte, que se tornou exigível antes), e, neste caso, cai-se na situação do princípio "de igual trato das dívidas vencidas", em que a *exceptio* será cabível em favor de ambos os contratantes (e não só daquele que estava obrigado a prestar depois).[1185]

Neste equívoco de raciocínio incidiu, com a devida vênia, o Superior Tribunal de Justiça no julgamento do REsp 981.750/MG, de Relatoria da Ministra Nancy Andrighi, já referido acima, em cuja ementa lê-se:

> Direito Civil. Contratos. Rescisão. Prévia Constituição Em Mora. Necessidade. Exceção De Contrato Não Cumprido. Requisitos. [...] *A exceção de contrato não cumprido somente pode ser oposta quando a lei ou o próprio contrato não determinar a quem cabe primeiro cumprir a obrigação. Estabelecida a sucessividade do adimplemento, o contraente que deve satisfazer a prestação antes do outro não pode recusar-se a cumpri-la sob a conjectura de que este não satisfará a que lhe corre. Já aquele que detém o direito de realizar por último a prestação pode postergá-la enquanto o outro contratante não satisfizer sua própria obrigação. A recusa da parte em cumprir sua obrigação deve guardar proporcionalidade com a inadimplência do outro, não havendo de se cogitar da arguição da exceção de contrato não cumprido quando o descumprimento é parcial e mínimo.* [...] Recurso especial a que se nega provimento. (REsp 981.750/MG, Rel. Ministra Nancy Andrighi, Terceira Turma, j. em 13 abr. 2010)

As três afirmações concernentes à exceção, nesse julgado, merecem ressalvas. A primeira, de que ela "somente pode ser oposta quando a lei ou o próprio contrato não determinar a quem cabe primeiro cumprir a obrigação", omite que a exceção também pode ser invocada, por qualquer das partes, quando, a despeito de ter sido originariamente estabelecida uma ordem para o cumprimento, já estiverem ambas vencidas. A segunda, no sentido de que "estabelecida a sucessividade do adimplemento, o contraente que deve satisfazer a prestação antes do outro não pode recusar-se a cumpri-la sob a conjectura de que este não satisfará a que lhe corre", é verdadeira desde que a prestação da outra parte (do obrigado a prestar depois)

---

maior razão será cabível no caso de prestações escalonadas, em que aquela devida em primeiro lugar não foi efetivamente cumprida." (Gagliardi, Rafael Villar. *Exceção de contrato não cumprido*. São Paulo: Saraiva, 2010, p. 92)

1185. Como defenderemos no último capítulo, dedicado ao tratamento processual da exceção de contrato não cumprido, o momento adequado para invocar este remédio na fase de conhecimento é a contestação. Todavia, se o vencimento da obrigação *do requerido*, que deveria prestar *em segundo lugar*, ocorre após o esgotamento do prazo de contestação (peça em que, seguindo a linha aqui defendida, ele só podia negar a exigibilidade da obrigação), como também na situação inversa, em que o vencimento da obrigação *do autor*, que deveria prestar *em segundo lugar*, ocorre após o esgotamento do prazo de contestação do requerido (ocasião em que ao réu não era permitido arguir a *exceptio*, mas agora, com o vencimento, passa a ser), *deve-se admitir a invocação tardia da exceptio, posterior à contestação*. Até porque, vale lembrar, como corolário do direito das partes de invocar fatos novos após a contestação (art. 342, I, do CPC), estabelece o art. 493 do mesmo diploma o dever do magistrado de tomar em consideração no momento de proferir a sentença fatos supervenientes (constitutivos, modificativos ou extintivos do direito) que possam influir no julgamento do mérito.

ainda não tenha vencido também. A terceira, de que "aquele que detém o direito de realizar por último a prestação pode postergá-la enquanto o outro contratante não satisfizer sua própria obrigação", constitui um erro, pois, ou a dívida de quem está obrigado a prestar depois sequer está vencida (e, neste caso, a defesa deve ser a inexigibilidade da obrigação, a conduzir à improcedência da demanda), ou a dívida de ambos estará vencida (em que pese a ordem inicialmente estabelecida), e aí a *exceptio* será cabível em favor de qualquer dos contratantes (e não só daquele que estava obrigado a prestar por último).

A solução deste caso, pensamos, deveria ter seguido outro caminho, embora com o mesmo desfecho (rejeição da exceção de contrato não cumprido oposta pelo vendedor). É verdade que o contrato estabelecia, ainda que implicitamente, uma ordem para o cumprimento das prestações (primeiro o vendedor deveria disponibilizar o sistema de localização veicular em funcionamento, pois disso dependia a atividade da empresa vendida; depois o comprador deveria quitar os débitos da empresa perante terceiros). Porém, como já adiantamos anteriormente, neste caso a exigibilidade da segunda prestação encontra-se *vinculada* ao cumprimento da primeira (as prestações não possuem vencimentos independentes um do outro, tornando-se a segunda exigível tão somente após o cumprimento da primeira). Nessa esteira, a exceção de contrato não cumprida oposta pelo vendedor, com fundamento no fato de o comprador não ter quitado os débitos perante terceiros, era incabível porque, em rigor, a obrigação do comprador sequer era exigível (não havia inadimplemento imputável ao excepto). Sendo incabível a exceção, esta não teve o condão de afastar as consequências do inadimplemento do excipiente-vendedor, possibilitando a procedência do pleito de resolução do negócio formulado pelo comprador. Bem diferente, como se percebe, da conclusão do julgado de que o vendedor não poderia ter se valido da exceção simplesmente porque estava obrigado a prestar depois.

Cumpre, por fim, analisar algumas situações particulares.

A *primeira*: o autor está obrigado a prestar depois e sua obrigação ainda não está vencida. Aqui, não cabe a exceção, pois falta o inadimplemento do excepto (o terceiro requisito de que trataremos adiante). Nas palavras de Ruy Rosado de Aguiar Jr., "a exceção corresponde à defesa do réu contra o autor cujo débito já vencera".[1186] Porém, como já adiantamos (nota 1185 acima), se o vencimento da obrigação do autor ocorrer no curso do processo, após a contestação, o réu poderá arguir a *exceptio* como fato novo (art. 342, I, do CPC).

A *segunda*: o autor estava obrigado a prestar em primeiro lugar, mas disponibiliza sua prestação tardiamente. Aqui, se o réu aceitar a prestação tardia, ele não poderá excepcionar, devendo cumprir o que lhe cabe. Agora, se não aceitar o cumprimento

---

1186. Aguiar Jr., Ruy Rosado de. *Comentários ao novo Código Civil, v. VI, t. II*: da extinção do contrato (arts. 472 a 480). Teixeira, Sálvio de Figueiredo (Coord.). Rio de Janeiro: Forense, 2011, p. 782-783.

tardio, porque ele não mais lhe interessa, também não deverá utilizar a *exceptio*, mas pleitear a resolução do contrato em reconvenção.[1187]

A *terceira*: o cumprimento da obrigação do autor tornou-se impossível, estando ele obrigado a prestar antes, simultaneamente ou depois. Aqui, a resposta defensiva adequada também não é a exceção de contrato não cumprido, mas pleitear a resolução do contrato (se a impossibilidade for imputável ao autor) ou o reconhecimento de sua extinção por caducidade (se a impossibilidade não for imputável ao autor).[1188]

Para finalizar a análise deste segundo requisito (contemporaneidade da exigibilidade das prestações), pretende-se, no próximo subitem, examinar as particularidades de sua aplicação aos contratos de duração, de execução continuada ou periódica.

4.3.2 Particularidades da aplicação do requisito da contemporaneidade aos contratos de duração

Em relação ao modo de sua execução temporal, classificam-se os contratos em instantâneos (ou de execução única) e de duração.

Dizem-se *instantâneos* os contratos cujas prestações podem ser realizadas em um só momento. Subdividem-se em [i] instantâneos de execução *imediata*, se a execução se dá ato contínuo à contratação, e [ii] de execução *diferida*, se o cumprimento da obrigação ocorre algum tempo após a contratação, mas também em um momento único.[1189]

De outra banda, o traço essencial dos contratos de *duração* é a distribuição da execução no tempo. Neles, a realização das obrigações em um só momento é impraticável, exigindo um comportamento positivo ou negativo que se distende no tempo. As duas partes, ou uma delas, estão adstritas ao cumprimento de prestações contínuas ou repetidas em intervalos estabelecidos, por prazo determinado ou indeterminado.[1190]

Os contratos de duração subdividem-se em [i] de execução *continuada*, nos quais a prestação é única, mas ininterrupta (como no contrato de sociedade), e [ii] de execução *periódica* ou *trato sucessivo*, que se efetivam mediante prestações periodicamente repetidas, com regularidade (contrato de locação, por exemplo) ou sem regularidade (contrato de prestação de serviços de manutenção de computadores em que o prestador só atue circunstancialmente conforme as solicitações do cliente).[1191]

1187. Ibidem.
1188. Ibidem; Assis, Araken de. Op. cit., p. 671.
1189. Gomes, Orlando. Op. cit., p. 78; Rosenvald, Nelson; Farias, Cristiano Chaves de. *Curso de direito civil, v. IV – Contratos*: teoria geral e contratos em espécie. 9. ed. Salvador: Editora JusPodivm, 2019, p. 309-310.
1190. Gomes, Orlando. Op. cit., p. 79; Rosenvald, Nelson; Farias, Cristiano Chaves de. *Curso de direito civil, v. IV – Contratos*: teoria geral e contratos em espécie. 9. ed. Salvador: Editora JusPodivm, 2019, p. 310.
1191. Observe-se que o contrato não deixa de ser instantâneo para se tornar de duração porque as partes, embora possível a execução em um único momento, renunciaram a esta possibilidade, dividindo as prestações no tempo. É o que sucede, por exemplo, em uma compra e venda na qual os contratantes optaram por

Normalmente, os contratos de duração consubstanciam, nos dizeres de Giuliana Bonanno Schunck, relações de confiança e dependência, de maior complexidade e dinamismo no desenrolar do programa contratual. Em contratações duradouras, afirma a autora, "o interesse do credor não é satisfeito a não ser por meio de uma prestação contínua ou reiterada no tempo. Por isso se diz que o tempo se vincula com o objeto do contrato, já que este não pode ser cumprido senão através de um prolongamento temporal. A duração não é tolerada, mas de fato querida pelas partes."[1192]

O exame do cabimento da exceção de contrato não cumprido apresenta particularidades nos contratos de duração, derivadas justamente desse desenrolar contínuo ou periódico das prestações.

Nessa análise, explica Cristiano de Souza Zanetti, o intérprete deve ter, como principal diretriz, a *unitariedade* da relação contratual, de forma a considerar sempre a *totalidade* das obrigações assumidas por uma e outra parte (tenham elas caráter contínuo ou se repitam periodicamente no tempo). A relação de reciprocidade, assim, não existe apenas, por exemplo, entre as mercadorias fornecidas no mês "x" e o pagamento programado para o mesmo mês "x" (referente àquelas mercadorias específicas), devendo-se considerar as prestações em sua totalidade, não se perdendo de vista o caráter unitário do contrato, a despeito do fracionamento ou da continuidade no tempo da execução da avença.[1193]

A obrigação é um *processo*, o que resta ainda mais evidente nos contratos de duração, em que o adimplemento se renova, no decurso do tempo, sem que haja modificação substancial do dever de prestação. Como explica Clóvis V. do Couto e Silva, enquanto as relações obrigacionais instantâneas vivem da conclusão do negócio até o adimplemento, "as duradouras são adimplidas permanentemente e assim perduram sem que seja modificado o conteúdo do dever de prestação, até o seu término pelo decurso do prazo ou pela denúncia."[1194]

De início já é possível perceber que a simultaneidade exata das prestações é algo raro nessas relações. Não são frequentes, por exemplo, contratos de fornecimento em que os pagamentos ocorram sempre e necessariamente no mesmo momento da entrega dos respectivos bens. De outra banda, se a prestação de uma das partes é

---

excepcionar a regra da indivisibilidade do pagamento (art. 314 do Código Civil), fracionando o pagamento do preço em cinco prestações mensais. Parte da doutrina costuma denominar estes contratos como de *execução escalonada*, mas é preciso deixar claro que eles não constituem propriamente um *tertium genus*, na medida em que, pela natureza da obrigação (passível de ser cumprida de uma única vez), tais contratos são indubitavelmente instantâneos (Gomes, Orlando. Op. cit., p. 78; Rosenvald, Nelson; Farias, Cristiano Chaves de. *Curso de direito civil*, v. IV – *Contratos: teoria geral e contratos em espécie*. 9. ed. Salvador: Editora JusPodivm, 2019, p. 310).

1192. Schunck, Giuliana Bonanno. *Contratos de longo prazo e dever de cooperação*. São Paulo: Almedina, 2016, p. 36.
1193. Zanetti, Cristiano de Souza. Art. 476. In: *Comentários ao código civil*: Direito privado contemporâneo. Nanni, Giovanni Ettore (Coord.). São Paulo: Saraiva, 2019, p. 772.
1194. Couto e Silva, Clóvis Veríssimo do. *A obrigação como processo*. Rio de Janeiro : FGV Editora, 2006, p. 163.

contínua, em troca de pagamentos periódicos, como nos contratos de locação ou de trabalho, por exemplo, a simultaneidade não é só rara: é logicamente impossível.

Pensemos, primeiro, em um contrato de fornecimento com prazos diferentes de execução para as prestações das duas partes – um faz o fornecimento de produtos diariamente, ou presta um serviço de forma contínua, enquanto o outro paga por mês. Nessas relações, comumente o fornecedor deve prestar antes e receber o pagamento depois (embora as partes, evidentemente, possam estabelecer a ordem inversa).

Estando o fornecedor obrigado a prestar primeiro, entregando os produtos diariamente ou fornecendo continuamente o serviço, é evidente que ele não está autorizado a invocar a exceção de contrato não cumprido para suspender a prestação no curso do respectivo mês, antes da data convencionada para o pagamento (estando quitadas as prestações dos meses anteriores).[1195] Pode, porém, se constatada diminuição patrimonial da contraparte capaz de comprometer ou tornar duvidoso o pagamento futuro, valer-se de outra exceção, a de inseguridade (art. 477 do Código Civil), que será abordada no próximo capítulo.

Agora, se, no exemplo dado, o fornecedor "A" cumpre o primeiro mês e o fornecido "B" não paga, então o fornecedor já pode suspender o fornecimento posterior até que "B" pague o mês vencido. Isso já é uma decorrência da necessidade de compreender-se o sinalagma de forma unitária nos contratos de duração, estabelecendo-se a reciprocidade entre a totalidade das prestações, e não apenas entre as mercadorias ou serviços fornecidos em um mês "x" e o pagamento programado para o mesmo mês "x".[1196]

O mesmo vale para a empreitada: se o empreiteiro inicia a construção e o dono da obra não paga a primeira fração do preço no momento acordado, pode o empreiteiro suspender a construção até que o dono pague a primeira fração. Antes do vencimento desta, contudo, não pode suspender a obra, salvo se presentes os requisitos da exceção de inseguridade.[1197]

Todavia, no que toca a contratos existenciais, notadamente os de fornecimento de serviços públicos essenciais (água, gás, luz etc.) e os de assistência médica e hospitalar (planos de saúde e seguros saúde), típicos contratos de duração, essa possibilidade de o fornecedor interromper imediatamente a prestação para o mês subsequente, em vista do inadimplemento da conta ou mensalidade do mês anterior,

---

1195. Zanetti, Cristiano de Souza. Art. 476. In: *Comentários ao código civil*: Direito privado contemporâneo. Nanni, Giovanni Ettore (Coord.). São Paulo: Saraiva, 2019, p. 772; Silva, João Calvão da. Op. cit., p. 331; Aguiar Jr., Ruy Rosado de. *Comentários ao novo Código Civil*, v. VI, t. II: da extinção do contrato (arts. 472 a 480). Teixeira, Sálvio de Figueiredo (Coord.). Rio de Janeiro: Forense, 2011, p. 741.
1196. Persico, Giovanni. Op. cit., p. 93-94; Serpa Lopes, Miguel Maria de. Op. cit., p. 282; Aguiar Jr., Ruy Rosado de. *Comentários ao novo Código Civil*, v. VI, t. II: da extinção do contrato (arts. 472 a 480). Teixeira, Sálvio de Figueiredo (Coord.). Rio de Janeiro: Forense, 2011, p. 741.
1197. Silva, João Calvão da. Op. cit., p. 331.

sofre os temperamentos ou dulcificações que analisamos no subitem 3.3.2, "b.3", retro.[1198]

Entretanto, é sempre preciso ter em mente que a eficácia encoberta atinge apenas o montante dos atos descumpridos pelo excepto, jamais permitindo encobrir a eficácia de todos os atos já adimplidos do passado. João Pedro de Oliveira de Biazi didaticamente expõe o problema e confere a solução adequada:

> Em um contrato de prestação de serviços periódicos de contabilidade, por exemplo, o descumprimento da atividade mensal, por parte do contador, legitima o seu cliente a opor exceção de contrato não cumprido e se recusar a pagar o valor correspondente aos serviços daquele mês. O encobrimento da eficácia, aqui, não atingirá os meses anteriores, nos quais o serviço contábil foi regularmente prestado.[1199]

Outra questão diz respeito à oponibilidade da *exceptio* por incumprimentos *pretéritos* nos contratos de duração (no sentido de não se referirem às prestações atuais ou correntes).

O entendimento que prevalece é o de que a *exceptio* pode, sim, ser oposta nessas condições.[1200]

Assim, se a empresa "A" fornece, por exemplo, certa matéria-prima à empresa "B" de forma contínua, mediante pagamentos mensais, nada a impede de, no mês de agosto, optar por suspender o fornecimento enquanto não lhe forem pagas as faturas em aberto dos meses de fevereiro e março (cujo atraso até aquele momento ela havia tolerado em nome do bom relacionamento empresarial e das promessas reiteradas de pagamento dos representantes de "B"). Isso só não será possível se a tolerância do credor chegar ao ponto de configurar *suppressio* (ou seja, de ensejar na parte contrária a confiança legítima de que a exceção não mais será exercida).[1201]

A oponibilidade por débitos pretéritos é mais uma consequência da diretriz de considerar-se o sinalagma de forma unitária nos contratos de duração. Como sustenta Cristiano de Souza Zanetti, na hipótese comentada de o fornecido não ter adimplido prestações vencidas, referentes a meses anteriores, o "fornecedor pode

---

1198. Em relação aos serviços públicos essenciais, falou-se, naquele ponto, de três condições principais para autorizar a suspensão (ou seja, a oposição extrajudicial da *exceptio* pelo fornecedor): [i] necessidade de aviso prévio ao consumidor; [ii] o inadimplemento deve ser atual (isto é, que se refira ou se estenda ao mês corrente); [iii] a suspensão não pode acarretar lesão irreversível à integridade física do usuário.
   No que concerne aos contratos de serviços de assistência à saúde, por sua vez, o art. 13, parágrafo único, II, da Lei 9.656/98, só autoriza a suspensão do contrato (e, portanto, dos respectivos atendimentos) se o período de não-pagamento da mensalidade exceder "sessenta dias, consecutivos ou não, nos últimos doze meses de vigência do contrato, desde que o consumidor seja comprovadamente notificado até o quinquagésimo dia de inadimplência". Já o inciso seguinte proíbe, em qualquer hipótese, a suspensão do contrato "durante a ocorrência de internação do titular".
1199. Biazi, João Pedro de Oliveira de. Op. cit., p. 235.
1200. Nesse sentido, por exemplo: Abrantes, José João. Op. cit., p. 60; Serpa Lopes, Miguel Maria de. Op. cit., p. 280; Aguiar Jr., Ruy Rosado de. *Comentários ao novo Código Civil*, v. VI, t. II: da extinção do contrato (arts. 472 a 480). Teixeira, Sálvio de Figueiredo (Coord.). Rio de Janeiro: Forense, 2011, p. 741-742.
1201. Para o exame da *suppressio* aplicada à exceção de contrato não cumprido, vide subitem 2.3.2, "d".

invocar a exceção de contrato não cumprido para suspender o fornecimento, pois o pagamento do preço e a entrega das mercadorias, *consideradas em sua totalidade, estão em relação de reciprocidade.*"[1202]

Esta é a lição, igualmente, de Andreas Von Tuhr: "Assim, por exemplo, no contrato de fornecimento sucessivo, o vendedor, quando não se lhe paguem todas as prestações anteriores, poderá negar-se a seguir fornecendo mercadorias, ainda que se ofereça o preço por aquelas que agora se pretende entregar."[1203]

Se a obrigação é um processo, complementa Ruy Rosado de Aguiar Jr., ela deve ser vista e trabalhada como uma unidade nos contratos de duração, a admitir a oposição da exceção entre descumprimentos concernentes a períodos diversos.[1204] Cesare Massimo Bianca é ainda mais enfático ao destacar que "nos contratos de execução continuada ou periódica, cada parte pode recusar-se a executar a própria prestação se a outra não adimpliu *todas as prestações singulares já anteriormente vencidas*. A pluralidade de prestações não exclui a unitariedade da obrigação."[1205-1206]

Uma das características dos vínculos duradouros, afirma Clóvis V. do Couto e Silva, é "a maior consideração à pessoa, partícipe do vínculo, com maior intensidade de deveres, resultantes da concreção do princípio da boa-fé."[1207] Sob o prisma da boa-fé, portanto, também se impõe resguardar, por meio da exceção de contrato não cumprido, como já exemplificado acima, o interesse do credor que *tolerou* o inadimplemento pretérito da contraparte, seja porque este prometeu reiteradamente saldar o débito, seja por conta do interesse em manter um bom relacionamento pessoal ou empresarial. Quem assim agiu de boa-fé, no sentido objetivo, não pode ser impedido de se valer da exceção por débitos pretéritos, até porque o contrário seria privilegiar muito provavelmente a má-fé, agora em sentido subjetivo, da parte adversa.

Por fim, uma palavra acerca das *obrigações de não fazer*, as quais costumeiramente são contínuas.

Nas obrigações de não fazer, a recusa do obrigado significa que ele já fez, isto é, que já descumpriu. Se esse descumprimento for definitivo, não havendo mais

---

1202. Zanetti, Cristiano de Souza. Art. 476. In: *Comentários ao código civil*: Direito privado contemporâneo. Nanni, Giovanni Ettore (Coord.). São Paulo: Saraiva, 2019, p. 772.
1203. Von Thur, Andreas. *Tratado de las obligaciones*. Trad. W. Roces. Tomo II. Madrid: Editorial Reus S/A, 1934.
1204. Aguiar Jr., Ruy Rosado de. *Comentários ao novo Código Civil*, v. VI, t. II: da extinção do contrato (arts. 472 a 480). Teixeira, Sálvio de Figueiredo (Coord.). Rio de Janeiro: Forense, 2011, p. 743.
1205. Bianca, Cesare Massimo. *Diritto civile, t. III: Il contratto*. 2. ed. Milano: Giuffrè, 2000, p. 335.
1206. No que concerne à resolução, outro remédio sinalagmático, vale destacar uma peculiaridade dos contratos de duração: a irretroatividade do provimento. Quer isso dizer que, nesses contratos (periódicos e continuados), as prestações pretéritas já cumpridas não mais podem ser afetadas pelo inadimplemento das demais prestações, cujos vencimentos se lhes seguirem. O oposto, portanto, dos contratos instantâneos, em que a regra, na resolução, é o restabelecimento do *status quo ante*, com restituição do que já foi prestado (Serpa Lopes, Miguel Maria de. Op. cit., p. 280).
1207. Couto e Silva, Clóvis Veríssimo do. Op. cit., p. 165.

interesse do credor para o futuro na cessação da conduta, não caberá a exceção de contrato não cumprido.[1208]

Agora, nas obrigações de não fazer que se prolongam no tempo e admitem prestações periódicas ou continuadas, e a abstenção futura ainda interessa ao credor, é possível que o demandado, em que pese já tenha descumprido, excepcione alegando que não mais fará (isto é, que passará a cumprir a obrigação omissiva), desde que o autor também cumpra o que prometeu. Pense-se no exemplo de alguém que se obrigou contratualmente a não impedir a passagem pelo seu imóvel, mediante pagamento prévio de um valor mensal. Se o credor move ação para exigir passagem pelo local, o réu pode excepcionar alegando o não pagamento prévio pelo autor das prestações vencidas, dispondo-se a permitir mais uma vez a passagem desde que o autor efetue o pagamento do devido.[1209]

4.4 INCUMPRIMENTO DO EXCEPTO NÃO IMPUTÁVEL AO EXCIPIENTE, QUE ATINJA O NÚCLEO FUNCIONAL DO CONTRATO E GUARDE PROPORCIONALIDADE COM A PRESTAÇÃO QUE ESTÁ SENDO DEMANDADA

Primeiro, uma obviedade: para que a exceção seja cabível, é necessário inadimplemento do excepto.

Com a oposição da exceção busca-se assegurar que o excipiente não seja obrigado a prestar sem que o excepto tenha cumprido ou ao menos disponibilizado cumprimento. Logo, se o demandante já adimpliu ou ofereceu cumprimento, o remédio não pode ser invocado.

Em contrapartida, também é necessário que o excipiente não tenha cumprido, pois, do contrário, não haveria pretensão a ser encoberta pelo contradireito.

A situação, portanto, é de *dupla inadimplência*: do excipiente e do excepto.[1210]

No que concerne ao excepto, todavia, não basta qualquer inadimplemento.

Para que a exceção seja cabível, é imprescindível um incumprimento do excepto que atinja o núcleo funcional do contrato (isto é, sua causa concreta).

Com efeito, a invocação da exceção de contrato não cumprido, assim como dos demais remédios sinalagmáticos, só se legitima quando o descumprimento alegado pelo excipiente atinge o núcleo funcional do contrato constituído pela causa concreta – vale dizer, quando o descumprimento interfere significativamente na economia do negócio, trazendo prejuízo à satisfação do interesse útil do excipiente.

1208. Aguiar Jr., Ruy Rosado de. *Comentários ao novo Código Civil*, v. VI, t. II: da extinção do contrato (arts. 472 a 480). Teixeira, Sálvio de Figueiredo (Coord.). Rio de Janeiro: Forense, 2011, p. 775.
1209. Ibidem.
1210. Biazi, João Pedro de Oliveira de. Op. cit., p. 193.

Não importa, em princípio, a classe do dever (principal, secundário, instrumental ou de proteção), desde que ele integre o sinalagma, encontrando-se, por sua relevância, em linha de reciprocidade com o dever inadimplido pelo excipiente.

Este requisito sofre, ainda, a complementação de duas condições impostas pela função corretiva da boa-fé objetiva, já analisadas anteriormente.

A primeira delas: *que o incumprimento do excepto não seja imputável ao próprio excipiente.*

De fato, no subitem 3.3.2, "c", relacionamos como abusiva, incidindo no tipo de exercício inadmissível "Nemo auditur propriam turpitudinem allegans" ("a ninguém é dado alegar a própria torpeza"), a conduta do excipiente que, ao invocar a *exceptio*, aponta incumprimento da parte adversa que, na verdade, só pode ser imputado ao próprio excipiente (seja porque este recusou indevidamente a prestação ofertada pelo excepto [mora do credor], seja porque, por qualquer outra forma, impediu o cumprimento adequado por parte do excepto).

A segunda: *que a inexecução atribuída ao excepto guarde relação de proporcionalidade com a prestação que está sendo demandada do excipiente.*

Da mesma forma, no subitem 3.3.2, "b.2", relacionamos como abusiva, incidindo no tipo "desequilíbrio no exercício jurídico", a invocação da exceção de contrato não cumprido quando a inexecução atribuída ao excepto não guarde relação de proporcionalidade com a prestação que está sendo demandada do excipiente.

E tal análise de proporcionalidade deve se dar à luz da relevância de ambas para o atingimento da causa concreta – vale dizer, para que a oposição da exceção seja cabível, é preciso que a prestação descumprida pelo excepto ostente relevância semelhante para a promoção da causa concreta do contrato em cotejo com a prestação cuja exigibilidade o excipiente pretende suspender.[1211]

Incorporando estes dois limites derivados da boa-fé, o terceiro requisito do remédio pode ser assim sumarizado: um incumprimento do excepto, não imputável ao excipiente, que atinja o núcleo funcional do contrato representado pela causa concreta e que guarde relação de proporcionalidade adequada com a prestação que está sendo demandada do excipiente.

Tudo isso já foi dito aqui em pontos anteriores e não convém fazer repetições desnecessárias.

Este item traz a oportunidade de estudar a *exceptio non rite adimpleti contractus* – ou exceção de contrato não adequadamente cumprido – pois é justamente no âmbito desta que costumam surgir questionamentos acerca da relevância do inadimplemento do excepto e de sua proporcionalidade com o incumprimento do excipiente.

1211. Silva, Rodrigo da Guia. Novas perspectivas da exceção de contrato não cumprido: repercussões da boa-fé objetiva sobre o sinalagma contratual. *Revista de Direito Privado*, v. 78, jun. 2017, p. 52.

Antes, porém, de ingressar diretamente na *exceptio non rite adimpleti contractus*, mostra-se necessário, considerando que este requisito se refere ao *inadimplemento* do excepto, [i] traçar algumas linhas acerca dos contornos atuais do binômio adimplemento-inadimplemento e [ii] descrever as várias modalidades de inadimplemento, com o fito de identificar quais ofereceriam suporte, em tese, para a alegação da exceção de contrato não cumprido ou da exceção de contrato não adequadamente cumprido.

4.4.1 Configuração atual do binômio adimplemento-inadimplemento

Adimplemento é o cumprimento satisfatório, ponto por ponto (modo, forma, lugar, tempo, qualidade, quantidade etc.), das prestações que constituem o objeto da relação obrigacional.[1212] No decorrer deste item, serão empregados indistintamente, com esse sentido, os termos adimplemento, cumprimento e solução.[1213]

Verifica-se o incumprimento ou inadimplemento de uma obrigação, em contrapartida, sempre que a respectiva prestação deixa de ser efetuada em termos adequados, sob qualquer aspecto, vulnerando de alguma forma a satisfação do interesse do credor. Este conceito – bastante genérico, à evidência – é apenas um ponto de partida, abarcando várias modalidades que serão analisadas nos itens seguintes.[1214]

O adimplemento é o modo natural de extinção das obrigações.[1215] Nas palavras de João de Matos Antunes Varela, é o meio juridicamente predisposto pelas partes para a completa satisfação do interesse do credor, em linha com o que foi estabelecido no programa da relação.[1216] Existem, entretanto, outras formas de extinção das obrigações além do adimplemento, agregadas nos artigos 334 e seguintes do Código Civil, sendo que algumas delas proporcionam satisfação indireta do credor (*v.g.*, pagamento com sub-rogação, pagamento em consignação, dação em pagamento, compensação), enquanto outras não o fazem (*v.g.*, confusão, novação, remissão).[1217]

Como assevera Clóvis V. do Couto e Silva, na abertura de *A obrigação como processo*, a relação obrigacional "se encadeia e se desdobra em direção ao adimplemento, à satisfação dos interesses do credor. [...] O adimplemento atrai e polariza a obrigação.

1212. Schreiber, Anderson. *Manual de direito civil contemporâneo*. São Paulo: Saraiva, 2018, p. 333.
1213. O Código Civil também emprega com esse mesmo sentido o termo "pagamento", porém este é mais utilizado, na linguagem comum, para o cumprimento de obrigações pecuniárias (Gomes, Orlando. *Obrigações*. 15. ed. Rio de Janeiro: Forense, 2000, p. 88; Antunes Varela, João de Matos. *Das Obrigações em Geral*, v. II, 7. ed. Coimbra: Almedina, 2009, p. 14).
1214. Almeida Costa, Mário Júlio de. *Direito das obrigações*. 9. ed. Coimbra: Almedina, 2001, p. 965.
1215. Em contraste com o caráter duradouro dos direitos reais, as relações obrigacionais já nascem orientadas para sua extinção, sendo que a forma natural disso ocorrer é o adimplemento (Rosenvald, Nelson; Farias, Cristiano Chaves de. *Curso de direito civil – Obrigações*. 12. ed. Salvador: JusPodivm, 2018, p. 423).
1216. Antunes Varela, João de Matos. *Das Obrigações em Geral*, v. II. 7. ed. Coimbra: Almedina, 2009, p. 09.
1217. Acerca dessa distinção entre o adimplemento (arts. 304 a 333) e as outras formas de extinção das obrigações (arts. 334 e seguintes), vale destacar que o Título III, do Livro I, da Parte Especial, tem justamente a denominação "Do Adimplemento e Extinção das Obrigações".

É o seu fim."[1218] Apesar de todo o acento conferido historicamente pela doutrina ao momento da formação do contrato, fruto do primado ideológico da vontade, o ápice verdadeiro da obrigação é a fase de adimplemento. Afinal, o vínculo obrigacional, derivado de uma ou mais declarações de vontade, não é um fim em si mesmo: ele é apenas um instrumento técnico-jurídico para a satisfação dos interesses das partes, que são atingidos, em última análise, com o adimplemento.[1219]

Para que haja adimplemento, consoante Pedro Romano Martinez, o devedor tem de realizar a prestação a que está adstrito em respeito aos princípios da pontualidade e da boa-fé.[1220]

Pelo princípio da pontualidade, o cumprimento deve ajustar-se inteiramente à prestação devida, ponto por ponto, em todos os aspectos e não apenas no temporal.[1221] O princípio da pontualidade pode ser decomposto nos subprincípios da [i] correspondência ou identidade (o obrigado não se desonera, sem consentimento do credor, mediante prestação diversa da que é devida, ainda que de valor superior [art. 313 do CC]),[1222] da [ii] integralidade ou exatidão (o devedor não se desonera cumprindo menos do que o devido ou de forma imperfeita, em descompasso com o programa da relação) e da [iii] indivisibilidade (não pode o credor ser obrigado a receber, nem o devedor a pagar, por partes, se assim não se ajustou [art. 314 do CC][1223]).[1224] Ou, como pontua em síntese Caio Mário da Silva Pereira, o cumprimento deve observar "a identidade, a integralidade e a indivisibilidade, isto é: o *solvens* deve prestar o devido, todo o devido e por inteiro".[1225]

A exigência de identidade, integralidade e indivisibilidade tem como efeito que, pretendendo o devedor cumprir prestação diversa da devida, com imperfeição ou de forma fracionada, e recusando-se o credor a recebê-la (o que constitui direito seu), restará configurada a mora do devedor (e não do credor), quanto a toda a prestação e não apenas quanto à parte que o devedor não se propunha a cumprir prontamente ou de forma perfeita.[1226]

O segundo princípio do adimplemento é o da boa-fé objetiva. Ele estabelece novos contornos entre o adimplemento e o inadimplemento, tornando os limites

---
1218. Couto e Silva, Clóvis V. do. *A obrigação como processo*. Rio de Janeiro: Editora FGV, 2007, p. 17.
1219. Rosenvald, Nelson; Farias, Cristiano Chaves de. *Curso de direito civil – Obrigações*. 12. ed. Salvador: JusPodivm, 2018, p. 420-423.
1220. Martinez, Pedro Romano. *Cumprimento defeituoso: em especial na compra e venda e na empreitada*. Coimbra: Almedina, 2015, p. 107.
1221. Almeida Costa, Mário Júlio de. Op. cit., p. 929.
1222. Art. 313. O credor não é obrigado a receber prestação diversa da que lhe é devida, ainda que mais valiosa.
1223. Art. 314. Ainda que a obrigação tenha por objeto prestação divisível, não pode o credor ser obrigado a receber, nem o devedor a pagar, por partes, se assim não se ajustou.
1224. Martinez, Pedro Romano. Op. cit., p. 107; Antunes Varela, João de Matos. *Das Obrigações em Geral*, v. II. 7. ed. Coimbra: Almedina, 2009, p. 15.
1225. Silva Pereira, Caio Mário da. *Instituições de direito civil – v. II: Teoria geral das obrigações*. 28. ed. Rio de Janeiro: Forense, 2016, p. 183.
1226. Antunes Varela, João de Matos. *Das Obrigações em Geral*, v. II. 7. ed. Coimbra: Almedina, 2009, p.15.

entre um e outro mais fluidos, em atenção às circunstâncias concretas do caso.[1227] Nas sábias palavras de Adriano Paes da Silva Vaz Serra, a boa-fé objetiva aplicada ao cumprimento dos contratos impede que a obrigação sirva para se alcançarem resultados opostos aos que uma "consciência razoável poderia tolerar."[1228]

Naquilo que se relaciona com o adimplemento, destacam-se, entre as três funções operacionais da boa-fé objetiva (interpretativa, integrativa e de controle do exercício de posições jurídicas), as duas últimas. Com efeito, para que o adimplemento se ultime com a maior satisfação do credor e o menor sacrifício do devedor, alcançando-se a finalidade do projeto obrigacional, é fundamental não só estabelecer deveres acessórios de cooperação e lealdade entre as partes, mas também conter o exercício inadmissível ou disfuncional de posições jurídicas, especialmente por parte do credor (cujo interesse, embora seja a bússola da relação, também não pode ser atendido sempre, a todo custo, de forma tirânica). Nesse sentido, já tratando da inter-relação entre pontualidade e boa-fé, asseveram Nelson Rosenvald e Cristiano Chaves de Farias: "Enquanto a pontualidade (correspondência, exatidão e integralidade) gera contornos meramente formais ao cumprimento, a boa-fé é chamada a dar conteúdo material ao adimplemento, gerando deveres anexos, limitando o exercício de direitos e flexibilizando os excessos da pontualidade".[1229]

A definição quanto à ocorrência de adimplemento ou inadimplemento dependerá dessa inter-relação entre pontualidade e boa-fé objetiva. Nessa linha, não haverá adimplemento se a obrigação principal for cumprida à risca, mas, no decorrer da execução, forem violados deveres acessórios derivados da boa-fé objetiva. É o que se observa no exemplo trazido por Antunes Varela do pintor que insiste em executar o serviço na casa do credor, na data acordada, mesmo sabendo que sobre ele se abateu, naquele dia, verdadeira tragédia familiar.[1230] Ou, ainda, a situação do marceneiro que, apesar de executar a contento os serviços contratados, viola o dever de proteção aos interesses do credor, quebrando sem qualquer cuidado objetos de sua residência.

Em sentido oposto, deve-se reconhecer o adimplemento na hipótese de a prestação satisfazer plenamente o credor, atingindo a finalidade perseguida por ele com a constituição da relação, apesar de não executada em perfeita sintonia com os termos formais da avença (isto é, mesmo sem observância absoluta ao princípio da pontualidade). É o caso de quem reserva para locação um veículo popular, mas recebe, sem acréscimo de preço, um veículo "premium", dada a falta de disponibilidade do primeiro. A boa-fé também pode legitimar o cumprimento fracionado da obrigação, mesmo contra

---

1227. Rosenvald, Nelson; Farias, Cristiano Chaves de. *Curso de direito civil*: obrigações. 12. ed. Salvador: JusPodivm, 2018, p. 433-434.
1228. Vaz Serra, Adriano Paes da Silva. Objecto da obrigação. A prestação – suas espécies, conteúdo e requisitos. *Boletim do Ministério da Justiça (Portugal)*, n. 74, mar. 1958, p. 45.
1229. Rosenvald, Nelson; Farias, Cristiano Chaves de. *Curso de direito civil*: obrigações. 12. ed. Salvador: JusPodivm, 2018, p. 433.
1230. Antunes Varela, João de Matos. *Das Obrigações em Geral*, v. II. 7. ed. Coimbra: Almedina, 2009, p. 10.

a vontade do credor, quando se evidenciar que a recusa em receber não se apoia em qualquer interesse relevante, como no caso de uma prestação de entrega de grande quantidade de matéria-prima, que será consumida pelo credor aos poucos, no decorrer de longo período.[1231] Em todos estes casos, como se percebe, a boa-fé objetiva atua no sentido de flexibilizar os excessos do princípio da pontualidade.

Nessa nova perspectiva, a definição quanto à ocorrência de adimplemento ou inadimplemento não é mais meramente *estrutural* – se a prestação principal foi cumprida ou não em exata consonância com o título obrigacional – recebendo, ao invés, uma leitura *funcionalizada*, à luz dos propósitos efetivamente perseguidos pelas partes com a constituição da específica relação obrigacional.[1232] Se a relação obrigacional, como destacado por Clóvis V. do Couto e Silva, se encadeia e se desdobra em direção à satisfação dos interesses do credor (esse é seu fim, sua função), cumpre averiguar sempre, em concreto, se tais interesses foram ou não satisfeitos, daí podendo resultar as duas situações-limite acima ilustradas: [i] que não tenha havido adimplemento, mesmo quando a prestação principal foi executada ponto por ponto, mas foram violados deveres acessórios; [ii] que tenha havido adimplemento, mesmo se a prestação não foi executada em perfeita sintonia com os termos formais da avença, mas o interesse do credor foi satisfeito na essência.

4.4.2 A patologia da relação obrigacional: o inadimplemento em suas várias modalidades

Muitas obrigações – a grande maioria, arrisca-se dizer – extinguem-se pela forma natural, qual seja o adimplemento. Outras irão se extinguir pelas formas alternativas

---

1231. Ibidem. Mário Júlio de Almeida Costa dá outro exemplo, na mesma linha: se o devedor oferece praticamente a totalidade da prestação e nenhum dano resulta para o credor pelo não recebimento imediato da diferença (embora permaneça, evidentemente, credor desta). O que se busca afastar, em suma, segundo o autor, é a recusa da prestação parcial que signifique puro arbítrio ou capricho (Almeida Costa, Mário Júlio de. Op. cit., p. 931-932).

1232. Silva, Rodrigo da Guia. Novas perspectivas da exceção de contrato não cumprido: repercussões da boa-fé objetiva sobre o sinalagma contratual. *Revista de Direito Privado*, v. 78, jun/2017, p. 44-45; Schreiber, Anderson. *Manual de direito civil contemporâneo*. São Paulo: Saraiva, 2018, p. 333 e 347. O último autor, em outro texto, identifica o adimplemento com o atendimento da função concreta do negócio: "O que o adimplemento exige [...] é o atendimento à causa do contrato. [...] Se o comportamento do devedor alcança aqueles efeitos essenciais que, pretendidos concretamente pelas partes com a celebração do negócio, mostram-se merecedores de tutela jurídica, tem-se o adimplemento da obrigação, independentemente da satisfação psicológica ou não do credor. [...] É o atendimento a essa função concreta do negócio, e não mais o cumprimento meramente estrutural da prestação principal contratada, que define o adimplemento, em sua visão contemporânea." (Schreiber, Anderson. *A tríplice transformação do adimplemento (adimplemento substancial, inadimplemento antecipado e outras figuras)*. In: Direito civil e Constituição. São Paulo: Atlas, 2013. p. 107-08) Na mesma toada, João de Matos Antunes Varela destaca que mais importante do que o cumprimento exato dos termos da obrigação é a efetiva satisfação dos interesses que justificaram sua criação: "Mais do que o respeito *farisaico* da fórmula na qual a obrigação ficou condensada, interessa a colaboração *leal* na satisfação da necessidade a que a obrigação se encontra adstrita. Por isso ele se deve ater não só à *letra*, mas principalmente ao *espírito* da relação obrigacional." (*Das Obrigações em Geral, v. II*. 7. ed. Coimbra: Almedina, 2009, p. 12).

dos artigos 334 e seguintes do Código Civil (v.g., pagamento com sub-rogação, pagamento em consignação, dação em pagamento, compensação, confusão, novação, remissão).

O inadimplemento constitui, nas palavras de Agostinho Alvim, o estado patológico da fase de execução das obrigações, e, como tal, é "exceção ao estado fisiológico, ou normal", representado pelo adimplemento. Não obstante, aduz, é tal a frequência da enfermidade que se fez necessário dedicar-lhe toda uma obra: o clássico "Da inexecução das obrigações e suas consequências".[1233]

A maioria dos diplomas normativos – entre os quais os Códigos Alemão, Italiano, Francês e Brasileiro – trata, ao menos de forma expressa, de apenas duas modalidades de incumprimento: o definitivo e a mora.[1234] Começaremos nossa abordagem por estas duas modalidades, que são as mais tradicionais, até para que fique mais claro, adiante, o campo específico da terceira categoria (o cumprimento defeituoso ou violação positiva do contrato – isso se não se entender que tais conceitos diferem entre si, o que abriria espaço para o reconhecimento de uma quarta categoria).

a) Inadimplemento definitivo e mora

O inadimplemento definitivo (também dito absoluto) configura-se nos casos em que a prestação assumida deixou de ser realizável, seja porque se tornou materialmente impossível, seja porque já não interessa mais ao credor.[1235] A análise da persistência ou não do interesse do credor deve ser objetiva, não podendo depender de seu puro arbítrio.[1236]

Se o inadimplemento definitivo é imputável ao devedor, ele habilita o credor a pleitear a resolução do contrato, bem como a requerer perdas e danos, a cláusula penal ou as arras, conforme o caso. Se, porém, a impossibilidade de a prestação decorrer de fator externo, alheio ao devedor (v.g., caso fortuito, força maior, conduta do próprio credor), a obrigação extingue-se simplesmente, liberando o devedor.[1237]

Já a mora configura-se nos casos em que o incumprimento é não definitivo, por ser a prestação ainda materialmente possível e útil para o credor, ainda que extemporânea.[1238] A mora pode decorrer de fato imputável ao devedor, ao credor ou a

---

1233. Alvim, Agostinho Neves de Arruda. *Da inexecução das obrigações e suas consequências*. 4. ed. Saraiva: São Paulo, 1972, p. 03.
1234. Martinez, Pedro Romano. Op. cit., p. 107.
1235. Martins-Costa, Judith. *Comentários ao novo Código Civil*, v. V, t. II: do inadimplemento das obrigações (arts. 389 a 420). Teixeira, Sálvio de Figueiredo (Coord.). Rio de Janeiro: Forense, 2009, p. 108–09; Almeida Costa, Mário Júlio de. Op. cit., p. 966.
1236. Martinez, Pedro Romano. Op. cit., p. 111; Schreiber, Anderson. *Manual de direito civil contemporâneo*. São Paulo: Saraiva, 2018, p. 348; Almeida Costa, Mário Júlio de. Op. cit., p. 966.
1237. Martins-Costa, Judith. *Comentários ao novo Código Civil*, v. V, t. II: *Do inadimplemento das obrigações (arts. 389 a 420)*. Teixeira, Sálvio de Figueiredo (Coord.). Rio de Janeiro: Forense, 2009, p. 108-109.
1238. Ibidem, p. 108-109. Mário Júlio de Almeida Costa refere que a mora pode transformar-se em inadimplemento definitivo quando, no seu transcorrer, desaparecer o interesse do credor na prestação tardia. Acres-

nenhum deles (como sucede, por exemplo, quando um fato da natureza bloqueia a única estrada existente para o transporte do bem ou na hipótese de ser imposto pelo governo do país um embargo à importação do produto).[1239]

Na imensa maioria dos países de tradição romano-germânica (Portugal e Alemanha, inclusive), a definição de mora é exclusivamente temporal. Mora, nesses ordenamentos, significa apenas retardo, demora, extemporaneidade.[1240]

No Direito brasileiro, por sua vez, consoante a definição do art. 394 do Código Civil, "considera-se em mora o devedor que não efetuar o pagamento e o credor que não quiser recebê-lo no *tempo, lugar e forma* que a lei ou a convenção estabelecer." Em nosso ordenamento, portanto, o conceito de mora também abrange, além do atraso puro e simples, o cumprimento efetuado com falha no tocante à forma ou ao lugar estabelecidos no título.[1241]

Diante dessa definição mais ampla, não são poucos os autores que advogam a tese de que, no Direito brasileiro, a mora abrange quaisquer situações em que a prestação não é cumprida de modo exato, o que tornaria despiciendo o apelo às construções doutrinárias do cumprimento defeituoso e da violação positiva do contrato. Nessa linha, por exemplo, leciona Anderson Schreiber:

> Dois fatores depõem contra a importação da violação positiva do contrato ao direito brasileiro. Primeiro fator é a amplitude da nossa definição legal de mora, a qual [...] transcende a mera questão temporal, para abranger a não realização do pagamento "no tempo, lugar e forma que a lei ou a convenção estabelecer" (art. 394), podendo-se extrair da alusão à *forma* a interpretação de que somente se considera efetuado o pagamento quando efetuado no modo devido, ou seja, quando bem efetuado, tudo a revelar que o mau cumprimento da prestação configura, entre nós, mora, ao menos enquanto puder ser corrigido. O segundo fator é a existência entre nós de uma disciplina normativa do cumprimento inexato em setores específicos do Código Civil: ora em termos mais gerais, como nos vícios redibitórios (arts. 441-445), ora em tipos contratuais determinados, como nos contratos de empreitada e de transporte (arts. 618, 754 etc.).[1242]

---

        centa, ainda, que, no Direito português especificamente, a mora também se converte em inadimplemento definitivo, por expressa disposição legal, se o devedor moroso não cumpre a prestação dentro de um prazo adicional fixado pelo credor (Op. cit., p. 966).

1239. Antunes Varela, João de Matos. *Das Obrigações em Geral*, v. II. 7. ed. Coimbra: Almedina, 2009, p. 64; Almeida Costa, Mário Júlio de. Op. cit., p. 966.

1240. Steiner, Renata C. *Descumprimento contratual*: Boa-fé e violação positiva do contrato. São Paulo: Quartier Latin, 2014, p. 154; Ferreira da Silva, Jorge Cesa. *A boa-fé e a violação positiva do contrato*. Rio de Janeiro: Renovar, 2002, p. 144. A definição clássica – mora é o retardamento culposo no pagar o que se deve, ou no receber o que é devido (*"Mora est dilatio culpa non carens debiti solvendi, vel credito accipiendi"*) – consagra esse sentido mais restrito do termo (Alvim, Agostinho Neves de Arruda. Op. cit., p. 10).

1241. Alvim, Agostinho Neves de Arruda. Op. cit., p. 10.

1242. Schreiber, Anderson. *Manual de direito civil contemporâneo*. São Paulo: Saraiva, 2018, p. 357. Em sentido semelhante, ver: Valverde Terra, Aline de Miranda. A questionável utilidade da violação positiva do contrato no direito brasileiro. *Revista de Direito do Consumidor*, v. 101, set.-out. 2015, p. 181–205; Biazi, João Pedro de Oliveira de. Op. cit., p. 199. O último autor assevera inclusive que o cumprimento defeituoso "será mora ou inadimplemento definitivo, a depender da aferição da sobrevivência do interesse útil do credor no efetivo cumprimento." (Ibidem, p. 200).

Esse raciocínio, porém, merece algumas ressalvas.

Primeiro, porque, apesar da menção à "forma" e ao "lugar" de cumprimento da obrigação no art. 394 do Código Civil, estes fatores não estão em paridade de importância com o elemento "tempo". Basta pensar que o devedor que descumprir a obrigação no tocante à forma ou ao lugar poderá efetuar novas tentativas de solução até o momento do vencimento, sendo que só a partir de então deverá ser tido como em estado de mora. Ou, dito de outra forma, só incidirão os efeitos típicos da mora (exigibilidade da prestação, perdas e danos, modificação da alocação dos riscos etc.), para o devedor que se furtar a cumprir no local e forma ajustados, se a falta também importar em atraso no cumprimento da prestação.[1243]

Segundo, porque, como aponta Ruy Rosado de Aguiar Jr., a referência de nossa lei à forma e ao lugar da prestação, ao dispor sobre a mora, não exaure as hipóteses comumente tratadas, na doutrina internacional, sob as denominações de cumprimento defeituoso e violação positiva do contrato. Para tanto, seria necessário que o art. 394 tivesse feito menção também ao "modo" de cumprimento da obrigação e à violação dos deveres acessórios e de proteção decorrentes da boa-fé objetiva.[1244]

Terceiro, e talvez mais relevante, porque existe, como se verá, uma diferença de natureza e sobretudo de efeitos entre a mora propriamente dita (cujo núcleo não deixa de ser temporal, como explicado) e as situações de adimplemento ruim (em que o obrigado cumpriu, porém de forma incorreta), não sendo conveniente, para fins de classificação dogmática e de solução dos problemas concretos, abarcar tudo sob a alcunha de mora.

Se as situações de inadimplemento não se esgotam nas modalidades de incumprimento definitivo e mora, mesmo considerando a definição ampla do art. 394 do CC, cumpre avaliar qual seria a melhor forma de classificar as hipóteses restantes.

b) Cumprimento defeituoso e violação positiva do contrato. Abrangência dos conceitos. Efeitos

A doutrina portuguesa, em geral, trata de três tipos distintos de inadimplemento: incumprimento definitivo, mora e cumprimento defeituoso. Os dois primeiros constam expressamente do Código Civil, o último decorre de criação doutrinária e jurisprudencial.[1245]

1243. Rosenvald, Nelson; Farias, Cristiano Chaves de. *Curso de direito civil*: Obrigações. 12. ed. Salvador: JusPodivm, 2018, p. 574. Nessa linha, afirma Jorge Cesa Ferreira da Silva: "As hipóteses vinculadas ao lugar e à forma da prestação, assim, somente ensejarão mora na medida em que provocarem atraso no prestar ou no receber a prestação, ou seja, não são elas suficientes, individualmente, para caracterizar a mora." (Op. cit., p. 146).
1244. Aguiar Jr., Ruy Rosado de. *Extinção dos contratos por incumprimento do devedor*. 2. ed. Rio de Janeiro: AIDE Editora, 2004, p. 125.
1245. Martinez, Pedro Romano, p. 108; Almeida Costa, Mário Júlio de. Op. cit., p. 966.

Na mesma linha, o BGB também consagrou duas formas de inadimplemento: o definitivo e a mora. Doutrina e jurisprudência criaram uma terceira: a violação positiva do contrato.[1246]

Mas qual seria a extensão desses dois conceitos (cumprimento defeituoso e violação positiva do contrato)? Há coincidência plena entre eles? É o que se pretende agora averiguar.

António Menezes Cordeiro leciona que o cumprimento defeituoso ou imperfeito abrangeria, a princípio, dois grupos de situações: a) realização inexata da prestação principal (por insuficiência, má qualidade, desconformidade com o pactuado etc.); b) violação de deveres oriundos da boa-fé objetiva (a englobar tanto o que denominamos, no subitem 3.1.3, deveres anexos, como os ditos de proteção).[1247]

João de Matos Antunes Varela, na mesma toada, assevera que o cumprimento defeituoso abarcaria tanto situações em que a prestação principal foi cumprida com inexatidão (*v.g.*, por má qualidade, ausência de correspondência integral com o que foi ajustado), como também casos em que a prestação foi cumprida com violação de deveres laterais derivados da boa-fé.[1248]

Mário Júlio de Almeida Costa também remete a essas mesmas duas hipóteses (execução defeituosa e ofensa a deveres laterais), porém diferentemente de Menezes Cordeiro, exclui do conceito de cumprimento defeituoso as situações de mera inexatidão *quantitativa*, pois aí o problema, no seu entender, seria de incumprimento definitivo *parcial* ou de mora *parcial*, a depender da possibilidade e do interesse na complementação tardia.[1249] Parece-nos que a razão neste ponto está efetivamente com Mário Júlio de Almeida Costa, desde que observada a ressalva feita por Pedro Romano Martinez: para que isso seja verdadeiro, é preciso que a quantidade faltante não afete a totalidade (ou seja, que o cumprimento parcial implique uma correlativa e proporcional satisfação do interesse do credor).[1250]

Mário Júlio de Almeida Costa acrescenta, como elemento individualizante do cumprimento defeituoso, a natureza específica dos danos causados ao credor: tra-

---

1246. Martinez, Pedro Romano, p. 110; Antunes Varela, João de Matos. *Das Obrigações em Geral*, v. II. 7. ed. Coimbra: Almedina, 2009, p. 126.
1247. Menezes Cordeiro, António. *Tratado de direito civil, v. IX – Direito das obrigações*: cumprimento e não-cumprimento, transmissão, modificação e extinção. 3. ed. Coimbra: Almedina, 2017, p. 420.
1248. Antunes Varela, João de Matos. *Das Obrigações em Geral*, v. II. 7. ed. Coimbra: Almedina, 2009, p. 65 e 130.
1249. Almeida Costa, Mário Júlio de. Op. cit., p. 987-988.
1250. Martinez, Pedro Romano, Op. cit., p. 127. Suponhamos que o devedor se obrigou a pagar 100, mas, até o vencimento, pagou apenas 80 (tendo o credor aceitado receber apenas uma parte do débito). Se os 80 trouxeram uma correlativa satisfação do interesse do credor, não afetando seu interesse na totalidade do contrato, a falta dos 20 significa *mora parcial* (se o pagamento tardio ainda for materialmente possível e interessar ao credor) ou *inadimplemento definitivo parcial* (se o pagamento dos 20 tornou-se impossível ou não mais interessar ao credor). Agora, se a falta dos 20 tornou inúteis inclusive os 80 anteriormente recebidos, afetando a totalidade do contrato, aí faz sentido pensar em cumprimento imperfeito, mesmo que por um defeito quantitativo, podendo abrir as portas inclusive para um pedido de resolução do contrato, para restituir as partes, no caso, ao *status quo ante*, sem prejuízo evidentemente das perdas e danos.

ta-se necessariamente de danos que o credor não sofreria se o devedor não tivesse cumprido – embora mal – a prestação. Dito de maneira diversa, trata-se de danos decorrentes não da falta total ou parcial da prestação (como ocorre no incumprimento definitivo e na mora), mas derivados do fato de o devedor ter prestado com vícios e deficiências. E, partindo dessa premissa, exemplifica: i) o vendedor que entrega animais doentes que contagiam outros que o comprador tem nos seus estábulos; ii) o comerciante que fornece gêneros deteriorados que o cliente consome, com prejuízo para sua saúde; iii) o contador que organiza, no prazo que lhe foi estabelecido, um balanço errado da empresa, o qual leva a gerência a tomar decisões ruinosas; iv) o empreiteiro que executa adequadamente a tarefa para a qual foi contratado, mas, ao fazê-lo, danifica móveis da contraparte ou lança uma ponta de cigarro que provoca um incêndio no imóvel. Ora, é fato que todos os danos causados nessas circunstâncias não emergiriam como consequências da pura inércia ou demora em prestar – pelo contrário, são próprios, na verdade, de um prestar ruinoso.[1251]

Pedro Romano Martinez, em monografia específica sobre o tema, assevera que o cumprimento defeituoso depende do preenchimento de quatro condições, a saber: a) ter o devedor realizado a prestação com violação ao princípio da pontualidade; b) ter o credor aceitado a prestação por desconhecer a desconformidade ou conhecendo-a, apondo uma reserva; c) mostrar-se o defeito relevante, pois *"de minimis non curat praetor"*; d) que tenham sido causados "danos típicos", compreendidos estes como danos distintos daqueles que o credor sofreria como efeito do incumprimento definitivo ou da mora.[1252]

O cumprimento defeituoso, nessa acepção ampla conferida pela doutrina portuguesa, abrangendo não apenas hipóteses de prestação cumprida de forma falha, mas também situações de danos causados com violação de deveres laterais derivados da boa-fé objetiva, praticamente se confunde, como se verá a seguir, com a violação positiva do contrato, conforme *originariamente* pensada na Alemanha.

Cabe, então, agora, passar à violação positiva do contrato.

A doutrina da violação positiva do contrato foi criada no início do século XX (1902) por Hermann Staub, jurista alemão, que reconheceu a existência de uma lacuna na regulamentação do inadimplemento do BGB: um grupo de situações que não eram reconduzíveis nem ao inadimplemento definitivo, nem à mora, mas que reclamavam soluções semelhantes em termos de resolução do contrato, indenização e invocação da exceção de contrato não cumprido. O dano, nesses casos, não advinha nem da falta do cumprimento, nem de seu atraso, mas das deficiências da prestação efetuada (que era realizada, porém não como se impunha).[1253]

1251. Almeida Costa, Mário Júlio de. Op. cit., p. 987-988.
1252. Martinez, Pedro Romano, Op. cit., p. 118-124.
1253. Almeida Costa, Mário Júlio de. Op. cit., p. 986; Antunes Varela, João de Matos. *Das Obrigações em Geral*, v. II. 7. ed. Coimbra: Almedina, 2009, p. 126. Explica António Menezes Cordeiro que o BGB, em sua redação original, regulava no §280 a obrigação de indenizar nos casos de inadimplemento definitivo e no §286 a

Em suma: o aspecto patológico de tais situações não consistiria em uma violação *negativa* do dever de prestar (na sua omissão definitiva e irremediável ou na sua omissão temporária e remediável), mas em um defeito da prestação efetivamente realizada.[1254] É o caso clássico do contrato de transporte do cavalo de corrida, que é entregue no lugar e prazo combinados, mas, por falta de cuidado, chega exausto ao destino, prejudicando seu desempenho no grande prêmio. Ou do médico que cura o paciente, mas o faz por meio de tratamento extremamente doloroso, quando havia outros, na literatura médica, igualmente eficazes e menos dolorosos. Nessas duas situações, há adimplemento ruim, insatisfatório, o que é completamente diferente de não entregar o cavalo ou entregá-lo atrasado, bem como de não tratar o paciente ou aplicar-lhe tratamento equivocado.[1255]

O conceito original também engloba atos causadores de danos, que, embora não diretamente relacionados ao objeto da prestação, a qual pode inclusive ter sido realizada a contento, resultam da violação de deveres de proteção. É o exemplo, lembrado por Ruy Rosado de Aguiar Jr., do reformador de telhado que, depois de efetuar o reparo, tendo cumprido bem o serviço contratado, deixa uma ponta de cigarro que produz incêndio na estrutura de madeira do imóvel, descumprindo o dever de proteção.[1256]

A denominação violação positiva do contrato, contudo, viria a sofrer fortes críticas, sob a constatação de que, embora tal fenômeno esteja relacionado a prestações efetivamente realizadas (daí a "positividade" que aparentemente se pretendia realçar), nem sempre o descumprimento propriamente dito resulta de um comportamento positivo – de um *facere* – decorrendo muitas vezes, na verdade, da omissão no cumprimento de deveres oriundos da boa-fé, em sua função nomogenética.[1257] É o que se observa no exemplo aludido do transporte do cavalo, no qual o transportador

---

obrigação de indenizar nos casos de danos derivados da mora. Em contrapartida, o BGB nada dispunha, expressamente, quanto aos casos, comuns na prática, em que o devedor [i] realizava a prestação devida, porém de modo imperfeito, ou [ii] fazia o que devia omitir (em termos de causação de danos, por violação a deveres acessórios) (*Tratado de direito civil, v. IX – Direito das obrigações*: cumprimento e não-cumprimento, transmissão, modificação e extinção. 3. ed. Coimbra: Almedina, 2017, p. 409).

1254. Antunes Varela, João de Matos. *Das Obrigações em Geral*, v. II. 7. ed. Coimbra: Almedina, 2009, p. 127.
1255. Rosenvald, Nelson; Farias, Cristiano Chaves de. *Curso de direito civil*: Obrigações. 12. ed. Salvador: JusPodivm, 2018, p. 598.
1256. Aguiar Jr., Ruy Rosado de. *Extinção dos contratos por incumprimento do devedor*. 2. ed. Rio de Janeiro: AIDE Editora, 2004, p. 124. Na formulação original de Hermann Staub, a violação positiva do contrato abrangia sete situações típicas: i) violação de deveres de omissão; ii) violação de deveres de cuidado e proteção; iii) violação de deveres de informação e sigilo; iv) inadimplemento antecipado; v) *culpa post factum finitum*; vi) cumprimento defeituoso; vii) quando há prestações sucessivas e ocorre uma falha no dever de entrega. Como se percebe, estavam englobados no conceito todos os casos de danos não advindos de omissão do cumprimento ou de atraso (Martins-Costa, Judith. *Comentários ao novo Código Civil, v. V, t. II*: do inadimplemento das obrigações [arts. 389 a 420]. Sálvio de Figueiredo Teixeira [coord.]. Rio de Janeiro: Forense, 2009, p. 226-227).
1257. Aguiar Jr., Ruy Rosado de. *Extinção dos contratos por incumprimento do devedor*. 2. ed. Rio de Janeiro: AIDE Editora, 2004, p. 125.

omitiu-se no cumprimento de deveres anexos da relação, vulnerando expectativas legítimas do credor.

Posteriormente, a evolução operada na doutrina da violação positiva do contrato, especialmente com Heinrich Stoll, viria a promover um "enxugamento" do conceito, restringindo-o às hipóteses de danos causados por ofensa a deveres de *proteção*.[1258]

Heinrich Stoll parte da distinção, já aqui trabalhada (subitem 3.1.3., "a"), entre interesses de prestação e de proteção. Os primeiros estão diretamente relacionados ao adequado cumprimento da prestação principal, objetivando proporcionar a satisfação adequada do credor. Os últimos, por sua vez, trazem consigo a ideia de que, no contexto de confiança gerado no desenrolar da relação obrigacional, danos podem ocorrer, sendo que a boa-fé objetiva atua justamente no sentido de cominar deveres de não os causar (deveres de proteger os interesses da contraparte, a fim de evitar que esta sofra danos).[1259]

Para Heinrich Stoll, apenas a ofensa a interesses de proteção, resguardados por deveres de proteção, configuraria verdadeiramente violação positiva do contrato. A ofensa a interesses e deveres de prestação, por sua vez, poderia ser reconduzida às categorias do inadimplemento definitivo ou da mora. Explica, nesse sentido, a professora Judith Martins-Costa, adepta desta visão mais restrita do conceito:

> Desde então se passou a atentar para a ocorrência de danos que não estão vinculados nem à ausência de prestação, nem sequer à forma que eventualmente fez defeituosa a prestação, mas ao modo como são cumpridos (ou não) os deveres de proteção em vista da *finalidade* da obrigação para a qual estão instrumentalizados, é dizer: para que se atinja o mais eficazmente o resultado esperado sem causar danos à outra parte e a terceiros. Assim, se alguém executa uma prestação de tal modo que cause dano injusto ao credor em razão da relação estará violando positivamente o crédito, pois o devedor falha à permanência na cooperação e assim exclui a confiança, ou quebra a continuidade mesma do interesse.

Fato é que, sob essa nova ótica, derivada do pensamento de Heinrich Stoll, que parece ganhar espaço na doutrina brasileira, como se observa, por exemplo, nas obras de Judith Martins-Costa, Renata C. Steiner e Jorge Cesa Ferreira da Silva, já citadas no decorrer desse trabalho, não se enquadram mais no conceito de violação positiva do contrato, nem [i] a hipótese de realização inexata da prestação principal (por insuficiência, má qualidade, desconformidade com o pactuado etc.), nem [ii] a hipótese de cumprimento insatisfatório por violação de dever anexo (também decorrente da boa-fé objetiva, mas relacionado a interesse de prestação).

Em tal contexto, deixa de existir também simetria entre a doutrina portuguesa do cumprimento imperfeito e a doutrina alemã da violação positiva do contrato.

1258. Menezes Cordeiro, António. *Tratado de direito civil*, v. IX – *Direito das obrigações*: cumprimento e não-cumprimento, transmissão, modificação e extinção. 3. ed. Coimbra: Almedina, 2017, p. 417.
1259. Ibidem; Martins-Costa, Judith. Op. cit., p. 227.

Finalizada esta análise das modalidades de inadimplemento, é hora de relacioná-las com a exceção de contrato não cumprido.

4.4.3 Inadimplemento definitivo do excepto e exceção de contrato não cumprido

O inadimplemento definitivo configura-se, como visto, nos casos em que a prestação assumida deixou de ser realizável, seja porque se tornou materialmente impossível, seja porque já não interessa mais ao credor.[1260]

Em rigor, a exceção de contrato não cumprido é remédio que *não interessa* ao demandado em caso de inadimplemento definitivo do demandante.[1261]

Afinal, inexiste possibilidade de o excepto complementar ou corrigir a prestação, pressuposto vinculado à própria natureza do remédio. A solução, nesses casos, na hipótese de o demandante insistir em exigir o cumprimento, é o demandado pleitear, em reconvenção, a depender da situação, [i] a declaração judicial de que o contrato está resolvido (se houver cláusula resolutiva expressa) ou a sua resolução por sentença (se não houver), com eventuais perdas e danos (caso o inadimplemento seja imputável ao demandante), ou o [ii] reconhecimento de que o vínculo extinguiu-se em decorrência de fator externo alheio ao demandante (*v.g.*, caso fortuito, força maior), que ensejou a impossibilidade do cumprimento (art. 234 do Código Civil).[1262]

Daí porque pertinentes as questões colocadas por Rafael Villar Gagliardi:

> No entanto, considerando o efeito meramente dilatório próprio da exceção analisada, surge uma indagação: Qual seria a utilidade da oposição da exceção, já que a contraprestação atingida pelo inadimplemento absoluto, por definição, nunca poderia ser realizada? Até quando duraria o efeito dilatório atribuído à exceção sob enfoque? Naturalmente, em caso de inadimplemento

---

1260. Martins-Costa, Judith. *Comentários ao novo Código Civil*, v. V, t. II: do inadimplemento das obrigações (arts. 389 a 420). Teixeira, Sálvio de Figueiredo (Coord.). Rio de Janeiro: Forense, 2009, p. 108-109; Almeida Costa, Mário Júlio de. Op. cit., p. 966.
1261. Abrantes, José João. Op. cit., p. 85; Aguiar Jr., Ruy Rosado de. *Comentários ao novo Código Civil*, v. VI, t. II: da extinção do contrato (arts. 472 a 480). Teixeira, Sálvio de Figueiredo (Coord.). Rio de Janeiro: Forense, 2011, p. 782-783; Assis, Araken de. Op. cit., p. 671.
1262. Na hipótese de a resolução ter se dado por cláusula resolutiva expressa, sem danos ao demandado, e na hipótese de impossibilidade não imputável ao demandado, a reconvenção, em rigor, seria até mesmo desnecessária, bastando o argumento, em contestação, de que o demandante não pode mais exigir sua prestação, pois o contrato foi resolvido (no primeiro caso) ou foi atingido pela caducidade (no segundo).
Vale lembrar que, conforme ressai do Enunciado 435 do Conselho da Justiça Federal, "a cláusula resolutiva expressa produz efeitos extintivos independentemente de pronunciamento judicial." De qualquer forma, impende considerar que ela não é automática, salvo se houver previsão expressa nesse sentido, dependendo em regra do *exercício do direito potestativo* pela parte interessada, ainda que extrajudicialmente, no sentido de resolver a relação. Isso decorre da possibilidade de o credor optar por, ao invés de desconstituir o negócio jurídico, demandar o cumprimento da prestação (se o inadimplemento não for absoluto, evidentemente). Situação semelhante à *exceptio*, que precisa ser exercida efetivamente, ainda que em sede extrajudicial (não bastando a configuração de seus requisitos) (Rosenvald, Nelson; Farias, Cristiano Chaves de. *Curso de direito civil, v. IV – Contratos*: teoria geral e contratos em espécie. 9. ed. Salvador: Editora JusPodivm, 2019, p. 614).

absoluto, a suspensão da exigibilidade da obrigação da parte excipiente se torna definitiva e, portanto, extrapola-se o campo das defesas meramente dilatórias.[1263]

Embora a exceção não interesse ao demandado em relação às obrigações originais do contrato, ela tem total pertinência, por outro lado, se concretizada a resolução da avença ou sua caducidade, quanto às *obrigações de restituição* daí derivadas (quando se estabelece o chamado "sinalagma invertido", de que tratamos no subitem 4.2.3).

Voltando às obrigações originais do contrato, apesar de a exceção, pelas razões já expostas, não interessar ao demandado nas situações de inadimplemento definitivo, cabe indagar como o magistrado deve proceder se o demandado ainda assim a deduz em contestação. Neste ponto, convém examinar três situações. **(1)** Se a prestação se tornou impossível por fato inimputável ao demandante, o contrato já se extinguiu desde então *ipso iure* (art. 234 do CC), independentemente de qualquer exercício extrajudicial de direito formativo. Nessas condições, a exceção não só não "interessa" ao demandado, como é logicamente inadmissível, pois não existem mais nem a pretensão a ser encoberta, nem a pretensão contrária sobre a qual se alicerça o contradireito (lembrando que a exceção de contrato não cumprido é do tipo dependente). Nesse caso, o juiz deve ignorar a exceção e reconhecer a extinção do vínculo, pura e simplesmente, para julgar improcedente a demanda. **(2)** Idem se o contrato contém cláusula resolutiva expressa e o direito de resolver já foi exercido extrajudicialmente em momento anterior. Aqui também não há mais crédito a encobrir ou contradireito. **(3)** Se, todavia, inexistir cláusula resolutiva expressa ou esta não tiver sido exercida extrajudicialmente pelo demandado (nem o for na própria contestação), e o demandado não tiver formulado os pedidos reconvencionais cabíveis (de resolução ou de declaração da resolução havida, respectivamente), limitando-se a arguir a *exceptio* em contestação, pensamos que, em nome da instrumentalidade do processo, a resposta deve ser admitida. Afinal, embora o remédio *não interesse* ao demandado nessas circunstâncias, por não haver possibilidade de o excepto complementar ou corrigir a prestação (finalidade do instituto, em última análise), é fato que injustiça ainda maior haveria se, rejeitando-se formalmente a exceção, o demandado ainda fosse condenado a cumprir o requerido pelo autor. Neste caso, pela exceção, ao menos se garante a manutenção do equilíbrio da relação, no sentido de ninguém cumprir o que lhe compete. Nesse contexto, afirma Rafael Villar Gagliardi, a "exceção de contrato não cumprido atuará menos como exceção propriamente dita e mais como pórtico de entrada do pedido resolutório, apenas para manter o *status quo* até ser resolvida a questão da extinção contratual."[1264]

1263. Gagliardi, Rafael Villar. Op. cit., p. 99.
1264. Gagliardi, Rafael Villar. Op. cit., p. 99.

4.4.4 Mora total do excepto e exceção de contrato não cumprido. Cabimento do remédio em casos de retardamento não culposo do excepto

Como visto, a mora configura-se nos casos em que o incumprimento é não definitivo, por ser a prestação ainda materialmente possível e útil para o credor, ainda que extemporânea.[1265]

Nessas condições, não há dúvida do cabimento da exceção de contrato não cumprido, afinal, por definição, ainda há possibilidade e interesse do excipiente no futuro cumprimento pelo excepto. Este é o campo mais evidente de cabimento do remédio, notadamente quando a mora do excepto é total (da mora parcial se cuidará adiante, no subitem da exceção *non rite*).

Todavia, é preciso destacar que, conforme entendimento dominante, a mora pressupõe incumprimento *culposo*.[1266] Já o cabimento da *exceptio*, ao invés, como apontado em 3.3.2, "c", *não* demanda que o excepto tenha descumprido com culpa ou mesmo que o incumprimento lhe seja imputável,[1267] na medida em que tal remédio não é uma sanção, mas um instrumento destinado a preservar o sinalagma funcional mediante a garantia da simultaneidade das prestações.[1268]

Desta feita, a exceção é também cabível, presentes os demais requisitos, se um dos contraentes, por exemplo, impossibilitado de prestar temporariamente por motivo de caso fortuito ou força maior, resolve exigir o cumprimento da parte adversa. Em tais condições, a exceção é tão necessária para evitar um estado de desequilíbrio como ela o é quando há mora do excepto (retardamento doloso ou culposo): em todos os casos, indistintamente, ela serve ao propósito de impedir que uma parte obtenha a vantagem esperada do contrato enquanto a outra nada obtém.

4.4.5 Exceptio non rite adimpleti contractus: mora parcial, cumprimento imperfeito e violação positiva do contrato

A par da exceção *non adimpleti contractus*, tem-se a exceção *non rite adimpleti contractus*, para os casos em que a outra parte prestou, porém de forma imperfeita.[1269] Esta é definida por Pontes de Miranda como "a exceção que tem qualquer dos figurantes do contrato bilateral, para se recusar a adimplir, se não lhe incumbia

---

1265. Ibidem, p. 108-109. Como já afirmado na nota 1238 acima, a mora pode transformar-se em inadimplemento definitivo quando, no seu transcorrer, desaparecer o interesse do credor na prestação tardia. (Almeida Costa, Mário Júlio de. *Direito das obrigações*. 12. ed. Coimbra: Almedina, 2009, p. 966).
1266. Gomes, Orlando. *Obrigações*. 15ª Ed. Rio de Janeiro: Forense, 2000, p. 170.
1267. Trimarchi, Pietro. *Il contratto*: Inadempimento e rimedi. Milano: Giuffrè, 2010, p. 58; Capitant, Henri. Op. cit., p. 282; Silva, João Calvão da. Op. cit., p. 330.
1268. Aguiar Jr., Ruy Rosado de. *Comentários ao novo Código Civil*, v. VI, t. II: da extinção do contrato (arts. 472 a 480).
1269. Antunes Varela, João de Matos. *Das Obrigações em Geral*, v. I. 10. ed. Coimbra: Almedina, 2008, p. 400.

prestar primeiro, até que o figurante contra quem se opôs, por ter prestado insatisfatoriamente, satisfatoriamente preste."[1270]

A expressão *exceptio non rite adimpleti contractus* pode ser traduzida para o vernáculo como "exceção do contrato não cumprido *segundo o previsto*" ou "exceção de contrato *não adequadamente cumprido*". "*Rite*" é um advérbio que significa exatamente "conforme o rito" – o que aplicado à figura em estudo pode ser compreendido como "de acordo com o pactuado" ou "nos termos do que havia sido previsto".[1271]

Em que pese o Direito brasileiro, ao contrário do alemão (§320, [2]),[1272] não dispor de norma específica a prever a exceção de contrato não adequadamente cumprido, não se discute o seu cabimento, afinal, se o excipiente, diante do incumprimento imperfeito do excepto, pode reclamar o cumprimento específico da obrigação ou até mesmo promover a resolução do contrato (remédios mais graves), com maior razão também pode se utilizar do meio defensivo da recusa de pagamento (*exceptio*).[1273]

Em verdade, não se trata de outra espécie de exceção – é a mesma exceção de contrato não cumprido, porém voltada para os casos de incumprimento insatisfatório. Como aduz o mesmo Pontes de Miranda:

> Discutiu-se no direito comum e ainda em nosso século se a *exceptio non rite* é a própria *exceptio non adimpleti contractus*, ou se é exceção diferente. Negaram que fosse exceção à parte Windscheid e outros, porque adimplemento não satisfatório não é adimplemento. [...] De modo nenhum é exceção diferente – apenas alude às espécies em que houve algum adimplemento. [...] Nem o Código Civil criou exceção à parte, basta dizer que a *exceptio non rite* também se funda no art. 1.092, alínea 1ª (atual art. 476).[1274]

A deficiência, no adimplemento insatisfatório, pode ser quantitativa ou qualitativa, devendo o contratante contra quem se opôs tal exceção, se acolhida, aumentar, melhorar ou substituir a prestação já realizada. Enquanto não o fizer, sua pretensão permanecerá suspensa, a exemplo do que ocorre na exceção *non adimpleti contractus*, na medida em que também possui natureza dilatória.[1275]

1270. Pontes de Miranda, Francisco Cavalcanti. *Tratado de direito privado*. Campinas: Bookseller, 2003. t. XXVI. p. 122.
1271. Zanetti, Cristiano de Souza. Art. 476. In: *Comentários ao código civil*: Direito privado contemporâneo. Nanni, Giovanni Ettore (Coord.). São Paulo: Saraiva, 2019, p. 773.
1272. (2) Se uma das partes prestou parcialmente, a contraprestação não poderá ser recusada se tal recusa, de acordo com as circunstâncias, infringir a boa-fé, particularmente por causa da insignificância proporcional da parte faltante. (Bürgerliches Gesetzbuch [BGB], §320, [2]. Disponível em http://www.gesetze-im-internet.de. Acesso em: 10 mar. 2020)
1273. Pereira, Paulo Sérgio Velten. *A exceção do contrato não cumprido fundada na violação de dever lateral*. Dissertação (Mestrado em Direito Civil) – Pontifícia Universidade Católica, São Paulo, 2008, p. 163.
1274. Pontes de Miranda, Francisco Cavalcanti. *Tratado de direito privado*. Campinas: Bookseller, 2000. t. III. p. 254-255.
1275. Pontes de Miranda, Francisco Cavalcanti. *Tratado de direito privado*. Campinas: Bookseller, 2003. t. XXVI. p. 131.

Com efeito, a maioria dos casos que se apresentam no dia a dia forense, bem como certamente os de solução mais controversa, são aqueles em que o excipiente busca justificar o seu próprio inadimplemento alegando que o autor-excepto só cumpriu *parcialmente* suas obrigações ou que o fez de forma *defeituosa*. Casos de inadimplemento total do autor-excepto, além de terem solução mais óbvia, são mais raros, até porque é de causar estranheza que o autor-excepto se aventure, em um contrato sinalagmático, a cobrar a prestação da contraparte se ele próprio nada adimpliu. A importância prática da *exceptio non rite adimpleti contractus*, portanto, talvez até exceda a da própria *exceptio non adimpleti contractus*.[1276]

Várias situações relacionadas às modalidades de inadimplemento descritas nos tópicos anteriores podem ser aqui trabalhadas.

Primeiro, convém lembrar que a exceção simplesmente não será cabível se o descumprimento do excepto não for relevante para o atingimento da causa concreta do negócio, ou, ainda, se, comparado ao que se exige do excipiente, o incumprimento do excepto for desprezível (ausência de equivalência ou proporcionalidade). Assim, por exemplo, se o demandante prestou parcialmente, sendo de escassa importância a parte faltante, certamente não será legítima a invocação da *exceptio non rite adimpleti contractus* pelo demandado que nada cumpriu. Idem se o excipiente busca justificar o inadimplemento integral da obrigação principal com base no suposto incumprimento pela parte adversa de dever anexo de reduzida significância no contexto do contrato. Nessas hipóteses, a utilização da exceção mostra-se abusiva, servindo, na verdade, como mero subterfúgio para inadimplir. O raciocínio se aproxima daquele do adimplemento substancial, que veda o recurso à resolução.[1277]

Quanto aos demais casos, que superam ambos os testes (da relevância para a causa concreta e da proporcionalidade), mas em que se cumpriu apenas parcialmente (em termos quantitativos) ou de forma imperfeita (qualitativamente), a pergunta mais relevante é a seguinte: admitindo-se que a *exceptio non rite* seja cabível, ela irá encobrir a eficácia de toda a pretensão do excepto ou só de parte dela (em medida proporcional ao que ainda não foi cumprido pelo excepto)?

Em todas as hipóteses de *exceptio non rite* há certo aproveitamento pelo excipiente do que já foi oferecido como cumprimento pelo excepto, enquanto, por outro lado, é possível que o excipiente, ele próprio, nada tenha cumprido. É preciso ponderar, nessas circunstâncias, se a exceção deve ter o condão de encobrir integralmente a eficácia da pretensão (forte na tese de que, para todos os efeitos, o excepto não prestou de forma satisfatória) ou se, de forma diversa, deve ensejar apenas um encobrimento proporcional ao inadimplemento do excepto (a fim de manter-se o

---

1276. Williston, Samuel. Dependency of mutual promises in the civil law. *Harvard Law Review*, v. 13, n. 2, 1899, p. 101.
1277. Barros Monteiro, Ralpho Waldo de; Barros Monteiro, Marina Stella de. A causa dos contratos e a exceptio non adimpleti contractus. *Revista dos Tribunais*, v. 958, ano 104, 2015, p. 114-115.

equilíbrio da relação, razão de ser do instituto, não se permitindo que o excipiente se valha da exceção como escudo para nada cumprir).

Com efeito, não há regra a impor que o uso da exceção só possa ocorrer em um contexto de *"tudo ou nada"* (ou é plenamente legítima, paralisando toda a pretensão do autor; ou é considerada totalmente abusiva, sendo rejeitada na íntegra, sem qualquer eficácia encobridora).

Em verdade, soluções intermediárias como a aludida (reduzir a eficácia encobridora da exceção a um patamar proporcional ao descumprimento da contraparte, considerando-a abusiva naquilo que a isso exceder), podem se mostrar, em concreto, as mais consentâneas com as finalidades do instituto, por assegurarem, na medida do possível, o cumprimento simultâneo das obrigações. Procedendo-se dessa forma, a pretensão do autor-excepto continua eficaz até um limite condizente, em termos proporcionais, com aquilo que ele já prestou ao demandado-excipiente (acima disso, a eficácia fica bloqueada pela exceção).

Pietro Trimarchi traz outro interessante argumento em favor desse modo de proceder. Com efeito, se é oferecido adimplemento parcial, o credor não está obrigado a recebê-lo, se assim não se ajustou (art. 314 do Código Civil brasileiro).[1278] Se o credor recusa, a mora é *total* e, frente a isso, ele pode refutar, caso demandado, o cumprimento da sua contraprestação na íntegra (eficácia encobridora total da exceção). Agora, se o credor aceita o adimplemento parcial, ao que não estava obrigado, a mora passa a ser apenas *parcial*, e, na hipótese de ser demandado, poderá suspender a contraprestação apenas de forma proporcional à parcela faltante.[1279]

Também admitindo a possibilidade dessas soluções intermediárias, que fogem ao padrão "tudo-ou-nada", e, inclusive, advogando serem *preferenciais* quando possíveis em concreto, ver os escólios de Adriano Paes da Silva Vaz Serra,[1280] Giovanni Persico,[1281] Henri Capitant[1282] e Araken de Assis.[1283]

O mesmo raciocínio pode ser empregado não só em problemas de inadimplemento quantitativo (mora parcial), mas também em situações de cumprimento imperfeito, pela não execução adequada da prestação. Pedro Romano Martinez traz o exemplo de contrato de empreitada em que, finalizada a obra, o dono nega-se a pagar a integralidade do que lhe compete, sob o fundamento de que o serviço foi mal executado. Na demanda de cobrança do preço, após arguida a exceção em contestação, a prova evidencia que ocorreram, sim, defeitos na realização da obra, mas que estes podem ser eliminados por 20% do preço. Nessas condições, sustenta

---

1278. Art. 314. Ainda que a obrigação tenha por objeto prestação divisível, não pode o credor ser obrigado a receber, nem o devedor a pagar, por partes, se assim não se ajustou.
1279. Trimarchi, Pietro. *Il contratto*: Inadempimento e rimedi. Milano: Giuffrè, 2010, p. 56.
1280. Vaz Serra, Adriano Paes da Silva. Op. cit., p. 42.
1281. Persico, Giovanni. Op. cit., p. 132.
1282. Capitant, Henri. Op. cit., p. 286.
1283. Assis, Araken de. Op. cit., p. 677-678.

o jurista português, o réu deve ser condenado ao pagamento proporcional de 80% do preço, limitando-se a eficácia encobridora da exceção aos 20% necessários para reparar os defeitos.[1284]

Esse ajustamento de uma eficácia proporcional à exceção é viável quando *divisível* a obrigação do excipiente.

Se a obrigação do excipiente é *indivisível*, a adequação conforme o grau de incumprimento da parte adversa é inviável. Neste caso, prefere-se a solução de permitir a aplicação da exceção, com eficácia encobridora total, ainda que já tenha havido cumprimento parcial pelo excepto (desde que, é claro, o incumprimento deste não tenha sido irrisório, situação em que o remédio é incabível). A única outra solução seria negar o emprego do remédio, o que equivaleria a obrigar o demandado a prestar integralmente, mesmo em face do incumprimento parcial do demandante.[1285]

Pietro Trimarchi tem opinião diversa. Se a prestação do excipiente é indivisível, sustenta, "pode questionar-se a boa-fé do comportamento de quem aceita uma prestação parcial para depois recusar o adimplemento da contraprestação indivisível: entendo que o juízo, aqui, quanto ao cabimento da exceção depende do caso concreto."[1286]

Tudo o que foi dito acima, contudo, aplica-se ao cumprimento parcial que satisfaz os interesses do excipiente, persistindo o interesse na complementação da prestação (mora parcial). Se, todavia, o cumprimento parcial frustrou totalmente o interesse do demandado-excipiente, não fazendo mais sentido ou não sendo mais possível a complementação, a solução mais adequada é a resolução (por reconvenção) e não a exceção *non rite*. Afinal, esta redundaria, ao final, em uma sentença que condenaria o réu-excipiente a cumprir desde que o autor-excepto também o fizesse, o que seria ou impossível ou não interessaria mais ao demandado.

Agora, concentremos as atenções na modalidade do cumprimento imperfeito. Controverte-se, quanto a esta forma de inadimplemento, acerca da possibilidade de oposição da *exceptio non rite* após o recebimento da prestação defeituosa.

Para Araken de Assis e João de Matos Antunes Varela,[1287] recebida a prestação defeituosa sem ressalvas, reservas ou protestos imediatos, estaria o contratante impedido de invocar posteriormente a exceção (a não ser que ocultos os defeitos). Segundo tais autores, se o credor não exerce a faculdade, que lhe é conferida por lei, de recusar a prestação defeituosa, não tomando sequer a cautela de fazer qualquer ressalva, não pode, depois, fazer uso da exceção, pois isso configuraria comportamento contraditório (e, portanto, exercício abusivo do contradireito).

1284. Martinez, Pedro Romano. Op. cit., p. 269.
1285. Biazi, João Pedro de Oliveira de. Op. cit., p. 208.
1286. Trimarchi, Pietro. *Il contratto*: Inadempimento e rimedi. Milano: Giuffrè, 2010, p. 56.
1287. Assis, Araken de. Op. cit., p. 661; Antunes Varela, João de Matos. Op. cit., p. 400.

Em sentido intermediário, Pedro Romano Martinez sustenta que a exceção *non rite* só pode ser tida como de boa-fé se a parte denunciou os vícios da prestação antes de invocar o remédio, requerendo sua retificação, complementação, substituição etc. Diferente da posição anterior, o inconformismo da parte, aqui, não precisaria se manifestar no momento exato do recebimento, bastando que ocorresse antes do exercício da própria exceção.[1288]

Mais adequada se afigura, entretanto, a posição de Pontes de Miranda, para quem o recebimento sem ressalvas enseja apenas uma *presunção de satisfação*, não configurando, todavia, óbice absoluto ao manejo do remédio. Essa presunção de satisfação estaria presente a partir do recebimento sem reservas, independentemente de manifestações de inconformismo entre esse momento e o do exercício efetivo da exceção, o que afastaria a distinção efetuada pela posição intermediária.[1289]

E, por fim, a última modalidade de inadimplemento: a violação positiva do contrato, compreendida na sua acepção mais restrita, predominante desde Heinrich Stoll, a abranger danos causados por ofensa a *deveres de proteção*. Como temos defendido desde o subitem 3.1.3, a violação de qualquer dever – inclusive dos de proteção – pode ensejar, em tese, o cabimento da exceção de contrato não cumprido, desde que implique perturbação relevante ao programa contratual (isto é, à causa concreta). A natureza do dever, em princípio, é o que menos importa, não se vislumbrando motivo para afastar *a priori* o cabimento do remédio especificamente em relação aos de proteção.[1290]

1288. Martinez, Pedro Romano. Op. cit., 268.
1289. Pontes de Miranda, Francisco Cavalcanti. *Tratado de direito privado*. Campinas: Bookseller, 2000. t. III. p. 254-255.
1290. No sentido da admissibilidade, em tese, do cabimento da *exceptio* nas hipóteses de violação positiva do contrato, ver: Castronovo, Carlo. Op. cit., p. 06; Ferreira da Silva, Jorge Cesa. Op. cit., p. 273.

5
ARTIGO 477 DO CÓDIGO CIVIL: A EXCEÇÃO DE INSEGURIDADE

Examinada a exceção de contrato não cumprido, regulada no art. 476 do Código Civil, é hora de analisar a disposição seguinte, o art. 477, que consagra o que vários autores – entre os quais Pontes de Miranda, Araken de Assis, Gustavo Tepedino e Anderson Schreiber[1291] – convencionaram chamar de "exceção de inseguridade", mesmo nome atribuído pela doutrina italiana:[1292]

> Art. 477. Se, depois de concluído o contrato, sobrevier a uma das partes contratantes diminuição em seu patrimônio capaz de comprometer ou tornar duvidosa a prestação pela qual se obrigou, pode a outra recusar-se à prestação que lhe incumbe, até que aquela satisfaça a que lhe compete ou dê garantia bastante de satisfazê-la.

No §321 do BGB, ela aparece com o nome de *Unsicherheitseinrede*, que bem pode ser traduzido por "exceção de inseguridade" ou "exceção de incerteza". Com efeito, ambos os termos – inseguridade e incerteza – bem sintetizam a hipótese de fato que torna oponível essa exceção: diminuição patrimonial que enseje *dúvida fundada* quanto à capacidade da parte adversa cumprir sua obrigação no momento fixado no contrato.[1293]

Trata-se de forma de defesa complementar à exceção de contrato não cumprido. Ambas servem à mesma finalidade (preservar o sinalagma funcional de contratos bilaterais), possuem mecanismos semelhantes (atuam como exceções dilatórias), porém com hipóteses de cabimento e requisitos diversos, como se verá. Onde uma é cabível, a outra não é.

1291. Pontes de Miranda, Francisco Cavalcanti. *Tratado de direito privado*. Rio de Janeiro: Borsoi, 1959. t. XXVI. p. 109; Assis, Araken. *Comentários ao Código Civil brasileiro, v. 5. do direito das obrigações (arts. 421 a 578)*. Alvim, Arruda; Alvim, Thereza (Coord.). Rio de Janeiro: Forense, 2007, p. 698; Tepedino, Gustavo; Bodin de Moraes, Maria C.; Barboza, Heloísa H., *Código Civil interpretado*, v. II. Rio de Janeiro: Renovar, 2011, p. 108-109; Schreiber, Anderson. *Manual de direito civil contemporâneo*. Saraiva: São Paulo, 2018, p. 500.
1292. Gabrielli, Enrico. Il contratto e i rimedi: La sospensione dell'esecuzione. *Jus Civile*, 2014, p. 28; Addis, Fabio. La sospensione dell'esecuzione: dalla vendita con dilazione di pagamento alla Unsicherheitseinrede. In: Addis, Fabio [a cura di]. *Ricerche sull'eccezione di insicurezza*. Milano: Giuffrè, 2006, p. 1-23.
1293. Outro nome pelo qual costuma ser conhecida essa defesa é o de *exceptio timoris* (Araújo, Fernando. Prefácio. In: João Pedro de Oliveira de Biazi. *A exceção de contrato não cumprido no direito privado brasileiro*. Rio de Janeiro: GZ Editora, 2019).

O presente capítulo está dividido em três itens. O primeiro é dedicado ao estudo das hipóteses de cabimento e das finalidades da exceção de inseguridade, com destaque para suas semelhanças e diferenças em relação à exceção de contrato não cumprido. No segundo, examina-se o requisito da diminuição patrimonial capaz de comprometer ou tornar duvidoso o cumprimento da obrigação, aspecto que constitui o núcleo do instituto. No terceiro, a proposta é analisar se o art. 495 do Código Civil, disposição específica do contrato de compra e venda,[1294] traz regulamentação que seja em alguma medida diversa daquela do art. 477, aplicável aos contratos bilaterais em geral.

5.1 HIPÓTESES DE CABIMENTO. RAZÃO DE SER DO INSTITUTO. DIFERENÇAS EM RELAÇÃO À EXCEÇÃO DO CONTRATO NÃO CUMPRIDO (ART. 476 DO CÓDIGO CIVIL)

No Código Civil de 1916, a exceção de inseguridade já estava prevista no art. 1.092, alínea 2ª, que assim dispunha:

Art. 1.092. Nos contratos bilaterais, nenhum dos contraentes, antes de cumprida a sua obrigação, pode exigir o implemento da do outro.

Se, depois de concluído o contrato, sobrevier a uma das partes contratantes diminuição em seu patrimônio, capaz de comprometer ou tornar duvidosa a prestação pela qual se obrigou, pode a parte, a quem incumbe fazer prestação em primeiro lugar, recusar-se a esta, até que a outra satisfaça a que lhe compete ou dê garantia bastante de satisfazê-la. (grifo nosso)

A redação do art. 1.092, alínea 2ª, do Código Civil de 1916 tinha, inclusive, algumas vantagens, nesse ponto, frente àquela atualmente em vigor (art. 477). Primeiro, deixava claro que a exceção de inseguridade, a exemplo da exceção de contrato não cumprido, era aplicável, em princípio, apenas aos contratos bilaterais, na medida em que isso constava expressamente da alínea 1ª do art. 1.092, estendendo-se, por conseguinte, também à alínea 2ª.[1295] No art. 477 do Código Civil de 2002, por sua vez, a exceção de inseguridade está regulamentada em artigo diverso da exceção de contrato não cumprido (art. 476), sem menção expressa aos contratos bilaterais. Outrossim, o art. 1.092, alínea 2ª, também especificava que a exceção de inseguridade somente poderia ser manejada pela parte "a quem incumbe fazer prestação em primeiro lugar", expressão que foi subtraída da redação do art. 477 atual. A supressão desses dois pontos não causa, em rigor, prejuízo significativo, pois ambos – aplicabilidade apenas aos contratos bilaterais e utilização

---

1294. Art. 495. Não obstante o prazo ajustado para o pagamento, se antes da tradição o comprador cair em insolvência, poderá o vendedor sobrestar na entrega da coisa, até que o comprador lhe dê caução de pagar no tempo ajustado.

1295. Com as ressalvas de outras situações excepcionais, analisadas no tópico 5.2 (contratos plurilaterais; obrigações restitutórias oriundas de resolução, anulação ou declaração de nulidade do contrato; contratos coligados; etc.), em que a exceção de contrato não cumprido é aplicável (e também, por que não, a exceção de inseguridade), por caracterizar-se o sinalagma.

apenas pela parte a quem incumbe prestar primeiro – são da essência dessa forma de exceção e podem ser depreendidos a partir de uma interpretação sistemática e teleológica do art. 477, porém parece inegável que, com isso, a disposição em vigor perdeu em clareza.

A adequada compreensão da exceção de inseguridade só pode se dar a partir de sua comparação direta com a exceção de contrato não cumprido, prevista no artigo imediatamente anterior (art. 476 do CC).[1296] Como já dito, são institutos complementares entre si: servem à mesma finalidade (preservar o *sinalagma funcional* da relação), atuam de forma semelhante (como exceções dilatórias que são), porém apresentam hipóteses de cabimento diversas (em função principalmente, como se verá, da ordem temporal das obrigações) e requisitos também diversos (notadamente quanto à exigência de diminuição patrimonial do excepto no caso específico da exceção de inseguridade).

A oponibilidade de ambas as exceções constitui, na verdade, um simples corolário, uma mera consequência lógica, do vínculo de reciprocidade ou interdependência entre as obrigações (sinalagma) que caracteriza os contratos bilaterais. Afinal, em relação ao art. 476, se "A" e "B" devem cumprir simultaneamente, por que "B" deveria ser coagido a prestar se "A" ainda não o fez também? Da mesma forma, agora em relação à exceção do art. 477, por que "B" deveria ser obrigado a prestar primeiro – embora assim tenha sido pactuado – na hipótese de se antever claramente que "A", por um decréscimo financeiro posterior ao contrato, não terá condições de fazê-lo no momento acordado? Essas são implicações naturais, adverte Pontes de Miranda, da bilateralidade do contrato, onde a prestação também é contraprestação, e onde uma prestação é causa e pressuposto da outra.[1297]

Embora o regime supletivo seja o da simultaneidade das prestações nos contratos bilaterais,[1298] está no âmbito de liberdade das partes dispor de forma diversa, estabelecendo que um dos contratantes deverá cumprir a prestação antes do outro.[1299] Tratando-se de contratos de execução futura (a exceção em tela não faz sentido nos contratos instantâneos de execução imediata) e tendo as partes estabelecido momentos diversos para o cumprimento das prestações, é possível que o patrimônio daquele que deveria prestar depois – garantia genérica de seus credores, na forma do art. 789 do CPC/15[1300] – sofra modificação superveniente para pior, a ponto de

---

1296. Art. 476. Nos contratos bilaterais, nenhum dos contratantes, antes de cumprida a sua obrigação, pode exigir o implemento da do outro.
1297. Pontes de Miranda, Francisco Cavalcanti. *Tratado de direito privado*. Campinas: Bookseller, 2003. t. XXVI. p. 119.
1298. Antunes Varela, João de Matos. *Das obrigações em geral*, v. I. 10. Ed., Coimbra: Almedina, 2008, p. 398.
1299. Assis, Araken de. Op. cit., p. 696-697.
1300. Art. 789. O devedor responde com todos os seus bens presentes e futuros para o cumprimento de suas obrigações, salvo as restrições estabelecidas em lei.

colocar em dúvida a execução de sua obrigação no momento acertado no contrato.[1301] A exceção de inseguridade se presta a tutelar exatamente essas situações.

A primeira diferença essencial para com a exceção de contrato não cumprido (art. 476) está justamente na ordem pactuada para o cumprimento das obrigações.

A exceção de contrato não cumprido é cabível – sendo esta a situação mais comum – quando as prestações devem ser cumpridas simultaneamente, no sistema toma-lá-dá-cá (*trait pour trait*, como dizem os franceses; *Zug um Zug*, como dizem por seu turno os alemães). Assim, nas dívidas desse tipo, como afirma Pontes de Miranda, se nenhum dos contratantes adimpliu ainda sua prestação, ambos podem se utilizar da *exceptio non adimpleti contractus* caso cobrados.[1302] Se, todavia, as partes decidem estabelecer uma ordem cronológica para o cumprimento das obrigações, não pode o contratante que teria de prestar primeiro invocar a exceção de contrato não cumprido do art. 476, caso ainda não vencida a dívida do outro contratante.[1303] Poderá, quando muito, se presentes os requisitos legais, valer-se justamente da exceção de inseguridade, prevista no art. 477 do Código Civil, objeto deste capítulo.

Interessante mencionar, todavia, que a oposição da exceção de contrato não cumprido do art. 476 se torna possível, porém, *para ambas as partes*, se o contratante que deveria cumprir em segundo lugar também incorre em mora, pelo vencimento de seu débito, decorrência, como visto, do princípio "de igual trato das dívidas vencidas", aplicável mesmo nos casos em que os vencimentos ocorrem em datas diferentes.[1304] Em sendo assim, se "A" tinha de prestar no dia 10 e "B" tinha de prestar no dia 20, ambos poderão invocar a *exceptio* após o dia 20, em igualdade de condições, como se o esquema fosse, desde o início, do tipo toma-lá-dá-cá.

Agora, se o autor cobra do réu obrigação que ainda não está nem mesmo vencida, qualquer que tenha sido a ordem pactuada, aí a defesa não estará pautada nem no art. 476, nem no art. 477, mas na própria inexigibilidade da obrigação.[1305]

Logo, em resumo, enquanto a exceção de contrato não cumprido (art. 476) é cabível se forem simultâneas as obrigações, ou se, embora sucessivas, estiverem ambas vencidas, a exceção de inseguridade (art. 477) pressupõe que as obrigações sejam sucessivas, podendo ser invocada pelo contratante que deveria prestar primeiro,

---

1301. Aguiar Jr., Ruy Rosado de. *Comentários ao novo Código Civil*, v. VI, t. II: da extinção do contrato (arts. 472 a 480). Teixeira, Sálvio de Figueiredo (Coord.). Rio de Janeiro: Forense, 2011, p. 830-831 e 833.
1302. Pontes de Miranda, Francisco Cavalcanti. *Tratado de direito privado*. Campinas: Bookseller, 2003. t. XXVI. p. 133.
1303. Theodoro Jr., Humberto. Exceção de contrato não cumprido – Aspectos materiais e processuais. *Revista Jurídica*, n. 189, 1993, p. 18.
1304. Pontes de Miranda, Francisco Cavalcanti. *Tratado de direito privado*. Campinas: Bookseller, 2003. t. XXVI. p. 129.
1305. Aguiar Jr., Ruy Rosado de. *Comentários ao novo Código Civil*, v. VI, t. II: da extinção do contrato (arts. 472 a 480). Teixeira, Sálvio de Figueiredo (Coord.). Rio de Janeiro: Forense, 2011, p. 834.

mesmo estando vencida apenas a obrigação da qual é devedor.[1306] Caso a obrigação do réu nem mesmo esteja vencida, tenha ele se obrigado a prestar antes ou depois, não será cabível nem a primeira, nem a segunda, pois o problema será de exigibilidade.

De certa forma, o remédio do art. 477 do Código Civil constitui uma exceção à regra de que o contrato deve ser cumprido conforme foi celebrado, designadamente em relação às datas de execução, na medida em que constitui defesa em favor de quem, nos termos estritos do contrato, já está inadimplente e obrigou-se a prestar antes da parte adversa.[1307]

A princípio, se uma das partes assumiu a obrigação de prestar antes, assim deve proceder, sob pena de incorrer em mora, com as consequências daí advindas. Esta é a regra geral. Apenas quando configurada a situação excepcional de que trata o art. 477 do Código Civil – diminuição do patrimônio da contraparte, capaz de comprometer ou tornar duvidosa a prestação pela qual se obrigou – pode aquele que se obrigou a prestar primeiro suspender legitimamente o cumprimento de sua prestação, até que a contraparte satisfaça ou dê garantia idônea.[1308]

Como afirmava Carvalho Santos, ainda em atenção ao art. 1.092, alínea 2ª, do CC/1916:

> Se um contratante obriga-se a fazer a prestação em primeiro lugar, bem é de ver que se não o faz infringe o contrato. Esta é a regra. Mas, tendo em vista a reciprocidade e a equivalência das prestações, em se tratando de contratos bilaterais, permite o Código que se as condições econômicas do outro contratante autorizam a probabilidade, ao menos, de que a prestação a ser feita fique sem a correspondência e equivalência imprescindíveis, a recusa da prestação não seja havida como infração contratual.[1309]

Trata-se de poderoso instrumento de *autotutela*, que pode ser exercido de forma potestativa pelo devedor, inclusive extrajudicialmente, autorizando-o a cessar ou reter a sua prestação até que a outra parte efetue a sua (conseguindo, com isso, inverter a ordem estabelecida no contrato) ou preste garantia suficiente.[1310]

1306. Interessante salientar que Miguel Maria de Serpa Lopes, autor da obra nacional que serve como referência no tema das exceções substanciais, trata da exceção de insegurança não como um instituto separado da exceção de contrato não cumprido, mas, sim, como uma hipótese excepcional em que esta poderia ser arguida mesmo não sendo simultâneas as prestações, por quem deveria prestar primeiro (Serpa Lopes, Miguel Maria de. *Exceções substanciais: exceção de contrato não cumprido*. Rio de Janeiro: Freitas Bastos, 1959, p. 278-79). Em reforço a este posicionamento, poder-se-ia mencionar que, no Código Civil em vigor, os dois artigos que disciplinam as exceções referidas (arts. 476 e 477) estão agrupados em uma Seção que tem o nome único de "exceção de contrato não cumprido", o que dá a entender que, na visão do legislador, o que chamamos aqui de exceção de insegurança seria apenas uma espécie de exceção de contrato não cumprido.
1307. Tepedino, Gustavo; Bodin de Moraes, Maria C.; Barboza, Heloísa H. Op. cit., p. 128-129.
1308. Vaz Serra, Adriano Paes da Silva. Excepção de contrato não cumprido (exceptio non adimpleti contractus). *Boletim do Ministério da Justiça (Portugal)*, n. 67, jun. 1957, p. 53.
1309. Carvalho Santos, João Manuel de. *Código Civil brasileiro interpretado – principalmente do ponto de vista prático*. Direito das obrigações (arts. 1079-1121). v. XV, 7. ed. Rio de Janeiro: Freitas Bastos, 1956, p. 243.
1310. Aguiar Jr., Ruy Rosado de. *Comentários ao novo Código Civil, v. VI, t. II*: Da extinção do contrato (arts. 472 a 480). Teixeira, Sálvio de Figueiredo (Coord.). Rio de Janeiro: Forense, 2011, p. 834; Tepedino, Gustavo; Bodin de Moraes, Maria C.; Barboza, Heloísa H. Op. cit., p. 128-129.

É justamente por ter o potencial efeito de subverter a ordem de cumprimento estabelecida no contrato que a exceção de inseguridade exige um requisito econômico que a exceção de contrato não cumprido dispensa, qual seja a demonstração da diminuição patrimonial do excepto capaz de pôr em risco sua capacidade de prestar. Enquanto para o cabimento da exceção do art. 476 basta que o excepto também não tenha cumprido sua obrigação já vencida, a exceção do art. 477 exige prova de que o excepto, que estava obrigado a prestar depois, tenha sofrido "diminuição em seu patrimônio capaz de comprometer ou tornar duvidosa a prestação pela qual se obrigou". Com efeito, faz todo o sentido que o legislador seja mais exigente em relação à exceção de inseguridade, na medida em que o devedor pretende justificar o descumprimento de dívida vencida invocando risco quanto a crédito que ainda não é sequer exigível.[1311]

Mas se assim o é – se o crédito do excipiente não é sequer exigível e se a exceção tem o potencial efeito de inverter a ordem de cumprimento pactuada – cabe indagar por que vários ordenamentos, a exemplo do brasileiro, italiano,[1312] francês[1313] e alemão,[1314] admitem esse remédio. A doutrina dá algumas respostas a esta pergunta.

A primeira já foi referida anteriormente: a exceção de inseguridade se presta a resguardar o sinalagma funcional da relação, ameaçado pela possibilidade de o excipiente nada cumprir no futuro. Afinal, como afirma Renan Lotufo, o destino natural dos contratos sinalagmáticos é o cumprimento recíproco das obrigações assumidas, não a imposição de sacrifício quase certo a uma das partes, pelo simples fato de ter se obrigado a prestar primeiro. Não seria lógico nem justo, acrescenta, exigir que esta tivesse de arcar com o empobrecimento de adiantar sua prestação para

---

1311. Aguiar Jr., Ruy Rosado de. *Comentários ao novo Código Civil*, v. VI, t. II: Da extinção do contrato (arts. 472 a 480). Teixeira, Sálvio de Figueiredo (Coord.). Rio de Janeiro: Forense, 2011, p. 834.
1312. Dispõe o art. 1.461 do Código Civil Italiano: "Cada contraente pode suspender a execução da prestação por ele devida, se as condições patrimoniais do outro se modificarem a ponto de colocar em evidente perigo a satisfação da contraprestação, a não ser que seja prestada garantia idônea." (Codice Civile, art. 2.043. Disponível em: http://www.wipo.int/wipolex/en/details.jsp?id=2508. Acesso em: 04 abr. 2019)
1313. A *Ordonnance* n. 2016-131, de 10 de fevereiro de 2016, consagrou expressamente a exceção de inseguridade no Código Civil Francês, no novo art. 1.220: "Uma parte pode suspender o cumprimento de sua obrigação quando restar claro que o outro contratante não cumprirá o prazo estabelecido, desde que as consequências desse não cumprimento sejam suficientemente graves. Esta suspensão deve ser notificada o mais rápido possível." (Code Civil, art. 1.220. Disponível em : https://www.legifrance.gouv.fr/. Acesso em: 04 abr. 2019) Antes da consagração expressa promovida pela referida *Ordonnance*, o instituto já era reconhecido, de longa data, pela doutrina e pela jurisprudência francesas, por aplicação analógica do art. 1.613 (ver nota 270), relativo à compra e venda (Cassin, René. *De l'exception tirée de l'inexécution dans les rapports synallagmatiques [exceptio non adimpleti contractus] – et de ses relations avec le droit de rétention, la compensation et la résolution*. Paris: Recueil Sirey, 1914, p. 543-544).
1314. O §321, (1), do BGB, assim descreve o que por lá é conhecido como "exceção de incerteza": "Quem se obrigou a prestar antes da parte contrária em um contrato bilateral pode recusar-se a cumprir se, depois que o contrato foi celebrado, tornar-se evidente que seu direito à contraprestação pode estar comprometido pela incapacidade da outra parte de cumprir. O direito de recusar o cumprimento não é aplicável se o excepto cumprir ou se for oferecida garantia idônea." (Bürgerliches Gesetzbuch [BGB], §321, (1). Disponível em: http://www.gesetze-im-internet.de. Acesso em: 04 abr. 2019)

depois precisar, por exemplo, habilitar-se no concurso de credores do insolvente, sem qualquer garantia de receber seu crédito.[1315]

Araken de Assis, por sua vez, alude à necessidade de proteger a confiança legítima depositada no adimplemento mútuo por quem se obrigou a prestar primeiro, confiança esta que se frustra com a modificação superveniente, para pior, da situação patrimonial da contraparte.[1316] Na mesma linha, o jurista português Adriano Paes da Silva Vaz Serra, assevera: "Se se comprometeu a cumprir em data certa anterior, foi porque partiu da convicção de que realizaria o direito à contraprestação: tendo-se modificado a situação econômica da outra parte, [...] cai a base em que assentava aquela obrigação e, por este motivo, é legítimo que seja autorizado a recusar a sua prestação enquanto a contraprestação não for feita ou caucionada."[1317]

O italiano Giovani Persico, por sua vez, traz uma explicação atrelada à vontade das partes no momento da celebração do negócio: afirma que é legítimo pressupor que o contratante que se obrigou a prestar primeiro não o teria aceitado se soubesse da piora superveniente da situação patrimonial da parte adversa. Considerando que obrigar-se a prestar primeiro equivale economicamente a conceder um crédito à parte contrária, continua o autor, não é razoável supor que tal crédito ainda seria oferecido se a parte soubesse de antemão que a outra sofreria uma diminuição patrimonial a ponto de tornar duvidosa a efetivação da contraprestação.[1318]

E mais: se o Estado considera legítimo que as partes, no exercício da autonomia privada, estabeleçam uma ordem para o cumprimento das obrigações (contornando, assim, a regra dispositiva da simultaneidade), nem por isso se está a admitir que aquele que se obrigou a prestar primeiro deve fazê-lo em quaisquer circunstâncias. Pensar o contrário poderia tornar inviável a imensa maioria das contratações nesses moldes, pois, na ausência, de uma regra como a do art. 477 do CC, poucos estariam dispostos a aceitar o ônus de prestar antes. A economia moderna, vale lembrar, é movida pela concessão de crédito e prestar antes da contraparte não deixa de ser uma forma indireta de conceder crédito, o que apenas reforça a importância e a utilidade desse modelo negocial. Nessa quadra, na falta de uma "garantia" como a exceção de inseguridade, contratos poderiam deixar de ser celebrados, em prejuízo da circulação de riquezas e, portanto, de toda a coletividade: basta imaginar a situação em que apenas o estabelecimento de uma ordem sucessiva para as obrigações se amoldasse aos interesses das partes, mas a parte que teria de prestar primeiro, na ausência de disposição análoga ao art. 477, não estivesse disposta a assumir o risco. O contrato,

---

1315. Lotufo, Renan. *Código Civil comentado*, v. III, t. I: Contratos em geral até doação (arts. 421 a 564). São Paulo: Saraiva, 2016, p. 194-195; Pereira, Caio Mário da Silva. Exceptio non adimpleti contractus. In: França, R. Limongi (Coord.). *Enciclopédia Saraiva do Direito*, v. 34. São Paulo: Saraiva, 1977, p. 404.
1316. Assis, Araken de. Op. cit., p. 696–97. Em sentido semelhante: Miranda, Custodio da Piedade Ubaldino. *Comentários ao Código Civil – v. 5: dos contratos em geral (arts. 421 a 480)*. Azevedo, Antônio Junqueira de (Coord.). Saraiva: São Paulo, 2013, p. 438.
1317. Vaz Serra, Adriano Paes da Silva. Op. cit., p. 53-54.
1318. Persico, Giovanni. *L'eccezione d'inadempimento*. Milano: Giuffrè, 1955, p. 88.

nessas condições, simplesmente deixaria de ser celebrado. E o preço que se paga para resguardar o interesse de quem assumiu o risco de prestar primeiro, na forma dessas normas, sequer é excessivo: para afastar a exceção, o excepto não precisa nem mesmo adiantar sua prestação, basta que ofereça garantia suficiente.[1319]

E, nesse ponto, cabe introduzir outra característica da exceção de inseguridade, que é comum também à exceção de contrato não cumprido: ambas são defesas *dilatórias*, na medida em que apenas têm o condão de suspender provisoriamente a pretensão de cobrança. Por meio da exceção de inseguridade, a pretensão do credor fica "paralisada" até que este cumpra o que lhe compete no contrato ou ofereça garantia bastante.[1320]

A exceção de inseguridade, assim como a *exceptio non adimpleti contractus*, não constitui instrumento de negação do direito de crédito do autor, antes o pressupõe. Como afirma Pontes de Miranda, quando se opõem tais exceções, "tem-se de alegar que se deixa de cumprir a obrigação; *portanto, que se é obrigado*."[1321]

Havendo dívida vencida, o credor tem pretensão, e, por conseguinte, pode exigir em juízo. O que o outro contratante pode fazer, então, se exsurge dúvida razoável quanto à capacidade do autor de prestar em momento futuro, é justamente valer-se da exceção de inseguridade. Todavia, se o requerido não exerce o *ius exceptionis* – e ele pode optar por não o fazer – a pretensão do autor deve ser atendida, ainda que configurada, na dicção do art. 477 do CC, a "diminuição em seu patrimônio capaz de comprometer ou tornar duvidosa a prestação pela qual se obrigou". Da mesma forma, se o devedor cobrado extrajudicialmente nessas circunstâncias adimple de forma espontânea a obrigação, sem opor a exceção, a faculdade de utilizar-se desta também se extingue.[1322]

O principal efeito da exceção de inseguridade é, portanto, o de retardar a exigibilidade da obrigação daquele que deveria prestar primeiro, condicionando-a, apesar do vencimento já operado, ao cumprimento pela parte contrária ou à prestação de garantia.[1323] Se, porém, aquele contra quem se opôs a exceção de inseguridade adotar uma dessas duas posturas (cumprir ou dar garantia), cessa a eficácia da exceção, porque o próprio *ius exceptionis* se extingue, ficando exigível, mais uma vez, a prestação do excipiente.[1324]

1319. Carvalho Santos, João Manuel de. *Código Civil brasileiro interpretado – principalmente do ponto de vista prático*. Direito das obrigações (arts. 1122-1187). v. XVI, 9. ed. Rio de Janeiro: Freitas Bastos, 1958, p. 59.
1320. Aguiar Jr., Ruy Rosado de. *Comentários ao novo Código Civil, v. VI, t. II: Da extinção do contrato (arts. 472 a 480)*. Teixeira, Sálvio de Figueiredo (Coord.). Rio de Janeiro: Forense, 2011, p. 837.
1321. Pontes de Miranda, Francisco Cavalcanti. *Tratado de direito privado*. Campinas: Bookseller, 2003. t. XXVI. p. 137.
1322. *Ibidem*, p. 128-130.
1323. Assis, Araken de. Op. cit., p. 700.
1324. Pontes de Miranda, Francisco Cavalcanti. *Tratado de direito privado*. Campinas: Bookseller, 2003. t. XXVI. p. 122.

Nesse ponto, observa-se sensível diferença em relação à exceção de contrato não cumprido, na medida em que nesta a exigibilidade fica suspensa até que o excepto também cumpra sua parte no contrato, não dispondo da opção de oferecer garantia para elidir a exceção.

Enneccerus, Kipp e Wolff fornecem interessante explicação para essa diferença de tratamento entre as duas exceções. No caso da exceção de contrato não cumprido, explicam, a eficácia paralisante do contradireito não pode ser eliminada pelo simples oferecimento de caução porque essa exceção "não atende unicamente à segurança do recebimento do contracrédito, mas também está destinada a evitar a injustiça derivada da exigência prévia da prestação por quem ainda não prestou."[1325] Diferente é a situação da exceção de inseguridade, em que, para preservar o sinalagma, basta assegurar que a contraprestação será devidamente adimplida no tempo oportuno, para o que o fornecimento de garantia já é medida suficiente (até porque não há propriamente injustiça no exigir-se uma prestação antes da outra, pois foram as próprias partes que afastaram voluntariamente o princípio da simultaneidade das prestações nas hipóteses em que cabível a exceção de inseguridade).[1326]

Cabe ressaltar que, oposta a exceção de inseguridade e presentes seus requisitos, compete unicamente ao excepto a decisão entre [i] prestar antecipadamente (aceitando a inversão da ordem estabelecida no contrato), [ii] oferecer garantia ou mesmo [iii] nada fazer, permanecendo inerte, deliberação esta que dependerá, obviamente, do seu interesse na execução do contrato.[1327] Se o excepto não quiser ou não tiver condições de cumprir sua prestação ou oferecer garantia naquele momento, o excipiente terá, em princípio, de esperar o vencimento do débito do excepto, para só então poder pedir a resolução do contrato ou exigir o seu cumprimento (art. 475 do Código Civil).[1328] Isso porque, da ausência de satisfação ou de garantia na pendência da exceção não decorre *tout court* o direito à resolução ou à cobrança em favor do excipiente, pelo simples motivo de que tal exceção, mesmo quando acolhida, não torna exigível o débito do excepto, por não antecipar-lhe o vencimento. Tampouco surge, a partir dessa exceção, direito à garantia. O interesse do excipiente é resguardado apenas pela paralisação, provisória e cautelar, da pretensão da parte contrária, nada mais.[1329]

1325. Enneccerus, Ludwig; Kipp, Theodor; Wolff, Martin. *Tratado de derecho civil. Segundo tomo. Derecho de obligaciones. Volumen primero*. Trad.: Blas Pérez González y José Alguer. Barcelona: Bosch, 1954, p. 167.
1326. Ibidem, p. 169.
1327. Aguiar Jr., Ruy Rosado de. *Comentários ao novo Código Civil, v. VI, t. II*: Da extinção do contrato (arts. 472 a 480). Teixeira, Sálvio de Figueiredo (Coord.). Rio de Janeiro: Forense, 2011, p. 838; Pontes de Miranda, Francisco Cavalcanti. *Tratado de direito privado*. Rio de Janeiro: Borsoi, 1959. t. XXVI. p. 109.
1328. Art. 475. A parte lesada pelo inadimplemento pode pedir a resolução do contrato, se não preferir exigir-lhe o cumprimento, cabendo, em qualquer dos casos, indenização por perdas e danos.
1329. Aguiar Jr., Ruy Rosado de. *Comentários ao novo Código Civil, v. VI, t. II*: da extinção do contrato (arts. 472 a 480). Teixeira, Sálvio de Figueiredo (Coord.). Rio de Janeiro: Forense, 2011, p. 838; Assis, Araken de. Op. cit., p. 701; Tepedino, Gustavo; Bodin de Moraes, Maria C.; Barboza, Heloísa H. Op. cit., p. 128-129; Schreiber, Anderson. Op. cit., p. 501.

Pontes de Miranda bem sumariza a matéria:

> Aí está a exceção de inseguridade. Não se trata de pretensão à prestação antecipada (em relação à do outro figurante), ou à caução; trata-se de exceção. Ao outro figurante é que cabe escolher entre prestar antecipadamente (ao mesmo tempo que o que teria de prestar antes), ou dar caução. [...] Com os pressupostos do art. 1.092, alínea 2ª, a prestação a ser posteriormente feita não se vence, nem se transforma em dívida toma-lá-dá-cá a dos dois figurantes. (grifo nosso)[1330]

Nisso difere claramente a exceção em análise do instituto do vencimento antecipado, consagrado no art. 333 do Código Civil. Nas hipóteses dos incisos I a III deste artigo,[1331] todas também associadas ao agravamento da condição financeira da parte ou à frustração das garantias do contrato, dá-se efetivamente a antecipação do vencimento do débito (e não apenas a suspensão da sua exigibilidade, como ocorre na exceção de inseguridade), o que fica claro, aliás, na expressão "reputará vencido", contida no parágrafo único.[1332]

Configuradas as situações do art. 333, afirma Pontes de Miranda, é como se, para todos os efeitos, "tivesse chegado o dia do vencimento", atribuindo a lei "pretensão e ação, desde logo, ao credor".[1333] Tanto isso é verdade que o *caput* desse artigo é expresso em prescrever que "ao credor assistirá o direito de cobrar a dívida".

Vale destacar que o §321, (2), do BGB, e o art. 83, alínea 2ª, do Código Suíço das Obrigações, autorizam o contratante obrigado a prestar primeiro, nas situações em que cabível a exceção de insegurança, a não só reter a sua prestação enquanto a contraparte não prestar ou não oferecer garantia, mas também a fixar prazo razoável para que uma dessas duas posturas seja adotada pela contraparte, sob pena de, em

---

1330. Pontes de Miranda, Francisco Cavalcanti. *Tratado de direito privado*. Rio de Janeiro: Borsoi, 1959. t. XXVI. p. 109-110.
1331. Art. 333. Ao credor assistirá o direito de cobrar a dívida antes de vencido o prazo estipulado no contrato ou marcado neste Código:
    I – no caso de falência do devedor, ou de concurso de credores;
    II – se os bens, hipotecados ou empenhados, forem penhorados em execução por outro credor;
    III – se cessarem, ou se se tornarem insuficientes, as garantias do débito, fidejussórias, ou reais, e o devedor, intimado, se negar a reforçá-las.
    Parágrafo único. Nos casos deste artigo, se houver, no débito, solidariedade passiva, não se reputará vencido quanto aos outros devedores solventes.
1332. Vaz Serra, Adriano Paes da Silva. Op. cit., p. 58; Assis, Araken de. Op. cit., p. 700. O português Fernando Araújo chega, inclusive, a questionar a utilidade do instituto da exceção de inseguridade, afirmando ser em grande medida redundante face ao regime do vencimento antecipado e às ferramentas dispostas pela lei para conservar as garantias ofertadas (Araújo. Fernando. Prefácio. In: João Pedro de Oliveira de Biazi. *A exceção de contrato não cumprido no direito privado brasileiro*. Rio de Janeiro: GZ Editora, 2019). A crítica não parece adequada, contudo, considerando que essas medidas diferem seja quanto aos resultados (a exceção de inseguridade paralisa a pretensão do autor; nas hipóteses do art. 333 do Código Civil, por outro lado, há efetiva antecipação do vencimento da dívida), seja quanto aos requisitos (na exceção de inseguridade, há diminuição patrimonial do excepto [de sua garantia geral, portanto]; no que toca às ferramentas de conservação das garantias, são estas que se esvanecem no decorrer da relação e por isso mesmo justificam o remédio de reforço).
1333. Pontes de Miranda, Francisco Cavalcanti. *Tratado de direito privado*. Rio de Janeiro: Borsoi, 1959. t. XXVI. p. 112.

nada sendo feito, o obrigado a prestar primeiro ficar autorizado a dar o contrato como resolvido. Confira-se:

§321. [...]
(2) A pessoa obrigada a prestar primeiro pode fixar um prazo razoável para que a outra parte, à sua escolha, cumpra ou forneça garantia idônea. Se o prazo termina sem que uma ou outra coisa seja providenciada, a pessoa autorizada a cumprir primeiro pode dar o contrato como resolvido.[1334]

Art. 83.
(1) Se, em um contrato bilateral, o direito à satisfação de uma das partes for colocado em risco porque a outra se tornou insolvente [...], a parte assim ameaçada poderá recusar-se a executar até que seja fornecida garantia idônea do cumprimento da obrigação contratada em seu benefício.
(2) Ela pode resolver o contrato se esta garantia não lhe for fornecida, a seu pedido, dentro de um prazo adequado.[1335]

Adriano Paes da Silva Vaz Serra aplaude essa alternativa trazida pelo §321, (2), do BGB, e pelo art. 83, alínea 2ª, do Código Suíço das Obrigações. Para o jurista português, não faz sentido que o excipiente permaneça preso, por um período que pode ser bastante longo, a um contrato que ele tem fortes razões para acreditar que não será cumprido no momento oportuno (na medida em que o excepto não se mostra capaz sequer de oferecer garantia idônea para elidir a exceção):

De facto, reconhecida ao contraente, que tem em perigo a efectivação do seu direito à contraprestação, a faculdade de recusar a sua prestação enquanto não seja dada garantia suficiente, afigura-se conveniente não o considerar indefinidamente ligado ao contrato, à espera de que tal garantia seja constituída. [...] O contraente, que tem conhecimento de que a situação patrimonial do outro se modificou a ponto de fazer perigar a efectivação do direito à contraprestação, vê-se ligado por um contrato que tem fortes razões para crer que não virá a ser cumprido pela outra parte. A fim de que não seja constrangido a contar com o cumprimento de um contrato, em tais termos, parece legítimo que se lhe reconheça o direito de exigir da outra parte a prestação, dentro de um prazo razoável, de garantia idônea, e o de resolver o contrato, caso a garantia não seja prestada.[1336]

O art. 477 do Código Civil Brasileiro, no entanto, como visto, não consagra essa solução. Se o excepto não quiser ou não tiver condições de cumprir sua prestação ou oferecer garantia, o excipiente terá de esperar o vencimento do débito do excepto, para só então poder pedir a resolução do contrato ou exigir o seu cumprimento. O interesse do excipiente é resguardado apenas pela paralisação da pretensão da parte contrária: não ocorre nem o vencimento antecipado do débito (salvo se configurada também alguma das hipóteses do art. 333 do CC), nem fica o excipiente autorizado

---

1334. Bürgerliches Gesetzbuch [BGB], §321, (2). Disponível em: http://www.gesetze-im-internet.de. Acesso em: 05 maio/2019.
1335. Code des obligations, *Loi fédérale du 30 mars 1911 complétant le code civil suisse* (Livre cinquième: Droit des obligations), art. 83, (2). Disponível em: https://www.admin.ch/opc/fr/classified-compilation/19110009/index.html. Acesso em: 05 maio 2019.
1336. Vaz Serra, Adriano Paes da Silva. Op. cit., p. 58.

a resolver se o excepto não presta ou não dá garantia no "prazo razoável" conferido para tanto.[1337]

Em arremate deste subitem, visando a conferir maior clareza às diferenças entre a exceção de inseguridade (art. 477) e a exceção de contrato não cumprido (art. 476), elaboramos o quadro seguinte:

Exceção do contrato não cumprido (art. 476)	Exceção de inseguridade (art. 477)
Cabível se as obrigações forem simultâneas, ou se, embora sucessivas, estiverem ambas vencidas.	Pressupõe que as obrigações sejam sucessivas, podendo ser invocada pelo contratante que deveria prestar primeiro, estando vencida apenas a sua obrigação.
Basta que a parte contrária (o excepto) também não tenha cumprido sua obrigação já vencida.	Exige prova de que a contraparte – o excepto, que deveria prestar depois – sofreu "diminuição em seu patrimônio capaz de comprometer ou tornar duvidosa a prestação pela qual se obrigou".
Exceção dilatória. Se acolhida, a exigibilidade da obrigação fica suspensa até que o excepto também se disponha a cumprir sua parte no contrato.	Exceção dilatória. Se acolhida, a exigibilidade fica suspensa até que o excepto cumpra sua obrigação ou dê garantia bastante de fazê-lo.

5.2 O REQUISITO DA DIMINUIÇÃO PATRIMONIAL QUE COMPROMETA OU TORNE DUVIDOSO O ADIMPLEMENTO. A GARANTIA A SER PRESTADA PARA ELIDIR A EXCEÇÃO

Analisemos mais de perto, agora, o pressuposto da diminuição patrimonial, que constitui, sem dúvida, a particularidade mais relevante deste instituto.

Como adverte Ruy Rosado de Aguiar Jr., o estado de incerteza quanto ao adimplemento, nos contratos de execução futura, é algo que está sempre presente no espírito das partes, em maior ou menor grau. A dúvida a que se refere o art. 477 do Código Civil, portanto, para não transformar a exceção em regra, só pode ser a dúvida séria, relevante, fundada em diminuição patrimonial comprovada da parte adversa, que traga consigo indícios substanciais no sentido de que esta provavelmente não conseguirá cumprir sua obrigação no momento pactuado. Nas palavras do autor, "não é a mesma dúvida existente em todos os contratos e presente no momento da celebração, mas, sim, um novo estado de espírito resultante

---

1337. Pontes de Miranda, Francisco Cavalcanti. *Tratado de direito privado*. Rio de Janeiro: Borsoi, 1959. t. XXVI. p. 112. É preciso ressalvar, no entanto, a existência de teoria, inspirada na *anticipatory breach of contract* do direito anglo-saxão, a defender o *inadimplemento antecipado ou inadimplemento anterior ao termo*, mesmo fora das hipóteses restritas do art. 333 do Código Civil, quando restar claro, pelas condições fáticas, o desinteresse do devedor em cumprir (v.g., declaração expressa de que não pretende cumprir) ou a total impossibilidade material de fazê-lo no prazo acordado (v.g., obrigação de construir um prédio, quando a construção sequer foi iniciada e falta apenas um mês para o termo estipulado). A antecipada caracterização do inadimplemento, em tais circunstâncias, despertaria, conforme tal doutrina, as mesmas consequências do inadimplemento convencional, autorizando o credor a pleitear desde já o cumprimento da obrigação ou a resolução do contrato com a condenação do devedor em perdas e danos (Ferreira da Silva, Jorge Cesa. *A boa-fé e a violação positiva do contrato*. Rio de Janeiro: Renovar, 2002, p. 257).

da diminuição patrimonial superveniente, gerando um perigo evidente sobre a efetividade da prestação."[1338]

O instituto, como aponta de forma percuciente Adriano Paes da S. Vaz Serra, guarda alguma proximidade com a onerosidade excessiva, porque também baseado em uma modificação superveniente das circunstâncias. Todavia, enquanto na exceção de inseguridade tal modificação diz respeito apenas à situação patrimonial das partes, acarretando unicamente a suspensão da exigibilidade da obrigação de quem deveria prestar primeiro, na hipótese consagrada no art. 478 do Código Civil, por outro lado, a modificação superveniente, derivada de "acontecimentos extraordinários e imprevisíveis", torna a prestação de uma das partes "excessivamente onerosa, com extrema vantagem para a outra", podendo conduzir à resolução do contrato (art. 478 do Código Civil), à sua modificação equitativa por acordo das partes (art. 479 do Código Civil) ou mesmo à sua revisão judicial (que, embora não prevista expressamente nos artigos 478 e 479, é admitida por parte substancial da doutrina, com base sobretudo no art. 317 do mesmo Código).[1339-1340]

Para aferir se a diminuição do patrimônio da parte que deveria prestar depois é capaz de tornar duvidosa a execução de sua prestação não basta fazer apenas o cômputo singelo do ativo e do passivo, sendo preciso averiguar globalmente outros fatores, como a composição do ativo (se os bens que o integram são penhoráveis, de fácil excussão e de boa liquidez), o tempo de vencimento das dívidas, se a parte ainda dispõe de acesso a crédito no mercado, se há títulos protestados ou ações de execução ajuizadas em seu nome etc.[1341] O ônus da prova compete nesse ponto, ordinariamente, ao excipiente (art. 373, II, do CPC/15).[1342]

Não se exige que o devedor se torne insolvente ou falido, até porque estas são hipóteses de vencimento antecipado da dívida (art. 333, I, do Código Civil),[1343] instituto que possui consequências bastante diversas, conforme já exposto acima.

1338. Aguiar Jr., Ruy Rosado de. *Comentários ao novo Código Civil, v. VI, t. II*: da extinção do contrato (arts. 472 a 480). Teixeira, Sálvio de Figueiredo (Coord.). Rio de Janeiro: Forense, 2011, p. 836.
1339. Vaz Serra, Adriano Paes da Silva. Op. cit., p. 58.
1340. Admitindo a revisão judicial nessas condições, ver: Rosenvald, Nelson. Art. 479. In: Peluso, Cezar (Coord.). *Código Civil comentado*. 5. ed. Barueri: Manole, 2011, p. 545; Schreiber, Anderson. Op. cit., p. 496–97; Aguiar Jr., Ruy Rosado de. *Comentários ao novo Código Civil, v. VI, t. II*: da extinção do contrato (arts. 472 a 480). Teixeira, Sálvio de Figueiredo (Coord.). Rio de Janeiro: Forense, 2011, p. 917.
1341. Pontes de Miranda, Francisco Cavalcanti. *Tratado de direito privado*. Rio de Janeiro: Borsoi, 1959. t. XXVI. p. 110; Aguiar Jr., Ruy Rosado de. *Comentários ao novo Código Civil, v. VI, t. II*: da extinção do contrato (arts. 472 a 480). Teixeira, Sálvio de Figueiredo (Coord.). Rio de Janeiro: Forense, 2011, p. 836; Assis, Araken de. Op. cit., p. 700.
1342. Ibidem, p. 700.
1343. Art. 333. Ao credor assistirá o direito de cobrar a dívida antes de vencido o prazo estipulado no contrato ou marcado neste Código:
    I – no caso de falência do devedor, ou de concurso de credores; [...]

Para a exceção de inseguridade, basta a diminuição patrimonial que objetivamente incremente o risco de descumprimento.[1344]

Ruy Rosado de Aguiar Jr. acresce que a diminuição patrimonial pode ser não só quantitativa (redução de patrimônio, na perspectiva global acima exposta), mas também qualitativa (marcada pela perda superveniente das condições técnicas de cumprir a obrigação), como é o caso, exemplifica, do devedor que "teve a máquina com a qual cumpriria a obrigação destruída ou demitiu o empregado habilitado a prestar."[1345]

Anderson Schreiber vai além, pregando que o art. 477 do Código Civil deve ser aplicado por analogia a quaisquer fatos objetivos que suscitem fundado risco de não cumprimento do contrato, a exemplo da declaração explícita do contratante de que não irá cumprir sua obrigação no prazo ajustado.[1346] Em semelhante perspectiva, Aline de Miranda Valverde Terra assevera que "sob os influxos da atual perspectiva obrigacional, funcionalizada à realização do escopo comum perseguido pelas partes, deve-se permitir a aplicação analógica do art. 477 do Código Civil a hipóteses em que a consecução desse escopo seja ameaçada por outras causas que não envolvam a deterioração patrimonial do devedor, mas a sua concreta possibilidade de prestar."[1347] Nessa mesma senda ampliativa, o Enunciado nº 438 da V Jornada de Direito Civil do Conselho da Justiça Federal dispõe que "a exceção de inseguridade, prevista no art. 477, também pode ser oposta à parte cuja conduta põe manifestamente em risco a execução do programa contratual."

Absolutamente irrelevante, para a configuração do pressuposto em análise, se a diminuição patrimonial – ou outro fato qualquer que suscite fundado risco de não cumprimento, na concepção estendida tratada no parágrafo anterior – foi causada ou não por culpa da parte que deveria prestar depois. Isso porque o escopo do dispositivo não é punir o contratante que sofreu o abalo patrimonial, mas, sim, como visto, resguardar o sinalagma funcional, protegendo a confiança depositada no adimplemento mútuo por quem se obrigou a prestar primeiro.[1348]

O fato de a diminuição patrimonial ser eventualmente comum às duas partes ou mesmo à sociedade em geral (por conta, por exemplo, de uma grave recessão econômica) não tem o condão de afastar a aplicação da exceção de inseguridade, pois a ideia subjacente ao instituto é sempre a de proteger o contratante que teria de

---

1344. Sacco, Rodolfo. Il contratto. In: Vassalii, Filippo (Org.). *Trattato di diritto civile italiano*, v. VI, t. II, Torino: Utet, 1975, p. 973; Aguiar Jr., Ruy Rosado de. *Comentários ao novo Código Civil*, v. VI, t. II: da extinção do contrato (arts. 472 a 480). Teixeira, Sálvio de Figueiredo (Coord.). Rio de Janeiro: Forense, 2011, p. 837; Assis, Araken de. Op. cit., p. 700.
1345. Aguiar Jr., Ruy Rosado de. *Comentários ao novo Código Civil*, v. VI, t. II: da extinção do contrato (arts. 472 a 480). Teixeira, Sálvio de Figueiredo (Coord.). Rio de Janeiro: Forense, 2011, p. 836.
1346. Schreiber, Anderson. Op. cit., p. 500.
1347. Terra, Aline de Miranda Valverde. *Inadimplemento anterior ao termo*. Rio de Janeiro: Renovar, 2009, p. 274.
1348. Rosenvald, Nelson; Farias, Cristiano Chaves de. *Curso de direito civil, v. IV – Contratos*: Teoria geral e contratos em espécie. 8. ed. Salvador: Editora JusPodivm, 2018, p. 644.

prestar primeiro, não importando se este, eventualmente, também sofreu diminuição patrimonial. Nos dizeres de Pontes de Miranda:

> Nada justifica que se obste ao nascimento da exceção a um porque ao outro também nasceria. Cada um está na mesma situação e o que tem de prestar primeiro há de ser protegido contra a insegurança. Se ao outro tivesse cabido o dever de prestar primeiro, teria, igualmente, a exceção. Assim, não há pensar-se em que a situação geral opera como pré-elidente do nascimento da exceção de insegurança, nem como réplica. Não teria ensejo o "mal de todos consolo é".[1349]

Passemos a examinar a questão do momento em que a diminuição patrimonial deve se manifestar.

A princípio, pela dicção literal do dispositivo ("Se, depois de concluído o contrato, sobrevier [...]."), a recusa legítima a prestar só poderia se dar se a diminuição patrimonial da contraparte fosse *posterior* à celebração do contrato. Mas seria esta a resposta mais adequada? Aqui, convém analisar separadamente cada uma das possíveis situações.

(1ª) A diminuição patrimonial ocorrida *antes* da celebração do contrato, se de conhecimento de quem se obrigou a prestar primeiro, seria de todo irrelevante, conforme doutrina majoritária. Quem contrata nessas circunstâncias, afirma Araken de Assis, assume o risco e deve imputar a si mesmo as consequências de sua má decisão.[1350]

Otávio Luiz Rodrigues Jr., em comentário ao art. 495 do Código Civil, em relação ao qual se coloca a mesma discussão, assevera que, se a parte tomou conhecimento da diminuição patrimonial antes do contrato e mesmo assim decide por celebrá-lo, a invocação superveniente da exceção de insegurança constitui caso típico de *venire contra factum proprium*.[1351]

Carvalho Santos, no entanto, também em comentário ao art. 495 do Código Civil, faz contraponto interessante, defendendo que o remédio seja estendido em favor do vendedor que, mesmo conhecedor das dificuldades do comprador, confiou de boa-fé na possibilidade deste se recuperar, concedendo-lhe crédito:

> Convém notar que a concessão do crédito, mesmo feita a um insolvente, não é incompatível com a presença de pronto e efetivo pagamento; não importa a renúncia ao pagamento integral, ou o que o vendedor quis sujeitar-se ao rateio da massa falida. Há comerciantes notoriamente insolventes, que fazem compras e vendas a crédito, até a data da abertura da falência; e depois

---

1349. Pontes de Miranda, Francisco Cavalcanti. *Tratado de direito privado*. Rio de Janeiro: Borsoi, 1959. t. XXVI. p. 110.
1350. Assis, Araken de. Op. cit., p. 699. No mesmo sentido: Aguiar Jr., Ruy Rosado de. *Comentários ao novo Código Civil*, v. VI, t. II: da extinção do contrato (arts. 472 a 480). Teixeira, Sálvio de Figueiredo (Coord.). Rio de Janeiro: Forense, 2011, p. 834; Perlingieri, Pietro. *Codice Civile annotato con la dottrina e la giurisprudenza*. *Libro quarto – Delle obbligazioni*. t. I. 2. ed. Bologna: Zanichelli Editore, 1991, p. 754.
1351. Rodrigues Jr., Otávio Luiz. *Código Civil comentado*, v. VI, t. I: compra e venda, troca e contrato estimatório (artigos 481 a 537). Azevedo, Álvaro Villaça (Coord.). São Paulo: Atlas, 2008, p. 164.

desta, ainda alcançam uma concordata e continuam a negociar a crédito. O vendedor tem o direito de supor e confiar que o comprador poderá melhorar a situação sem que se dê a falência judicial; e, dado este caso, pode reter as mercadorias vendidas e não entregues. O que não seria justo, em verdade, é que se obrigasse o vendedor a entregar a coisa vendida, quando ele próprio, até então esperançado na melhoria dos negócios do comprador, razão pela qual lhe fez a venda, se convence de que o mal é sem remédio, sujeitando-o a um prejuízo que ainda estava em tempo de evitar.[1352]

Note-se que ambos os doutrinadores se apoiam na boa-fé objetiva, mas chegam a resultados opostos. Para um, a invocação da exceção de inseguridade, nesse contexto, configuraria verdadeiro *venire contra factum proprium*. Para o outro, a boa-fé demandaria, pelo contrário, a proteção daquele que, confiando na possibilidade de recuperação econômica da contraparte, concedeu-lhe crédito.

Pensamos que a primeira solução – a majoritária – é a mais correta. Se admitida a exceção de inseguridade mesmo quando a diminuição patrimonial for anterior à celebração do negócio, sendo tal circunstância conhecida de quem se obrigou a prestar primeiro, a oponibilidade dessa forma de defesa ficaria ao total alvedrio desta, o que não pode ser aceito. Bastaria que esta se convencesse "de que o mal é sem remédio", para usar as palavras de Carvalho Santos, para recursar-se a cumprir sua obrigação na forma contratada. Além disso, com a devida vênia, o raciocínio desenvolvido por este autor subverte a lógica do instituto: de uma exceção que só deveria ser aplicada excepcionalmente, quando se observasse uma diminuição patrimonial capaz de colocar em risco o sinalagma funcional, acaba se transformando em uma exceção *não* oponível apenas quando houver <u>melhora</u> da situação do excepto após a celebração do negócio (considerando que seria cabível, segundo este entendimento, mesmo se o quadro negativo, de conhecimento prévio do excipiente, permanecesse *inalterado* após o contrato).

(2ª) Outra situação é a da diminuição patrimonial ocorrida *antes* do contrato, mas que *não era conhecida* por quem se obrigou a prestar primeiro ou foi *ocultada* por quem se obrigou a prestar depois.

Para Pontes de Miranda e Araken de Assis, tais circunstâncias autorizariam, quando muito, a invalidação do negócio jurídico por vício do consentimento (erro ou dolo, respectivamente), mas não o emprego da exceção de inseguridade.[1353] O argumento invocado é a dicção literal do dispositivo, que exigiria diminuição patrimonial posterior ("Se, depois de concluído o contrato, sobrevier [...].").

1352. Carvalho Santos, João Manuel de. *Código Civil brasileiro interpretado*: principalmente do ponto de vista prático. Direito das obrigações (arts. 1122-1187). v. XVI, 9. ed. Rio de Janeiro: Freitas Bastos, 1958, p. 60-61.
1353. Pontes de Miranda, Francisco Cavalcanti. *Tratado de direito privado*. Rio de Janeiro: Borsoi, 1959. t. XXVI. p. 110; Assis, Araken de. Op. cit., p. 699.

Concordamos, porém, com aqueles (Adriano Paes da S. Vaz Serra e Ruy Rosado de Aguiar Jr., por exemplo) que admitem a exceção de inseguridade nesta última hipótese – diminuição patrimonial que, embora anterior à celebração do contrato, não era conhecida pela parte ou que lhe foi dolosamente ocultada – desde que tal desconhecimento não derive de negligência sua. Por três razões, fundamentalmente. Primeiro, porque o contraente vítima do erro ou dolo pode ter interesse em que o contrato se mantenha, apenas lhe repugnando que seja obrigado a prestar antes do outro.[1354] Segundo, porque se tal contraente pode o mais (invalidar o contrato), deve também poder o menos (suspender a sua prestação enquanto o outro não cumpre ou não dá garantia).[1355] Terceiro, porque a exceção de inseguridade é instrumento de autotutela, mais rápido e eficaz, não havendo razão, assim, para que não seja estendido à parte vítima que, embora agindo com zelo, desconhecia a precariedade da situação patrimonial da parte adversa.[1356]

Pietro Perlingieri refere que esta foi a solução acolhida pela Corte de Cassação Italiana em inúmeros precedentes (entre os quais, por exemplo, *Cass. 19 giugno 1972, n. 1935*), equiparando, na prática, a ignorância da má situação *originária*, desde que sem culpa da parte *in bonis*, à diminuição patrimonial *superveniente*.[1357] Rodolfo Sacco, embora admitindo que a extensão da aplicabilidade da exceção às hipóteses de erro e dolo pudesse ser medida adequada *de lege ferenda*, sustenta que a redação atual do art. 1.461 do Código Civil Italiano não comporta essa interpretação,[1358] taxando de arbitrário o entendimento esposado pela Corte de Cassação por contrariar expressamente, em seu entender, o texto legal.[1359]

(3ª) Agora, se a situação patrimonial já era ruim, mas piorou ainda mais após o contrato, não há dúvida de que se aplica a exceção de inseguridade, até mesmo segundo interpretação literal do dispositivo, na medida em que não deixa de ter havido, nessa hipótese, diminuição patrimonial. Assevera, nesse sentido, Carvalho Santos, em comentário ao artigo 1.092, alínea 2ª, do Código Civil de 1916:

> Poder-se-ia na ocasião do contrato vislumbrar apenas uma probabilidade de não poder o contratante, devido a dificuldades financeiras, efetuar a prestação a que se obriga. Mas, se posteriormente, essas probabilidades mais se acentuaram com a impontualidade de outros compromissos

---

1354. Vaz Serra, Adriano Paes da Silva. Op. cit., p. 57.
1355. Ibidem.
1356. Aguiar Jr., Ruy Rosado de. *Comentários ao novo Código Civil*, v. VI, t. II: da extinção do contrato (arts. 472 a 480). Teixeira, Sálvio de Figueiredo (Coord.). Rio de Janeiro: Forense, 2011, p. 834.
1357. Perlingieri, Pietro. *Codice Civile annotato con la dottrina e la giurisprudenza. Libro quarto – Delle obbligazioni*. Tomo I. 2. ed. Bologna: Zanichelli Editore, 1991, p. 754.
1358. Art. 1.461: Cada contraente pode suspender a execução da prestação por ele devida, se as condições patrimoniais do outro *se modificarem* a ponto de colocar em evidente perigo a satisfação da contraprestação, a não ser que seja prestada garantia idônea. (Codice Civile, art. 1.461. Disponível em: http://www.wipo.int/wipolex/en/details.jsp?id=2508. Acesso em: 17 dez. 2017).
1359. Sacco, Rodolfo. Op. cit., p. 973.

do contratante, não há como se possa negar ao outro contratante o direito de invocar o texto que comentamos precisamente porque sobreveio uma alteração no patrimônio capaz de comprometer ou tornar ainda mais duvidosa a prestação devida.[1360]

O último ponto que merece atenção neste item diz respeito à natureza da garantia a ser prestada para elidir a exceção.

O art. 477 exige apenas que a garantia seja "bastante" – isto é, suficiente – para satisfazer a prestação por vencer. A doutrina é unânime em apontar que ela pode ser de natureza real ou fidejussória, podendo ser prestada pelo excepto, se já judicializada a questão, nos autos da própria ação em que se reclama o adimplemento.[1361]

A decisão quanto ao tipo de garantia a ser prestada é do excepto exclusivamente. A parte que reteve a sua prestação e que se valeu da exceção de inseguridade não pode, conforme adverte Custódio da Piedade U. Miranda, recusar a garantia prestada, salvo se insuficiente ou inidônea, cabendo ao juiz, em caso de controvérsia, dirimir a questão.[1362] Em idêntico sentido, assevera Carvalho Santos:

> Essa garantia pode ser real ou fidejussória, não podendo o contratante que reteve a sua prestação, recusá-la, a não ser quando, efetivamente, não seja bastante para assegurar o fiel cumprimento da obrigação do outro contratante, como, por exemplo, por serem insuficientes os bens dados em garantia ou não tenha idoneidade e garantias suficientes o fiador oferecido. Ao juiz, em caso de dúvida, cabe decidir sobre a idoneidade e suficiência das garantias [...].[1363]

Examinados os aspectos relevantes concernentes ao art. 477 do Código Civil, aplicável aos contratos bilaterais em geral, é hora de analisar o art. 495 do mesmo diploma, justamente para investigar se esta norma, exclusiva da compra e venda, traz regulamentação que seja em alguma medida diversa daquela do art. 477.

5.3 ART. 495 DO CÓDIGO CIVIL: UMA EXCEÇÃO DE INSEGURIDADE DIFERENCIADA PARA O CONTRATO DE COMPRA E VENDA? ANÁLISE DA UTILIDADE DESSE DISPOSITIVO

O art. 495 do Código Civil, inserido nas disposições gerais relativas ao contrato de compra e venda, prescreve o que segue: "Não obstante o prazo ajustado para o pagamento, se antes da tradição o comprador cair em insolvência, poderá o

---

1360. Carvalho Santos, João Manuel de. *Código Civil brasileiro interpretado*: principalmente do ponto de vista prático. Direito das obrigações (arts. 1079-1121). v. XV, 7. ed. Rio de Janeiro: Freitas Bastos, 1956, p. 242. No mesmo sentido: Pontes de Miranda, Francisco Cavalcanti. *Tratado de direito privado*. Rio de Janeiro: Borsoi, 1959. t. XXVI, p. 111.
1361. Assis, Araken de. Op. cit., p. 700; Aguiar Jr., Ruy Rosado de. *Comentários ao novo Código Civil*, v. VI, t. II: da extinção do contrato (arts. 472 a 480). Teixeira, Sálvio de Figueiredo (Coord.). Rio de Janeiro: Forense, 2011, p. 838-839; Miranda, Custódio da Piedade Ubaldino. *Comentários ao Código Civil – v. 5: Dos contratos em geral (arts. 421 a 480)*. Azevedo, Antônio Junqueira de (Coord.). Saraiva: São Paulo, 2013, p. 438.
1362. Miranda, Custódio da Piedade Ubaldino. Op. cit., p. 438.
1363. Carvalho Santos, João Manuel de. *Código Civil brasileiro interpretado*: principalmente do ponto de vista prático. Direito das obrigações (arts. 1079-1121). v. XV, 7. ed. Rio de Janeiro: Freitas Bastos, 1956, p. 243.

vendedor sobrestar na entrega da coisa, até que o comprador lhe dê caução de pagar no tempo ajustado."[1364]

No Código Civil de 1916, disposição idêntica, inclusive quanto à redação, podia ser encontrada no art. 1.131. Em semelhante sentido, prescrevia ainda o art. 198 do Código Comercial de 1850:

> Art. 198. Não procede, porém, a obrigação da entrega da coisa vendida antes de efetuado o pagamento do preço, se, entre o ato da venda e o da entrega, o comprador mudar notoriamente de estado e não prestar fiança idônea aos pagamentos nos prazos convencionados.

Fácil constatar que o art. 495 do Código Civil visa a tutelar a chamada "venda a crédito", na qual o vendedor obriga-se a entregar a coisa antes do recebimento do preço.[1365] Não configurada a situação de "insolvência" à qual alude o art. 495, o vendedor tem o dever de entregar a coisa ao comprador antes do pagamento, podendo inclusive ser demandado nesse sentido, pois assim se obrigou no contrato.[1366]

O risco para o vendedor nesse modelo negocial, esclarece Carvalho Santos, está justamente no fato de que efetuada a entrega da coisa, há transferência do domínio, de forma que o vendedor terá apenas ação pessoal contra o comprador se este descumprir o contrato, seja para exigir a resolução, seja para demandar o preço.[1367]

Os escopos que animam este artigo são os mesmos já referidos em relação ao art. 477, examinado nos itens anteriores: resguardar o sinalagma funcional; proteger a confiança depositada no adimplemento mútuo por quem se obrigou a prestar antes; pressuposição de que o contratante que se obrigou a prestar primeiro não o teria aceitado se soubesse do agravamento da situação patrimonial da parte adversa.

Como adverte o mesmo Carvalho Santos, a "insolvência" do comprador inspira ao vendedor o justo receio de que, entregando a coisa (com o que, vale repisar,

---

1364. Disposição quase idêntica pode ser encontrada no art. 1.613 do Código Civil Francês, que provavelmente serviu de inspiração para o art. 1.131 do CC/1916, replicado no art. 495 do CC/2002: "Art. 1.613. O vendedor não estará mais obrigado a entregar a coisa, ainda que tenha concedido um prazo para o pagamento, se, depois da venda, o comprador tiver falido ou entrado em estado de insolvência, a ponto de haver perigo concreto de o vendedor não receber o preço, a não ser que o comprador lhe forneça garantia idônea de pagar no prazo acordado." (Code Civil, art. 1.613. Disponível em: https://www.legifrance.gouv.fr/. Acesso em: 20 dez. 2017). O art. 1.467 do Código Civil Espanhol reproduz, de modo quase literal, a norma francesa: "Também não terá o vendedor obrigação de entregar a coisa vendida quando, a despeito de ter concedido um prazo para o pagamento, descobre-se depois da venda que o comprador tornou-se insolvente, a ponto de o vendedor correr risco concreto de não receber o preço. Afasta-se esta regra se o comprador oferecer garantia idônea do cumprimento da obrigação no prazo acordado." (Código Civil Español, art. 1.467. Disponível em: http://civil.udg.es. Acesso em: 23 dez. 2017)
1365. Azevedo, Álvaro Villaça. *Comentários ao novo Código Civil*, v. VII: das várias espécies de contrato; Da compra e venda; Do compromisso de compra e venda (arts. 481 a 532). 2. ed. Teixeira, Sálvio de Figueiredo (Coord.). Rio de Janeiro: Forense, 2012, p. 191; Assis, Araken de. Op. cit., p. 769; Tepedino, Gustavo; Bodin de Moraes, Maria C.; Barboza, Heloísa H., Op. cit., p. 156.
1366. Carvalho Santos, João M. de. *Código Civil brasileiro interpretado*: principalmente do ponto de vista prático. Direito das obrigações (arts. 1122-1187). v. XVI, 9. ed. Rio de Janeiro: Freitas Bastos, 1958, p. 59.
1367. Ibidem.

opera-se a transferência do domínio), venha a se expor ao risco de não receber o preço no momento pactuado. Não seria justo, nesse contexto, que o vendedor fosse obrigado a entregar a coisa sem nenhuma segurança quanto ao recebimento do preço, expondo-se a perda patrimonial significativa, em decorrência de modificação superveniente no patrimônio alheio que escapa totalmente ao seu controle. E o que a lei exige, na hipótese, para resguardar o interesse do vendedor sequer é excessivo: para afastar a exceção do art. 495 e fazer vingar a ordem sucessiva de cumprimento das obrigações, basta que o comprador ofereça garantia suficiente. Com isso cessam os receios do vendedor, que volta a estar obrigado a prestar em data anterior, sob pena de incorrer em inadimplemento.[1368] Nessa linha, afirma Otávio Luiz Rodrigues Jr.:

> Uma vez que o comprador preste a caução exigida pelo art. 495, e essa seja apta e idônea a seus fins, o vendedor obriga-se a entregar a coisa. Eventual omissão do alienante em cumprir o que lhe é cominado no contrato, após executada essa providência anormal pelo comprador, poderá causar a resolução do contrato e a responsabilização do alienante por perdas e danos [...].[1369]

Passemos a analisar as possíveis diferenças entre os artigos 477 e 495, ambos do Código Civil.

Enquanto o art. 477 do Código Civil pode ser invocado pelo contratante que se obrigar a prestar primeiro, qualquer que seja o polo que ocupe no contrato bilateral (locatário/locador, empreiteiro/dono da obra, transportador/usuário do serviço de transporte etc.), o art. 495 do Código Civil oferece proteção expressa ao vendedor apenas, tendo sido concebido, como dito, para tutelar a chamada "venda a crédito". Mas o que ocorre se as partes convencionarem o contrário, isto é, que o comprador deve pagar o preço antes da entrega da coisa, observando-se, todavia, piora na situação econômica do vendedor?

Renan Lotufo, Gustavo Tepedino e Paulo Luiz Netto Lôbo sustentam, de forma uníssona, que a interpretação deve ser no sentido de que ambos, comprador e vendedor, podem invocar a exceção de inseguridade, apesar da redação limitadora do art. 495 do Código Civil.[1370] Primeiro, por uma questão de simetria, na medida em que nada justifica que tal remédio não seja acessível também ao comprador que se obriga a pagar o preço em data anterior à entrega da coisa. Afinal, as razões que justificam a proteção ao vendedor também estão presentes em relação ao comprador nas circunstâncias mencionadas. Segundo, porque ainda que se entendesse que o art. 495 não confere proteção ao comprador, certamente este poderia invocar o art. 477, que, conforme já exposto, é norma aplicável aos contratos bilaterais em geral, entre os quais inclui-se a compra e venda. E nem faria qualquer sentido argumen-

---
1368. Carvalho Santos, João M. de. *Código Civil brasileiro interpretado*: principalmente do ponto de vista prático. Direito das obrigações (arts. 1122-1187). v. XVI, 9. ed. Rio de Janeiro: Freitas Bastos, 1958, p. 59.
1369. Rodrigues Jr., Otávio Luiz. Op. cit., p. 164.
1370. Lotufo, Renan. Op. cit., p. 194-95; Tepedino, Gustavo; Bodin de Moraes, Maria C.; Barboza, Heloísa H., Op. cit., p. 157; Lôbo, Paulo Luiz Netto. *Comentários ao Código Civil – v. 6*: das várias espécies de contratos (arts. 481 a 564). Antônio Junqueira de Azevedo (Coord.). Saraiva: São Paulo, 2003, p. 79.

tar que o legislador, ao erigir regra específica para a compra e venda (o art. 495), protetiva apenas do vendedor, tivesse a intenção de afastar, em relação a esse tipo contratual, a disposição geral do art. 477, pelo simples motivo, vale repisar, de que nada, absolutamente nada, justificaria negar proteção ao comprador nas circunstâncias mencionadas. Quanto à possibilidade de a exceção em tela ser utilizada por compradores e vendedores, sem distinção, ensina Álvaro Villaça Azevedo:

> Por isso que, aperfeiçoado o contrato de compra e venda, enfraquecendo-se um dos contratantes, pela insolvência, impossibilitando-se de cumprir sua obrigação (por exemplo, o comprador de pagar o preço ou o vendedor de entregar a coisa vendida), não é o outro obrigado a cumprir a sua (respectivamente, entregando a coisa ou pagando o preço). Ninguém pode ser levado à ruína econômico-financeira por cumprir o contrato.[1371]

A corroborar tal posicionamento, vale salientar que o Tribunal de Justiça do Estado de São Paulo vem acolhendo reiteradamente, nos casos de compromisso de compra e venda de apartamentos, com base na norma geral do art. 477 do Código Civil, pleitos de suspensão dos pagamentos das parcelas devidas pelos adquirentes, quando existentes indícios de que o vendedor não terá condições de entregar o imóvel na data futura acordada. Confira-se, nesse sentido:

> Compromisso de compra e venda. Tutela antecipada. Pedido de suspensão da exigibilidade das parcelas faltantes do preço até a entrega da obra à autora. Prematuro discutir a possibilidade de resolução do contrato antes de escoado o prazo complementar previsto no contrato para entrega da obra. [...] *Razoável admitir, com fundamento no artigo 477 do Código Civil, que enquanto a prestação da incorporadora, de entrega de unidade autônoma, não for cumprida, não poderá exigir o pagamento das parcelas finais do preço.* Obtenção do financiamento pelo adquirente pressupõe a regularidade do condomínio edilício, devidamente instituído e com as unidades atribuídas aos adquirentes, fato somente possível após a emissão do "habite-se". Não se cogita, ainda, de inadimplemento antecipado do contrato, que permita desde logo o pedido de resolução, mas apenas de suspensão da exigibilidade de parcela do preço. Recurso provido. (TJSP. Agravo de Instrumento 2056156-86.2014.8.26.0000. Relator Desembargador Francisco Loureiro. 6ª Câmara de Direito Privado, j. em 16 maio 2014).

> Embargos de declaração. [...] Repristinação dos efeitos da decisão que deferiu a antecipação de tutela recursal que suspendeu a exigibilidade das prestações pertinentes ao compromisso de compra e venda e vedou a negativação do nome civil da autora. *Atual situação financeira da ré que autoriza a suspensão dos pagamentos pela compromissária compradora face à exceção de inseguridade. Ausência de elementos que indiquem que a embargada será capaz de concluir o imóvel compromissado à autora, ou restituir parte das prestações pagas por ela, de modo que não se justifica impor à autora a manutenção dos pagamentos (art. 477 do Código Civil).* Taxa condominial e IPTU. Compradora que não recebeu a posse do imóvel. Despesas que devem ser suportadas pelo vendedor até a transferência da posse do imóvel. Embargos acolhidos. (Embargos 2055510-71.2017.8.26.0000; Relator Desembargador Rômolo Russo; 7ª Câmara de Direito Privado, j. em 14 dez. 2017).

1371. Azevedo, Álvaro Villaça. Op. cit., p. 193.

Outra suposta diferença entre os artigos 477 e 495 concerne ao requisito da diminuição patrimonial. O primeiro exige que esta seja "capaz de comprometer ou tornar duvidosa a prestação pela qual se obrigou" o excepto. Como visto no item anterior, não há necessidade, para tanto, de que o excepto se torne insolvente ou falido, até porque estas são hipóteses de vencimento antecipado da dívida (art. 333, I, do Código Civil), instituto com consequências diversas. Para a exceção de inseguridade do art. 477, basta a diminuição patrimonial que objetivamente incremente o risco de descumprimento.[1372] O art. 495, em contrapartida, adota a expressão "cair em insolvência", o que, à primeira vista, seria mais rigoroso do que a mera diminuição patrimonial.

Não nos parece, contudo, que essa diferença resista a uma análise mais aprofundada.

A doutrina é unânime em relativizar a "insolvência" exigida pelo art. 495 do Código Civil. Gustavo Tepedino, por exemplo, afirma que "o essencial é que haja justo receio de que o comprador não conseguirá honrar o compromisso antes assumido", sendo dispensável, para tanto, a falência ou a insolvência.[1373]

Otávio Luiz Rodrigues Jr. também assevera que a expressão "cair em insolvência" do art. 495 do Código Civil não se restringiria aos conceitos próprios de insolvência civil e de falência – até porque tais estados atrairiam o vencimento antecipado da dívida, na forma do art. 333, I, do Código Civil, bem como regramentos específicos e diferenciados acerca da exigibilidade dos débitos do insolvente civil ou falido. Confira-se:

> A terminologia empregada no art. 495 ("cair em insolvência") tem significado mais amplo do que a insolvência civil, situação processual do devedor não-empresário, que não possui bens livres e desembaraçados para nomear à penhora ou que teve seus bens arrestados. De rigor, a insolvência civil, tal como prevista nas normas processuais, induz ao vencimento antecipado das dívidas, à arrecadação dos bens do devedor e à execução por concurso universal de credores. As aproximações da insolvência do art. 495 com a quebra empresarial também devem ser feitas com as devidas cautelas. [...] Assim, tendo-se a decretação do estado falimentar, recai-se na legislação específica, derrogatória da regra geral de direito civil no que lhe for incompatível. É correto, portanto, atribuir à insolvência do art. 495 um sentido genérico, não obrigatoriamente limitado aos conceitos próprios de insolvência civil e de falência.[1374]

Todavia, o mesmo autor entende que o requisito do art. 495 do Código Civil ("cair em insolvência"), embora sem se confundir com a insolvência civil e a falência, seria *mais rigoroso* do que o requisito da diminuição patrimonial "capaz de

---
1372. Sacco, Rodolfo. Op. cit., p. 973; Aguiar Jr., Ruy Rosado de. *Comentários ao novo Código Civil*, v. VI, t. II: da extinção do contrato (arts. 472 a 480). Teixeira, Sálvio de Figueiredo (Coord.). Rio de Janeiro: Forense, 2011, p. 837; Assis, Araken de. Op. cit., p. 700.
1373. Tepedino, Gustavo; Bodin de Moraes, Maria C.; Barboza, Heloísa H., Op. cit., p. 157. Na mesma linha: Assis, Araken de. Op. cit., p. 770.
1374. Rodrigues Jr., Otávio Luiz. Op. cit., p. 160.

comprometer ou tornar duvidosa a prestação", consagrado no art. 477 do mesmo diploma. E, partindo dessa premissa (de que há uma diferença de intensidade entre os dois requisitos), Otávio Luiz Rodrigues Jr. faz uma ressalva quanto à possibilidade, já abordada acima, de o comprador (e não apenas o vendedor, como consta expressamente do art. 495) também se valer da exceção de inseguridade:

> Washington de Barros Monteiro defende que o direito de não entregar a coisa por superveniente mudança de estado econômico-financeiro do comprador há de ser compreendido em paralelismo, dando-se o mesmo quando o alienatário tem receio de não receber a coisa. [...] A tese é boa e tem por si o mesmo paralelismo existente no art. 477, que não faz acepção entre as partes, ao determinar que o comprometimento patrimonial, se ocorrente, admitirá a exceção de legítimo descumprimento pela contraparte. Esse caso de inexecução antecipada por motivo justificado, ante a previsível infração ao dever contratual, é de ser compreendido bilateralmente. *A única cautela está em que, como dito, os requisitos do art. 495 são mais estreitos, pois envolvem a insolvência, que os do art. 477, que se contenta com a mera diminuição patrimonial*.[1375]

Não podemos concordar, porém, com tal raciocínio. Por duas razões, fundamentalmente. Primeiro, porque os fatores mencionados pelo autor, em caráter exemplificativo, para comprovar o estado de "insolvência" do art. 495 (protestos excessivos de títulos do comprador, penhoras, diminuição de garantias etc.),[1376] não diferem daqueles enumerados pela doutrina como representativos da diminuição patrimonial "capaz de comprometer ou tornar duvidosa a prestação" exigida pelo art. 477. Segundo, porque, se o autor admite a invocação da exceção de inseguridade pelo comprador, com base na disposição genérica do art. 477, que sentido faria submeter o vendedor a regime mais rigoroso, por força do art. 495? Nesse contexto, uma norma criada em tese para proteger o vendedor estaria, na verdade, prejudicando-o. Agora, se o autor defende, sob outra perspectiva, a extensão do regime do próprio art. 495 também ao comprador, exigindo deste igualmente a prova da insolvência (para além da mera diminuição patrimonial do art. 477), a pergunta passa a ser outra: por que tratar o contrato de compra e venda diferentemente dos demais contratos bilaterais, estabelecendo para ele regime mais rigoroso no que toca aos requisitos da exceção de inseguridade? Também não se vislumbra, respeitosamente, resposta que justifique essa diferença de tratamento.[1377]

1375. Ibidem, p. 164.
1376. Ibidem, p. 160.
1377. Em sentido semelhante à opinião de Otávio Luiz Rodrigues Jr., confira-se o escólio de Carlos Roberto Gonçalves: "Tal dispositivo fala, porém, em *diminuição do patrimônio* do devedor, enquanto o art. 495, aplicável à compra e venda, mais rigoroso, exige que ele tenha caído em *insolvência*. Da mesma forma, e para que haja igualdade de tratamento das partes, se é o vendedor que se torna *insolvente*, pode o comprador reter o pagamento até que a coisa lhe seja entregue, ou prestada caução." (Op. cit., p. 208). Como se percebe, este autor equipara expressamente a situação de compradores e vendedores, submetendo-os, porém, ao requisito supostamente mais rigoroso da insolvência. O autor também não justifica, todavia, para além da mera literalidade da norma, a razão de tratar a compra e venda de forma diversa dos demais contratos bilaterais.

Para nós, esses elementos só confirmam a conclusão que será exposta ao fim deste item, qual seja a de que o art. 495 não tem qualquer utilidade, sendo, na verdade, uma redundância em relação ao art. 477 – uma disposição que provavelmente foi inspirada no art. 1.613 do Código Civil Francês de 1804,[1378] diploma este que, contudo, não tinha qualquer disposição geral análoga ao art. 477, válida para todos os contratos bilaterais, ao menos até a recente *Ordennance* nº 2016-131, de 10 de fevereiro de 2016.

Outra suposta diferença entre os artigos 477 e 495 diz respeito às formas de elidir a exceção. Aqui pouco há a ser dito, considerando ser óbvio que, embora o art. 495 mencione apenas o oferecimento de caução, o pagamento adiantado do preço pelo comprador – antes da data convencionada no contrato – também tem o efeito de restabelecer a exigibilidade da obrigação do vendedor de entregar a coisa.

Por fim, a última diferença de tratamento que se poderia cogitar entre as duas normas estaria relacionada à forma de garantia a ser prestada. O art. 477 exige apenas, vale lembrar, que a garantia seja "bastante" – isto é, suficiente – para satisfazer a prestação por vencer, sendo a doutrina unânime em afirmar que ela pode ostentar natureza real ou fidejussória. Já o art. 495 fala em "*caução* de pagar no tempo ajustado". Nesse ponto, mais uma vez, a diferença entre as duas disposições é mais aparente do que real. Gustavo Tepedino, Paulo Luiz Netto Lôbo e Araken de Assis são taxativos em afirmar que por "caução" no art. 495 deve-se entender qualquer garantia conferida ao vendedor, desde que idônea e suficiente, podendo consistir em quantia em dinheiro ou ainda outra de natureza real (hipoteca, penhor, anticrese etc.) ou fidejussória (fiança, aval etc.).[1379]

Da mesma forma que se dá em relação ao art. 477, a decisão quanto ao tipo de garantia a ser prestada é do excepto exclusivamente. O vendedor que reteve a sua prestação e que se valeu da exceção do art. 495 não pode recusar a garantia prestada pelo comprador, salvo se insuficiente ou inidônea, cabendo ao juiz, em caso de controvérsia, dirimir a matéria.[1380]

Nesses termos, analisados todos os aspectos do art. 495 do CC em cotejo com o art. 477 do mesmo diploma, conclui-se que, apesar das divergências aparentes entre as duas normas, nenhuma diferença concreta de tratamento exsurge para o contrato de compra e venda, em relação aos demais contratos bilaterais, por força da disposição específica do art. 495.

1378. Vide nota 1364, acima.
1379. Tepedino, Gustavo; Bodin de Moraes, Maria C.; Barboza, Heloísa H., Op. cit., p. 157; Lôbo, Paulo Luiz Netto. *Comentários ao Código Civil* – v. 6: Das várias espécies de contratos (arts. 481 a 564). Azevedo, Antônio Junqueira de (Coord.). Saraiva: São Paulo, 2003, p. 78.
1380. Assis, Araken de. Op. cit., p. 771.

Por tais razões, concordamos plenamente com Araken de Assis quando este afirma, em comentário ao art. 495, que tal norma é de todo desnecessária, frente à regra mais abrangente do art. 477. Confira-se:

> As regras do presente artigo em realidade nada mais fizeram que repetir a norma ditada pelo artigo 477 do Código Civil, que autoriza em qualquer contrato bilateral, ante a insolvência de um contratante, ao outro se recusar ao cumprimento de sua obrigação contratual até que o contratante insolvente preste garantia de que efetivamente terá condições de cumprir sua obrigação contratual. Aliás, a cautela instituída no dispositivo antes citado é mais abrangente que a ora em comento, uma vez que possibilita a exigência de garantia também quando houver diminuição do patrimônio do outro contratante [e não só do comprador, como ocorre no art. 495], capaz de comprometer ou tornar duvidosa a prestação pela qual se obrigou. *Em realidade, ante o disposto no artigo 477 do Código Civil, despiciendo o disposto no artigo aqui em comento.* (grifo nosso)[1381]

João Luiz Alves, em comentário ao art. 1.131 do Código Civil de 1916, de redação idêntica ao atual art. 495, asseverou de forma ainda mais enfática: "O texto é simples aplicação do princípio já estabelecido no art. 1.092, al. 2; *é, pois, uma redundância.*"[1382]

A manutenção do art. 495 no Código Civil, nesse contexto, só pode ser encarada como uma reminiscência histórica, a qual, frente à disposição mais abrangente do art. 477, mais atrapalha do que ajuda. Explico.

A possibilidade de a parte obrigada a prestar primeiro suspender o cumprimento de sua obrigação, quando configurada a diminuição patrimonial da parte adversa, nasceu justamente a partir do contrato de compra e venda, mais especificamente da venda a crédito, na qual o vendedor entrega a coisa e concede prazo para o comprador pagar o preço. Como afirma Fabio Addis, o art. 1.461 do Código Civil Italiano – equivalente do art. 477 do Código Civil Brasileiro – é exemplo de disposição da parte geral de contratos que se desenvolveu a partir de regra que era própria de um tipo contratual específico (a compra e venda, mais especificamente em sua modalidade "a crédito"):

> A venda a crédito é o antecedente normativo mais direto – se se quiser: o "progenitor" – da exceção disciplinada no art. 1.461 do Código Civil. Com efeito, idêntico é o fundamento: isto é, uma situação de perigo gerada por uma fragilização financeira da contraparte que ainda não cumpriu sua obrigação de um contrato bilateral. [...] Em termos históricos, a suspensão de cumprimento do art. 1.461 do Código Civil representa, de fato, um exemplo emblemático da criação de uma disposição geral a partir de regras ditadas anteriormente para um único tipo

---

1381. Ibidem, p. 770-771. Em semelhante sentido, ver também: Rosenvald, Nelson; Farias, Cristiano Chaves de. *Curso de Direito Civil, v. IV – Contratos*: Teoria Geral e Contratos em Espécie. 8. ed. Salvador: Editora JusPodivm, 2018, p. 644.
1382. Alves, João Luiz. *Código Civil da República dos Estados Unidos do Brasil*, v. II, São Paulo: Livraria Acadêmica, 1935, p. 210. Também no mesmo sentido a opinião de Nelson Rosenvald, em comentário ao art. 495 do CC/2002: "Não havia necessidade de edição dessa norma, pois o já aludido art. 477 faculta ao vendedor a *exceptio non adimpleti.*" (*Código Civil comentado*. Peluso, Cezar (Coord.). 5. ed. Barueri: Manole, 2011, p. 557).

contratual, uma técnica, aliás, que nosso legislador utilizou amplamente na construção da parte geral do contrato.[1383]

Com efeito, explica o mesmo autor, foi Pothier que, em sua obra, defendeu pela primeira vez a possibilidade de o alienante na venda a crédito, em face da diminuição patrimonial superveniente do comprador, reter a coisa, enquanto não lhe fosse oferecida caução suficiente ou o próprio preço. A lição de Pothier foi acolhida no Código Napoleônico, em seu artigo 1.613,[1384] e dali exportada para outros Códigos nele inspirados, como o Italiano de 1865 (art. 1.469)[1385] e o Espanhol de 1889 (art. 1.467),[1386] com aplicação limitada, sempre, à hipótese da venda a crédito.[1387] Nenhum desses Códigos consagrava uma regra geral referente à exceção de inseguridade, que fosse aplicável expressamente a todos os contratos bilaterais.[1388]

Uma regra geral nesses termos só viria a aparecer nos Códigos editados um pouco mais tarde, como o Alemão de 1900 (§321, [1]),[1389] o Brasileiro de 1916 (art. 1.092, alínea 2ª)[1390] e o Italiano de 1942 (art. 1.461),[1391] a partir da técnica, como bem explicou Fabio Addis, de abstração e generalização de uma regra que antes era específica de um tipo contratual apenas (a compra e venda). O que não faz sentido

---

1383. No original: "La vendita con dilazione di pagamento è invece il sottotipo nel quale si ritrova l'antecedente normativo più diretto – se si vuole: il 'progenitore' – della sospensione disciplinata dall'art. 1.461 cod. Civ. Identico è infatti il fondamento: vale a dire la situazione di pericolo indotta da un dissesto patrimoniale della controparte che non abbia ancora adempiuto un contrato a prestazioni corrispettive. [...] In chiave storica, la sospensione dell'esecuzione dell'art. 1.461 Cod. Civ. rappresenta infatti un'ipotesi emblematica dell'astrazione disciplinare di regole in precedenza dettate per un singolo tipo contrattuale, tecnica che il nostro legislatore ha largamente impiegato nella costruzione della parte generale del contratto." (Addis, Fabio. *La Sospensione dell'esecuzione: dalla vendita con dilazione di pagamento alla Unsicherheitsinrede*. In: Addis, Fabio [a cura di]. *Ricerche sull'eccezione di insicurezza*. Milano: Giuffrè, 2006, p. 02-03).
1384. Vide notas 1.313 e 1.364 acima.
1385. "Art. 1.469. O vendedor que não concedeu prazo para o pagamento, não é obrigado a entregar a mercadoria, se o comprador não pagar o preço. Ele não é obrigado a entregar a mercadoria, mesmo que tenha concedido uma extensão de pagamento, se após a venda o comprador entrar em estado de falência ou insolvência, de tal maneira que o vendedor esteja em perigo concreto de perder o preço, a menos que o comprador garanta o pagamento por meio de garantia idônea dentro do prazo acordado." (Codice Civile del Regno d'Italia. Art. 1.469. Disponível em: http://www.notaio-busani.it/download/docs/CC1865_300.pdf. Acesso em: 30 dez. 2017)
1386. Já transcrito na nota 1.364 acima.
1387. Addis, Fabio. *La Sospensione dell'esecuzione: dalla vendita con dilazione di pagamento alla Unsicherheitsinrede*. In: Addis, Fabio [a cura di]. *Ricerche sull'eccezione di insicurezza*. Milano: Giuffrè, 2006, p. 06.
1388. Posteriormente, a jurisprudência desses países cuidará de estender, por analogia, a proteção desses dispositivos aos compradores e às demais partes de contratos bilaterais obrigadas a prestar primeiro, eliminando os inconvenientes da ausência de uma regra geral (Addis, Fabio. Op. cit., p. 06). Na França, como já dito, uma disposição geral só veio com a reforma promovida pela *Ordonnance* nº 2016-131, de 10 de fevereiro de 2016, que conferiu nova redação ao art. 1.220: "Uma parte pode suspender o cumprimento de sua obrigação quando restar claro que o outro contratante não cumprirá o prazo estabelecido, desde que as consequências desse não cumprimento sejam suficientemente graves. Esta suspensão deve ser notificada o mais rápido possível." (Code Civil, art. 1.220. Disponível em: https://www.legifrance.gouv.fr/. Acesso em: 27 dez. 2017).
1389. Vide nota 1.314 acima.
1390. Já transcrito supra, à p. 432.
1391. Vide nota 1.358 acima.

é o legislador brasileiro – e é aqui que gostaríamos de chegar – buscar inspiração no Código Napoleônico de 1804 para importar a regra concernente à compra e venda (art. 1.131 do CC/1916), mas também buscar inspiração no Código Alemão de 1900 para erigir uma regra geral (art. 1.092, alínea 2ª), quando, na verdade, a segunda torna a primeira largamente inútil (uma relíquia histórica, que apenas traz dificuldades interpretativas, como visto). Mais lamentável, ainda, que, praticamente um século depois, o legislador nacional tenha incidido novamente no mesmo erro no Código Civil de 2002, em seus artigos 477 e 495, este último simples reprodução do já obsoleto art. 1.131 do Código Civil de 1916.

6
O DIREITO DE SUSPENDER O CUMPRIMENTO DA OBRIGAÇÃO EM FACE DO INADIMPLEMENTO DA PARTE CONTRÁRIA NOS PAÍSES DE *COMMON LAW*. A DOUTRINA DA *SUSPENSION OF PERFORMANCE*

6.1 CAMINHOS DISTINTOS DOS SEGUIDOS ATÉ AQUI

Nos países de *civil law*, canonistas, pós-glosadores, integrantes da Escola de Direito Natural e pandectistas, por meio de uma compreensão cada vez mais aprofundada da relação de dependência e reciprocidade entre as obrigações derivadas dos contratos bilaterais, erigiram a *exceptio non adimpleti contractus* como defesa genericamente admitida nesses contratos. O instituto difundiu-se nos países de *civil law* com esse nome latino, o qual passou a conviver, posteriormente, com outras denominações adaptadas aos idiomas locais, a exemplo de *exception d'inexécution* (França e Bélgica), *eccezione d'inadempimento* (Itália), *Einrede des nicht erfüllten Vertrags* (Alemanha), *excepción de incumplimiento contractual* (Espanha) e exceção de não cumprimento do contrato (Portugal).

A *exceptio non adimpleti contractus* apresenta notável homogeneidade nos países de *civil law*, tanto no que se refere aos requisitos para seu cabimento, como no que toca ao seu mecanismo de funcionamento, fruto certamente do desenvolvimento histórico comum descrito no primeiro capítulo. Com raras exceções, tais países tendem a consagrar regras gerais em seus respectivos Códigos autorizando qualquer dos figurantes de um contrato bilateral a recusar a sua prestação enquanto o outro não efetuar a que lhe compete ou não oferecer o seu cumprimento simultâneo, a exemplo do art. 1.460 do Código Civil Italiano ou do §320, (1) e (2), do BGB. Mesmo quando regra geral desse jaez não está prevista expressamente no Código Civil do país, como acontecia na França até a recente alteração do art. 1.219, promovida pela *Ordennance* nº 2016-131, de 10 de fevereiro de 2016, e ainda ocorre na Espanha atualmente, a jurisprudência e a doutrina tendem a aplicar a *exceptio*, por se reconhecer que se trata de simples corolário do vínculo de reciprocidade ou interdependência entre as obrigações (sinalagma) que caracteriza os contratos bilaterais.

Nos países de *common law*, em contrapartida, que não compartilharam da maior parte da evolução histórica narrada até aqui, na medida em que seus ordenamentos sofreram pouca influência do Direito Canônico, da Escola de Direito Natural e do Pandectismo, a figura da *exceptio non adimpleti contractus*, com esse nome e com essa estrutura, é desconhecida.

Como se verá, as Cortes inglesas, até meados do século XVIII, entendiam que as obrigações dos contratos bilaterais eram independentes entre si, a não ser que o contrário constasse expressamente do pacto, o que, em certa medida, representava um retrocesso mesmo em relação ao Direito Romano clássico e pós-clássico, que vigorou nas ilhas britânicas até o século V.[1392]

Defesa semelhante à *exceptio* só viria a surgir, nos países de *common law*, a partir de uma série de precedentes do fim do século XVIII, entre os quais merecem destaque *Kingston v. Preston*, de 1773,[1393] e *Morton v. Lamb*, de 1797.[1394]

Tais precedentes, sob perspectiva diversa daquela que orientou a criação da *exceptio* nos países de *civil law*, passaram a reconhecer, em determinadas circunstâncias, a existência de *constructive conditions* (condições fictas) ou *implied condictions* (condições tácitas), a estabelecer relações de dependência entre as obrigações das partes nos contratos bilaterais.

O conceito de *condition* na *common law* não difere, na essência, do conceito de condição do nosso Direito, enquanto evento futuro e incerto que subordina a eficácia do negócio jurídico. A diferença está, todavia, em se ampliar o conceito, na

---

1392. Segundo Franz Wieacker, ao contrário do que muitos pensam e apregoam, o Direito Romano e o Direito Canônico tiveram, sim, alguma influência na formação do Direito Inglês, especialmente no campo da *equity*: "O Direito Canônico medieval era uma síntese de fontes eclesiásticas e [...] de uma interpretação medieval do Direito Romano. O chefe e os membros da Corte da Chancelaria eram, originalmente, e por um longo período, clérigos. Consequentemente, muitas regras de *equity* desenvolvidas nessa Corte remontam à *aequitas canonica* e assim, em parte, se não completamente, ao Direito Romano." (Wieacker, Franz. The Importance of Roman Law for Western Civilization and Western Legal Thought. *Boston College International and Comparative Law Review*, n. 4, 1981, p. 260). Todavia, essa influência diminuiu, segundo o mesmo autor, após a Dinastia Tudor, devido a dois fatores principais: [i] Primeiro, a separação da Igreja da Inglaterra de Roma. A Igreja Católica havia sido responsável, em grande medida, pela disseminação do Direito Romano na Europa, inclusive na Inglaterra. Após a separação religiosa, essa via de recepção do Direito Romano deixou de existir. Além disso, após a reforma religiosa, a Coroa inglesa passou a enxergar o Direito Romano com desconfiança, devido à sua relação próxima com a Igreja Católica. Por razões óbvias, também cessou a influência do Direito Canônico sobre o Direito Inglês, o que tem especial relevância no tema em estudo, considerando que o instituto da *exceptio non adimpleti contractus* foi, em grande medida, obra dos canonistas; [ii] Segundo, a partir da Dinastia Tudor, o ensino jurídico fornecido pelos *Inns of Court* (associações profissionais de advogados), de viés eminentemente prático, passou a prevalecer, na preparação dos juristas ingleses, sobre a formação jurídica universitária, a qual era baseada no Direito Romano e no Direito Canônico (Ibidem, p. 259-261).
1393. *Kingston v. Preston*, E. 13 Geo. 3. Court of King's Bench, 1773.
1394. *Morton v. Lamb*, Court of King's Bench, 7 T.R. 125, 101 Eng. Rep. 890 (1797).

common law, a ponto de se compreender que o próprio cumprimento pelo autor de sua prestação possa ser tratado como uma condição para a exigibilidade da contraprestação do requerido (e vice-versa, a depender do caso). Como essa condição nem sempre vem expressa no contrato (*express condition*), as Cortes inglesas precisaram recorrer, quando flagrante a dependência entre as prestações, às ideias de "condição ficta" e "condição tácita".

Ao contrário do que ocorre nos países de *civil law*, no entanto, não há nos países de *common law* normas que consagrem, de forma geral e ampla, o direito do contraente de, em face do inadimplemento da parte contrária, suspender o cumprimento da obrigação que lhe cabe. Nessa linha, a Corte de Apelação Inglesa asseverou, em *obiter dictum*, em caso relativamente recente (1992), que "está bem estabelecido que se uma das partes inadimpliu seriamente, a outra pode tratar o contrato como encerrado no todo; mas ainda não existe nenhuma doutrina geral estabelecida no Direito Inglês no sentido de que a outra parte pode suspender o cumprimento, mantendo o contrato vivo."[1395] Com efeito, a exceção do contrato não cumprido não é, nos países de *common law*, um princípio geral do Direito Contratual, aplicável a todos os contratos bilaterais, embora, por outros institutos e sob outra terminologia, como se verá a seguir, possam ser alcançados resultados semelhantes (em especial por meio das referidas *conditions*).[1396-1397]

1395. "It is well established that if one party is in serious breach, the other can treat the contract as altogether at an end; but there is not yet any established doctrine of English law that the other party may suspend performance, keeping the contract alive." (Eurotunnel v. TML [1992], CILL 754).

1396. Tradicionalmente, na *common law*, também não se reconhece, em favor do contraente-vítima, ao menos de forma geral, o direito à execução específica da obrigação. O contraente-vítima dispõe, a princípio, de apenas duas alternativas, em face do inadimplemento. Pode cumprir suas obrigações e requerer indenização pela quebra do contrato ou pode dar o contrato como rescindido, com a exoneração das obrigações de ambas as partes. A execução específica – *specific performance* – não é vista como uma opção do credor, como nos países de *civil law*, mas como uma ferramenta da qual os tribunais podem dispor com *discricionariedade* (Jukier, Rosalie. Where Law and Pedagogy Meet in the Transsystemic Contracts Classroom. *McGill Law Journal*, v. 50, 2005, p. 807). Três razões cooperam para essa relutância na aplicação da *specific performance* nos países anglo-saxões. A primeira, de ordem histórica, está associada ao fato de que, na divisão entre *equity* e *common law*, que só foi eliminada recentemente, apenas se admitiam ordens judiciais de fazer ou não fazer no sistema da *equity* (no âmbito das cortes de *common law*, o julgamento típico era de condenação do réu ao pagamento de uma soma em dinheiro). A discricionariedade na concessão ou não da medida de *specific performance* também tem uma explicação histórica na *equity*: como o Chanceler, nos tribunais de *equity*, deveria agir segundo sua "consciência", ele podia negar ou conceder as ordens com base em considerações de "justiça", "moralidade", "conveniência" etc. (Farnsworth, Allan. Legal remedies for breach of contract. *Columbia Law Review*, v. 70, n. 7, 1970, p. 1150-1155). A segunda razão é a visão preponderante, nesses países, de que indenizações seriam remédios superiores porque colocariam um ponto final na relação entre as partes, enquanto a execução específica prolongaria relacionamentos contratuais já desgastados (a chamada *divorce mentality*). A terceira é a visão também disseminada nos países de *common law* de que a execução específica, em determinadas circunstâncias, pode ser excessivamente gravosa para o devedor e vantajosa para o credor, notadamente quando seu custo para o devedor excede o valor dos *expectation damages* sofridos pelo credor. (Jukier, Rosalie. Op. cit., p. 805-806).

1397. Karton, Joshua D. H. Contract Law in International Commercial Arbitration: The Case of Suspension of Performance. *International and Comparative Law Quarterly*, v. 58, n. 4, p. 866–67.

Quando essa forma de autotutela é admitida nos países de *common law*, ela recebe diferentes denominações, todas atreladas à ideia de cumprimento (*performance*) da obrigação: *suspension of performance*,[1398] *defense of nonperformance*[1399] e *right to withhold performance*.[1400]

Apesar dessas diferenças de nomenclatura, de perspectiva e de origem histórica, os remédios disponibilizados pelos vários ordenamentos nacionais (quer de *civil law*, quer de *common law*) são, como se verá, quanto ao resultado, relativamente semelhantes entre si, até porque visam a resolver um problema muito latente de justiça comutativa, derivado da interdependência das obrigações nos contratos bilaterais,[1401] o qual Pontes de Miranda bem sintetizou na seguinte indagação: "Se 'A' não adimpliu e devia adimplir, por que 'B', credor que sofre o inadimplemento, há de ter de adimplir?"[1402]

Além disso, como será demonstrado no capítulo sétimo, no qual o instituto será analisado sob o enfoque da Análise Econômica do Direito, a exceção de contrato não cumprido é remédio que possui inúmeros efeitos positivos, que consciente ou intuitivamente foram captados pelos legisladores dos diferentes países de *civil law* e pelos responsáveis pela formação dos precedentes vinculantes nos países de *common law*, a justificar seu acolhimento em nível quase global: [i] fornece forte estímulo ao cumprimento mútuo das obrigações, na forma como estas foram originalmente pactuadas; [ii] preserva o equilíbrio entre as partes, tanto sob o aspecto quantitativo (ou ambas são induzidas a cumprir suas prestações, ou pelo menos assegura-se que uma delas não será obrigada a cumprir sua prestação sem o recebimento da contrapartida), como sob o aspecto cronológico (evitando que a parte inocente seja obrigada a prestar antes da outra, o que, economicamente, equivale a fornecer-lhe crédito pelo intervalo entre o cumprimento das duas obrigações); [iii] é remédio rápido e de baixo custo, notadamente quando em comparação com as ações judiciais de resolução do contrato cumulada com perdas e danos e de execução específica da obrigação; [iv] mesmo quando utilizada na forma de autotutela, sem envolvimento do Poder Judiciário, traz baixo risco de gerar violência entre as partes, por não envolver medidas como retenção de bens alheios ou retomada de bens em poder de terceiros.[1403]

1398. Karton, Joshua D. H. Recognizing a Contractual Right to Suspend Performance. *Queen's University Legal Research Paper*, n. 2015-018, 2015, p. 1.
1399. Parisi, Francesco; Luppi, Barbara; Fon, Vincy. Optimal Remedies for Bilateral Contracts. *The Journal of Legal Studies*, v. 40, n. 1, 2011, p. 253.
1400. Zamir, Eyal. The missing interest: Restoration of the contractual equivalence. *Virginia Law Review*, v. 93, 2007, p. 86.
1401. Malecki, Catherine. *L'exception d'inexécution*. Paris: L.G.D.J., 1999, p. 112.
1402. Pontes de Miranda, Francisco Cavalcanti. *Tratado de direito privado*. Campinas: Bookseller, 2003. t. XXVI. p. 119.
1403. João de Matos Antunes Varela faz interessante abordagem acerca das tendências de "estabilidade no tempo" e "uniformidade no espaço" do Direito das Obrigações em geral, que bem se aplicam ao instituto da exceção de contrato não cumprido em particular: "O facto de no domínio das obrigações prevalecer desde há muito

Neste item, limitaremos nossa análise, no que diz respeito à *common law*, aos sistemas jurídicos do Reino Unido e dos Estados Unidos.

6.2 REINO UNIDO

a) Até meados do século XVIII, as Cortes inglesas entendiam que as obrigações dos contratos bilaterais eram independentes entre si, a não ser que o contrário constasse expressamente do pacto. Isso significava que, salvo se houvesse a aludida ressalva, cada uma das partes poderia processar a outra por inadimplemento, ainda que nenhuma delas tivesse cumprido suas respectivas obrigações na avença.[1404-1405] Em uma decisão de 1500, asseverou-se, por exemplo, nesse sentido: "Se alguém se obriga a servir-me por 01 ano e eu obrigo-me a pagar-lhe £20, se eu não disser expressamente 'pela causa mencionada', ele terá ação pelas £20 ainda que ele não tenha me servido."[1406] Essa expressão "pela causa mencionada" (*"for the said cause"*) era uma das fórmulas ritualísticas empregadas para estabelecer a conexão necessária entre as duas obrigações.[1407]

O quadro alterou-se apenas com o julgamento pela *King's Bench*, em 1773, do caso *Kingston v. Preston*. Um negociante de sedas celebrou contrato com seu aprendiz para transmitir-lhe seu estabelecimento comercial, com o respectivo estoque, median-

---

o princípio da autonomia privada, de serem relativamente constantes ao longo dos séculos os interesses e as conveniências das partes, e de as relações creditórias, pela sua natureza intrínseca, sofrerem muito menos que as relações familiares ou sucessórias e do que a organização da propriedade, a influência dos factores políticos, morais, sociais e religiosos que marcam cada época da história da humanidade, aliado ao aperfeiçoamento notável que os jurisconsultos romanos clássicos imprimiram ao direito das obrigações, deram como resultado que este [...] acusa ainda agora duas notas particulares, que cumpre realçar: a sua *relativa uniformidade nas diferentes áreas do globo e a sua notória estabilidade ou a sua mais lenta evolução no tempo*." (Antunes Varela, João de Matos. *Das obrigações em geral*, v. I. 10. ed. Coimbra: Almedina, 2008, p. 25). E tal uniformidade entre os ordenamentos no campo das obrigações, segundo o autor, só tende a crescer com o fenômeno da globalização: "Para a aproximação do direito das obrigações nos sistemas legislativos dos diferentes Estados têm contribuído ainda a circunstância de, servindo as obrigações às necessidades fundamentais do comércio jurídico, este tender cada vez mais a internacionalizar-se, à medida que se aperfeiçoam os meios de comunicação e se ampliam os grandes espaços econômicos supranacionais, bem como o facto de as diferenças de regime entre as várias legislações constituírem quase sempre um embaraço ao comércio internacional, que os Estados, na medida do possível, vão procurando eliminar." (Ibidem, p. 26).

1404. Farnsworth, Allan. The problems of nonperformance in contract. *New England Law Review*, v. 17, 1982, p. 254; Alpa, Guido. *Contrato e common law*. Padova: Cedam, 1987, p. 85-86; Beck, Anthony. The doctrine of substantial performance: conditions and conditions precedent. *The Modern Law Review*, v. 38, n. 4, jul. 1975, p. 414.

1405. A situação era ainda mais prejudicial, pois, além de não se admitir a defesa fundada no inadimplemento da parte contrária, também não se admitia, no Direito Inglês da época, pedido contraposto ou reconvenção (*counterclaim*), de forma que ao requerido restava apenas mover outra ação, em separado, contra o autor (Patterson, Edwin W. Constructive conditions in contracts. *Columbia Law Review*, v. 42, n. 6, jun. 1942, p. 909).

1406. "If one covenant with me to serve me for a year and I covenant with him to give him £ 20, if I do not say 'for the said cause', he shall have action for the £ 20 even though he has not served me." (Fineux, C.J., in Anon., Y.B. 15 Hen. VII, f. 10b, pl. 17 [1500]).

1407. Outra expressão que tinha o mesmo efeito era dizer que uma das partes havia se obrigado "em consideração à" obrigação assumida pela parte contrária (*"in consideration of"*) (Patterson, Edwin W. Op. cit., p. 908).

te pagamentos de parcelas mensais, que deveriam ser assegurados pelo fornecimento de "*good and sufficient security*". Ante a não transmissão do estabelecimento na data acordada, o aprendiz ajuizou ação para rescindir o contrato e obter indenização, sendo que o vendedor defendeu-se alegando que o aprendiz não forneceu a garantia exigida. O aprendiz, valendo-se dos precedentes então em vigor, argumentou que as prestações do contrato eram independentes entre si, de modo que o réu, se quisesse, também poderia pleitear ressarcimento em ação própria.

Lord Chief Justice Mansfield, maior jurista inglês daquele século, afirmou, ao decidir o caso, que há situações, nos contratos bilaterais, em que a *promise* de uma das partes é dependente da *promise* da parte contrária, havendo uma relação condicional entre elas. Nesses casos, o não cumprimento por uma das partes seria fundamento não só para a ação de quebra do contrato, como também legitimaria a negativa da parte contrária de prestar. Haveria outras situações, contudo, no entender de Lord Mansfield, em que, mesmo se tratando de contratos bilaterais, as *promises* seriam independentes entre si, não sendo o cumprimento de uma delas condição para a exigibilidade da outra (sendo, nessas hipóteses, a via da rescisão a única disponível, em tese).[1408] Para o jurista inglês, tal análise, quanto a serem dependentes ou independentes entre si as *promises*, deveria levar em conta a vontade implícita das partes no contrato e as circunstâncias objetivas do negócio celebrado. Nessa linha, afirmou no julgamento referido: "Apesar de o acordo não conter linguagem expressa condicionando o dever do vendedor de transferir o estabelecimento ao dever do aprendiz de fornecer a garantia, seria a maior injustiça se a tese do autor prevalecesse: a essência do acordo era a de que [...] antes que o réu entregasse seu negócio e seu estoque, o autor deveria fornecer garantia para o pagamento do dinheiro. O fornecimento dessa garantia, portanto, deve ser compreendido necessariamente como uma condição precedente."[1409]

Como resultado de *Kingston v. Preston*, conferiu-se liberdade ao juiz para definir, conforme a vontade implícita das partes e as circunstâncias do negócio, se as obrigações inadimplidas são independentes ou dependentes entre si, e, neste segundo caso, [i] se o cumprimento de uma delas constitui *precedent condition* para o cumprimento da outra, [ii] ou se, por outro lado, o cumprimento de cada uma delas constitui condição para o cumprimento da outra, de forma recíproca (*concurrent conditions*).[1410] O que os juristas da *common law* buscavam, na verdade, era uma resposta para o problema da *ordem* do cumprimento das obrigações nos contratos

---

1408. Farnsworth, Allan. The problems of nonperformance in contract. *New England Law Review*, v. 17, 1982, p. 255.
1409. "Even though the agreement contained no language making the mercer's duty to convey the business conditional on the apprentice's giving the required security, it would be the greatest injustice if the plaintiff should prevail: the essence of the agreement was that [...] before he delivered up his stock and business, should have good security for the payment of the money. The giving of such security, therefore, must necessarily be a condition precedent." (*Kingston v. Preston*, E. 13 Geo. 3. Court of King's Bench, 1773).
1410. Patterson, Edwin W. Op. cit., p. 910.

bilaterais – isto é, quem deveria prestar primeiro, se o vendedor ou o comprador, se o locador ou o locatário, ou se deveriam prestar ao mesmo tempo – notadamente quando o instrumento nada dispusesse expressamente acerca desse ponto.[1411]

Lord Mansfield, em *Kingston v. Preston*, teve o mérito e a coragem de, contrariando séculos de precedentes em sentido contrário, retirar o Direito Inglês de um estágio primitivo nesse campo, semelhante àquele do Direito Romano Arcaico, para alçá-lo a patamar mais próximo ao então vigente nos países da Europa Continental, após o trabalho desenvolvido por pós-glosadores e canonistas em torno do instituto da *exceptio*.

Outra inovação de *Kingston v. Preston* foi compreender que o inadimplemento não deveria redundar necessariamente na rescisão do contrato (*termination*), como tradicionalmente se entendia na *common law*, sendo possível que, nos casos em que se reconhecesse a existência da condição a vincular as promessas, houvesse simplesmente a retenção temporária da prestação pela parte inocente (*temporary withholding of performance*).[1412]

Para tanto, como já dito, não se recorreu à *exceptio non adimpleti contractus*, desenvolvida na Europa Continental durante a Idade Média como exceção dilatória aplicável a qualquer contrato bilateral, mas, sim, fundamentalmente ao conceito de *condição (condition)*, para verificar, em concreto, se as partes, caso tivessem deliberado especificamente acerca desse ponto, teriam erigido o cumprimento da obrigação de "A" como pressuposto da exigibilidade da obrigação de "B" e vice-versa. Tudo se resume, portanto, a verificar se o contrato conteria ou não uma "condição implícita", no sentido de não expressa, no que toca à ordem de cumprimento e à dependência recíproca das obrigações. Trata-se, como se percebe, de outra forma de ver o problema, diferente daquela adotada nos países de *civil law*, que pode, todavia, conduzir a resultados práticos semelhantes.[1413]

O conceito de *condition* na *common law* não difere, na essência, do conceito de condição do nosso Direito.[1414] O Black's Law Dictionary, por exemplo, define *condition* como um "evento futuro e incerto do qual depende a existência ou extensão de uma obrigação ou responsabilidade; um ato ou evento incerto que desencadeia ou neutraliza o dever de cumprir uma prestação assumida."[1415] A diferença está,

---

1411. Malecki, Catherine. Op. cit., p. 114-116; Farnsworth, Allan. The problems of nonperformance in contract. *New England Law Review*, v. 17, 1982, p. 255.
1412. Karton, Joshua D. H. Recognizing a contractual right to suspend performance. *Queen's University Legal Research Paper*, n. 2015-018, 2015, p. 5.
1413. Malecki, Catherine. Op. cit., p. 112-113; Farnsworth, Allan. The problems of nonperformance in contract. *New England Law Review*, v. 17, 1982, p. 255-256.
1414. Nos termos do art. 121 do Código Civil Brasileiro, "considera-se condição a cláusula que, derivando exclusivamente da vontade das partes, subordina o efeito do negócio jurídico a evento futuro e incerto."
1415. "A future and uncertain event on which the existence or extent of an obligation or liability depends; an uncertain act or event that triggers or negates a duty to render a promised performance." (Black's Law Dictionary, Condition, 9th Ed., 2009).

todavia, em se ampliar o conceito de condição, na *common law*, a ponto de se compreender que o próprio cumprimento pelo autor de sua prestação possa ser tratado como uma condição para a exigibilidade da contraprestação do requerido.[1416] Como essa condição nem sempre vem expressa no contrato (*express condition*), as Cortes inglesas precisaram recorrer, quando flagrante a dependência entre as prestações (mútua ou unilateral), aos conceitos de *constructive condition* e *implied condition*, expressões que poderiam ser traduzidas, grosso modo, como "condição ficta" e "condição tácita", respectivamente.[1417]

Se a Corte, ao analisar o contrato, constatar que "A" deve cumprir sua prestação *antes* de poder pretender o cumprimento da obrigação de "B", como ocorreu em *Kingston v. Preston*, entende-se que o cumprimento por "A" é uma *precedent condition* e que a obrigação de "B", cuja exigibilidade pressupõe o cumprimento da de "A", é um *dependent term*.[1418] Se, por outro lado, a Corte, ao analisar o contrato, compreender que ambas as partes devem executar *simultaneamente* as suas respectivas obrigações, então o cumprimento por "A" é uma *concurrent condition* em relação à exigibilidade da obrigação de "B" e vice-versa.[1419]

b) Em *Morton v. Lamb*, julgado pela King's Bench em 1797, o autor da demanda havia adquirido certa quantidade de milho do requerido, sendo acordado que o pagamento se daria no momento da entrega do produto, um mês após a celebração da avença. Antes de efetuar o pagamento, o autor ajuizou ação por quebra de contrato (*breach of contract*), requerendo indenização, sob o argumento de que o requerido não entregou o milho na data fixada no contrato. O réu defendeu-se alegando que apenas não o fez porque o pagamento em dinheiro também não lhe havia sido disponibilizado. A Corte fixou, então, que, tratando-se de obrigações dependentes

---

1416. Malecki, Catherine. Op. cit., p. 114.
1417. O adjetivo *constructive* refere-se, segundo o Black's Law Dictionary, a algo que existe em virtude de uma *ficção legal*, embora não de fato (Black's Law Dictionary, Constructive, 9th Ed., 2009). Nessa toada, a *constructive condition* é definida, pela mesma fonte, como uma condição que, embora omitida pelas partes no acordo, é suprida por uma Corte de Justiça, por ser razoável e necessária nas circunstâncias (uma condição imposta pela lei para fazer justiça no caso concreto) (Ibidem, Constructive Condition).
Uma *implied condition*, de outra banda, é uma condição que não é expressamente mencionada no instrumento contratual, mas decorre ou da natureza da transação ou do que foi implicitamente acordado pelas partes (*Ibidem*, Implied Condition).
As duas expressões – *constructive condition* e *implied condition* – servem, na hipótese, ao mesmo propósito, que é o de condicionar a exigibilidade de uma obrigação à execução da outra, ou das duas entre si reciprocamente, apesar dessa condição não estar expressamente consignada no contrato. Todavia, percebe-se que a primeira reflete uma visão mais *objetivista* do contrato (algo imposto pelas circunstâncias do negócio e pelos princípios gerais do ordenamento), enquanto a segunda reflete uma visão mais *subjetivista* do contrato (uma condição que decorreria da vontade das partes, se elas tivessem deliberado especificamente acerca dessa relação temporal entre o cumprimento das obrigações) (Patterson, Edwin W. Op. cit., p. 903).
1418. Beck, Anthony. Op. cit., p. 413.
1419. Karton, Joshua D. H. Contract law in international commercial arbitration: the case of suspension of performance. *International and Comparative Law Quarterly*, v. 58, n. 4, p. 867.

entre si, que deveriam ser executadas simultaneamente (*concurrent conditions*), a parte que ajuíza a demanda, imputando o rompimento à outra, deve demonstrar que disponibilizou sua prestação à parte contrária ou que estava pronta para fazê-lo se a parte contrária primeiro disponibilizasse a sua.[1420]

Desde esse precedente (*Morton v. Lamb*), entende-se que, nos contratos de compra e venda, não sendo estipulados prazos diferentes para o cumprimento das obrigações, "tender of the goods by the seller and tender of the price by the buyer are concurrent conditions", ou, dito de outra forma, "tender of the goods is a condition of the buyer's duty to pay, and tender of the price is a condition of the seller's duty to deliver."[1421] Por *tender*, nesse contexto, deve-se compreender a demonstração, por parte do obrigado, de sua prontidão, disposição e capacidade de cumprir a prestação que lhe cabe.[1422] Assim, para que o comprador possa exigir o bem, é preciso que demonstre prontidão, disposição e capacidade de entregar o preço, e vice-versa.

Importante ter em mente que, se as obrigações do contrato podem ser cumpridas simultaneamente, e nada em sentido diverso é estabelecido no pacto, presume-se, no Direito Inglês, que elas sejam devidas simultaneamente e que sejam dependentes entre si, tornando-se *concurrent conditions*.[1423] No que toca ao contrato de compra e venda especificamente, a Seção 28 do "*Sale of Goods Act 1979*" dispõe de forma expressa que "salvo se estipulado de forma diversa, a entrega dos bens e o pagamento do preço são condições recíprocas, ou seja, o vendedor deve estar pronto e disposto a entregar a posse das mercadorias e o comprador, em contrapartida, deve estar pronto e disposto a pagar o preço em troca da posse das mercadorias."

c) Era necessário, ainda, enfrentar o problema da proporcionalidade entre os descumprimentos. Afinal, não faria sentido que qualquer inadimplemento parcial de uma *precedent condition* ou de uma *concurrent condition*, por menor que fosse, pudesse paralisar integralmente a pretensão da parte contrária. Essa questão foi analisada pela *King's Bench* no caso *Boone v. Eyre*, em 1777, apenas quatro anos depois de *Kingston v. Preston*.

Em *Boone v. Eyre*, o autor havia cedido ao requerido os direitos de exploração de uma *plantation* no Caribe, junto com os escravos que lá trabalhavam, por £500 de entrada e pagamentos anuais de £160 (vitalícios). O autor processou o requerido pelo não pagamento da anuidade de £160, tendo o requerido, em sua defesa, alegado que não efetuou o pagamento porque descobrira que o autor não detinha o título de propriedade de todos os escravos.

1420. *Morton v. Lamb*, Court of King's Bench, 7 T.R. 125, 101 Eng. Rep. 890 (1797).
1421. Farnsworth, Allan. The problems of nonperformance in contract. *New England Law Review*, v. 17, 1982, p. 259-260.
1422. Black's Law Dictionary, Tender of Performance, 9th Ed., 2009.
1423. Farnsworth, Allan. The problems of nonperformance in contract. *New England Law Review*, v. 17, 1982, p. 263; Malecki, Catherine. Op. cit., p. 113.

Lord Mansfield rejeitou a tese defensiva do requerido, asseverando que o inadimplemento parcial em questão – referente à falta de título de propriedade de alguns escravos – não atingia o núcleo do negócio, podendo ensejar quando muito uma indenização (não servindo de escusa, contudo, como pretendia o requerido, para o não pagamento da anuidade de £160).

Segundo Lord Mansfield, quando o descumprimento do autor diz respeito a apenas uma parte não fundamental da *consideration* prometida, a questão deve ser resolvida em perdas e danos, não podendo ser invocada pelo requerido a condição, precedente ou concorrente, para justificar o inadimplemento de sua obrigação principal (no caso, o pagamento da anuidade). Do contrário, chegar-se-ia ao absurdo, afirma o jurista, de a falta de título de apenas um dos escravos ser suficiente, em tese, para barrar a exigibilidade de todas as anuidades subsequentes, mesmo estando o requerido na posse das terras e de todos os escravos.[1424]

Nesse ponto, estabeleceu-se uma confluência entre a resolução por quebra do contrato (*termination*) e a suspensão da prestação pela parte inocente (*suspension of performance*), pois ambas passaram a exigir um inadimplemento sério e significativo da parte contrária (o que, posteriormente, viria a ser chamado de *material breach*).[1425]

O foco para identificar se um descumprimento é suficientemente sério para possibilitar a resolução do contrato ou a suspensão da prestação – isto é, se configura ou não uma *material breach* – está no interesse violado do credor da obrigação. Quanto do benefício que ele legitimamente esperava obter do contrato foi afetado pelo inadimplemento parcial? Para responder a essa questão, a Corte precisará indagar por que essa parte decidiu celebrar o contrato e se tal objetivo restou fundamentalmente frustrado com o inadimplemento parcial.[1426]

d) Problema semelhante ao do inadimplemento parcial de uma *precedent condition* ou de uma *concurrent condition*, tratado em *Boone v. Eyre*, é o do descumprimento de obrigações de menor importância no contexto do contrato.

As Cortes Inglesas, notadamente a partir do precedente *Chanter v. Hopkins* (1838), passaram a diferenciar *conditions* (obrigações que dizem respeito ao núcleo do contrato) de *warranties* (obrigações colaterais ou secundárias em importância dentro do contrato). Enquanto o descumprimento das primeiras, desde que significativo, autorizaria a parte vítima a resolver o contrato ou suspender a execução de sua prestação, o descumprimento das últimas ensejaria apenas uma pretensão de perdas e danos.[1427] Nesse sentido, afirma José João Abrantes:

1424. *Boone v. Eyre*, K. B. 1777, 126 Eng. Rep. 160(a).
1425. Karton, Joshua D. H. Contract law in international commercial arbitration: the case of suspension of performance. *International and Comparative Law Quarterly*, v. 58, n. 4, p. 873.
1426. Farnsworth, Allan. The problems of nonperformance in contract. *New England Law Review*, v. 17, 1982, p. 268.
1427. Beck, Anthony. Op. cit., p. 420.

O parentesco entre exceção e rescisão não fica por aqui: ambas supõem a violação de uma *condition*, isto é, de um elemento central do contrato, não sendo suficiente a de uma *warranty*, termo utilizado para designar os elementos acessórios do acordo.[1428]

Essa classificação das obrigações em *conditions* e *warranties* – que viria a ser integralmente adotada no *Sale of Goods Act* (1893), nos artigos 10 a 14 – constitui, na verdade, apenas um aperfeiçoamento da distinção feita em *Kingston v. Preston* entre obrigações dependentes ou independentes entre si. Com efeito, da mesma forma que o descumprimento de uma *warranty* não autoriza a parte a suspender a execução de uma *condition*, essas duas obrigações, pela diferença de importância no contexto do contrato, também seriam tidas como *independents* entre si, segundo a análise feita em *Kingston v. Preston*. O efeito prático, como se percebe, é praticamente o mesmo.[1429]

e) A partir da década de 1960, entretanto, as Cortes inglesas passaram a reconhecer que a classificação das obrigações em *conditions* e *warranties* era insuficiente para tutelar, de forma adequada, todas as situações.

A distinção entre *conditions* e *warranties* pressupõe um juízo prévio, em abstrato, quanto à importância da obrigação no contexto do contrato. Se a obrigação é uma *condition*, sua violação necessariamente implicará quebra do contrato ou a possibilidade de a parte suspender a contrapartida, desde que o descumprimento seja significativo, como ressalvado acima. Por outro lado, se a obrigação rompida é uma *warranty*, aqueles resultados nunca ocorrerão (quebra do contrato e suspensão da contrapartida), não importando quão graves tenham sido as consequências do descumprimento. Trata-se, vale repisar, de classificação feita *a priori*, com base na importância da obrigação no contexto do contrato, cujo resultado independe, em grande medida, das consequências concretas da violação.[1430]

Segundo Patrick S. Atiyah, essa divisão das obrigações nas duas categorias referidas, que se pensava exauriente até a década de 1960, gerou uma tendência (um *bias*) de classificar as obrigações como *conditions*. Afinal, ainda que determinada obrigação tivesse sido violada de forma trivial no caso *sub judice*, as Cortes precisavam sempre levar em conta se eventual outra violação futura da mesma obrigação poderia ser potencialmente mais séria, a ponto de gerar na parte vítima a expectativa legítima de resolver o contrato ou de suspender a execução de sua contraprestação. Apenas se a Corte tivesse absoluta confiança de que a cláusula era mesmo secundária, a ponto de seu descumprimento não poder gerar mais do que consequências triviais, ela poderia ser classificada como *warranty*. O resultado prático disso, segundo o autor, é que muitos negócios foram resolvidos de forma desnecessária.[1431]

1428. Abrantes, José João. *A excepção de não cumprimento do contrato no direito civil português*: conceito e fundamento. Coimbra: Almedina, 1986, p. 33.
1429. Karton, Joshua D. H. Contract law in international commercial arbitration: the case of suspension of performance. *International and Comparative Law Quarterly*, v. 58, n. 4, p. 874-75.
1430. Atiyah, Patrick S. *An introduction to the law of contract*. 5th Ed., Oxford: Clarendon Press, 1995, p. 176.
1431. Atiyah, Patrick S. *An introduction to the law of contract*. 5th Ed., Oxford: Clarendon Press, 1995, p. 176-177.

A situação começou a se alterar após o julgamento do célebre caso *Hong Kong Fir Shipping Co Ltd v. Kawasaki Kisen Kaisha Ltd* (1961), ocasião em que foi criada uma terceira categoria de cláusulas, batizada de *intermediate terms*, a meio caminho entre as *warranties* e as *conditions*. A violação de uma obrigação desse tipo não tem efeitos predeterminados, em termos de resolução do contrato ou mera indenização. A Corte precisará examinar em concreto a gravidade das consequências da violação, para só então decidir se a parte inocente pode resolver o contrato ou suspender sua contrapartida, ou se, pelo contrário, tem direito apenas à reparação dos danos.[1432]

No que diz respeito a essas obrigações, portanto, o foco sai da centralidade ou acessoriedade da cláusula no contrato, para se colocar sobre a gravidade das consequências da violação para o credor, justamente porque em relação a esses *intermediate terms*, mercê da variabilidade de situações que podem exsurgir, seria temerária qualquer divisão *a priori* entre *conditions* e *warranties*.[1433]

Em *Hong Kong Fir Shipping Co Ltd v. Kawasaki Kisen Kaisha Ltd* (1961),[1434] autora e requerida haviam celebrado contrato de arrendamento de um navio, o "Hong Kong Fir", pelo período de dois anos, figurando a autora como armadora e a requerida como afretadora, no esquema *time charter-party* (no qual o armador coloca o navio completamente equipado e em condição de navegabilidade à disposição do afretador, inclusive no que se refere à tripulação, mediante o pagamento de aluguéis periódicos). Inicialmente, o navio deveria sair vazio de Liverpool para pegar uma carga em Newport News (Virgínia-USA), com destino a Osaka (Japão), via Canal do Panamá. Uma cláusula do contrato estabelecia que a armadora deveria manter o navio "*seaworthy*" (ou seja, "navegável") e que este deveria permanecer "*in every way fitted for ordinary cargo service*". Todavia, a tripulação disponibilizada era insuficiente em número e incompetente, em termos técnicos, para manter as máquinas do velho navio em funcionamento, além de o comandante ser um ébrio contumaz. No primeiro trecho (Liverpool-Newport News), o navio precisou ficar parado por cinco semanas para reparos. Ao chegar a Osaka, foram necessárias mais quinze semanas de reparos. Nesse momento, a afretadora Kawasaki deu o contrato como rompido extrajudicialmente, sob o argumento de que violada a *condition* de manter o navio "*seaworthy*" e "*in every way fitted for ordinary cargo service*". A armadora Hong Kong Fir ajuizou, então, ação de indenização, acusando a parte contrária de ter rompido indevidamente o contrato (*wrongful termination*). O juiz de primeira instância entendeu que, apesar de a autora não ter exercido a devida diligência para manter o navio em condição plena de navegabilidade, tal descumprimento não atingia o núcleo do contrato, dando ganho de causa à autora. A requerida Kawasaki apelou.

1432. Malecki, Catherine. Op. cit., p. 117.
1433. Karton, Joshua D. H. Contract law in international commercial arbitration: the case of suspension of performance. *International and Comparative Law Quarterly*, v. 58, n. 4, p. 875; Atiyah, Patrick S. Op. cit., p. 176-177.
1434. [1962] 2 QB 26.

A apelante argumentou que a obrigação de *seaworthiness* constituía uma *condition* do contrato (embora isso não constasse expressamente do instrumento) e que, por conseguinte, seu descumprimento, desde que minimamente significativo, conferia-lhe o direito de dar o contrato como resolvido. Essa tese, contudo, foi rejeitada pela Corte de Apelação.

Lord Upjohn asseverou que a obrigação de *seaworthiness*, em um contrato do tipo *time charter-party*, não pode ser classificada nem como uma *condition*, nem como uma *warranty*, pela simples razão de que ela é muito ampla, abrangendo espectro muito largo de possíveis violações: das mais triviais (um dos tripulantes não exerce adequadamente suas funções, por exemplo) àquelas de consequências mais gravosas (como a de disponibilizar um navio sem condições mínimas de realizar o transporte, que coloque em risco a própria segurança da carga). Nesse contexto, a definição apriorística dessa cláusula como *condition* ou *warranty* poderia render soluções injustas, em descompasso com a gravidade das consequências geradas (seja para mais, seja para menos), a evidenciar a insuficiência dessa classificação.

Lord Diplock, por sua vez, inicia seu voto asseverando que tanto o Parlamento, por meio de *statutes*, como as próprias partes, mediante cláusulas expressas, podem definir que determinadas obrigações sejam tidas como *conditions* e que outras sejam tratadas como *warranties*. Fora desses casos, compete às Cortes fazer essa classificação.[1435]

Para Lord Diplock, a pergunta fundamental a fazer nessa categorização seria a seguinte: a violação da cláusula dá ensejo a consequências que retiram da parte inocente a quase totalidade do benefício projetado para ela por meio do contrato? Se a resposta a esta indagação é *a priori* positiva, a obrigação é uma *condition*. Se, ao invés, é negativa *a priori*, trata-se de uma *warranty*. Haveria, ainda, todavia, segundo Lord Diplock, uma terceira categoria, que seria justamente a dos *intermediate terms*, em relação aos quais "tudo que pode ser dito é que algumas violações darão e outras não darão ensejo a que a parte inocente fique privada da quase totalidade do benefício para ela projetado por meio do contrato."[1436] Para essa categoria, na qual se encaixaria a obrigação de *seaworthiness* em análise no processo em questão, apenas um exame *a posteriori* da gravidade em concreto das consequências da violação pode revelar se a resolução ou a suspensão da contrapartida estão autorizadas, ou se, pelo contrário, a indenização por perdas e danos é o único caminho.

Ao final, promovendo essa análise à luz do teste proposto por Lord Diplock – se a violação da cláusula dá ensejo ou não a consequências que retiram da parte inocente a quase totalidade do benefício projetado para ela por intermédio do contrato – a Corte de Apelação entendeu por bem confirmar a sentença de primeira instância, que havia sido favorável à armadora. Para os julgadores, a *unseaworthiness* apura-

---

1435. *Hong Kong Fir Shipping Co Ltd v. Kawasaki Kisen Kaisha Ltd*, [1962] 2 QB 26.
1436. Ibidem.

da, embora séria, não atingia a raiz do contrato, limitando-se à incompetência da tripulação (que poderia ser substituída) e à idade das máquinas (fator que poderia, inclusive, ter sido mais bem apurado pela afretadora antes da contratação).

Esse é, em linhas gerais, o quadro atualmente em vigor no Direito Inglês, a reger, como visto, não só a *suspension of performance* (equivalente à exceção do contrato não cumprido dos países de *civil law*), como também a *termination for breach* (equiparada, no Direito brasileiro, à resolução por inadimplemento). *Hong Kong Fir Shipping Co Ltd. v. Kawasaki Kisen Kaisha Ltd.* (1961) é citado, nos casos posteriores, como o precedente vinculante na matéria, tanto no que se refere à criação da categoria dos *intermediate terms*, como no que se refere ao teste fixado por Lord Diplock para definir as consequências da violação dessas cláusulas.[1437]

6.3 ESTADOS UNIDOS

a) Nos Estados Unidos, o tema dos contratos é regulamentado tradicionalmente no plano estadual, seja por meio dos precedentes das cortes estaduais (*common law*), seja por meio de leis estaduais (*statutory law*). Diferente, portanto, do que ocorre no Brasil, em que a União detém competência privativa para legislar sobre Direito Civil, e, por conseguinte, sobre contratos (art. 22, I, da Constituição Federal).

Por ser regulamentado em nível local, o tratamento da *suspension of performance* apresenta variações de Estado para Estado, de forma que este estudo constituirá um esforço de generalização, em busca de aspectos que, na medida do possível, sejam comuns à maioria dos Estados americanos.

Na busca desses pontos comuns, recorrer-se-á com frequência a dois instrumentos que desempenham relevante papel na tentativa de conferir alguma unidade à matéria contratual nos Estados Unidos. O primeiro deles, o Restatement (Second) of Contracts, é um influente tratado publicado pelo American Law Institute, que reúne princípios gerais da *common law* em matéria de contratos. Trata-se de uma *secondary source* – isto é, de um trabalho doutrinário que comenta o Direito aplicado pelos tribunais – que, embora não tenha força vinculante, goza de elevado prestígio entre juízes e advogados (constitui uma *persuasive authority*, portanto).[1438] O segundo deles, o Uniform Commercial Code, embora também elaborado por doutrinadores vinculados a entidades privadas ("American Law Institute" e "National Conference of Commissioners on Uniform State Laws"), foi incorporado como lei pela grande maioria dos Estados Americanos, com mínimas alterações, atingindo assim a meta de harmonizar as legislações estaduais, notadamente em matéria de compra e venda e outras transações comerciais.[1439]

1437. Karton, Joshua D. H. Contract law in international commercial arbitration: the case of suspension of performance. *International and Comparative Law Quarterly*, v. 58, n. 4, p. 875.
1438. *Secondary Sources*, Disponível em: https://library.law.yale.edu/secondary-sources. Acesso em: 12 dez. 2017.
1439. Uniform Commercial Code (UCC), Disponível em: https://law.duke.edu/lib/researchguides/ucc/. Acesso em: 12 dez. 2017.

b) Primeiramente, é preciso destacar que os Estados Unidos herdaram da *common law* inglesa, quando de sua independência (1776), o precedente *Kingston v. Preston* (1773),[1440] o qual já reconhecia a existência de *constructive conditions* (condições fictas) e *implied conditions* (condições tácitas) em contratos sinalagmáticos, a estabelecer relações de dependência entre as obrigações das partes, conforme as circunstâncias do caso. Tais *conditions*, vale lembrar, podiam ser de dois tipos: [i] *precedent conditions*, se o cumprimento prévio da obrigação de "A" constituísse condição para a exigibilidade da obrigação de "B"; ou [ii] *concurrent conditions*, se o cumprimento da obrigação de "A", ou sua disponibilização à parte contrária, fosse pressuposto para a exigibilidade da obrigação de "B" e vice-versa.

Não é de causar espanto, portanto, que o regime da *suspension of performance*, no Direito americano, também tenha se desenvolvido sob as bases do sistema de *conditions*, onde o cumprimento de uma obrigação figura como evento futuro e incerto que condiciona a exigibilidade da outra, e não sob o regime da exceção do contrato não cumprido, como nos países da *civil law*.

Atualmente, é opinião unânime que o instituto da *suspension of performance* tem maior aceitação nos Estados Unidos do que na Inglaterra, sendo menos rigorosos os requisitos para sua aplicação.[1441] Como afirma Joshua D. H. Karton, em analogia com os esportes de salto, "a barra a ser transposta, para se reconhecer que uma obrigação é *conditional* em relação à outra, está posicionada mais abaixo nos Estados Unidos do que na Inglaterra."[1442]

Também há, nos Estados Unidos, menor variação terminológica e maior simplicidade no tratamento da matéria, mesmo havendo em tese 50 ordenamentos diferentes, sem dúvida por conta da influência das regras do Uniform Commercial Code e dos ensinamentos doutrinários do Restatement (Second) of Contracts, largamente citados por juízes e advogados, como ficará evidente a seguir.[1443]

c) O §238 do Restatement (Second) of Contracts estabelece que, nos contratos bilaterais, *quando as obrigações são devidas simultaneamente*, o dever de cada parte cumprir sua obrigação está *condicionado* a que a outra parte também cumpra a sua,

---

1440. Os Estados americanos, logo após a independência, incorporaram expressamente a seus ordenamentos os precedentes da *common law* inglesa anteriores a 1776. Os separatistas argumentavam, inclusive, que uma das causas do movimento de independência eram as afrontas que o governo da metrópole supostamente fazia aos direitos e garantias tradicionais da *common law*, daí porque não houve qualquer constrangimento em adotar, após a independência, os precedentes judiciais ingleses como vinculantes no novo país (Sellers, Mortimer N. S. The doctrine of precedent in the United States of America. *The American Journal of Comparative Law*, v. 54, fall/2006, p. 69).
1441. Parisi, Francesco; Luppi, Barbara; Fon, Vincy. Op. cit., p. 253-255.
1442. Karton, Joshua D. H. Contract law in international commercial arbitration: the case of suspension of performance. *International and Comparative Law Quarterly*, v. 58, n° 4, p. 876.
1443. Ibidem.

ou que ao menos, com manifesta capacidade e prontidão, disponibilize sua prestação à parte adversa.[1444]

Em complemento a essa disposição, o §234(1) do mesmo Restatement (Second) of Contracts esclarece que se as obrigações do contrato podem ser cumpridas simultaneamente, e nada em sentido diverso é fixado expressa ou tacitamente no contrato, nem deriva das circunstâncias do negócio, *então elas são devidas simultaneamente*.[1445]

Da conjugação dessas duas disposições, é possível concluir que (1) se as obrigações do contrato podem ser cumpridas simultaneamente, e nada em sentido diverso decorre do pacto, elas são devidas simultaneamente, (2) e, nessa condição, salvo estipulação expressa em sentido contrário, elas são *concurrent conditions* (o cumprimento da obrigação de "A", ou sua disponibilização à parte contrária, é pressuposto para a exigibilidade da obrigação de "B" e vice-versa).

Allan Farnsworth, confirmando a maior abertura das Cortes americanas à *suspension of performance*, assevera que apenas se as partes o fizerem de forma expressa e muito clara, elas podem afastar a condição ficta que estabelece mútua dependência entre as obrigações nos contratos bilaterais (transformando, então, uma *condition* em *warranty*). Conclui o autor que a preferência das cortes americanas pela condição ficta de mútua dependência é tão "esmagadora" que, na prática, a *suspension of performance* teria se tornado praticamente um remédio de aplicação geral nos contratos bilaterais, à semelhança do que ocorre com a *exceptio* nos países de *civil law*.[1446] Na mesma linha, asseverou a Corte de Apelação de Maryland, no caso *K. & G. Constr. Co. v. Harris* (1960): "A regra moderna, que parece ser de aplicação quase universal, é a de que há uma presunção de que obrigações mútuas em um contrato sejam dependentes entre si, devendo ser tratadas dessa forma sempre que possível."[1447] Edwin W. Patterson complementa que "é difícil encontrar casos recentes em que obrigações bilaterais tenham sido consideradas como independentes entre si."[1448]

As mesmas conclusões decorrem do Uniform Commercial Code, no tocante aos contratos de compra e venda de bens móveis. O § 2-507(1) (2005) estabelece que "tender of delivery is a condition [...], unless otherwise agreed, to the buyer's

---

1444. No original: "§ 238. Effect on Other Party's Duties of a Failure to Offer Performance: Where all or part of the performances to be exchanged under an exchange of promises are due simultaneously, it is a condition of each party's duties to render such performance that the other party either render or, with manifested present ability to do so, offer performance of his part of the simultaneous exchange." (Restatement [Second] of Contracts § 238 [1981]).
1445. "§234(1). Where all or part of the performances to be exchanged under an exchange of promises can be rendered simultaneously, they are to that extent due simultaneously, unless the language or the circumstances indicate the contrary." (Restatement [Second] of Contracts § 234(1) [1981]).
1446. Farnsworth, Allan. The problems of nonperformance in contract. *New England Law Review*, v. 17, 1982, p. 257.
1447. "The modern rule, which seems to be of almost universal application, is that there is a presumption that mutual promises in a contract are dependent and are to be so regarded, whenever possible." (*K. & G. Constr. Co. v. Harris*, Court of Appeals of Maryland, 1960, 223 Md. 305, 164 A.2d 451).
1448. Patterson, Edwin W. Op. cit., p. 914.

duty to pay for them", enquanto o § 2-511(1) (2005) fixa, em contrapartida, que "unless otherwise agreed tender of payment is a condition to the seller's duty to tender and complete any delivery." Por *tender*, nesse contexto, deve-se compreender a demonstração, por parte do obrigado, de sua prontidão, disposição e capacidade de cumprir a prestação que lhe cabe.[1449] Assim, para que o comprador possa exigir o bem, é preciso que demonstre prontidão, disposição e capacidade de entregar o preço, e vice-versa, transformando as obrigações em *concurrent conditions*.[1450]

d) Agora, se as obrigações devem ser cumpridas em momentos diferentes, a *suspension of performance*, em princípio, só está disponível para a parte cuja obrigação deve ser cumprida depois (§234[2] do Restatement [Second] of Contracts).[1451]

A parte que teria de prestar primeiro pode, quando muito, valer-se da chamada *anticipatory breach*, se o outro contratante, que teria de prestar depois, der sinais claros de que não conseguirá cumprir sua obrigação. Nessas condições, a parte inocente pode dar o contrato como inadimplido, mesmo não tendo decorrido ainda o prazo fixado para a parte contrária no contrato, podendo reclamar inclusive perdas e danos imediatamente (a *anticipatory breach* é tratada como uma *present breach*, para todos os fins).[1452] Como consequência, a parte inocente pode se valer também da *suspension of performance* (afinal, quem pode o mais, pode o menos), ainda que [1] originalmente estivesse obrigada a prestar primeiro e que [2] não atingido o vencimento fixado no contrato para a obrigação da parte contrária.[1453] Esta última hipótese em muito se assemelha, como se percebe, à "exceção de inseguridade", prevista no art. 477 do Código Civil brasileiro, analisada no capítulo quinto.[1454]

No que toca aos contratos de compra e venda de bens móveis, o § 2-609 (1) (2005) do Uniform Commercial Code estabelece que, havendo fundada insegurança quanto à capacidade da outra parte adimplir, a parte inocente pode exigir garantia adequada e, até que esta seja fornecida, suspender a execução de sua obrigação.

e) Evidentemente, não é interesse da sociedade permitir o abuso da utilização do instituto da *suspension of performance*, autorizando sua invocação mesmo em face de descumprimentos insignificantes da parte contrária, como um pretexto, na verdade, para a parte que a alega inadimplir sua própria obrigação. As Cortes

---

1449. Black's Law Dictionary, Tender of Performance, 9th Ed., 2009.
1450. Zamir, Eyal. Op. cit., p. 85.
1451. Parisi, Francesco; Luppi, Barbara; Fon, Vincy. Op. cit., p. 261.
1452. Alpa, Guido. Op. cit., p. 105; Black's Law Dictionary, Anticipatory Breach, 9th Ed., 2009.
1453. Parisi, Francesco; Luppi, Barbara; Fon, Vincy. Op. cit., p. 253-255.
1454. Art. 477. Se, depois de concluído o contrato, sobrevier a uma das partes contratantes diminuição em seu patrimônio capaz de comprometer ou tornar duvidosa a prestação pela qual se obrigou, pode a outra recusar-se à prestação que lhe incumbe, até que aquela satisfaça a que lhe compete ou dê garantia bastante de satisfazê-la.

americanas passaram a dispor, nesse sentido, que apenas um descumprimento sério e significativo – um *material breach* ou um *substantial breach* – pode justificar a *suspension of performance*.[1455]

Se, pelo contrário, não houve um *material breach*, tendo sido cumprido o núcleo essencial das obrigações, não pode a parte inocente nem dar o contrato como resolvido (*termination*), nem se valer da *suspension of performance*, podendo apenas reclamar perdas e danos por esse descumprimento parcial. Se a parte inocente suspende a execução de sua obrigação indevidamente, nessas condições, ela própria comete uma quebra do contrato.[1456]

Analisada a questão pelo ângulo inverso – isto é, pelo ângulo de quem cumpre parcialmente, porém de forma quase integral – tem-se a chamada doutrina da *substantial performance*, assim definida no Black's Law Dictionary: "Na hipótese de uma tentativa de boa-fé de cumprir a obrigação não atingir exatamente os parâmetros fixados no contrato ou na lei, a obrigação será assim mesma considerada satisfeita se o propósito essencial tiver sido atingido, ficando sujeito o devedor, porém, a uma demanda de danos pela diferença pendente."[1457]

Em outras palavras, a parte que satisfaz o teste da *substantial performance* pode exigir o cumprimento da obrigação da parte contrária, que estará impedida de invocar a *suspension of performance*, porém [i] com um abatimento referente aos danos gerados pelo inadimplemento parcial (se isso for possível) ou [ii] com a fixação de uma indenização em favor da parte contrária.[1458]

Como se percebe, a doutrina do *material breach* é simplesmente a outra face da moeda da doutrina da *substantial performance*. Como bem define Allan Farnsworth, "substantial performance is performance without a material breach, and a material breach results in performance that is not substantial."[1459]

O §241 do Restatement (Second) of Contracts aponta as circunstâncias que costumam ser consideradas pelas Cortes americanas no momento de avaliar se uma violação é significativa e séria a ponto de poder justificar a resolução do contrato (*termination*) ou mesmo a suspensão do cumprimento da obrigação da parte contrária:

§ 241. No determinar se uma falha na prestação ou na oferta é significativa, as seguintes circunstâncias devem ser consideradas:

1455. Farnsworth, Allan. The problems of nonperformance in contract. *New England Law Review*, v. 17, 1982, p. 283.
1456. Ibidem, p. 285.
1457. "The rule that if a good-faith attempt to perform does not precisely meet the terms of an agreement or statutory requirements, the performance will still be considered complete if the essential purpose is accomplished, subject to a claim for damages for the shortfall." (Black's Law Dictionary, Substantial-performance doctrine, 9th Ed., 2009)
1458. Farnsworth, Allan. The problems of nonperformance in contract. *New England Law Review*, v. 17, 1982, p. 283.
1459. Ibidem, p. 287.

(a) A medida em que a parte-vítima foi privada do benefício que ela razoavelmente esperava do contrato; [aspecto que muito se assemelha, diga-se de passagem, ao teste sugerido por Lord Diplock em *Hong Kong Fir Shipping Co Ltd v. Kawasaki Kisen Kaisha Ltd*, 1961]

(b) A medida em que a parte vítima pode ser adequadamente compensada pelo benefício do qual ela foi privada;

(c) A extensão em que a parte incumpridora sofrerá danos;

(d) A probabilidade de a parte que não cumpriu sua obrigação emendar a mora, tendo em conta todas as circunstâncias, inclusive eventuais garantias;

(e) Até que ponto o comportamento da parte inadimplente é condizente com os padrões de boa-fé e de negociação justa.[1460]

f) No Direito Americano, reconhece-se que, embora uma *material breach* seja suficiente para a parte inocente invocar a *suspension of performance*, ela pode não ser suficiente para autorizar que essa mesma parte dê o contrato como encerrado (*termination for breach*). Como afirma Allan Farnsworth, "a razoabilidade determina que a parte inadimplente deve dispor de um período de tempo – ainda que reduzido – para poder purgar a mora, se isto for possível."[1461] Se a parte inadimplente consegue cumprir sua obrigação nesse período (*cure period*), a outra parte não pode mais arguir nem a *termination*, nem a *suspension of performance*, estando obrigada a cumprir também sua obrigação.[1462]

Se, pelo contrário, a parte inadimplente não consegue cumprir sua obrigação nesse período, a parte inocente, que até então podia arguir apenas a *suspension of performance*, pode agora promover também a resolução do contrato por inadimplemento (*termination for breach*), além de reclamar a reparação dos danos sofridos.

Todavia, se a hipótese não admite a purgação da mora, pelo fato de a prestação não mais interessar ao credor – "*the material breach is incurable*" –, o credor poderá requerer, desde o início, a *termination for breach* e a reparação dos danos sofridos, não havendo necessidade de aguardar o chamado *cure period*.[1463]

Para Joshua D. H. Karton, a possibilidade de purgar a mora durante o *cure period*, quando o inadimplemento não é absoluto, aproxima o Direito Americano da *civil law* nesse ponto, revelando uma preferência pela preservação dos contratos, enquanto isso não se revelar contrário ao interesse das partes:

> Os tribunais americanos compartilham a preferência dos tribunais europeus continentais pela preservação do contrato em algum grau, mas só o farão enquanto isso não "decepcionar seriamente" as expectativas justificáveis das partes. O meio pelo qual os tribunais americanos alcançam esse equilíbrio é o *cure period*, permitindo a suspensão do desempenho por *material*

1460. Restatement [Second] of Contracts § 241 [1981].
1461. Farnsworth, Allan. The problems of nonperformance in contract. *New England Law Review*, v. 17, 1982, p. 290.
1462. Ibidem.
1463. Karton, Joshua D. H. Recognizing a contractual right to suspend performance. *Queen's University Legal Research Paper*, n. 2015-018, 2015, p. 1.

breaches, mas a resolução do negócio somente após um período razoável de tempo sem a purgação da mora.[1464]

6.4 COMPARAÇÕES FINAIS. COMMON LAW E CIVIL LAW

Ao contrário do que ocorre nos países de *civil law*, não há nos países de *common law* normas que consagrem, de forma geral e ampla, o direito do contraente de, em face do inadimplemento da parte contrária, suspender o cumprimento da obrigação que lhe cabe. A figura da *exceptio non adimpleti contractus*, com esse nome e com essa estrutura, é desconhecida nos países de *common law*.

Todavia, por meios diversos e sob outra terminologia, os países de *common law* chegaram a resultados semelhantes, mediante a criação pelas Cortes de *constructive conditions* (condições fictas) e *implied conditions* (condições tácitas), a estabelecer relações de dependência entre as obrigações das partes. Tais condições fictas podem ser de dois tipos: (i) *precedent conditions*, se o cumprimento prévio da obrigação de "A" constitui condição para a exigibilidade da obrigação de "B"; ou (ii) *concurrent conditions*, se o cumprimento da obrigação de "A", ou sua disponibilização à parte contrária, for pressuposto para a exigibilidade da obrigação de "B" *e vice-versa*.

No mais, há outras notáveis coincidências entre os dois sistemas, apesar dos pontos de partida completamente diversos. A mais relevante delas é a regra de que o inadimplemento da parte contrária só legitima a invocação da *exceptio* ou da *suspension of performance* se for significativo e sério. Enquanto tal exigência, nos países de *civil law*, nasceu da boa-fé objetiva, nos países de *common law*, trata-se de uma derivação das ideias de *material breach* e *substantial performance*.

1464. Ibidem, p. 7.

7
EXCEÇÃO DE CONTRATO NÃO CUMPRIDO: EXAME SEGUNDO OS POSTULADOS DA *LAW AND ECONOMICS*

No presente capítulo, pretende-se aplicar as ferramentas da Análise Econômica do Direito ao estudo da exceção de contrato não cumprido.[1465]

Necessário, assim, antes de mais nada, repisar algumas características básicas do instituto, o que permitirá melhor explorar, na sequência, sua dinâmica de aplicação à luz dos postulados da Análise Econômica do Direito.

Por meio da *exceptio non adimpleti contractus*, qualquer dos contraentes pode, nos contratos bilaterais, recusar a sua prestação enquanto o outro não efetuar a que lhe compete ou não oferecer o seu cumprimento simultâneo.[1466]

Diz-se que tal exceção é *dilatória*, na medida em que apenas suspende, provisoriamente, a pretensão de cobrança.[1467] Mediante esse instrumento de *autotutela*, exercido conforme a vontade do devedor quando presentes seus requisitos, a pretensão do credor fica "paralisada" até que este também se disponha a cumprir sua parte no contrato.[1468]

A exceção não é instrumento de negação do direito de crédito do autor, antes o pressupõe. Como afirma Pontes de Miranda, "quando se opõe a exceção *non adimpleti contractus* tem-se de alegar que se deixa de cumprir a obrigação; *portanto, que se é obrigado*."[1469] O direito de crédito do autor continua existindo, tanto que, mesmo se acolhida a exceção, a ação deve ser julgada procedente para condenar o réu a adimplir assim que o autor cumpra também sua prestação.[1470]

1465. Optou-se pelo termo "Análise Econômica do Direito", por melhor delimitar, em nossa opinião, o objeto de estudo, ao invés de "Direito e Economia", tradução literal de "Law and Economics" (Mendonça, Diogo N. *Análise econômica da responsabilidade civil: o dano e sua quantificação*. São Paulo: Atlas, 2012, p. 07).
1466. Antunes Varela, João de Matos. *Das obrigações em geral*, v. I. 10. ed. Coimbra: Almedina, 2008, p. 398.
1467. Aguiar Jr., Ruy Rosado de. *Extinção dos contratos por incumprimento do devedor*. 2. ed. Rio de Janeiro: AIDE Editora, 2004, p. 172.
1468. Gabrielli, Enrico. Il contratto e i rimedi: La sospensione dell'esecuzione. *Jus Civile*, 2014, p. 21.
1469. Pontes de Miranda, Francisco Cavalcanti. *Tratado de Direito Privado*. Campinas: Bookseller, 2003. t. XXVI. p. 137.
1470. Aguiar Jr., Ruy Rosado de. *Extinção dos contratos por incumprimento do devedor*. 2. ed. Rio de Janeiro: AIDE Editora, 2004, p. 222.

Pela exceção de contrato não cumprido, como se percebe, não se visa a desfazer o contrato, mas, sim, a preservá-lo. O instituto ainda tem o efeito positivo de restaurar o equilíbrio entre as partes: ou ambas são induzidas a cumprir suas prestações, realizando o fim do contrato, ou pelo menos assegura-se que uma delas não será obrigada a cumprir sua prestação sem o recebimento da contrapartida.[1471] Tudo isso é alcançado, ainda, de forma rápida e com custo igual ou próximo a "zero", sem necessidade, a princípio, de se socorrer do custoso sistema de tribunais, na medida que se trata de instrumento de autotutela expressamente autorizado pelo ordenamento.[1472]

O presente capítulo divide-se em três itens. No primeiro, serão expostos, brevemente, a metodologia e os princípios básicos da *Law and Economics*, para, na sequência, analisar como tais métodos e princípios são aplicados à teoria dos contratos especificamente. No segundo, pretende-se comparar, em termos de eficiência, os remédios que costumam ser disponibilizados pelos ordenamentos para as hipóteses de inadimplemento contratual (resolução do contrato cumulada com perdas e danos; execução específica da obrigação e a própria exceção de contrato não cumprido). Ao fim desse segundo item, são apontadas as vantagens da *exceptio* enquanto forma de autotutela: *(i)* incentivo ao cumprimento do contrato, na forma originalmente pactuada; *(ii)* preservação do equilíbrio entre as partes, tanto sob o aspecto quantitativo (ou ambas são induzidas a cumprir suas prestações, ou pelo menos assegura-se que uma delas não será obrigada a cumprir sua prestação sem o recebimento da contrapartida), como sob o aspecto cronológico (evitando que a parte inocente seja obrigada a prestar antes da outra, o que, economicamente, equivale a fornecer-lhe crédito pelo intervalo entre o cumprimento das duas obrigações); *(iii)* rapidez e baixo custo, notadamente quando em comparação com as ações judiciais de resolução do contrato cumulada com perdas e danos e de execução específica da obrigação. Por fim, o terceiro item contém uma breve conclusão do capítulo.

7.1 ANÁLISE ECONÔMICA DO DIREITO E TEORIA CONTRATUAL

A Análise Econômica aplicada ao Direito dos Contratos iniciou-se por volta da década de 1970, tendo se tornado, nos Estados Unidos da América, a Escola dominante nesse ramo do Direito Privado.[1473]

1471. Nesse sentido: Barros Monteiro, Ralpho Waldo de; Barros Monteiro, Marina Stella de. A causa dos contratos e a exceptio non adimpleti contractus. *Revista dos Tribunais*, v. 958, ano 104, 2015, p. 102.
1472. Taylor, Celia R. Self-help in contract law: an exploration and proposal. *Wake Forest Law Review*, v. 33, 1988, p. 847; Karton, Joshua D. H. Recognizing a contractual right to suspend performance. *Queen's University Legal Research Paper*, n. 2015-018, p. 21.
1473. Posner, Eric A. Economic analysis of contract law after three decades: success or failure? *The Yale Law Journal*, v. 112, n. 4, 2003, p. 829.

A Análise Econômica do Direito dedica-se a duas questões principais: (1) Quais são os efeitos de determinado enquadramento jurídico em vigor? (2) Qual seria o enquadramento jurídico que deveria existir para melhor atender aos interesses da sociedade?[1474]

Tais questões refletem a clássica divisão da Análise Econômica do Direito em duas vertentes: (i) a *positiva*, destinada a compreender o Direito *como ele é*; (ii) a *normativa*, destinada a analisar como o Direito *deveria ser*, para transformar o mundo para melhor.[1475]

Neste estudo, pretendemos abordar o instituto da *exceptio* preponderantemente pela vertente *positiva* – exame dos efeitos das regras em vigor, seja nos países de *civil law*, seja nos países de *common law* – sem prejuízo de apontar, eventualmente, possíveis modificações que poderiam aumentar sua eficiência (vertente *normativa*).

A Análise Econômica do Direito está fundada em três premissas centrais.

A primeira é a de que os agentes fazem *escolhas racionais*, sempre optando pela alternativa que lhes traz maior utilidade.[1476]

O princípio de que os agentes fazem escolhas racionais, tendentes a maximizar sua utilidade, parte do pressuposto ideal de que os agentes possuem informação completa acerca dos fatores relevantes, o que, aplicado ao tema em tela, englobaria, por exemplo, [i] os custos e os ganhos projetados para cada contraente caso cumprida a avença na forma pactuada, [ii] o montante dos danos projetados para cada hipótese de inadimplemento, [iii] além da diferença financeira para a parte inocente entre pleitear o cumprimento específico da obrigação, a resolução do contrato com perdas e danos ou simplesmente utilizar-se, em juízo ou extrajudicialmente, da *exceptio non adimpleti contractus*. O princípio da escolha racional também parte do pressuposto de que os agentes são neutros em relação ao risco (*risk neutral*).[1477]

É evidente que a ideia de maximização das utilidades, baseada em informações completas, julgamentos perfeitos e agentes neutros ao risco, é apenas um modelo teórico, e, portanto, uma simplificação da realidade. A vida em sociedade está repleta de exemplos que "furam" esse modelo. Os adeptos da *Law and Economics* entendem,

---

1474. Rodrigues, Vasco. *Análise econômica do Direito*: uma introdução. Coimbra: Almedina, 2007, p. 33.
1475. Posner, Richard A. The economics of Justice. *Cambridge: Harvard University Press*, 1981, p. 48.
1476. A teoria econômica está baseada em duas constatações básicas: as demandas humanas são ilimitadas, porém os recursos são escassos. Fossem os recursos infinitos, a Economia perderia sua própria razão de ser, uma vez que desapareceriam os problemas de alocação: todos poderiam ter o que quisessem, na quantidade que quisessem. Exatamente porque os recursos são escassos, os indivíduos buscam maximizar sua utilidade, escolhendo racionalmente a opção que lhes traz maiores benefícios ou menores prejuízos (Nusdeo, Fábio. *Curso de Economia*: introdução ao Direito Econômico. 2. ed. São Paulo: Ed. RT, 2000, p. 23–28; Mendonça, Diogo N. Op. cit., p. 18).
1477. Mendonça, Diogo N. Op. cit., p. 58.

todavia, que, mesmo havendo imperfeições, as ferramentas do modelo ainda são úteis para prever os efeitos das regras jurídicas.[1478-1479]

A segunda premissa da Análise Econômica do Direito é o *individualismo metodológico*, de acordo com o qual a unidade de análise fundamental são as escolhas dos indivíduos, de forma que os comportamentos coletivos de empresas, governos ou outras entidades, são sempre analisados como resultando da simples soma de escolhas individuais.[1480]

A terceira premissa – e talvez a mais relevante – é a de que a *eficiência*, compreendida como menor custo social total, deve ser o critério fundamental para avaliar as ações humanas e as regras jurídicas.[1481]

Considerando que os agentes fazem escolhas racionais, optando sempre pela alternativa que lhes traz maior utilidade (primeira premissa), e de que as normas jurídicas funcionam como sistema de incentivos, tornando determinadas alternativas mais atrativas do que outras, o Direito Contratual deve ser construído, segundo os cânones da Análise Econômica do Direito, de forma a incentivar que os agentes, embora guiados exclusivamente pelos seus próprios interesses, adotem a solução mais eficiente sob o ponto de vista social, o que geralmente coincide com o cumprimento dos contratos na forma como estes foram pactuados.[1482]

No campo específico dos contratos, a necessidade de adotar-se a *eficiência* como critério fundamental de avaliação das regras jurídicas e decisões judiciais é ainda mais evidente do que em outros ramos do Direito. Considerando que as partes contratantes buscam, presumivelmente, por meio de transações voluntárias, maximizar seus ganhos conjuntos,[1483] gerando ganhos de eficiência ("melhorias de

---

1478. Mitchell, Gregory. Why law and economics' perfect rationality should not be traded for behavioral law and economics' equal incompetence. *Georgetown Law Journal*, n. 91, 2002, p. 69.
1479. Recentemente, surgiu inclusive uma nova vertente da Análise Econômica do Direito, a *Behavioral Law and Economics* (Direito e Economia Comportamental, em tradução literal), que tenta incorporar ao modelo teórico clássico as falhas previsíveis de racionalidade do ser humano (decorrentes, por exemplo, da ausência de informações completas, de preconceitos, de erros na análise de riscos), partindo não mais de um conceito de racionalidade plena, mas, sim, de um conceito de *racionalidade limitada* (Rachlinski, Jeffrey J. *Heuristics and biases in the courts: Ignorance or adaptation?* Oregon Law Review, n. 79, 2000, p. 71).
1480. Forgioni, Paula A. *Análise econômica do direito: Paranóia ou mistificação?* Revista do Tribunal Regional Federal da 3ª Região, n. 77, 2006, p. 38–39.
1481. Rodrigues, Vasco. Op. cit., p. 12–16.
1482. *Ibidem*, p. 124–129.
1483. Schwartz, Alan; Scott, Robert E. Contract theory and the limits of contract law. *The Yale Law Journal*, v. 113, n. 3, 2003, p. 544. Ainda que, em transações bilaterais, as partes ostentem interesses *contrapostos* (cada qual quer extrair da parte contrária o maior benefício possível), é interessante perceber que tais interesses também são necessariamente *complementares entre si* (o que se evidencia, já de partida, pela constatação de que se a avença não interessar a ambos os contratantes, ela simplesmente não ocorre). Como resultado dessa simbiose de interesses a princípio antagônicos, as partes tendem a alcançar um excedente de bem-estar, ficando ambas, após a execução do contrato, em posição melhor do que estavam antes (a menos que ocorram perturbações exógenas que atrapalhem este resultado esperado). Nesse sentido, quando as partes acertam o preço de uma compra e venda ou o aluguel de uma locação, gera-se um excedente de bem-estar, decorrente do fato de os contratantes partilharem entre si, nesses negócios, de forma igualitária ou não,

Pareto"),[1484] bem como considerando que a imensa maioria das normas de Direito Contratual são dispositivas, conclui-se que as partes – salvo se os custos de transação para tanto forem proibitivos[1485] – derrogarão as normas ineficientes, dispondo de forma diversa no contrato. Logo, como afirma Richard A. Posner, um Direito Contratual não baseado em considerações de eficiência seria largamente inútil, pois tenderia a ser contornado pelas partes.[1486] Ou pior: constituiria simplesmente um

---

"o incremento de valor representado pela transferência do recurso para a parte mais disposta a pagar por ele." (Araújo, Fernando. *Teoria econômica do contrato*. Coimbra: Almedina, 2007, p. 45-49).

1484. Uma alteração constitui uma "melhoria de Pareto" se beneficia pelo menos uma pessoa e não prejudica ninguém. A situação daí resultante é superior à inicial, e, portanto, mais eficiente. Outras melhorias de Pareto podem se suceder, até o ponto em que já não for mais possível aumentar a utilidade de mais ninguém sem prejudicar outra pessoa. Esta é a situação do "ótimo de Pareto" ou "Pareto-eficiente".

A celebração de um contrato entre agentes racionais faz surgir para as partes, presumivelmente, uma "melhoria de Pareto": se cada uma delas se vincula ao contrato é porque considera que ficará, ao final, em melhor situação do que se não tivesse celebrado o pacto. É justamente porque o contrato traz vantagens para ambas as partes, constituindo uma "melhoria de Pareto", que se justifica o princípio geral de que o Estado deve fazer valer os acordos na forma como foram celebrados (Rodrigues, Vasco. Op. cit., p. 130).

Steven Shavell vai além e diz que contratos tendem a ser, na verdade, "ótimos de Pareto" ou "Pareto-eficientes", na medida em que representam, presumivelmente, a melhor situação possível a que poderiam chegar as partes naquelas dadas circunstâncias: o ponto a partir do qual já não se poderia mais aumentar a utilidade de uma delas sem prejudicar a outra. Afinal, partindo da premissa de que as partes são livres para dispor acerca do conteúdo das cláusulas, deve-se presumir que, se fosse possível aumentar, por meio de alguma modificação, a utilidade a ser obtida pelas partes com o contrato, isso fatalmente seria feito, como decorrência da premissa de que os agentes econômicos fazem escolhas racionais. Nas palavras do autor: "A contract is said to be mutually beneficial or, in the language of economics, Pareto efficient, if the contract cannot be modified so as to raise the well-being – the expected utility – of each of the parties to it. We would suppose that contracts would tend to be mutually beneficial: If a contract can be altered in a way that would raise the expected utility of each party, we would think that this would be done." (Shavell, Steven. Economic analysis of contract law. *Harvard Law and Economics Discussion Paper*, n. 403, chapter 13, p. 2, Disponível em: https://ssrn.com/abstract=382040. Acesso em: 14 dez. 2017)

O critério de eficiência de Kaldor-Hicks, elaborado posteriormente por Nicholas Kaldor (1908-1986) e John Hicks (1904-1989), é bem menos rigoroso quanto aos requisitos para definir uma alteração como eficiente, e, por conseguinte, muito mais abrangente. Pelo critério de Kaldor-Hicks, uma alteração representa um incremento de eficiência (uma "melhoria de Kaldor-Hicks") se o beneficiado puder, teoricamente, compensar o prejudicado (ou seja, se o ganho do primeiro for superior ao prejuízo do segundo). Tal compensação não precisa efetivamente ocorrer para se ter uma "melhoria de Kaldor-Hicks", bastando que seja possível teoricamente. Assim, pelo critério de eficiência de Kaldor-Hicks, uma mudança pode ser eficiente ainda que existam ganhadores e perdedores, o que não ocorre pelo critério de Pareto (o qual exige que todos os envolvidos saiam melhor ou em idêntica situação da mudança). Como se percebe, enquanto todas as "melhorias de Pareto" são "melhorias de Kaldor-Hicks", muitas "melhorias de Kaldor-Hicks" não são "melhorias de Pareto". Ver, nesse sentido: Kishtainy, Niall et al. *O livro da Economia* [trad. Carlos S. Mendes Rosa]. São Paulo: Globo, 2013, p. 130; Mendonça, Diogo N. Op. cit., p. 23–24; Rodrigues, Vasco. Op. cit., p. 26 e 39.

1485. Na lição de Richard H. Coase, custos de transação correspondem à soma dos custos de (i) obtenção das informações necessárias para a realização da transação (descobrir quem deseja negociar e em que termos, averiguar a qualidade dos produtos etc.), (ii) de negociação e formalização do contrato (custos de oportunidade do tempo necessário para o desempenho dessas tarefas, despesas com consultores e advogados, despesas com formalidades legais etc.) e, por fim, (iii) dos custos de fazer respeitar os termos do contrato (fiscalização do comportamento da parte contrária durante a execução do contrato, ajuizamento de ações judiciais etc.) (Coase, Richard H. The problem of social cost. *Journal of Law and Economics*, n. 3, 1960, p. 15).

1486. Posner, Richard A.; Rosenfield, Andrew M. Impossibility and related doctrines in contract law: An economic analysis. *The Journal of Legal Studies*, v. 6, n. 1, 1977, p. 89.

"entulho" caro, dados os custos de transação incorridos pelas partes para afastarem as disposições ineficientes.[1487]

Segundo Alan Schwartz e Robert Scott, isso é especialmente verdadeiro em matéria de *contratos empresariais*, nos quais as partes dispõem de ampla liberdade para definir o conteúdo das cláusulas, ante a baixa incidência de normas de ordem pública. Em tais circunstâncias, de nada adianta as normas estarem pautadas em "razões distributivas" ou "outras razões de justiça", que não visem apenas a maximizar os ganhos conjuntos dos contraentes na operação (*joint surplus*), pois serão fatalmente substituídas pelas partes por disposições contratuais que busquem a eficiência.[1488-1489]

A ideia de que cada contrato deve maximizar os ganhos conjuntos dos contraentes, representando uma "melhoria de Pareto" (vide nota 1484), não significa dizer que o superávit precise ser extraído pelas partes diretamente do contrato em análise, enquanto operação isolada. É possível, pelo contrário, que o contrato, mesmo ensejando um saldo negativo para um dos contraentes quando analisado isoladamente, proporcione-lhe ganhos superiores no que diz respeito à construção de uma relação de longo prazo com o outro contratante ou mesmo no que se refere à manutenção de sua reputação no mercado. No fim das contas, é este raciocínio "global", que leva em conta o relacionamento de longo prazo e a reputação do agente no mercado, que vai orientar a parte tanto na decisão de contratar ou não, como também na

---

1487. Araújo, Fernando. Op. cit., p. 110. Todavia, como explica Mariana Pargendler, até as normas dispositivas podem ser "aderentes" (*sticky*), dificultando, na prática, sua derrogação pelas partes (o que causa sérios entraves de eficiência ao sistema, se tais normas "aderentes" forem mal concebidas). A autora cita três razões que explicam a dificuldade de afastar, na prática, algumas normas dispositivas em matéria contratual. Em primeiro lugar, os tribunais tendem a compreender que as normas dispositivas incorporam algum tipo de noção superior de justiça e, por isso, aplicam-nas por vezes contrariamente aos termos do acordo, transformando-as efetivamente em normas cogentes, ou mesmo utilizam-nas como um "norte" interpretativo das disposições contratuais, o que pode ter efeitos semelhantes. Em segundo lugar, os custos de transação para contornar as normas dispositivas podem ser elevados demais, até mesmo por conta de obstáculos inseridos pelo legislador visando a fazer prevalecer sua posição. Em terceiro lugar, as conclusões da *Behavioral Law and Economics*, já aqui referida (nota 1479, acima), indicam que os vieses cognitivos das próprias partes, como a "ancoragem" – isto é, a adoção de referenciais racionais ou irracionais que direcionam a escolha dos indivíduos (no caso, a noção de justiça adotada pelo legislador na hipótese) – podem também dissuadir o desvio das normas dispositivas (Pargendler, Mariana. O direito contratual comparado em nova perspectiva: revisitando as diferenças entre os sistemas romano-germânico e de common law. Revista Direito GV, v. 13, n. 3, set.-dez. 2017, p. 803).
1488. Schwartz, Alan; Scott, Robert E. Op. cit., p. 546.
1489. Para Guido Calabresi e Douglas Melamed, sempre que a sociedade decide conferir determinado direito a um sujeito, será necessário definir também se ele será protegido por uma regra de propriedade, de responsabilidade ou de inalienabilidade (vide nota 1500 adiante). Para os autores, ambas as decisões (qual será o conteúdo do direito; como ele será protegido) podem ser influenciadas por três tipos diferentes de fatores: (*i*) *eficiência econômica* das opções disponíveis; (*ii*) *razões distributivas* (como a sociedade opta, politicamente, por distribuir a riqueza e outros bens [*v.g.*, saúde, educação] entre seus membros), o que remete diretamente ao princípio da igualdade; (*iii*) *"outras razões de justiça"*, o que engloba quaisquer outros fundamentos valorativos diversos da eficiência e da igualdade (Calabresi, Guido; Melamed, Douglas. Property rules, liability rules, and inalienability: one view of the cathedral. *Harvard Law Review*, n. 85, 1972, p. 1094-1105).

decisão de adimplir ou não suas obrigações. Nessa linha, Alan Schwartz e Robert Scott sustentam que certos contratos dispensam inclusive sanção estatal para serem adimplidos – são *self-enforcing* – justamente porque eventual saldo negativo para as partes em seu cumprimento acaba sendo suplantado (I) pelo ganho projetado em futuros contratos entre os mesmos contraentes (que deixariam de ser celebrados caso se optasse pelo descumprimento) ou ainda (II) pelos danos reputacionais que adviriam para as partes, em seus mercados, como decorrência do descumprimento.[1490]

Para a Análise Econômica do Direito, contratos são, fundamentalmente, trocas voluntárias pelas quais bens e serviços são direcionados para os agentes que mais os valorizam.[1491] Essas trocas, como visto no subitem 4.3.2, podem ser de execução imediata (o momento da celebração do acordo coincide com o de seu cumprimento), diferida (cumprimento em data futura, em relação à celebração), continuada (a execução é ininterrupta, como no contrato de sociedade) ou, ainda, periódica ou de trato sucessivo (o cumprimento efetiva-se mediante prestações periodicamente repetidas).[1492] Se os intercâmbios fossem todos do primeiro tipo, seria menos urgente a necessidade de proteção legal aos direitos contratuais, pois o risco envolvido em tais condições é mínimo, todavia isso limitaria ao extremo as trocas econômicas, reduzindo-as às situações em que ambos os contraentes tivessem disponibilidade imediata dos bens ou serviços e também interesse em receber a contraprestação de imediato.[1493] Contratos de execução diferida, continuada e periódica ampliam em muito o leque de operações econômicas realizáveis, porém exigem nível mais elevado de proteção estatal (*enforcement*), na medida em que o fator tempo introduz incertezas, que, por sua vez, criam riscos.[1494] A principal dessas incertezas diz respeito ao próprio cumprimento pelas partes de suas respectivas obrigações, afinal ambos os contraentes, nos contratos bilaterais, enfrentam o mesmo risco: efetuar gastos para cumprir suas obrigações no contrato, deixando por vezes até mesmo de celebrar outros negócios, *na confiança* de que a parte contrária também fará o mesmo, o que nem sempre ocorre. Como afirma Francesco Parisi, "em um contrato no qual ne-

---

1490. Schwartz, Alan; Scott, Robert E. Op. cit., p. 546-547. Os mesmos autores ponderam, todavia, que o fator reputacional, enquanto estímulo ao adimplemento de contratos, funciona melhor em pequenas comunidades comerciais, não sendo muito relevante em grandes mercados nos quais os agentes atuam de forma quase anônima. Isso porque, para que a reputação tenha efeito, é preciso que potenciais futuros contratantes tenham conhecimento das razões que levaram ao rompimento do vínculo contratual entre as partes originais – o que seria mais efetivo em pequenas comunidades, nas quais os eventos têm maior repercussão – a possibilitar, assim, o boicote dos *bad actors* (Ibidem, p. 557-558). É de se questionar, entretanto, se essa ressalva – o texto de Alan Schwartz e Robert E. Scott é do ano de 2003 – ainda tem o mesmo peso em um mundo de hipercomunicabilidade, em que informações sobre os atores econômicos, especialmente as negativas, circulam com enorme rapidez e abrangência, em escala muitas vezes global.
1491. Posner, Richard A.; Rosenfield, Andrew M. Op. cit., p. 88.
1492. Vide notas 1189 a 1191.
1493. Shavell, Steven. Economic analysis of contract law. *Harvard Law and Economics Discussion Paper*, n. 403, chapter 13, p. 4, Disponível em https://ssrn.com/abstract=382040. Acesso em: 14 dez. 2017; Ferraz de Camargo, Caio Pacca. A análise econômica do direito e o contrato. In: Benacchio, Marcelo; Soares, Ronnie Herbert Barros (Coord.). *Temas Atuais sobre a Teoria Geral dos Contratos*, Curitiba: CRV, 2014, p. 269.
1494. Posner, Richard A.; Rosenfield, Andrew M. Op. cit., p. 88-89.

nhum dos contratantes já cumpriu, cada parte enfrenta um problema de execução em relação à sua prestação e um problema de confiança no que toca à contraprestação que lhe foi prometida."[1495] Nessa linha, um dos propósitos fundamentais do Direito Contratual, para a *Law and Economics*, é inibir comportamentos oportunistas das partes, caracterizados justamente pelo abuso da confiança depositada no cumprimento mútuo das obrigações, fomentando assim uma coordenação ótima dos interesses e evitando custosas medidas para remediar o inadimplemento.[1496-1497] O instituto da exceção de contrato não cumprido, como se demonstrará a seguir, bem se enquadra nesse propósito, visto que, enquanto instrumento de autotutela, inibe

---

1495. Parisi, Francesco; Luppi, Barbara; Fon, Vincy. Optimal remedies for bilateral contracts. *The Journal of Legal Studies*, v. 40, n. 1, 2011, p. 246.
1496. Posner, Richard A.; Rosenfield, Andrew M. Op. cit., p. 88-89; Ferraz de Camargo, Caio Pacca. Op. cit., p. 269-271.
1497. Um segundo propósito do Direito Contratual, para a *Law and Economics*, segundo Richard A. Posner e Andrew M. Rosenfield, é o de reduzir os custos de transação relacionados ao momento da celebração do negócio, estabelecendo normas supletivas que as partes provavelmente teriam adotado de forma expressa se tivessem negociado acerca delas (Op. cit., p. 88-89). Todavia, conforme já exposto anteriormente, tais normas supletivas devem estar baseadas em considerações de eficiência apenas, e não em "razões distributivas" ou "outras razões de justiça" (para usar a terminologia de Guido Calabresi e Douglas Melamed – vide nota 1489, acima), sob pena de terem o efeito inverso de gerarem custos de transação para as partes derrogá-las expressamente no contrato. Além disso, recomenda Fernando Araújo, o legislador deve agir com parcimônia mesmo na edição de normas supletivas, para evitar o fenômeno que denomina *crowding-out*, caracterizado pela substituição da espontaneidade das partes (mais maleável aos seus interesses específicos e às circunstâncias concretas do negócio) pela dependência da hetero-disciplina estatal, genérica e abstrata. Indaga o autor, nesse ponto: "Que sistema espontâneo de autodisciplina e de tutela sobreviverá num meio contratual, se todos passarem a evidenciar uma dependência em relação à norma, não reconhecerem o acatamento generalizado enquanto a norma o não exprimir, não tomarem iniciativas enquanto a lei expressamente não as tomar etc.?" (Op. cit. 128-129) Vale lembrar aqui, também, as situações apontadas na nota 1.487, acima, que podem tornar as normas dispositivas "aderentes" (*sticky*), dificultando, na prática, sua derrogação pelas partes (o que pode causar sérios entraves de eficiência ao sistema, se tais normas "aderentes" forem mal concebidas).

Um contrato é dito *completo* se possui previsão exaustiva para todas as possíveis contingências que podem afetar sua execução (tornando absolutamente transparentes, assim, os incentivos ao investimento e a partilha de riscos para cada uma das partes), e *incompleto*, ao invés, se não contém previsão exaustiva para todas as contingências, deixando lacunas que serão preenchidas pelas normas de Direito Contratual. A teoria se resigna a constatar que, na prática, inexistem contratos completos, tratando-se apenas de um modelo ideal.

Duas razões sobrelevam para que os contratos celebrados sejam, no geral, bastante incompletos. A primeira é a racionalidade limitada das partes: na vida real, contrariando os postulados da Economia clássica, as partes são incapazes de prever todas as situações supervenientes que podem se suceder na execução de um contrato, quanto menos conseguem estipular respostas jurídicas prévias para cada uma delas. A segunda: os custos de transação para prever determinada contingência, negociar especificamente sobre ela e descrevê-la adequadamente no contrato podem superar os ganhos obtidos com a inclusão expressa da respectiva cláusula no contrato, seja porque se trata de evento de baixa probabilidade, de difícil comprovação perante os tribunais ou mesmo porque as partes acreditam que não terão prejuízos se as Cortes aplicarem as normas supletivas de Direito Contratual (Shavell, Steven. Op. cit., chapter 13, p. 1-2 e 6-7; Araújo, Fernando. Op. cit., 664).

A maior abundância de normas contratuais, cogentes e dispositivas, nos países de *civil law*, ajuda a justificar porque os contratos nesses países tendem a ser mais curtos e incompletos do que nos países de *common law* (Pargendler, Mariana. Op. cit., p. 803).

comportamentos oportunistas e preserva o equilíbrio da relação, fazendo isso sem romper o contrato e com baixo custo.[1498]

7.2 QUEBRA DE CONTRATO. REMÉDIOS DISPONÍVEIS. A *EXCEPTIO* COMO ALTERNATIVA DE AUTOTUTELA

A pesquisa acerca dos remédios adequados para proteger cada tipo de direito sempre foi um focos centrais da *Law and Economics*.[1499] Nesse contexto, merece destaque a contribuição seminal de Guido Calabresi e Douglas Melamed, no artigo "Property Rules, Liability Rules, and Inalienability: One View of the Cathedral" (1972), estabelecendo que os direitos podem ser protegidos por três tipos de regras jurídicas: regras de propriedade, regras de responsabilidade e regras de inalienabilidade.[1500]

1498. A proteção jurídica da confiança constitui um dos objetivos básicos também da chamada "Nova Economia Institucional" (NEI), de acordo com a qual o desenvolvimento econômico de uma sociedade é determinado, em grande medida, pelo modo de ser das instituições, pois é delas a função de nortear as relações de cooperação entre os indivíduos. Cabe às instituições, de acordo com esta teoria, reduzir a chamada "insegurança estratégica", considerando-se como tal a condição em que se encontram os agentes diante de situações em que os resultados não são determinados exclusivamente por suas condutas, dependendo, ao invés, do comportamento de outros agentes (exatamente como ocorre na dinâmica da exceção de contrato não cumprido, em que ambos os contratantes enfrentam um problema de confiança no que toca à contraprestação prometida pela parte contrária, evitando, assim, adiantar a parte que lhes compete). Dessa doutrina – Nova Economia Institucional (NEI) – decorre a seguinte equação, como bem descreve Judith Martins-Costa: "Quanto maior o grau de insegurança estratégica, menor será a cooperação entre os indivíduos. Consequentemente, quanto maior o grau de confiança na conduta alheia, maior tenderá a ser o nível de integração econômica e, com isso, de eficiência e de desenvolvimento. Cabe às instituições, portanto, no que se incluem naturalmente os canais reconhecidos de expressão do Direito, como a jurisprudência e a doutrina, a tarefa de reduzir a insegurança e promover a confiança." (Martins-Costa, Judith. Oferta pública para a aquisição de ações (OPA) – Teoria da confiança – Deveres de proteção violados – A disciplina informativa e o mercado de capitais – Responsabilidade pela confiança – Abuso de poder de controle [parecer]. *Revista de Direito Mercantil, Industrial, Econômico e Financeiro*, v. 140, ano XLIV. out.-dez. 2005, p. 241) A *exceptio*, quando devidamente aplicada pelo Poder Judiciário, é instrumento que colabora para reforçar esse ambiente de confiança nas relações, pois, como se verá no decorrer deste capítulo, [i] assegura que a parte inocente não poderá ser obrigada a prestar em favor da parte contrária enquanto não lhe for oferecida a contrapartida, assim como [ii] representa poderoso estímulo ao cumprimento mútuo do contrato, na forma como este foi celebrado.
1499. Badawi, Adam B. Self-help and the rules of engagement. *Yale Journal on Regulation*, n. 29, 2012, p. 1.
1500. De acordo com os autores, um direito é protegido por uma regra de propriedade se alguém que pretende obtê-lo de seu titular precisa adquiri-lo por meio de uma transação voluntária, na qual o valor do direito é acordado entre vendedor e comprador.
   Um direito é protegido por uma regra de responsabilidade se, destruído o direito original, o ofensor fica obrigado a pagar ao seu titular uma soma definida objetivamente, correspondente ao seu valor de mercado.
   Por fim, regras de inalienabilidade impedem a transferência de direitos entre os agentes, ainda que estes queiram se engajar em uma transação voluntária e estejam de acordo quanto ao preço. Dentro da visão dos autores, tal categoria engloba situações como incapacidade do agente (artigos 3º e 4º do Código Civil) e cláusulas de inalienabilidade (art. 1.911 do Código Civil).
   Tal classificação, segundo os próprios autores, não exclui outras, sendo apenas mais uma forma de enxergar o fenômeno jurídico: mais "uma visão da catedral", em alusão às várias pinturas de Monet da Catedral de Rouen. (Calabresi, Guido; Melamed, Douglas. Op. cit., p. 1092–93)

Em matéria de contratos, o debate acerca dos remédios adequados para as hipóteses de inadimplemento contratual tende a centrar-se em indenizações (*damages*) e tutelas de execução específica (*specific performance*).[1501] Pouca atenção é conferida aos remédios de autotutela (*self-help remedies*), como a exceção de contrato não cumprido (que, nos países de *common law*, recebe os nomes de *suspension of performance*, *defense of nonperformance* e *right to withhold performance*). Antes de analisarmos os prós e contras da *exceptio* enquanto forma de autotutela, é preciso examinar, ainda que brevemente, os outros remédios referidos (*damages* e *specific performance*), de forma a permitir uma comparação entre os três em matéria de eficiência.[1502]

7.2.1 Indenizações (damages) e execução específica da obrigação (specific performance)

Em caso de inadimplemento culposo, a indenização devida à parte inocente deve abranger, no sistema brasileiro, os danos emergentes e os lucros cessantes. Dispõe o art. 402 do Código Civil nesse sentido: "Salvo as exceções expressamente previstas em lei, as perdas e danos devidas ao credor abrangem, além do que ele efetivamente perdeu, o que razoavelmente deixou de lucrar." Isso, evidentemente, se não tiver sido pactuada cláusula penal.

Nos países de *common law*, de forma não muito diversa, a indenização deve corresponder, em caso de quebra do contrato, ao montante necessário para colocar o credor na posição em que ele ficaria se o contrato tivesse sido devidamente cumprido (isto é, se não tivesse havido quebra). São os chamados *expectation damages*, justamente porque baseados na frustração da expectativa do credor de obter o benefício estimado do negócio (*benefit of the bargain*).[1503] Isso, é claro, se as partes não tiverem pactuado uma multa contratual (*liquidated damages*).[1504]

1501. Gergen, Mark P. A theory of self-help remedies in contract. *Boston University Law Review*, v. 89, 2009, p. 1397.
1502. Quanto aos três remédios disponíveis em favor da parte inocente, leciona Carlos Roberto Gonçalves: "Verifica-se, do exposto, que o contraente pontual pode, ante o inadimplemento do outro, tomar, a seu critério, três atitudes, uma passiva e duas ativas: a) ou permanecer inerte e defender-se, caso acionado, com a *exceptio non adimpleti contractus*; b) ou pleitear a resolução do contrato, com perdas e danos, provando o prejuízo sofrido; c) ou, ainda, exigir o cumprimento contratual, quando possível a execução específica." (*Direito civil brasileiro, v. III – Contratos e atos unilaterais*, Saraiva: São Paulo, 2004, p. 166).
1503. Farnsworth, Allan. Legal remedies for breach of contract. *Columbia Law Review*, v. 70, n. 7, 1970, p. 1147-1149.
1504. Posner, Eric A. Economic analysis of contract law after three decades: success or failure? *The Yale Law Journal*, v. 112, nº 4, 2003, p. 834. O Direito Contratual anglo-saxônico traça uma distinção essencial entre *liquidated damages clauses*, que são válidas, e *penalty clauses*, que são inválidas. A qualificação de uma cláusula como estipulação válida de pré-liquidação da indenização (*liquidated damages*) decorre do fato de a quantia estipulada ser razoável (no sentido de não exagerada) à luz dos danos previstos para a hipótese de inadimplemento. Em contrapartida, uma cláusula que pré-fixa danos de forma escancaradamente elevada é inválida, recebendo o nome de *penalty clause*, por objetivar na verdade punir o contratante inadimplente com valor superior ao dos danos efetivos. Nos países de *civil law*, em contrapartida, embora a legislação consagre limitações às cláusulas penais (vide nesse sentido, por exemplo, os artigos 412 e 413 do CC/2002), o simples fato de a cláusula penal exceder uma estimativa razoável dos danos decorrentes

O remédio de execução específica dos contratos é amplamente admitido nos países de *civil law*, como uma *opção do credor*, ao lado das perdas e danos.[1505] Nos países de *common law*, por outro lado, existe ainda hoje certa relutância à *specific performance*, que é vista não como uma opção do credor, mas como uma ferramenta da qual os tribunais podem dispor com *discricionariedade*, apenas quando a indenização não se mostrar solução "adequada".[1506]

Três razões cooperam para essa relutância na aplicação da *specific performance* nos países anglo-saxões. A primeira, de ordem histórica, está associada ao fato de que, na divisão entre *equity* e *common law*, que só foi eliminada recentemente, apenas se admitiam ordens judiciais de fazer ou não fazer no sistema da *equity* (no âmbito das cortes de *common law*, o julgamento típico era de condenação do réu ao

---

do inadimplemento não impõe, por si só, a revisão judicial de seu valor (Pargendler, Mariana. Op. cit., p. 808–09).

1505. Jukier, Rosalie. Where law and pedagogy meet in the transsystemic contracts classroom. *McGill Law Journal*, v. 50, 2005, p. 802 e 806-807; Farnsworth, Allan. Op. cit., p. 1150.

1506. Na concepção clássica da *common law*, a indenização não seria solução "adequada" – pressuposto para o cabimento da execução específica – apenas em situações em que nada menos do que a entrega da coisa contratada em si poderia satisfazer integralmente a parte inocente. Era o que se observava na compra e venda de bens infungíveis, como imóveis ou obras de arte, para os quais a indenização não fosse capaz de propiciar a aquisição de um substituto perfeito no mercado. Fora desse âmbito muito restrito, limitado às obrigações de dar (a execução específica de obrigações de fazer não era sequer cogitada), a *specific performance* não podia ser admitida. Nessa linha, a demonstrar a prioridade absoluta do remédio indenizatório, Oliver Wendell Holmes Jr., Juiz da Suprema Corte dos Estados Unidos entre 1902 e 1932, no artigo "*The Path of the Law*", publicado originariamente em 1897, afirmava categoricamente: "O dever de cumprir um contrato na *common law* equivale à previsão de que você deve pagar perdas e danos se não o cumprir – e nada mais." (Holmes Jr., Oliver W.. The path of the law. *Harvard Law Review*, n. 110, 1997, p. 996).

Nas últimas décadas, contudo, a resistência à *specific performance* afrouxou-se um pouco (movimento observado, deve-se ressaltar, mais nos Estados Unidos do que na Inglaterra). No *Uniform Commercial Code* – que, embora originariamente elaborado por doutrinadores vinculados a entidades privadas, foi depois incorporado como lei pela grande maioria dos Estados Americanos – percebe-se uma abertura maior para a execução específica na *Section 2-716*, que dispõe:

§2-716. *Buyer's Right to Specific Performance or Replevion*

(1) Specific performance may be decreed where the goods are unique or in other proper circumstances. (Disponível em: https://www.law.cornell.edu/ucc/2/2-716. Acesso em: 24 fev. 2019).

Todavia, os comentários feitos a essa disposição pelos seus próprios autores advertem que, embora ela objetive instaurar uma visão mais "liberal" em relação ao cabimento da execução específica, com ela não se alteram (1) nem a política geral da *common law* do remédio indenizatório como via preferencial, (2) nem a discricionariedade das Cortes quanto à decisão de fixar ou não *injuctions* em casos de inadimplemento contratual. Em contrapartida, os mesmos comentários assentam que a infungibilidade (*uniqueness*) não é mais o único fundamento para a execução específica (dado o permissivo geral que se encontra ao final – "*or in other proper circumstances*"), sendo que a incapacidade prática de a parte encontrar um substituto automático *viável* no mercado (pela ausência, por exemplo de outros fornecedores aptos, considerando fatores como distância, tempo, número reduzido de agentes participantes do mercado etc.), quando demonstrada, encaixa-se nesse fundamento residual ("*in other proper circumstances*"). Interessante observar, por fim, que, ainda que as partes estipulem expressamente no contrato a possibilidade de execução específica, compreende-se que o emprego desta via continua sendo uma prerrogativa discricionária da Corte. Acerca do assunto, vide: Schmitt, Michael A.; Pasterczyk, Michael. Specific performance under the uniform commercial code – will liberalism prevail? *DePaul Law Review*, n. 26, 1976, p. 54-77; Pargendler, Mariana. Op. cit., 806-807; Araújo, Ferando. Op. cit., p. 808-809; Jukier, Rosalie. Op. cit., p. 807.

pagamento de uma soma em dinheiro).[1507-1508] A segunda é a visão preponderante, nesses países, de que indenizações seriam remédios superiores porque colocariam um ponto final na relação entre as partes, enquanto a execução específica prolongaria relacionamentos contratuais já desgastados (a chamada *divorce mentality*).[1509] A terceira é a visão também disseminada nos países de *common law* de que a execução específica, em determinadas circunstâncias, pode ser excessivamente gravosa para o devedor e vantajosa para o credor, notadamente quando seu custo para o devedor excede o valor dos *expectation damages* sofridos pelo credor.[1510]

Este último aspecto desnuda um ponto interessante: *expectation damages* e *specific performance* podem ter efeitos econômicos muito diferentes entre si, a demonstrar a importância da decisão política de admitir-se ou não a execução específica como alternativa em favor do credor.

Segundo Eric A. Posner, os *expectation damages* acabam sendo insuficientes para incentivar o adimplemento nas hipóteses em que os ganhos do devedor com a quebra do contrato (que abrangem tanto o que deixou de gastar para cumprir a obrigação original, como também o que eventualmente obterá de lucro em outro negócio) excedem o benefício estimado do negócio para o credor (isto é, o *benefit of the bargain*, que é a própria medida dos *expectation damages* e, portanto, da indenização a ser pega).[1511] Esta é a base, inclusive, da teoria do *inadimplemento eficiente* (*efficient breach*), segundo a qual o inadimplemento em tais condições – ganho do devedor com a quebra do contrato supera o valor dos *expectation damages* a serem pagos ao credor – é a solução que maximiza a utilidade social, constituindo uma "melhoria de Pareto", por ser neutra para a parte inocente (que tem seu prejuízo integralmente internalizado pelos *expectation damages*) e vantajosa para o devedor (quando comparada à obrigatoriedade de cumprir o pactuado). Justamente por ser supostamente a solução mais eficiente, o inadimplemento do contrato, para os adeptos dessa doutrina, deveria ser permitido e até mesmo encorajado em tais circunstâncias.[1512-1513]

1507. Farnsworth, Allan. Op. cit., p. 1150-1152.
1508. A discricionariedade na concessão ou não da medida de *specific performance* também tem uma explicação histórica na *equity*: como o Chanceler, nos tribunais de *equity*, deveria agir segundo sua "consciência", ele podia negar ou conceder as ordens com base em considerações de "justiça", "moralidade", "conveniência" etc. (Farnsworth, Allan. Op. cit., p. 1155).
1509. Jukier, Rosalie. Op. cit., p. 807.
1510. Ibidem, p. 805.
1511. Posner, Eric A. Economic analysis of contract law after three decades: success or failure? *The Yale Law Journal*, v. 112, n. 4, 2003, p. 834.
1512. Sztajn, Rachel. Notas de análise econômica: responsabilidade civil e contratos. *Revista de Direito Mercantil, Industrial, Econômico e Financeiro*, v. 111, 1998, p. 25; Stone, Rebecca. Economic analysis of contract law from the internal point of view. *Columbia Law Review*, v. 116, n. 8, 2016, p. 2027-2028; Friedmann, Daniel. The efficient breach fallacy. *The Journal of Legal Studies*, v. 18, n. 1, 1989, p. 2-3.
1513. Evidentemente, a doutrina do inadimplemento eficiente também recebe severas críticas, sendo a mais óbvia a de que ela dá carta branca para a parte violar o contrato, desde que esteja disposta a arcar com a indenização decorrente, desprezando os reflexos que tal prática pode ter a longo prazo, se largamente di-

A admissibilidade da execução específica como opção do credor altera todo esse quadro: em tal hipótese, ainda que os custos de cumprimento para o devedor excedam os benefícios estimados do negócio para o credor, este poderá exigir exatamente o que foi pactuado.[1514] Com isso, quebra-se a possibilidade do inadimplemento eficiente.[1515]

Efeito semelhante, aliás, também poderia advir de uma *penalty clause* que pré-fixasse a indenização em valor muito superior aos danos que podem advir do inadimplemento, o que incentivaria o devedor a cumprir o contrato a qualquer custo, mesmo quando isso não se mostrasse eficiente. Tal como ocorre em relação à execução específica, a teoria do inadimplemento eficiente também serviu para explicar a hostilidade da *common law* para com as *penalty clauses* (admitindo como válidas apenas as *liquidated damages clauses*, conforme nota 1504 acima).[1516]

Para Allan Farnsworth, a execução específica deveria ser sempre a via preferível, porque mais apta a efetivamente colocar o credor na posição em que ele estaria se o contrato tivesse sido devidamente cumprido, enquanto os *expectation damages* são apenas um substituto, uma tentativa de aproximar-se do mesmo resultado.[1517]

No fim das contas, conclui-se, a opção está entre [i] privilegiar-se a posição do *credor*, conferindo-lhe o direito subjetivo de optar pelo cumprimento específico do contrato, ou, ao invés, [ii] privilegiar-se a posição do *devedor*, reconhecendo sua "faculdade" de inadimplir o contrato quando isso se mostrar eficiente (vale dizer, quando os seus ganhos com a quebra excederem os *expectation damages*).[1518]

---

fundida, em matéria de certeza e estabilidade das relações contratuais. Além disso, os adeptos dessa teoria se esquecem, segundo Daniel Friedmann, de que o remédio dos *expectation damages* é apenas um substituto do verdadeiro direito da parte, que é o de receber a prestação pactuada (Op. cit., p. 1). No fundo, como se percebe, a divergência essencial se dá entre uma visão estritamente "utilitarista" do contrato, que privilegia a eficiência destinando os bens aos agentes que mais os valorizam (e que, por isso mesmo, encoraja o inadimplemento dito eficiente) e uma visão mais "deontologista" do contrato, que procura enfatizar a honorabilidade ética do cumprimento das obrigações tal como estas foram pactuadas e o impacto disso para a sociedade a longo prazo, em termos de segurança jurídica (que, por isso mesmo, tende [i] a autorizar a execução específica e [ii] rejeitar a doutrina do inadimplemento eficiente) (Araújo, Fernando. Op. cit., p. 736).

1514. Stone, Rebecca. Op. cit., p. 2027-2028.
1515. Fernando Araújo observa que, mais do que inviabilizar o inadimplemento eficiente, a admissibilidade da execução específica também possibilita que o credor haja com oportunismo, por meio de ameaças de recorrer a essa arma quando o cumprimento for muito mais oneroso para o devedor do que o seria a indenização pecuniária. Tais circunstâncias podem forçar o devedor a renegociar o contrato, em favor do credor, por existir, nas palavras do autor português, "um intervalo de bem-estar que habilita a captura através da renegociação". Não que isso seja necessariamente censurável, visto que o credor tenta obter do devedor, desta forma, apenas a captura de parte dos ganhos que o devedor teria se lhe fosse autorizado pelo ordenamento o descumprimento do contrato em situações de inadimplemento eficiente (Araújo, Fernando. Op. cit., p. 809).
1516. Pargendler, Mariana. Op. cit., p. 809.
1517. Farnsworth, Allan. Op. cit., p. 1150.
1518. Jukier, Rosalie. Op. cit., p. 806-808.

7.2.2 Vantagens da exceptio, enquanto forma de autotutela (self-help remedy)

Em termos processuais, a exceção de contrato não cumprido é uma defesa, que, no Direito brasileiro, pode ser manifestada em contestação, na forma do art. 350 do CPC/2015,[1519] ou em embargos à execução (art. 917, I, cc art. 787, ambos do CPC/2015).[1520] No entanto, a *exceptio* também pode ser empregada extrajudicialmente, como forma de *autotutela*, seja para evitar maiores prejuízos daquele que é cobrado indevidamente antes da parte contrária cumprir a sua obrigação,[1521] seja como meio de induzir a parte contrária a prestar.[1522]

Adam B. Badawi define os instrumentos de autotutela (*self-help remedies*) como condutas legalmente autorizadas que os indivíduos podem empreender, sem a assistência de tribunais ou outros órgãos governamentais, para prevenir ou remediar um ilícito.[1523] Para Mark P. Gergen, o principal instrumento de autotutela no âmbito do Direito Contratual é justamente a faculdade do credor de, em face do inadimplemento da parte contrária, recusar-se a cumprir sua obrigação.[1524] Trata-se de forma de autotutela amplamente admitida pelos ordenamentos, na medida em que, por não envolver condutas como retenção de bens alheios ou retomada de bens em poder de terceiros, traz baixo risco de gerar violência entre as partes.[1525]

A *exceptio non adimpleti contractus* não garante à parte inocente o benefício que ela obteria com o cumprimento do contrato (como em tese fazem os *expectation damages* e a *specific performance*), também não consegue restabelecer a posição patrimonial da parte inocente anterior à celebração do contrato, nem é capaz de despojar a parte inadimplente dos ganhos que ela pode ter obtido com a quebra (*disgorgement*).[1526] Todavia, tal forma de autotutela tem outras vantagens, que passaremos a explorar agora.

a) Incentivo a prestar

A *exceptio*, sem recorrer ao custoso sistema de tribunais, fornece forte incentivo ao cumprimento dos contratos, por privar o real ou potencial violador da

---

1519. Art. 350. Se o réu alegar fato impeditivo, modificativo ou extintivo do direito do autor, este será ouvido no prazo de 15 (quinze) dias, permitindo-lhe o juiz a produção de prova.
1520. Art. 787. Se o devedor não for obrigado a satisfazer sua prestação senão mediante a contraprestação do credor, este deverá provar que a adimpliu ao requerer a execução, sob pena de extinção do processo.
[...]
Art. 917. Nos embargos à execução, o executado poderá alegar: I – inexequibilidade do título ou inexigibilidade da obrigação;
1521. Zamir, Eyal. The missing interest: restoration of the contractual equivalence. *Virginia Law Review*, v. 93, 2007, p. 85.
1522. Karton, Joshua. Contract law in international commercial arbitration: the case of suspension of performance. *International and Comparative Law Quarterly*, v. 58, n. 4, 2009, p. 868.
1523. Badawi, Adam B. Op. cit., p. 7.
1524. Gergen, Mark P., Op. cit., p. 1398.
1525. Badawi, Adam B. Op. cit., p. 39.
1526. Zamir, Eyal. Op. cit., p. 86.

vantagem máxima que ele poderia obter por meio do negócio (que seria a de não prestar, mas receber na íntegra a contraprestação). Afinal, existindo a *exceptio*, não há razão para a parte inocente prestar sem receber, antes ou simultaneamente, a contraprestação. Nessas condições, ou as partes "travam" a execução do contrato (nem "A", nem "B" cumprem suas obrigações) – o que a princípio não interessaria a ninguém, pois, presumivelmente, as partes só se vincularam porque ambas teriam vislumbrado um incremento de utilidade no contrato – ou cumprem ambas suas obrigações justamente para receberem esse incremento (o *"benefit of the bargain"*). Como afirma Eyal Zamir, "partindo da premissa de que em todo contrato cada parte atribui mais valor ao que ela tem direito de receber do que ao que ela tem de prestar à parte contrária, bem como que o cumprimento por cada parte é uma condição para a exigibilidade da respectiva contraprestação, a relação de dependência cronológica entre as obrigações é fonte de incentivos internos à execução do contrato na forma como ele foi pactuado."[1527]

Em sendo assim, a *exceptio* acaba servindo de estímulo ao cumprimento mútuo das obrigações, por incentivar o potencial violador a buscar pelo menos o *surplus* que advém da prestação da parte contrária, o qual não poderá obter se também não se desincumbir de sua obrigação.[1528]

E mais: trata-se de um estímulo a cumprir o contrato *na forma originalmente pactuada* (superando, nesse ponto, os *expectation damages*, que consistem em uma substituição da obrigação inicialmente desejada pelas partes por uma indenização), sem precisar recorrer ao *custoso sistema de tribunais* (superando, nesse ponto, a *specific performance*).[1529]

b) Preservação do equilíbrio contratual: mitigando prejuízos e mantendo a equivalência temporal do cumprimento das obrigações

Para o contraente inocente, utilizar a *exceptio* tem algumas vantagens sobre a alternativa de cumprir sua prestação e pleitear, na sequência, a resolução do contrato com perdas e danos ou o cumprimento específico da contraprestação.

Primeiro, o emprego da *exceptio*, embora não garanta o lucro da operação, tem o efeito de *mitigar as perdas* do contraente inocente, pois ao menos este não poderá ser obrigado a prestar em favor da parte contrária enquanto não lhe for oferecida a contrapartida.[1530] Cumprir a prestação para, na sequência, pleitear perdas e danos

---

1527. No original: "[...] assuming each party values what she is entitled to receive more than what she is parting with, and that performance by each party is conditional on the counter-performance, the chronological relationship between the parties' obligations also provides built-in incentives to perform." (Zamir, Eyal. Op. cit., p. 85)
1528. Parisi, Francesco; Luppi, Barbara; Fon, Vincy. Op. cit., p. 260.
1529. Karton, Joshua D. H. Recognizing a contractual right to suspend performance. *Queen's University Legal Research Paper*, n. 2015-2018, p. 19.
1530. Fernando Araújo aborda, em sua obra "Teoria Econômica do Contrato" o problema do *endgame*, tipo de conduta oportunista que costuma ser observada perto do fim de relações contratuais de longa duração já

ou a *specific performance* traz, pelo contrário, o risco de prejuízos bem mais severos, ante a possibilidade de insolvência do devedor ou dos chamados *hazards of litigation* (situações em que a parte, mesmo tendo razão, acaba sofrendo uma derrota processual, por, v.g., não conseguir se desincumbir do ônus probatório, perder um prazo processual ou mesmo em decorrência de um *error in iudicando*).[1531]

Segundo, o emprego da *exceptio* tem o efeito de *preservar a relação cronológica entre as prestações das partes*, ainda que elas possam, como decorrência de sua utilização, serem postergadas na mesma medida. Digamos, por exemplo, que um contrato estabelecesse que ambas as obrigações deveriam ser cumpridas na data "X", tendo o devedor, porém, atrasado o seu cumprimento em 30 (trinta) dias. Se o credor fosse obrigado, mesmo em face do atraso da parte adversa, a adimplir na data "X", sem poder usar da *exceptio*, ele seria privado do *surplus* da barganha por um mês ou da possibilidade de investir o recurso em outro negócio, ao mesmo tempo em que estaria enriquecendo o contratante inadimplente com uma vantagem patrimonial durante esse mesmo período (vantagem patrimonial esta que, vale ressaltar, não se resume ao seu benefício da barganha, na medida em que o devedor ainda não disponibilizou a contraprestação à parte contrária).[1532] Isso equivaleria, segundo Eyal Zamir, a um ônus de financiar a parte inadimplente, fornecendo-lhe crédito pelo intervalo entre o cumprimento das duas obrigações.[1533]

Esse desequilíbrio temporal poderia ser devidamente remediado *a posteriori* pela fixação de uma indenização em favor da parte inocente que efetuasse o cumprimento tempestivo da obrigação, todavia, tal desequilíbrio sequer chegará a surgir se o ordenamento autorizar – e o credor se utilizar – da exceção de contrato não cumprido, que, enquanto forma de autotutela, ainda dispensa o recurso às Cortes.[1534] Mais uma vez, como se percebe, há vantagem da *exceptio* em relação às ações de danos e de cumprimento específico.

---

desgastadas. O *endgame* consiste, em resumo, no oportunismo do contratante que, contando com a exiguidade de tempo e de oportunidades de revide da contraparte, busca, em um último movimento, mediante uma alteração inesperada de conduta (configuradora muito provavelmente do chamado *venire contra factum proprium*), capturar renda da parte contrária, gerando desequilíbrios no contrato (que só poderão ser compensados em eventual ação judicial, com todos os ônus aí existentes). Pense-se, por exemplo, em um contrato de fornecimento no qual o comprador, que sempre realizou os pagamentos no momento da entrega das mercadorias, decide, como "última tacada", para maximizar seus ganhos no contrato, receber a derradeira remessa de produtos e, então, sem efetuar o respectivo pagamento, noticiar o término da relação. A exceção de contrato não cumprido pode ser utilizada, nesse contexto, como forma de frustrar o *endgame*, autorizando a parte inocente a não efetuar a última entrega enquanto não lhe for oferecido o pagamento correspectivo. Eventualmente, no entanto, poderá ser difícil para a parte inocente, induzida pela confiança gerada no decorrer da relação, perceber a alteração de conduta do agente oportunista a tempo de poder invocar a *exceptio* antes da realização da entrega. (Araújo, Fernando. Op. cit., 391).

1531. Karton, Joshua D. H. Recognizing a contractual right to suspend performance. *Queen's University Legal Research Paper*, n. 2015-018, p. 22.
1532. Ibidem, p. 20.
1533. Zamir, Eyal. Op. cit., p. 86.
1534. Karton, Joshua D. H. Recognizing a contractual right to suspend performance. *Queen's University Legal Research Paper*, n. 2015-018, p. 20.

Por meio da *exceptio*, afirma Eyal Zamir:

[...] a relação cronológica acordada entre as obrigações das partes é mantida; todavia, o cumprimento por ambas as partes fica postergado. [...] Esta suspensão permite que a parte vítima usufrua os recursos que ela teria, de outra forma, transferido à parte contrária, bem como possibilita que ela não conceda financiamento extra ao outro contratante. Nesse sentido, por exemplo, um comprador que suspenda o pagamento em resposta a um atraso na entrega da mercadoria pode, no período da suspensão, investir o dinheiro da compra em uma aplicação que lhe renda juros.[1535]

c) Economia de tempo e dinheiro

Meios de autotutela costumam ser mais baratos, rápidos e fáceis de usar do que remédios judiciais, sendo que a *exceptio non adimpleti contractus* não foge à regra.[1536]

Na hipótese em que o uso da exceção serve de estímulo suficiente ao adimplemento (item [a] acima), ou na hipótese em que seu uso "trava" o cumprimento do contrato (uma parte não cumpre enquanto a outra também não o faz, e, por alguma razão, as partes se acomodam nessa posição), tal forma de autotutela tem custo *"zero"* (ou próximo de "zero"), situação bem diferente do que se a parte inocente tivesse de recorrer ao caro sistema judicial para pleitear indenização ou o cumprimento específico das obrigações.

É verdade que essa relação custo-benefício pode posteriormente ser modificada se a parte contra quem for invocada a *exceptio* levar aos tribunais a discussão acerca da legitimidade da aplicação desse remédio no caso concreto,[1537] sob os fundamentos, por exemplo, de ofensa à boa-fé objetiva, de ausência de reciprocidade entre as obrigações[1538] ou de que o excipiente tinha, na verdade, o dever de prestar

---

1535. No original: "[...] the agreed chronological relation between the parties' obligations is maintained; yet, performance by both parties is postponed. [...] Such suspension allows the non-breaching party to enjoy the resources that she otherwise would have transferred to the other party and to avoid extending extra financing to the other party. Thus, for example, a buyer withholding payment in response to a delay in delivery may meanwhile invest the purchase money in an interest-yielding investment." (Zamir, Eyal. Op. cit., p. 86-87).
1536. Karton, Joshua D. H. Recognizing a contractual right to suspend performance. *Queen's University Legal Research Paper*, n. 2015-2018, p. 20.
1537. Taylor, Celia R. Op. cit., p. 846.
1538. Como visto no subitem 3.1.3 retro, mesmo nos contratos bilaterais perfeitos, nem todos os deveres de uma das partes estão ligados aos deveres da parte contrária pela relação de correspectividade própria do sinalagma. Entre a obrigação de pagar o aluguel, imposta ao locatário, e a obrigação principal do locador, de proporcionar o gozo da coisa ao locatário, existe indubitavelmente reciprocidade e interdependência, o que legitima o uso da *exceptio* em caso de inadimplemento dessas prestações. O mesmo não sucede, porém, por exemplo, entre um hipotético dever assumido pelo locador de realizar controle de pestes no imóvel, ou de providenciar reparos em sua estrutura, e a obrigação do locatário de restituir a coisa ao término da locação. As primeiras não são a "razão de ser" da última e vice-versa. Daí porque não pode o locatário invocar a *exceptio* para justificar a não devolução do imóvel após esgotado o prazo da locação, ainda que, até aquele momento, o locador não tenha providenciado nem o controle de pestes, nem os reparos prometidos na estrutura do bem (Theodoro Jr., Humberto. Exceção de contrato não cumprido – Aspectos materiais e processuais. *Revista Jurídica*, n. 189, 1993, p. 10-12; Antunes Varela, João de Matos. Op. cit., p. 397).

primeiro.[1539] No entanto, descartadas essas hipóteses de judicialização, ou levando em conta apenas o momento de sua invocação, o custo dessa forma de autotutela é igual ou próximo de "zero".

A exceção de contrato não cumprido não gera economia apenas para quem a invoca, mas também para a coletividade, na medida em que libera os Tribunais para outras atividades, além de demandar menos recursos para a manutenção destes.[1540]

Outra vantagem da *exceptio* é a *rapidez* de seus efeitos em comparação com os remédios judiciais. Efetuada a cobrança indevida pela parte contrária, pois desacompanhada da respectiva prestação, o contratante inocente pode de imediato, invocando a exceção, "paralisar" a pretensão adversa. Remédios judiciais como indenizações e cumprimento específico, ao inverso, envolvem sempre certo retardamento (*delay*) quanto aos resultados.[1541]

Por fim, a exceção proporciona a quem a invoca um resultado *certo*, qual seja, a "paralisação" da pretensão contrária. Remédios judiciais, por sua vez, estão sujeitos aos já mencionados *hazards of litigation* (vide item [b] acima). Como leciona Celia R. Taylor, "a autotutela é mais certa em seu resultado imediato. Uma parte que aguarda a determinação judicial de direitos e obrigações pode não ser capaz de tomar medidas de proteção antes da decisão, uma vez que o resultado do processo judicial é incerto."[1542]

7.3 CONSIDERAÇÕES FINAIS DO CAPÍTULO

É verdade que a exceção de contrato não cumprido não garante à parte inocente o benefício que ela obteria com o cumprimento normal e adequado do contrato (como, em tese, fazem a ação de resolução cumulada com perdas e danos [*expectation damages*] e o pleito de execução específica da obrigação [*specific performance*]). Todavia, essa forma de autotutela, quando examinada à luz dos postulados da Análise Econômica do Direito, apresenta algumas vantagens em relação aos remédios mencionados:

(a) A *exceptio* fornece forte estímulo ao cumprimento mútuo das obrigações, por incentivar o potencial violador a buscar pelo menos o *surplus* que

---

1539. Se as partes decidem estabelecer uma ordem cronológica para o cumprimento das obrigações, não pode o contratante que teria de prestar primeiro invocar a exceção de contrato não cumprido, caso ainda não vencida a dívida do outro contratante. Poderá, quando muito, se presentes os requisitos legais, valer-se da chamada "exceção de inseguridade", prevista no art. 477 do Código Civil, da qual tratamos no capítulo quinto (Theodoro Jr., Humberto. Op. cit., p. 18).
1540. Taylor, Celia R. Op. cit., p. 847; Karton, Joshua D. H. Recognizing a contractual right to suspend performance. *Queen's University Legal Research Paper*, n. 2015-018, p. 21.
1541. Taylor, Celia R. Op. cit., p. 846.
1542. No original: "Self-help action is more certain in its immediate result. A party waiting for judicial determination of rights and obligations may not be able to take protective action prior to decision since the outcome of the judicial process is uncertain." (Taylor, Celia R. Op. cit., p. 846).

advém da prestação da parte contrária (o chamado *benefit of the bargain*), o qual não poderá obter se também não se desincumbir de sua obrigação. Tal incentivo, deve-se observar, é no sentido do cumprimento do contrato na forma originalmente pactuada (superando, nesse ponto, os *expectation damages*, que consistem em uma substituição da obrigação inicialmente desejada pelas partes por uma indenização), sem precisar recorrer ao custoso sistema de tribunais (superando, nesse ponto, a *specific performance*);

(b) O emprego da *exceptio*, embora não garanta o lucro da operação, tem o efeito de mitigar as perdas do contratante inocente, pois ao menos este não poderá ser obrigado a prestar em favor da parte contrária enquanto não lhe for oferecida a contrapartida. Tem o efeito, ainda, de preservar a relação cronológica entre as prestações das partes, permitindo, assim, que o contratante inocente se utilize dos recursos econômicos que, sem o emprego da *exceptio*, precisaria transferir ao contratante inadimplente (o que equivaleria, na prática, a fornecer-lhe um crédito pelo intervalo entre o cumprimento das duas obrigações);

(c) Descartadas as hipóteses de judicialização, ou levando em conta apenas o momento de sua invocação, o custo da *exceptio*, enquanto forma de autotutela, é igual ou próximo de "zero". Outras vantagens do instituto são a rapidez e a certeza de seus efeitos, em comparação com os remédios judiciais.

8
EXERCÍCIO DA EXCEÇÃO DE CONTRATO NÃO CUMPRIDO EM JUÍZO. PRINCIPAIS REPERCUSSÕES NO PROCESSO CIVIL

8.1 NOÇÕES PRÉVIAS A RESPEITO DA EXCEÇÃO NO DIREITO PROCESSUAL

Na seara do processo civil, o termo *exceção* tanto pode ser empregado em sentido amplo, referindo-se a todo e qualquer tipo de defesa do demandado,[1543] quanto em sentido estrito, para designar a espécie de defesa que deve ser alegada pelo réu no momento oportuno, sob pena de não ser conhecida pelo órgão jurisdicional.[1544-1545] Tradicionalmente, a exceção, nesse sentido mais estrito, é definida em contraposição à *objeção* – matéria de defesa imune a efeitos preclusivos e suscetível de apreciação *ex officio*.[1546] No que toca à primeira modalidade de defesa, portanto, o réu tem o ônus absoluto de alegação; quanto à segunda, o ônus é relativo.[1547]

Doravante, no presente capítulo, o termo *exceção* será utilizado apenas na acepção estrita (defesa que só pode ser conhecida quando arguida pela parte).

Exceções e objeções costumam ser classificadas em: (*i*) processuais, quando pertinentes a aspectos formais da ação posta em juízo; (*ii*) ou substanciais, quando

---

1543. "Exceção, em sentido amplo, é o poder jurídico que possibilita ao réu opor-se à ação movida pelo autor. Por isso, partindo-se de uma concepção dialética do processo, o tema da exceção é rigorosamente paralelo ao da ação." (Cintra, Antonio Carlos Araújo; Grinover, Ada Pellegrini; Dinamarco, Cândido Rangel. *Teoria geral do processo*. 26. ed. São Paulo: Malheiros, 2010, p. 294-295)
1544. Dinamarco, Cândido Rangel. *Instituições de direito processual civil*: v. II. 7. ed. São Paulo: Malheiros, 2017, p. 381.
1545. A expressão também é utilizada como sinônimo do direito fundamental de defesa, constitucionalmente assegurado (art. 5º, inc. LV, da Constituição Federal de 1988). Esta, todavia, é uma aplicação abstrata e pré-processual do termo *exceção* (Didier Júnior, Fredie. *Curso de direito processual civil: Introdução ao direito processual civil, parte geral e processo de conhecimento*. 17. ed. Salvador: JusPodivm, 2015, p. 628).
1546. Para Miguel Maria de Serpa Lopes, "enquanto nas objeções, é possível uma intervenção *ex officio* do juiz tendente ao esclarecimento da prova do mérito, nas exceções tudo depende do movimento ativo do réu, e elas, de modo algum, podem ser suscitadas *ex officio* pelo juiz." (*Exceções substanciais: exceção de contrato não cumprido [exceptio non adimpleti contractus]*. Rio de Janeiro: Freitas Bastos, 1959, p. 92). Neste mesmo sentido: Medina, José Miguel Garcia; Wambier, Teresa Arruda Alvim. *Processo civil moderno, v. 1*: parte geral e processo de conhecimento. 4. ed. São Paulo: Ed. RT, 2014, p. 211.
1547. Cintra, Antonio Carlos Araújo; Grinover, Ada Pellegrini; Dinamarco, Cândido Rangel. Op. cit., p. 297.

dirigidas ao mérito da demanda.[1548] São de natureza processual, por exemplo, as exceções fundadas em incompetência relativa e convenção de arbitragem,[1549] assim como as objeções referentes a incompetência absoluta, coisa julgada, litispendência, carência de ação e impedimento do juiz.[1550] De outro lado, entre as defesas substanciais, destacam-se as objeções de pagamento e de decadência legal[1551] e as exceções de prescrição, retenção por benfeitorias e de contrato não cumprido (*exceptio non adimpleti contractus*).[1552]

Para além do critério da possibilidade ou impossibilidade de cognição de ofício, exceções e objeções substanciais teriam, segundo Otávio Luiz Rodrigues Júnior, outro ponto de forte contraste: as primeiras corresponderiam à simples contraposição de um direito, enquanto as últimas consistiriam na negação do próprio direito debatido.[1553]

Nesse sentido, Pontes de Miranda assinala que a exceção "não ataca o ato jurídico, nem o direito em si mesmo", mas apenas encobre a pretensão ou a ação a que se opõe, de forma definitiva ou temporária (exceções peremptórias e dilatórias, respectivamente).[1554-1555] Este traço peculiar do instituto também foi percebido por José Joaquim Calmon de Passos, para quem a exceção, por prestar-se somente à elisão de efeitos jurídicos, não poderia ser confundida com a objeção, esta entendida como um "fato que obsta, de modo absoluto, a concessão da tutela pretendida pelo autor e prescinde, para que isso ocorra, de qualquer manifestação do obrigado."[1556]

1548. Ferreira, William Santos. Exceção de contrato não cumprido, defesas de mérito direta e indireta, reconvenção e os princípios da concentração e eventualidade: compatibilizações materiais e processuais. In: Assis, Araken de et al. (Coord.). *Direito civil e processo: estudos em homenagem ao Professor Arruda Alvim*. São Paulo: Ed. RT. 2007, p. 546; Ferreira, Luiz Pinto. *Exceção – I*. In: França, Rubens Limongi (Coord.). *Enciclopédia Saraiva do Direito*, v. 34. São Paulo: Saraiva, 1977, p. 340.
1549. Monteiro, André Luís Quintas. O regime das exceções no direito processual civil brasileiro: de mérito e processual, direta e indireta, dilatória e peremptória, exceção e objeção. *Revista de Processo*, v. 216, 2013, p. 54.
1550. Na verdade, ressalvadas as hipóteses de incompetência relativa e pactuação de convenção de arbitragem, todas as demais matérias enumeradas no art. 337 do Código de Processo Civil (Lei 13.105/2015) podem e devem ser apreciadas de ofício, conforme determinação do §5º do mesmo dispositivo. O impedimento do juiz, por sua vez, é exemplo de objeção processual trazido pela doutrina (Dinamarco, Cândido Rangel. *Instituições de direito processual civil*: v. II. 7. ed. São Paulo: Malheiros, 2017, p. 381).
1551. Ferreira, William Santos. Op. cit., p. 547; Monteiro, André Luís Quintas. Op. cit., p. 53.
1552. Ibidem, p. 52.
1553. Rodrigues Jr., Otávio Luiz. Exceções no direito civil: um conceito em busca de um autor? In: Cunha, Leonardo Carneiro da et al. (Org.). *Prescrição e decadência*. Estudos em homenagem ao Professor Agnelo Amorim Filho. Salvador: JusPodivm, 2013, p. 413 e 416.
1554. Pontes de Miranda, Francisco Cavalcanti. *Tratado de direito privado: parte geral*. t. VI. Campinas: Bookseller, 2000, p. 30, 32 e 41.
1555. Não é outra a lição de Ruy Rosado de Aguiar Júnior: "A exceção não objeta, apenas ataca a eficácia do direito ou da pretensão, encobrindo temporária ou definitivamente a eficácia (respectivamente, a exceção de contrato não cumprido e a prescrição)." (Aguiar Jr., Ruy Rosado de. *Comentários ao novo Código Civil*, v. VI, t. II: da extinção do contrato (arts. 472 a 480). Teixeira, Sálvio de Figueiredo (Coord.). Rio de Janeiro: Forense, 2011, p. 755).
1556. Calmon de Passos, José Joaquim. *Comentários ao Código de Processo Civil, Lei 5.869 de 11 de janeiro de 1973*, v. III: arts. 270 a 331. 7. ed. Rio de Janeiro: Forense, 1994, p. 308.

A variedade de formas de atingir a relação jurídica de direito material explica, em certa medida, a classificação de alguns institutos similares em categorias diferentes de defesa. Tome-se, como exemplo, o paralelo entre decadência e prescrição. Ao contrário da decadência, a prescrição não desmantela o direito de fundo, mas afasta a sua exigibilidade,[1557] conferindo ao devedor a faculdade (ou contradireito) de não satisfazer a prestação. Daí falar-se que a prescrição é assunto para exceção, e a decadência (fato extintivo do direito), para objeção.[1558]

A doutrina nacional procura estabelecer, ainda, uma correlação entre a dicotomia exceção/objeção e a usual classificação das defesas em *direta* (simples negação dos fatos arguidos pelo autor) e *indireta* (defesa que traz fatos novos, que podem ser impeditivos, modificativos ou extintivos do direito do requerente, ou mesmo contradireitos).[1559]

Ruy Rosado de Aguiar Jr. sustenta que as objeções seriam defesas *diretas*, por se voltarem contra o próprio direito invocado pelo autor na petição inicial, enquanto as exceções seriam defesas *indiretas*, na medida em que, por meio delas, o réu atacaria apenas a eficácia do direito do autor, mediante fatos novos, de caráter impeditivo, modificativo ou extintivo.[1560]

Não parece, todavia, que esta seja a correlação adequada.

Rafael Alexandria de Oliveira, com maior acuidade processual, assevera que tanto objeções, como exceções, são defesas *indiretas*, na medida em que não representam simples negativa dos fatos constitutivos alegados pelo autor na petição inicial. Tanto objeções (*v.g.*, pagamento, decadência legal), como exceções (*v.g.*, prescrição, exceção de contrato não cumprido), são compatíveis com os fatos constitutivos do direito alegados pelo autor (*v.g.*, a celebração do contrato, o vencimento da dívida), no sentido de não negarem frontalmente a ocorrência destes, mas conduzem à cognição de circunstâncias novas, não incluídas na *causa petendi*. Todavia, distingue o autor, enquanto a objeção ficaria cingida à arguição de fatos impeditivos, modificativos ou extintivos do direito da outra parte, a exceção veicularia sempre um contradireito do excipiente (situação jurídica ativa a ele agregada).[1561]

1557. Duarte, Nestor. In: Peluso, Cezar (Coord.). *Código Civil comentado*: doutrina e jurisprudência. Barueri: Manole, 2010, p. 143.
1558. Oliveira. Rafael Alexandria de. *Aspectos processuais da exceção de contrato não cumprido*. Salvador: JusPodivm, 2012, p. 50.
1559. Dinamarco, Cândido Rangel. *Instituições de direito processual civil*: v. II. 7. ed. São Paulo: Malheiros, 2017, p. 380. José Miguel Garcia Medina e Teresa Arruda Alvim Wambier elaboram uma definição mais concisa, ensinando que "a defesa é direta quando se opõe ao fato constitutivo do direito do autor, e indireta nos demais casos" (Op. cit., p. 211).
1560. Aguiar Jr., Ruy Rosado de. *Comentários ao novo Código Civil, v. VI, t. II*: Da extinção do contrato (arts. 472 a 480). Teixeira, Sálvio de Figueiredo (Coord.). Rio de Janeiro: Forense, 2011, p. 754-755.
1561. Oliveira, Rafael Alexandria de. Delimitação conceitual de exceção substancial e distinção entre exceções e objeções substanciais. *Revista de Processo*, v. 193, mar. 2011, p. 39-40.

Na mesma linha, Fredie Didier Jr. afirma que a defesa baseada na efetivação de um contradireito, como seria o caso das exceções em geral, inclusive da *exceptio non adimpleti contractus*, "não é mera alegação de fato impeditivo ou extintivo do direito afirmado pelo autor, tampouco é uma defesa direta (nega os fatos afirmados pelo demandante ou questiona as consequências jurídicas pretendidas): trata-se de uma defesa pela qual o réu exerce um direito, uma situação jurídica ativa, cuja peculiaridade é exatamente ser exercida contra a afirmação de um *direito* feita pelo autor."[1562]

Ainda na tentativa de conformar os aspectos de direito substantivo com as implicações procedimentais da exceção e da objeção, alguns processualistas enfatizam que a diferença de postura do magistrado diante da não alegação de uma ou de outra defesa (conhecimento *ex officio*) decorre da necessidade de "justiça" da decisão.[1563] José Joaquim Calmon de Passos mostra-se partidário deste entendimento, registrando a seguinte ilustração: se o requerido, credor do requerente, deixa de noticiar eventual compensação na ação de cobrança (contradireito extintivo), o juiz não estará cometendo injustiça ao condená-lo pelo débito integral, já que, em rigor, o autor faz jus ao recebimento da dívida por inteiro, e o réu, apesar da omissão, ainda pode perseguir o seu crédito em demanda própria. O mesmo não ocorre, todavia, quando há prova do adimplemento da obrigação nos autos e o réu silencia a respeito deste ponto na defesa. Em tal cenário, ao decidir a lide *sub judice*, o juiz deve levar em conta o pagamento (fato extintivo da obrigação), independentemente de manifestação do requerido, tendo em vista que, ao revés, estaria sentenciando injustamente, atribuindo ao autor um direito que não mais lhe assiste. Por força dessa disparidade de consequências, conclui Calmon de Passos, a compensação processualmente configura uma exceção (embora não configure verdadeira exceção material, mas contradireito extintivo ou direito formativo extintivo, na linguagem ponteana),[1564] enquanto o pagamento pode ser categorizado entre as objeções.[1565]

Com efeito, é possível aplicar raciocínio semelhante à *exceptio non adimpleti contractus*, espécie de exceção substancial. Ao deixar de invocá-la tempestivamente na ação de conhecimento, o réu perde a chance de ocupar uma posição mais favorável no processo, podendo ser condenado, diante do lapso, a satisfazer a prestação

---

1562. Didier Jr., Fredie. *Curso de direito processual civil*: introdução ao direito processual civil, parte geral e processo de conhecimento. 17. ed. Salvador: JusPodivm, 2015, p. 630.
1563. A ideia foi defendida, v.g., por Enrico Tullio Liebman, com apoio no magistério de Giuseppe Chiovenda (Sica, Heitor Vitor Mendonça. *Direito de defesa e tutela jurisdicional. Estudo sobre a posição do réu no processo civil brasileiro*. 2009. Tese (Doutorado em Direito Processual) – Faculdade de Direito da Universidade de São Paulo, São Paulo, 2009, p. 126).
1564. Compensação é exceção para o Direito instrumental porque se trata de defesa que só pode ser conhecida quando arguida pela parte. Não é exceção, porém, para o Direito material, porque a compensação, mais do que encobrir ou paralisar a eficácia do direito, pretensão ou ação material do autor, tem o efeito de *extinguir*, total ou parcialmente, o direito do autor. Trata-se, conforme visto no subitem 3.1.1, de contradireito *extintivo*, enquanto as exceções são todas contradireitos *neutralizantes*.
1565. Calmon de Passos, José Joaquim. *Exceção – II*. In: França, Rubens Limongi (Coord.). Enciclopédia Saraiva do Direito, v. 34. São Paulo: Saraiva, 1977, p. 359.

cobrada pelo demandante, independentemente deste ter cumprido ou ofertado o adimplemento de sua parte no contrato.[1566] Contudo, a sentença, se assim lançada, não será "injusta" (no sentido proposto por Calmon de Passos), já que a falta de exercício processual da *exceptio* não implica renúncia ao direito material que a fundamenta[1567] e o requerido poderá, se for o caso, ajuizar ação autônoma para cobrar a contraprestação em face do autor. Como bem pontua André Luís Monteiro, justamente porque o réu pode, nas matérias relacionadas à exceção substancial, ingressar com demanda autônoma para pedir o reconhecimento ou execução de seu direito (solução *principaliter tantum*), não pode o órgão julgador conhecer da questão de ofício, pois estaria violando o princípio da inércia.[1568]

Em síntese, repassando as ideias até aqui expostas, a exceção substancial qualifica-se, no processo civil, como uma defesa que: (*i*) só pode ser apreciada mediante provocação da parte, o que a difere das objeções em geral; (*ii*) atinge o mérito da demanda, ao contrário das exceções de rito; (*iii*) é indireta, pois não refuta o fato constitutivo do direito do autor nem suas possíveis consequências jurídicas, mas permite o exercício de um contradireito pelo réu; (*iv*) encerra matéria que, caso não alegada pelo réu no momento processual oportuno, pode ser deduzida, posteriormente, em ação própria, sem prejuízos definitivos à "justiça" da relação.

Evidentemente, este conjunto de atributos não está isento de críticas.

Heitor Vitor Mendonça Sica avalia que alguns dos elementos listados, como a "justiça" do ato jurisdicional e a viabilidade de propositura de demanda apartada, carecem de precisão técnica e científica, além de não terem impacto significativo no estudo das exceções.[1569-1570] Bem assim, na atual sistemática do processo civil, a impossibilidade da cognição *ex officio* – talvez, uma das características mais lembradas e repetidas pela doutrina[1571] – parece depender mais das regras de direito positivo

---

1566. Este ponto será abordado, mais detidamente, no curso do presente capítulo.
1567. Oliveira, Rafael Alexandria de. *Aspectos processuais da exceção de contrato não cumprido*. Salvador: JusPodivm, 2012, p. 279-280.
1568. Monteiro, André Luís Quintas. Op. cit., p. 52.
1569. Sica, Heitor Vitor Mendonça. Op. cit., p. 127-128 e 141.
1570. Também não é simples a classificação das defesas em diretas e indiretas, pois, mesmo que se faça a análise em concreto à luz do direito material, dúvidas podem surgir a respeito da qualificação dos fatos como constitutivos, extintivos, modificativos e impeditivos do direito. Em alguns casos, um mesmo argumento de defesa (p. ex., invalidade do negócio jurídico) pode ser encarado como simples negação do fato constitutivo do direito do autor, por um lado, ou como fato impeditivo ou extintivo do direito, por outro (Sica, Heitor Vitor Mendonça. Op. cit., p. 135-137). Além disso, acrescente-se que, embora seja comum a diferenciação entre defesas diretas e indiretas para fins de definição do ônus subjetivo da prova – afinal, nas defesas diretas, a regra é ser do autor o ônus de provar o fato constitutivo de seu direito (art. 373, I), enquanto nas indiretas, a regra é ser do réu o ônus de provar os fatos extintivos, impeditivos ou modificativos do direito do autor (art. 373, II) –, este viés prático tem sido gradualmente mitigado, notadamente pela possibilidade de o juiz atribuir o ônus da prova de modo diverso nos casos previstos em lei ou diante de particularidades da causa (art. 373, § 1º).
1571. Confiram-se, nesse sentido, as preleções de Miguel Maria de Serpa Lopes (Op. cit., p. 92), Luiz Pinto Ferreira (Op. cit., p. 340) e José Joaquim Calmon de Passos (*Comentários ao Código de Processo Civil, Lei 5.869 de 11 de janeiro de 1973, v. III*: arts. 270 a 331. 7. ed. Rio de Janeiro: Forense, 1994, p. 308-309).

(opção legislativa) do que do conteúdo das defesas em si, o que torna, no mínimo, questionável a utilidade do conceito de exceção substancial para delimitação dos poderes do juiz.[1572]

Basta recordar, nesse sentido, o exemplo da decadência e da prescrição. Em tese, a decadência estabelecida por vontade das partes (dita convencional ou renunciável) poderia ser qualificada como objeção de mérito, já que extingue o direito a que se refere. Porém, tal defesa não está sujeita à apreciação de ofício (art. 211 do Código Civil de 2002), o que leva os processualistas a enquadrá-la como exceção.[1573] A prescrição, por sua vez, é considerada exemplo clássico de exceção peremptória, muito embora, desde o advento da Lei nº 11.280/2006, que revogou o art. 194 do Código Civil ("O juiz não pode suprir, de ofício, a alegação de prescrição, salvo se favorecer a absolutamente incapaz") e promoveu alterações no diploma processual então vigente, sua consumação deva ser pronunciada pelo magistrado mesmo sem a iniciativa do réu.

Neste contexto, mostra-se razoável a ponderação de Fredie Didier Jr. no sentido de que não haveria coincidência entre a exceção substancial, tal qual estudada pelo Direito Civil, e a exceção perfilhada nos estudos de processo. A relação entre os institutos, diz o autor, "é a mesma que se faz entre a ação processual de hoje e a *actio* romana: a partir do momento que o direito material foi desvinculado do processo, não mais se justifica baralhar os conceitos."[1574]

De todo modo, ainda que não esgotem as discussões sobre o assunto, estas breves notas introdutórias são relevantes para a compreensão de alguns aspectos processuais da *exceptio non adimpleti contractus*, uma vez que, como se verá nos itens seguintes, as regras ligadas a este tipo de defesa estão inseridas na lógica das exceções substanciais,[1575] variando conforme as peculiaridades de cada etapa do

---

1572. Sica, Heitor Vitor Mendonça. Op. cit., p. 315.
1573. Dinamarco, Cândido Rangel. *Instituições de direito processual civil*: v. II. 7. ed. São Paulo: Malheiros, 2017, p. 381; Monteiro, André Luís Quintas. Op. cit., p. 52.
1574. Didier Jr., Fredie. *Curso de direito processual civil*: introdução ao direito processual civil, parte geral e processo de conhecimento. 17. ed. Salvador: JusPodivm, 2015, p. 628.
1575. Com efeito, a exceção de contrato não cumprido apresenta, em regra, todas as características próprias das exceções substanciais, acima enumeradas (não pode ser conhecida *ex officio*; atinge o mérito da demanda; não refuta o fato constitutivo do direito do autor; caso não alegada oportunamente pelo demandado, não há prejuízo definitivo à "justiça" da relação). Nesse sentido, bem resume João Calvão da Silva: "Processualmente, o demandado a quem se exija o cumprimento tem de invocar a *exceptio*, que não é de conhecimento oficioso. Trata-se, efetivamente, de uma exceção *sensu próprio* e *stricto sensu* (*Einride*, na terminologia alemã), correspondente às *exceptiones iuris* da doutrina romanista, cuja relevância e eficácia só operam por vontade do *excipiens*, não podendo o juiz conhecer dela *ex officio*. Trata-se, ainda, de uma exceção material, porque corolário do sinalagma funcional que a funda e legitima: ao autor que exige o cumprimento opõe o demandado o princípio substantivo do cumprimento simultâneo próprio dos contratos sinalagmáticos, em que a prestação de uma das partes tem a sua causa na contraprestação da outra. Por conseguinte, o *excipiens* não nega nem limita o direito do autor ao cumprimento; apenas recusa a sua prestação enquanto não for realizada ou oferecida simultaneamente a contraprestação, prevalecendo-se do princípio da simultaneidade do cumprimento das obrigações recíprocas que servem de causa uma à outra." (*Cumprimento e sanção pecuniária compulsória*. Coimbra: Almedina, 1987, p. 334) Todavia, cabe desde já

procedimento. Por esse motivo, e também para compatibilizar a abordagem com a ordem cronológica dos atos processuais, optou-se por tratar o assunto em dois blocos: o primeiro focado no processo de conhecimento e, o segundo, no processo executivo autônomo e na fase de cumprimento de sentença.

8.2 A EXCEÇÃO DE CONTRATO NÃO CUMPRIDO NO PROCESSO DE CONHECIMENTO

8.2.1 Meio adequado de alegação

Para o rito comum de cognição, o Código de Processo Civil prevê dois principais instrumentos de resposta positiva do réu: a contestação e a reconvenção.[1576-1577]

A contestação, como se sabe, é peça de defesa por excelência, na qual o réu deve apresentar todos os argumentos que se prestem a impugnar o mérito do pedido ou a própria relação processual articulada (princípio da concentração – art. 336, CPC), sob pena de revelia.

A reconvenção, por seu turno, não é ferramenta de defesa, senão de contra-ataque,[1578] utilizada para aparelhar uma ação do réu em face do autor dentro do mesmo procedimento[1579] (ampliação objetiva e ulterior do processo). Justificada pelo princípio da economia processual, a reconvenção é permitida quando o requerido tiver pretensão conexa com a demanda principal ou com o fundamento de defesa (art. 343, *caput*, CPC), observados os requisitos da competência absoluta e da compatibilidade de ritos. Ao contrário da contestação, a reconvenção não encerra ônus processual, mas mera faculdade.[1580]

O Código de Processo Civil de 2015 não estabelece – ao menos, explicitamente – se a *exceptio non adimpleti contractus* pode ser exercida em contestação, em

---

advertir que algumas dessas características poderão sofrer mitigações, a depender de cada ordenamento adjetivo e da etapa do procedimento (no Direito Processual Civil brasileiro, por exemplo, em matéria de execução, a demonstração prévia de que o exequente já prestou ou disponibilizou sua prestação, em se tratando de contratos bilaterais, constitui pressuposto da tutela executiva, devendo ser investigada pelo juiz, inclusive de ofício [vide subitem 8.3.2, adiante]).

1576. Foram extintas as exceções rituais da norma anterior (Lei 5.869/1973), processadas em apenso (art. 299, parte final) e destinadas à arguição de incompetência relativa (art. 112), impedimento (art. 134) e suspeição (art. 135). Estas matérias, agora, são todas alegáveis no bojo da contestação.

1577. Deixa-se de mencionar as defesas inseridas em procedimentos especiais (p. ex., embargos à ação monitória – art. 702, CPC), porque, naquilo que interessa para o presente estudo, tais peças têm a mesma essência da contestação.

1578. Dinamarco, Cândido Rangel. *Instituições de direito processual civil*: v. III. 7. ed. São Paulo: Malheiros, 2017, p. 545.

1579. Medina, José Miguel Garcia; Wambier, Teresa Arruda Alvim. Op. cit., p. 221.

1580. Dinamarco, Cândido Rangel. *Instituições de direito processual civil*: v. III. 7. ed. São Paulo: Malheiros, 2017, p. 579.

reconvenção ou em ambas as formas de resposta. Cabe averiguar, portanto, cada uma destas situações.

Como destaca Ruy Rosado de Aguiar Jr., o efeito estritamente dilatório da exceção de contrato não cumprido evidencia que, por meio dela, o réu não formula nenhuma pretensão contra a parte autora.[1581] Busca, em vez disso, apenas paralisar a exigibilidade do crédito que lhe é reclamado, enquanto a contraparte não adimplir a prestação a que se obrigara.[1582] Em outras palavras, o réu procura "evitar ser atingido" pela pretensão do requerente, sem lhe desferir, contudo, um "contragolpe".[1583] Para realização deste intento, não há dúvidas, a contestação afigura-se o meio processual mais adequado, justamente por concentrar todas as posturas de resistência do réu (diretas ou indiretas, processuais ou de mérito), como descrito linhas atrás.

O direito de excepcionar, por não pressupor o exercício de uma pretensão do requerido contra o requerente, dispensa o manejo de reconvenção, segundo aponta doutrina unânime.[1584] Logo, basta que a *exceptio* se apresente na peça contestatória, sem a necessidade de reconvenção. O problema surge, porém, na situação inversa – isto é, quando o requerido-reconvinte deixa de contestar o feito ou, mesmo contestando, invoca os fundamentos fáticos da exceção de contrato não cumprido somente na peça reconvencional. Poderia a reconvenção, sem o apoio da contestação, servir às finalidades da *exceptio*?

Aqui, cabe examinar duas hipóteses distintas: (*a*) o reconvinte formula, na reconvenção, pedido em tudo equivalente à *exceptio* (de reconhecimento de seu contradireito com a consequente neutralização da pretensão inicial do autor até que a prestação devida por este seja satisfeita); (*b*) o reconvinte deduz, na reconvenção, pedido condenatório autônomo em relação à prestação que lhe é devida.

Quanto ao primeiro cenário (alínea "*a*"), parte considerável da doutrina entende que a admissibilidade do pedido reconvencional esbarra na ausência de interesse de agir.[1585]

1581. Aguiar Jr., Ruy Rosado de. *Comentários ao novo Código Civil*, v. VI, t. II: Da extinção do contrato (arts. 472 a 480). Teixeira, Sálvio de Figueiredo (Coord.). Rio de Janeiro: Forense, 2011, p. 768.
1582. Como se verá adiante, se a ação do autor estiver em termos e a *exceptio* do réu também comportar acolhimento, deve o magistrado julgar o pedido procedente e condenar o réu, com a ressalva de que a execução deste capítulo decisório estará condicionada ao cumprimento ou oferta da prestação devida pelo autor.
1583. Estas expressões são de Rafael Alexandria de Oliveira (*Aspectos processuais da exceção de contrato não cumprido*. Salvador: JusPodivm, 2012, p. 286-287).
1584. Nesse sentido: Liebman, Enrico Tullio. Exceção e reconvenção. Arguição de nulidade de contrato. *Revista Forense*, v. 120, 1948, p. 382; Theodoro Júnior, Humberto. Exceção de contrato não cumprido – Aspectos materiais e processuais. *Revista Jurídica*, v. 189, ano XLI, jul. 1993, p. 14.
1585. Interessante mencionar que o Código Civil e Comercial da Nação Argentina (Lei 26.994/2014) admite expressamente que pedido de suspensão do cumprimento da prestação decorrente do exercício da *exceptio non adimpleti contractus* seja deduzido como *ação* ou *exceção* (art. 1.031).

Com efeito, a reconvenção é uma ação do réu ajuizada em processo pendente, mas necessariamente *fora dos limites da demanda inicial*,[1586] de forma que não pode haver coincidência entre aquilo que se almeja por tal medida e aquilo que já se poderia alcançar, regularmente, no bojo da ação originária. Existe, nesse caso, empecilho quanto à necessidade da tutela jurisdicional e à adequação da via eleita, atributos embutidos no interesse de agir (condição da ação). Como ensinam Nelson Nery Júnior e Rosa Maria de Andrade Nery, "quando o réu puder obter o mesmo bem da vida pleiteado em reconvenção, por meio de simples contestação, não terá interesse processual em ajuizar reconvenção."[1587]

No que toca à *exceptio nos adimpleti contractus*, o único "bem da vida" obtenível é o encobrimento da eficácia da pretensão já exercida pelo autor, o que, como visto, pode (e deve) ser intentado em contestação. Daí, portanto, a dificuldade em se tolerar, tecnicamente, o pedido reconvencional com conteúdo de mera exceção.

Nesse sentido, Fredie Didier Jr. é categórico em afirmar que as exceções substanciais em geral, entre as quais a exceção de contrato não cumprido, devem ser alegadas sempre em contestação e não por reconvenção, devendo ser extinta, por falta de interesse de agir, eventual reconvenção ajuizada com esse objeto.[1588]

Ousamos, todavia, divergir.

Sem dúvida alguma o meio adequado para arguir a *exceptio* é mesmo a contestação. A parte que se vale da reconvenção para esse fim age certamente em *erro*, o qual não chega, contudo, a ser grosseiro, segundo pensamos, na medida em que o mecanismo de funcionamento da *exceptio*, enquanto contradireito de suspender a eficácia da pretensão do autor, passa longe de ser óbvio, ao menos para a média dos operadores do Direito.

É preciso ponderar, ao mesmo tempo, que o não conhecimento da reconvenção, nesse contexto, conduziria [i] à condenação do requerido a cumprir sua prestação quando o autor ainda não o fez, com claro risco de quebra da reciprocidade (afinal, nada garante que o autor terá condições patrimoniais de cumprir a sua obrigação em ação posterior), [ii] em benefício, além disso, de um autor que age em desconformidade com a boa-fé (na medida em que cobra a obrigação da contraparte sem ao menos disponibilizar a sua).

Como bem destaca José Roberto dos Santos Bedaque, o princípio da *fungibilidade de meios* não deve ficar limitado às hipóteses expressamente previstas em lei. Deve ser

---

1586. Dinamarco, Cândido Rangel. *Instituições de direito processual civil*: v. III. 7. ed. São Paulo: Malheiros, 2017, p. 546.
1587. Nery Júnior, Nelson; Nery, Rosa Maria Barreto Borriello de Andrade. *Comentários ao Código de Processo Civil*. São Paulo: Ed. RT, 2015, p. 950.
1588. Didier Jr., Fredie. *Curso de direito processual civil*: introdução ao direito processual civil, parte geral e processo de conhecimento. 17. ed. Salvador: JusPodivm, 2015, p. 663.

considerado, pelo contrário, um princípio geral do sistema processual, tanto quanto o da instrumentalidade das formas, de que ele constitui mera decorrência lógica.[1589]

E a decisão quanto a aplicar ou não a *fungibilidade* no caso concreto, segundo o mesmo autor, deve levar em conta justamente os seguintes fatores: [i] existência ou não de certeza quanto ao meio processual correto a ser utilizado, o que diz com a ocorrência ou não de "erro grosseiro" na hipótese; [ii] a ponderação dos interesses envolvidos (o quanto a parte que comete o erro é prejudicada por se seguir à risca a norma processual; se a outra parte, ao invés, sofre algum prejuízo por não se observar estritamente o rito correto; se o erro traz algum prejuízo aos objetivos do instrumento ou à adequada condução do processo).[1590]

Na hipótese, esses dois fatores conduzem, pelas razões já expostas, à conclusão de que o juiz deve sim conhecer da *exceptio*, ainda que equivocadamente levantada em reconvenção. O erro não é "grosseiro" e, caso não reconhecida a fungibilidade, o réu seria gravemente prejudicado, enquanto o autor, que cobra sem ter prestado, seria beneficiado.

Vale destacar, em reforço, que o Superior Tribunal de Justiça, na vigência do CPC de 1973, vinha esposando o entendimento de que a retenção por benfeitorias (defesa que, tal como a *exceptio non adimpleti contractus*, é exceção substancial dilatória)[1591] podia ser invocada pela via reconvencional, ainda que o seu meio ordinário de arguição também fosse a contestação.[1592-1593]

Quanto à segunda hipótese (alínea *b*), é certo que, na prática, os mesmos fatos que dão ensejo à exceção podem respaldar a propositura de reconvenção, se houver pretensão autônoma e os requisitos legais estiverem preenchidos. Pode o demandado, v.g., contestando ou não o feito, postular, em sede reconvencional, o recebimento da contraprestação vencida e não paga pelo autor-reconvindo, a fim de obter futuro título executivo judicial.

Todavia, é importante salientar que, se a reconvenção for utilizada apenas com o propósito ilustrado acima (condenação do autor ao cumprimento da obrigação), e a *exceptio* não for arguida em contestação (ou, se arguida, restar afastada pelo magistrado), o simples acolhimento do pedido reconvencional não possibilitará que o réu postergue o cumprimento da prestação até que o autor cumpra ou ofereça o

---

1589. Bedaque, José Roberto dos Santos. *Efetividade do processo e técnica processual*. São Paulo: Malheiros, 2006, p. 118.
1590. Bedaque, José Roberto dos Santos. Op. cit., p. 122.
1591. Serpa Lopes ressalta que as relações entre a *exceptio non adimpleti contractus* e o direito de retenção são "profundamente estreitas". Aliás, "uma época houve da história do direito em que os institutos se confundiam pela absorção da *exceptio non adimpleti contractus* no conceito de retenção e era sob essa denominação que se apresentou no Direito francês até quase ao fim do século XIX [...]" (Serpa Lopes, Miguel Maria de. Op. cit., p. 206).
1592. STJ. REsp 1036003/SP, Rel. Ministro Jorge Mussi, Quinta Turma, julgado em 26/05/2009, DJe 03 ago. 2009.
1593. É preciso ressalvar, contudo, que o CPC de 2015 dispõe agora de forma expressa que "o direito de retenção por benfeitorias deve ser exercido *na contestação*" (art. 538, § 2º).

adimplemento de sua parte. Tomando-se, como exemplo, o contrato de compra e venda de bem móvel, o réu/vendedor poderá lograr, no julgamento da reconvenção, a condenação do autor/comprador ao pagamento do preço ajustado, mas não terá, em virtude desta vitória, o direito de retardar a prestação de entrega da coisa, caso esta tenha sido determinada na ação principal.[1594]

Em suma, observa-se que, nesse último contexto, a reconvenção não substitui a *exceptio* que deixou de ser engendrada na contestação, tampouco produz os efeitos típicos dessa defesa dilatória.[1595] Rafael Alexandria de Oliveira tem razão ao inferir, diante destas circunstâncias, que a exceção e a reconvenção se destinam ao exercício de situações jurídicas distintas: "Enquanto na reconvenção se busca certificar e impor um direito de crédito, na exceção se argui esse direito de crédito como fundamento do contradireito de recusa."[1596]

Pelo exposto, o presente tópico pode ser resumido, finalmente, nas seguintes conclusões: (*i*) a contestação é o meio mais adequado para exercício de todas as defesas, incluindo a exceção de contrato não cumprido; (*ii*) é discutível o cabimento do pedido reconvencional para exercício da própria exceção, visto que, em rigor, não há interesse de agir, porém o princípio da *fungibilidade dos meios* recomenda que a exceção assim deduzida seja conhecida; (*iii*) por outro lado, se o réu tiver pretensão autônoma contra o autor (por exemplo, quanto ao recebimento da contraprestação vencida e não paga), poderá exercê-la em reconvenção, mas os efeitos desta medida não se confundirão com os da *exceptio*.

8.2.2 A exceção de contrato não cumprido como meio de defesa para ações em que se pede o cumprimento da obrigação. Incompatibilidade lógica de sua arguição em ações de resolução do contrato

Apenas se pode pensar em exercício da exceção de contrato não cumprido, no sentido técnico de exceção substancial, nas ações em que o demandante pede o **cumprimento** da obrigação, seja na sua forma específica, seja pelo equivalente.[1597]

1594. Oliveira. Rafael Alexandria de. *Aspectos processuais da exceção de contrato não cumprido*. Salvador: JusPodivm, 2012, p. 288.
1595. Quanto à impossibilidade de o juiz conhecer de ofício a *exceptio*, mesmo quando presentes os fundamentos para tanto, confira-se o subitem 8.2.3, abaixo.
1596. Oliveira. Rafael Alexandria de. *Aspectos processuais da exceção de contrato não cumprido*. Salvador: JusPodivm, 2012, p. 289. O autor se refere, especificamente, à tutela condenatória postulada em reconvenção. Nada impede, é claro, que o réu exerça a exceção de contrato não cumprido em defesa e, na reconvenção, utilize os mesmos fatos para fundamentar o pedido condenatório. A sentença, que julgará ambas as demandas (principal e reconvenção), poderá acolher a *exceptio* e condenar o autor-reconvindo ao adimplemento de sua parte, sem qualquer contradição. William Santos Ferreira menciona, contudo, situação mais peculiar, em que o requerido argui a *exceptio* em defesa, mas pede a resolução do contrato em reconvenção (tutela constitutiva negativa). Nesse caso, a resolução do contrato consiste em questão prejudicial, pois, se acolhido o pedido, não haverá necessidade de apreciação da exceção (Ferreira, William Santos. Op. cit., p. 554-555).
1597. Oliveira. Rafael Alexandria de. *Aspectos processuais da exceção de contrato não cumprido*. Salvador: JusPodivm, 2012, p. 210.

Somente nesse contexto pode o demandado recusar-se a cumprir enquanto a parte adversa também não o fizer, essência do mecanismo de funcionamento da exceção de contrato não cumprido. Em outras demandas, especialmente a de resolução do contrato, essa recusa de cumprir sequer faz sentido, pois o que o autor pretende não é o cumprimento do contrato, mas sua extinção.

Essa conclusão pode ser depreendida a partir da redação do próprio artigo 476 do Código Civil, norma que rege materialmente o contradireito em tela: "Nos contratos bilaterais, nenhum dos contratantes, antes de cumprida a sua obrigação, *pode exigir o implemento* da do outro."

Com efeito, a exceção de contrato não cumprido, arguida judicialmente, é defesa logicamente incompatível com o pleito de resolução. Enquanto exceção material dilatória, a exceção serve para suspender a eficácia de pretensões que exijam o cumprimento do contrato (e não seu desfazimento), até que o excepto preste ou ofereça o que é por ele devido (possibilidade que sequer existe se o pedido do autor é de extinção do contrato).[1598]

São frequentes na prática forense, entretanto, invocações indevidas de exceção de contrato não cumprido, ou de contrato não adequadamente cumprido, em contestações de demandas de resolução do contrato, fruto do desconhecimento do mecanismo e dos efeitos característicos do exercício dessa posição jurídica ativa.

É preciso diferenciar, no entanto, o erro de deduzir a exceção judicialmente, em contestação à ação de resolução, de duas outras condutas processuais, estas, sim, plenamente justificáveis.

A primeira delas: o requerido pode enunciar, em contestação, que a *exceptio* já foi arguida validamente em momento anterior, na esfera extrajudicial (como instrumento de autotutela), a fim de negar com isso a ocorrência de inadimplemento injustificado de sua parte (requisito para a resolução do contrato por inadimplemento).

Por essa linha de raciocínio, o requerido alega que não descumpriu o contrato, que nunca esteve em mora, haja vista que, quando cobrado extrajudicialmente, utilizou-se validamente da *exceptio*, suspendendo a exigibilidade da pretensão contrária. Se essa alegação do requerido restar confirmada, mediante a comprovação dos requisitos próprios desta forma de exceção e de seu uso admissível na hipótese (leia-se: dentro dos limites da boa-fé objetiva), a consequência será a improcedência da ação de resolução, por inexistência do requisito inadimplemento.

A alegação de exercício prévio da exceção, na seara extrajudicial, entra nesse contexto como um simples fato que nega a existência do direito do autor à resolução, conduzindo potencialmente à improcedência. Bastante diferente, portanto, do efeito

---

1598. Tudo o que foi dito e será dito neste subitem acerca de ações de resolução aplica-se, vale salientar, tanto para ações que visem a *desconstituir* o contrato com base em cláusula resolutiva tácita, como para ações que busquem *declarar* sua prévia resolução por força de cláusula resolutiva expressa.

próprio da exceção de contrato não cumprido quando arguida corretamente em face de uma pretensão de cumprimento: neste caso, ela não nega o direito do autor (pelo contrário, antes o pressupõe), mas encobre a eficácia da pretensão até que o autor também cumpra ou ofereça cumprimento, o que, processualmente, como se verá adiante, manifesta-se mediante uma sentença de "procedência condicionada" (condena-se o réu-excipiente ao cumprimento da prestação cobrada, condicionando-se, todavia, a execução da sentença ao adimplemento da contraprestação do excepto).

Uma segunda conduta processual, semelhante à primeira, também se mostra legítima.

Ainda que o requerido não tenha invocado a exceção de contrato não cumprido como autotutela antes do ajuizamento da demanda, pode, em contestação à ação de resolução, alegar que apenas não cumpriu tempestivamente sua obrigação porque o autor também não o fez, buscando, da mesma forma, descaracterizar a mora e o inadimplemento de sua parte.

Não se trata, mais uma vez, de invocação da exceção substancial propriamente dita, com seus efeitos característicos, mas de uma *justificação do inadimplemento* que, se acolhida, impede a resolução do contrato. Diferente das pretensões de cumprimento, que são exigíveis ainda que o próprio titular não tenha contraprestado (cabendo, aí, ao outro figurante excepcionar para suspender a eficácia delas), o direito de resolução pressupõe inadimplemento injustificado da parte adversa, daí porque o princípio da simultaneidade das prestações pode ser conhecido como mero fato, independentemente de qualquer exceção substancial, conduzindo à improcedência da demanda.[1599]

Como adverte Rafael Alexandria de Oliveira:

> Não podemos confundir a alegação do fato – "não cumpri a minha parte porque ele não cumpriu a dele" –, que é idêntico ao que se invoca na exceção de contrato não cumprido, com a consequência jurídica que o seu acolhimento é capaz de proporcionar: na demanda em que se pode resolução e/ou indenização fundada em descumprimento, o acolhimento pode fazer perimir o direito afirmado pelo demandante, por se tratar, o argumento de defesa, de uma *defesa peremptória*; na demanda em que se pede o cumprimento da prestação imputável ao devedor/excipiente, o acolhimento pode, no máximo, sobrestar os efeitos da pretensão manifestada, sem infirmar o direito de crédito que lhe é subjacente, por se tratar de *exceção dilatória*.[1600]

Idêntica, ainda, a linha de pensamento de Ruy Rosado de Aguiar Jr.:

> A exceção não é instrumento de negação do direito de crédito pleiteado pelo autor da ação, antes o pressupõe, mas a pretensão e a ação a ele ligadas ficam encobertas ou temporariamente paralisadas por um obstáculo levantado pelo réu na exceção. [...] No entanto, bem diferentemente

---

1599. Aguiar Jr., Ruy Rosado de. *Extinção dos contratos por incumprimento do devedor*, 2. ed. Rio de Janeiro: AIDE Editora, 2004, p. 222-223.
1600. Oliveira. Rafael Alexandria de. *Aspectos processuais da exceção de contrato não cumprido*. Salvador: JusPodivm, 2012, p. 210-211.

ocorre na ação de resolução. Alegando o incumprimento do credor, o réu não está querendo apenas encobrir, para afastar temporariamente, o direito extintivo do autor, mas negar de todo a própria existência desse direito, porque *um dos requisitos da resolução é não ser o credor inadimplente*. Logo, a alegação de incumprimento do autor não é, aqui, só exceção, é defesa que ataca o próprio direito alegado pelo autor. [...] Isso mostra nitidamente que a alegação de incumprimento do credor funciona como *exceção* na ação de adimplemento, [...] porém, não atua do mesmo modo na ação de resolução, na qual se apresenta como uma *defesa contra o próprio direito* extintivo invocado pelo credor, afastando-o definitivamente.[1601]

Assim, em arremate, pode-se concluir: o devedor pode, em contestação, mesmo numa demanda de resolução do contrato, [i] ou sustentar que já arguiu validamente a *exceptio* extrajudicialmente ou [ii] justificar, pela primeira vez, o seu incumprimento com base no incumprimento coetâneo da outra parte, de forma a, em ambas as situações, afastar a incidência da mora e do inadimplemento, e, por conseguinte, negar a existência do direito do autor à resolução. Isso não significa, contudo, que tenha aí exercido propriamente a exceção de contrato não cumprido em contestação, pois esta só é cabível nas ações em que a parte autora pede o cumprimento – específico ou pelo equivalente – de uma obrigação.

Feito este necessário excurso, adverte-se que, doravante, quando se tratar da exceção de contrato não cumprido em âmbito judicial, a referência será sempre à sua arguição no sentido técnico, como verdadeira exceção substancial, não se tratando, salvo eventual menção expressa, às situações narradas nos itens [i] e [ii] do parágrafo anterior.

8.2.3 Conhecimento de ofício e preclusão

Conforme doutrina majoritária, a *exceptio non adimpleti contractus* não admite, no processo de conhecimento, apreciação *ex officio*, de modo que, caso o requerido não apresente contestação tempestiva ou omita este ponto em defesa, a matéria estará preclusa.[1602-1603]

1601. Aguiar Jr., Ruy Rosado de. *Extinção dos contratos por incumprimento do devedor.* 2. ed. Rio de Janeiro: AIDE Editora, 2004, p. 222-223.
1602. Nesse sentido: Pontes de Miranda, Francisco Cavalcanti. *Tratado de direito privado*: parte geral. Campinas: Bookseller, 2000. t. VI. p. 12; Assis, Araken de. *Comentários ao Código Civil brasileiro*, v. 5, do direito das obrigações (arts. 421 a 578). Alvim, Arruda; Alvim, Thereza (Coord.). Rio de Janeiro: Forense, 2007, p. 680; Oliveira. Rafael Alexandria de. *Aspectos processuais da exceção de contrato não cumprido*. Salvador: JusPodivm, 2012, p. 275; Aguiar Jr., Ruy Rosado de. *Comentários ao novo Código Civil*, v. VI, t. II: da extinção do contrato (arts. 472 a 480). Teixeira, Sálvio de Figueiredo (Coord.). Rio de Janeiro: Forense, 2011, p. 818; Ferreira, William Santos. Op. cit., p. 548-549; Monteiro, André Luís Quintas. Op. cit., p. 51-52; Silva, João Calvão da. Op. cit., p. 334.
1603. Heitor Vitor Mendonça Sica assume, porém, posição minoritária: "O art. 476 do CC condiciona o surgimento do direito à prestação de um contrato bilateral por um dos contratantes ao cumprimento pelo demandante de sua própria prestação [...]. Tem-se aí um fato constitutivo do direito do autor (tanto que se reconhece ser seu o ônus da prova), cujo exame é sem qualquer dúvida passível de ser feito sem alegação do réu. A *exceptio non adimpleti contractus* não nos parece ser, enfim, verdadeira exceção." (Op. cit., 169)

Enfatizando esta ideia inicial, Araken de Assis leciona que, mesmo se houver comprovação de todos os pressupostos materiais da *exceptio* (documentos que demonstrem, por exemplo, a bilateralidade do contrato, a interdependência das prestações, o vencimento e o descumprimento da obrigação do autor), o juiz não poderá, de ofício, trazer a questão ao debate, pois o ônus de alegação integra a própria natureza do instituto.[1604]

O impedimento quanto à cognição *ex officio* advém – vale recordar – do fato de a defesa em análise corresponder a uma exceção substancial, espécie de manifestação do réu que, como visto detalhadamente no item 8.1 *supra*, não pode ser levada em consideração pelo juiz sem a provocação do interessado.

William Santos Ferreira afirma que o princípio dispositivo (atribuição das principais tarefas relacionadas à condução e à instrução do feito às partes)[1605] e o princípio da congruência (adstrição da sentença ao pedido) aplicam-se ao tratamento processual da *exceptio*, podendo, inclusive, ser qualificada como *extra petita* a sentença que acolhe a exceção de contrato não cumprido sem a prévia alegação do réu.[1606] De fato, esta conclusão parece estar em sintonia com o art. 492, *caput*, do CPC/2015, que assim determina: "É vedado ao juiz proferir decisão de natureza diversa da pedida, bem como condenar a parte em quantidade superior ou em objeto diverso do que lhe foi demandado."

Ainda na esteira dos princípios dispositivo e da congruência, é possível compreender que, caso o próprio autor noticie o exercício extrajudicial da exceção pelo réu, tal ponto comporá o objeto da *cognitio* e deverá ser ponderado no momento da sentença, mesmo que o excipiente, principal interessado na apreciação do tema, seja revel. É que, nestas circunstâncias, o juiz estará analisando simples questão de fato suscitada pela parte requerente (assim como faz, por exemplo, em relação às demais alegações da petição inicial e da réplica), o que não configura, certamente, atividade *ex officio*.[1607]

Além das regras e princípios processuais, a vedação ao conhecimento de ofício da *exceptio* também guarda origem no direito material, mais especificamente na disponibilidade do direito à satisfação simultânea das prestações.[1608] Isto é, embora o contratante possa submeter a execução de sua obrigação ao implemento da do outro, nos termos do art. 476 do Código Civil, nada obsta que ele opte, em juízo, por abrir mão desta conveniência, expressa ou tacitamente.[1609] Como bem assinala

---

1604. Assis, Araken de. *Comentários ao Código Civil brasileiro*, v. 5. do direito das obrigações (arts. 421 a 578). Alvim, Arruda; Alvim, Thereza (Coord.). Rio de Janeiro: Forense, 2007, p. 680.
1605. Didier Jr., Fredie. *Curso de direito processual civil*: introdução ao direito processual civil, parte geral e processo de conhecimento. 17. ed. Salvador: JusPodivm, 2015, p. 121.
1606. Ferreira, William Santos. Op. cit., p. 549.
1607. Oliveira. Rafael Alexandria de. *Aspectos processuais da exceção de contrato não cumprido*. Salvador: JusPodivm, 2012, p. 283.
1608. Ibidem, p. 276.
1609. Porém, note-se que, ao agir desta maneira, o contratante não está renunciando ao direito material em que se funda a *exceptio*. Se o processo for extinto sem resolução do mérito, e o autor ajuizar nova demanda, com a mesma finalidade da anterior, o réu ainda terá a opção de exercer a *exceptio* em sua nova contestação. (Ibidem, p. 279).

Ruy Rosado de Aguiar Jr., considerando que a *exceptio* está inserida no âmbito da autonomia privada das partes, é perfeitamente aceitável que o seu titular (contratante apontado como devedor) não esteja disposto a exercê-la extrajudicialmente nem a suscitá-la dentro do processo judicial, e o magistrado, em tal conjuntura, não poderá suprir a falta.[1610]

Superada a questão relativa aos poderes do juiz, cabe examinar o regime de preclusão aplicável à *exceptio*.

O art. 342 do CPC, expressão da natureza preclusiva do modelo processual brasileiro,[1611] prescreve que, depois da contestação, só é lícito ao réu deduzir novas alegações em três hipóteses: existência de direito ou fato superveniente (inciso I); possibilidade de cognição *ex officio* (inciso II); expressa disposição legal que autorize a formulação do argumento em qualquer tempo e grau de jurisdição (inciso III).

A possibilidade de apreciação *ex officio* (inciso II), como visto, já foi descartada.

Quanto à hipótese do inciso III, inexiste qualquer disposição legal que autorize a apresentação da *exceptio* em "qualquer tempo e grau de jurisdição".

Em relação à hipótese do inciso I – superveniência de fato ou direito novo – mostra-se também inviável em relação à maioria dos elementos da *exceptio*, na medida em que estes costumam ser conhecidos desde o acordo de vontades (v.g., vínculo contratual, relação de interdependência entre as obrigações).

Cabe indagar, no entanto, acerca da possibilidade de o vencimento da prestação do autor, no curso do processo, após a contestação, poder dar azo à alegação superveniente da *exceptio*, com lastro nesse inciso I.

Como já dito anteriormente, a exceção de contrato não cumprido é cabível – sendo esta a situação mais comum – quando as prestações devem ser cumpridas simultaneamente, no sistema toma-lá-dá-cá. Assim, nas dívidas desse tipo, se nenhum dos contratantes adimpliu ainda sua prestação, ambos podem se utilizar da *exceptio non adimpleti contractus* caso cobrados,[1612] e devem fazê-lo, naturalmente, em contestação, não fazendo sentido cogitar da aplicação do art. 342, I, do CPC.

Se, todavia, as partes decidem estabelecer uma ordem cronológica para o cumprimento das obrigações, não pode o contratante que teria de prestar primeiro invocar a exceção de contrato não cumprido do art. 476, *caso ainda não vencida a*

1610. Aguiar Jr., Ruy Rosado de. *Comentários ao novo Código Civil*, v. VI, t. II: da extinção do contrato (arts. 472 a 480). Teixeira, Sálvio de Figueiredo (Coord.). Rio de Janeiro: Forense, 2011, p. 818. Como afirma Pietro Trimarchi, a exceção de contrato não cumprido, por partir da premissa de que o excipiente é devedor, pode não ser facilmente conciliável com outras defesas que o réu pretenda invocar, de forma que a decisão quanto à oportunidade de valer-se ou não dela deve ser deixada ao interessado apenas (*Il contratto*: Inadempimento e rimedi. Milano: Giuffrè, 2010, p. 58).

1611. Dinamarco, Cândido Rangel. *Instituições de direito processual civil*: v. III. 7. ed. São Paulo: Malheiros, 2017, p. 557.

1612. Pontes de Miranda, Francisco Cavalcanti. *Tratado de direito privado*. Campinas: Bookseller, 2003. t. XXVI. p. 133.

dívida do outro contratante.[1613] Se, porém, o contratante que deveria cumprir em segundo lugar também incorre em mora, pelo vencimento de seu débito, a oposição da exceção de contrato não cumprido do art. 476 se torna possível *para ambas as partes*, como decorrência, segundo Pontes de Miranda, do princípio "de igual trato das dívidas vencidas".[1614] Em sendo assim, se "A" tinha de prestar no dia 10 e "B" tinha de prestar no dia 20, ambos poderão invocar a *exceptio* após o dia 20, em igualdade de condições.

A questão que surge, nesse contexto, é a seguinte: se o vencimento da obrigação do autor, que deveria prestar em segundo lugar, ocorre após o esgotamento do prazo de contestação do requerido, seria este um fato superveniente para os fins do art. 342, I, do Código de Processo Civil? A resposta deve ser positiva. Nada justifica que o requerido possa ser condenado a cumprir sua obrigação, estando o autor também inadimplente, apenas porque o vencimento da obrigação do autor deu-se após o prazo de contestação, porém antes da sentença. Afinal, vencidas ambas as obrigações, elas devem ser tratadas igualmente.

Rafael Alexandria de Oliveira também entende que o vencimento da obrigação do autor, quando posterior à contestação, pode legitimar o uso tardio da *exceptio non adimpleti contractus*. Todavia, isto só poderia ocorrer, para o mencionado autor, se o requerido, em contestação, invocou a exceção de inseguridade de que trata o art. 477 do Código Civil ("Se, depois de concluído o contrato, sobrevier a uma das partes contratantes diminuição em seu patrimônio capaz de comprometer ou tornar duvidosa a prestação pela qual se obrigou, pode a outra recusar-se à prestação que lhe incumbe, até que aquela satisfaça a que lhe compete ou dê garantia bastante de satisfazê-la"), e a inadimplência do requerente – antes, apenas um receio para o réu – se confirme no curso do processo.[1615] Entretanto, ressalta, "se o demandado não arguiu, em sua defesa, que deixara de cumprir por temer o inadimplemento futuro do demandante, decerto que não poderá, mais à frente, por óbvios motivos, justificar o seu não pagamento – que é fato pretérito – com base no não pagamento do autor – que é fato superveniente."[1616]

Com a devida vênia, tal raciocínio não se sustenta. Os requisitos da exceção de inseguridade (art. 477) são outros, como já visto no capítulo 5º, demandando, em especial, demonstração da diminuição patrimonial do excepto capaz de pôr em risco sua capacidade de prestar. Não faz sentido, assim, relacionar a possibilidade

---

1613. Theodoro Jr., Humberto. *Exceção de contrato não cumprido – Aspectos materiais e processuais*. Revista Jurídica, n. 189, 1993. t. XXVI. p. 18.
1614. Pontes de Miranda, Francisco Cavalcanti. *Tratado de direito privado*. Campinas: Bookseller, 2003. t. XXVI. p. 129. No mesmo sentido: Assis, Araken de. *Comentários ao Código Civil brasileiro, v. 5. Do direito das obrigações (arts. 421 a 578)*. Alvim, Arruda Alvim, Thereza (Coord.). Rio de Janeiro: Forense, 2007, p. 674.
1615. Oliveira, Rafael de Alexandria. *Aspectos processuais da exceção de contrato não cumprido*. Salvador: JusPodivm, 2012, p. 298–300.
1616. Ibidem, p. 300.

de invocar a exceção do art. 476 após a contestação, como fato superveniente para os fins do art. 342, I, do CPC, com a efetiva arguição da exceção de inseguridade do art. 477 do CC em contestação (o que, indiretamente, implicaria exigir, também para a exceção de contrato não cumprido, quando invocada tardiamente, a presença do requisito da diminuição patrimonial capaz de pôr em risco a capacidade de prestar).

Na verdade, tanto se o vencimento da obrigação do autor, que deveria prestar em segundo lugar, ocorre após o esgotamento do prazo de contestação do requerido (ocasião em que ao réu não era permitido arguir a *exceptio*, mas agora é), como também, na situação inversa, em que o vencimento da obrigação do requerido, que deveria prestar em segundo lugar, ocorre após o esgotamento do prazo de contestação (ocasião em que ao réu era desnecessário arguir a *exceptio*, pois bastava negar a exigibilidade da obrigação, mas agora se mostra útil ante o vencimento subsequente de seu débito), deve-se admitir a invocação tardia da *exceptio*, conforme os requisitos próprios do art. 476 do CC (e não do art. 477), como fato superveniente (art. 342, I, do CPC). Até porque, vale lembrar, como corolário desse direito das partes de invocar fatos novos (art. 342, I, do CPC), estabelece o art. 493 do mesmo diploma o dever do magistrado de tomar em consideração no momento de proferir a sentença fatos supervenientes (constitutivos, modificativos ou extintivos do direito) que possam influir no julgamento do mérito.[1617]

Esclarecidos estes aspectos, passa-se à próxima etapa do procedimento: a resposta do autor-excepto.

8.2.4 Resposta à exceção. Adimplemento substancial e exceptio

A garantia fundamental de acesso à justiça requer a observância do princípio do contraditório, segundo o qual o Estado deve assegurar às partes a ciência dos atos processuais e a oportunidade de manifestação. Esta diretriz permeia diversas passagens do Código de Processo Civil em vigor, sendo forçoso destacar, para os fins do presente estudo, o conteúdo dos artigos 9º, 10 e 350, que preveem, respectivamente, o dever geral de oitiva das partes, a proibição da decisão surpresa (i.e., incumbência do magistrado de respeitar, ele mesmo, o contraditório) e o direito de réplica do autor (resposta à contestação).

O direito de réplica do autor é conferido, *grosso modo*, na hipótese de a peça contestatória apresentar *defesa indireta*[1618] – gênero em que se insere a *exceptio non adimpleti contractus*, como ventilado no item 8.1 acima. O prazo para manifestação é de 15 (quinze) dias úteis, consoante disposição dos arts. 219 e 350 do CPC/2015.

1617. Assis, Araken de. *Comentários ao Código Civil brasileiro*, v. 5. do direito das obrigações (arts. 421 a 578). Alvim, Arruda; Alvim, Thereza (Coord.). Rio de Janeiro: Forense, 2007, p. 674.
1618. Medina, José Miguel Garcia; Wambier, Teresa Arruda Alvim. Op. cit., p. 226.

Em réplica, o autor-excepto poderá: (*i*) reconhecer a legitimidade da exceção manejada pelo réu, cumprindo ou não, desde já, o que lhe compete; (*ii*) oferecer *replicatio* em sentido estrito (uma resposta capaz de bloquear a *exceptio*, eliminando o óbice ao acolhimento da pretensão original do autor – ou, dito de outra forma, uma "exceção à exceção");[1619] (*iii*) argumentar que o contradireito do excipiente não existe ou não pode ser exercido (por faltar, por exemplo, algum de seus pressupostos fáticos).

No que tange ao quadro (*i*), caso o réu não tenha invocado outros fundamentos de defesa e o processo esteja suficientemente instruído, a ação será conduzida à fase de julgamento, proferindo-se – segundo o entendimento que será aqui adotado (vide item 8.2.6., abaixo) – sentença de *procedência* do pedido inicial, *condicionada* ou *não* (a depender de o autor ter apenas reconhecido a legitimidade da exceção ou desde já cumprido o que lhe competia, respectivamente).

Quanto ao cenário (*ii*), pode o autor oferecer outra exceção substancial à exceção de contrato não cumprido arguida pelo réu em contestação, de forma a bloquear esta e restabelecer a eficácia de seu direito,[1620] à maneira do que já se admitia no Direito Romano, conforme subitem 1.1.2 deste trabalho.

Rafael de Alexandria Oliveira fornece um exemplo de *replicatio* à exceção de contrato não cumprido. Tício e Cláudia celebram contrato de compra e venda, em que Tício se obriga a transferir para Cláudia a propriedade de um imóvel, mediante pagamento de certo preço. Acorda-se que Tício poderá permanecer na posse direta do bem até a véspera do vencimento da segunda parcela do preço. Vencida a segunda parcela, Tício ajuíza demanda contra Cláudia, dizendo que esta não pagou o valor combinado. Cláudia, por seu turno, alega que só não pagou o preço ajustado porque não recebeu, antes, a posse do imóvel adquirido (*exceptio*). Tício argumenta, então, que não cedeu a posse do bem a Cláudia porque esta ainda não o indenizou pelas benfeitorias que, após a celebração do contrato, ali realizara (*replicatio* fundada no direito de retenção).[1621]

Não nos parece que a *replicatio* incida na regra do art. 329, II, do CPC, que exige consentimento do réu para "aditar ou alterar o pedido e a causa de pedir" após a citação. Primeiro, porque não seria justo que, tendo o requerido arguido um contradireito em contestação, inovando no feito, dependa o autor de consentimento do próprio requerido para, em sua primeira manifestação subsequente, poder opor eventual exceção substancial capaz de obstar aquele contradireito. Segundo, porque a *replicatio*, enquanto exceção substancial, não encerra novo pedido, nem representa um aditamento à causa de pedir que fundamenta o pedido original (embora

---

1619. Pontes de Miranda, Francisco Cavalcanti. *Tratado de direito privado: parte geral*, t. VI. Campinas: Bookseller, 2000, p. 34.
1620. Ibidem, p. 34.
1621. Oliveira, Rafael de Alexandria. *Aspectos processuais da exceção de contrato não cumprido*. Salvador: JusPodivm, 2012, p. 304-305.

possa trazer fatos novos à lide). Basta pensar em uma *replicatio* fundada no direito de retenção, como no exemplo dado no parágrafo anterior. Justamente porque o direito de retenção não encarna pedido novo, o legislador dispôs de forma expressa que "o direito de retenção por benfeitorias deve ser exercido *na contestação*" (art. 538, §2º) e não em reconvenção. Também não representa um acréscimo à causa de pedir original (inadimplemento da obrigação de Cláudia), mas, sim, uma resposta específica ao contradireito levantado por esta em contestação (não pagou o preço a Tício, porque não recebeu a posse do imóvel na data acordada).

Quanto à resposta mencionada na descrição (*iii*) – argumentar que o contradireito do excipiente não existe ou não pode ser exercido – merece destaque aqui, entre as várias matérias oponíveis, a possibilidade de o autor-excepto, com base nos princípios da função social do contrato e da boa-fé objetiva, sustentar o adimplemento substancial de sua contraprestação (*substantial performance* do negócio jurídico), a fim de descontruir o fundamento da defesa do excipiente.

A teoria do adimplemento substancial possui, tradicionalmente, a finalidade de relativizar o direito à resolução do contrato, impedindo que o negócio seja extinto por inexecução ínfima da prestação.[1622] Nesse sentido, tem-se que, quando o cumprimento parcial da obrigação refletir "a pauta da avença, na proporção veemente das obrigações concretizadas", a fração inadimplida não poderá dar azo à extinção do contrato,[1623-1624] preservado, em todo caso, o direito ao crédito faltante.

Conforme expõe Ruy Rosado de Aguiar Jr., a despeito do correto entendimento de que os requisitos da exceção devam ser aferidos com menor rigor que os da resolução (já que aquela implica consequências menos drásticas do que esta), não há motivo para restringir a teoria do desempenho substancial às hipóteses de extinção do contrato. É prudente que o órgão jurisdicional, também na *exceptio*, avalie a gravidade do descumprimento atribuído ao demandante-excepto, verificando até que ponto a suposta inadimplência atingiu a economia do negócio firmado.[1625] Se,

---

1622. Como se depreende da jurisprudência do STJ, "[...] a teoria, sem previsão legal específica, desenvolvida como corolário dos princípios da boa-fé contratual e da função social dos contratos, preceitua a impossibilidade de o credor extinguir o contrato estabelecido entre as partes, em virtude de inadimplemento, do outro contratante/devedor, de parcela ínfima, em cotejo com a totalidade das obrigações assumidas e substancialmente quitadas." (STJ, REsp 1.622.555-MG, Rel. Min. Marco Buzzi, Rel. para acórdão Min. Marco Aurélio Bellizze, por maioria, j. em 22 fev. 2017).
1623. Alves, Jones Figueiredo. A teoria do adimplemento substancial ("substantial performance") do negócio jurídico como elemento impediente ao direito de resolução do contrato. In: Delgado, Mário Luiz; Alves, Jones Figueiredo (Coord.) *Questões controvertidas no novo Código Civil*. São Paulo: Método. 2005, p. 406.
1624. O Enunciado 361 da IV Jornada de Direito Civil do Conselho da Justiça Federal registra a seguinte orientação: "O adimplemento substancial decorre dos princípios gerais contratuais, de modo a fazer preponderar a função social do contrato e o princípio da boa-fé objetiva, balizando a aplicação do art. 475." O Enunciado 586 da VII Jornada acrescenta, por sua vez, que "para a caracterização do adimplemento substancial [...], levam-se em conta tanto aspectos quantitativos quanto qualitativos."
1625. Aguiar Jr., Ruy Rosado de. *Comentários ao novo Código Civil*, v. VI, t. II: da extinção do contrato (arts. 472 a 480). Teixeira, Sálvio de Figueiredo (Coord.). Rio de Janeiro: Forense, 2011, p. 796. Não é outra a observação de Fredie Didier Jr.: "Mas não apenas a resolução do negócio pode ser impedida pela aplicação

em determinada hipótese, o cumprimento parcial ou imperfeito da obrigação do autor atender satisfatoriamente aos objetivos contratuais, tomando-se a operação como um todo, a relutância do réu em cumprir sua própria prestação será descabida, representando a arguição da exceção verdadeiro exercício inadmissível de posição jurídica, como tratado em detalhes no subitem 3.3.2, "b.2", retro, para o qual se remete o leitor.

A advertência de Ruy Rosado de Aguiar Jr. encontra amparo na lição de outros juristas brasileiros, como Miguel Maria de Serpa Lopes[1626] e Humberto Theodoro Júnior,[1627] que sublinham a necessidade de haver proporcionalidade entre o lapso do excipiente e o inadimplemento do contratante-excepto. Outrossim, na doutrina portuguesa, António Manuel Menezes Cordeiro indica ser indevido o exercício da exceção de contrato não cumprido por uma "falha sem relevo de nota na prestação da contraparte, em termos de causar, a esta, um grande prejuízo [...]."[1628]

Assim, constatando-se, no caso concreto, que o excepto tem razão em arguir a teoria do *substantial performance*, por haver satisfeito parte significativa do contrato, o juiz rejeitará a exceção do requerido e a pretensão do autor poderá ser acolhida nos moldes da peça inicial (isto é, sem ressalvas quanto à fase executiva). De outra banda, caso a tese do excepto reste afastada, não havendo outra questão que comprometa a *exceptio non adimpleti contractus*, esta irá gerar os efeitos dilatórios que lhe são próprios (item 8.2.6, abaixo).

8.2.5 Ônus da prova

No processo civil, o ônus da prova[1629] recai ordinariamente sobre aquele que tem interesse no reconhecimento de determinado fato.[1630] Logo, o ônus de provar

---

dessa teoria (repita-se: derivada da aplicação do princípio da boa-fé). Pode-se, por exemplo, cogitar da extinção da exceção substancial de contrato não cumprido (outra situação jurídica ativa): a parte não poderia negar-se a cumprir a sua prestação, se a contraprestação tiver sido substancialmente adimplida." (Didier Júnior. Fredie. Notas sobre a aplicação da teoria do adimplemento substancial no direito processual civil brasileiro. *Revista Eletrônica de Direito Processual*, v. IV, jul.-dez. 2009, p. 59. Disponível em: http://www.e-publicacoes.uerj.br/index.php/redp/article/ view/21607/15634. Acesso em: 03 jul. 2018).

1626. Serpa Lopes, Miguel Maria de. Op. cit., p. 311.
1627. Theodoro Júnior, Humberto. Exceção de contrato não cumprido – Aspectos materiais e processuais. *Revista Jurídica*, v. 189, ano XLI, jul. 1993, p. 11-13.
1628. Na obra do mestre português, esta ideia é, como visto, desenvolvida dentro do tópico dedicado ao "desequilíbrio do exercício jurídico", plano que contém o subtipo "desproporcionalidade entre a vantagem auferida pelo titular e o sacrifício imposto pelo exercício a outrem" (Menezes Cordeiro. António Manuel da Rocha e. *Da boa fé no direito civil*. 5ª reimpressão. Coimbra: Almedina, 2013, p. 857-858).
1629. *Ônus*, no sentido ora empregado, é o "vínculo imposto à vontade do sujeito em razão do seu próprio interesse" (Grau, Eros Roberto. *Nota sobre a distinção entre obrigação, dever e ônus*. Disponível em: https://www.revistas.usp.br/rfdusp/article/viewFile/66950/69560. Acesso em: 13 jul. 2018). Já a *prova* pode ser definida como o "instrumento por meio do qual se forma a convicção do juiz a respeito da ocorrência ou inocorrência dos fatos controvertidos no processo." (Cintra, Antonio Carlos Araújo; Grinover, Ada Pellegrini; Dinamarco, Cândido Rangel. Op. cit., p. 377).
1630. Cintra, Antonio Carlos Araújo; Grinover, Ada Pellegrini; Dinamarco, Cândido Rangel. Op. cit., 380.

os fundamentos da *exceptio non adimpleti contractus* deve ser atribuído, em regra, ao réu, pois ele é o maior interessado em persuadir o juiz de que o autor exige sem contraprestar, embora também vencida sua obrigação.[1631]

Segundo prevê o art. 373 do CPC, o ônus da prova incumbe: ao autor, quanto aos fatos constitutivos de seu direito (inciso I); e, ao requerido, quanto aos fatos impeditivos, modificativos ou extintivos do direito do autor (inciso II). O ônus probatório do excipiente tem respaldo no inciso II (entendendo-se a exceção, nesse caso, como fato impeditivo), mas nada obsta que seja aplicado, por analogia, o inciso I, já que os fatos opostos contra o autor também são constitutivos do direito do réu, ou melhor, de seu contradireito (*jus exceptionis*). Rafael Alexandria de Oliveira, em respaldo a esta última posição, registra que, para fins de ônus da prova, deve ser aplicada a máxima romana *reus in exceptione actor est* (ao excepcionar, o réu é autor).[1632]

O §1º do art. 373 estabelece que esta distribuição da carga probatória (incisos I e II) pode ser alterada por decisão fundamentada do juiz,[1633] nos casos autorizados pela lei ou diante de peculiaridades da causa que tornem impossível ou excessivamente difícil a obtenção da prova, ou, ainda, em virtude da maior facilidade de se demonstrar o fato contrário.

Com efeito, embora os elementos fáticos da *exceptio* devam ser comprovados, em geral, pelo réu-excipiente, pode ocorrer de, no caso concreto, alguns destes elementos serem de mais fácil demonstração (ou refutação) pelo autor-excepto, o que legitima a inversão do ônus probatório. Por exemplo: em um contrato de compra e venda de prestações simultâneas, o excipiente afirma que não pagou o preço ajustado porque o excepto não entregou a mercadoria adquirida. Como se vê, a falta de cumprimento da prestação do autor integra a fundamentação da *exceptio*, e o reconhecimento de tal circunstância só interessa ao réu-excipiente. Não obstante, em vez de impor ao requerido o ônus de provar a "ausência de entrega da coisa" (fato negativo de difícil demonstração), pode o juiz, com fulcro no art. 373, § 1º, do CPC, determinar que o excepto comprove o evento contrário (entrega regular da mercadoria), apresentando o recibo nos autos.

Há, entretanto, situações em que o § 1º do art. 373 é inaplicável, notadamente em face da ressalva do §2º (a decisão que inverte o ônus da prova "não pode gerar situação em que a desincumbência do encargo pela parte seja impossível ou excessivamente difícil"), permanecendo o réu com o ônus de provar o inadimplemento da contraparte (além, é claro, dos demais requisitos da *exceptio*). A doutrina lista as

---

1631. Assis, Araken de. Op. cit., p. 681.
1632. Oliveira, Rafael de Alexandria. *Aspectos processuais da exceção de contrato não cumprido*. Salvador: JusPodivm, 2012, p. 308.
1633. É o que se chama de "teoria da distribuição dinâmica do ônus da prova": a lei diz o que cada parte deve provar no processo, de acordo com a posição processual que ocupa (autor ou réu) e a espécie de fato controvertido (constitutivo, impeditivo, modificativo ou extintivo do direito), mas permite, ao mesmo tempo, que o magistrado altere concretamente esta divisão, se entender que há razões para tanto.

seguintes hipóteses: (a) prestação do autor consistente em obrigação de não fazer;[1634] (b) alegação de que o requerente adimpliu de maneira incompleta ou imperfeita (a chamada *exceptio non rite adimpleti contractus*);[1635] (c) alegação de que o excepto violou deveres de prestação ou de proteção oriundos da boa-fé objetiva.[1636-1637]

8.2.6 Consequências do acolhimento da exceptio: sentença de procedência ou improcedência?

Acerca do dispositivo da sentença que acolhe a *exceptio non adimpleti contractus*, há duas principais correntes.

A primeira, agasalhada por antigos julgados do Superior Tribunal de Justiça, sustenta que "a exceção de contrato não cumprido constitui defesa indireta de mérito (exceção substancial)" e, "quando acolhida, implica a improcedência do pedido, porque é uma das espécies de fato impeditivo do direito do autor, oponível como preliminar de mérito na contestação."[1638-1639] Na mesma toada, Nelson Nery Júnior e Rosa Maria B. B. de Andrade de Nery ensinam que os fatos impeditivos (categoria que engloba, na visão daqueles doutrinadores, a *exceptio*) têm a característica de obstar a procedência do pedido do autor, levando a um resultado processual adverso aos seus interesses, no todo ou em parte.[1640]

Já a segunda corrente, seguida por extenso rol de juristas,[1641] advoga que, como a *exceptio* destina-se apenas a paralisar a eficácia da pretensão do autor, sem

---

1634. Aguiar Jr., Ruy Rosado de. *Comentários ao novo Código Civil, v. VI, t. II*: da extinção do contrato (arts. 472 a 480). Teixeira, Sálvio de Figueiredo (Coord.). Rio de Janeiro: Forense, 2011, p. 805.
1635. Assis, Araken de. Op. cit., p. 683.
1636. Oliveira. Rafael Alexandria de. *Aspectos processuais da exceção de contrato não cumprido*. Salvador: JusPodivm, 2012, p. 311.
1637. Como visto no subitem 3.1.3., "a", há dois tipos de deveres originados da função nomogenética da boa-fé, enquanto fonte de integração heterônoma do negócio jurídico. No campo do *interesse à prestação*, a boa-fé gera *deveres anexos*, que atuam para otimizar o adimplemento satisfativo, fim da relação obrigacional. São deveres que não atinem ao "que" prestar, mas ao "como" prestar. Exemplos desses deveres anexos: [i] o dever de lealdade, que busca coibir comportamentos incoerentes, [ii] o dever de informar sobre as qualidades do bem e sobre os riscos do negócio e [iii] o dever de transparência que incumbe a todos os contratantes; [iv] dever de cooperação. No campo agora do *interesse de proteção*, da boa-fé exsurgem também os chamados *deveres de proteção*, cujo escopo não é preparar ou otimizar o cumprimento do contrato, mas resguardar a integridade da esfera jurídica das partes contra danos injustos que podem advir no desenrolar da relação.
1638. STJ. REsp 673.773/RN, Rel. Ministra Nancy Andrighi, Rel. p/ Acórdão Ministro Ari Pargendler, Terceira Turma, j. 15/03/2007, DJ 23/04/2007, p. 256; REsp 869.354/RS, Rel. Ministro Humberto Gomes de Barros, Rel. p/ Acórdão Ministro Ari Pargendler, Terceira Turma, julgado em 14 jun. 2007, DJ 24 set. 2007, p. 294.
1639. O art. 466-C do CPC/1973, não reproduzido pelo diploma atual (Lei 13.105/2015) corroborava essa orientação, ao prescrever que, na hipótese de "contrato que tenha por objeto a transferência da propriedade de coisa determinada, ou de outro direito, *a ação não será acolhida* se a parte que a intentou não cumprir a sua prestação, nem a oferecer, nos casos e formas legais, salvo se ainda não exigível."
1640. Nery Júnior, Nelson; Nery, Rosa Maria Barreto Borriello de Andrade. Op. cit., p. 963. Em Portugal, Luís Miguel de Andrade Mesquita afirma, na mesma linha, que a hipótese é de "mera improcedência temporária da ação", ante a paralisação passageira da pretensão do autor, não ficando este, todavia, impedido de repropor a demanda no futuro (*Reconvenção e exceção no processo civil*. Coimbra: Almedina, 2009, p. 95).
1641. Citem-se, entre outros, Pontes de Miranda (*Tratado de direito privado*. Campinas: Bookseller, 2003. t. XXVI. p. 122), Miguel Maria de Serpa Lopes (Op. cit., p. 161-162), Humberto Theodoro Jr. (*Exceção de contrato*

objetar a existência do crédito reclamado, não pode o juiz, com fulcro nessa defesa, julgar improcedente o pedido inicial. O mais adequado, argumentam esses autores, é condenar o réu-excipiente ao cumprimento da prestação cobrada, condicionando-se, todavia, a execução da sentença ao adimplemento da contraprestação do excepto.[1642] Esta é a solução adotada expressamente pelo BGB, que em seu §322, (1), dispõe que "se uma parte ajuíza ação para exigir a prestação que lhe é devida, com base em um contrato bilateral, a afirmação pela outra parte do seu direito de suspender o cumprimento até que lhe seja ofertada a contraprestação apenas tem o efeito, se acolhida, de que a última seja condenada a cumprir recíproca e simultaneamente com o autor."[1643] Tudo deve se passar, esclarece Humberto Theodoro Jr., "de forma exatamente igual à do exercício do direito de retenção de benfeitorias",[1644] que também é uma exceção substancial dilatória, cujo reconhecimento, como sabido, não conduz à improcedência da demanda, mas à mera execução condicionada do julgado (ou seja, o autor não poderá retomar a coisa enquanto não indenizar o requerido).[1645]

---

  não cumprido – Aspectos materiais e processuais. Revista Jurídica, v. 189, ano XLI, jul. 1993, p. 15-17); Ruy Rosado de Aguiar Jr. (Comentários ao novo Código Civil, v. VI, t. II: da extinção do contrato [arts. 472 a 480]. Rio de Janeiro: Forense, 2011, p. 814) e William Santos Ferreira (Op. cit., p. 550). Interessante destacar que José A. César, em monografia de 1914, já defendia essa posição: "De acordo com a prática moderna pelo menos, ela [a *exceptio*] pode determinar uma condenação condicionada, isto é, a condenação do réu mediante a prestação do autor, o que se leva a efeito pela execução simultânea." (*Sobre os efeitos dos contratos bilaterais*. Campinas: Typ. da Casa Genoud, 1914, p. 19).
  No Direito português, advogando idêntica solução: Silva, João Calvão da. Op. cit., p. 335; Vaz Serra, Adriano Paes da Silva. *Excepção de contrato não cumprido (exceptio non adimpleti contractus)*. Boletim do Ministério da Justiça (Portugal), n. 67, jun. 1957, p. 33; Fonseca, Ana Taveira da. *Da recusa de cumprimento da obrigação para a tutela do direito de crédito: em especial na exceção de não cumprimento, no direito de retenção e na compensação*. Coimbra: Almedina, 2015, p. 242.
1642. A decisão é "duplamente procedente: reconhece a existência do direito do autor (cuja exigibilidade fica, contudo, suspensa) e reconhece também a existência do contradireito do réu. As afirmações de direito feitas pelas partes, que compõem o objeto litigioso do processo, são procedentes." (Didier Júnior. Fredie. Contradireitos, objeto litigioso do processo e improcedência. *Revista de Processo*, v. 223, set. 2013, p. 93).
1643. Bürgerliches Gesetzbuch [BGB], §322, (1). Disponível em: http://www.gesetze-im-internet.de. Acesso em: 13 jul. 2018.
  Humberto Theodoro Júnior relata que, "no direito espanhol, onde o Código Civil não contempla de forma expressa regra igual à do Código alemão [...], a doutrina entende que, mesmo no silêncio da lei, a aplicação da *exceptio non adimpleti contractus* não pode, pura e simplesmente, acarretar a improcedência do pedido do autor, mas, apenas, haverá de suspender provisoriamente a exequibilidade da prestação [...]." (Theodoro Júnior, Humberto. *Exceção de contrato não cumprido – Aspectos materiais e processuais*. Revista Jurídica, v. 189, ano XLI, jul. 1993, p. 16).
1644. Ibidem, p. 16-17.
1645. Loureiro, Francisco Eduardo. In: Peluso, Cezar (Coord.). *Código Civil comentado*: doutrina e jurisprudência. Barueri, SP: Manole, 2010, p. 1.179. Fredie Didier Jr. é inclusive categórico em afirmar que essa solução – procedência da ação, condicionando-se a execução do julgado – não é exclusividade da exceção de contrato não cumprido ou da exceção de retenção, devendo ser aplicada, na verdade, a todos os contradireitos que neutralizem apenas *temporariamente* a posição jurídica ativa do autor (leia-se: a todas as exceções substanciais dilatórias). Confira-se: "No caso de decisão que acolhe contradireito que neutraliza os efeitos do direito afirmado pelo demandante, é preciso registrar que somente haverá improcedência quando se tratar de neutralização *permanente* – contradireito peremptório. [...] Se se tratar de neutralização *temporária*, o juiz não deve julgar improcedente o pedido do autor. Nesse

A razão parece estar, realmente, com a segunda posição.

Ainda que se compreenda a *exceptio* como fato impeditivo,[1646] como fazem Nelson Nery Jr. e Rosa Maria de Andrade Nery, não existe disposição legal que vincule, necessariamente, o acolhimento de fatos impeditivos à improcedência total ou parcial da demanda. Para definir o desfecho do processo nesses casos, é preciso perquirir em concreto as consequências que a defesa provoca (ou busca provocar) no fato constitutivo do direito, verificando-se, casuisticamente, se o dito "fato impeditivo" se concilia ou não com a pretensão do demandante. Se o "fato impeditivo" não nega a existência do direito do autor – antes o pressupõe, como ocorre na *exceptio* –, a solução não deve ser a improcedência da demanda. Como afirma William Santos Ferreira, "impedir um direito não é dizer que o direito não existe, mas que existe e está impedido",[1647] de modo que a sentença de procedência condicionada ao adimplemento da contraprestação do excepto mostra-se a solução mais condizente com o reconhecimento simultâneo do fato constitutivo alegado pelo autor e do fato impeditivo alegado pelo réu.[1648]

Além disso, a sentença que acolhe a exceção e julga o pedido do autor procedente confere maior efetividade ao processo, pois "resolve definitivamente o litígio

---

caso, deve o juiz acolher o pedido do autor, mas retirar-lhe temporariamente a eficácia. Haveria uma situação curiosa de dupla procedência (da ação e da defesa): autor e réu possuem os direitos que afirmam ter. Sucede que o direito do réu consiste apenas na paralisação da eficácia do direito do autor." (Contradireitos, objeto litigioso do processo e improcedência. *Revista de Processo*, v. 223, set. 2013, p. 94).

1646. Preferimos, como já consignado anteriormente, o entendimento de que se trata, na verdade, de *contradireito* (*ius exceptionis*, na linguagem de Pontes de Miranda) e não de fato impeditivo. Como observa Fredie Didier Jr., a defesa baseada em contradireito "não é mera alegação de fato impeditivo ou extintivo do direito afirmado pelo autor, tampouco é uma defesa direta (nega os fatos afirmados pelo demandante ou questiona as consequências jurídicas pretendidas): *trata-se de uma defesa pela qual o réu exerce um direito, uma situação jurídica ativa*, cuja peculiaridade é exatamente ser exercida contra a afirmação de um *direito* feita pelo autor" (Didier Jr., Fredie. *Curso de direito processual civil*: introdução ao direito processual civil, parte geral e processo de conhecimento. 17. ed. Salvador: JusPodivm, 2015, p. 630). Rafael Alexandria de Oliveira também recusa o enquadramento da *exceptio* como fato impeditivo: "Como contradireitos, as exceções substanciais constituem uma categoria eficacial. São situações jurídicas ativas que decorrem da incidência normativa sobre fatos da vida. Para que essas situações jurídicas nasçam, é necessário que sejam observados certos pressupostos de fato. Não há, pois, como dizer que as exceções substanciais são fatos, tampouco faz qualquer sentido qualificá-las como fatos impeditivos, extintivos ou modificativos. A confusão parece decorrer de antiga divisão que se fazia, ainda na Idade Média, das exceções entre *exceptiones juris* e *exceptiones facti*. Na lição de Savigny, 'las primeras responden próximamente a las verdaderas excepciones romanas; las segundas abrazan los demás medios de defensa, como, por ejemplo, el pago'. As exceções de fato – defesas em que se alegavam fatos modificativos ou extintivos – não correspondiam, segundo o autor alemão, ao que, no período formular, os romanos chamavam de *exceptio*. A *exceptio* era, segundo suas palavras, e conforme já foi visto acima, uma classe de defesa fundada em um direito independente que pertencia ao demandado." (Oliveira, Rafael de Alexandria. Delimitação conceitual de exceção substancial e distinção entre exceções e objeções substanciais. *Revista de Processo*, v. 193, mar. 2011, p. 38).

1647. Ferreira, William Santos. Op. cit., p. 550. Em sentido semelhante, Cândido Rangel Dinamarco, sem se referir à procedência ou improcedência da demanda, conceitua fatos impeditivos como circunstâncias anteriores ou simultâneas ao fato constitutivo que "lhe impedem a produção dos efeitos que ordinariamente produziria." (Dinamarco, Cândido Rangel. *Instituições de direito processual civil*: v. II. 7. ed. São Paulo: Malheiros, 2017, p. 297).

1648. Ferreira, William Santos. Op. cit., p. 549-550.

e satisfaz ambos os interesses em confronto."[1649] Afinal, enquanto pela solução de improcedência o requerente se vê instigado a ajuizar nova ação de conhecimento – cuidando, desta vez, de ofertar o cumprimento de sua obrigação nos autos ou de comprovar o prévio adimplemento, conforme o caso –, pela decisão de procedência, o caminho para satisfação do direito é abreviado, eis que a sentença valerá como título executivo contra o réu e os pontos essenciais da lide (*an debeatur, quid debeatur* etc.) estarão acobertados pela coisa julgada. Por seu turno, o requerido poderá, indiretamente, obter o bem da vida que lhe é devido, já que a satisfação da contraprestação do autor será um pressuposto (condição suspensiva) de exequibilidade do *decisum*, o que também ficará acobertado pela coisa julgada.[1650]

Tal solução, aliás, conjuga-se adequadamente com a disposição do art. 514 do CPC, referente ao cumprimento de sentença ("Quando o juiz decidir relação jurídica sujeita a condição ou termo, o cumprimento da sentença dependerá de demonstração de que se realizou a condição ou de que ocorreu o termo"), na medida em que esta norma garante que o autor não será capaz sequer de dar início à execução enquanto não satisfeita a condição suspensiva aludida.

A propósito, cabe abrir um parêntese a respeito das sentenças condicionais no processo civil brasileiro.

O parágrafo único do art. 492 do CPC/2015 prescreve que "a sentença deve ser certa, ainda que resolva relação jurídica condicional." Com base nisso, poder-se-ia pensar que a sentença que condiciona sua própria execução a evento futuro e incerto (*in casu*, o cumprimento da contraprestação pelo autor) seria juridicamente inadmissível.

Esta percepção não resiste, porém, a um olhar mais acurado.

Como ressalta José Carlos Barbosa Moreira, o que a lei efetivamente proíbe é a condenação que, como tal, se subordine à verificação de um fato futuro e incerto, mantendo as partes em estado de absoluta insegurança quanto ao direito *sub judi-*

1649. Aguiar Jr., Ruy Rosado de. *Comentários ao novo Código Civil*, v. VI, t. II: da extinção do contrato (arts. 472 a 480). Teixeira, Sálvio de Figueiredo (Coord.). Rio de Janeiro: Forense, 2011, p. 815; Vaz Serra, Adriano Paes da Silva. Op. cit., p. 33-34.

1650. O réu, ao invocar a exceção de contrato não cumprido na contestação, "acrescenta ao processo a afirmação de um direito que comporá o objeto litigioso da decisão." Logo, "a decisão do juiz sobre a afirmação do contradireito, por se tratar de decisão sobre o mérito da causa, torna-se indiscutível pela coisa julgada material." (Didier Júnior. Fredie. Contradireitos, objeto litigioso do processo e improcedência. *Revista de Processo*, v. 223, set. 2013, p. 91)

José A. Cesar, em monografia de 1914, já destacava pioneiramente tais aspectos práticos, ligados à instrumentalidade e à efetividade processual: "Se, durante a lide, as duas partes alegaram e provaram suficientemente todos os fatos de que resulta a relação de direito em sua totalidade, para que julgar improcedente a ação e obrigar o autor a propor outra, em que pedisse o cumprimento do contrato mediante a oferta da prestação que ele deve? Seria um inútil dispêndio de trabalho. Por outro lado, o juiz não pode condenar nenhum dos contraentes a prestar antes do outro, porque isto seria contrariar a lei geral dos contratos bilaterais. De sorte que só lhe resta, no caso em que a *exceptio* é procedente, pronunciar a condenação do réu sob a condição da prestação coetânea do autor. É o que prescreve o §322 do BGB." (Op. cit., p. 40).

ce.[1651] O autor traz um exemplo intencionalmente caricatural desta situação: "O juiz, na conclusão, diz: 'Condeno o réu, se o Brasil vencer o Uruguai na próxima partida de futebol'."[1652] Agora, se a própria relação de direito material foi posta sob condição, "em negócio celebrado entre as partes, não é dado ao órgão judicial deixar de levar em consideração a cláusula, para proferir condenação suscetível de executar-se independentemente do acontecimento indicado."[1653] Ao observar o elemento condicional pactuado, a sentença condenatória, arremata Barbosa Moreira, "nada perde em certeza; o efeito executivo é que vai depender da ocorrência do evento. [...] O juiz não dirá: 'Condeno o réu, se tal fato suceder', mas, sim, 'Condeno o réu, com execução subordinada à realização de tal fato'."[1654] É justamente isso que ocorre com a sentença que julga procedente o pedido, mas reconhece o contradireito relacionado à *exceptio*.[1655]

De modo semelhante, Cândido Rangel Dinamarco diferencia as "sentenças em si mesmas condicionais" daquelas que expressam "condenação para o futuro": as primeiras são vedadas pelo CPC, ao passo que as últimas são permitidas. Exemplo de "condenação para o futuro", segundo o autor, é a que se reporta a um "direito existente, mas inexigível", exatamente como sucede na exceção de contrato não cumprido.[1656]

Por derradeiro, fixada a premissa de que o acolhimento da *exceptio* leva à sentença de procedência (com execução condicionada), convém analisar a questão atinente ao ônus da sucumbência. Como pondera Humberto Theodoro Jr., acolhida a defesa dilatória do réu, "a vitória processual é dele, e o autor, vencido, terá de suportar os encargos de custas e honorários advocatícios", ainda que a demanda tenha sido julgada procedente.[1657] Rafael de Alexandria Oliveira chega a esta mesma conclusão, expondo, contudo, um leque de possibilidades: (*a*) se o requerido

---

1651. Barbosa Moreira, José Carlos. Execução sujeita a condição ou a termo no processo civil brasileiro. In: *Temas de direito processual*: sétima série. São Paulo: Saraiva, 2001, p. 113. Barbosa Moreira tem por base a redação do art. 460, parágrafo único, do CPC/1973 ("A sentença deve ser certa, ainda quando decida relação jurídica condicional"), que foi praticamente repetida pelo art. 492, parágrafo único, do CPC/2015. A troca do termo "sentença" (CPC/1973) por "decisão" (CPC/2015) não modifica a interpretação dada pelo aludido autor.
1652. Barbosa Moreira, José Carlos. Op. cit., p. 113.
1653. Barbosa Moreira, José Carlos. Op. cit., p. 113.
1654. Ibidem.
1655. Rafael Alexandria de Oliveira destaca que, por vezes, a própria lei processual prevê decisões com efeitos condicionados a evento futuro e incerto. Exemplo interessante é a condenação da parte beneficiária de gratuidade processual nas verbas de sucumbência. Estas verbas somente serão *exigíveis se*, "nos 5 (cinco) anos subsequentes ao trânsito em julgado da decisão que as certificou, o credor demonstrar que deixou de existir a situação de insuficiência de recursos que justificou a concessão de gratuidade, extinguindo-se, passado esse prazo, tais obrigações do beneficiário" (art. 98, § 3°, CPC/2015) (*Aspectos processuais da exceção de contrato não cumprido*. Salvador: JusPodivm, 2012, p. 326).
1656. Dinamarco, Cândido Rangel. *Instituições de direito processual civil*: v. III. 7. ed. São Paulo: Malheiros, 2017, p. 288-289.
1657. Theodoro Júnior, Humberto. Exceção de contrato não cumprido – Aspectos materiais e processuais. *Revista Jurídica*, v. 189, ano XLI, jul. 1993, p. 20.

alega a exceção e o autor reconhece os fundamentos de defesa, o juiz condenará o autor na sucumbência, em vista do princípio da causalidade; (b) se, por outro lado, o autor-excepto refuta a exceção e o juiz não a acolhe, o ônus sucumbencial será imputado ao réu; (c) finalmente, se o autor-excepto opõe-se à exceção, mas o juiz a acolhe, a responsabilidade será do autor.[1658]

8.3 A EXCEÇÃO DE CONTRATO NÃO CUMPRIDO NO PROCESSO DE EXECUÇÃO E NA FASE DE CUMPRIMENTO DE SENTENÇA

8.3.1 Meios adequados de alegação

Execução, em linhas gerais, é o conjunto de atos materiais colocados à disposição do juízo, com o objetivo de viabilizar a satisfação de um direito.[1659] Este conjunto de atos pode: (i) desencadear a etapa seguinte à fase de conhecimento (ação sincrética); (ii) ou dar ensejo a novo vínculo processual, sem fase de conhecimento anterior. No primeiro caso, a execução se baseia em título executivo judicial (art. 515, incisos I a IX, do CPC) e obedece ao rito previsto para cumprimento de sentença ou decisão.[1660] No segundo, há um processo de execução autônomo e o título que alicerça a ação é de origem extrajudicial (art. 784, incisos I a XII, do CPC).

No processo autônomo de execução, a resistência do devedor se instrumentaliza pelos *embargos à execução*, que têm natureza de ação incidental, com distribuição por dependência e autuação em apartado (art. 914, § 1º, CPC).

Por meio dos embargos, o executado pode alegar a "inexequibilidade do título ou inexigibilidade da obrigação", bem como "qualquer matéria que lhe seria lícito deduzir como defesa em processo de conhecimento" (art. 917, incisos I e VI, CPC), situações que incluem, sem sombra de dúvida, a exceção de contrato não cumprido.[1661] A lei processual estabelece, ainda, que, quando o credor exige o adimplemento da obrigação do executado, mas deixa de cumprir a parte que lhe compete (cenário típico da *exceptio*), a hipótese é de "excesso de execução" (art. 917, § 2º, inciso IV, CPC), de forma que os embargos também seriam cabíveis com espeque nesse fundamento (art. 917, inciso III, primeira parte).

1658. Oliveira. Rafael Alexandria de. *Aspectos processuais da exceção de contrato não cumprido*. Salvador: JusPodivm, 2012, p. 344-346.
1659. Neves, Daniel Amorim Assumpção. *Manual de direito processual civil*. 8. ed., Salvador: JusPodivm, 2016, p. 965.
1660. O STJ já decidiu, pelo rito dos recursos repetitivos, que "a execução da sentença arbitral condenatória de obrigação de pagar quantia certa observa o mesmo procedimento previsto para as sentenças civis de idêntico conteúdo, qual seja o regime previsto nos arts. 475-J a 475-R do CPC" (arts. 523 a 527 do CPC/2015). (STJ. REsp 1102460/RJ, Rel. Ministro Marco Buzzi, Corte Especial, j. 17 jun. 2015, DJe 23 set. 2015).
1661. Aguiar Jr., Ruy Rosado de. *Comentários ao novo Código Civil*, v. VI, t. II: da extinção do contrato (arts. 472 a 480). Teixeira, Sálvio de Figueiredo (Coord.). Rio de Janeiro: Forense, 2011, p. 821; Dinamarco, Cândido Rangel. *Instituições de direito processual civil*: v. IV. 3. ed. São Paulo: Malheiros, 2009, p. 188.

Já na fase de cumprimento de sentença (execução de título judicial), a defesa do devedor recebe o nome de *impugnação* e deve ser apresentada nos mesmos autos, conforme dispõe o art. 525, *caput*, do CPC.[1662]

O impugnante pode arguir, entre outras matérias, a "inexequibilidade do título ou inexigibilidade da obrigação" e o "excesso de execução" (art. 525, § 1º, incisos III e V), fundamentos que, tal como observado em relação aos embargos, compreendem a exceção de contrato não cumprido. Aqui, no entanto, há um detalhe importante: a eficácia preclusiva do julgado impede que a parte alegue, na fase de execução, novas questões referentes ao processo de conhecimento (art. 508, CPC/2015),[1663] como a mora do devedor e o conteúdo da obrigação. Logo, na impugnação ao cumprimento de sentença, o devedor somente poderá arguir a *exceptio* se o título judicial já houver lhe conferido expressamente este direito, nos moldes sugeridos no subitem 8.2.6 *supra*. Não poderá o executado, portanto, rediscutir a matéria, tampouco trazê-la de forma inédita ao processo.[1664]

A diferença entre o tratamento legal dos embargos e o da impugnação ao cumprimento de sentença, nesse ponto específico, tem justificativa prática. Os embargos consistem, normalmente, na primeira oportunidade de exercício do contraditório pelo devedor, já que o título que embasa a ação é extrajudicial (ou seja, formou-se sem a análise prévia do Poder Judiciário). Por esse motivo, a cognição dos embargos é plena, abarcando as questões que ordinariamente seriam levadas ao processo de conhecimento. A impugnação, ao contrário, pressupõe que o direito do credor tenha sido declarado por decisão ou sentença, após *iter* procedimental marcado pela efetivação do contraditório e da ampla defesa.[1665] Neste contexto, causas extintivas, impeditivas ou modificativas da obrigação apenas poderiam ser invocadas se supervenientes à sentença – o que, em matéria de *exceptio non adimpleti contractus*, só se poderia cogitar em uma hipótese muito específica: quando, estando o exequente obrigado a prestar depois do executado, sua obrigação só se vence *após a sentença*, ocasião em que, pelo princípio "de igual trato das dívidas vencidas", a exceção passa a ser oponível pelo executado (seguindo aqui o mesmo raciocínio exposto no item 8.2.3 acima, quanto à possibilidade de o requerido arguir a exceção, com

---

1662. Embora o art. 525 do CPC esteja inserido no capítulo atinente ao "cumprimento definitivo de sentença que reconhece a exigibilidade de obrigação de pagar quantia certa", a impugnação também é admissível para sentenças fundadas em obrigação de dar, fazer e não fazer (Nery Júnior, Nelson; Nery, Rosa Maria B. B. de Andrade. Op. cit., p. 1.347 e 1.353).
1663. Ressalvada a falta de citação, se o processo correu à revelia. (Art. 525, § 1º, I, CPC/2015) (STJ. REsp 492.891/RS, Rel. Ministro Luiz Fux, Primeira Turma, j. 16 dez. 2003, DJ 16 fev. 2004, p. 209).
1664. Essa restrição também se verifica na retenção por benfeitorias – defesa dilatória semelhante à *exceptio non adimpleti contractus*. O Superior Tribunal de Justiça consolidou o entendimento de que o direito de retenção deve ser exercido no processo de conhecimento, em contestação, sendo descabida a alegação inédita da matéria em sede de cumprimento de sentença (STJ. REsp 1659643/PR, Rel. Ministro Herman Benjamin, Segunda Turma, j. 25 abr. DJe 05 maio 2017). Esta orientação foi incorporada ao CPC/2015 (art. 538, §§ 1º e 2º).
1665. Marinoni, Luiz Guilherme; Mitidiero, Daniel. Op. cit., p. 739.

fundamento no art. 342, I, do CPC, quando o vencimento da obrigação do autor se dá *após a contestação*).

Ao lado dos embargos à execução e da impugnação ao cumprimento de sentença, admite-se, na doutrina, a alegação da exceção por *simples petição* nos autos, independentemente do tipo de título executivo (judicial ou extrajudicial).

É que, como se verá no subitem 8.3.2 *infra*, a prova da exigibilidade da obrigação constitui requisito de procedibilidade de qualquer execução, devendo, inclusive, ser conhecida de ofício pelo magistrado.[1666] Evidentemente, se o órgão jurisdicional tem poderes para apreciar e julgar a matéria sem a provocação do interessado, pode a parte, com maior razão, arguir a *exceptio* por simples requerimento, em qualquer momento, ainda que não opostos embargos ou impugnação.[1667]

Naturalmente, se o processo estiver em fase de cumprimento de sentença, a alegação da exceção por petição intermediária submete-se ao regime da impugnação, não podendo o executado sustentar situações jurídicas ou condições de exequibilidade não contempladas pelo título executivo, salvo na excepcional situação, já abordada, de o vencimento da obrigação do exequente ter sido superveniente à sentença.

Ao arguir a exceção de contrato não cumprido – por impugnação, embargos ou requerimento simples –, o devedor tem as seguintes opções: (*i*) apenas apontar a inexigibilidade do título, por falta de implemento da condição; (*ii*) apontar a inexigibilidade do título e depositar, desde logo, o objeto de sua prestação em juízo. Observe-se que, no caso desta última providência, o juiz não permitirá que o credor levante o depósito ou receba a coisa sem, antes, cumprir a prestação que lhe toca (art. 787, parágrafo único, do CPC).[1668]

8.3.2 Conhecimento de ofício e preclusão

Salienta Ruy Rosado de Aguiar Jr. que, nos sistemas processuais em geral, o descumprimento de contrato bilateral pode ser alvo de duas soluções legislativas: (*a*) ou a norma permite que o credor promova a ação de adimplemento, independentemente de ter ou não satisfeito a própria prestação, autorizando o devedor a oferecer, em contrapartida, a *exceptio non adimpleti contractus*; (*b*) ou a lei exige que o credor,

---

1666. Theodoro Júnior, Humberto. In: José Roberto Ferreira Gouvêa et al. (Coord.). *Comentários ao Código de Processo Civil*: da execução em geral, v. XV. São Paulo: Saraiva, 2017, p. 304.
1667. Aguiar Jr., Ruy Rosado de. *Comentários ao novo Código Civil*, v. VI, t. II: Da extinção do contrato (arts. 472 a 480). Teixeira, Sálvio de Figueiredo (Coord.). Rio de Janeiro: Forense, 2011, p. 821; Dinamarco, Cândido Rangel. *Instituições de direito processual civil*: v. IV. 3. ed. São Paulo: Malheiros, 2009, p. 175.
1668. Art. 787. Se o devedor não for obrigado a satisfazer sua prestação senão mediante a contraprestação do credor, este deverá provar que a adimpliu ao requerer a execução, sob pena de extinção do processo.
Parágrafo único. *O executado poderá eximir-se da obrigação, depositando em juízo a prestação ou a coisa, caso em que o juiz não permitirá que o credor a receba sem cumprir a contraprestação que lhe tocar.*

ao ajuizar a demanda de adimplemento, comprove, de plano, o cumprimento de sua obrigação ou a oferta respectiva (condição da ação).[1669]

O Direito brasileiro adotou, para o processo de conhecimento, a solução (*a*), como já exposto no subitem 8.2.3 do presente capítulo.

Para os ritos executivos, por outro lado, o legislador trilhou o caminho da solução (*b*), repelindo algumas das características tradicionais da *exceptio non adimpleti contractus*, enquanto típica exceção substancial, como a impossibilidade de conhecimento de ofício e a disponibilidade do direito que a fundamenta.

Com efeito, é o que se deduz do art. 787, *caput*, do Código de Processo Civil, que determina, peremptoriamente, que, "se o devedor não for obrigado a satisfazer sua prestação senão mediante a contraprestação do credor, este deverá provar que a adimpliu ao requerer a execução, sob pena de extinção do processo." Quanto à fase de cumprimento de sentença, o art. 514 do mesmo diploma traz regra de implicações similares, considerando a natureza já comentada da sentença que acolhe a *exceptio* na fase de conhecimento (condenação do réu ao cumprimento da prestação cobrada, condicionada a execução, todavia, ao adimplemento da contraprestação do excepto): "Quando o juiz decidir relação jurídica sujeita a condição ou termo, o cumprimento da sentença dependerá de demonstração de que se realizou a condição ou de que ocorreu o termo."

Na mesma senda, o art. 798, I, "d", do CPC, estabelece que, ao propor a execução, deve o credor instruir a petição com a prova "de que adimpliu a contraprestação que lhe corresponde ou que lhe assegura o cumprimento, se o executado não for obrigado a satisfazer a sua prestação senão mediante a contraprestação do exequente." Se o pedido não estiver acompanhado da aludida prova, o juiz concederá o prazo de 15 (quinze) dias para correção do vício, sob pena de indeferimento (art. 801).

Na opinião de Humberto Theodoro Jr., a prova do cumprimento da contraprestação, tal como disposta pela lei adjetiva, é requisito de procedibilidade da execução.[1670] Aliás, já decidiu o Superior Tribunal de Justiça que, "na execução, a exceção de contrato não cumprido incide sobre a exigibilidade do título, condicionando a ação do exequente à comprovação prévia do cumprimento de sua contraprestação, como requisito imprescindível para o ingresso da execução contra o devedor."[1671]

Embora segundo a teoria civilística a exigibilidade da obrigação do autor não dependa, em rigor, deste já ter contraprestado (havendo dívida vencida, o autor tem pretensão, e, por conseguinte, pode exigir em juízo; ao outro contratante compete,

---

1669. Aguiar Jr., Ruy Rosado de. *Comentários ao novo Código Civil*, v. VI, t. II: Da extinção do contrato (arts. 472 a 480). Teixeira, Sálvio de Figueiredo (Coord.). Rio de Janeiro: Forense, 2011, p. 816.
1670. Theodoro Júnior, Humberto. In: José Roberto Ferreira Gouvêa et al. *Comentários ao Código de Processo Civil*: da execução em geral, v. XV. São Paulo: Saraiva, 2017, p. 304.
1671. STJ. REsp 985.531/SP, Rel. Ministro Vasco Della Giustina (Desembargador convocado do TJ/RS), Terceira Turma, j. em 01 set. 2009, DJe 28 out. 2009.

se o autor ainda não contraprestou, justamente valer-se da exceção de contrato não cumprido, como forma de defesa),[1672] o fato é que o legislador processual, no que concerne à execução, dispôs de forma contrária, condicionando expressamente a exigibilidade do título, nos artigos 787 e 798, já citados, ao fato de o autor já ter contraprestado.[1673] E contra isso não há como lutar, pois as disposições são claras e não permitem interpretação diversa. Considerando que, nos termos do art. 786 do CPC, a exigibilidade do crédito é pressuposto de qualquer execução ("A execução pode ser instaurada caso o devedor não satisfaça a obrigação certa, liquida e *exigível* consubstanciada em título executivo"), não há outra conclusão possível senão a de que a prova do cumprimento da contraprestação é, como apontado por Humberto Theodoro Jr., condição de procedibilidade da execução.

Em tais condições, afirma Dinamarco, o implemento da contraprestação do credor constitui pressuposto da tutela executiva e deve ser investigado pelo juiz, inclusive de ofício.[1674] Nesse contexto, o exame do implemento da contraprestação não está sujeito a efeitos preclusivos, no processo de execução, uma vez que "a exigibilidade do crédito integra o requisito do legítimo interesse processual à execução, considerada esta condição pela vertente da necessidade [...]",[1675] e a possibilidade de apreciação *ex officio*, em qualquer tempo ou grau de jurisdição, é inerente a todas as condições da ação (art. 485, §3º, CPC/2015).[1676]

Importante destacar que, tecnicamente, o art. 787 não autoriza que o juiz aplique a exceção de contrato não cumprido de ofício, a fim de encobrir a eficácia da pretensão do exequente. Na verdade, o que ele faz é transformar o próprio cumprimento ou a oferta respectiva da prestação pelo exequente, nos contratos bilaterais, em requisito de procedibilidade da execução, dada a gravidade do processo de execução de título extrajudicial, em que se praticam atos coativos contra

---

1672. Vale, nesse ponto, para demonstrar o erro de perspectiva do legislador processual, ao condicionar a exigibilidade do crédito à demonstração de que o autor já contraprestou, relembrar a lição de Pontes de Miranda: "Quem tem pretensão à prestação e tem obrigação de contraprestar *pode exigir* [...]. Para o exercício da pretensão não se lhe apura se tem, ou não, de contraprestar. O que o outro figurante pode fazer é *excepcionar*. Se esse outro não exerce o *ius exceptionis*, tem de ser atendida a exigência da prestação, ainda que o autor da ação não contrapreste. [...] O credor é que sabe se lhe convém, ou não, exercer, o *ius exceptionis*: se adimple, sem opor a exceção, esse direito de exceção se extingue. [...] Na doutrina alemã, há concepção que se tem de evitar, que é a de só haver obrigação de quem tem de contraprestar se o outro figurante presta. De modo que obraria injustificadamente quem, sem se prontificar a prestar, ou sem prestar, exigisse a contraprestação. [...] Recentemente, A. Blomeyer construiu o que se passa com a exceção *non adimpleti contractus*, ou com a exceção *non rite adimpleti contractus*, como se a prestação fosse *condicionada* à execução de outra prestação. Nada disso é de admitir-se. Há a dívida, há a obrigação, e apenas, com a exceção, se pode *encobrir* a eficácia da outra pretensão." (Pontes de Miranda, Francisco Cavalcanti. *Tratado de direito privado*. Campinas: Bookseller, 2003. t. XXVI. p. 128 e 130).
1673. No que tange ao art. 514, não se desnatura, em rigor, a condição de exceção substancial da *exceptio non adimpleti contractus*, pois a defesa já foi apresentada na fase de conhecimento.
1674. Dinamarco, Cândido Rangel. *Instituições de Direito Processual Civil*: v. IV. 3. ed. São Paulo: Malheiros, 2009, p. 189.
1675. Ibidem, p. 174.
1676. Ibidem, p. 189.

os bens do executado, sem que antes este tenha tido oportunidade de se defender. Em suma: não é a exceção de contrato não cumprido que pode ser exercida de ofício, mas, sim, a ausência de um requisito de procedibilidade (cumprimento ou oferta do cumprimento) que pode ser conhecida de ofício. Bem esclarece nesse sentido João Pedro de Oliveira de Biazi:

> No caso do art. 787 do Código de Processo Civil, o juiz não irá aplicar a exceção de contrato não cumprido e encobrir a eficácia da pretensão do exequente, mas, sim, averiguar a viabilidade do pedido por atos executórios. [...] O juiz precisa averiguar uma série de provas pré-constituídas para autorizar o início da prática de atos executivos. Esses pressupostos específicos do processo de execução destinam-se a legitimar a atividade coativa do Estado para impor ao executado o cumprimento da obrigação ou sanção.[1677]

Em suma, percebe-se que, ao contrário do que ocorre no processo de conhecimento, o fato de o exequente só poder exigir a prestação do executado após ter cumprido a que lhe cabe, foi alçado a assunto de ordem pública, cognoscível *ex officio* pelo juiz e não sujeito à preclusão, configurando condição de procedibilidade derivada do interesse de agir, sob o prisma da necessidade da tutela jurisdicional.[1678]

Há, contudo, quem pense de forma diversa. Rafael Alexandria de Oliveira afirma que, diante da natureza da *exceptio non adimpleti contractus* (contradireito que pode ou não ser exercido pelo executado), a prova documental do adimplemento da contraprestação, nos termos dos arts. 615, IV, e 582, do CPC/1973 (arts. 798, inc. I, *d*; e 787 do CPC/2015, respectivamente), "não é nem pode ser vista como requisito de admissibilidade da demanda executiva". Assim, na falta do documento, deveria o juiz, primeiramente, mandar citar o executado, para que este invoque, se for o caso, a *exceptio* a seu favor.[1679] De igual sorte, Araken de Assis afirma que o art. 615, IV, do CPC de 1973 (cujo teor, no novo CPC, corresponde à alínea *d*, inciso I, do art. 798) consiste apenas em uma regra sobre a distribuição do ônus probatório, de modo que a falta de implemento da contraprestação não geraria o indeferimento da petição inicial, até porque, em seu entender, *exceptio* é matéria que deve ser alegada sempre pela parte interessada, dada sua natureza de contradireito.[1680] Embora o entendimento de Rafael de Oliveira e Araken de Assis fosse defensável na vigência do Código de 1973, a questão parece estar superada pelo novel diploma, que aponta, de forma mais explícita que o anterior, que a prova do adimplemento da contraprestação deve acompanhar a petição inicial (art. 798, I, "d"), sob pena de indeferimento (art. 801).

1677. Biazi, João Pedro de Oliveira de. *A exceção de contrato não cumprido no direito privado brasileiro*. Rio de Janeiro: GZ Editora, 2019, p. 223-226.
1678. Dinamarco, Cândido Rangel. *Instituições de Direito Processual Civil*: v. IV. 3. ed. São Paulo: Malheiros, 2009, p. 175.
1679. Oliveira, Rafael Alexandria de. *Aspectos processuais da exceção de contrato não cumprido*. Salvador: JusPodivm, 2012, p. 336.
1680. Assis, Araken de. Op. cit., p. 689.

8.3.3 Resposta à exceção

Oposta a exceção por embargos à execução (seja porque o magistrado não se atentou para a regra do art. 787, *caput*, do CPC; seja porque entendeu, em cognição sumária, que ela não seria aplicável), o embargado-excepto será ouvido no prazo de 15 (quinze) dias (art. 920, inciso I, CPC), oportunidade em que poderá: (*i*) reconhecer a procedência da *exceptio*; (*ii*) ou contestar o pedido, alegando, por exemplo, ausência de bilateralidade do contrato, adimplemento regular de sua obrigação, adimplemento substancial e inexistência do direito ao cumprimento simultâneo das prestações.

Arguindo-se a exceção por impugnação ao cumprimento de sentença (execução de título judicial), o impugnado-excepto também deverá ser intimado para manifestação em 15 (quinze) dias. Na resposta, o credor poderá reconhecer o cabimento da *exceptio* ou contrapor os mesmos argumentos referidos no parágrafo anterior, desde que compatíveis, obviamente, com a sentença transitada em julgado.

Por fim, alegando-se a *exceptio* por petição simples nos autos da execução, deverá o magistrado ouvir também a parte exequente, ainda que a matéria comporte decisão *ex officio* (inteligência dos arts. 9º, *caput*, e 10, ambos do CPC).

8.3.4 Ônus da prova

Considerando que a contraprestação do autor é condição de procedibilidade, ao exequente compete, como já dito, "instruir a petição inicial com: [...] a prova, se for o caso, de que adimpliu a contraprestação que lhe corresponde ou que lhe assegura o cumprimento." (art. 798, I, "d", do CPC). Idem em relação ao cumprimento de sentença, ante a redação do art. 514 do CPC ("Quando o juiz decidir relação jurídica sujeita a condição ou termo, o cumprimento da sentença dependerá de demonstração de que se realizou a condição ou de que ocorreu o termo"). Logo, o ônus da prova compete, inicialmente, ao exequente.[1681] Todavia, se tal prova já consta dos autos, mas, ainda assim, a exceção de inadimplemento é arguida, será do excipiente, em regra, o ônus de demonstrar em que ponto houve desacerto na satisfação da obrigação (como na hipótese em que se alega, por exemplo, cumprimento parcial ou defeituoso, por meio da chamada *exceptio non rite adimpleti contractus*; ou mesmo quando se alega a violação de um dever lateral de conduta, apesar da satisfação da obrigação principal).

8.3.5 Decisão que acolhe a exceptio. Impactos na execução

O acolhimento da *exceptio non adimpleti contractus*, no âmbito da execução, leva ao reconhecimento de que a obrigação exequenda não é exigível, carecendo o exequente, por conseguinte, de interesse de agir.

1681. É o que conclui Araken de Assis, referindo-se ao art. 615, inciso IV, do CPC/1973, como regra de distribuição do ônus probatório (Op. cit., p. 683 e 689).

Se a execução chegou a ter início – embora, em rigor, a inicial deveria ter sido indeferida, conforme item 8.3.2 acima – a hipótese é de execução "nula", na dicção do art. 803, incisos I e III, do CPC. Apesar da referência à nulidade, a situação não deixa de ser, esclarece Dinamarco, de carência de ação.[1682]

Humberto Theodoro Jr. afirma que, excepcionalmente, em nome dos princípios da instrumentalidade do processo e da economia processual, o juiz poderia estabelecer prazo para o autor complementar ou retificar o cumprimento de sua obrigação, ao invés de simplesmente extinguir a execução. O autor exemplifica com a hipótese de a *exceptio* ter sido acolhida por não verificação do adimplemento substancial alegado pelo excepto-exequente. É possível pensar, ainda, em situação na qual a *exceptio* tenha sido acolhida por se verificar cumprimento ligeiramente defeituoso por parte do exequente, mas que seja passível de retificação no curso do processo, a fim de que a execução possa prosseguir e o contrato seja integralmente cumprido por ambas as partes. O autor sugere o prazo de 15 (quinze) dias para tanto (mesmo prazo para emenda da petição inicial – art. 801, CPC), admitindo, porém, a fixação de outro que o magistrado reputar mais adequado às circunstâncias.[1683]

1682. Dinamarco, Cândido Rangel. *Instituições de direito processual civil*: v. IV. 3. ed. São Paulo: Malheiros, 2009, p. 187.
1683. Theodoro Júnior, Humberto. In: José Roberto Ferreira Gouvêa et Al. *Comentários ao Código de Processo Civil*: *da execução em geral*, v. XV. São Paulo: Saraiva, 2017, p. 306.

CONCLUSÃO

> *"A velha técnica ocidental de trabalhar com situações individuais, máxime, com 'actiones', no Direito Romano, e com direitos subjetivos, hoje, lida mal com situações estruturalmente recíprocas. Isso explica por que razão, mau grado a expressão latina 'exceptio non adimpleti contractus', a figura em estudo só tenha surgido no século XIII, suscitando dúvidas até aos nossos dias."* (António Menezes Cordeiro)[1684]

I – A fim de não transformar esta conclusão em reprodução estéril e enfadonha de todos os capítulos da tese, decidiu-se restringi-la a quatro assuntos fundamentais para a compreensão do instituto: [i] sua história; [ii] sua natureza de contradireito; [iii] sua construção em torno dos eixos do sinalagma, da causa concreta e da boa-fé objetiva; [iv] seus requisitos.

II – A história da exceção de contrato não cumprido praticamente se confunde com a do próprio contrato.

E nem poderia ser diferente, considerando que, na aplicação desta forma de defesa, interagem alguns dos elementos mais centrais da teoria contratual, como é o caso do sinalagma, da causa e da boa-fé.

Quando o formalismo imperava no Direito Romano arcaico e os contratos eram todos solenes, abstratos e unilaterais, não havia espaço para cogitar de qualquer remédio análogo ao que hoje se entende por exceção de contrato não cumprido. A própria estrutura dos pactos impunha limitações ao estabelecimento de qualquer liame de reciprocidade entre as obrigações.

No período clássico, com o surgimento dos primeiros contratos consensuais, bilaterais e causais, cresceu entre os jurisconsultos romanos a consciência da interdependência das obrigações recíprocas deles derivadas. Em decorrência, admitiu-se, progressivamente, por obra sobretudo dos pretores, que uma das partes, em circunstâncias específicas e pontuais ditadas pela boa-fé (*bona fides*) e pela equidade (*aequitas*), recusasse o cumprimento de sua obrigação ante o inadimplemento da obrigação da contraparte. Era o embrião do que, séculos depois, receberia o nome de *exceptio non adimpleti contractus*.

1684. *Tratado de direito civil*, v. IX – *Direito das obrigações*: cumprimento e não-cumprimento, transmissão, modificação e extinção. 3. ed. Almedina: Coimbra, 2017, p. 274.

Pode-se dizer, porém, que os romanos apenas "pressentiram" esse meio de defesa. Suas soluções nessa matéria sempre foram isoladas, voltadas para determinados contratos típicos (compra e venda, locação e sociedade). Nunca chegaram a desenvolver um raciocínio geral e sistemático, aplicável a todas as relações em que houvesse troca de prestações.

Uma nova ordem, com novos valores, que modificasse na essência o conceito de contrato, precisaria ser erigida para que a ideia de interdependência entre as obrigações pudesse ser captada e tutelada em sua plenitude.

E, aqui, entram os canonistas.

Ao se livrarem definitivamente das amarras da tipicidade estrita e abraçarem o consensualismo, os canonistas "redesenharam" o contrato, sob as bases da *"fides"* (respeito à palavra dada) e da valorização da vontade.

Na esteira desses dois elementos – respeito à palavra dada e valorização da vontade – brotaram a consciência e a tutela da reciprocidade nas relações sinalagmáticas, sob uma perspectiva fundamentalmente ética: aquele que empenhou sua palavra, gerando confiança na parte contrária, deve manter-se fiel ao prometido, sob pena de não poder prevalecer-se de vantagens contratadas em seu favor na mesma oportunidade.

Esta é a essência da fórmula *"Frangenti fidem, non est fides servanda"* ("Para aquele que rompe a fé, a fé não é mais devida"), considerada pelos canonistas "condição tácita" integrante de todos os contratos bilaterais.

Não obstante, foi o trabalho subsequente dos pós-glosadores, de unificação dos poucos fragmentos romanos existentes acerca da matéria e de conciliação desses excertos com os princípios mais evoluídos do Direito Canônico (*v.g.*, boa-fé, respeito à palavra dada, consensualismo), que incorporou definitivamente a *exceptio non adimpleti contractus* ao *ius commune* europeu, tornando-a regra uniformemente aceita em todo o continente.

Por obra dos pós-glosadores, o instituto da exceção de contrato não cumprido foi secularizado, conseguindo transcender os limites de aplicabilidade ínsitos ao Direito Canônico, que logo se tornaria menos relevante em assuntos de Direito Privado.

A partir do século XVI, observou-se, no entanto, evolução divergente do instituto nos dois principais centros de cultura jurídica da Europa Continental.

Na França, por força da influência da Escola de Cujas (o *"mos gallicus"*), a figura caiu em relativo esquecimento por quase três séculos, permanecendo às sombras da resolução por inadimplemento, a ponto de nem mesmo receber previsão expressa, como princípio geral, na versão original do Código Napoleônico (situação que se repetiria em outros diplomas que o adotaram como modelo, a exemplo dos Códigos Italiano de 1865, Português de 1867 e Espanhol de 1889).

Na Alemanha, em contrapartida, a *exceptio non adimpleti contractus* teve grande penetração, sendo acolhida e disseminada pelos pandectistas. No BGB, como resultado do apuro técnico alcançado nos estudos em torno do tema no decorrer do século XIX, o instituto recebeu tratamento preciso e detalhado. O §320, (1), disciplinou a *exceptio non adimpleti contractus* como forma de autotutela e como exceção material (configuração que predomina até os dias de hoje). O §320, (2), tratou especificamente da *exceptio non rite adimpleti contractus*, já relacionando expressamente sua invocação à observância do princípio da boa-fé objetiva. O §321, por sua vez, inovou ao consagrar a "exceção de inseguridade".

No Direito brasileiro, sem contar as disposições referentes a contratos específicos constantes das Ordenações Filipinas e transpostas para a Consolidação das Leis Civis, a *exceptio* ingressou no sistema com o art. 1.092 do Código Civil de 1916, notoriamente inspirado no art. 1.955 do Esboço de Teixeira de Freitas.

Mesmo representando um avanço no tratamento do tema em termos nacionais – pelo só fato de ter trazido pela primeira vez uma regra geral – o art. 1.092 do Código Civil de 1916 já nasceu em certa medida ultrapassado, por ignorar os avanços dogmáticos alcançados na matéria na segunda metade do século XIX. Afinal, as referências de Teixeira de Freitas para a elaboração do art. 1.955 do Esboço eram bem anteriores: os jusracionalistas Domat e Pothier e os pandectistas alemães do início do século XIX.

III – A *exceção material* ou *substancial* é figura perdida nas brumas do tempo, praticamente esquecida, mas cujo resgate mostra-se imprescindível para a adequada compreensão da exceção de contrato não cumprido.

Com altos e baixos, a exceção material transpôs milênios de história, nascendo espontaneamente no processo formulário romano, fruto da necessidade concreta de impedir a aplicação rigorosa de direitos abstratamente albergados pelo *ius civile*, para, sobrevivendo à Idade Média, reestruturar-se com o pandectismo, como contraponto ao conceito de pretensão, dentro da categoria dos *contradireitos neutralizantes*.

A exceção de contrato não cumprido, enquanto típica exceção material (e, portanto, enquanto contradireito neutralizante), tem o condão, quando presentes seus pressupostos, de *encobrir* a eficácia da pretensão reclamada, sem negar ou fulminar a existência desta. Como consequência do acolhimento da *exceptio*, o demandado fica autorizado a recusar temporariamente o cumprimento de sua obrigação.

Trata-se de configuração peculiar: uma posição jurídica *ativa*, de função *defensiva*, que visa a bloquear outra posição jurídica *ativa*.

Como decorrência de seu enquadramento na categoria das exceções materiais, a exceção de contrato não cumprido "herdou" algumas características que são próprias desse gênero: [i] pode ser invocada extrajudicialmente, como forma de autotutela, por qualquer meio idôneo; [ii] não pode ser conhecida de ofício pelo magistrado no processo; [iii] deve ser alegada em contestação, sob pena de preclusão; [iv] sua oposição (visto que sempre reativa, nunca preventiva) pressupõe que o excepto ao menos tenha exigido a pretensão, judicial ou extrajudicialmente; [v] deve ser invocada pelo próprio titular do contradireito. Algumas dessas características, entretanto, acabaram relativizadas pelo Direito Processual brasileiro, notadamente no campo da execução de título extrajudicial, onde a prova do cumprimento ou da disponibilização da prestação pelo exequente foi alçada a requisito de procedibilidade, tornando a matéria cognoscível de ofício pelo juiz e não sujeita a efeitos preclusivos.

As exceções materiais podem ser peremptórias ou dilatórias, conforme sua eficácia encobridora seja permanente ou temporária. A exceção de contrato não cumprido é do tipo *dilatória*, na medida em que bloqueia apenas provisoriamente a pretensão de cobrança. Se, após sua invocação, aquele contra quem se opôs a exceção de contrato não cumprido presta satisfatoriamente, cessa a eficácia da exceção, porque o próprio *ius exceptionis* se extingue, ficando exigível, mais uma vez, a prestação do excipiente (a eficácia que antes estava encoberta, descobre-se).

Outra classificação divide as exceções materiais em dependentes e independentes, conforme se apoiem ou não em outro direito. A exceção de contrato não cumprido qualifica-se como *dependente*, porque o contradireito que encerra é decorrência na verdade de outro direito de titularidade do demandado, qual seja o crédito que ele possui perante o demandante, que poderia inclusive ser cobrado em reconvenção ou ação própria. Se este crédito extingue-se por qualquer razão, extingue-se também o contradireito consubstanciado na exceção de contrato não cumprido.

Por fim, na derradeira divisão das exceções materiais em pessoais (que têm fundamento em fatos ou circunstâncias referentes às pessoas dos contratantes) e comuns (que são objetivas e concernem às próprias obrigações do contrato), a exceção de contrato não cumprido é do tipo *comum*, pois derivada da relação de reciprocidade entre as prestações (sinalagma funcional). Esse último enquadramento influi diretamente, como visto, no regime da oponibilidade da *exceptio* nas situações de transmissão das obrigações e de solidariedade passiva e ativa.

IV – A evolução dogmática da *exceptio* não se encerrou com a introdução de regras gerais nos Códigos Civis, a exemplo do §320 do BGB, do art. 1.460 do Código Civil Italiano e do art. 476 do Código Civil Brasileiro (este último praticamente uma reprodução do art. 1.092, alínea 1ª, do Código Civil de 1916, já atrasado para a época em que foi editado).

A despeito destes textos normativos permanecerem inalterados, o instituto da *exceptio* foi atingido reflexamente – de *fora para dentro*, pode-se dizer – por uma série de transformações recentes da teoria dos contratos, que alteraram profundamente a forma como este remédio é compreendido pela doutrina e aplicado pelos tribunais, a justificar sua reanálise neste momento, apesar de seus séculos de história.

Essa exposição da exceção de contrato não cumprido a "*inputs*" externos é inevitável, mercê do fato de o instituto estar no vértice de três vetores extremamente dinâmicos da teoria contratual, abertos inclusive a considerações extrajurídicas, quais sejam [i] o do *equilíbrio* entre as obrigações dos contratantes (representado pelo sinalagma), [ii] o das *finalidades e interesses* das partes na contratação (refletido na causa concreta) e, por fim, [iii] o da *probidade, lealdade* e *empatia* que se espera dos contratantes em todos os momentos da relação (manifestação da boa-fé objetiva).

De instituto "sisudo", com um nome em latim que evoca uma origem romana que ele não tem e que transmite uma impressão de perenidade e imutabilidade que ele também não possui, a *exceptio non adimpleti contractus* acabou envolvida, reflexamente, nos debates mais candentes da teoria contratual.

Com efeito, a despeito de o assunto vir tratado quase sempre em uma ou duas páginas nos livros de Direito Contratual, como se constituísse algo autoevidente, que dispensa maiores explicações, por trás dessa aparente simplicidade esconde-se um instituto de riqueza dogmática surpreendente, não só pelos influxos recebidos daquelas três frentes, mas também por manter pontos de contato com inúmeros outros temas da parte geral, do direito das obrigações e dos contratos (prescrição; direito de retenção; adimplemento substancial; tipos de exercício inadmissível de posição jurídica; contratos plurilaterais; contratos coligados; contratos de duração; apenas para citar alguns).

O maior risco para aqueles que se aventuram a estudar a exceção de contrato não cumprido reside justamente na possibilidade de perder-se nas inesgotáveis interfaces que o instituto possui com outros temas. Mas desse aspecto também deflui, paradoxalmente, o que de melhor dele se pode extrair: uma visão panorâmica do fenômeno contratual.

Pois bem.

Longe do exemplo livresco do credor que nada cumpriu, nem se oferece a cumprir, mas mesmo assim decide aventurar-se em juízo para cobrar a parte adversa, sendo simultâneos os vencimentos e bilateral o contrato (situação de incidência indubitável da *exceptio*), as lides forenses estão permeadas, ao invés, de exceções arguidas em contextos bem mais "cinzentos": entre deveres de tipos e pesos diferentes na relação contratual (principais, secundários, acessórios ou de proteção); em situações de incumprimento parcial, nas quais o excipiente recebeu anteriormente, com ou sem ressalvas, a prestação incompleta; entre obrigações de vencimentos diferentes em relações duradouras, tendo uma das partes tolerado, em nome da continuidade da relação, o inadimplemento da outra por algum tempo; e assim por diante.

Mercê da singeleza das regras gerais constantes dos Códigos Civis – o art. 476 do Código Reale é exemplo paradigmático disso –, o aplicador vê-se obrigado, para a solução desses casos "difíceis", a retornar constantemente às bases do instituto, que residem, como já apontado, no tripé *sinalagma, causa concreta* e *boa-fé objetiva*.

Entre eles, o sinalagma é claramente "primus inter pares": a razão de ser do remédio, que dita boa parte das soluções.

A exceção de contrato não cumprido é instituto que traduz uma preocupação sistêmica do Direito Privado em garantir que o processo obrigacional não descuide, no desenrolar de seu percurso em direção ao adimplemento, da necessidade de manter o equilíbrio e a correspectividade que as partes construíram na gênese do contrato. Dito de outra forma, busca garantir o sinalagma funcional, a fim de que não se macule o equilíbrio inicialmente instituído (sinalagma genético).

Duas conclusões principais em torno do sinalagma, aplicadas à exceção de contrato não cumprido, foram trazidas no decorrer do trabalho.

A primeira, de que ele não pode mais ser visto de forma acanhada, como relação de dependência restrita às obrigações principais do contrato. Em seu lugar, deve prevalecer conceito mais alargado de sinalagma, compreendido como nexo funcional entre *polos prestacionais*, agregando cada polo os deveres que, independentemente de sua natureza (principal, secundário, instrumental ou de proteção), assumam relevância significativa para a promoção do resultado útil do contrato. A violação de qualquer dos deveres que integre o sinalagma – mas tão somente deles – poderá ensejar, em tese, a invocação dos remédios sinalagmáticos, entre os quais a *exceptio*. A violação dos demais, que não integrem o conceito mesmo nessa versão expandida, poderá render, quando muito, perdas e danos ou algum provimento cominatório ou inibitório.

A segunda: a existência ou não de sinalagma define o "corte" que separa as relações em que a exceção é em tese cabível daquelas em que não é. Em que pese o art. 476 do Código Civil mencionar expressamente apenas a categoria do *contrato bilateral*, há outras relações em que o sinalagma também está presente e que clamam pelo mesmo tratamento. É o que pode ocorrer, por exemplo, entre deveres oriundos de contratos diferentes, mas coligados, entre deveres de restituição nascidos da resolução, da nulidade ou da anulação de um contrato, entre deveres recíprocos estabelecidos em um acordo judicial, bem como entre deveres de um contrato plurilateral. Daí porque defendemos a aplicação por analogia do art. 476 do Código Civil a essas relações.

No tocante à causa, escolhemos como ponto de partida a teoria das quatro causas de Aristóteles (a material, a formal, a eficiente e a final), destacando a importância e a utilidade, em matéria contratual, da última. O agir da vontade humana é sempre finalístico, teleológico, dirigindo-se a metas e objetivos, e com o contrato isso não é diferente.

E, entre as concepções de causa final atualmente mais difundidas (a abstrata e a concreta), fizemos opção pela concreta. Para esta corrente, a causa corresponde ao fim, objetivamente considerado, de cada negócio individualizado, o que vai muito além dos elementos constantes e invariáveis do tipo. Traduz-se na função prática que as partes efetivamente atribuíram ao acordo, pressupondo, assim, a investigação dos interesses concretamente perseguidos.

O principal papel da causa concreta – coadjuvado pelas funções que denominamos "metodológica" e "hermenêutica" – é o de servir como *critério de "ajuste fino"* do contrato, orientando o intérprete na solução dos problemas que venham a surgir no desenvolvimento da relação contratual (*v.g.*, impossibilidade superveniente, resolução, exceção de contrato não cumprido), a fim de que a solução leve em consideração os interesses concretamente perseguidos pelas partes, os riscos voluntariamente assumidos e as trocas de vantagens globalmente consideradas.

No que concerne à *exceptio* especificamente, a causa concreta fornece a *medida do cabimento em concreto* do remédio, em complemento ao sinalagma. Na esteira da função aludida de servir de critério de sintonia fina, a causa concreta busca assegurar que a aplicação da exceção de contrato não cumprido esteja em linha com os interesses e finalidades essenciais dos contratantes, atuando em duas frentes: [i] impedindo que o remédio seja utilizado por conta de violações não significativas em consideração à realização do programa contratual; [ii] obstando seu emprego em situações de patente desproporcionalidade entre os incumprimentos.

Por fim, se a boa-fé historicamente já foi fundamento do remédio, a ela está reservado, atualmente, papel preponderante de *imposição de limites* (estabelecendo os pontos para além dos quais o emprego do contradireito deixa de ser arma legítima de autodefesa para assumir foros de exercício inadmissível de posição jurídica, na forma das várias figuras parcelares já conhecidas [em especial "suppressio", "surrectio", "nemo auditur propriam turpitudinem allegans", desequilíbrio no exercício jurídico]).

Como se percebe, os três eixos – sinalagma, causa concreta e boa-fé objetiva – são complementares entre si: o primeiro representa o fundamento, o segundo a medida de cabimento e o terceiro fixa os limites para o exercício admissível do remédio. Apenas quando se analisa a figura sob esses três prismas, conjugadamente, é que se pode ter dela uma visão global e mais acurada em termos de hipóteses de cabimento e uso admissível.

Os requisitos do remédio emergem, nesse contexto, como uma combinação do resultado colhido desse exame (sinalagma, causa concreta e boa-fé objetiva) com alguns elementos extraídos da redação lacônica do art. 476 do Código Civil:

1) Os deveres de prestar do excipiente e do excepto precisam ser sinalagmáticos ou correspectivos entre si;

2) Os deveres de prestar do excipiente e do excepto precisam ser contemporaneamente exigíveis no momento do exercício da exceção;

3) O incumprimento do excepto, que não pode ser imputável ao excipiente, deve atingir o núcleo funcional do contrato representado pela causa concreta e guardar relação de proporcionalidade adequada com a prestação que está sendo demandada do excipiente.

V – Estes são os elementos fundamentais que se pretendia expor nesta conclusão.

A exceção de contrato não cumprido é certamente um caso de sucesso: mesmo com alguns trancos e solavancos – e por vezes até com alguns reveses (pense-se na sua quase obliteração em território francês entre os séculos XVI e início do XX) – ela sobreviveu e evoluiu significativamente nesses dois milênios de história.

Por suas qualidades intrínsecas (rapidez; baixo custo; incentivo ao cumprimento do contrato na forma pactuada; preservação do equilíbrio entre as partes) e por traduzir praticamente um consectário do sinalagma, seu lugar no Direito dos Contratos está garantido. É daqueles institutos que, traduzindo uma regra quase autoevidente de justiça comutativa, tendem à uniformidade (nos vários ordenamentos) e à perenidade.

BIBLIOGRAFIA

ABRANTES, José João. *A exceção de não cumprimento do contrato no direito civil português*: conceito e fundamento. Coimbra: Almedina, 1986.

ADDIS, Fabio. La sospensione dell'esecuzione: dalla vendita con dilazione di pagamento alla Unsicherheitseinrede. In: Addis, Fabio [a cura di]. *Ricerche sull'eccezione di insicurezza*. Milano: Giuffrè, p. 1-23, 2006.

ADDIS, Fabio. Inattuazione e risoluzione: I rimedi. Le eccezioni dilatorie. In: Roppo, Vincenzo [diretto da]. *Trattato del contratto – V – Rimedi (2)*. Milano: Giuffrè, 2006, p. 413-492.

AGUIAR JR., Ruy Rosado de. *Comentários ao novo Código Civil*, v. VI, t. II: Da extinção do contrato (arts. 472 a 480). Teixeira, Sálvio de Figueiredo (Coord.). Rio de Janeiro: Forense, 2011.

AGUIAR JR., Ruy Rosado de. *Extinção dos contratos por incumprimento do devedor*. 2. ed. Rio de Janeiro: AIDE Editora, 2004.

ALMEIDA COSTA, Mário Júlio de. *História do direito português*. 5. ed. Coimbra: Almedina, 2012.

ALMEIDA COSTA, Mário Júlio de. *Direito das obrigações*. 12. ed., Coimbra: Almedina, 2009.

ALMEIDA, Cândido Mendes de. *Código filipino ou Ordenações e leis do reino de Portugal*: recopiladas por mandado d'el-Rey D. Filipe. v. 4. t. 3. Edição fac-símile. Brasília: Senado Federal, 2012.

ALPA, Guido. *Contrato e common law*. Padova: Cedam, 1987.

ALVES, João Luiz. *Código Civil da República dos Estados Unidos do Brasil*. v. II. 2. ed., São Paulo: Livraria Acadêmica, 1935.

ALVIM, Agostinho Neves de Arruda. *Da inexecução das obrigações e suas consequências*. 4. ed. Saraiva: São Paulo, 1972.

AMARAL, Francisco. *Direito civil*: introdução. 10. Ed., São Paulo: Saraiva, 2018.

AMBROSALI, Matteo. Le restituzioni nella risoluzione del contratto per inadempimento. *Rivista di Diritto Privato*. anno XVII. p. 39-90, gennaio/marzo 2012.

AMORIM FILHO, Agnelo. Ações constitutivas e os direitos potestativos. *Revista dos Tribunais*, v. 56, n. 375, p. 11-23, jan. 1967.

AMORIM FILHO, Agnelo. Critério científico para distinguir a prescrição da decadência e para identificar as ações imprescritíveis. In: Mendes, Gilmar F.; Stoco, Rui (Org.). *Doutrinas essenciais*: direito civil – parte geral, São Paulo, v. V, p. 25-61, 2011.

ANTUNES VARELA, João de Matos. *Das obrigações em geral*, v. I, 10. ed., Coimbra: Almedina, 2008.

ANTUNES VARELA, João de Matos. *Das Obrigações em Geral*. v. II. 7. ed., Coimbra: Almedina, 2009.

ARAÚJO, Fernando. *Teoria econômica do contrato*. Coimbra: Almedina, 2007.

ARAÚJO, Fernando. Prefácio. In: João Pedro de Oliveira de Biazi. *A exceção de contrato não cumprido no direito privado brasileiro*. Rio de Janeiro: GZ Editora, 2019.

ARISTÓTELES. *ÉTICA A NICÔMACO*. TRAD. ANTÔNIO DE CASTRO CAEIRO, São Paulo: Atlas, 2009.

ARISTÓTELES. *LA METAFISICA*. TRAD. ARMANDO CARLINI. BARI: GIUS. LATERZA & FIGLI, 1950.

ASCARELLI, Tullio. O contrato plurilateral. In: *Problemas das sociedades anônimas e direito comparado*. 2. ed. São Paulo: Saraiva, p. 255-312, 1969.

ASSIS, Araken de. *Comentários ao Código Civil brasileiro*, v. 5, *Do Direito das obrigações (arts. 421 a 578)*. Alvim, Arruda; Alvim, Thereza (Coord.). Rio de Janeiro: Forense, 2007.

ATIYAH, Patrick S. *An introduction to the law of contract*. 5th Ed., Oxford: Clarendon Press, 1995.

AULETTA, Giuseppe Giacomo. *La risoluzione per inadempimento*. Milano: Giuffrè, 1942.

ÁVILA, Humberto. *Suppressio*. Limitação de direito por exercício tardio: definição e requisitos de aplicação. In: Pargendler, Mariana e outros (Org.). *Direito, cultura, método*: Leituras da Obra de Judith Martins-Costa. Rio de Janeiro: GZ Editora, p. 323-333, 2019.

AZEVEDO, Álvaro Villaça. *Comentários ao novo Código Civil*, v. VII: Das várias espécies de contrato; Da compra e venda; Do compromisso de compra e venda (arts. 481 a 532). 2. ed. Teixeira, Sálvio de Figueiredo (Coord.). Rio de Janeiro: Forense, 2012.

AZEVEDO, Álvaro Villaça. Ausência de mora em compromisso de compra e venda ante a exceptio non adimpleti contractus. In: Dip, Ricardo; Jacomino, Sérgio (Org.). *Doutrinas Essenciais – Direito Registral.*, São Paulo, v. III, 2. ed. p. 699-705, 2014.

AZEVEDO, Álvaro Villaça. Exceptio non adimpleti contractus (direito romano e direito civil). In: França, Rubens Limongi (Coord.). *Enciclopédia Saraiva do Direito*, São Paulo, v. 34, 1977.

AZEVEDO, Antonio Junqueira de. *Negócio jurídico e declaração negocial*: noções gerais e formação da declaração negocial. Tese de Titularidade – Faculdade de Direito da Universidade de São Paulo, São Paulo, 1986.

AZEVEDO, Antonio Junqueira de. *Negócio jurídico*: existência, validade e eficácia. 4. ed. São Paulo: Saraiva, 2007.

AZEVEDO, Antonio Junqueira de. Contrato de seguro de crédito. Ônus da seguradora de provar a má-fé do segurado. Impossibilidade do uso da exceptio non adimpleti contractus em caso de dispensa reiterada do cumprimento da obrigação por parte da seguradora (suppressio). Distinção entre cessão de contrato e cessão de crédito. In: *Novos Estudos e Pareceres de Direito Privado*. São Paulo: Saraiva, p. 311-328, 2009.

AZEVEDO, Antonio Junqueira de. Natureza jurídica do contrato de consórcio (sinalagma indireto). Onerosidade excessiva em contrato de consórcio. Resolução parcial do contrato. In: *Novos Estudos e Pareceres de Direito Privado*, São Paulo, Saraiva, p. 345-374, 2009.

AZEVEDO, Antonio Junqueira de. Natureza de seguro dos fundos de garantia. Os atos devidos no quadro dos atos jurídicos em geral. Conflito de interesses entre representante e representado. Negócio jurídico com causa pressuposta. É abusiva a cláusula que desnaturaliza o negócio jurídico. In: *Estudos e Pareceres de Direito Privado*, São Paulo, Saraiva, p. 92-108, 2004.

AZEVEDO, Antonio Junqueira de. (Parecer) Interpretação do contrato pelo exame da vontade contratual. O comportamento das partes posterior à celebração. Interpretação e efeitos do contrato conforme o princípio da boa-fé objetiva. Impossibilidade de "venire contra factum proprium" e de utilização de dois pesos e duas medidas ("tu quoque"). Efeitos do contrato e sinalagma. A assunção pelos contratantes de riscos específicos e a impossibilidade de fugir do "programa contratual" estabelecido. In: *Estudos e Pareceres de Direito Privado*, São Paulo, Saraiva, p. 159-172, 2004.

BADAWI, Adam B. Self-help and the rules of engagement. *Yale Journal on Regulation*, n. 29, p. 1-43, 2012.

BARBA, Angelo. *Ritenzione (diritto privato)*. Enciclopedia del diritto. v. XL. Milano: Giuffrè, p. 1373-1377, 1989.

BARBOSA MOREIRA, José Carlos. Execução sujeita a condição ou a termo no processo civil brasileiro. In: *Temas de direito processual*: sétima série. São Paulo: Saraiva, 2001.

BARROS MONTEIRO, Washington de. Augusto Teixeira de Freitas: Conferência proferida na Faculdade de Direito da Universidade de São Paulo em 07/12/1966. *Revista da Faculdade de Direito – Universidade de São Paulo*, v. 62, n. 2, p. 305-318, 1967.

BARROS MONTEIRO, Ralpho Waldo de; Barros Monteiro, Marina Stella de. A causa dos contratos e a exceptio non adimpleti contractus. *Revista dos Tribunais*, v. 958, ano 104, p. 99-118, 2015.

BECK, Anthony. The doctrine of substantial performance: conditions and conditions precedent. *The Modern Law Review*, v. 38, n. 4, p. 413-428, 1975.

BEDAQUE, José Roberto dos Santos. *Efetividade do processo e técnica processual*. São Paulo: Malheiros, 2006.

BENEDETTI, Alberto Maria. *Il codice civile – Commentario. Le autodifese contrattuali (Art. 1.460-1.462)*. Milano: Giuffrè, 2011.

BENEDETTI, Alberto Maria. La excepción de incumplimiento del (y contra el) contratante débil en el derecho italiano. *Revista de Derecho Privado*, n. 20, p. 259-270, 2011.

BERGER, Adolf. Synallagma. In: *Encyclopedic dictionary of roman law*. Clark: The Lawbook Exchange Ltd., 2004.

BERIO, Adolfo. *Eccezione. (Exceptio) inadimpleti contractus*. In: Scialoja, Vittorio; Bonfantee, Pietro (diretto dal). *Dizionario Pratico del Diritto Privato*, v. II. Milano: Francesco Vallardi, 1923.

BESSONE, Darcy. *Do contrato*: teoria geral. Rio de Janeiro: Forense, 1987.

BESSONE, Mario; Roppo, Enzo. *La causa nei suoi profili attuali. Materiali per una discussione*. In: Alpa, Mario; Bessone, Mario [a cura di]. Causa e consideration. Padova: Cedam, p. 03-13, 1984.

BETTI, Emilio. Causa del negozio giuridico. In: *Novissimo Digesto Italiano*, v. III, Torino: Unione Tipografico-Editrice Torinese, 1960.

BETTI, Emilio. Autotutela (diritto privato). *Enciclopedia del Diritto*, v. IV. Milano: Giuffrè. p. 529-537, 1959.

BEVILÁQUA, Clóvis. *Código Civil dos Estados Unidos do Brasil*: comentado. v. IV. 10. ed. Rio de Janeiro: Editora Paulo de Azevedo Ltda., 1955.

BIANCA, Cesare Massimo. *Diritto civile, t. III: Il contratto*. 2. ed., Milano: Giuffrè, 2000.

BIANCA, Cesare Massimo. Causa concreta del contratto e diritto effettivo. *Rivista di Diritto Civile*, anno LX, n. 2, p. 251-271, Marzo-aprile 2014.

BIAZI, João Pedro de Oliveira de. *A exceção de contrato não cumprido no direito privado brasileiro*. Rio de Janeiro: GZ Editora, 2019.

BLACK'S LAW DICTIONARY. 9th ED., 2009.

BODIN DE MORAES, Maria Celina. A causa dos contratos. *Revista Trimestral de Direito Civil*, n. 21, p. 95-119, 2005.

BODIN DE MORAES, Maria Celina. O procedimento de qualificação dos contratos e a dupla configuração do mútuo no direito civil brasileiro. *Revista Forense*, v. 309, p. 33-61, jan.-mar. 1990.

BOLAFFI, Renzo. *Le eccezioni nel diritto sostanziale*. Milano: Società Editrice Libraria, 1936.

BONINI, Paulo Rogério. *Lesão no código civil brasileiro e no direito comparado*. Dissertação (Mestrado em Direito Civil) – Pontifícia Universidade Católica de São Paulo, São Paulo, 2005.

BOZZO, Sebastián. *La excepción de contrato no cumplido*. Tesis doctoral (Facultad de Derecho – Universitat de València), 2012.

BRUNNER, Murilo Castineira. Lex Salica. *Revista da Faculdade de Direito – Universidade De São Paulo*, v. 111, p. 409–425, 2017.

BUTRUCE, Vítor Augusto José. *A exceção de contrato não cumprido no direito civil brasileiro*: funções, pressupostos e limites de um "direito a não cumprir". Dissertação (Mestrado em Direito Civil) – Universidade do Estado do Rio de Janeiro, Rio de Janeiro, 2009.

CAHALI, Yussef Said. *Prescrição e decadência*. São Paulo: Revista dos Tribunais, 2008.

CALABRESI, Guido; Melamed, Douglas. Property rules, liability rules, and inalienability: One view of the cathedral. *Harvard Law Review*, n. 85, p. 1089-1128, 1972.

CALMON DE PASSOS, José Joaquim. *Comentários ao Código de Processo Civil, Lei 5.869 de 11 de janeiro de 1973, v. III: arts. 270 a 331*. 7. ed., Rio de Janeiro: Forense, 1994.

CALMON DE PASSOS, José Joaquim. Exceção – II. In: França, Rubens Limongi (Coord.). *Enciclopédia Saraiva do Direito*, v. 34. São Paulo: Saraiva, 1977.

CAMILLETTI, Francesco. *Profili del problema dell'equilibrio contrattuale*. Milano: Giuffrè, 2004.

CAMPOS, Ricardo Ribeiro. Decadência e prescrição no novo código civil – breves reflexões. In: Mendes, Gilmar F.; Stoco, Rui (Org.). *Doutrinas Essenciais – Direito Civil (Parte Geral)*, v. V, São Paulo, Revista dos Tribunais, p. 663-670, 2011.

CAMPOS FILHO, Paulo Barbosa de. *O problema da causa no Código Civil brasileiro*. São Paulo: Max Limonad, 1959.

CANNATA, Carlo Augusto. Eccezione (diritto romano). In: *Novissimo Digesto Italiano*, v. 6, Torino: Unione Tipografico-Editrice Torinese, 1960.

CANOVAS, Diego Espin. La excepción de incumplimiento contractual. *Anuario de Derecho Civil*, p. 543-581, julio-septiembre 1964.

CANTARELLA, Eva. Obbligazione [diritto greco]. In: *Novissimo Digesto Italiano*, v. 11, Torino: Unione Tipografico-Editrice Torinese, 1968.

CAPITANT, Henri. *De la cause des obligations – Contrats, engagements unilatéraux, legs*. 3ᵉ éd. Paris: Librairie Dalloz, 1927.

CARNELUTTI, Francesco. Un lapsus evidente? *Rivista di Diritto Processuale*, Anno XV, n. 3. p. 446-449, luglio-settembre 1960.

CARVALHO, Everarto Viriato de Miranda. *A imprescritibilidade das exceções e a prescrição quinquenal da fazenda pública*. In: Mendes, Gilmar F.; Stoco, Rui (Org.). *Doutrinas Essenciais – Direito Civil (Parte Geral)*, v. V, São Paulo, Revista dos Tribunais, p. 217-221, 2011.

CARVALHO SANTOS, João Manuel de. *Código Civil Brasileiro interpretado*: principalmente do ponto de vista prático. Direito das obrigações (arts. 1122-1187). v. XVI, 9. ed., Rio de Janeiro: Freitas Bastos, 1958.

CARVALHO SANTOS, João Manuel de. *Código Civil Brasileiro interpretado*: principalmente do ponto de vista prático. Direito das obrigações (arts. 1079-1121). v. XV, 7. ed., Rio de Janeiro: Freitas Bastos, 1956.

CASSIN, René. *De l'exception tirée de l'inexécution dans les rapports synallagmatiques (exceptio non adimpleti contractus)* – et de ses relations avec le droit de rétention, la compensation et la résolution. Paris: Recueil Sirey, 1914.

CASTIGLIA, Giuseppe. Negozi collegati in funzione di scambio. *Rivista di Diritto Civile*. Anno XXV, Parte Seconda, p. 395-438, 1979.

CASTRO, Torquato. *Da causa no contrato*. Recife: Imprensa Universitária, 1966.

CASTRONOVO, Carlo. Obblighi di protezione. In: *Enciclopedia Giuridica*, v. XXI. Roma: Istituto de la Enciclopedia Italiana – Istituto Poligrafico e Zecca dello Stato, p. 1-12, 2007.

CENNI, Daniela. *Superamento dello schermo della personalità giuridica, collegamento contrattuale e dintorni*. Contratto e Impresa. v. III. p. 1063-1087, 1998.

CESAR, José A. *Sobre os efeitos dos contratos bilaterais*. Campinas: Typ. da Casa Genoud, 1914.

CHABAS, Cécile. *L'inexécution licite du contrat*. Paris: L.G.D.J., 2002.

CHIOVENDA, Giuseppe. *Sulla "eccezione"*. Rivista di Diritto Processuale Civile, v. IV, Parte I. p. 137-141, 1927.

CICALA, Raffaele. *Il negozio di cessione del contratto*. Napoli: E. Jovene, 1962.

CÍCERO. *DOS DEVERES*. SÃO PAULO: MARTIN CLARET, 2002.

CINTRA, Antonio Carlos Araújo; Grinover, Ada Pellegrini; Dinamarco, Cândido Rangel. *Teoria geral do processo*. 26. ed., São Paulo: Malheiros, 2010.

CIRILLO, Gianpiero Paolo. *Negozi collegati ed eccezione di inadempimento*. Giurisprudenza Italiana, I, p. 377-382, 1982.

COASE, Richard H. The problem of social cost. *Journal of Law and Economics*, n. 3, p. 1-44, 1960.

COELHO RODRIGUES, Antonio. *Projeto do Código Civil brasileiro*. v. II. Brasília: Departamento de Imprensa Nacional, 1980.

NANNI, Giovanni Ettore (Coord.). *Comentários ao código civil*: direito privado contemporâneo. São Paulo: Saraiva, 2019.

COMPARATO, Fábio Konder. Crédito direto a consumidor. Objeto e causa do negócio. A questão do aval condicionado. In: *Ensaios e pareceres de direito empresarial*. Forense: Rio de Janeiro, p. 392-408, 1978.

COMPARATO, Fábio Konder. Obrigações de meio, de resultado e de garantia. In: *Ensaios e pareceres de direito empresarial*. Forense: Rio de Janeiro, p. 521-539, 1978.

COMPARATO, Fábio Konder. Seguro de garantia de obrigações contratuais. In: *Novos ensaios e pareceres de direito empresarial*. Rio de Janeiro: Forense, p. 350-69, 1981.

CORREIA, Alexandre; Sciascia, Gaetano. *Manual de direito romano*. v. I. 2. ed. Saraiva: São Paulo, 1953.

COSTA, Sergio. *Eccezione (diritto vigente)*. In: Novissimo Digesto Italiano, v. 6, Torino: Unione Tipografico-Editrice Torinese, 1960.

COUTO E SILVA, Clóvis Veríssimo do. *A obrigação como processo*. Rio de Janeiro: FGV Editora, 2006.

COUTO E SILVA, Clóvis Veríssimo do. O direito civil brasileiro em perspectiva histórica e visão de futuro. *Revista de Informação Legislativa*, a. 25, n. 97, p. 163-80, jan.-mar. 1988.

CRUZ, Pablo Moreno. Los límites a la exceptio inadimpleti contractus: la "buena", la "mala" y la "fea" excepción de contrato no cumplido. *Revista de Derecho Privado*, n. 24, 133-150, jan.-jun. 2013.

CUNHA, Paulo F. da; Aguiar e Silva, Joana; Soares, António L. *História do direito*: do direito romano à constituição europeia. Coimbra: Almedina, 2005.

D'ESPINAY, Gustave. *De l'influence du droit canonique sur la législation française*. Toulouse: Typographie de Bonnal et Gibrac, 1856.

DALMARTELLO, Arturo. *Eccezione di Inadempimento*. In: Azara, Antonio; Eula, Ernesto. *Novissimo Digesto Italiano*. v. VI. Torino: Unione Tipografico-Editrice Torinese, p. 354-360, 1960.

DAVID, René. Cause e consideration. In: *Mélanges offerts à Jacques Maury*, t. II. Paris: Dalloz & Sirey, p. 111-137, 1960.

DE DECKER, Joseph. *Droit de rétention*. Bruxelles: Larcier, 1909.

DI NANNI, Carlo. Collegamento negoziale e funzione complessa. *Rivista del Diritto Commerciale e del Diritto Generale delle Obbligazioni*, Fascicolo 9-10, p. 279-343, 1977.

DI SABATO, Franco. Unità e pluralità di negozi – Contributo alla dottrina del collegamento negoziale. *Rivista di Diritto Civile*, Anno V, Parte Prima. p. 412-438, 1959.

DIDIER JR., Fredie. Notas sobre a aplicação da teoria do adimplemento substancial no direito processual civil brasileiro. *Revista Eletrônica de Direito Processual*, v. IV, jul.-dez. 2009, p. 59. Disponível em: http://www.e-publicacoes.uerj.br/index.php/redp/article/view/21607/15634. Acesso em: 03 jul. 2018.

DIDIER JR., Fredie. Contradireitos, objeto litigioso do processo e improcedência. *Revista de Processo*, v. 223, p. 87-100, set. 2013.

DIDIER JR., Fredie. *Curso de direito processual civil*: introdução ao direito processual civil, parte geral e processo de conhecimento. 17. ed. Salvador: JusPodivm, 2015.

DÍEZ-PICAZO, Luis. *Fundamentos del derecho civil patrimonial*. v. II. 6. ed. Navarra: Civitas, 2008.

DINAMARCO, Cândido Rangel. *Instituições de direito processual civil*: v. IV. 3. ed. São Paulo: Malheiros, 2009.

DINAMARCO, Cândido Rangel. *Instituições de direito processual civil*: v. II. 7. ed. Malheiros: São Paulo, 2017.

DINAMARCO, Cândido Rangel. *Instituições de direito processual civil*: v. III. 7. ed. São Paulo: Malheiros, 2017.

DOMAT, Jean. Lois civiles. In: *Oeuvres complètes de J. Domat*. Paris: Firmin Didot Père et Fils, 1828.

DOZHDEV, Dmitry. *Reconstructing the jurist's reasoning:* 'bona fides' and 'synallagma' in Labeo (D. 19, 1, 50). JUS, 1, p. 27-45, 2015.

DROSS, William. L'exception d'inexécution: essai de généralisation. *Revue Trimestrielle de Droit Civil*. n. 1. p. 1-27, jan–mar/2014.

ENNECCERUS, Ludwig; KIPP, Theodor; wolff, Martin. *Tratado de derecho civil. Segundo tomo. Derecho de obligaciones. Volumen primero*. Trad.: Blas Pérez González y José Alguer. Barcelona: Bosch, 1954.

ESBORRAZ, David Fabio. *La noción de contrato entre "synallagma" y 'conventio' en la tradición romanista y sus proyecciones en el sistema jurídico latino-americano*. In: Roma e America. Diritto Romano Comune. Roma: Mucchi Editore, p. 237-283, 2008.

ESMEIN, Adhémar. Le serment promissoire dans le droit canonique. *Nouvelle Revue Historique de Droit Français et Étranger*, v. 12, p. 248-277, 1888.

FARNSWORTH, Allan. Legal remedies for breach of contract. *Columbia Law Review*, v. 70, n. 7, p. 1145-1216, 1970.

FARNSWORTH, Allan. The problems of nonperformance in contract. *New England Law Review*, v. 17, p. 249-317, 1982.

FELÍCIO DOS SANTOS, Joaquim. *Projecto do Código da República dos Estados Unidos do Brazil*, Rio de Janeiro: Imprensa Nacional, 1891.

FERRANDO, Gilda. Credito al consumo: operazione economica unitaria e pluralità di contratti. *Rivista del Diritto Commerciale e del Diritto Generale delle Obbligazioni*, n. 9-10, p. 591-648, 1991.

FERRANDO, Gilda. I contratti collegati: principi della tradizione e tendenze innovative. *Contratto e impresa*, v. 16, n. 1, p. 127-141, 2000.

FERRAZ, Olimpio. *Exceção de contrato não cumprido*. Belo Horizonte: Itatiaia, 1957.

FERRAZ DE CAMARGO, Caio Pacca. A análise econômica do direito e o contrato. In: Benacchio, Marcelo; Soares, Ronnie Herbert Barros (Coord.). *Temas Atuais sobre a Teoria Geral dos Contratos*, Curitiba: CRV, p. 243-285, 2014.

FERREIRA, William Santos. Exceção de contrato não cumprido, defesas de mérito direta e indireta, reconvenção e os princípios da concentração e eventualidade: compatibilizações materiais e processuais. In: Assis, Araken de et al. (Coord.). *Direito civil e processo*: estudos em homenagem ao Professor Arruda Alvim. São Paulo: Ed. RT, 2007.

FERREIRA, Luiz Pinto. Exceção – I. In: França, Rubens Limongi (Coord.). *Enciclopédia Saraiva do Direito*, v. 34. São Paulo: Saraiva, 1977.

FERREIRA DA SILVA, Jorge Cesa. *A boa-fé e a violação positiva do contrato*. Rio de Janeiro: Renovar, 2002.

FERREIRA DA SILVA, Luís Renato. *Reciprocidade e contrato. A teoria da causa e sua aplicação nos contratos e nas relações "paracontratuais"*. Porto Alegre: Livraria do Advogado, 2013.

FONSECA, Ana Taveira da. *Da recusa de cumprimento da obrigação para a tutela do direito de crédito*: em especial na exceção de não cumprimento, no direito de retenção e na compensação. Coimbra: Almedina, 2015.

FONSECA, Arnoldo Medeiros da. *Direito de retenção*. 3. ed. Rio de Janeiro: Forense, 1957.

FORGIONI, Paula A. Análise econômica do direito: paranóia ou mistificação? *Revista do Tribunal Regional Federal da 3ª Região*, n. 77, p. 35-61, 2006.

FRÍAS, Ana López. *Los contratos conexos*: Estudio de supuestos concretos y ensayo de una construcción doctrinal. Barcelona: Jose Maria Bosch, 1994.

FRIEDMANN, Daniel. The efficient breach fallacy. *The Journal of Legal Studies*, v. 18, n. 1, p. 1-24, 1989.

GABRIELLI, Enrico. Il contratto e i rimedi: la sospensione dell'esecuzione. *Jus Civile*, p. 18-38, 2014.

GAGLIARDI, Rafael Villar. *Exceção de contrato não cumprido*. São Paulo: Saraiva, 2010.

GALGANO, Francesco. *Il contratto*. Seconda edizione. Milano: Cedam, 2011.

GALLO, Paolo. *Trattato del contratto – I rimedi, la fiducia, l'apparenza*. Tomo Terzo. Torino: Utet, 2010.

GAROFALO, Andrea Maria. La causa: una "storia di successo"? (A proposito delle opere de Vincenzo Roppo sulla causa del contratto). *Jus civile*, 2. p. 163-225, 2018.

GASTALDI, José María; Centanaro, Esteban. *Excepción de incumplimiento contractual*. Buenos Aires: Abeledo-Perrot, 1995.

GATTI, Serafino. L'adeguatezza fra le prestazioni nei contratti con prestazioni corrispettive. *Rivista del Diritto Commerciale e del Diritto Generale delle Obbligazioni*, v. LXI, fascículo 11-12, p. 424-463, 1963.

GERGEN, Mark P. A theory of self-help remedies in contract. *Boston University Law Review*, v. 89, p. 1397–1449, 2009.

GERI, Lina Bigliazzi. Eccezione di inadempimento. In: *Digesto delle Discipline Privatistiche – Sezione Civile*. v. II. Torino: Unione Tipografico-Editrice Torinese, p. 331-50, 1998.

GHESTIN, Jacques. *Traité de droit civil: les obligations*: les effets du contrat. Paris: LGDJ, 1992.

GHESTIN, Jacques. L'exception d'inexécution: rapport français. In: Marcel Fontaine; Geneviève Viney (Dir.). *Les sanctions de l'inexécution des obligations contractuelles*: études de droit comparé. Bruxelles: Bruylant, v. 1, p. 3-55, 2001.

GIFFARD, André E. V.; Villers, Robert. *Droit romain et ancien droit français (obligations)*. 4ᵉ éd. Paris: Dalloz, 1976.

GILISSEN, John. *Introdução histórica ao direito*. 5. ed. Lisboa: Fundação Calouste Gulbenkian, 2008.

GILLI, Patrick. Humanisme juridique et science du droit au XV siècle. *Revue de Synthèse*, v. 130 (4), p. 571-593, 2009.

GIORGIANNI, Michele. *Negozi giuridici collegati*. Roma: Società Editrice del Foro Italiano, 1937.

GIORGIANNI, Michele. La causa tra tradizione e innovazione. In: Alpa, Guido; Bessone, Mario (a cura di). *Causa e consideration*. Padova: Cedam, p. 15-23, 1984.

GLANZ, Aída. *A prescrição e a decadência no Direito brasileiro*. In: Mendes, Gilmar F. e Stoco, Rui (Org.). *Doutrinas Essenciais – Direito Civil (Parte Geral)*, v. V, São Paulo, Revista dos Tribunais, p. 63-74, 2011.

GODOY, Claudio Luiz Bueno de. *Função social do contrato*. 4. ed. Saraiva: São Paulo, 2012.

GOGLIANO, Daisy. *A exceção civil como instrumento de tutela na resolução dos contratos sinalagmáticos*. Tese de Titularidade – Faculdade de Direito da Universidade de São Paulo, São Paulo, 2013.

GOLECKI, Mariusz Jerzy. Synallagma and freedom of contract – The concept of reciprocity and fairness in contracts from the historical and law and economics perspective. *German Working Papers in Law and Economics*, p. 1-29, 2003.

GOMES, Orlando. *Contratos*, 27. ed. Rio de Janeiro: Forense, 2019.

GONÇALVES, Carlos Roberto. Boa-fé objetiva nos contratos. In: Salomão, Luís Felipe; Tartuce, Flávio (Coord.). *Direito Civil*: diálogos entre a doutrina e a jurisprudência. São Paulo: Atlas, p. 177-182, 2018.

GRASSO, Biagio. *Eccezione d'inadempimento e risoluzione del contratto – Profili generali*. Napoli: Jovene, 1973.

GRASSO, Biagio. *Saggi sull'eccezione d'inadempimento e la risoluzione del contratto*. Napoli: Edizioni Scientifiche Italiane, 2000.

GRAU, Eros Roberto. *Nota sobre a distinção entre obrigação, dever e ônus*. Disponível em: https://www.revistas.usp.br/rfdusp/article/viewFile/66950/69560. Acesso em 13 jul. 2018.

GRECO, Paolo. La clausola "solve et repete": ragioni e limiti della sua efficacia. *Rivista del Diritto Commerciale e del Diritto Generale delle Obbligazioni*, V. XXIX, parte seconda, 1931, p. 142-165.

GROSSI, Paolo. *A ordem jurídica medieval*. Trad. Denise Rossato Agostinetti. São Paulo: Martins Fontes, 2014.

GROTIUS, Hugo. *The rights of war and peace*. Indianapolis: Liberty Fund, 2005.

HAICAL, Gustavo Luís da Cruz. O inadimplemento pelo descumprimento exclusivo de dever lateral advindo da boa-fé objetiva. *Revista dos Tribunais*, ano 99, v. 900, p. 45-84, out. 2010.

HEERMANN, Peter W. The status of multilateral synallagmas in the law of connected contracts. In: Amstutz, Mark; Teubner, Gunther (Org.). *Networks*: Legal Issues of Multilateral Co-operation. Portland: Hart Publishing, p. 103-18, 2009.

HESPANHA, Antonio Manuel Botelho. *Cultura jurídica europeia*: síntese de um milênio. Coimbra: Almedina, 2012.

HIERRO, José Manuel Fernández. La exceptio non adimpleti contractus. *Revista de la Universidad de Deusto*, v. 43, p. 71-89, julio-diciembre 1995.

HIRONAKA, Giselda M. F. Novaes. O sinalagma contratual: A chamada causa dos contratos: relações contratuais de fato. *Revista de Direito do Consumidor*, v. 93, p. 209-229, 2014.

HOLMES JR., Oliver Wendell. The Path of the Law. *Harvard Law Review*, n. 110, p. 991-1009, 1997.

IMBETT, Carlos Alberto Chinchilla. La excepción de incumplimiento contractual en la reforma del Código Civil francés: un análisis a partir de los límites a la excepción. *Civilistica.com.*, a.6. n.1. p. 1-25, 2017.

ITURRASPE, Jorge Mosset. *Justicia Contractual*. Buenos Aires: Ediar, 1977.

JUKIER, Rosalie. Where law and pedagogy meet in the transsystemic contracts classroom. *McGill Law Journal*, v. 50, p. 789-808, 2005.

KARTON, Joshua D. H. *Recognizing a contractual right to suspend performance*. Queen's University Legal Research Paper, n. 2015-018, p. 1-26, 2015.

KARTON, Joshua D. H.. Contract law in international commercial arbitration: The case of suspension of performance. *International and Comparative Law Quarterly*, v. 58, n. 4, p. 863-897, 2009.

KHAYAT, Gabriel Fernandes. A teoria da causa. *Revista Brasileira de Direito Comercial*, n. 24. p. 67-86, ago.-set. 2018.

KHOURI, Paulo R. Roque A. A exceção do contrato não cumprido e a sua relação com a garantia das obrigações no Direito brasileiro. *Revista da AJURIS*, v. 31, n. 94, p. 293-317, 2004.

KISHTAINY, Niall et al. *O livro da economia*. Trad. Carlos S. Mendes Rosa. São Paulo: Globo, 2013.

KONDER, Carlos Nelson. *Contratos conexos*: grupos de contratos, redes contratuais e contratos coligados. Rio de Janeiro: Renovar, 2009.

LARENZ, Karl. *Derecho de obligaciones*. Trad. Jaime Santos Briz. Tomo I. Madrid: Editorial Revista de Derecho Privado, 1959.

LARENZ, Karl. *Metodologia da ciência do direito*. Trad. José de Souza e Brito e José Antonio Veloso. 2. ed. Lisboa: Fundação Calouste Gulbenkian, 1978.

LARROZA, Ricardo Osvaldo. Sinalagma genético y funcional. In: Stiglitz, Rubén S.; Stiglitz, Gabriel A. (Org.). *Contratos*: Teoría General. v. I. Buenos Aires: Depalma, p. 544–45, 1994.

LEME, Lino de Moraes. A causa nos contratos. *Revista da Faculdade de Direito – Universidade de São Paulo*, n. 52, p. 72-79, 1957.

LENER, Giorgio. *Profili del collegamento negoziale*. Milano: Giuffrè, 1999.

LESSONA, Carlo. Legittimità della massima "inadimplenti non est adimplendum". *Rivista del Diritto Commerciale e del Diritto Generale delle Obbligazioni*, v. XVI, parte prima. p. 383-390, 1918.

LEWINSOHN-ZAMIR, Daphna. Do the right thing: Indirect remedies in private law. *Boston University Law Review*, v. 94, p. 55-103, 2014.

LEYTE, Guillaume. Le mos gallicus: un éclat éphémère? *Revue d'histoire des facultés de droit et de la culture juridique, du monde des juristes et du livre juridique*, p. 263-276, 2008.

LIEBMAN, Enrico Tullio. *Exceção e reconvenção. Arguição de nulidade de contrato*. *Revista Forense*, v. 120, p. 383-384, 1948.

LIEBMAN, Enrico Tullio. Intorno ai rapporti tra azione ed eccezione. *Rivista di Diritto Processuale*, Anno XV. n. 3. p. 449-452, luglio-settembre 1960.

LOBO, Jorge. As "dez regras de ouro" dos títulos cambiais. *Revista da EMERJ*, v. 3, n. 9, p. 52-63, 2000.

NETTO LÔBO, Paulo Luiz. *Comentários ao Código Civil – v. 6*: Das várias espécies de contratos (arts. 481 a 564). Azevedo, Antônio Junqueira de (Coord.). Saraiva: São Paulo, 2003.

LORENZEN, Ernest G. Causa and consideration in the law of contractus. *Yale Law Journal*, v. 28, n. 7, p. 621-646, may/1919.

LORENZETTI, Ricardo Luis. *Tratado de los contratos*: parte general. t. 1. Buenos Aires: Rubinzal--Culzoni. 2004.

LOTUFO, Renan. *Código Civil comentado, v. III, t. I*: contratos em geral até doação (arts. 421 a 564). São Paulo: Saraiva, 2016.

LUZZATTO, Giuseppe Ignazio. Eccezione (diritto romano). In: *Enciclopedia del diritto*, v. XIV. Milano: Giuffrè, p. 134-139, 1965.

MALBERG, Raymond Carré de. *Histoire de l'exception en droit romain et dans l'ancienne procédure française*. Paris: Librairie Nouvelle de Droit et de Jurisprudence, 1887.

MALECKI, Catherine. *L'exception d'inexécution*. Paris: LGDJ, 1999.

MARINO, Francisco Paulo De Crescenzo. *Contratos coligados no direito brasileiro*. São Paulo: Saraiva, 2009.

MARINO, Francisco Paulo De Crescenzo. *Interpretação do negócio jurídico*. São Paulo: Saraiva, 2011.

MARKESINIS, Basil S. La notion de considération dans la common law: vieux problèmes; nouvelles théories. *Revue internationale de droit comparé*, v. 35. n. 4, p. 735-766, Octobre-décembre 1983.

MARKY, Thomas. *Curso elementar de direito romano*. 8. ed. São Paulo: Saraiva, 1995.

MARQUES, Claudia Lima. Cem anos do código civil alemão: o BGB de 1896 e o código civil brasileiro de 1916. In: Mendes, Gilmar Ferreira; Stoco, Rui (Org.). *Doutrinas essenciais de Direito Civil – parte geral*, v. II, São Paulo, p. 897-930, 2011.

MARTINEZ, Pedro Romano. *Cumprimento defeituoso*: em especial na compra e venda e na empreitada. Coimbra: Almedina, 2015.

MARTINS, Fran. *Títulos de crédito – v. I*: letra de câmbio e nota promissória segundo a Lei Uniforme. 13. ed. Rio de Janeiro: Forense, 2000.

MARTINS-COSTA, Judith. *A boa-fé no direito privado*: critérios para a sua aplicação. 2. ed. São Paulo: Saraiva, 2018.

MARTINS-COSTA, Judith. Oferta pública para a aquisição de ações (OPA) – Teoria da confiança – Deveres de proteção violados – A disciplina informativa e o mercado de capitais – Responsabilidade pela confiança – Abuso de poder de controle (parecer). *Revista de Direito Mercantil, Industrial, Econômico e Financeiro*, v. 140, ano XLIV, p. 229-270, out.-dez. 2005.

MARTINS-COSTA, Judith. *Comentários ao novo Código Civil, v. V, t. II*: do inadimplemento das obrigações (arts. 389 a 420). Teixeira, Sálvio de Figueiredo (Coord.). Rio de Janeiro: Forense, 2009.

MASSAÚ, Guilherme Camargo. Ius Commune – Direito Comum. *Revista JURIS*, v. 12, p. 95-108, 2006/2007.

MASSNATA, Héctor. *Excepción de incumplimiento contractual*. Buenos Aires: Abeledo Perrot, 1967.

MAXIMILIANO, Carlos. *Hermenêutica e aplicação do direito*. 19. ed. Rio de Janeiro: Forense, 2008.

MEDINA, José Miguel Garcia; Wambier, Teresa Arruda Alvim. *Processo civil moderno, v. 1*: parte geral e processo de conhecimento. 4. ed., São Paulo: Ed. RT, 2014.

MELO, Marco Aurélio Bezerra de. *Direito dos contratos – t. I*: teoria geral dos contratos. São Paulo: Atlas, 2015.

MELLO, Marcos Bernardes de. *Teoria do fato jurídico*: plano existência. 18. ed. São Paulo: Saraiva, 2012.

MELLO, Marcos Bernardes de. *Teoria do fato jurídico*: plano da eficácia. 11. ed. São Paulo: Saraiva, 2019.

MENDONÇA, Diogo N. *Análise econômica da responsabilidade civil*: o dano e sua quantificação. São Paulo: Atlas, 2012.

MENEZES CORDEIRO, António. Violação positiva do contrato. Cumprimento imperfeito e garantia de bom funcionamento da coisa vendida; Âmbito da excepção do contrato não cumprido. *Revista da Ordem dos Advogados*, ano 41, v. III, p. 123-152, set.-dez. 1981.

MENEZES CORDEIRO, António. *Da boa-fé no direito civil*. Coimbra: Almedina, 2007.

MENEZES CORDEIRO, António. *Tratado de direito civil, v. I*: introdução. Fontes do direito. Interpretação da lei. Aplicação das leis no tempo. Doutrina geral. 4. ed., Coimbra: Almedina, 2012.

MENEZES CORDEIRO, António. *Tratado de direito civil, v. IX*: direito das obrigações: cumprimento e não-cumprimento, transmissão, modificação e extinção. 3. ed. Coimbra: Almedina, 2017.

MENEZES CORDEIRO, António. *Tratado de direito civil, v. II – Parte geral*: negócio jurídico (formação; conteúdo e interpretação; vícios da vontade; ineficácia e invalidades). 4. ed. Coimbra: Almedina, 2018.

MESQUITA, Luís Miguel de Andrade. *Reconvenção e excepção no processo civil*. Coimbra: Almedina, 2009.

MESSINEO, Francesco. *Dottrina generale del contratto*: artt. 1321-1469. Milano: Giuffrè, 1946.

MESSINEO, Francesco. Contratto Collegato. In: *Enciclopedia del diritto*, v. X. Milano: Giuffrè, p. 48-54, 1962.

MIRANDA, Custodio da Piedade Ubaldino. *Comentários ao Código Civil – v. 5*: dos contratos em geral (arts. 421 a 480). Azevedo, Antônio Junqueira de (Coord.). Saraiva: São Paulo, 2013.

MITCHELL, Gregory. Why law and economics' perfect rationality should not be traded for behavioral law and economics' equal incompetence. *Georgetown Law Journal*, n. 91, p. 68-167, 2002.

MONTEIRO, André Luís Quintas. O regime das exceções no direito processual civil brasileiro: de mérito e processual, direta e indireta, dilatória e peremptória, exceção e objeção. *Revista de Processo*, v. 216, p. 36-55, 2013.

MOREIRA ALVES, José Carlos. *A parte geral do projeto de código civil brasileiro*: com análise do texto aprovado pela Câmara dos Deputados. São Paulo: Saraiva, 1986.

MOREIRA ALVES, José Carlos. *Direito Romano*, v. I. 12. ed. Rio de Janeiro: Forense, 1999.

MOREIRA ALVES, José Carlos. *Direito Romano*, v. II. 6. ed. Rio de Janeiro: Forense, 2000.

MOREIRA ALVES, José Carlos. Panorama do direito civil brasileiro: das origens aos dias atuais. *Revista da Faculdade de Direito*. Universidade de São Paulo, v. 88, p. 185-238, jan. 1993.

MORENO, María Cruz. *La "exceptio non adimpleti contractus"*. Tirant lo Blanch, 2004.

MORSELLO, Marco Fábio. Análise categorial dos contratos existenciais e de lucro. In: *Estudos em Homenagem a Clóvis Beviláqua por ocasião do Centenário do Direito Civil Codificado no Brasil*. v. II. São Paulo: Escola Paulista da Magistratura, p. 527-546, 2018.

NANNI, Giovanni Ettore. Contratos coligados. In: Lotufo, Renan; Nanni, Giovanni Ettore (Coord.). *Teoria geral dos contratos*. São Paulo: Atlas, p. 224-294, 2011.

NERY JÚNIOR, Nelson; Nery, Rosa Maria Barreto Borriello de Andrade. *Comentários ao Código de Processo Civil*. São Paulo: Ed. RT, 2015.

NEVES, Daniel Amorim Assumpção. *Manual de direito processual civil*. 8. ed., Salvador: JusPodivm, 2016.

NEVES, Julio Gonzaga Andrade. A 'suppressio' (Verwirkung) no direito civil. São Paulo: Almedina, 2016.

NONATO, Orosimbo. Inaplicabilidade da 'exceptio non adimpleti contractus' ante a sucessividade das obrigações contratuais. Reajustamento de preços em contrato de empreitada. Revista dos Tribunais, ano 50, v. 313, p. 39-51, nov. 1961.

NUSDEO, Fábio. Curso de economia: introdução ao direito econômico. 2. ed. São Paulo: Ed. RT, 2000.

OLIVEIRA. RAFAEL ALEXANDRIA DE. ASPECTOS PROCESSUAIS DA EXCEÇÃO DE CONTRATO NÃO CUMPRIDO. SALVADOR: JUSPODIVM, 2012.

OLIVEIRA. RAFAEL ALEXANDRIA DE. DELIMITAÇÃO CONCEITUAL DE EXCEÇÃO SUBSTANCIAL E DISTINÇÃO ENTRE EXCEÇÕES E OBJEÇÕES SUBSTANCIAIS. REVISTA DE PROCESSO, v. 193, p. 27-51, mar. 2011.

OLIVEIRA. RAFAEL ALEXANDRIA DE. O EXERCÍCIO DA EXCEÇÃO DE CONTRATO NÃO CUMPRIDO E A PRESCRIÇÃO. IN: DIDIER JR., Fredie et al. Pontes de Miranda e o Direito Processual. Salvador: JusPodivm, p. 955-966, 2013.

ORLANDO, Marie-Astrid. L'exception d'inexécution: L'envers du décor. Approche théorique et jurisprudentielle. Saarbrücken: Éditions Universitaires Européennes, 2012.

OURLIAC, Paul; Malafosse, Jehan de. Histoire du droit privé, v. I: Les obligations. 2ᵉ éd. Paris: Presses Universitaires de France, 1969.

PARGENDLER, Mariana. O direito contratual comparado em nova perspectiva: revisitando as diferenças entre os sistemas romano-germânico e de common law. Revista Direito GV, v. 13, n. 3, p. 796-826, set.-dez. 2017.

PARISI, Francesco; Luppi, Barbara; Fon, Vincy. Optimal remedies for bilateral contracts. The Journal of Legal Studies, v. 40, n. 1, p. 245-271, 2011.

PASSOS, Edilenice. Lima, João Alberto de Oliveira. Memória legislativa do código civil. Tramitação na Câmara dos Deputados: primeiro turno, v. 2. Brasília: Senado Federal, 2012.

PATTERSON, Edwin W. Constructive conditions in contracts. Columbia Law Review, v. 42, n. 6, p. 903-954, 1942.

PELUSO, Cezar (Coord.). Código Civil comentado. 5. ed. Barueri: Manole, 2011.

PENTEADO, Luciano de Camargo. Causa concreta, qualificação contratual, modelo jurídico e regime normativo: notas sobre uma relação de homologia a partir de julgados brasileiros. Revista de Direito Privado, v. 20. p. 235-265, out.-dez. 2004.

PENTEADO, Luciano de Camargo. Figuras parcelares da boa-fé objetiva e "venire contra factum proprium". Revista de Direito Privado. v. 27. p. 252-278, jul.-set. 2006.

PENTEADO, Luciano de Camargo. Redes contratuais e contratos coligados. In: Hironaka, Giselda M. F. N.; Tartuce, Flávia (Coord.). Direito contratual: temas atuais. Método: São Paulo, p. 463-492, 2007.

PENTEADO, Luciano de Camargo. Efeitos contratuais perante terceiros. São Paulo: Quartier Latin, 2007.

PENTEADO, Luciano de Camargo. Direito das coisas. São Paulo: Ed. RT, 2008. p. 134.

PENTEADO, Luciano de Camargo. *Doação com encargo e causa contratual. Uma nova teoria do contrato*. 2. ed. São Paulo: Ed. RT, 2013.

PEREIRA, Caio Mário da Silva. Exceptio non adimpleti contractus. In: França, Rubens Limongi (Coord.). *Enciclopédia Saraiva do Direito*, v. 34. São Paulo: Saraiva, 1977.

PEREIRA, Caio Mário da Silva. *Instituições de direito civil – v. I*: introdução ao direito civil. Teoria geral do direito civil. 19. ed. Rio de Janeiro: Forense, 2000.

PEREIRA, Caio Mário da Silva. Contratos coligados. Inadimplemento parcial. Resolução do contrato. Inaplicabilidade da exceção de contrato não cumprido. In: *Obrigações e Contratos*: pareceres. Rio de Janeiro: Forense, p. 195-213, 2010.

PEREIRA, Caio Mário da Silva. Interpretação contratual. Cláusula resolutiva expressa. Exceção de contrato não cumprido. Danos emergentes, lucros cessantes. In: *Obrigações e contratos*: pareceres. Rio de Janeiro: Forense, p. 231-241, 2010.

PEREIRA, Caio Mário da Silva. *Interpretação contratual. Exceção de contrato não cumprido. O acessório segue o principal*. In: Obrigações e contratos: pareceres. Rio de Janeiro: Forense, p. 221-229, 2010.

PEREIRA, Caio Mário da Silva. *Instituições de direito civil – v. II*: teoria geral das obrigações. 28. ed. Rio de Janeiro: Forense, 2016.

PEREIRA, Maria de Lurdes; Múrias, Pedro. Sobre o conceito e a extensão do sinalagma. In: *Estudos em Honra do Professor Doutor José de Oliveira Ascensão*, v. I, Coimbra, p. 379-430, 2008.

PEREIRA, Paulo Sérgio Velten. *A exceção do contrato não cumprido fundada na violação de dever lateral*. Dissertação (Mestrado em Direito Civil) – Pontifícia Universidade Católica de São Paulo, São Paulo, 2008.

PEREIRA, Vítor Pimentel. A fórmula "tu quoque": origem, conceito, fundamentos e alcance na doutrina e jurisprudência. *Revista Quaestio Iuris*, v. 05. n. 1, p. 360-402, 2012.

PEREIRA COELHO, Francisco Manuel de Brito. Coligação negocial e operações negociais complexas: tendências fundamentais da doutrina e necessidade de uma reconstrução unitária. *Boletim da Faculdade de Direito. Universidade de Coimbra*, p. 233-268, 2003.

PEREZ, Mariano Alonso. *Sobre la esencia del contrato bilateral*. Universidad de Salamanca, 1967.

PERLINGIERI, Pietro. *Il fenomeno dell'estinzione nelle obbligazioni*. Napoli: E.S.I., 1980.

PERLINGIERI, Pietro. *Codice Civile annotato con la dottrina e la giurisprudenza. Libro quarto – Delle obbligazioni*. Tomo I. 2. ed. Bologna: Zanichelli Editore, 1991.

PERSICO, Giovanni. *L'eccezione d'inadempimento*. Milano: Giuffrè, 1955.

PILLEBOUT, Jean-François. *Recherches sur l'exception d'inexécution*. Paris: LGDJ, 1971.

PINO, Augusto. *Il contratto con prestazioni corrispettive*: Bilateralità, onerosità e corrispettività nella teoria del contratto. Padova: Cedam, 1963.

PINTO E SILVA, Otávio. O direito romano e as origens do trabalho autônomo. *Revista da Faculdade de Direito – Universidade de São Paulo*, v. 99, p. 349–54, 2004.

PISCIOTTA, Giuseppina. *La risoluzione per inadempimento*. Milano: Giuffrè Editore, 2000.

PONTES DE MIRANDA, Francisco Cavalcanti. *Fontes e evolução do direito civil brasileiro*. 2. ed. Rio de Janeiro: Forense, 1981.

PONTES DE MIRANDA, Francisco Cavalcanti. *Tratado de direito privado*. Campinas: Bookseller, 2000. t. III.

PONTES DE MIRANDA, Francisco Cavalcanti. *Tratado de direito privado*. Campinas: Bookseller, 2000. t. V.

PONTES DE MIRANDA, Francisco Cavalcanti. *Tratado de direito privado*. Campinas: Bookseller, 2000. t. VI.

PONTES DE MIRANDA, Francisco Cavalcanti. *Tratado de direito privado*. Campinas: Bookseller, 2003. t. XXIII.

PONTES DE MIRANDA, Francisco Cavalcanti. *Tratado de direito privado*. Campinas: Bookseller, 2003. t. XXVI.

PONTES DE MIRANDA, Francisco Cavalcanti. *Tratado de direito privado*. Campinas: Bookseller, 2005. t. XXXIX.

POSNER, Eric A. Economic analysis of contract law after three decades: Success or failure? *The Yale Law Journal*, v. 112, n. 4, p. 829-880, 2003.

POSNER, Richard A. *The economics of justice*. Cambridge: Harvard University Press, 1981.

POSNER, Richard A.; Rosenfield, Andrew M. Impossibility and related doctrines in contract law: An economic analysis. *The Journal of Legal Studies*, v. 6, n. 1, p. 83–118, 1977.

POTHIER. *OEUVRES DE POTHIER, annotées et mises en corrélation avec le Code Civil et la législation actuelle par M. Bugnet*. Tome Cinquième. Deuxième Édition. Paris: Cosse et Marchal, 1861.

POTHIER. *TRATADO DE LAS OBLIGACIONES*. BUENOS AIRES: ATALAYA, 1947.

POUSADA, Estevão Lo Ré. A recepção do direito romano nas universidades: glosadores e comentadores. *Revista da Faculdade de Direito – Universidade de São Paulo*, v. 106/107, p. 109-117, 2011/2012.

POUSADA, Estevão Lo Ré. A obra de Augusto Teixeira de Freitas e a conformação de um direito civil tipicamente brasileiro: sua genialidade compreendida como conciliação entre inovação sistemática e acuidade histórica. *Revista da Faculdade de Direito. Universidade de São Paulo*, v. 102, p. 89-98, jan.-dez. 2007.

POVEDA VELASCO, Ignacio Maria. Ordenações do Reino de Portugal. *Revista da Faculdade de Direito da USP*, v. 89, p. 11-67, 1994.

PUGLIATTI, Salvatore. Precisazioni in tema di causa del negozio giuridico. *Nuova rivista di diritto commerciale, diritto dell'economia, diritto sociale*, v. I. p. 13-21, 1947.

RACHLINSKI, Jeffrey J. Heuristics and biases in the courts: Ignorance or adaptation? *Oregon Law Review*, n. 79, p. 61-102, 2000.

RAPAZZO, Antonio. *I contratti collegati*. Milano: Giuffrè. 1998.

REALE, Miguel. A boa-fé na execução dos contratos – A juntada de material e documentos por linha na tradição do direito pátrio. Sua licitude. Delimitação do "ius iudicandi" nos embargos infringentes. Requisito essencial da boa-fé para a "exceptio non adimpleti contractus". A jurisprudência do Supremo Tribunal Federal. Necessidade de examinar-se a "exceptio" mediante cuidadoso balanceamento dos valores e fins visados pelo contrato. Contradição entre a arguição de vício total do bem de cuja exploração o excipiente aufere lucros. Limites do direito de retenção e sua inaplicabilidade na espécie. In: *Questões de Direito Privado*, São Paulo: Saraiva, p. 21-32, 1997.

REALMONTE, Francesco. Importanza dell'inadempimento e "exceptio inadimpleti contractus". *Rivista Trimestrale di Diritto e Procedura Civile*, Anno XVII, p. 222-239, 1963.

REALMONTE, Francesco. Eccezione di inadempimento. In: *Enciclopedia del diritto*, v. XIV. Milano: Giuffrè, p. 222-240, 1965.

REZZONICO, Juan Carlos. *Principios fundamentales de los contratos*. Buenos Aires: Editorial Astrea de Alfredo e Ricardo Depalma, 1999.

RIBEIRO, Renato Ventura. *Direito de retenção no contrato de empreitada*. In: Tepedino, Gustavo; Fachin, Luiz E. (Org.). *Doutrinas Essenciais*: obrigações e contratos, v. VI. São Paulo: Ed. RT, p. 269-284, 2011.

RIPERT, Georges. *A regra moral nas obrigações civis*. Trad. Osório de Oliveira. 2. ed. Campinas: Bookseller, 2002.

ROBINSON, O. F., *The Sources of Roman Law*: problems and methods for ancient historians. London: Routledge, 1997.

RODRIGUES, Vasco. *Análise econômica do direito*: uma introdução. Coimbra: Almedina, 2007.

RODRIGUES JR., Otávio Luiz. *Código Civil comentado, v. VI, t. I*: compra e venda, troca e contrato estimatório (artigos 481 a 537). Azevedo, Álvaro Villaça (Coord.). São Paulo: Atlas, 2008.

RODRIGUES JR., Otávio Luiz. Exceções no direito civil: um conceito em busca de um autor? In: Cunha, Leonardo Carneiro da et al. (Org.). *Prescrição e decadência. Estudos em homenagem ao Professor Agnelo Amorim Filho*. Salvador: JusPodivm, 2013.

RODRIGUES JR., Otávio Luiz. *A influência do BGB e da doutrina alemã no direito civil brasileiro do século XX*. Revista dos Tribunais, v. 938, p. 79-155, dez. 2013.

ROLLI, Rita. Il rilancio della causa del contratto: la causa concreta. *Contratto e impresa*, Anno XXIII, n. 2, p. 416-454, marzo-aprile 2007.

ROPPO, Vincenzo. Il contratto. In: Iudica, Giovanni e Zatti, Paolo (a cura di). *Trattato di Diritto Privato*. Seconda Edizione. Milano: Giuffrè, 2001.

ROPPO, Vincenzo. Causa concreta: una storia di successo? Dialogo (non reticente, né compiacente) con la giurisprudenza di legittimità e di merito. *Rivista di Diritto Civile*, Anno LIX, n. 4. p. 957-988, Luglio-agosto 2013.

ROSENVALD, Nelson; Farias, Cristiano Chaves de. *Curso de direito civil, v. IV – Contratos*: teoria geral e contratos em espécie. 9. ed., Salvador: Editora JusPodivm, 2019.

ROSENVALD, Nelson; Farias, Cristiano Chaves de. *Direito civil*: teoria geral. 9. ed. Rio de Janeiro: Editora Lumen Juris, 2011.

ROSENVALD, Nelson; Farias, Cristiano Chaves de. *Curso de direito civil – v. II*: obrigações. Salvador: JusPodivm, 2019.

SABA, Diana Tognini. *Direito de retenção e seus limites*. Dissertação (Mestrado em Direito Civil) – Universidade de São Paulo, São Paulo, 2016.

SACCO, Rodolfo; De Nova, Giorgio. *Il contratto*. t. II. 3. ed., Torino: Utet, 2004.

SALEILLES, Raymond. *Étude sur la théorie générale de l'obligation d'après le premier projet de code civil pour l'empire allemande*. 2. ed. Paris: F. Pichon et Durand Auzias. 1914.

SALEILLES, Raymond. *Du refus de paiement pour inexécution de contrat*. In: Étude de Droit Comparé. Paris: A. Rousseau, 1893.

SALLES, Raquel Bellini de Oliveira. *A autotutela pelo inadimplemento nas relações contratuais*. Tese (Doutorado em Direito Civil) – Faculdade de Direito da Universidade do Estado do Rio de Janeiro, Rio de Janeiro, 2011.

SAVIGNY, Friedrich Carl von. *Le droit des obligations – Partie du droit romain actuel*. Tome second. Traduction de T. Hippert. Paris: A. Durand & Pedone Lauriel, 1873.

SCADUTO, Gioachino. *L'exceptio non adimpleti contractus nel diritto civile italiano*. In: Annali del Seminario Giuridico della r. Università di Palermo. v. III. p. 75-226, 1921.

SCALFI, Gianguido. Osservazioni sui contratti a prestazioni corrispettive. *Rivista del Diritto Commerciale e del Diritto Generale delle Obbligazioni*, Anno LVI, parte prima, p. 452–495.

SCALFI, Gianguido. *Corrispettività e alea nei contratti*. Milano: Istituto Editoriale Cisalpino, 1960.

SCHILLING, Arno. Exceção de inexecução. *Revista Jurídica*, Ano 1, v. II, p. 44-48, 1953.

SCHIOPPA, Antonio Padoa. *História do direito na europa*: da idade média à idade contemporânea. São Paulo: Martins Fontes, 2014.

SCHIZZEROTTO, Giovanni. *Il collegamento negoziale*. Napoli: Jovene, 1983.

SCHMITT, Michael A.; Pasterczyk, Michael. Specific performance under the uniform commercial code – will liberalism prevail? *DePaul Law Review*, n. 26, p. 54-77, 1976.

SCHREIBER, Anderson. A tríplice transformação do adimplemento (adimplemento substancial, inadimplemento antecipado e outras figuras. In: *Direito civil e Constituição*. São Paulo: Atlas, p. 97–118, 2013.

SCHREIBER, Anderson. *Manual de direito civil contemporâneo*. São Paulo: Saraiva, 2018.

SCHREIBER, Anderson et al. *Código civil comentado*: doutrina e jurisprudência. Rio de Janeiro: Forense, 2019.

SCHUNCK, Giuliana Bonanno. *Contratos de longo prazo e dever de cooperação*. São Paulo: Almedina, 2016.

SCHWARTZ, Alan; Scott, Robert E. Contract theory and the limits of contract law. *The Yale Law Journal*, v. 113, n. 3, p. 541-619, 2003.

SCIALOJA, Vittorio. *Negozi giuridici*. Roma: Foro Italiano, 1933.

SERPA LOPES, Miguel Maria de. *Exceções substanciais*: exceção de contrato não cumprido. Rio de Janeiro: Freitas Bastos, 1959.

SHAVELL, Steven. Economic analysis of contract law. *Harvard Law and Economics Discussion Paper*, n. 403, chapter 13. Disponível em: https://ssrn.com/abstract=382040>. Acesso em: 25 ago. 2018.

SICA, Heitor Vitor Mendonça. *Direito de defesa e tutela jurisdicional. Estudo sobre a posição do réu no processo civil brasileiro*. Tese (Doutorado em Direito Processual) – Faculdade de Direito da Universidade de São Paulo, São Paulo, 2009.

SILVA, João Calvão da. *Cumprimento e sanção pecuniária compulsória*. Coimbra: Almedina, 1987.

SILVA, Rodrigo da Guia. Novas perspectivas da exceção de contrato não cumprido: repercussões da boa-fé objetiva sobre o sinalagma contratual. *Revista de Direito Privado*, v. 78, p. 43-83, jun. 2017.

SILVA, Rodrigo da Guia. Notas sobre o cabimento do direito de retenção: desafios da autotutela no direito privado. *Civilistica.com.*, a. 6, n. 2, p. 1-25, 2017.

SIMÕES, Marcel Edvar. Ação em sentido material ainda existe em nosso sistema jurídico? *Revista Consultor Jurídico*. Disponível em: https://www.conjur.com.br/2016-mai-16/direito-civil--atual-acao-sentido-material-ainda-existe-nosso-sistema-parte. Acesso em: 31 maio 2019.

SOUZA, Eduardo Nunes de. De volta à causa contratual: aplicações da função negocial nas invalidades e nas vicissitudes supervenientes do contrato. *Civilistica.com*, a.8, n.2, p. 1-53, 2019.

STARCK, Boris; Roland, Henri; Boyer, Laurent. *Obligations. Tome 2*: contrat. Cinquième Édition. Paris: Litec, 1995.

STEINER, Renata C. *Descumprimento contratual*: boa-fé e violação positiva do contrato. São Paulo: Quartier Latin, 2014.

STONE, Rebecca. Economic analysis of contract law from the internal point of view. *Columbia Law Review*, v. 116, n. 8, p. 2005-2057, 2016.

SZTAJN, Rachel. Notas de análise econômica: responsabilidade civil e contratos. *Revista de Direito Mercantil, Industrial, Econômico e Financeiro*, v. 111, p. 9-29, 1998.

TALAMANCA, Mario. La bona fides nei giuristi romani – 'Leerformeln' e valori dell'ordinamento. In: Garofalo, Luigi (Org.). *Il ruolo della buona fede oggettiva nell'esperienza giuridica storica e contemporanea*, v. IV. Padova: Cedam, 2004.

TARTUFARI, Luigi. L'exceptio inadimpleti contractus e l'azione di danni per causa dell'eccepito inadempimento. *Rivista di Diritto Commerciale, Industriale e Marittimo*, v. IV, parte seconda, p. 306-312, 1906.

TAYLOR, Celia R. Self-help in contract law: An exploration and proposal. *Wake Forest Law Review*, v. 33, p. 839-907, 1988.

TEIXEIRA DE FREITAS, Augusto. *Código civil*: esboço. v. I. Brasília: Ministério da Justiça, 1983.

TEIXEIRA DE FREITAS, Augusto. *Consolidação das leis civis*. v. I. Edição fac-símile. Brasília: Senado Federal, 2003.

TEPEDINO, Gustavo; Bodin de Moraes, Maria C.; Barboza, Heloísa H. *Código Civil Interpretado*, v. I. 2. ed. Rio de Janeiro: Renovar, 2011.

TEPEDINO, Gustavo. *Código Civil interpretado*. v. II. 2. ed. Rio de Janeiro: Renovar, 2012.

TERRA, Aline de Miranda Valverde. *Inadimplemento anterior ao termo*. Rio de Janeiro: Renovar, 2009.

TERRA, Aline de Miranda Valverde. Cláusula resolutiva expressa e resolução extrajudicial. *Civilistica.com*, a. 2, n. 3, p. 1-19, 2013.

TERRA, Aline de Miranda Valverde. A questionável utilidade da violação positiva do contrato no direito brasileiro. *Revista de Direito do Consumidor*, v. 101, p. 181-205, set.-out. 2015.

TERRA, Aline de Miranda Valverde. Âmbito de incidência da cláusula resolutiva expressa: para além dos contratos bilaterais. *Revista de Direito Privado*, Ano 17, v. 65, p. 121-138, jan.-mar. 2016.

THEODORO JR., Humberto. Exceção de contrato não cumprido – Aspectos materiais e processuais. *Revista Jurídica*, n. 189, p. 7-20, 1993.

THEODORO JR., Humberto. Prescrição: ação, exceção e pretensão. In: Didier Jr., Fredie et al. (Coord.). *Pontes de Miranda e o Direito Processual*. Salvador: JusPodivm, p. 465-484, 2013.

THEODORO JR., Humberto. In: Gouvêa, José Roberto Ferreira et al. (Coord.). *Comentários ao Código de Processo Civil: da execução em geral*, v. XV. São Paulo: Saraiva, 2017.

TIMM, Luciano Benetti. O direito subsidiário nas ordenações portuguesas medievais. *Revista Direito e Democracia*, v. 7, n.2, p. 387-405, 2006.

TRABUCCHI, Alberto. *Istituzioni di diritto civile*. Padova: Cedam, 1978.

TRIMARCHI, Pietro. *Istituzioni di diritto privato*. 9. ed. Milano: Giuffrè, 1991.

TRIMARCHI, Pietro. *Il contratto*: Inadempimento e rimedi. Milano: Giuffrè, 2010.

VAMPRÉ, Spencer. *O que é o Código Civil?* São Paulo: Livraria e Oficinas Magalhães, 1916.

VAZ SERRA, Adriano Paes da Silva. Excepção de contrato não cumprido (exceptio non adimpleti contractus). *Boletim do Ministério da Justiça (Portugal)*, n. 67, p. 17-181, jun. 1957.

VAZ SERRA, Adriano Paes da Silva. Objecto da obrigação. A prestação – suas espécies, conteúdo e requisitos. *Boletim do Ministério da Justiça (Portugal)*, n. 74, p. 15-285, mar. 1958.

VOCI, Pasquale. *La dottrina del contratto nei giuristi romani dell'età classica*. In: Archi, Gian Gualberto (a cura di). *Scritti di diritto romano in onore di Contardo Ferrini*. Milano: Ulrico Hoepli. p. 385-399, 1946.

VON TUHR, Andreas. *Tratado de las obligaciones*. Trad. W. Roces. Tomo II. Madrid: Editorial Reus S/A, 1934.

WALD, Arnoldo. A cessão de posição no mercado financeiro e a insolvência do cessionário – Da compensação legal nos negócios jurídicos bilaterais e da exceção do contrato não cumprido. *Revista de Direito Civil*, n. 67, p. 85-101, 1994.

WESTERMANN, Harm Peter. *Código Civil Alemão*: direito das obrigações – Parte Geral. Trad. Armindo Edgar Laux. Porto Alegre: Sergio Antonio Fabris Editor, 1983.

WIEACKER, Franz. *História do direito privado moderno*. Trad. A. M. Botelho Hespanha. 3. ed. Lisboa: Fundação Calouste Gulbenkian, 2004.

WILLISTON, Samuel. Dependency of mutual promises in the civil law. *Harvard Law Review*, v. 13, n. 2, p. 80-109, 1899.

WINDSCHEID, Bernardo. *Diritto delle pandette*. Volume Secondo. Parte Prima. Torino: Unione Tipografico-Editrice Torinese, 1904.

ZAMIR, Eyal. The missing interest: Restoration of the contractual equivalence. *Virginia Law Review*, v. 93, p. 59-138, 2007.

ZANA, Mario. La regola della buona fede nell'eccezione di inadempimento. *Rivista Trimestrale di Diritto e Procedura Civile*, v. 26, p. 1376-1394, 1972.

ZIMMERMANN, Reinhard. *The law of obligations*: Roman foundations of the civilian tradition. Oxford University Press, 1996.